这个晋朝太有意思了

从衣冠南渡到东晋灭亡

第二卷

之江禹杭 著

成都时代出版社
CHENGDU TIMES PRESS

图书在版编目（CIP）数据

这个晋朝太有意思了：三卷. 第三卷 / 之江，禹杭著. -- 成都：成都时代出版社，2020.11
ISBN 978-7-5464-2654-9

Ⅰ. ①这… Ⅱ. ①之… ②禹… Ⅲ. ①中国历史－晋代－通俗读物 Ⅳ. ①K237.09

中国版本图书馆CIP数据核字(2020)第204387号

这个晋朝太有意思了：三卷. 第三卷

ZHEGE JINCHAO TAI YOUYISI LE: SANJUAN. DISANJUAN

之 江 禹 杭 著

出 品 人 李若锋
策划编辑 仪雪燕
责任编辑 李 林
责任校对 樊思岐
装帧设计 仙 境
责任印制 张 露

出版发行 成都时代出版社
电　　话 （028）86619530（编辑部）
（028）86615250（发行部）
网　　址 www.chengdusd.com
印　　刷 旭辉印务（天津）有限公司
规　　格 170mm × 240mm
印　　张 16.25
字　　数 274千字
版　　次 2020年11月第1版
印　　次 2020年11月第1次印刷
印　　数 5000册
书　　号 ISBN 978-7-5464-2654-9
定　　价 148.00元（全三卷）

序　言

"君子道微矣，夫子固有穷。忠信反获罪，汉武不见明。我欲竟此曲，此曲悲且长。"这句话应该是晋朝后期有识之士的人生写照，出自闻鸡起舞之一刘琨的《扶风歌》。这个事情正是衣冠南渡之后，亦是神州陆沉的开始，此时西晋由盛转衰，进入东晋与南北朝并立的分裂局面。而其中最具有代表性的，当属"王敦之乱"及"淝水之战"这两件极为重大的历史事件。

那么，这两件紧紧关联到一起的大事是怎么形成的呢？

八王之乱，皇室为争夺皇位粉墨登场，双方斗争不止。虽然新亭集会，琅琊王家出力让琅琊王司马睿登基为帝，可是依旧有世家不满于现状，当世家权柄超过皇权，不知不觉间，皇族与世家的权力争夺便出现了白炽化。

常言道，卧榻之旁岂容他人鼾睡。权力熏心不仅仅是一个词汇，更是人心很难战胜的心魔，为了得到稳固的权力，不同世家开始挑战皇权，于是，世家导致的叛乱接连爆发。

晋元帝永昌元年（公元 322 年），由出身琅琊王氏的权臣王敦所发动，以诛刘隗为名进攻建康，并击败朝廷军队。后自任丞相，诛杀周顗等人，并在武昌遥控朝廷。晋元帝死后，明帝继位，王敦意图夺位，但明帝已准备反击王敦。同时王敦亦患病，面对明帝的讨伐，只得由兄长王含与部下将领钱凤等领军与朝廷军队作战，但最终失败。王敦亦在战事期间病逝。

为平息叛乱，各世家从中浑水摸鱼，争取世家最大利益，有些不服气的世家还有样学样，祖约之乱、苏峻之乱接连爆发，世家不断地发动战争也是加速东晋衰败的重要原因。在世家夺权的狼子野心之下，东晋时期的互相争斗由此开始。

如果说一定要给那段历史时期找一个准确的字来加以概括的话，"荒"应该是最恰如其分的。在那个混乱的时代里，北方有刘曜、石勒、石虎、苻坚、拓跋绍等君主互相倾轧、征战不休，南方有世家宗族举兵相向，叛乱频发。泱泱九州华夏，此时已然没有一寸土地是安宁的，血染红大地，尸骨累累。

当北方由苻坚成为最大君主、意欲开疆拓土，南方由谢安等东山再起成为中流砥柱、维护寰宇。那么，南北方就会爆发一场旷世大战，这便是中国古代历史上七大战役之一——淝水之战，更是历史上少有的中国历史上著名的以少胜多的战例！那么在淝水之战中，东晋是怎样一步步获得成功，直至最终赢得彻底胜利的呢？

在回答这个问题时，也许大家都会给出相同的答案。用一句话来概括，那就是东晋有武庙七十二将之一的战神谢玄的存在，有了北府军才有了东晋的胜利。这句话似乎是有些道理，毕竟，谢玄是少有的少年战神，但是战神如果没有足够的军需调配，没有内部团结一心，也就只有英雄有心无力的结局。而真正促成谢玄率领北府军成功的原因，更多是在兰亭集会中，琅琊王家的王羲之、谢安等人的一份协议，也就是著名的《兰亭集序》！当然，每件事情从开始到结局中间都是具有承上启下的演变过程的，谢安、谢玄叔侄的成功亦是不例外。事实上，王羲之、谢安、桓温等人是淝水之战成功的直接推动者和最大的功臣。而淝水之战奠定了后世千年的格局，为隋唐盛世也奠定了基础。

本书以世家兴衰的视角、深入浅出的文字、考究的历史出处对从东晋初建到中后期的发展脉络进行梳理，并通过细腻的文笔、风趣幽默的语言为读者讲述自公元 317 年至公元 420 年的一段风云往事。本卷带大家了解王与马共天下、新亭集会、王敦之乱、中流击楫、苏峻之乱、兰亭集序、桓温四次北伐、淝水之战、风声鹤唳草木皆兵、北府军建立始末的故事。

这个晋朝太有意思了

第二卷

目录

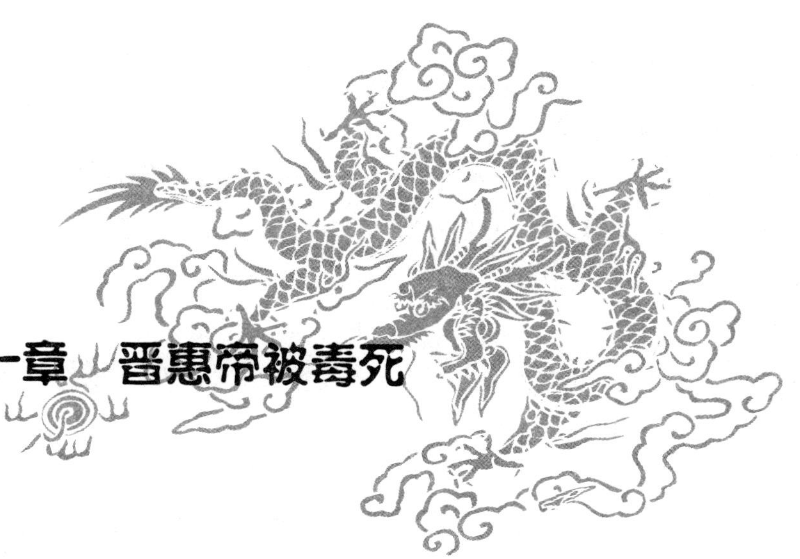

第一章　晋惠帝被毒死

接续上文，我们都知道西晋的时候有一个傻子皇帝，便是晋惠帝司马衷。

在狗尾续貂的赵王司马伦，皇太弟成都王司马颖等粉墨登场之后，失去贾南风这个手腕强硬的皇后，司马衷又将面临什么样的结局呢?

人们都说，做皇帝是一个非常危险的职业，因为一个不小心，就会因为智力不足而命丧黄泉。

贾南风死后，晋惠帝司马衷被废，被他的叔爷赵王司马伦，也就是司马昭的九弟给直接废了皇位。

在第二卷的时候，我们只提到了赵王司马伦是怎样狗尾续貂的，没有讲述这狗尾续貂后面，司马衷又遭受了什么样的磨难。

赵王司马伦起初为了名正言顺地窃取皇位，便让有灭国之仇的陆机写了一篇长长的禅位诏书，而陆机的确勇敢，他不曾忘记自己曾经是东吴之人，是陆逊的孙子，所以天真地以为，只要把司马炎嫡长子赶下皇位，便是扬眉吐气，就是为父辈们报仇。

陆机在联合贾南风坑害孙皓之后，又突然觉得孙皓虽然对不起他们老陆家，但是老陆家到底曾是东吴的人呢，所以要帮助东吴的遗老遗少们扬眉吐气一把。

于是戏剧化的一幕出现了，那就是陆机写了禅位诏书，帮助赵王司马伦篡权的王爷司马威跑到晋惠帝司马衷的寝宫抢夺玉玺。

这场闹剧中，晋惠帝司马衷虽然智力长期不在线，但是情商还不至于像智商那样惨不忍睹。

此时的晋惠帝司马衷清楚地知道玉玺是不能轻易给人的，于是，晋惠帝使出了吃奶的力气，死死地抱着玉玺不撒手。

专门来抢夺玉玺的王爷怎么可能空手而归？于是，王爷司马威折断了晋惠帝司马衷的小手指，不顾司马衷一把鼻涕一把泪地哭泣，夺了玉玺扬长而去。

来让我们感受下历史记载的这一段画面，司马伦谋朝篡位，派遣司马威及黄门郎骆休逼宫，从晋惠帝手中强夺玉玺，司马伦其后任司马威为中书令。

司马伦失败后，晋惠帝司马衷对司马威逼宫一事怀恨在心，说："司马威强行掰开我的手指，抢夺我的玺绶，不能不杀。"

于是司马衷下令诛杀司马威。

小齐王司马冏诛杀赵王司马伦一门，让晋惠帝司马衷重新坐上皇位，成了傀儡皇帝。

小齐王司马冏党同伐异，处斩了不少人，拉拢了不少望风而降的势力，并且培植了自己的势力。

陆机被成都王司马颖所救，才有了后来的七里涧之战，这是后话了。

恢复帝位的晋惠帝司马衷并没有过得多么舒心，小齐王司马冏下达政令，都不需要通过晋惠帝司马衷，而晋惠帝司马衷只负责坐在龙椅上傻笑即可。

不久之后，长沙王司马乂被河间王司马颙所坑，冲入洛阳与小齐王司马冏一较高下。

本来还可以睡个安稳觉的司马衷，被长沙王司马乂半夜拉起来，大冷的天直接拎到城楼上看着楼下小齐王司马冏一箭一箭地仰射城楼，眼睁睁地看着自己身边的大臣被当场射杀！

城楼之上，面对这样血腥而又恐怖的场面，晋惠帝司马衷吓得尿湿了裤子，连话都说不出来。

在惊吓之后，晋惠帝司马衷还被迫看着长沙王司马乂提着小齐王司马冏的头颅，看着曾经欢笑玩闹的堂兄弟的脑袋被传令三军！

晋惠帝司马衷即便是智商不在线，他的心也早就千疮百孔，被突如其来的战火吓得语无伦次，心理留下了巨大的阴影。

我们来看看史书上对这一段历史的记载，是多么血腥和不可思议。

河间王司马颙准备讨杀司马冏，传布檄文让司马乂作为内应。

司马冏派遣部将董艾袭击司马乂，司马乂率领身边的一百多人，挥手砍断车前的帷幔，乘坐敞露的马车飞驰奔往皇宫，关闭了各座宫门，挟持晋惠帝与司马冏相攻杀，司马乂发兵攻打司马冏府。

司马冏派遣董艾陈兵于皇宫西边。

司马乂派遣宋洪等人率军放火焚烧各座观阁及千秋门、神武门。

司马冏命令黄门令王湖把驺虞幡全部偷来，大声喊："长沙王伪造诏命。"

司马乂称："大司马谋反，帮助他的诛灭五族。"

当天夜晚，城中大战，箭矢如雨点飞集，火光冲天。

司马乂挟持晋惠帝到上东门。

司马冏军队在攻打司马乂时，无法看清夜色中的晋惠帝，许多飞箭纷纷射到晋惠帝的御座前。

群臣忙于救火，死者一个压一个地躺着。

连战三天，司马冏失败，司马乂擒获司马冏来到宫殿前，晋惠帝显出很不忍心的样子，想留他一条活命。

司马乂呵斥左右的人赶快把他拉出去，司马冏还再三回头看着晋惠帝，接着被斩于阊阖门外，首级示众六军。

司马冏的党羽属官两千多人都被诛杀并夷灭三族。

老天并没有就此怜惜晋惠帝，他余生都活在惊恐之下，一如汉献帝刘协，他的后半生没有一刻不是惶恐的。

我们通过历史记载，再次感受下这令人惶恐的时代：晋军在荡阴战败，惠帝脸部受伤，中三箭。

百官及侍卫纷纷溃逃，只有嵇绍庄重地端正冠带，挺身保卫天子，司马颖的军士把嵇绍按在马车前的直木上。

司马衷说："这是忠臣，不要杀他！"

军士回答道："奉皇太弟（司马颖）的命令，只是不能伤害陛下一人而已！"

于是嵇绍被杀，血溅到司马衷的衣服上，司马衷为他的死哀痛悲叹。

等到战事平息，侍从要浣洗御衣，司马衷说："这是嵇侍中的血，不要洗去。"

在长沙王司马乂与成都王司马颖在七里涧一战的时候，晋惠帝司马衷再一次面临被废的风险，这个时候的他得知自己的亲弟弟司马颖被司马宗族推举为皇太弟，而他也没有后人可以成为皇太子。

这个时候，晋惠帝司马衷的心态如何，我们不知道，但我想，也许真的是“度日如年”的感觉吧。

七里涧之战后，司马颖败走邺城，司马宗族的兵马集聚在下邳，大晋的国祚也集中在了下邳。

河间王司马颙、东海王司马越、琅琊王司马睿、皇太弟司马颖在此一决雌雄，这几乎是定江山的关键之战。

而此时洛阳中的晋惠帝司马衷已经被河间王司马颙的手下张方抓住，体验了人生中最可怕的经历：饿肚子！

一如当年曹操营救汉献帝刘协之前，汉献帝刘协被饿得头晕眼花，几乎要饿死了。

历史循环，司马家的后人，晋惠帝司马衷也在洛阳被饿得头晕眼花。

这个时候，张方还妄想挟天子以令诸侯，成就自己的霸业。

不久之后，河间王司马颙与东海王司马越在下邳的博弈有了结果，河间王司马颙与皇太弟司马颖失败，东海王司马越与琅琊王司马睿成功守住下邳！

下邳之战后，河间王司马颙失去了宗族的信任，东海王司马越更是以张方欺辱晋惠帝司马衷为由，要求河间王司马颙亲自斩杀张方。

张方虽然是一个野心勃勃的人，却也是河间王司马颙手底下的第一悍将。

骁勇善战的张方终究被河间王司马颙斩杀，失去了悍将的河间王司马颙更不敌东海王司马越，以及东海王司马越手底下那坐拥乞活军的屠伯苟晞。

河间王司马颙失去了自己的倚仗，被东海王司马越活活地勒死于马车上。

东躲西逃的司马颖在下邳之战中损失泰半军队，加上刘渊、石勒等人带领军队叛逃，最后被东海王司马越擒拿。

司马宗族内尚有能力平息大晋之乱的司马氏王爷，最终在司马氏宗族的家里，被人用一尺白绫缢杀。

历史是这么描述司马颖的结局：

镇邺守将范阳王司马虓突然毙命，而狱中的成都王司马颖在邺地却素有威望，司马虓长史刘舆见此情势，生怕司马颖的存在会引发骚动，便秘不给司马虓发丧，为了解除后患隐忧，又令人装扮成台使，诈称得晋惠帝诏书：夜里赐死司马颖。

当值的狱中看守叫田徽，司马颖就问他：“范阳王死了没有？”

田徽答：“不晓得。”

司马颖再问："你多大了？"

田徽答："五十。"

司马颖又问："知道什么是天命吗？"

田徽答："不晓得。"

司马颖叹息道："我死以后，天下是不是能安定呢？自从我被放逐，至今三年了，身体及手脚都没洗过，取数斗热水来！"

他的两个儿子见此情形不禁号啕大哭起来，司马颖唤人把二子带走。

于是头朝东、披散着头发睡下，让田徽缢杀自己，死时年仅二十八。

我对于司马颖的死，甚觉可惜，如果陆机当年没有自视甚高，如果孟玖他们没有背后捣蛋，如果公师藩、刘渊、石勒他们没有暗中捣鬼，如果七里涧之战司马颖赢了，也许，大晋的历史真的要重写了。

可惜，历史从来没有如果。

不久之后，在成都王司马颖背后的势力，也就是河间王司马颙死后，东海王司马越更加肆无忌惮了。

在东海王司马越专心对付河间王司马颙的时候，没人管没人问的晋惠帝司马衷被祁弘挟持回洛阳。

祁弘挟持惠帝乘牛车返回洛阳，司马越率领大军护送。惠帝下诏封司马越太傅录尚书事，以下邳、济阳（今河南兰考）二郡增封。

七个月后，晋惠帝就在洛阳被毒死了。

四年后，晋惠帝司马衷的遗孀，第二任皇后羊献容被刘曜掳走。

这是司马宗族最大的耻辱！足以让晋惠帝司马衷这个男人贻笑万世。

历史这么描述：前赵将领刘曜、王弥和呼廷晏攻陷洛阳，羊献容被刘曜所接收。刘曜相当宠爱羊献容，前赵汉昌元年（公元318年），刘曜平定靳准之乱并夺得帝位后，于次年立羊献容为皇后。

羊献容为刘曜生下三子刘熙、刘袭和刘阐。

刘曜曾经问羊献容："我比起那司马家的小子如何？"

羊献容回答："这怎么能相提并论？陛下您是开创国家基业的圣主，他则是个亡国暗主，他连自己跟一妻一儿三个人都不能保护，贵为帝王却让妻儿在凡夫俗子手中受辱。当时臣妾真想一死了之，哪里还想得到会有今天？臣妾出身高门世家，总觉得世间男子都一个模样；但自从侍奉您以来，才知道天下真有大丈夫。"

于是刘曜更加宠爱她。

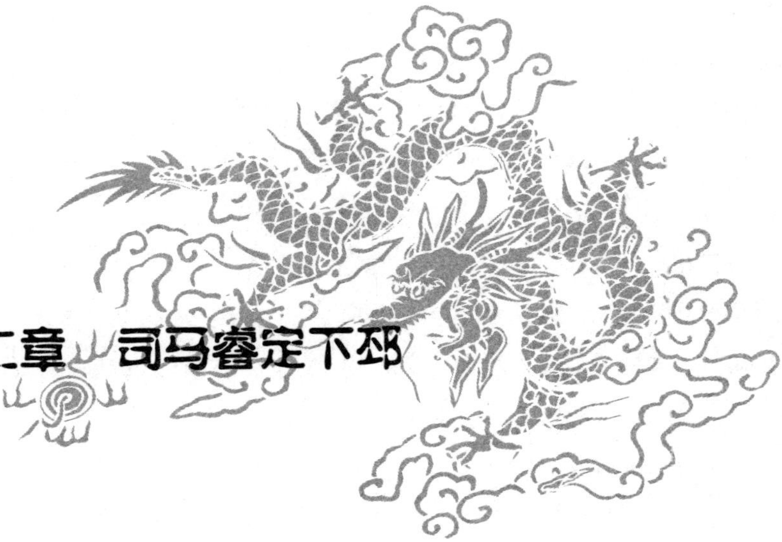

第二章 司马睿定下邳

我们前面说了被毒死的晋惠帝司马衷是有生之年过得最凄惨的一个帝王。

可是紫微星接替，有衰落必然有崛起。

虽然晋惠帝司马衷倒下了，可是冉冉升起来的东晋之主已经在东海王司马越的带领下，成功地从三把手的位置成为晋朝中兴之君。

这人是谁？就是司马懿的第三子，当年寓意为贵胄的司马伷的孙子，琅琊王司马睿！

司马睿是怎样的人呢？

我们从司马睿的五个方面来了解一下，分别从血统、头脑、人脉、经济、运气来探究这个人。

先说说司马睿的血统，我们都知道在古代，王侯将相宁是有种乎的！不然哪有父传子的皇位延续呢？

只有改朝换代，才会有所谓的王侯将相宁有种乎的反问，但是，王朝传续时代，只有姓司马的人才有资格做皇帝。

那么，问题来了，风雨飘摇的大晋宗族还有谁能够镇得住场子，能够让外忧内乱的大晋重新兴盛呢？

首先，我们来分析一下，在晋惠帝司马衷被毒杀之后，大晋剩下的几个宗族王爷是怎样的存在吧！

晋惠帝司马衷的接任者，晋怀帝司马炽，此人生母王媛姬并不是什么名门之后，只是东海王司马越找来拿捏在手里的一个傀儡，而曾与司马炽争夺皇位的司马覃，相对来说，本该更有底气成为皇位接任者的。

司马覃是清河王司马遐的儿子，这个司马遐在前面也提到过，也就是那个带兵灭了卫瓘一门，之后又被贾南风设计矫诏，被反杀的糊涂王爷司马玮最得力的助手。

当初，司马覃为清河世子时，他佩戴的金铃忽然隐约生出麻粟似的斑点，他的祖母陈太妃认为不祥，毁坏金铃并出卖。占卜者认为金是晋朝即将兴盛的征兆，司马覃作为皇室继承人，这是吉兆。毁坏而出卖，象征司马覃被废不能善终。后来，司马覃果然被废黜并且遇害。

司马覃的父亲清河王司马遐虽然没有同母兄弟，可是司马遐的伙伴楚王司马玮却有两个同母兄弟，其中一个就是长沙王司马乂。

没错，你没看错，长沙王司马乂跟楚王司马玮是同父同母的兄弟。

而司马覃自然而然地跟长沙王司马乂是好兄弟，类似于九王夺嫡时代，八王爷、九王爷、十王爷虽然不是同母兄弟，却是非常亲密的好弟兄。

司马覃得益于父亲清河王司马遐的人脉与影响力，自然而然地也就有能力影响长沙王司马乂的旧部。

此时的东海王司马越会允许清河王司马覃成为自己的对手吗？

当然不会！

东海王司马越扶持的是一个最没有家底和外戚的王爷，晋怀帝司马炽。

但是东海王司马越扶持晋怀帝司马炽也要防备其他人取而代之，于是坑杀清河王司马覃的阴谋提上了计划。

如何坑死清河王司马覃呢？

时间回到河间王司马颙、成都王司马颖与东海王司马越、琅琊王司马睿角逐下邳的开始。

彼时已经完全不顾脸面的成都王司马颖即便是答应了琅琊王家王澄的要求，杀了孟玖平息士人的怨气，平反了陆机的冤屈，可到底二十万大军全军覆没，这给司马颖带来了心理上的重创。

成都王司马颖虽然在七里涧之战输给了长沙王司马乂，可到底想尽一切办法，最后斩杀了司马乂。之后，成都王司马颖丝毫不掩饰称帝的野心，做起了皇帝的美梦。

与此同时，河间王司马颙和东海王司马越准备讨伐这个擅自称帝的成都王司马颖，就在檄文传达全国的时候，成都王司马颖用他仅存的十万兵力一举将东海王司马越打了个灰头土脸。

吃了一嘴土的东海王虽然学曹操大笑三次，又三次被秒打脸，但是他到底叫司马越，是一个绝对要超越自己的人，于是他越挫越勇，决定来年在下邳跟司马颖正面硬刚。

下邳历来是兵家必争之地，也是楚荆大地与江南大地的咽喉，为了能够在下邳战胜成都王司马颖。东海王司马越团结一切可能团结的司马氏宗族和大将的力量，这便有了东海王司马越联合以前魏灭蜀、晋灭吴两场大型战役的司马王室们的活动。

我们刚才说了晋怀帝司马炽其实就是东海王司马越的傀儡，因为其母族相对弱小而被东海王司马越看中，但作为想要称霸一方的王爷，东海王司马越不仅仅看中晋怀帝司马炽一个人，他需要找一个明明不够格碰触皇位，却又有机会接近皇位，他们的封地之间非常靠近，能够捏住对方七寸死穴的存在。

那么，这个人是谁呢?

无疑琅琊王司马睿更适合。

为什么呢?

其一，司马睿的封地在泰安、临沂、徐州、枣庄附近，司马越的封地在青岛、烟台、潍坊、济南附近，这两个封地都属于齐鲁大地，彼此封地接壤，具有地缘优势。

其二，司马睿还拥有东海王司马越最为看重的血统，那便是能够将魏灭蜀、晋灭吴所有王亲贵族一网打尽的血统，并且比晋怀帝司马炽外戚更弱，比清河王司马遐更有军队资源，比晋愍帝司马邺更有吴地资源。

我们前文也讲过司马睿的血统，在这里再赘述一下。

司马睿爷爷司马伷是参与魏灭蜀、晋灭吴两场大型战役的将领，与钟会、邓艾、羊祜、卫瓘、王浑、贾充、张华、王衍、王戎等人有很好的交情，羊祜的叔叔羊耽有几个女婿和儿子，其中，羊耽的女婿一个叫王乂，另外一个女婿叫夏侯庄。

王乂生了一个儿子叫王衍，夏侯庄生了一个女儿叫夏侯光姬。

王衍生了一个儿子叫王玄，夏侯光姬生了一个儿子叫司马睿。

瞧瞧，王衍是羊祜的外甥，司马睿是王衍的外甥。

司马睿的母亲是夏侯光姬，是夏侯氏，也就是曹操一族的血脉。毕竟曹操的父亲叫夏侯巨高。

司马睿论母亲那一支有夏侯氏、羊氏的血液。

更令人震惊的是，司马睿的父亲是司马觐，司马觐的娘舅是诸葛觐。司马觐的姥爷是诸葛诞，诸葛诞的堂兄是诸葛亮、诸葛恪和诸葛瑾。

最神奇的是，司马睿有一个姨家表哥叫王旷，而王旷的儿子就是大名鼎鼎的王右军——王羲之。

换言之，《三国志》中的东吴诸葛瑾，西蜀诸葛亮，曹魏司马懿、曹操，三国归晋羊祜，这几个带兵打仗的主帅的血液集中在了司马睿的身上。

最关键的是，琅琊王司马睿的父司马觐早年去世，司马睿十几岁继承王位，是个少年丧父，并且不被司马宗族重视的王爷。

如今，司马睿的母亲夏侯光姬就是个失势的夏侯家的女儿，也就是被司马家打压的老曹家的宗族，父亲司马觐早就去世，无论是外戚夏侯氏，还是父族司马氏，都是比司马炽还弱小的存在。又因为是司马懿第三子司马伷，而不是第二子司马昭的支脉，皇位根本是妄想。

因而，东海王司马越认为血统最纯正、力量最薄弱、皇位够不到、早年丧父的琅琊王司马睿是最适合拉拢的对象。

而第三点就是司马越认为最有可能拉拢成功的关键：司马睿的恨意。

让我们感受下琅琊王司马睿的逃命之途，体会下司马睿对成都王司马颖的旧仇是怎样诞生的。

司马颖命令一切关口、渡口都不允许贵人通过，严防死守。

被掳到邺城的司马睿不敢招摇，穿着便衣，小心翼翼，装扮成普通农民。到了黄河渡口，守渡口的士兵一个个地盘问。

虽然从司马睿的行李中没有查出什么违禁物，但他不凡的气度还是引起了怀疑。

士兵拦住他，不让过河，要向领导汇报。

司马睿的随从宋典一看形势万分紧迫，急中生智，拿起马鞭就向司马睿身上抽去，大笑说：政府禁的是贵人，你这个看房子的小吏，怎么也被扣留了。

守渡口的一听，觉得自己是过于紧张了。挥挥手，走吧走吧。司马睿冷汗直冒，低着头匆忙而去。

小兵一念之差，司马睿堪堪躲过死神的追击，连夜逃命之际，司马睿恨上司马颖是必然的。

据记载，在东海王司马越讨伐成都王司马颖邺城的时候，司马睿的叔父东安王司马繇因得罪司马颖而遭杀害，这简直就是新仇旧恨叠加在一起。

东海王司马越当然会认为琅琊王司马睿会铁了心地跟自己攻打成都王司马颖。

再说说司马睿的头脑。

司马睿面对母族司马氏和羊氏一塌糊涂，父族司马伷支脉一蹶不振的局面，他必须要拿出真本事来向所有期待他有所作为的亲朋好友，等待他长大起来的夏侯氏、羊氏、诸葛氏、司马氏、王氏以及魏灭蜀、晋灭吴之战的名将后代们一个交代。

这个交代需要一场大战来镀金，更需要一场捷报来得到琅琊王家倾囊相授，得到名将后代出人出力，得到吴越之地大族们的巨资资助。

那么，怎样的大战能够让司马睿一跃而起，让世人都知道琅琊之地不仅有司马伷这个英勇善战的王爷，更有司马睿这个血统纯正的天生帅才呢？

必然是兵家最在意的地方，一战定乾坤的地方。

而这个地方自然就是下邳之地。

显然，司马睿选择出名的地方是下邳，在这里让他一战成名！

来让我们看看历史记载，永兴元年（公元 304 年），出任镇北大将军、都督邺城守诸军事。同年十二月二十四日，立司马炽为皇太弟。但是，册立司马炽为皇太弟，是成都王司马颖和河间王司马颙对立之下的结果，其实司马炽本人并没有获取权力的野心。

没错，这个时候成都王司马颖与河间王司马颙出现了间隙，而东海王司马越看到了这个千载难逢的好机会。

永安元年（公元 304）七月，东海王司马越挟待晋惠帝司马衷亲征邺城。

当时，坐镇邺城的将军是成都王司马颖。前不久，司马颖击杀了执政的长沙王司马乂，强迫惠帝封他为皇位继承人。在取得了都督中外诸军事、丞相等职务之后，司马颖将皇帝的乘舆服御尽数劫入老巢，并以邺城遥制洛阳。

司马颖的横暴和专权，引起了另外一些实力派人物的不满。尚书令司马越乘机以惠帝的名义发布檄书，征召四方军队讨伐司马颖。时任左将军的司马睿奉命参加了讨邺战争，时年二十九岁。

两军在荡阴展开激战。结果司马越兵败，遁回封国东海。惠帝及随军大臣被司马颖劫掠入邺，司马睿也在其中。不久司马睿的叔父东安王司马繇因得罪司马颖而遭杀害。

司马睿害怕祸事殃及自己，潜逃出邺。在出奔洛阳的途中，他行至黄河岸边曾被津吏捕获，险遭不幸。司马睿到达洛阳，马上将家眷接出往琅琊去了。

永兴二年也就是公元305年，东海王司马越起兵下邳，准备西迎晋惠帝时，起用琅琊王司马睿为平东（后迁安东）将军兼徐州诸军事，留守下邳，看管后方。司马睿受命后，请王衍从弟、参东海王司马越军事的王导为司马，委以重任。

公元307年12月，前北军中候任城吕雍、度支校尉陈颜等再次谋立司马覃为太子，事泄，司马覃于公元308年2月16日被东海王司马越杀害，以庶人礼埋葬，此年司马覃仅仅十四岁。

第三章 衣冠南渡开始

接续上文，我们知道下邳这地方对于琅琊王司马睿很重要，可是这么重要的地方，其他王爷就不想借此出名吗？

要知道从下邳走出来的人，可是有蜀国的创业大佬刘备，当年刘备就是靠着下邳一战成名的。

如今下邳这个风水宝地又再一次成为龙门，等待着跃龙门的大鱼难道不想飞跃而起？

答案是肯定的，在下邳参战的王爷中不仅有琅琊王司马睿，更有东海王司马越的亲弟弟司马腾。

只是，司马腾虽然有屠伯苟晞这样的悍将，又有乞活军这样骁勇善战的部队，可惜这位王爷没有司马王族和吴越之地的世族支持，也没有琅琊王家的杰出人才帮助，他在下邳不久就自行前去邺城了。

为什么去邺城呢？

让我们来看看当时下邳之战的战局。

首先，下邳之战发生的时候，东海王司马越是怎么调兵遣将的呢？

永兴二年也就是公元 305 年，张方挟持惠帝来到长安，司马越借此起兵讨伐张方。司马楙畏惧，以徐州之地投降司马越。于是司马越以司空自领徐州都督。

司马越部署三个弟弟司马腾、司马略、司马模分别据守幽州、青州、许昌三个重镇，移檄征、镇、州、郡。于是范阳王司马虓和幽州刺史王浚等共推司马越为盟主，引来诸多朝士投奔，声名渐起。

而河间王司马颙以惠帝名义发诏罢免司马越等人，下令皆回封地。司马越受命，率将士三万返回东海。

这就是说啊，在上文中，我们提到的张方挟持晋惠帝司马衷，不给晋惠帝司马衷吃喝，饿着晋惠帝司马衷的时候，东海王司马越派遣自己的亲弟弟据守幽州、青州、许昌。

这是一个什么样的地理位置呢?

幽州，故燕赵之地，也就是京津冀地区。换言之，河北、东北地区尽数掌握!

青州，故齐鲁吴之地，也就是江浙鲁地区。换言之，山东、江苏、浙江地区尽数掌握!

这些地方是江南粮道最关键的部位，更关键的是东南沿海防线，易攻难守。

许昌是哪里?

熟悉三国的都知道，许昌是曹操定都的地方，许昌距离洛阳一百公里，靠近河南、安徽两地。

我们看一下地图便明白了，东海王司马越将自己的亲人派到东南沿海的东北、河北、山东、江苏、浙江、安徽、河南等地区，直接扼守环淮河流域和长江流域的江南粮道。

公元 305 年那一年可是灾年，在极缺粮的年月，扼守“苏湖熟天下足”的地方，意味着什么?

不仅意味着军粮有保障，更意味着江淮地区的世族、吴越地区的士族尽数入囊中。

人才是第一生产力，也是第一战斗力。

恰恰，东海王司马越掌握了这个地方!

邺城是成都王司马颖的老巢，如果下邳遏制住成都王司马颖南下，那么身在邺城的成都王司马颖便只能占有淮河以北的地区，至此，划江而治，便成了定局。

死守下邳成了东海王司马越的底线与最终目标，而突袭邺城只是东海王司马越干扰成都王司马颖的一个方法。

因此奇袭郯城、固守下邳就成了东海王司马越当时最重要的战略计划。

而掌握这个地方，东海王司马越与谁不谋而合呢？

上文我们提到过一个人，这个人就是信口雌黄、何人生我宁馨儿的王衍！

我们尚记得，荆州有王澄、青州有王敦、徐州有王导。东海王司马越的谋士便是王衍，而且王衍也制定了历史上赫赫有名的狡兔三窟之法。

王衍虽然担负宰相的重任，但却不认真考虑国家的治理，只想方设法保全自己。他考虑的只是在纷繁变乱的局势中，如何能够使自己及家族长久生存下去，因此他为自己精心营造了一个退路。青州和荆州都是当时的军事要地，物产也很丰饶。

王衍对东海王司马越说："中原现在已经大乱，应该依靠各地的负责大臣，选择文武兼备的人才出任地方长官。"

就让弟弟王澄为荆州刺史，族弟王敦为青州刺史。

并对王澄、王敦说："荆州有长江、汉水的坚固，青州有背靠大海的险要。你们两个镇守外地，而我留在京师，就可以称得上三窟了。"

我们来看看上古徐州是哪里，《周礼·职方》作：冀州、兖州、青州、扬州、荆州、豫州、雍州、幽州、并州。

徐州刺史部：琅琊郡、东海郡、楚国、临淮郡、泗水国、广陵国。

而下邳在哪里？恰恰在徐州。

王导是司马睿的仲父，王导必然在徐州。

从这里，我们可以看到王衍和东海王司马越的关系非常亲密，战略都是重合的。

但是，王衍到底是司马睿的舅父大人。我们提到过王衍的野心，既然王衍要扶持的是自己的外甥，又怎么可能铁了心地帮助东海王司马越呢？

必然，王衍会有自己的小九九，而这个小九九是什么呢？

这就是王衍利用自己的职务之便，在亲弟弟王澄和堂弟王敦驻守江南粮道的时候，堂弟王导就跟着外甥司马睿去下邳成就一番大事业了。

而下邳到底在哪个地方呢？

下邳别称邳国、下邳郡。战国时期，齐威王封邹忌为下邳成侯，开始称该地为"下邳"。秦时称下邳县，到了汉代，下邳曾为楚都，韩信为楚王时，就驻这里。

后来，汉朝平定天下，将郯郡改名为东海郡。后置下邳国，管辖十七城，区域范围相当大，北到山东南部，南至安徽嘉山，西到江苏铜山，东到涟水，为下邳疆域最广之时。

也就是说，晋朝时期的下邳是集山东、安徽、江苏于一地的一个大郡。

下邳，也就是说，徐州作为一个地理区域，范围在淮河以北、泰山以南、黄海以西，涉及山东南部、江苏北部、安徽北部。

换言之，这个地方就是从洛阳来到南方必须要经过的一个地方，并且是跨越淮河入吴越地区的战略要地。

要知道，琅琊王家的王衍被人称作宁馨儿，他可不是浪得虚名的人物。

此时的司马睿不仅仅要下邳的一战成名，更要笼络人脉，而他的舅父大人王衍便为他准备了崛起的要素：人脉。

我们来说说司马睿的人脉。

要知道司马睿跟着王导在下邳除了准备作战以外，还要做什么呢？

答案是司马睿将自己逃命的路线和经验化作了攻略，派自己的亲信在沿途教给黄河以北的大世族们如何保全实力，如何平安跨过淮河，又如何进入吴越之地，得到他琅琊王司马睿的庇佑。

我们提到过，这个时期恰恰又是衣冠南渡开始的时间段，据史料记载，由西晋京师洛阳南渡至建康（今南京）。

西晋晋怀帝、晋愍帝时期中原地区大规模战争不断，内徙的周边部族相继建立君主制政权，强大起来威胁到西晋政权，并最终酿成永嘉之祸，中央朝廷受到威胁。

晋建武年间，晋元帝率中原汉族臣民从京师洛阳南渡，史称“永嘉之乱，衣冠南渡”，这是中原汉人第一次大规模南迁。

我们设想一下，当一个拥有几百人口的世家仓促朝着淮河逃跑的时候，世家族长会有怎样的心理？

怕不怕随时被其他王族或是悍将抓住，活脱脱做了军资或军粮？

在随时担心财富被收走，自己被下锅炖成肉的时候，若是有一个司马氏的王爷伸出援手，跟这些世族族长说：“来我这里吧，我来保护你们，不没收你家财产，你只要感激我就行了。”

那么这个世族族长会怎么想？是不是感激涕零？

如果觉得司马氏还有好心人的话，这些从洛阳赶到淮河以南的世族们会怎样报恩？

是不是有人出人，有钱出钱？

那么，我们再思考另外一个问题，所谓的世家，所谓的诗礼簪缨，到底是什么？

诗礼：《诗经》和《周礼》，指礼教；簪缨：比喻高官。讲究礼教的高官显宦。

本指《诗经》和三《礼》（指儒家经典著作《周礼》《仪礼》《礼记》），此泛指读书人家以诗书礼仪教育子弟。簪缨，原为达官贵人的冠饰，后借指高官显宦。

瞧瞧，所谓的诗礼簪缨指的就是书香门第，世代读书的贵族人家。

世家意思指门第高贵、世代为官的人家，即世世代代相沿的大姓氏大家族。

《世家》为《史记》五体之一。《史记》中共有《世家》三十篇，其内容记载了自西周至西汉初各主要诸侯国的兴衰历史。《世家》之取名就是因为“王侯开国，子孙世袭”，也就是诸侯爵位封邑世代相传。

瞧瞧，所谓的世家指的是门第高贵、世代为官的人家，有很多人甚至是王侯的后人。

至此明白了，所谓的世家、诗礼簪缨都是世代为官、世代读书的贵族人家。

那么世代为官、世代读书的家族，如果出了几个出色的子嗣，这些子嗣算是人才吧？

能读得起书，并且三代以上都读书的家族，这些家族熏陶培养出来的孩子眼界、胸襟、知识、能力比一般人要高出很多。

也因此，当琅琊王司马睿推己及人地保护这些南渡世家的时候，南渡的世家能不记住琅琊王司马睿的好？能不想着报答琅琊王司马睿吗？

那么，在乱世，怎样的报答可以让这些世家得以延续祖先荣耀，世代繁华呢？

当然是让琅琊王司马睿要钱有钱、要人有人，能够抵御任何司马氏王爷讨伐了。

毕竟琅琊王司马睿抵御了外敌，也就帮助世家们渡过了没收财产、充作军粮的危机。

也因此，自洛阳赶到下邳，发起第一次“衣冠南渡”世家大族迁移的历史时期，这些世家与琅琊王司马睿结下了坚不可摧的关系网。

也就是说，衣冠南渡给琅琊王司马睿带来了强有力的人脉。无论是兵家人脉，还是纵横家人脉，文武大才尽数收入囊中，成为东海王司马越与成都王司马颖角逐天下最大的受益者。

而主导这一切的，谁又敢说不是王衍与王导倾力支持的结果呢？

正因为有这样的倾力支持，有这样的历史机遇，才让琅琊王司马睿的财富与势力日益壮大。

我们再来说说琅琊王司马睿的财富。

琅琊王司马睿本是一个年幼丧父的可怜王爷，他在琅琊封地没有什么财富，天下大乱，琅琊封地的田地早就没人种了，没有粮食这种硬通货，司马睿是无法发展势力的。

但是，琅琊王司马睿在固守下邳的时候，经常与建康（今南京）的东吴遗老遗少交流沟通，并且不时举行一下三月初三的聚会，来促进感情交流。

这个聚会史称“新亭聚会”。

新亭是六朝时期国都建康南部重要的军事堡垒，是建康宫城的南北门户之一，地处都城西南交通要道，西临大江，东吴时是饯送、迎宾、宴集之所，东晋时因其濒临长江，位置险要，成为战略要冲之地。

在新亭这个地方，渡过长江的各位人士，每次遇到美好的日子，就互相邀请在此聚集，边赏花边饮酒作乐。

周侯在中间坐着，叹道：“风景跟往昔一样，江山却换了主人。”

大家听了都相视流泪。

只有丞相怒气豪迈，说：“应当共同合力效忠朝廷，最终光复祖国，怎么可以相对哭泣如同亡国奴一样？”

也就留下了新亭对泣的成语，一时成为美谈。

那么，琅琊王司马睿是怎样靠着新亭集会聚敛财富的呢？

第四章 王与马共天下

琅琊王司马睿在三月初三的时候，来到新亭参加聚会，这三月初三上巳节的聚会到底是怎样为琅琊王司马睿聚财的呢？

首先，我们思考第一件事情，那就是衣冠南渡的这些大世家，他们到底有多少身家？

衣冠南渡的大世家中，有很大一部分人是汉朝、曹魏的遗老遗少，大部分甚至可以追溯到春秋战国，是非常古老而又显赫的姓氏。

其中包括清河崔家、陈郡谢家、琅琊王家、清河赵家、泰山羊家，等等。

这些世家在当时是举家南迁，除了不能搬动的老宅，几乎所有的资产全部搬走了。

在这个战乱时代，我们上文也讲过了，下邳这个地方成为世家亲近琅琊王司马睿的开始。

既然是亲近琅琊王司马睿，也自然明白一个道理，那就是必须有军队才能保住他们的财富。

但是，东海王司马越此时跟成都王司马颖、河间王司马颙正打得激烈，若是东海王司马越一直掌权，一旦军费不足，逃难到吴越之地，也就是苏浙沪皖闽赣等华东地区的大世家，他们是不是就要交出军资，成为牺牲品？

答案是必然的。

因为此时东海王司马越接纳了不少乞活贼，乞活贼当时没有被正名，并非乞活军的称呼。

养着一大批正规军，又要养着一大批纷至沓来的乞活贼，这些人都需要粮食供给，一个区区东海封地的王爷，哪有那么多的粮食供给？

自然，衣冠南渡的这些世家们就成了东海王的盘中餐、眼中肉。

在我为鱼肉，他人为刀俎的时候，如何能够成为刀俎而不是鱼肉，或者说如何能让刀俎不伤害自己？

这成了逃到江东附近大世家的难题，也成了如何保持家族不倒的一个大命题。

于是，三月初三上巳节这天，世家们组织活动，大家在新亭聚会。

所谓上巳节，旧俗以此日在水边洗濯污垢，祭祀祖先，叫作祓禊、修禊、禊祭，或者单称禊。魏晋以后把上巳节固定为三月初三，此后便成了水边饮宴、郊外游春、佩兰或是杜若的节日。

对于佩戴兰草或是杜若还有个传奇故事，相传周昭王登基二十年的时候，东瓯越族献来两位女子，一个叫延娟，一个叫延娱，皆美丽纤巧，能言善辩，而且会唱爱笑。

她们走路不留脚印，太阳下没有影子。一次，她们陪昭王游览长江和汉水，不幸全都随昭王落水而死。江汉一带的人们为了怀念她们，修祠堂立于江边。

到晚春上巳节这天，人们都集中到祠堂前祭祀：有的拿来又甜又新鲜的水果，采来杜兰叶将其包好，沉入水中；有的用五彩线包，还把金属系在上面。

这样一来，蛟龙就不会侵害她们的仙体了。由此，这个祠堂被称为“招祗之祠”。

在上巳节活动中，最主要的活动是祭祀高禖，即管理婚姻和生育之神。高禖，又称郊禖，因供于郊外而得名。禖同媒，禖又来自腜。

汉代以后，上巳节虽然仍旧是全民求子的节日，并且传说农历三月三是西王母的生日，但已经是贵族炫耀财富和游春娱乐的盛会。

上巳节还有祓禊、修禊或沐浴活动，沐浴是为了去灾。史前人类认为生育是由图腾入居妇女体内的结果。

这是因为并不是每个妇女都能正常生育的，由于疾病原因，往往使某些妇女不孕育。当时人们认为妇女不育是鬼神作祟，就利用上巳节的沐浴治疗不育症。

曲水流觞又称为“流杯曲水之饮”，所谓“流杯”也称“流觞”，就是投杯于水的上游，杯随波而下，止于某处，则其人取而饮之。

在上巳节还有临水浮卵和水上浮枣活动。

临水浮卵是将煮熟的鸡蛋放入河水，任其浮移，谁拾到谁食之。水上浮枣和曲水流觞则是由临水浮卵演变来的。

不过，这是一种比较文明的孕育巫术。曲水流觞和临水饮宴则是这种巫术的演变，成为文人雅士的娱乐活动。此风在唐尤甚，至宋则渐无闻，今更无人有此雅兴了。

道教兴起后，认为农历三月三为西王母蟠桃会之日。拜西王母在中国普遍盛行，但其他地方也有祭其他神求子的风俗，如扬州拜三茅真君，又称瞎子赛会。

在上巳节期间还进行一种弋射活动，即利用一种带丝线的箭射击野雁，射中后索丝而取雁。这种雁与其说是猎物，莫如说是送礼的最好赠品。南方劳动妇女则开始育蚕，采桑喂蚕。

上巳节这一天，世家们望着长江思索自保，商谈互相帮衬的法子，而这个相互帮衬的法子，也就有了各处风骚数百年的名人雅士的高谈阔论，明着清谈，实则联盟。

于是这个时间段出现了特别有意思的画面：世家联姻。

被记录在册的联姻有几个，第一个是卫玠的第二任妻子山氏女。

此山氏女是“竹林七贤”山涛的孙女，山简的女儿，而山简是王敦的谋士，王敦是王衍的堂弟，更是王导一个爷爷的亲堂哥。

卫玠这个名门之后，为了能够稳住自己的局面，不仅迎娶了山涛的孙女山氏女，更是广为交友，不断跟王敦、王导、谢鲲等人来往。

第二个是琅琊王司马睿的儿子司马绍的娶妻，司马绍的妻子是庾亮的妹妹，庾亮是跟司马绍结拜之人，史称布衣结拜。

庾亮同时也是吴越地区大世家所出，背后人才、势力、财富是稳住琅琊王司马睿的关键所在。

更为关键的是，琅琊王司马睿的女儿嫁给了几个当世名士，收拢了一批寒门士族进入朝纲，培植自己的心腹。

在王衍的帮助下，王导的指导下，琅琊王司马睿通过联姻争取了很多世家子弟向自己靠拢，同时争取了很多世家族长以他为重。

琅琊王司马睿通过与世家联姻，重整世家资源，还达到强弱联合的目的。

并且琅琊王司马睿通过上巳节的风俗，在新亭集会逐渐形成自己的号召力，可以一呼百应的影响力。

借助这样的影响力，世家子弟为了自己的人生目标开始捐助家族仅剩的资产，来帮助琅琊王司马睿不断地壮大，并且世家子弟靠着鞍前马后的帮衬，也得到自己期待的一官半职。

而这段时间的运作，成为琅琊王司马睿积攒财富、积攒影响力的关键。

但是仅仅有血统、人脉、资源、财富是不够的，还要有运气，也是天命之数。

首先，我们看看琅琊王司马睿到底是怎样一个存在?

琅琊王司马睿小的时候，他的母亲夏侯光姬一直是个不安于室的女人，部分史料记载，说司马睿是牛继马后，并非司马氏的后人。

曹魏时期，有一本流传很广的谶书叫《玄石图》，上面记有“牛继马后”的预言。司马懿请星象家管辂占卜子孙运势，管辂占卜的结果与《玄石图》不差毫厘，司马懿不解何意。后来他位居太傅之职，权倾天下。

他手下有个将领叫牛金，为他出生入死，立下殊勋。司马懿忽有所触，想起“牛继马后”的预言，心里十分忌讳，怕牛金将来会对子孙不利，就派人请他赴宴，酒中下毒。牛金为人坦荡，没有提防之心，“饮之即毙”，就这样稀里糊涂地送了命。

司马懿自此以为，牛金已死，子孙便可高枕无忧坐享福贵了，殊不知世事难以预料。司马懿的孙子司马觐袭封琅琊王后，其妻夏侯氏被封为妃子。

夏侯氏人很风流，没多久就与王府一个也叫牛金的小吏勾搭成奸，后生下了司马睿。

此即史书所言，司马睿并非皇族血脉，而是琅琊王府小吏牛金的儿子。只是因为有“牛继马后”的传言，导致了战将牛金被冤杀。

后人遂戏谑地称司马睿为牛睿，比如明朝思想家李贽，就直称东晋为“南朝晋牛氏”，而不称司马氏。

这不管是后人编排，还是确有其事，但司马睿的血统问题确实被司马氏皇族质疑过。

也许司马氏宗族真正质疑的是司马睿为什么拥有蜀国、东吴、曹魏三国那么强大的血缘吧?

不管怎样，至少琅琊王司马睿从出生开始就是个争议很大的人物。

但是面对争议，琅琊王司马睿依旧能够在八王之乱中混到小齐王司马冏的身边，成为小齐王司马冏身边最得力的干将，又能够成为长沙王司马乂信任的下属，还成为成都王司马颖颇为看重的文臣。

从权力更迭看，琅琊王司马睿的前半生，可以看出这个人的情商极高，能够应对各种棘手问题，而且有能力让其他人都喜欢自己。

这样的手腕与亲和力，至少在前期，为琅琊王司马睿夯实了基础。

随后，琅琊王司马睿在邺城被掳，差点命丧邺城，后来顺利逃脱。若不是有天命所归，很难说明司马睿是怎样逃过一道道封锁，突破重围来到下邳的。

这也说明琅琊王司马睿懂得乔装，同时懂得如何自保与隐藏实力。

等到琅琊王司马睿在舅父王衍的帮助下，成功进入下邳，有了固守下邳的机会，司马睿也没有辜负王导的指导，开始跟避难而来的世家搞好关系，频繁往来。

如果说天时地利人和上，琅琊王司马睿占据了地利与人和，那么固守下邳赢得司马颖便是真正的天时，又或者说天意了。

成都王司马颖看到讨伐檄文的时候，怒不可遏，便发兵直取下邳，这大军都到了下邳城下了，奈何屠伯苟晞和司马腾这两人有了偷袭邺城的心思。

这邺城被偷袭，成都王司马颖怎么还能在下邳跟琅琊王司马睿死磕到底呢？

于是，班师回营，直奔邺城回援的成都王司马颖错失了占领下邳的机会，而琅琊王司马睿莫名其妙固守下邳赢了，一战成名的梦想，一夜之间终于实现。

而成都王司马颖呢？回到邺城救援的时候，已经乱了章法，再加上琅琊王司马睿和司马腾合兵一处，共同围困邺城，曾经拥有三十万大军的司马颖瞬间成了丢盔弃甲的逃兵。

历史关于成都王司马颖逃跑的记录是这样的：卢志劝司马颖侍奉晋惠帝返回洛阳。这时还有一万五千名士兵，卢志连夜分派布置。到早晨将要出发，程太妃留恋邺城不想离开，司马颖也犹豫不定。

一会儿部队溃散，司马颖带着帐下的几十个骑兵与卢志侍奉着晋惠帝向南奔向洛阳。

仓促之间，离开邺城的这伙君臣都没有考虑带钱。中黄门行李中带着个人积蓄的三千，诏令借他的这些钱用于路上买饭，夜里晋惠帝盖着中黄门的布被，吃饭用瓦盆。

到达温县，晋惠帝将要拜谒皇陵，由于晋惠帝在逃跑中把鞋弄掉了，就穿上侍从的鞋子，在皇墓下流泪下拜。

当成都王司马颖狼狈逃窜的时候，东海王司马越跟河间王司马颙正面杠了起来，而这次对战以张方被献祭人头、河间王司马颙被勒死在马车中告终，成都王司马颖只落得一个东躲西藏，最后被白绫勒死的下场。

东海王司马越毕竟不是天命所归之人，就在万事俱备只欠东风的最佳阶段，屠伯苟晞突然想起“王侯将相宁有种乎”这句旷世名言，加之本身是司马越的异姓拜把子兄弟。

作为军权在握的悍将，周遭百姓都把苟晞神话为再世白起了。

苟晞突然发动政变，要跟东海王司马越分庭抗礼，更是拉上了成都王司马颖的旧部石勒、公师藩等人。

他们打着为成都王司马颖报仇的旗号，看似替天行道，实则就是想跟东海王司马越划江而治。

东海王司马越也许是因为此时年事已高，竟然被吓死了。

是的，东海王司马越竟然被吓死了。

在苟晞被石勒卸磨杀驴之时，东海王司马越也跟着死去，死在洛阳附近的东海王司马越的尸体必须要被收殓，并护送回故地。

而负责这项任务的恰好是琅琊王司马睿和琅琊王衍。

王衍带着一个小分队来到东海王司马越所在之地，本计划扛着棺材走夜路，实行暗渡陈仓之法，结果那天出现大雾，一时之间分不清方向。

于是，王衍带着一群人浩浩荡荡地一头扎进了石勒所在的军营。

而石勒一直把成都王司马颖这个主公当作偶像，奴隶出身的他非常喜欢学习儒家文化，当然也很厌恶祸乱朝纲，害得大晋十年战乱不止的奸臣贼子。

而第一奸臣，在石勒看来就是这个琅琊王家的王衍。

这石勒有多么厌恶王衍呢？

石勒厌恶到了用墙活活砸死王衍，更让王衍临死的时候叮嘱子孙，“君子不立于危墙之下”。

让我们来看看历史上，关于石勒和王衍的这段精彩对话。

永嘉五年（公元 311 年）3 月，司马越去世，众人共同推举王衍为元帅。

王衍认为这时战争频繁，不敢担当，就推辞说：“我年少时就没有做官的愿望，然而积年累月，升迁到现在的地位。怎么能让我这样一个没有才能的人来担任统帅呢？”

于是与众人奉司马越的棺椁还葬东海国。

四月，晋军被石勒军队击破。石勒让西晋的王侯大臣前来与他相见，他以西晋的旧事询问王衍。王衍向他陈说了西晋败亡的原因，并说责任不在自己。

石勒很欣赏他，同他谈了很长时间。

王衍说自己年轻时就不喜欢参与政事，想让自身避免祸患，因而劝说石勒称帝。

石勒大怒说："你名声传遍天下，身居显要职位，年轻时即被朝廷重用，一直到头生白发，怎么能说不参与朝廷政事呢？破坏天下，正是你的罪过。"

让手下把王衍押出去。

石勒对他的参谋孙苌说："我行走天下多年了，从来没有见过这样的人，还应该让他活下去吗？"

孙苌说："他是西晋朝廷的三公，一定不会为我们尽力，有什么值得可惜的呢？"

石勒说："总之不可用刀刃加害于他。"

于是命令士兵在半夜里推倒墙壁把王衍等人压死。

王衍临死时，看着别人说："唉！我们即使不如古人，平时如果不崇尚浮华虚诞，勉力来匡扶天下，也不至于到今天的地步。"享年五十六岁。

王衍突然死于石勒之手，造成了琅琊王家的震动。

要知道王衍在大晋被称作琳琅珠玉，《世说新语》记载，有人去拜访王衍时，遇到王戎、王敦、王导在座；到另一个房间去，又见到王诩、王澄。

他回家后，告诉别人说："今天走这一趟，满眼都是珠宝美玉。"

王导认为王衍是神锋太俊般的人物，是琅琊王家的主心骨。《世说新语》记载，王澄评论王衍说："哥哥外貌好像很正直，可是锋芒太露了。"

王衍回答说："确实比不上你那样豁达大度、仪表温和。"

王导也曾评论王衍："陡峭地肃静地耸立在那里，像千丈石壁一样屹立着。"

正因为王衍是主心骨一样的人物，在王衍骤然去世之后，琅琊王家瞬间一团乱，而王澄数次想要成为族长，却被王敦和王导这对同一个爷爷的堂兄弟按倒。

此时琅琊王家内部的风波也波及了前来求保护的各大世家，于是，一场令人诧异的权力洗牌又拉开了序幕。而正是因为这场洗牌，王导和王敦坐实了自己的地位，也导了一出"龙门相王"的戏码。

只是在这一出龙门相王之中，王导和王敦坐了上位，史称"王与马共天下"。

历史记载，司马睿从东渡到登基，主要依赖了北方大族琅琊的王氏家族王导、王敦兄弟的大力支持。

王导主内，位高权重，联合南北士族，运筹帷幄，纵横捭阖，政令己出。王敦主外，总掌兵权，专任征伐，后来又坐镇荆州，控制建康。

朝中官员百分之七十五以上是王家的或者与王家相关的人，但司马睿对王导始终十分尊敬，称王导为“仲父”。

历元、明、成三朝，王导的地位一直十分崇高。成帝给王导的手诏总是用“惶恐言”“顿首言”“敬白”之类的语言，他还亲自驾临王导的府邸，礼敬王导的妻子。

正月初一王导上朝时，成帝都要起立相迎。

“王与马共天下”的典故有着实际的历史含义，反映了东晋门阀政治的特殊背景。

王与马的结合所开启的江东政局，奠定了东晋一朝政局的基础，影响是深远的。至于琅琊王氏能与司马氏“共天下”而没有篡天下，这应当从门阀士族之间彼此牵制和南北民族矛盾这两方面寻找答案。

那么，这一次众多世家之间的权力洗牌，以及“王与马共天下”背后的细节又是什么呢?

并且，为什么史学家留下一段话，认为“王与马共天下”其实是很复杂的呢?

且听下回分解。

第五章 东晋的“百六掾”

上文说到了“王与马共天下”这件事是很复杂的，那么，这件事是怎么复杂呢？

我们分析一件事的时候，如果有结局，可以从结局反推，推导源头便会看到最终受益者，最后的大赢家一开始到底做了什么，又是怎么做的，以此可以看到多米诺骨牌效应的系列事件到底是怎么产生的。

首先我们来了解一个词：六百掾。

西晋末年，中原混战，士民多避乱南渡。永嘉元年（公元 307 年），东海王司马越以太傅辅政，任琅琊王司马睿为安东将军，都督扬州、江南诸军事，渡江移镇建邺，经营江南。

司马睿在王导的谋划下，积极安抚北方侨姓士族，并争取南方吴姓士族的支持，声望日益。他选用一百多个北方名士担任官属，时人称之为“百六掾”。

其中著名的有汝南周颚、渤海刁协、颍川庾亮、琅琊王承等。

看看，在琅琊王司马睿和王导的谋划下，司马睿成为皇帝的时候，有了一百多个北方名士做官员，成为东晋开国璀璨的明星。

那么，周颚、刁协、庾亮、王承又是什么人呢？

首先，我们来看看周颚，周颚字伯仁，没错，就是“我不杀伯仁，伯仁却因我而死”的周伯仁。

周𫖮出生于世族之后，他的舅父是王浑，就是卫玠的外公王浑。

周𫖮拥有王浑晋灭吴之战所有将领的关系网，并且周𫖮本身也是一个军师级别的人物，在军队里名望甚高。

周𫖮不仅仅拥有将领的人脉资源，更是拥有文官资源，他跟王导是发小，并且跟王敦也是多年好友。

曾经王敦羡慕周𫖮的名望，跟周𫖮谈话都谈脸红过。

就这样一个人物，他背后有王浑给予的很多支持，更有王浑之子王济这个驸马爷的鼎力支持，周𫖮的势力如何，有没有一种恍然大悟的感觉？

刁协是谁？刁协是司马睿扶持起来的亲信，专门负责帮助琅琊王司马睿处理一些事情，此人是心腹，也就是司马睿用来探听信息的渠道。

庾亮是司马绍的大舅哥，是温峤的拜把子兄弟，并且此人是颍川庾氏杰出的后生。

要知道温峤是何人？温峤是刘琨的外甥，更是刘舆的女婿，戏曲里提到的温太真就是温峤。

庾亮的背后是太子爷司马绍和第一谋士温峤，此人代表了东宫一派。

王承是王敦的兄弟，代表了琅琊王家的势力。

也就是说，“王与马共天下”后，琅琊王家、太子司马绍一派、司马睿一派、晋灭吴大将一派齐齐上场。

那么，如何能让衣冠南渡的琅琊王家还有部分世家有掌权的机会，吴越之地的世家被剥离在外，甚至被压榨呢？

这就不得不回到我们最开始说到的“王与马共天下”这个议题了。

当年司马懿是如何发动高平陵事变的？因为司马懿最开始的时候是负责招生的，是招生办的主任，并且是招生办里面专门发掘文武全才的主任。

司马懿一派出现了不少名耀古今的大将，一如钟会、邓艾，等等。

正因为是招生办主任，桃李满天下，故而朝堂之上听从司马懿这个老师的学生越来越多，最后满朝文武只听司马懿一人的话，而曹氏只能干看着。

这就是司马懿高平陵事变最根本的人和原因。

如今琅琊王家又想重走司马懿的旧路，为了能够走得名正言顺，琅琊王家的王导和王敦准备先杀鸡儆猴，然后再采取安抚政策，也就是后来的六百掾。

怎样杀鸡儆猴呢？

在召开新亭集会，发出“王与马共天下”这个响亮的号召之前，王导和王敦发布了恐怖的“宁可错杀一千，不可放过一人”的文字游戏。

王衍的亲弟弟王澄本想着自己成为琅琊王家的族长，以达到号令群雄的目标。

王导和王敦一合计，觉得要想杀一儆百，就要从大义灭亲开始做起。

于是，王澄在王敦家里做客，口沫横飞诉说自己观点的时候，王敦以所谓的居心不良，一刀斩杀了王澄。

感受下历史记载的王澄结局：王澄到荆州上任后，不亲理政务，日夜纵酒。时国家已乱，曾欲率军赴援京师，因畏惧王如起义军的兵势，未能北进。

许多流民自巴蜀徙入荆湘，因生活窘困，纷纷屯聚造反，澄袭杀其八千余人，从而激起更大规模的反抗，流民推杜弢为首，纵横于荆湘，澄军对其无可奈何。

因澄对部众凶狠，致上下离心，终难在荆湘久处。

后应琅琊王司马睿征召，前去担任军谘祭酒，途经豫章（今江西南昌），被心怀宿怨的族兄王敦所杀。时年四十四岁。

王敦杀掉王澄之后，越发变得自大起来，开始不断地召集全国的名士，一是筛选值得进入六百掾的人员，二是党同伐异，除掉与自己不和的人。

于是，历史上又出现了令人惊讶的一幕。

第一幕便是令所有人费解的：看杀卫玠。

《世说新语》记载的看杀卫玠是这样的：卫玠从豫章至下都，人久闻其名，观者如堵墙。玠先有羸疾，体不堪劳，遂成病而死。时人谓“看杀卫玠”。

但是，《晋史》记载的卫玠生前最后的活动是这样的：卫玠因王敦豪爽不合群，好居人上，恐怕不是国家的忠臣，于是谋求到建邺。

京师的人听说其姿容，看他的人挤成人墙。卫玠因劳累成疾而加重病情，于永嘉六年（公元 312 年）去世，时年二十七岁，当时的人都说卫玠是被看死的。

卫玠死后葬在南昌。卫玠死时谢鲲哭得很悲痛，有人问他为何如此悲伤，谢鲲回答说栋梁断了，因而悲哀。咸和年间（公元 326 年—公元 334 年），卫玠改葬于江宁（今南京）。丞相王导告论说：“卫洗马确实该改葬。此人是风流名士，海内仰望，可以准备薄祭，来勉励旧日好友。”

从史书可以看出一个关键点：卫玠不喜欢王敦，甚至抨击过王敦。

是啊，抨击过王敦，又是在王敦立威的时候，这个时候，二十七岁的卫玠不是正好捋虎须了吗?

再说，卫玠曾经给王敦闹了一个大红脸，使其尴尬枯坐一夜。

据历史记载，征南将军山简见到卫玠，很是器重钦佩他。山简说:“过去戴叔鸾嫁女，只嫁给贤人，不问地位贵贱，何况卫氏是权贵门户有名的人呢!”于是把女儿嫁给卫玠。卫玠进入豫章，当时大将军王敦镇守豫章，长史谢鲲先前就一直尊重卫玠，相见后很高兴，交谈了一整天。

王敦对谢鲲说:“过去王弼在朝中的谈吐像金声，此人在江表的言论如玉振，精微言论，断绝了又续接。没想到永嘉末年，又听到正始年间的声音，何晏如果还在，一定倾倒。”

可是谢鲲和卫玠那天聊得很开心，王敦枯坐一夜啊!

王敦怎么可能忘记自己曾经尴尬枯坐的事情?又怎么可能原谅卫瓘之孙，周颛外孙的事情!

若是此时杀了毫无根基的卫玠，周颛作为卫玠的姑爷爷，怕是也要掂量几分，并且给天下桀骜不驯的名士看看，“竹林七贤”早就是过去式了，胆敢反抗者，一律如卫玠一样，照杀不误。

于是，在大街上，死在马车里的卫玠就流传出了“看杀卫玠”这样一个神奇的故事。

不久之后，王衍的独子王玄传出噩耗，有山贼在野外诛杀了王玄，并且找不到尸骨。

琅琊王家上一任族长的儿子，在琅琊郡这个地方，在琅琊王司马睿的封地内，被一群山贼杀了?

这可能吗?

当然不可能!

毕竟王玄是琅琊王家的公子，更是王衍唯一的儿子。这么有身份的人，怎么可能没有人保护呢?

并且，王澄、王玄、卫玠这三个人死后，《晋史》中关于他们的生平大事一点记录都没有，只有偶尔的几个笑话流传在《世说新语》中。

这等于抹除了这三个人在历史上被记录的权利。等于告诉后来人，胆敢违抗王敦和王导的人，下场不仅仅是一个死!更会被抹除史书记载。

在王敦杀了王澄、王玄、卫玠之后，自然有一定的震慑效果，而震慑的结局就是再也没有人公开反抗，并且很多世家的孩子大了的，都来请求联姻。

于是，琅琊王家的男儿一时之间成了香饽饽。

但是，吴越之地实在太小了，这里不仅有琅琊王家，更有陆逊的家族陆家、顾荣的家族顾家，还有袁家等原住世家。

如何削弱原住世家，又如何依附琅琊王家呢？

王导和王敦又设计了一场周玘引发的血案，借此来诱导陆家、顾家、袁家等东吴世家跟其他外来世家血拼，以达到互相消磨、互相削减势力的作用。

而这个血案就是周玘家族内乱引起的，也就是周处的后人自相残杀引起的。

因为周玘家发生了血案，原来东海王司马越的旧属由于跟周玘家有着千丝万缕的关系，也跟着搅和进来。

随着时间的推移，周玘的家事成了东吴世家互相诋毁、互相攻讦的大事，而王导更是指导琅琊王司马睿趁机成为天下盟主，改封号为晋王。

就在晋王司马睿当上没多久，东海王司马越的旧部将领冒出几个反抗者，指责晋王司马睿。

于是，本是东吴世家之间的口水战，瞬间成为不服天下盟主晋王司马睿的讨逆大战！

大型械斗再次展开，而由此乞活贼终于有了姓名，叫乞活军。

乞活军在晋王司马睿手底下，在这一场伴随着表忠心的讨逆大战中，所向披靡。

周玘一族的叛逆很快就全军覆灭，唯有周勰几个报效司马睿和王导的人活了下来。

而陪同周玘反抗的陈敏等人，在顾荣、陆晔等人的带兵下，实施了围剿战术。

很快顾荣、陆晔等世家消耗严重，逐渐走下坡路，成了琅琊王家的附属品。而晋王司马睿借助这次讨逆大战，在削弱众多世家实力后，在王导的帮助下，举办了著名的三月初三新亭集会。

王导让所有参会的世家产生一种错觉，但凡有周勰、陈敏等人叛逆想法的世家，都将被诛灭。

这场震慑作用成功地让日渐薄弱的世家低下高贵的头颅，纷纷向晋王司马睿俯首称臣，而司马睿担心自己被王导和王敦反手捧杀，于是在这场集会上发出了历史上赫赫有名的宣言：王与马共天下。

翻译一下就是，琅琊王家与司马家共同掌管天下。

注意，王在前，司马在后，也难怪王导成为丞相后，被司马睿尊称为仲父。

但是有重压就有反抗，有震慑就有不信邪的叛逆。

虽然建康很快成为首都，司马睿由晋王晋升为东晋开国之君，并根据王导的建议分封世家诸子，造就了六百掾的故事，也就是琅琊王家桃李满天下起源的故事。

但是远在幽州的刘舆、刘琨兄弟，还有在河北附近的祖逖大将心有反骨，他们曾经支持的是东海王司马越，而不是牛继马后的司马睿。

如今司马睿用一招反杀之术，便让东吴世家尽数削弱，成功称帝，曾经坐山观虎斗的刘舆、刘琨、祖逖又该何去何从呢?

在纷乱战事还没平息，王敦又想掌权军队的时候，刘舆、刘琨、祖逖三人又该如何自保呢?

这就成了司马睿登基为帝之后，第一件要处理的事情：收拢刘琨和祖逖的军权，剔除刘舆在建康的势力，并且回拢部分势力给他最喜欢的儿子琅琊王司马裒。

而此时晋元帝司马睿又摊上另外一件事，那就是成年的太子司马绍并不打算让位东宫。

于是，东宫太子与藩王争储君的戏码，又拉开了序幕。

第六章 王敦之乱爆发

接续上文，我们说到了东宫太子司马绍和琅琊王司马裒开始争夺储君的位置。

这太子司马绍简直跟曹丕是一样的命运和经历，他的父亲晋元帝司马睿偏爱小儿子琅琊王司马裒，朝中王敦向着司马裒，朝外陶侃和郗鉴两个大将也向着司马裒。

如何站住东宫的脚跟，又如何让自己稳住储君之位，成为太子司马绍人生中的重要课题。

此时太子司马绍跟大舅哥庾亮一商议，决定派遣庾亮跟刘舆促膝长谈一次。

刘舆是谁?

刘舆是刘琨的大哥，是王衍的表弟、贾南风的表哥。

刘舆隽朗有才局，名著当时。初辟太宰府尚书郎，迁散骑侍郎。齐王司马冏辅政，以为中书侍郎，转为颍川太守。东海王司马越辅政，以为左长史，封定襄侯。洛阳未败，病指疽卒，时年四十七，追赠骠骑将军，谥曰贞。

刘舆这个人外号叫作油垢，就是沾上了就很难甩下来的死固执的主儿，并且还是一个记忆超群、过目不忘的主儿。

刘舆有一个小故事是这样的。越疑而御之。舆密视天下兵簿及仓库、牛马、器械、水陆之形，皆默识之。是时军国多事，每会议，自潘滔以下，莫知所对。舆既见越，应机辩画，越倾膝酬接，即以为左长史。

这是什么意思呢？

就是说，东海王司马越曾经怀疑过刘舆这个人，毕竟刘舆外号油垢，是一个钻牛角尖都要钻出花样来的人物。

但是后来呢，刘舆能够将军队名册人名倒背如流、仓库仓储明细倒背如流，对军备各种辎重、器械了若指掌，更对山川河流、军事地图了然于胸。

此人就是个人形百科字典，随便给个关键词，立刻能够给出一长串的词条，还带解释和图片的那种。

没错，刘舆就是这么厉害的存在。

并且刘舆还是刘琨的亲大哥，能够指导刘琨各种军队部署的主儿。

再加上刘舆和刘琨的妹妹是司马伦的儿媳，刘舆是东海王司马越最得力的助手，刘琨的外甥是崔悦、卢志之子卢谌、温峤。

这刘舆和刘琨的关系网，可以说从赵王司马伦开始就是金光闪闪的存在。

为什么这么说呢？

刘舆和刘琨都名列金谷园二十四友。

我们前文提到过金谷园，这是贾南风和石崇、潘岳培植天下文人，培养自己咽喉和笔杆的所在。

而刘舆和刘琨就在其中。

也因此，刘舆和刘琨从贾南风时代就认识天下名士，拥有广泛的世家人脉和人才资源。

其次，刘舆曾经为小齐王司马冏、长沙王司马乂、成都王司马颖、东海王司马越做过幕僚。

也就是人们所说的，城头变幻大王旗，大王旗变换，但是城头不变！

这刘舆就是这么一个为官多年的人物，可谓是每一届的老大都喜爱得不得了的主儿。

当然，升为晋元帝的司马睿那是相当喜欢刘舆这个人的，就算刘舆跟陆机每次见面就吵，就算陆机在墙头写下骂刘舆的话，他还是喜欢刘舆。

可是呢，刘舆有一个特点，他不喜欢司马裒。

为什么不喜欢司马裒呢？

因为刘舆不喜欢王敦，王敦喜欢谁，刘舆就不喜欢谁。

于是，司马绍找到了自己的帮手：刘舆。

而刘舆更是跟其中一个人有过过节，就是逝去的晋愍帝司马邺的舅父王延。

历史记载是这样的：延爱妾荆氏有音伎，延尚未殓，舆便娉之。未及迎，又为太傅从事中郎王俊所争夺。御史中丞傅宣劾奏，越不问舆，而免俊官。

这是什么意思呢？

就是说王延有个唱歌的姬妾荆氏，王延死后还没入棺材呢，刘舆就要强娶这个荆氏为妾。并且跟另外一个大官王俊大打出手，为了个女人打成斗鸡眼。最后，东海王司马越放任刘舆，却免官王俊。

这是一个不平等的官司，刘舆由此埋下了隐患。

司马绍打算利用刘舆这个隐患来做文章，以此达到挑拨琅琊王司马裒跟刘舆的关系，让刘琨也跟着讨厌司马裒。

那么，司马绍是怎么做的呢？

琅琊王司马裒有一个特殊爱好，喜欢骑猎，更喜欢去军营历练。

而此时有大臣说要立司马裒为太子，东宫之位已经危在旦夕。

建武元年（公元 317 年）三月初九，司马睿承制改元，即晋王位（尚未称帝），建立东晋政权，是为晋元帝。当时有关官员奏请晋元帝立太子，晋元帝认为司马裒有成人的器量，强于长子司马绍。

在闲谈时司马睿对王导说：“立太子应根据德行，而不根据年龄。”

王导说：“世子司马绍、宣城郡公司马裒都有过人的目光，就应当根据年龄。”

这番话传到了司马绍的耳朵里，他立刻明白了仲父王导的心思，便大包小包拎着礼物前往王导的府邸，请求赐教。

类似于八王之乱中，淮南王司马允被伏胤砍杀一样，一旦出现司马氏王族被杀，就会出现蝴蝶效应，继而越来越多的人想要斩杀司马氏的王爷。

王导此时跟王敦正在争夺琅琊王家的族长之位，因为王澄和王玄叔侄俩被无情杀害，以至于琅琊王家的男儿们觉得杀死族内亲人并不是什么十恶不赦的大事，于是，这场争夺演变成了琅琊王家的内部分裂。

为了让王敦败给自己，王导选择了王敦的对立面，而恰巧的是，王敦支持的人正是好骑射的司马裒。

因为王敦选择脾气相近的司马裒，王导没得选才说出“立嫡以长不以贤，立子以贵不以长”的建议来。

司马绍拜访的时机，恰巧是王导准备报复王敦过分执行族长权力的时机，可谓天赐良机。

丞相王导到底是个老谋深算的人，比起大将军出身、毛躁的王敦，王导显然更有大师风范。

在司马绍拜访后，王导突然心生一计，决定用琅琊王家的联姻来笼络心腹，同时敲打一下不肯合作的刘舆、刘琨两兄弟。

王导告知司马绍，要求司马绍连同他的大舅哥庾亮去寻找温峤，要温峤来琅琊王家做客。

司马绍虽然此时不是太子，可到底也是个世子，又是司马睿的长子，于是司马绍以世子身份邀请温峤从幽州地界来建康做客。

温峤是刘琨的外甥，也是卢志的外甥，是卢谌和崔悦的表哥。

历史上是这么描述温峤的：出身太原温氏，聪敏博学，为人孝悌。初授司隶校尉都官从事，进入并州刺史刘琨（姨夫）幕府，拜司空左长史。

西晋灭亡后，南下拥戴晋元帝即位，拜散骑常侍。迁太子中庶子，辅佐东宫，与太子（晋明帝）结为布衣之交。晋明帝即位，拜侍中，转中书令，从平王敦之乱。

晋明帝病重，随王导、郗览等同受顾命，拜平南将军、江州刺史，从平苏峻之乱，拜骠骑将军，封始安郡公。

也就是说，温峤是刘琨最得意的谋士，也同时是刘琨最看重的外甥。

如果温峤能入建康，并且跟司马绍结拜为兄弟，一如当年东海王司马越和苟晞结拜一样，那就意味着刘琨会考虑支持司马绍。如果温峤选择拒绝，那就意味着刘琨选择支持司马绍的对手司马裒。

司马绍当然不愿意就此放过这个机会，于是，司马绍学着先祖司马师与羊祜的老路子，带着大舅哥庾亮亲自去邀请温峤，并跟温峤套近乎，要求温峤跟自己结为八拜之交。

另外，王导为了维持自己在琅琊王家的地位，摆开宴席，专门邀请军中平民出身却军功赫赫的大将前来做客，这些大将要么是破落门第之后直接沦为贫民，要么祖上三代都是贫民。

而作为贫民，在讲究九品中正制度的时代，意味着绝无可能做到高官，也意味着只能成为下等人。

因为九品中正最重要的理论是：上品无寒门，下品无士族。

要想打破这个鸿沟界限，贫民出身的将军必须联姻世家，尤其是豪门望族。

为了能够从自己这辈子开始有士子的门楣，从儿子那一辈开始被人喊作士族，在孙子那一辈被人家喊作世家大族，不少出身贫民的大将都来参加这个宴会。

这些人里面有两个是出自乞活军的悍将，一个叫陶侃，一个叫郗鉴。

陶侃出身贫寒，初任县吏，后逐渐出任郡守。永嘉五年（公元311年），任武昌太守。建兴元年（公元313年），任荆州刺史。

官至侍中、太尉、荆江二州刺史、都督八州诸军事，封长沙郡公。咸和九年（公元334年），陶侃去世，年七十六。获赠大司马，谥号为桓。有文集二卷，今已佚。

《全晋文》录有其文。其曾孙为著名田园诗人陶渊明。

陶侃平定陈敏、杜弢、张昌起义，又作为联军主帅平定了苏峻之乱，为稳定东晋政权，立下赫赫战功；他治下的荆州，史称“路不拾遗”。

他精勤于吏职，不喜饮酒、赌博，为人所称道。在后将军郭默擅自杀害刘胤后，即率兵征讨，不费一兵一卒就擒获郭默父子，因而名震敌国。

没错，陶侃就是陶渊明的祖先，更是当初帮助晋元帝司马睿平定陈敏叛乱的悍将。

郗鉴少年时孤贫，但博览经籍、躬耕吟咏，以清节儒雅著名，不应朝廷辟名。晋惠帝时曾为太子中舍人、中书侍郎。永嘉之乱时，正值大饥荒之年，州中人士平素感于郗鉴恩义的，都来接济资助他。

郗鉴将所得到的馈赠，分别送给亲族和乡里孤贫老弱，靠他的接济得以幸存的人很多，大家相互商议说：“如今天子流亡在外，中原无主，我们应依靠仁德之人，才能够渡过难关，免得死于乱世中。”

大家就推举郗鉴为主，一千多户一起跟随郗鉴，到鲁地的峄山中避难。其后被琅琊王司马睿授为兖州刺史。永昌初年，入朝任领军将军、安西将军、尚书令等职。参与讨平王敦之乱、苏峻之乱，并与王导、卞壶等同受遗诏辅晋成帝。

累官司空、侍中，封南昌县公。咸康四年（公元338年），拜太尉。他拒绝外戚庾亮废王导的建议，阻止了朝中的士族斗争。

咸康五年（公元339年），郗鉴去世，年七十一。获赠太宰，谥号文成。

没错，郗鉴就是郗愔的父亲，王羲之的岳父，郗道茂的爷爷。

郗鉴虽然做过官员，可到底八王之乱的时候落草为寇，后来成为乞活军的将领，这样的身份类似于宋江落草被招安，在身份上依旧是乞活贼的贼寇模样。

为了能够洗脱身上的污点，又能够让孙辈们有个好出身，深谙血统之道的郗鉴是响应最积极的一个。

王导是了解郗鉴的，关于郗鉴育人能力历史有这么一段记载，郗鉴在永嘉之乱时避居乡间，生活非常穷困，有时甚至要挨饿。

乡里人尊敬郗鉴的名望德行，就轮流给他做饭吃。当时其兄之子郗迈、外甥周翼都年幼，郗鉴常常带着他们一起外出就食。

乡人说："大家都饥饿困乏，因为您的贤德，所以我们要共同帮助您，如果再加上两个孩子，恐怕就不能一同养活了。"

从此郗鉴就一个人去吃饭，把饭含在两颊旁，回来后吐给两个孩子吃，得以一同存活，并渡江入仕东晋。

郗迈官至护军，周翼任剡县令。郗鉴去世后，周翼怀想过去郗鉴的抚育之恩，便解职回乡，以席苫为他守丧三年。

李端在《酬丘拱外甥览余旧文见寄》亦称："舅乏郤鉴爱，君如卫玠贤。"

从中可以看到，郗鉴跟卫玠在当时都是大贤士。

既然是贤士，自然是仁义礼智信、温良恭俭让齐全的最佳合作伙伴，可以交心也可以相托性命的那种伙伴。

于是，王导策划了一场与郗鉴的合作，而这场合作又埋下了王敦叛乱的隐患。

第七章 王羲之东床婿

为了能让郗鉴与自己合作顺利，又能够让众多人看到他王导的真实力量，王导借助司马绍邀请温峤去郗鉴府邸的机会，带着晋元帝司马睿表侄王羲之一同前往。

王羲之的父亲是王旷，母亲是卫氏女，奶奶是夏侯氏，姥爷是卫瓘族人，教导老师是卫烁，表叔是晋元帝司马睿。

对于王导而言，能帮助王羲之撮合婚事，就是帮助晋元帝司马睿拉拢心腹，等于卖给晋元帝司马睿一个人情。

同时，撮合王羲之的婚事，也可以帮助郗鉴摆脱乞活军不光彩的身份，一旦挂上皇帝表侄岳父的名号，郗鉴子孙都会被人高看一等，自此跨入豪门之列。

在双方都有需求的前提下，王导接见了郗鉴，并且与郗鉴达成了联姻共识。

那么，王羲之是否会反对呢？

王旷死于晋元帝司马睿死守下邳之战，少年丧父的王羲之没有庇护，在王敦阔刀大斧斩杀王澄、王玄的时期，王羲之见识到了失势的下场。

也正因为如此，十七岁的王羲之此时没有拒绝王导的胆量，当然，王导肯想起王羲之这个外强中干的后生，在王羲之心里，他甚至觉得是老天垂怜。

至于晋元帝司马睿对待王羲之的态度，除了给予王羲之经济上的资助以外，并不打算重用王羲之，当然也不打算给王羲之太多的机会。

在晋元帝司马睿不重用王羲之的时期内，又有谁真的会在意一个书法不错的孩子呢？

于是，在知道王导的主意后，王羲之的表现是一口答应，并且表现出了积极的态度。

那么王导为什么要将宴席设在郗鉴的府邸，为什么同时间温峤也去了郗鉴府邸呢？

建武元年（公元 317 年），司马睿在建康建立东晋，但却只称晋王，并未称帝。刘琨遂以温峤为司空府左长史，让他南下江东劝进。

是年六月，温峤抵达建康。他在朝堂之上慷慨陈词，盛赞刘琨忠义，并力言江东承袭晋统乃众望所归，因而深得司马睿赞赏。

当时名士如王导、周顗、谢鲲、庾亮、桓彝，都非常欣赏温峤，争相与之交往。后来，温峤多次请求返回幽州向刘琨复命，但都未获允准。

太兴元年（公元 318 年），司马睿正式称帝，史称晋元帝，并任命温峤为散骑常侍。温峤以母丧为由，不肯接受官职，再次请求北归。三司、八座共议，皆认为温峤不能因私情而废国事。

当时，刘琨已在段氏内乱中被段匹磾冤杀。温峤只得接受任命，留在江东，并要求朝廷褒崇刘琨，以慰海内之望。但晋廷正倚重段匹磾抵抗石勒，并未对刘琨有所追赠。

此后，温峤历任骠骑长史、太子中庶子。他极尽规谏之责，并献《侍臣箴》，深得太子司马绍器重，引为布衣之交。

我们看看这段历史，司马睿准备登基前一年时间内，温峤进入建康，来的目的是为他姨夫刘琨在司马睿面前多多美言，并且来提前恭贺司马睿登基。

而当时谁接见了温峤？王导、周顗、谢鲲、庾亮、桓彝、司马绍、庾亮等人。

温峤本身是一个有学识的人才，在帮助刘琨阻击外敌的过程中，多次展现出过人的军事才能。

正因为温峤此人军事才能卓越，才有了散骑常侍的职位，意为军官。

既然温峤在刘琨身边历练，又是来给刘琨做说客的，自然是有当权者给予支持。

王导此时看出了刘琨请求司马睿接纳的急切心理，自然想通过温峤传递他想招揽的心思。

但是，王敦也看到了温峤的价值，王导要是公然出手难免会落话柄给他人，于是决定借助王羲之的婚事暗地里跟温峤谈判。

那么王敦又是怎样一个厉害的人物呢?

王敦字处仲，小字阿黑，年轻时相貌俊秀，生性洒脱，善于评鉴人物，精通《左氏春秋》，尤喜清谈，深得族兄王戎赞赏。他因娶晋武帝之女为妻，被拜为驸马都尉，后又担任太子舍人。

也就是说王敦比王导要好一点，他的身份是驸马爷。

元康九年（公元 299 年），皇后贾南风废黜太子司马遹，将其送往许昌幽禁，并严禁东宫官属送行。

王敦却违反禁令，与同僚江统、潘滔、杜蕤、鲁瑶等人在路侧送行，望着司马遹痛哭拜送，受到时论的称赞。

他们因此被司隶校尉满奋收捕入狱，但在河南尹乐广、都官从事孙琰的营救下，最终都得以释放。后来，王敦改任给事黄门侍郎。

这一年王敦与卫玠的岳父乐广有了更深的交情，而且王敦被当时的人们所夸赞，更被太子朋友圈的那些大咖们所接受，但是王导并没有赶上这次机会。

赵王司马伦篡位称帝，当时王敦的叔父王彦正任兖州刺史。司马伦遂命王敦到兖州慰劳王彦，加以笼络。

不久，齐王司马冏传檄天下，起兵讨伐司马伦。王彦虽收到檄命，但因畏惧司马伦兵力强盛，不敢应命，后因王敦力劝方才举兵。

是年四月，司马伦兵败被杀，晋惠帝复位。王敦因功升任散骑常侍、左卫将军、大鸿胪、侍中。

王敦跟着叔叔王彦在兖州做事，在这个时候得到了兖州当地的人脉，这也是为什么王衍后来调动王敦离开兖州，让他弟弟王澄进入兖州时候，王敦那么不开心，非要杀了王澄。

王敦在族兄王衍的安排下，外任广武将军、青州刺史，后又被征拜为中书监。当时天下大乱，王敦将公主的陪嫁侍婢百余人全部许配给军中将士，散尽府中库财，独自返回洛阳。

东海王司马越自荥阳入朝，不顾幕僚潘滔的反对，任命王敦为扬州刺史。

这一年琅琊王家进入权力中心，王敦开始跟东海王司马越建立私交。

扬州刺史刘陶病逝，王敦被再次任命为扬州刺史，并加广武将军，不久又进拜左将军、假节、都督征讨诸军事。

同年，匈奴汉国攻破洛阳，俘获晋怀帝，史称永嘉之乱。皇室、士族纷纷南下江东，司马睿被推为盟主，承制任命官吏，江州刺史华轶却不肯从命。

司马睿遂命王敦与历阳内史甘卓、扬烈将军周访共讨华轶，华轶兵败被杀。

司马睿处置华轶的时候，王敦身先士卒，成为司马睿的心腹。

巴蜀流民在湘州作乱，推杜弢为首领。乱军北上席卷荆州、江州，甚至威胁到扬州的安全。

王敦进屯豫章，命武昌太守陶侃、豫章太守周访共讨杜弢。陶侃大破杜弢，被王敦表荐为荆州刺史。

这一年王敦平复华轶引起的战乱，拉拢陶侃、周访这对兄弟，他开始建立自己的团队与人脉。

为什么王敦能做大将，前期又有那么多人愿意与他结交呢？

王敦曾当众表演击鼓，音节谐韵，神情自得，旁若无人，在座观看的人都称他雄爽。

由此可见，王敦是一个豁达而又爽朗的人，不拘小节，不爱钱财。

王敦曾沉迷于女色，家中养有婢妾数十人，有人为此规劝。王敦便打开后门，将家中婢妾全部放出，任凭她们离去。

其次，王敦能够听从他人劝诫，愿意改正自己的毛病，更愿意提升自己的境界。

庾亮曾问王敦道：“听说您有四位好友，都是哪几位啊？”

王敦答道：“您家的中郎（指庾敳），我家的太尉（指王衍）、阿平（王澄）以及胡毋彦国（胡毋辅之）。其中阿平最差。”

庾亮问他谁最优秀。

王敦道：“自有人。”

庾亮追问到底是谁。

王敦道：“自有公论。”

王敦是一个很有主见，更是愿意让天下公论的一位心胸开阔者。

王敦酒后喜欢咏唱曹操的《步出夏门行》中的“老骥伏枥，志在千里。烈士暮年，壮心不已”。他一边唱，一边用如意击打唾壶，以致壶沿被敲得全是缺口。

王敦非常喜欢曹操，觉得曹操雄才伟略，也喜欢以英豪自居。

王敦这样的飒爽性格恰好是军人不拘小节的性子，所以驸马爷王敦在军中是很吃得开的。

当时王导的关系网也没有差到哪里去。

王导字茂弘，小字赤龙、阿龙。王导最初世袭祖父王览的爵位即丘子。后被司空刘寔任为东阁祭酒及迁任秘书郎、太子舍人、尚书郎，他都未到任。

换言之，王导拥有大咖刘寔的人脉，并且跟随刘寔工作过一段时间，深受大贤教诲。

司马睿曾对王导说："你就是我的萧何呀！"

王导比王敦更好的一点是，王导是司马睿的仲父，更是司马睿所认为的萧何。

南渡士人，每到暇日，常至新亭饮宴。在一次聚会时，名士周𫖮叹气说："风景跟往昔一样，江山却换了主人。"在座的名士听了都不禁伤心落泪。

王导当场放下脸道："应当共同合力效忠朝廷，最终光复祖国，怎么可以相对哭泣如同亡国奴一样！"众人听罢，都收泪向他道歉。

王导是能够在新亭集会上集合世家，调动世家齐心的大能，而王敦更多是在军中有所作为。

王导善于根据具体情况灵活办事，虽然每天开支用度没有宽余，可一年总还有些节余。当时朝廷财政枯竭、库藏空虚，只有粗丝布几千端，出售到市上却无人购买，因而朝廷开支非常困难。

王导很着急，就和朝中的一些名贤用这种粗布做衣裳，于是人们纷纷仿效他们也穿这种衣服，这些布匹的价钱一下子就贵了起来。

这才令主管者去卖，每端布卖到一两金。王导就是这样被人仰慕的。

王导比王敦名望更高，世人更倾慕王导一点。

不仅如此，王导曾经在东海王司马越的府邸工作很多年，他的同僚恰恰是绰号"油垢"的刘舆。

刘舆虽然不是温峤的姨夫，可是刘舆却是刘琨的亲大哥。这温峤来到建康肯定也要听刘舆话的。

于是，王导借助王羲之的婚事，暗地里沟通刘舆，让刘舆联系温峤在郗鉴的府邸见面。

而为了让温峤在人前展现对自己的敬仰，王导又组织殷浩、王濛、刘惔、谢尚、谢弈等人一同参加这次的相亲大会，美其名曰给每个年轻人机会。

这又在另一方面，由丞相王导牵头，代表晋元帝司马睿关爱下属郗鉴的浩大皇恩，因此来笼络更多想要鲤鱼跃龙门、脱去贫民身份变士族的将军们的心。

于是一箭多雕的计谋就在郗鉴的府邸展开，而陶侃带着自己的儿子陶瞻就是个走马观花、看热闹的主儿。

为什么王导要邀请陶侃、陶瞻父子，还有周访呢？因为陶侃有一个厉害的亲家公周访。

历史是这么记载周访的，周访出身寒族，为人沉毅、谦让，有好施之名。初任寻阳功曹，后被察举为孝廉。

琅琊王司马睿升为镇东大将军后，征辟周访为僚佐。其后屡次领兵，讨平江州刺史华轶及荆州杜曾叛乱，又协助平定杜弢的流民叛乱，为司马氏政权立足南方做出了杰出贡献。

累官至安南将军、梁州刺史，封寻阳县侯。

晚年在梁州务农练兵，抗衡跋扈不臣的大将军王敦。

周访是抵抗王敦、厌恶王敦的重要人物。而陶侃也是个不喜欢王敦的将领。

一场宴会，结合了两个最讨厌王敦的大将，又靠着王羲之招揽了一个战无不克的大将，还为时年是世子的司马绍招揽了这三个大将，完成了未来储君的委托，博得了未来帝王的好评与感恩。

几十年后，王导后人必然会得到世子司马绍的保护，并给予无限的荣华富贵。

出于这样的考虑，王导将一切大局的局眼设在了重兵把守，但凡出现一点乱子，必然要掘地三尺的将军府邸。

而郗鉴府上，是没有任何世家敢出幺蛾子的。因此郗鉴的家也是最安全的沟通地点！

但是，上天是不会让王导太顺利的。

就在王导设计一切就绪的时候，王敦成了不速之客，来到了郗鉴家，非要拉着温峤聊家常。

于是，王导的精心设计，转眼成了王敦的专场，看着王敦跟温峤推杯换盏。

本是热络的九曲流觞，最后为了避开王敦，最终成了郗鉴厢房找女婿的闹剧。

也因此，历史出现了有意思的画面：东床快婿。

据历史记载，郗鉴有个女儿，年方二八，名叫郗璿，字子房。生得人有人才，貌有貌相，郗鉴爱如掌上明珠。郗鉴要为女择婿，郗鉴觉得丞相王导家子弟甚多，听说个个都才貌俱佳，于是郗鉴希望能在丞相王导家子弟中择婿。

一天早朝后，郗鉴把自己择婿的想法告诉了丞相王导。

丞相王导说：“那好啊，我家里子弟很多，就由您到家里挑选吧，凡您相中的，不管是谁，我都同意。”

王府的子弟听说郗太尉来觅婿，无不铆足了劲，仔细打扮一番出来相见，皆盼中选。

郗府管家看来看去，感觉王府的青年才俊个个都很好。

最后，郗府管家来到东跨院的书房里，就见靠墙的床上一个袒腹仰卧的青年。原来王羲之在来相府半路上再三赏玩东汉著名书法家蔡邕的古碑后，沉迷不已，什么事都不放在心上，相亲的事早忘光了。

当他急急忙忙来到郗鉴府邸，因为天气实在太热，就随手脱掉外衣，袒胸露腹，边喝着茶，边想着蔡邕的书法。管家见他这般神情，惊呆了，问他话也不搭理。

郗府管家对郗太尉说：“王府的年轻公子二十余人，听说郗府觅婿，都争先恐后，唯有东床上有位公子，袒腹躺着若无其事。”

郗鉴说：“哈哈，我要选的就是他了！”郗鉴来到王府，见此人既豁达又文雅，才貌双全，当场下了聘礼，择为快婿。“东床快婿”又称“东床袒腹”，一说就是这样来的。

这便是一场匪夷所思的闹剧，本来是严肃的谈判，结果成了相亲大会！

晋元帝司马睿是偏袒小儿子司马裒的，并且在司马睿听说大儿子司马绍拉拢温峤和刘琨后，专门挑选刘琨的好兄弟祖逖来做司马裒的师傅兼支持者。

于是，闻鸡起舞的哥俩，祖逖和刘琨在晋元帝司马睿的设计下，站在了彼此的对立面。

而王敦也因为晋元帝司马睿的这个设计，暂时与祖逖成了盟友，两人共同支持司马裒继承大统。

可是天有不测风云，石勒率军前来攻打东晋，这是东晋一场有百分之八十胜率的战役，在王敦和祖逖全力配合下，司马裒本该靠着战功逆风翻盘，成为东晋开国太子。

奈何司马裒竟然在战场上意外死亡。

而刘舆，因为司马裒的死也走到了人生的终点，被人下毒而死。

那么，这一切又是怎么发生的呢？

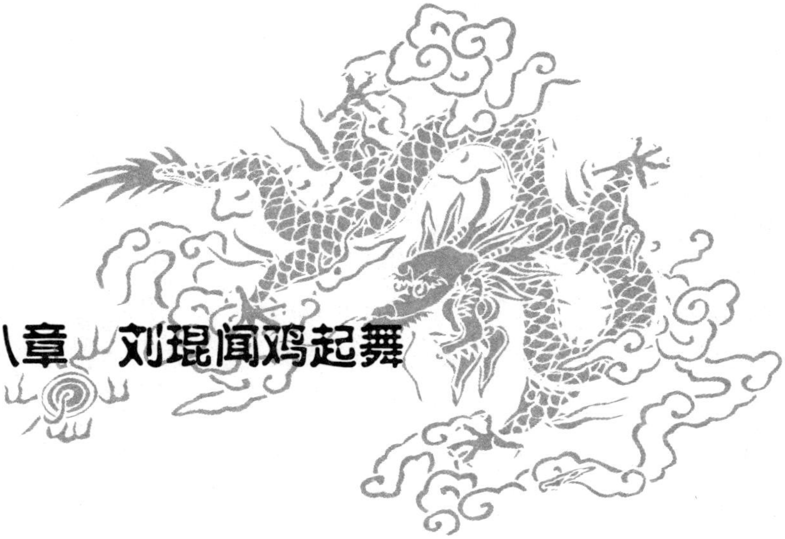

第八章 刘琨闻鸡起舞

我们前边提到了刘琨，刘琨到底是什么人呢？怎么跟闻鸡起舞有关系呢？刘舆又是怎么死的呢？

据历史记载，刘琨工于诗赋，少有文名，为鲁公二十四友之一。八王之乱时，效力诸王，累迁并州刺史，封广武侯。

永嘉之乱后，据守晋阳九年，抵御前赵和后赵。晋愍帝即位，拜司空、大将军、都督并冀幽诸军事。并州为石勒所陷后，投奔幽州刺史段匹磾，约为兄弟，惨遭杀害。

太兴三年（公元 320 年），平反昭雪，追赠侍中、太尉，谥号为愍。

而刘琨最为出名的是，闻鸡起舞。

刘琨与祖逖一起担任司州主簿时，感情深厚，不仅常常同床而卧，同被而眠，而且都有着建功立业，成为栋梁之材的远大理想。

一次半夜，祖逖听到鸡叫，叫醒刘琨道："此非恶声也。"意思是，这是老天在激励我们上进，于是与刘琨到屋外舞剑练武。

也就是说刘琨和祖逖当年都是立志报效国家的好青年，从小就立志弃笔投戎。

并且刘琨还是个出色的作曲家，曾经学习蔡文姬写了胡笳曲目，一举退敌。

据历史记载，刘琨善吹胡笳。曾有数万匈奴兵围困晋阳，刘琨见势不妙，如与敌军硬拼，必然兵败城破，于是一面严密防守，一面修书请求援军。过了七天援军还未到，城内粮草不济，兵士恐慌万状。

刘琨登上城楼，俯眺城外敌营，冥思苦想对策。忽然他想起“四面楚歌”的故事，于是下令会吹卷叶胡笳的军士全部到帐下报到，很快组成了一个胡笳乐队，朝着敌营那边吹起了《胡笳五弄》。

他们吹得既哀伤、又凄婉，匈奴兵听了军心骚动。

半夜时分，再次吹起这支乐曲，匈奴兵怀念家乡，皆泣泪而回。

刘琨不仅是作曲家，更是个诗人，其中《扶风歌》荡气回肠，我们来感受下他的爱国情怀：君子道微矣，夫子故有穷。惟昔李骞期，寄在匈奴庭。忠信反获罪，汉武不见明。我欲竟此曲，此曲悲且长。

他数次抵抗匈奴，多次在边境大战，维护晋朝王庭的安全与百姓的平安。

在《答卢谌诗》中，刘琨是这样告诉他另外一个外甥，卢志的儿子卢谌的：厄运初遘，阳爻在六。乾象栋倾，坤仪舟覆。横厉纠纷，群妖竞逐。火燎神州，洪流华域。彼黍离离，彼稷育育。哀我皇晋，痛心在目。

这段话是在说，晋惠帝之后，八王之乱，朝堂妖孽横行，朝外神州大地一片狼藉，悲哀堂堂大晋，落得这步田地。

也许刘琨在目睹石崇与王恺斗富，砸珊瑚树、麦芽糖刷锅、十里红绸铺地的大晋盛世后，再看看山河破碎，真的悲从中来吧？

光光段生，出幽迁乔。资忠履信，武烈文昭。旌弓骍骍，舆马翘翘。乃奋长縻，是辔是镳。何以赠子，竭心公朝。何以叙怀，引领长谣。

这段话是在说，十年战乱平息，文死谏武死战，大晋得以恢复，不管才学如何，唯愿外甥卢谌能够竭尽所能报效国家，竭尽所学报效朝廷。

刘琨一直是一个忠于大晋的儒雅帅才，只是可惜，刘琨忠于的不是司马睿，而司马睿也不给刘琨效忠的机会了。

为什么这么说呢？

在八王之乱的这十年，刘琨一直在扩充自己的军事实力和外交势力。建兴四年（公元 316 年），石勒出兵进攻并州，刘琨不听姬澹劝阻全军尽出，中伏大败，丢失并州，只身投奔幽州刺史、辽西鲜卑左贤王、假抚军大将军段匹磾，并与其结为兄弟。

同年，刘曜攻破长安，晋愍帝被俘，西晋灭亡。刘琨令长史温峤向司马睿劝进。司马睿称帝后，加封刘琨为侍中、太尉，其余官衔不变，并赐他名刀一把。

也就是说，在司马睿称帝前两年，刘琨跟鲜卑族的左贤王段匹磾拜了把子，成了八拜之交。也就是当年东海王司马越和苟晞的做派。

苟晞当年叛国之事还历历在目，晋元帝司马睿怎么敢再给刘琨一次做苟晞，再次败坏晋朝国祚的机会?

另外，刘曜挟持羊献容之后，让羊献容说出刘曜真男儿，晋惠帝司马衷万分比不过的话来恶心司马睿等人。更有甚者，晋惠帝司马衷死后，刘曜的兄弟刘聪接连斩杀了继位者晋怀帝司马炽、晋愍帝司马邺。

感受下这两位皇帝最后的结局:

建兴元年（公元 313 年）正月，晋怀帝在汉赵朝廷的宴会上被命令为斟酒的仆人，有晋朝旧臣号哭，令刘聪反感。不久后的二月初一，刘聪用毒酒毒杀晋怀帝，享年三十岁。

建兴四年（公元 316 年）十月，晋愍帝派侍中宋敞向刘曜送上降书，自己乘坐羊车，脱去上衣，口衔玉璧，侍从抬着棺材，出城投降。群臣哭泣呼号，攀缘住车驾，拉住晋愍帝的手，晋愍帝也不胜悲哀。御史中丞吉朗自杀。

刘曜烧了棺材，接受了玉璧，让宋敞侍奉晋愍帝回宫。

建兴五年（公元 317 年）十一月，刘聪外出打猎，令晋愍帝执行车骑将军的职务，穿着戎服，手执戟矛，在前面开路，百姓聚在路旁观看，有些晋朝遗民故老看了以后抽泣流涕，刘聪听到后十分厌恶。

后来，刘聪宴会时让晋愍帝行酒、洗酒杯，上厕所时使晋愍帝拿马桶盖，旁边的晋臣多失声哭泣，尚书郎辛宾抱住晋愍帝痛哭，被刘聪杀害。

十二月二十日（公元 318 年 2 月 7 日），刘聪在平阳将晋愍帝杀害，终年十八岁。

刘琨就是在公元 316 年的时候跟段匹磾结拜为兄弟。而这一年，对于司马睿而言，也是一件大事。时年接替死去的王衍成为丞相的司马睿准备北伐，结果因为军需粮草不足而迟迟不能北伐。

历史记载，丞相司马睿听说长安失守，带军队出去露宿野外，亲自穿上铠甲，向各地发布檄文，限定日期北伐。因为水道运粮耽误了日期，杀督运史淳于伯。

行刑的人用刀擦柱子，血逆流而上，一直到二丈多的柱子末端才流下，观看的人都认为淳于伯冤枉。

丞相司直刘隗上言道："淳于伯罪不至死，请免除从事中郎周筵等人的官职。"于是右将军王导等人上奏疏承认错误，请求免除职务。

司马睿说："政令刑罚失当，都是我糊涂昏昧造成的。"他没有把任何一个人问罪。

这是一个奇怪的历史记载，但是从司马睿当年的表现来看，尽管是没有北伐，但是却有了北伐的苗头，同年的刘琨呢？

刘琨却跟段匹磾结拜了。

对于司马睿而言，刘琨在幽州有重兵却没有前来投靠，反而跟段匹磾结拜，寻求段匹磾的庇护，这无异于要窃夺他司马睿的江山，而不是要帮助他守住江山。

因此在心理上，刘琨已经被司马睿排除在外。

不仅如此，建武元年（公元 317 年），段匹磾以刘琨为大都督，率军讨伐石勒。结果段匹磾堂弟段末杯接受石勒贿赂，不肯进军。刘琨因势弱只得退兵。

这是什么意思？

这句话的意思是段匹磾自己擅自定夺官员爵位，甚至决定一场战役投入的兵力及物力、财力。

可是刘琨所带的军队是大晋的军队，不是段匹磾的幕府兵丁。

于是，司马睿认为，刘琨擅自用兵，听从段匹磾而不是自己这个晋王的命令，简直是罪加一等。

也是从这一刻开始，从丞相到晋王的司马睿开始排斥刘琨，觉得刘琨已经有了异心。

这还不算，刘琨又中了石勒的圈套，并且还骄傲自大，瞧不起军中的下属，以至于翻车翻得很离谱。

此时从晋王升级为晋元帝的司马睿若是想搭救刘琨，就成了跟段匹磾乃至鲜卑族翻脸的导火线。

面对石勒的大军，晋元帝司马睿已经应接不暇，要是鲜卑族的段匹磾家族也火上浇油，或许刚刚建立起来的东晋顷刻之间就会土崩瓦解。

为了维持建康的政权，晋元帝司马睿是不敢救助刘琨的。

而刘琨到底是怎么作死陷入石勒的圈套的呢？

来让我们看看历史的记载，然后抽丝剥茧。

太兴元年（公元 318 年），段部鲜卑内斗，段末杯击败段匹磾自任单于，并俘虏了刘琨的儿子刘群。刘群得到段末杯的厚待，便给刘琨写密信邀请他共击段匹磾，谁料密信被段匹磾截获。段匹磾虽相信刘琨，但最终还是将刘琨下狱。

这里有个问题，段匹磾的鲜卑族内部战乱，段匹磾竟然不相信拜把子兄弟刘琨，觉得刘琨叛变自己。

这是为什么？难道是段匹磾认为刘琨非我族类？

如果段匹磾真的认为刘琨非我族类，为什么要结拜？

如果段匹磾仍相信刘琨，为什么要让刘琨下大狱呢？

别着急，让我们看看后续发展。

刘琨素有名望，拘押期间，远近之人尽皆愤叹。代郡太守辟闾嵩与刘琨部下将领企图反叛段匹磾救出刘琨，因泄密而失败。东晋权臣王敦派人密告段匹磾，让他杀掉刘琨。

刘琨听说王敦来使，便对儿子刘遵说："处仲（王敦）使来而不我告，是杀我也。死生有命，但恨仇耻不雪，无以下见二亲耳。"

瞧瞧，此时王敦做了一件火上添油的事情，那就是跑来告诉段匹磾，要段匹磾杀掉刘琨。

为什么王敦不拉拢刘琨，反而要杀掉刘琨呢？而且是让刘琨八拜之交的段匹磾亲自操刀呢？

我们前边说东床快婿的时候，提到了王导想要拉拢刘琨、刘舆两个兄弟，并且计划拉拢温峤这个有才的年轻人，可是被王敦捷足先登，温峤被王敦半路劫走了。

此时刘琨面临一个问题，那就是到底支持琅琊王司马裒还是世子司马绍？

但是王敦不仅仅要看刘琨支持谁，还要看刘琨背后谁在煽风点火，看刘琨到底有多少价值让自己吸纳更多的将帅之才，而这些将帅之才大多数是刘琨亲自带出来的。

光熙元年（公元 306 年）九月，司马越为了扩张势力，派刘琨出任并州刺史、加振威将军、领护匈奴中郎将。刘琨带领一千余人辗转离开首都洛阳，于元嘉元年（公元 307 年）春到达晋阳（今山西太原）。

当时的晋阳经历战乱，已成一座空城。刘琨在左右强敌环侍的环境下安抚流民，发展生产，加强防御。不到一年晋阳就恢复了生气，成了晋朝在中原的少数几个存留的抵抗势力之一。

河南人徐润因通晓音律得到刘琨的重用，但是此人无能而跋扈。奋威将军令狐盛进言要刘琨除去徐润，反被徐润诬杀，造成其子令狐泥等人的反叛。刘琨吸纳了许多志愿抗击匈奴、羯人的志士，但他的政治军事才能也使不少人离去。

建兴元年（公元 313 年），晋愍帝继位，封刘琨大将军、都督并州诸军事，加散骑常侍、假节。

建兴三年（公元 315 年），刘琨被晋愍帝封为司空、都督并冀幽诸军事。

刘琨辞去司空，接受都督之职。不久，代王拓跋猗卢被其儿子拓跋六修杀死，拓跋普根平定叛乱也因病而死，刘琨在拓跋部作为人质的儿子刘遵同箕澹等率三万余人投奔刘琨。

也就是说公元 315 年，刘琨先跟拓跋猗卢结拜为兄弟，第二年，也就是公元 316 年，刘琨跟段匹磾结拜为兄弟。

换句话说，从公元 315 年开始，刘琨一直在跟大晋外族王爷结拜，有着要成为异姓王爷的野心，也就有了要成为下一个苟晞的野心。

晋元帝司马睿怎么能不防备刘琨成为下一个苟晞呢？当然防备！

并且刘琨就是个丧门星，跟谁结拜，谁就要家破人亡。这样的丧门星又曾经因为管理不当，导致很多将才出走，很多人甚至对刘琨这个毫无管理经验的老大恨得牙根痒痒。

如果王敦杀了刘琨，从另外一个方面来说，会获得这些实战经验超强的将帅的衷心，并且了结晋元帝司马睿怀疑刘琨篡权称帝的噩梦，获得皇帝欢心，还可以打击世子司马绍和王导的结盟，让琅琊王家彻底明白谁才配做族长。

于是王敦选择的是诛杀刘琨，而不是帮助刘琨。

第九章　祖逖中流击楫

既然刘琨处在作死的边缘，那么闻鸡起舞的另一个好哥们——祖逖就没什么事情了吗？

答案更是否定的。

帝王之术，历来是拉拢一个人，然后重压一个人。

这重压的是刘琨，意为杀鸡儆猴，谁让刘琨没事跟段匹磾、拓跋猗卢等人隔一年拜把子一次呢？其心必异，自然尽可能地将刘琨碾压，才能换来帝王之威。

这拉拢的是祖逖，意为扶持储君，祖逖的作战能力和刘琨不分伯仲，而且祖逖跟谁都没拜过把子，除了祖逖自己，根本没几个拿得出手的子侄辈呢？

于是，晋元帝司马睿在得知温峤来建康到处给刘琨拉好感、拉赞助、拉支持的时候，就决定借势让祖逖也跟着火一把。

在看到王敦拉拢温峤之后，晋元帝便决定让温峤做琅琊王司马裒的军师，禁锢温峤在建康不许离开，并且让温峤也认识的祖逖成为琅琊王司马裒的老师。

那么，问题来了，祖逖是何许人也，竟然让晋元帝司马睿这么看重？又为什么祖逖跟刘琨齐名，但命运不同呢？

让我们来看看祖逖的简历。

祖逖出身于范阳祖氏，祖家为北地大族，世代都有两千石的高官。祖逖少年时生性豁达，不拘小节，轻财重义，慷慨有志节，常周济贫困，深受乡党宗族敬重。

他成年后发奋读书，博览书籍，涉猎古今，时人都称其有赞世之才。

曾任司州主簿、大司马掾、骠骑祭酒、太子中舍人等职，后率亲党避乱于江淮，被授为奋威将军、豫州刺史。

他在建武元年（公元 317 年）率部北伐，得到各地人民的响应，数年间收复黄河以南大片领土，使得石勒不敢南侵，进封镇西将军。

也就是说，祖逖出身很好，是名门贵胄之后。

再看看祖逖光辉经历又有哪些？

太康十年（公元 289 年），侨居阳平郡的祖逖被郡府举为孝廉，又被司隶举为秀才，但都没有应命。

后来，祖逖与刘琨一同出任司州主簿。两人的关系十分融洽，常纵论世事，有时夜深还不能入睡，拥被起坐，相互勉励道："如果天下大乱，豪杰并起，你我二人应在中原干出一番事业！"

这一年，祖逖和刘琨创造了"闻鸡起舞"的成语，并且还成为炙手可热的忠臣。

元康元年（公元 291 年），八王之乱爆发。祖逖得到诸王的重视，先后效力于齐王司马冏、长沙王司马乂、豫章王司马炽，历任大司马府掾属、骠骑将军府祭酒、主簿、太子中舍人、豫章王府从事中郎。

瞧瞧祖逖受到重视的程度，几乎成为所有当权者最忠心的下属。

永兴元年（公元 304 年），东海王司马越拥晋惠帝讨伐成都王司马颖。祖逖也随军出征，不料在荡阴战败，逃回洛阳。

惠帝被挟持到长安后，范阳王司马虓、高密王司马略、平昌公司马模竞相征召祖逖，但他都不肯应命。后来，司马越任命祖逖为典兵参军、济阴太守。

但祖逖适遇母丧，遂守孝不出。

并且祖逖还成为东海王司马越的臣属，伴随东海王司马越讨伐成都王司马颖，而这也是晋元帝司马睿追随东海王司马越的时间段。

换言之，祖逖在这个时候跟晋元帝司马睿已经成为同僚，很有可能有过命的交情，是生死之交。

永嘉五年（公元 311 年），洛阳陷落，祖逖率亲族乡党数百家南下，避乱于淮泗。他躬自步行，把车马让给老弱病人，又把粮食、衣物和药品分给别人。

逃亡途中多遇盗贼险阻，祖逖应对自如，被同行诸人推为“行主”。到达泗口（治今江苏徐州）后，祖逖被琅琊王司马睿任命为徐州刺史，不久又被征为军谘祭酒，率部屯驻京口（治今江苏镇江）。

建兴元年（公元 313 年），晋愍帝即位，以司马睿为侍中、左丞相、大都督陕东诸军事，命其率兵赴洛阳勤王。当时，司马睿正开拓江南，根本无意北伐。

祖逖进言道：“晋室之乱，并不是皇帝无道，百姓造反，而是藩王争权，自相残杀，给了夷狄可乘之机。如今北地百姓备受蹂躏，都有奋起反击之志。大王如能命将出师，让祖逖等人为统领，江北豪杰必定会望风响应，沦亡人士也会欢欣鼓舞。如此，也许可以申雪国耻。”

司马睿虽不愿北伐，却也不便公开反对，于是任命祖逖为奋威将军、豫州刺史，但却只拨予千人粮饷、三千匹布帛，让他自募战士，自造兵器。

瞧瞧，祖逖不仅仅是人人口耳传颂的大英雄，更是实打实准备收复失地的忠君爱国的大将军。

即便是时年任丞相的司马睿想着尽快在江南站住脚，准备“王与马共天下”，祖逖依旧准备北上抗敌，准备跟石勒决一死战。

司马睿消极抗战，满脑子想着登基为帝，没有晋朝朝廷的资助，祖逖的军队靠什么存活？

据历史记载，司马睿的消极态度，并未动摇祖逖的北伐决心。祖逖率领跟随自己南下的宗族部曲百余家，毅然从京口渡江北上，并在大江之中，用力拍击船楫，立誓要扫清中原。

他在渡江后，暂驻淮阴，起炉冶铁，铸造兵器，又招募到士兵二千多人。当时，兖豫一带有豪强张平、樊雅，占据谯城，聚坞自保，有兵数千人，只是在名义上臣服于司马睿，接受其授予的官职。张平部下还有董瞻、于武、谢浮等十多支小部队，各有数百人。

而这便是祖逖做的第一件事，他创造了第二个成语“中流击楫”，后人解释为祖逖率军北伐，船行至长江中央时，祖逖击桨立誓：祖逖不能扫清中原而复济者，有如大江！

后人遂以中流击楫比喻立志进取，不成不罢，也用以颂扬收复失地统一国家的激昂壮志。

这就好比战国时期的秦国行军打仗的时候，一定要喊一句：赳赳老秦，共赴国难！岂曰无衣？与子同袍！

这是祖逖聪明的地方，用扫清中原、收复失地、还我河山的口号来激励每一个面对饥饿与寒冷的兵士，让他们以顽强的意志力与澎湃的爱国情，战胜一切野外生存的艰苦！

建武元年（公元 317 年），祖逖进驻芦洲（治今安徽亳县），派参军殷乂去联络张、樊二人。但殷乂却轻蔑张平，认为他不能保住头颅。张平怒杀殷乂，并拥兵固守，与北伐军对抗。

祖逖攻城不下，遂使用离间计，引诱张平部将谢浮。谢浮借与张平商讨军情之机，杀死张平，率众归降。祖逖进据太丘，但因军中乏食，处境艰难。

张平死后，樊雅仍占据谯城。樊雅率众夜袭，直逼祖逖大营，军中大乱。祖逖沉着指挥，督护董昭英勇杀敌，终于击退樊雅。

祖逖又率部追讨，却遭到张平余部的迎击，便向蓬坞堡主陈川、南中郎将王含求援。陈川、王含分别派部将李头、桓宣率军助战。

祖逖让桓宣去劝降樊雅，桓宣单马入谯城，对樊雅道："祖逖正准备荡平刘聪、石勒，需要仰仗你作为后援。先前是殷乂轻薄无礼，并非祖逖本意。如果现在和解，既可建立忠勋，又能保全富贵。但若还要固执，朝廷派出猛将，凭你手下乌合之众，依据一座危城，北边又有强贼窥伺，万无一全。"樊雅遂出城归降。

这是祖逖精明的地方，他知道"望梅止渴"不能维持多久，也不可能团结饿肚子的兵士太久，于是，他选择攻城拔寨，既能招降将领为他所用，又能获得粮食让兵士们吃饱饭。

在战乱年代，能吃饱饭是最大的愿望，而这些贫苦人出身的兵士自然更期待跟着祖逖这个正义的将军，以正义的名号、以正义的做法去吃饱饭。

这一招，能够让跟随祖逖的兵士心安理得地吃饱饭，并且把吃上这样饱饭当成战功勋荣，自此作战之时，兵士们便会身先士卒，舍生忘死。

因为他们的心中认为自己做的是对的，是替天行道，他们从本心上认为跟着祖逖光宗耀祖，不废光阴。

这是祖逖壮大军力、强大战斗力的招数。

同时，这一招又能够让抵抗祖逖的大晋叛将明白，抵抗是没有用的！

因为祖逖的军队很厉害，所到之处，尸横遍野，他们这些拥兵自重的叛将没有兵力抵抗，也没有能力在战术上赢过祖逖。

于是，祖逖又在心理上给叛将施压，让叛将不战而降，祖逖的军队越做越强、越做越大。

我们上文说过，晋元帝司马睿登基前一直在削弱东吴原住世家的势力，以制造周玘、陈敏叛乱来打击不降服的地方势力，而等晋元帝司马睿联合王导、王敦完成一切安排登基的时候，祖逖正巧跟石虎、石勒兄弟结怨。

祖逖攻占谯城后，终于在豫州站住脚跟，打通了北伐的通道。桓宣则率部返回。不久，石虎围困谯城，王含又遣桓宣来救。

石虎闻听桓宣前来，撤军而退。桓宣于是留在谯城，协助祖逖征讨不肯归附的坞堡武装。

太兴元年（公元 318 年），司马睿在建康称帝，建立东晋，是为晋元帝。

那么，晋元帝司马睿会让祖逖的军队一家独大吗？

答案是否定的。

毕竟卧榻之旁岂容他人酣睡！

但是，晋元帝司马睿已经在着手消灭刘琨的势力了，他怎么可能跟石虎、石勒作战，跟刘曜、刘渊作战，跟段匹磾作战，又要跟祖逖作战呢？

兵家大忌是同时多线作战，晋元帝司马睿怎么可能愚蠢到给自己下死套勒死自己呢？

于是，晋元帝司马睿在打压刘琨的时候，就派了琅琊王司马裒和王敦去助阵祖逖。

虽然说是助阵，其实是监视并且敲打。

其一是要让祖逖明白，祖逖要是选择跟刘琨一样到处跟叛将拜把子，下场就跟刘琨一样。

其二是要让祖逖懂得，祖逖要是选择帮助琅琊王司马裒成材，就有可能像当年王导成为晋元帝仲父一样，祖逖也有可能成为琅琊王司马裒的仲父，让祖逖好自为之。

其三是要让祖逖清楚，祖逖的对手不是晋元帝，而是手握军权的王敦，这个肆意妄为的晋武帝的驸马爷王敦！

而王敦已经有了不臣之心，晋元帝司马睿希望祖逖看清楚，然后帮着自己拆解王敦的势力。

其四是要让祖逖知道，祖逖跟王导在晋元帝司马睿心目中同等重要，希望祖逖自尊自爱，不要跟石勒同流合污。

为什么这么说呢？

祖逖礼贤下士，善于体恤民情，即使是关系疏远、地位低下之人，也能施布恩信，予以礼遇。将士稍有微功，便会加以赏赐。

他生活俭朴，不畜资产，劝督农桑，带头发展生产，又收葬枯骨，深得民心。刘琨在给亲戚写信时，大力称颂祖逖威德，晋元帝也下诏擢升他为镇西将军。

石勒见祖逖势力强盛，不敢南侵，命人在成皋县为其母修墓，又致信请求互市。祖逖虽未回信，却任凭双方互市，为此收利十倍，兵马日益强壮。

因着祖逖擅于安抚，不但黄河以南地区的人民归附祖逖，连石勒根据地河北的坞主亦向祖逖报告后赵的情况，如此令石勒不敢以军事力量强攻豫州，因而决定与祖逖修好，又允许两地通商。

当时祖逖牙门童建杀新蔡内史周密归降石勒，石勒却杀死童建并将首级送交祖逖。而祖逖亦不接纳背叛后赵而归降的人，如此两国边境安定，兖、豫二州人民得以休息，但不少人其实都有双重身份，同时归属东晋与后赵。

瞧瞧，石勒为了拉拢祖逖，还专门给祖逖的母亲修坟墓，并且写信邀请祖逖跟自己做朋友。

祖逖本来博得了琅琊王司马裒的喜欢，并且晋元帝司马睿倚重祖逖，希望祖逖能够铲除石勒，并且抵消王敦的军事实力。

但是，天有不测风云，石勒与祖逖偶有作战的时候，琅琊王司马裒竟然被石勒斩杀！

晋元帝司马睿最欣赏、最喜欢的未来储君，琅琊王司马裒在大军中心，竟然被石勒的人千里奔袭，直接斩杀！

对于晋元帝司马睿而言，这是何等的悲伤！中年丧子，而且是最喜欢的、最可能继承大统的儿子！

晋元帝司马睿自然是心痛如刀绞，同时也恨上了这个保护未来储君不力的大将祖逖。

建武元年（公元 317 年）六月，石勒部将石虎围攻谯城，东晋平西将军祖逖率军将其击退。

六月十八日，晋元帝向天下传递檄文说："逆贼石勒，在河朔一带大肆掳掠，经历年讨伐，已惊魂不定，窜逸远方。但又派遣其凶党石虎率领犬羊之众，渡河南犯，肆意毒害百姓。平西将军祖逖率众讨伐，立即溃散。今派遣车骑将军、琅琊王司马裒等九军，精锐之卒三万，水陆四路并进，直捣贼穴，接受祖逖的节度。有能斩石虎首级者，赏赐绢三千匹、黄金五十斤，封爵县侯，食邑二千户。贼党如能斩石虎首级送来，封赏如同前面一样。”

司马裒于是跟随祖逊北伐石勒。

在这个时候，晋元帝司马睿还想着给幼子琅琊王司马裒镀镀金，给司马裒多点战功，以便打败长子司马绍，一举成为东晋第一任太子储君。

此时晋元帝司马睿的想法很简单，就是要让琅琊王司马裒身边人才济济，司马裒本人战功赫赫。

可是愿望很美满，现实很骨感！

六个月之后，琅琊王司马裒在祖逖的保护与带领下，在王敦的呵护与跟随下，竟然死于层层保护之中。

建武元年（公元 317 年）十月二十九日，司马裒去世，时年十八岁，谥号孝王，追赠车骑大将军，加赠侍中。司马裒的王妃山氏去世时，与其合葬。晋穆帝司马聃在位时，追赠司马裒为太保。

至此，祖逖成为晋元帝司马睿心腹与忠臣的仕途被终结。

取而代之的是祖逖意外死亡的惩罚，王敦一家独大的局面。

历史记载，太兴四年（公元 321 年），晋元帝任命戴渊为征西将军、都督司兖豫并雍冀六州诸军事、司州刺史，出镇合肥。

祖逖认为戴渊虽有才望，却无远见卓识，而且自己辛苦收复河南，却仍不得朝廷信任，心中甚为不快。

不久，祖逖又听闻王敦跋扈、朝廷内部矛盾日益尖锐的消息，担心内乱爆发，北伐难成，以致忧愤成疾。

看到这里，我们就能明白，晋元帝司马睿因为琅琊王司马裒的蹊跷死亡，直接撤了祖逖的军权，并且派了吴越原住世家戴渊这个废物来做大将。

而祖逖又被嫉妒成狂的王敦不断打压，于是，导致北伐大计胎死腹中。

委曲求全的祖逖本是有机会一举攻破石勒所在的后赵之地，并且收复失地的。

但是，老天偏偏让琅琊王司马裒死于人祸。

祖逖彻底地失去了君心，而身为东晋之君的晋元帝司马睿也失去了收复失地、统一山河的一次契机。

祖逖虽患病，但仍图进取，抱病营缮虎牢城。虎牢城北临黄河，西接成皋，地理位置非常重要，他担心城南没有坚固的壁垒，易被敌军攻破，特意派从子祖济率众修筑壁垒。但壁垒尚未修成，祖逖便在雍丘病逝，时年五十六岁。

这也就是说，祖逖因为北伐搁浅，心生怨怼，他愤怒的是自己的努力尽付东流。

他更愤怒的是晋元帝司马睿因为一个幼子，放弃了大晋重现辉煌的机会。

一个将私情看得比国事重的东晋皇帝，毁了祖逖雄心勃勃为国效忠的辉煌伟业，祖逖终于抑郁了！

在抑郁之中，祖逖蹊跷病逝。

而这场病逝到底是因为祖逖修筑壁垒而耗费财力，引发王敦不断攻讦，因此不得不独自扛下所有罪过保全家族呢，还是因为石勒害怕祖逖东山再起，所以下毒毒杀石勒呢？

祖逖死后，豫州百姓如丧父母，谯梁百姓还为他修建祠堂。晋元帝追赠祖逖为车骑将军，并命其弟祖约接掌其部众。后赵趁机入侵河南，祖约难以抵御，退据寿春。祖逖收复的河南大片土地最终又被后赵攻陷。

尽管祖逖忠君爱国，得到了豫州百姓的爱戴与怀念，甚至是大晋之中为数不多由百姓兴建祠堂的大将，但是祖逖的家族憎恨东晋皇族已经成为事实，也为以后埋下了祖约之乱的隐患。

一代大将的后人，最终反抗东晋朝廷，甚至不惜毁灭东晋朝祚，真的令人唏嘘。

可是唏嘘之外，又有一事引发了后续的故事，那便是乞活军出身的陶侃与郗鉴开始纷纷避难。

这又是怎么回事呢？

第十章 陶侃郗鉴调离

我们首先了解一下，陶侃是谁？

历史记载，陶侃出身贫寒，初任县吏，后逐渐出任郡守。永嘉五年（公元311年），任武昌太守。建兴元年（公元313年），任荆州刺史。官至侍中、太尉、荆江二州刺史、都督八州诸军事，封长沙郡公。咸和九年（公元334年），陶侃去世，享年七十六。获赠大司马，谥号“桓”。有文集二卷，今已佚。《全晋文》录有其文。其曾孙为著名田园诗人陶渊明。

陶侃平定陈敏、杜弢、张昌起义，又作为联军主帅平定了苏峻之乱，为稳定东晋政权，立下赫赫战功；他治下的荆州，史称“路不拾遗”。他精勤于吏职，不喜饮酒、赌博，为人所称道。在后将军郭默擅自杀害刘胤后，即率兵征讨，不费一兵一卒就擒获郭默父子，因而名震敌国。

唐德宗时，陶侃成为武成王庙六十四将之一。宋徽宗时，位列武庙七十二将。

换言之，陶侃不仅是陶渊明的祖先，更是中国七十二名将之一，堪称战神级别的存在。

中国七十二名将又是谁呢？

武庙十哲，是指唐朝开元十九年唐玄宗为表彰并祭祀历代名将所设置的庙宇，它以周朝开国太师、军师吕尚（即姜子牙）为主祭，以汉朝留侯张良为配享，并以历代名将十人从之。

宋朝建国之初，宋太祖赵匡胤幸武成王庙，历观两廊所画名将。

宋徽宗宣和五年（公元1123年），对武庙的祭祀名单又有调整，共有历代名将七十二人。分成殿上十人及两庑六十二人两组，虽无十哲之名，仍有其实。名单如下：

主祀：武成王姜太公。

配享：留侯张良，陪伴在姜太公旁边。

配享于殿上：共十人。

东侧西向：管仲、孙武、乐毅、诸葛亮、李勣。

西侧东向：田穰苴、范蠡、韩信、李靖、郭子仪。

从祀于殿外庑间：共六十一人。

东庑西向：白起、孙膑、廉颇、李牧、曹参、周勃、李广、霍去病、邓禹、冯异、吴汉、马援、皇甫嵩、邓艾、张飞、吕蒙、陆抗、杜预、陶侃、慕容恪、宇文宪、韦孝宽、杨素、贺若弼、李孝恭、苏定方、王孝杰、王晙、李光弼，共二十九人。

西庑东向：吴起、田单、赵奢、王翦、彭越、周亚夫、卫青、赵充国、寇恂、贾复、耿弇、段颎、张辽、关羽、周瑜、陆逊、羊祜、王濬、谢玄、王猛、王镇恶、斛律光、王僧辩、于谨、吴明彻、韩擒虎、史万岁、尉迟敬德、裴行俭、张仁亶、郭元振、李晟，共三十二人。

武庙之配享及从祀名单此后时有微调。

换言之，这是中华武庙七十二战神之列的大将，在晋朝能与陶侃齐名的有羊祜、杜预、王濬、谢玄，而陶侃是大晋排行第一的将领。

陶侃为什么有这么高的荣誉呢？

陶侃原籍都昌，后迁居庐江郡寻阳县。陶侃先世并无显赫的记载，他年轻时当过寻阳的鱼梁吏，说明他出身寒门。其父陶丹，在三国孙吴时曾任扬武将军，地位不高。陶侃年幼孤贫，最初任县中小吏。

最开始的时候，陶侃只是一个贫民，也就是个下品无士族的贫苦老百姓。

一次，鄱阳郡孝廉范逵途经陶侃家。时值冰雪积日，仓促间陶侃无以待客。他母亲于是剪下自己的长发卖给别人做假发，换得酒菜，客人畅饮极欢，连仆从也受到未曾想到的招待。范逵告别时，陶侃相送百余里。

范逵问：“卿想到郡中去任职吗？”

陶侃回答：“想去，可苦于无人引荐。”

范逵拜见庐江太守张夔，极力赞美陶侃。张夔召陶侃为督邮，领枞阳县令。在任上以才能而著名，又迁任主簿。值州部的从事到郡中，想找点岔子处罚他。

陶侃关上门严格约束部下，对从事说：“若我们有错误，自当按宪令处治，不应这样相逼，若不按礼法办事，我也能对待。”从事只好离去。张夔之妻生病，需要到几百里之外去接医生，当时大雪天寒，主簿等僚属们都感到为难，

陶侃说：“侍君侍父是为臣为子之义，郡守夫人就同我们的母亲一样，哪有父母有病而子女不尽心的。”于是主动要求前往。大家都佩服他的礼义。

长沙太守万嗣来到庐江，见到陶侃，诚心敬悦，对他说：“你最终一定会有名的。”让自己的儿子与陶侃结为好友才离去。

陶侃在尚处位卑之时，跟祖逖一样，能够让众多人佩服他，细致入微地去照顾他人，能够得到达官贵人的赏识，少年英才，会做人，会来事，会察言观色。

陶侃出仕以来，就是个令人瞩目，并令人喜欢的存在。

张夔后来举荐陶侃为孝廉，陶侃到洛阳后，几次拜谒名扬天下的重臣张华。张华开始认为他是来自偏远之地的人，不大理睬他。但陶侃每次去，都神色安然。

张华后来与他交谈，大为惊异，陶侃得以出任郎中。伏波将军孙秀是灭亡的孙吴宗室，名望不高，北方士族都耻于任他的掾属，孙秀因为陶侃出身寒族，于是召他为舍人。当时豫章国郎中令杨晫，是陶侃的同乡，被乡中舆论一致称扬。

陶侃拜见他，他评价说：“《易经》上说：‘坚固贞正，足以干事。’陶士行就是这样的人。”杨晫和陶侃一同乘车去拜见江南名士中书郎顾荣，顾荣也很看重他。

吏部郎温雅对杨晫说：“你怎么和小人同乘一辆车呢？”

杨晫说：“他可不是普通的人。”

当时的清谈领袖乐广要会见南方的名士，武库令黄庆推荐了陶侃。

遭到了一些人的非议，黄庆说：“这人终会前途远大。”

黄庆后来任吏部令史，就推举陶侃为武冈县令。陶侃到任后，与太守吕岳不和，于是弃官回家。后来又当过郡里的小中正。

换言之，陶侃曾经得到张华的赏识，而张华我们在前面提到过，贾充和荀勖嫉妒张华得到晋武帝司马炎的喜爱，而张华后来又得到了贾南风的重用。

得到权臣张华赏识，这为陶侃铺就了未来升迁之路，而陶侃本人又是个不卑不亢、守得住清贫与寂寞的人，陶侃得到张华赏识后，也因此被邀请到了清谈名人的圈子里。

陶侃进入西晋时期核心文人圈子，也就是进入了西晋权力核心圈子。

至此，陶侃被更多的人认识和赏识。

八王之乱引起江南动荡不安的局势，为陶侃施展才干提供了机遇。西晋末年，秦、雍一带的人民因天灾和战乱，大量流徙到梁、益地区就食。

太安二年（公元 303 年），义阳蛮张昌聚众在江夏起义，不愿远征的丁壮及江夏一带流民纷纷投奔张昌。张昌攻下江夏郡，旬月之间，众至三万。张昌势力的发展，引起朝廷的不安，朝廷即任命刘弘为南蛮校尉、荆州刺史率军前去镇压。刘弘上任，即辟陶侃为南蛮校尉长史，领大都护，命他为先锋开赴襄阳，讨伐张昌。

张昌用全部兵力包围宛城，打败前将军赵骧的军队，杀死羊伊，刘弘只好撤退至梁县。张昌围攻襄阳，失败。张昌转攻襄阳不下，即沿汉水进入长江。一时间，荆、江、扬等州大部分地区为张昌所控制。刘弘派陶侃等人在竟陵进攻张昌。陶侃等人屡次与张昌交战，大败张昌，前后斩杀数万人，张昌逃窜到下山，他的部众全部投降，荆州平定。

事后，刘弘感叹地对陶侃说："我过去担任羊公（羊祜）的参军，羊公说我日后一定能到他的地位，今天看到你，就知道你一定能够继承我的地位。"陶侃后因军功被封为东乡侯，食邑一千户。

此时的陶侃已经开始展现出了实力，因为刘弘曾经是羊祜的参军，陶侃第一次结识了羊祜的人脉，而羊祜、荀勖、张华等人曾经是顾命大臣，羊祜又是王衍的舅父，至此陶侃认识了王衍，也认识了王衍的堂兄弟们，即王导和王敦。

陶侃跟琅琊王家的友谊自此结下，并且成为他后来官运亨通的基石。

永兴二年（公元 305 年），扬州刺史陈敏见北方大乱，朝廷无力控制江东，于是起兵占据扬州，又遣其弟陈恢沿江西上进攻武昌，意图割据江南。刘弘命陶侃为江夏太守、鹰扬将军，率军抵御陈恢。陶侃齐备仪仗，将母亲接到官舍，乡里都大觉荣耀。

随郡内史扈怀在刘弘面前挑拨说："陶侃与陈敏有同乡之谊，他如今在大郡任太守，统领强兵，倘若有异心，荆州就失去东大门了。"

刘弘回答说："陶侃忠直能干，我了解他很久了，他一定不会这样的。"

陶侃听说后，派儿子陶洪和侄子陶臻到刘弘那里为质，来加强刘弘对他的信任。刘弘任他们为参军，给予赏赐，将他们送回江夏，说："贤叔要征战出行，而祖母年事已高，你们应该回去。村野匹夫互相交往，尚且不负心，何况大丈夫呢！"

再加陶侃为督护，让他和诸军并力抗击陈恢。

陶侃以运输船做战舰使用，有人说不能这样做，陶侃说："用官船来打官贼，有什么不行的？"

陶侃与陈恢交战，多次击败陈恢。又和皮初、张光、苗光在长岐共同击败陈敏的部将钱端。陶侃治军严肃整齐，凡有缴获，全部分赏士卒，自己身无私财。

陶侃聪明地以散尽钱财博取了周围兵士和上级将领的信任与敬佩，与祖逖不同的是，陶侃一直是远离司马皇室的，也因此没有受到琅琊王司马裒猝死带来的打压。

这为陶侃不断地壮大自己，充实自己的实力带来了空间与时间。

而陶侃为了发展自己，又跟当时一员悍将周访成了儿女亲家，并为自己的军事实力奠定了基础。

永嘉五年（公元 311 年），司马睿命王敦统领甘卓、周访等沿江击败华轶。华轶兵败被杀后，陶侃升任龙骧将军、武昌太守。

当时天下饥荒，山中蛮贼常拦截长江上船只抢劫。陶侃令部下诸将假扮商船引诱山贼，山贼果然前来，活捉了数人，审问得知他们原来是西阳王司马羕的部下。陶侃派兵逼司马羕交出盗贼，自己带兵在钓台列阵以为后继。

司马羕只好把帐下二十人绑送出来，陶侃将他们斩杀，从此水陆交通安全畅通。返家的逃亡者络绎不绝，陶侃竭尽财力资助他们安家定居，又在郡东设立与夷人交易的市场，大收其利。

司马睿虽占据江州，但上游荆、湘两州的大部分地区为杜弢率领的流民起义军所占据。司马睿派陶侃击杜弢，命振威将军周访、广武将军赵诱受陶侃指挥。陶侃令二将为前锋，侄儿陶舆为左翼，向杜弢发起进攻并将其击败。

建兴元年（公元 313 年），荆州刺史周颉被杜弢围困在浔水城。陶侃派部将朱伺前去救援，杜弢退守泠口。陶侃判断杜弢必由陆路偷袭武昌，因此迅速率军抄近路连续行军三昼夜，在武昌周围埋伏下来。杜弢果然来攻，陶侃令朱伺率伏兵迎头痛击，大破杜弢，缴获大批辎重，杀伤众多敌兵。杜弢败军退入长沙。

陶侃派遣参军王贡向王敦报捷，王敦说："要不是有陶侯，就会失去荆州啊。

伯仁（周觊）刚到任，就被贼兵击败，不知道他怎么能当刺史？”

王贡说：“我们荆州正值多难之时，非陶龙骧（陶侃）治理不可。”

王敦同意，即上表拜陶侃为使持节、宁远将军、南蛮校尉、荆州刺史，管领西阳、江夏、武昌等郡，镇守在沌口，又移镇沔江。派朱伺等人征讨江夏乱贼，消灭了他们。

贼寇王冲自封荆州刺史，占据江陵。王贡回到竟陵，假借陶侃的命令，以杜曾为前锋大督护，进军杀了王冲，收降他的部下。

陶侃召杜曾前往，杜曾未到，王贡害怕假传命令的事会获罪，就和杜曾一起反叛。王贡在沌阳向陶侃的参军郑攀发起攻击，将其击败，又在沔口打败朱伺。

陶侃准备移师退守，又被部将张奕迷惑，于是按兵不动。不久，王贡军到达，陶侃大败。

叛军钩住了陶侃的乘船，幸亏他跳上一只小船，而朱伺奋力苦战，陶侃才得以脱险。

张奕投奔叛军，陶侃也被免职。但王敦还是上表请陶侃以布衣身份领职。

陶侃再次率周访等进兵入湘，让都尉杨举为先锋，将杜弢击败，屯兵于城西。陶侃的部下致辞于王敦，为陶侃辩白，王敦于是上奏请恢复陶侃的官职。

在晋元帝司马睿联合王导、王俊靠着周玘、陈敏等叛乱来虚弱江东原住世家势力的时候，陶侃又幸运地与亲家周访站在了晋元帝司马睿和王敦的这一方，在王敦的大力支持下，在晋元帝司马睿和王导的内部协调下，陶侃和周访节节胜利。

甚至出现了王敦上表晋元帝司马睿，让陶侃以布衣身份领职位的事件。

陶侃以他卓越的战功和老练的为人处世之道成为琅琊王家最看重的将领，开启了他辉煌的人生。

可是功高震主，难免会引起旁人的嫉妒，尤其是善妒的王敦。

王敦非常忌妒陶侃的功劳，陶侃要返回江陵，准备向王敦告辞，皇甫方回和朱伺等人劝谏，认为不能前往。

陶侃不听，王敦果然把他留住，降为广州刺史、平越中郎将，让自己的堂弟王廙任荆州刺史。

陶侃在荆州的僚属请求王敦留下陶侃，王敦怒而不许。

陶侃部将郑攀、苏温、马鯭等人不愿南下，就到西边迎接杜曾以抵抗王廙。

王敦认为郑攀这样做是奉陶侃的旨意，于是穿上铠甲手持兵器，想要杀掉陶侃，但往复几次还是拿不定主意。

陶侃严肃地说：“使君雄毅果断，能裁决天下事，今天怎么这样犹豫不决？”便起身入厕。

王敦的谘议参军梅陶、长史陈颁对王敦说：“周访和陶侃为姻亲，如同一左一右两只手，哪有砍他左手而右手不来帮忙的。”

王敦这才作罢，设宴为陶侃饯行。

陶侃连夜出发，王敦又留陶瞻为参军。陶侃到达豫章后，见到周访，流着泪说：“如果不是有你做外援，我性命难保。”陶侃继续前进到达始兴。

陶侃将入广州，逢杜弢余部杜弘与温劭等占据交州。闻陶侃将至，杜弘企图利用诈降偷袭。陶侃识破他的计谋，布兵设阵，一举将杜弘击溃。

诸将都请求乘胜进攻温劭，陶侃笑着说：“如今我已是威名显赫，何必再动刀兵，只需要一纸布告就可以解决。”

于是下书告谕，温邵因害怕逃走，追兵在始兴将他抓获。陶侃因功被封为柴桑侯，食邑增至四千户。

太兴元年（公元 318 年），陶侃进号平南将军。不久，又加都督交州军事。

陶侃能理解王敦的嫉妒心，也看明白刘琨和祖逖的下场，他不希望成为祖逖第二，更不希望混成刘琨那样的局面。

于是，陶侃选择退一步海阔天空，以追缴叛军余党为由，给王敦对他明升暗降的机会，让自己去广州避难。

而陶侃这聪明的做法，让王敦对陶侃改变了看法，也保住了陶氏一族的性命。

只是陶侃去广州并不仅仅是因为王敦善妒而避难，更多的是因为陶侃有一颗忠君爱国的心，他想维护的是大晋的和平，他更希望重现大晋的辉煌。

也因为这颗爱国之心，陶侃去广州更多的是为了韬光养晦，时刻准备为国而战。

我们说了陶侃，就要说说王羲之的岳父郗鉴。

郗鉴与陶侃都是贫苦人出身，只是郗鉴与陶侃的选择不一样，陶侃选择的是出仕，在广州韬光养晦，而郗鉴选择的是入仕，在建康伺机而动。

我们前文也讲过东床快婿的故事，以及选择王羲之为女婿的背后是郗鉴跟王导联盟的故事。

那么郗鉴在选择王导之后，又面临了什么呢？

晋元帝司马睿镇守江左时，以郗鉴为龙骧将军、兖州刺史，出镇邹山。

当时郗鉴与荀藩所派的李述和刘琨所派的刘演同居兖州刺史，三人由不同行台承制任命，各据一郡，并各自为政，互相对立。同时，兖州亦正受徐龛和石勒两股军事力量侵扰。

在战事不息而没有外援之下闹饥荒，虽然人民要捕野鼠、燕子等动物来充饥，但仍不叛离郗鉴，反而人数渐多，三年之间就拥众数万。司马睿因而加授其为辅国将军、都督兖州诸军事。

郗鉴此时还是兖州刺史，他要做的是成为刘琨那样的人物，进入金谷园成为二十四友，成为文人泰斗，于是有了“兖州八伯”。

何为“兖州八伯”？

当时兖州以郗鉴为方伯，阮放为宏伯，胡毋辅之为达伯，卞壶为裁伯，蔡谟为朗伯，阮孚为诞伯，刘绥为委伯，羊曼为黯伯，八人并称“兖州八伯”。

这些人都是东晋后期的中流砥柱，更是历史中最为活跃的文臣。

可以说，郗鉴成功靠着“兖州八伯”的朋友圈，挤进了文化核心圈，也进入了东晋的权贵圈。

只是郗鉴没有在金谷园二十四友尚在的时候结识张华，认识刘琨等人，这是郗鉴命运输给陶侃的地方。

但是挤进核心权贵圈就行了吗？无根之萍，起风便是命绝之时，郗鉴不会让自己成为没有根基之人。

这也就是说，郗鉴看清楚了刘琨和王敦争夺兖州刺史之时的剑拔弩张，为了避免自己成为牺牲品，郗鉴选择管后勤民生，而不在前线指挥作战，跟刘琨和王敦抢夺军权。

而因为郗鉴不争夺，于是郗鉴充分诠释了鹬蚌相争渔翁得利的真实画面，最后兖州刺史并不是刘琨和王敦的任何一方，而是郗鉴这个在当时并不出色的将领。

只是郗鉴为什么甘心做后勤呢？

第十一章　王敦斩周伯仁

我们上文提到了郗鉴在王敦和刘琨争夺的时候，选择做了后勤。那么，郗鉴为什么要做后勤呢？

名臣卞壸曾经指出郗鉴身上的三种矛盾现象：方于事上，好下佞己；治身清贞，大修计校；自好读书，憎人学问。

什么意思呢？

翻译一下就是：侍奉君主很正直，却喜欢下属奉承自己；很注意加强清廉节操方面的修养，却非常喜欢计较财物得失；自己喜欢读书，却讨厌别人做学问。

也就是说郗鉴蓄意演了一出好戏，让卞壸说自己各种毛病，以此小毛病来减弱王敦对他的猜忌与打压，这是自污来换取平安的法子。

卞壸是谁呢？

史料记载，卞壸（公元 281—328 年），字望之，济阴冤句（今山东菏泽）人。中书令卞粹之子。东晋名臣、书法家。东晋建立后，任太子中庶子，转散骑常侍，侍讲东宫。

卞壸出身官宦之家，祖父卞统曾任琅琊内史，父亲卞粹兄弟六人，“并登宰府”，世称“卞氏六龙”。

卞壸成年时已有名誉，得司兖二州和齐王司马冏辟命，但卞壸都不应命。后父亲卞粹被长沙王司马乂所杀，卞壶回乡。

怀帝永嘉年间，卞壶出任著作郎，并承袭父亲成阳公的爵位。后来征东将军周馥请卞壶为从事中郎，但不应命。

及后于永嘉五年（公元 311 年）发生永嘉之乱，都城洛阳被前赵所攻破，晋怀帝被掳，卞壶于是投靠时任徐州刺史的妻兄裴盾。裴盾让卞壶代理广陵相。

裴盾就是东海王司马越的小舅子。卞壶可以说是自出道便是豪门名士，还深受当权者的追捧和赏识。

建武二年（公元 318 年），司马睿在建邺建立基地，召卞壶为从事中郎，委以官员选拔之责，深受宠信。后出任东中郎将司马绍（即后来的晋明帝）的长史。

后因继母死而离职服丧。之后成为晋王世子司马绍的老师。东晋建立后，任太子中庶子，转散骑常侍，侍讲东宫。后又先后担任太子詹事、御史中丞等职。卞壶前后居师佐之位，尽匡辅之节，颇为王公大臣敬畏。

卞壶还有一个身份，那就是未来太子司马绍的老师。

郗鉴让卞壶给他评价，无异于是让中郎将司马绍了解他这个人，并认识他这个人。

这等同于郗鉴给自己找了一条能够接近未来东宫太子的渠道，一个加官晋爵的机会。

不仅如此，郗鉴的孩子们都是书法家。

郗鉴有二子一女，长子郗愔工于草书、隶书和正楷，其代表作有《至庆帖》《比书帖》传世；次子郗昙长于草书和楷书。

王僧虔《论书》称："郗愔章草，亚于右军。"梁武帝《古今书人优劣评》评："郗愔书得意甚熟，而取妙特难，疏散风气，一无雅素。"

郗昙善草书。唐窦臮《述书赋》卷上曰："密壮奇姿，抚迹重熙。若投石拔距，怒目扬眉。"

郗昙与姐夫王羲之交情非凡，王羲之的《兰亭集序》真迹在郗昙墓中陪葬，后因战乱被军阀掘墓盗出。

在晋朝，书法是一种贴金的技能，等同于艺校考试最强加分项。

郗愔擅长书法，意味着郗鉴可以通过儿子的书法融入东晋书法圈子，而东晋的书法家都有谁呢？

王导十分热爱书法，他在东迁之时，把钟繇的《宣示表》缝入袖中，誓言

“贴在人在，贴亡人亡”，足见其对书法之热爱。

他常教诲家族中人要尊重书法，他的堂侄“书圣”王羲之，堂侄孙王献之，孙王珣、王珉，都是一代书法家。

王导传世的书法作品有《省示帖》(《淳化阁帖》所录七行残字）和《改朔帖》，其中《改朔帖》是今草发展中的佳作之一。

张怀瓘《书断》称王导的真书为第七、行书第八，列为“能品”，并称“导行草兼妙，然疏柯迥擢，寡叶危阴，虽贤有余，而才不足。元、明二帝并工书，皆推难于茂弘。王愔云：‘王导行、草见贵当世。’”又在《书估》列其书法为第三等。

于是，郗鉴找到了跟王导的共同话题。

琅琊王氏书风鼎盛，与陈郡谢氏、颍川庾氏、高平郗氏同为主宰东晋书坛的主要家族。史称“博哉四庾，茂矣六郗。三谢之盛，八王之奇”。（窦臮《述书赋》语）

王敦虽不在“八王”之列，但亦以草书著称。张怀瓘将王敦的书法列为第三等，归入“名迹具显者一十九人”，并称其草书为第四。盛熙明将其书法列为中品。

王敦也非常喜欢书法，他喜欢草书，而郗愔和郗昙都擅长草书。

郗鉴本人工于书法，有《灾祸帖》存于《淳化阁帖》中。郗鉴有文集十卷传世，今已佚。《全晋文》录有《上疏逊位》《周札加赠议》《又驳》《书》。

换言之，郗鉴能够通过书法跟王导和王敦在爱好上进行交流，达到亲近两个人的目的。

郗鉴跟王导和王敦交好，女婿又是王羲之，难免要认识王导和王敦共同的好友周顗。

周顗是谁呢?

周顗就是周伯仁!

周顗少年时便有声誉，弱冠时袭封武城侯，曾在东海王司马越之子、镇军将军司马毗属下为长史。琅琊王司马睿出镇建邺，征辟周顗为军谘祭酒。后出任宁远将军、荆州刺史、护南蛮校尉，官至尚书左仆射。周顗以雅望而获盛名，但他常酒醉失态，又不理俗务，有“三日仆射”之称。

周顗不仅仅是晋朝名士、大臣，他更是西晋安东将军周浚之子。而周浚恰恰是王浑的妹夫。

也就是说王浑是周颢的亲娘舅，卫玠是王浑之女所生，卫玠是周颢的外甥。

假如我推测的没错的话，卫氏女是王羲之母亲的话，假如，卫氏女跟哥哥卫恒很好，而卫恒的妻子是王浑之女，王浑的妻子是钟琰，钟琰又是钟繇的孙女！

换言之，钟琰传承了钟繇的衣钵，拥有钟繇的书法绝妙！而王导酷爱钟繇书法，所以钟繇的后人都被王导尊重！

卫玠的爷爷卫瓘，《晋书卫瓘传》谓其："学问深情，明习文艺。与尚书郎敦煌索靖俱善草书（章草），时人号为'一台二妙'。"

二人草书同师法于张伯英（张芝）。大家认为卫瓘书法得到张伯英的筋，索靖得张伯英的肉。

卫瓘自称："我得伯英之筋，（卫）恒得其骨，（索）靖得其肉。"

梁武帝萧衍《草书状》，肯定了卫瓘草书在书史上的地位。梁庚肩吾《书品》列卫瓘为上之下。

唐李嗣真《书后品》列卫瓘书为上之中。张怀瓘《书断》卷中列卫瓘章草为神品，其小篆、隶、行草入妙品。

并赞卫瓘："天资特秀，若鸿雁奋六翮，飘飘乎清流之上。率情运用，不以为难。"

时议认为："放手流便过索靖，而法则不如之。"

换言之，卫瓘的书法在晋朝虽然不及曹魏时期的钟繇，却也是书法家中的大家！

并且卫瓘的父亲是卫觊，字伯觎，而蔡文姬的第一任丈夫叫卫仲道！

卫仲道，男，本名不详，仲道是其表字，东汉末年河东人。生于汉建宁元年，早逝。其妻为蔡文姬（蔡邕之女蔡琰）。

卫家是河东世家，在那里有着很高的声望。初兴于汉名将卫青，被立为皇后的卫子夫。卫氏家族就是从那一刻起平步青云。

无独有偶，汉末三国时代河东卫氏还有个更有名的人，卫觊（字伯觎，《三国志》中做伯儒当是觎儒二字近音同音弄混之故，当从墓碑），河东安邑人，是曹魏大臣！

换言之，卫觊可能是卫仲道的大哥，也就是说蔡文姬是卫瓘的婶娘，很可能蔡文姬早年亲自教过卫瓘，而卫瓘也就有了蔡邕的书法精髓！

而蔡邕又是谁呢？

蔡邕早年拒朝廷征召之命，后被征辟为司徒掾属，任河平长、郎中、议郎等职，曾参与续写《东观汉记》及刻印熹平石经。后因罪被流放朔方，几经周折，避难江南十二年。董卓掌权时，强召蔡邕为祭酒。

三日之内，历任侍御史、治书侍御史、尚书、侍中、左中郎将等职，封高阳乡侯，世称“蔡中郎”。

董卓被诛杀后，蔡邕因在王允座上感叹而被下狱，不久便死于狱中，时年六十。

蔡邕精通音律，才华横溢，师事著名学者胡广。除通经史、善辞赋之外，又精于书法，擅篆、隶书，尤以隶书造诣最深，有“蔡邕书骨气洞达，爽爽有神力”的评价。

所创“飞白”书体，对后世影响甚大，被《书断》评为“妙有绝伦，动合神功”。他生平藏书多至万余卷，晚年仍存四千卷。

有文集二十卷，早佚。明人张溥辑有《蔡中郎集》,《全后汉文》对其著作也多有收录。

历史记载，卫恒（？—291年），字巨山，河东安邑（今山西夏县）人，西晋书法家。

官至黄门侍郎，惠帝时为贾后等人所谋杀。他出生在一个书法世家，祖父卫觊、父亲卫瓘、侄女卫铄都是著名书法家。他是卫瓘的儿子、卫玠的父亲。

少辟齐王府递转黄门郎。善草隶，瓘尝云:“我得伯英（张芝）之筋，恒得其骨。”又善古文，得汲冢古文论楚事者最妙，恒常玩之。

祖述飞白，造散隶书。开张隶休微露其白，拘束于飞白，洒丽于隶书。又作云书，笔动若飞，字张如云，卫氏即垂云之祖。

晋武帝太康二年（公元281），有一个叫不准的汲郡盗墓贼挖开了一座战国时的魏国古墓，从中发现了大量的先秦典籍。这些典籍幸运地逃过了秦始皇烧书的大火，非常珍贵。

但是，它们是用漆写在竹简上的蝌蚪文字，很难辨认。

于是，晋武帝就命令几位学者和书法家负责整理工作。其中就有卫恒。

卫恒著书《四体书势》，也就是说，卫瓘得到飞白体精髓后，传给了儿子卫恒，也就是卫玠的父亲。

《四体书势》是存世最早和比较可靠的重要书法理论之一，有很高的史料价值。有关当时的各种书体、书史的演变，以及一些书法家代表的情况资料，大都赖此书得以保存。

《四体书势》中，分为古文、篆书、隶书、草书，并为四种书体论述其起源和一些遗事，对其进行评论。

其篆书的势赞记，为蔡邕撰写；草书的势赞记为崔瑗撰写；而古文字的势赞和隶书的势赞为卫恒自己撰写。这四种势赞朴茂古雅，功力悉敌，可称其杰出的构成。

《竹书纪年》又是什么书籍呢？

《竹书纪年》又称为汲冢书，是春秋时期晋国史官和战国时期魏国史官所作的一部编年体通史。共十三篇，叙述夏、商、西周和春秋、战国的历史，按年编次。周平王东迁后用晋国纪年，三家分晋后用魏国纪年，至魏襄王二十年为止。

据史料记载，西晋初年，河南省汲县发生了一件大事，一个叫不准（音读“否标”）的盗墓贼，偷偷地掘开一座古墓。墓穴被打开后，由于墓中漆黑，不便寻找随葬品，他满地一划拉，摸得一把竹片。

点着竹片用来照取宝物，但是并没找到他所期待的金银财宝，呈现在眼前的是成片成捆的竹片，不准大失所望，因为对他来说这些东西毫无用处。

他在失望之余，非常不甘心，于是，将竹片翻个底朝天，把一些值钱的物品拿了，随手将竹片扔了。

村民们看到被打开的古墓和散落的竹片，便告知官府。来了几个官员，看到竹片大小一样，上面有字，字迹整齐，数量巨大。

于是把竹片拾掇到一起，装了几车运走。谁知这几车竹片，揭开了中国历史上惊世骇俗、惊天动地一件大事。这就是《汲冢书》《竹书纪年》。

这批竹简由汲县运到京师洛阳，晋武帝命中书监荀勖、中书令和峤负责整理。竹简长度为古尺二尺四寸，以墨书写，每简 40 字。对竹简文字当时说法不同，一说为“小篆”，一说为“科斗文字”，一说为“古文”，应是一种较为规范的战国文字。

整理工作首先是排比竹简的次第，其次是用当时的文字写出释文，最后是撰著提要。

中书监荀勖、中书令和峤奉命将散乱的竹简排定次序，并用当时通用的文字考订释文，遂有初释本竹书纪年。又称“荀和本”。

到了晋惠帝时期，秘书丞卫恒奉命考证竹简，以定众议。但是八王夺位，永嘉之乱爆发。卫恒被杀害。其友佐著作郎束皙续成其事，遂有考证本竹书纪年，又称“卫束本”。

《竹书纪年》对史学界的震撼，在于它所记录的史料与《史记》所描述的不仅内容不同，而且价值取向相异。

《竹书纪年》描述了从夏朝到战国时期历代所发生的血腥政变和军事冲突，根据《史记》所记载，商朝太甲被伊尹囚禁 3 年后，伊尹见太甲改过自新，便郑重地将国家交给他。太甲复位后，沉痛接受教训，成为一个勤政爱民、励精图治的圣君。

不过，《竹书纪年》对此却有不同的描述：伊尹放逐太甲后，自立为王，7 年后，太甲潜回杀掉篡位的伊尹，并改立伊尹的儿子伊陟和伊奋继承伊家。

杜预说："此为大与《尚书》叙说太甲事乖异，不知老叟之伏生，或致昏忘，将此古书亦当时杂记，未足以取审也。"

收回思路，我们整合来看看郗鉴的布局，郗鉴知道王导和王敦喜欢书法，便让孩子们学习书法，郗鉴选定"东床快婿"王羲之，因为王羲之的母亲是卫氏，师傅是卫烁，卫氏和卫烁从卫瓘、卫恒父子俩那里得到了蔡邕飞白体的真传。

郗鉴觉得王羲之学习飞白体是能够让王导和王敦偏爱的关键原因，而郗鉴后来发现王导更喜欢钟繇，于是让两个儿子学习钟繇的运笔方法。

但同时郗鉴又自己练习书法，争取得到王导和王敦的认可，但得知好友陶侃以退为进去了广州后，他就退位后勤官员，并开始进入兖州八伯的文人圈子，开始舞文弄墨，还让帝师卞壶诉说自己贪财吝啬、好大喜功、死要面子的臭毛病，以自污来让王敦放松戒备。

这就是一场郗鉴用书法来护住自己和家人的大局，不是吗？

只是后来郗鉴觉得郗愔和郗鉴并未得到钟繇的真传，于是想到了周顗这个人。

毕竟周顗是周浚的儿子，周浚是王浑亲妹夫，周顗接触舅母钟琰的机会比任何人都多。而钟琰本身就是继承了祖父钟繇的书法精髓。

因此这个世上，最有可能完全了解钟繇书法的就只剩下钟琰的儿子王济和钟琰的外甥周顗了。

但是王济早于王浑去世，早就不在人世了，而王济的后人只有王聿一人！

于是郗鉴开始跟周顗、王聿套近乎，为的是让王敦这个偏爱钟繇书法的人更放心自己。

大将军王敦，从小就与周顗相识，却总是有点怕他。每次遇见周顗，都面红耳赤，即使是在寒冬腊月，也要用手做扇，扇风不止。

王导曾把头枕在周顗的腿上，指着周顗的肚子，问里面装的都是些什么东西。

周顗回答："这里面空空洞洞的，不过像你这样的人足可容纳数百个。"

王导也不因此恼恨。又曾在王导座间傲然啸咏，王导说："你想学嵇康、阮籍吗？"

周顗回答说："我怎敢近舍明公，而远效嵇康、阮籍。"

这说明周顗和王导更好，但是王敦跟周顗也不差。

所以，郗鉴要是跟周顗交好，那么跟王敦也好，跟王导也罢，也许凭借周顗这条线，便会跟这两个琅琊王家的主事者有进一步的关系交往。

理论上是的，只是可惜周顗偏生是一个不会收敛锋芒的人。

就在刘琨因为作死，在王敦和石勒合理设计下被段匹磾伤害，琅琊王司马裒在祖逖身边猝死后，王敦竭尽所能地惩治祖逖以及祖逖身边的党羽。

司马睿能立国于江南，是因得到了南北门阀大族的支持。琅琊王氏在其中更是起到决定性作用，故而在东晋建立后权势极盛。王导内掌朝政，王敦外握兵权，王氏子弟皆位居要职，以致有"王与马共天下"的说法，但也因此引起了司马睿的忌惮。

王敦亦渐见专擅，如私自擢用降将杜弘，自行加任割据险处的何钦为将军等。司马睿对其更是厌恶。

他为了减弱琅琊王氏的影响力，重用丹阳尹刘隗、尚书令刁协等亲信，并逐渐疏远王导。王敦对此也是极为不满，君臣之间逐渐产生嫌隙。

太兴三年（公元 320 年），梁州刺史周访病逝，湘州刺史甘卓调镇梁州。王敦趁机请求以亲信陈颁接任湘州刺史。湘州所处位置十分紧要，素有牵制荆州的作用，司马睿不愿湘州被王敦所控制。

刘隗也建议司马睿派遣心腹重臣出镇湘州，以防备王敦。司马睿遂以宗室司马承为湘州刺史。

王敦又上表陈说古今忠臣如何被皇帝猜疑、如何被小人离间，想以此感动司马睿。司马睿却对王敦更为忌惮，但在明面上还是给王敦增加属官、赏赐羽葆鼓吹等仪仗，提高他的待遇。

太兴四年（公元 321 年），司马睿在刁协的建议下，将扬州诸郡的僮客恢复良民身份，以备征役，随后又以戴渊、刘隗出镇合肥、淮阴。

他还将所征发的兵卒全部分配给戴渊、刘隗，名义上是抵御北方的后赵政权，但其实是在防备王敦。

王敦致信刘隗，表示要和他修好，同心勠力共辅王室，却被刘隗拒绝。他不禁更为恼怒。而就在当年九月，豫州刺史祖逖病逝。王敦最为忌惮的周访和祖逖，至此全都去世。王敦认为再无人可以在军事上威胁自己，因此决意举兵入京。

也就是说，失去了爱子琅琊王司马裒的晋元帝司马睿在处置完刘琨及其党羽后，也在随着王敦的上蹦下蹿收拾祖逖，以报爱子琅琊王司马裒意外猝死的大仇。

在大力整顿的时候，打头阵的王敦难免会得罪一些人，而刘琨和祖逖的这些旧属就开始跟王敦唱反调。

看出局势的陶侃在自己的亲家公周访去世后变得越发低调，而郗鉴在看到戴渊、刘隗、刁协等人的做派后，也开始收敛自己的光芒，开始跟周顗和王聿等人舞文弄墨。

此时王敦已经觉察出晋元帝司马睿的排挤，大有兔死狗烹的悲情蔓延在王敦的心中，而王导被晋元帝司马睿边缘化也激发了王导对晋元帝司马睿的怨气。

本来斗成斗鸡眼的琅琊王氏兄弟，此刻突然相向而坐，握手言和。

司马睿登帝位以后，不满琅玡王氏的骄横，想削弱王氏势力。

他以大臣刘隗、刁协作心腹，并且暗中作军事布置，释放扬州地区内沦为僮客的北方流民，把他们组成军队，任命东吴旧族戴渊为征西将军，都督兖、豫等六州军事；刘隗为镇北将军，都督青、徐等四州军事，各率万人，分驻合肥、淮阴，名义上是北讨石勒，实际上是对付王敦。

王导因此被疏远，但他一任自然安其本分，淡泊自如。有识之士都称赞王导善于对待升沉兴废。

认为晋元帝司马睿过河拆桥的王敦，于永昌元年（公元 322 年），以反对刘隗、刁协为借口自武昌举兵，攻入建康，杀戴渊、刁协等，刘隗逃奔石勒，史称“王敦之乱”。

王敦反叛时，刘隗劝司马睿尽诛王氏家族之人，人们议论纷纷，都为之担心。

王导率族中兄弟子侄二十余人，每天天亮时到台阁处等待议罪领罚。

司空王导入朝请罪，恰好遇见正要进宫的周顗，王导叫住周顗说：“伯仁，我们家这几百口性命就全靠你了！”

周顗连看都没看他一下，径自去了。周顗入宫后向元帝进言，备言王导之忠君爱国，决不可错杀忠良。晋元帝采纳了他的建议，他一高兴，喝多了酒才出来。

当时王导还跪在宫门口谢罪，看见周顗出来，又喊周顗的名字，周顗依旧不搭理他。

周顗只对左右说："如今杀了这帮贼子，便可换个大官做做。"

出宫之后，周顗又上书朝廷，坚持说王导不可杀。

而王导却不知情。

在郗鉴可劲儿地跟周顗套近乎的时候，周顗这个不会做事的，在办了好事之后，被王导深深地记恨上了，于是有了后来那句旷古名言"我不杀伯仁，伯仁却因为我而死"的诞生。

第十二章　东晋中兴温峤

我们上文说到了“我不杀伯仁，伯仁却因为我而死”的名言，那么这件事的始末又是怎么样的呢?

最开始的时候，王敦是气不过晋元帝司马睿过河拆桥的举动，也难怪，谁让晋元帝看到刘琨、祖逖去世后，直接冷落了王导和王敦，让“王与马共天下”成为了笑谈!

既然晋元帝司马睿给人家冷脸看，人家王敦和王导怎么可能不有所表示呢?

那么王敦和王导怎么表示的呢?

先说说挑事的主要人物：王敦。

永昌元年（公元322年）正月，王敦在武昌（江州州治，在今湖北鄂州）起兵，以讨伐奸臣刘隗的名义东攻建康。他上疏列举刘隗十大罪状，表示只要刘隗授首便撤军退回。

党羽沈充在吴兴（治今浙江湖州）举兵响应。不久，王敦兵至芜湖，又奏列刁协罪状。司马睿大怒，下诏定王敦为“大逆”，表示要亲率六军与其决战，并急调刘隗、戴渊入卫建康。

但当时门阀士族对王敦起兵大多态度暧昧。

温峤便曾表示王敦所为必有原因，不算过分。

王敦的兄长王含时为光禄勋，亦闻讯叛投王敦。

那么问题来了，为什么温峤此时觉得王敦这么做是情有可原的呢？

太兴元年（公元 318 年），司马睿正式称帝，史称晋元帝，并任命温峤为散骑常侍。温峤以母丧为由，不肯接受官职，再次请求北归。三司、八座共议，皆认为温峤不能因私情而废国事。

当时，刘琨已在段氏内乱中被段匹磾冤杀。温峤只得接受任命，留在江东，并要求朝廷褒崇刘琨，以慰海内之望。

但晋廷正倚重段匹磾抵抗石勒，并未对刘琨有所追赠。此后，温峤历任骠骑长史、太子中庶子。他极尽规谏之责，并献《侍臣箴》，深得太子司马绍器重，引为布衣之交。

太兴三年（公元 320 年），司空府故属卢谌、崔悦由北方辗转表奏晋廷，替刘琨诉冤。温峤趁机再次上表，请求昭雪刘琨。晋元帝遂追赠刘琨为侍中、太尉，并赐谥号。

我们前文也说了，晋元帝司马睿很喜欢琅琊王司马裒，可是司马裒意外猝死，大晋的储君已经落到了中郎将司马绍的手里。

东宫储君确立的时候，正是刘琨被杀，刘琨军队易主，刘舆逃回老家蹊跷得了坏疽去世的时候。

坏疽是什么？是一种真菌感染。坏疽什么样子？整个组织溃烂。刘舆这不是中毒又是什么呢？

在看到姨夫刘琨被轻易杀掉，刘舆被人下毒灭口后，温峤一个少年后生敢跟王敦正面硬刚吗？

温峤此时不过二十来岁，哪有那个能力？但是，温峤毕竟是个念旧的人，他不希望姨夫刘琨就此背负污名。

于是温峤一而再、再而三地联合表兄卢志之子卢谵和崔悦给姨夫刘琨申冤。

为了向东晋朝廷表明心声，温峤更是在妻子去世后，直接迎娶了刘舆的女儿，留下了温太真娶妻的戏曲——《玉镜台》。

温峤死了妻子。他的从姑母刘氏家正逢战乱流离失散，身边只有一个女儿，很是美丽聪明。从姑母把她嘱托给温峤，请他寻找婚配对象。

温峤私下有自己娶她的意思，回答说："好女婿不容易找到，只有像我这样差不多的，怎么样？"

从姑母说："经过丧乱衰败之后活下来的人，要求不高，只要能维持生活，就足以安慰我晚年，哪里敢希望能找到像你这样的人呢？”

这不几天，温峤回复从姑母说：“已找到成婚的人家了，门第大致还可以，女婿的名声官职都不比我差。”

于是送去玉镜台一座作为聘礼，从姑母非常高兴。

成婚以后，行了交拜礼，新娘用手拨开遮脸的纱帐，拍手大笑说：“我本来就疑心是你，果然像我所预料的。”

玉镜台，是温峤做刘琨的长史，北征刘聪时得到的。

温峤的从姑母刘氏是谁呢？

既然叫做姑母，必然是温姓才对，所以温峤的从姑母的姓氏刘很可能是出嫁从夫的夫姓，刘温氏。

那么这个刘到底是刘舆还是刘琨的呢？我们知道刘琨和卢志是连襟，他们的妻子姓崔，故而温峤的姑母大概率上是刘舆的妻子温氏。

刘舆的长子是刘演，据史料记载，刘演字始仁。初辟太尉掾，除尚书郎，以父忧去职。服阕，袭爵（定襄侯），太傅、东海王越引为主簿。迁太子中庶子，出为阳平太守。自洛奔琨，琨以为辅国将军、魏郡太守。

琨将讨石勒，以演领勇士千人，行北中郎将、兖州刺史，镇廪丘。演斩王桑，走赵固，得众七千人。为石勒所攻，演距战，勒退。

元帝拜为都督、后将军，假节。后为石季龙所围，求救于邵续、段鸯，鸯骑救之，季龙走，随鸯屯厌次，被害。

换言之，东海王司马越、刘琨都非常喜欢刘演，并且刘演曾经做过兖州刺史。就是王敦和刘琨争夺兖州那次，刘演曾经跟郗鉴等人同时做兖州刺史。

也就是说刘演和温峤不仅共事过，更是过命的好兄弟。

那么，温峤迎娶刘舆和刘温氏的女儿、刘演的妹妹也自然在情理之中了。

当温峤成为刘舆的女婿，便是跟刘舆、刘琨兄弟的羁绊更深，此时为姨夫刘琨和岳父刘舆讨公道的理由更充分，跟表兄卢谌、崔悦为刘琨洗去冤屈就更有责任了。

而王敦呢？恰恰在这个时候学了贾南风，给刘琨死后哀荣，算是高抬贵手帮了温峤一把。

也正因为刘琨得到了死后哀荣，温峤、卢谌、崔悦会内心感激王敦，所以温峤会给王敦说好话也就在情理之中了。

此时王导面对什么样的情景呢？

王敦反叛时，王导率族中兄弟子侄到台阁处等待议罪领罚。司马睿因王导素来忠诚正直，特地还给他朝服，并召见了他。

王导叩首答谢说："叛臣贼子，哪个朝代没有呢，但想不到会出在我们王氏家族中。"

司马睿赤着脚走下来拉着王导的手说："茂弘，我正要托付一国之命与你，你怎么说这样的话呢？"

于是下诏说："王导以大义而灭亲，可以把我任安东将军时的符节授予他。"

但王导在此役中并未真正假节。

晋元帝司马睿打算让王导和王敦自相残杀，他要坐山观虎斗。

王导听到晋元帝司马睿的这番话心都凉了半截，在面对周顗不理不睬的情况下，每天跪在城门外的王导恨上了晋朝所有过河拆桥、落井下石的人。

在王导不管不问，打算冷眼看晋朝还能撑几时的时候，王敦决定冲入建康，要跟晋元帝司马睿对峙。

史料记载，王敦起兵之初，曾遣使前往梁州、湘州，约甘卓、司马承一同东下。甘卓虽允诺，但却一直未曾出兵，在朝廷和王敦之间持观望态度。而司马承则囚禁来使，在长沙（湘州州治，即今湖南长沙）举兵声讨王敦，并攻杀王敦的姐夫湘东太守郑澹。

王敦一面命南蛮校尉魏乂、将军李恒等率两万兵马攻打长沙，一面命参军乐道融去游说甘卓出兵支持自己。乐道融本就不满王敦叛乱之举，趁机背叛了王敦，反劝甘卓袭击武昌。

当时，司马承亦命主簿邓骞到梁州劝说甘卓，促请其起兵勤王。甘卓经过多番犹豫，最终还是决定支持朝廷，遂传檄声讨王敦。武昌震动。

王敦忙遣使向甘卓求和，请他罢兵退回梁州。甘卓再次犹豫，刚刚行至渚口（在今湖北仙桃北）便停军不进。

为什么王敦开始起兵攻打建康，却遭遇了叛变呢？这个乐道融又是谁呢？

乐道融，丹阳人。年少时怀有远大志向，勤奋学习从不倦怠，交往朋友言而有信，往往自己节用，致力周济他人，具有杰出人物的风度，为王敦的参军。

王敦将要策划背叛朝廷，阴谋陷害朝中贤能，以此意告知甘卓。甘卓认为不可，迟迟不前往。

王敦派遣乐道融召见他。乐道融虽是王敦辅助官员，却憎恨王敦的背叛行为，因而劝告甘卓说："皇上亲自总理万机，并非专用刘隗一人。现时考虑到七国之乱重演，所以分割湘州借以削弱诸侯，但王敦专权日久，见到分散地方政权，就称是夺取其地。王敦忘恩不顾一切谋反，起兵进攻皇上，国家待您极为优厚，今日如果附和他，岂不辜负了道义？活着做了叛臣，死后必做糊涂鬼，永远成为宗族乡党的耻辱啊！您应当假意允许应召赴命，并且驱骑袭击武昌，王敦的从众闻此消息，必然不战而自散，大功便可告成。”

甘卓十分同意，便同巴东监军柳纯等公开发布讨伐文告，陈述王敦背叛行径，率领所统辖军队前往问罪，又派使者送表章向宫廷陈述。

甘卓，字季思，战国时秦国丞相甘茂的后代，孙吴将领甘宁的曾孙，先后任丹阳郡主簿和功曹，后获察孝廉，举秀才，担任吴王司马晏的常侍。

他迟疑不决，而且年老多顾虑，期待各方同时进军，出兵拖延行动迟缓。兵至渚口，王敦获悉甘卓已下令军队进攻，甘卓兄有子名甘仰，当时为王敦参军，派甘仰向甘卓求和，促使他回师。

甘卓听信侄言，便准备回师，主簿邓骞和乐道融劝甘卓说：“将军兴起义兵中途忽返，是为败军之将，我等细思认为将军不可以取此下策，现在将军的下属，所有士兵都希求得到好处，一旦罢战还归，就恐怕得不到什么了。”

甘卓未听从。

乐道融昼夜哭泣直谏甘卓，直至忧愤死去。

乐道融是谁？历史没有清晰地记载这个人的出处，但是这个人姓乐。

在晋朝姓乐里面，最有名气的当属乐广，而乐广第三子乐谟在吴越之地做州郡的官员，乐道融可以说跟乐谟有一定的关系。

这个乐道融出来得蹊跷，消失得也蹊跷，像是凭空出现。

但是不管乐道融如何，这甘卓听了乐道融的话以后，又做了什么呢？

甘卓心中一直不愿顺从王敦，听乐道融的话后终于有了决定，于是派巴东监军柳纯、宜都太守谭该等人宣布王敦的罪状，又联络司马承和广州刺史陶侃，正式讨伐王敦，并起兵向武昌进攻。

甘卓宣布进攻武昌后，武昌人民都大惊逃散，而朝廷接到甘卓反王敦的上奏后十分高兴，任命甘卓为镇南大将军、侍中、都督荆梁二州，荆州牧。

也就是说，此时的甘卓已经决定跟陶侃联手了，只是甘卓下定决心了吗？

没有。

甘卓虽然决定了反抗王敦，更公开宣战，但性格不够果敢坚毅，且年老多疑，此时仍然犹豫，大军停驻在渚口。

甘卓更打算先解救被王敦将领魏乂围困的司马承，虽然司马承要求甘卓先攻破武昌，长沙之围自然随武昌陷落而解，但甘卓仍没动作。

同时王敦知道甘卓举兵十分害怕，派了甘卓侄儿甘印劝和。

甘卓停驻渚口数十日不前，而同时王敦已攻破建康，掌握朝政。

换言之，甘卓依旧观望，因此才有了乐道融哭死。

此时的陶侃呢？

永昌元年（公元 322 年），王敦之乱爆发。三月，朝廷下诏陶侃以本职领江州刺史，又转任都督、湘州刺史。

王敦攻入建康，把持朝政后，恢复了陶侃的本职，又加散骑常侍。当时交州刺史王谅为叛贼梁硕杀害，陶侃派部将高宝进击，将梁硕击败。

朝廷于是下诏命陶侃领交州刺史。根据陶侃前后的功劳，封其次子陶夏为都亭侯，进号征南大将军、开府仪同三司。

也就是说，远在广州的陶侃终于迎来了他征伐王敦，成为武将之首的光辉生涯！

第十三章　司马绍遗鞭脱身

但是陶侃毕竟是鞭长莫及，已经攻入建康的王敦又是一个什么模样呢？

司马睿命王廙去劝止王敦。但王廙非但不能谏阻王敦，反而被王敦留下，协助王敦的行动。就在当年三月，王敦大军逼近建康。

司马睿以右将军周札守卫石头城（建康军事要塞，在今清凉山一带），并亲自披甲出镇城郊，准备迎战。而刘隗则戍守金城（在今江苏句容），作为外援。

刘隗，字大连，彭城郡人，司隶校尉刘讷的侄子。早年仕于西晋，初授秘书郎，后改任冠军将军、彭城内史。永嘉之乱时，避乱渡江，被琅琊王司马睿任命为从事中郎。

他喜好文史，颇有文才，又善于探人心意，因而得到司马睿的器重，以为心腹大臣。

建兴四年（公元 316 年），督运令史淳于伯被冤杀。刘隗为淳于伯申理冤情，指责具体负责此案的从事中郎周筵、法曹参军刘胤等人处刑有失公允，请免其官职，矛头直指周筵等人的后台王导。

王导被迫上疏引咎，请求辞职，但司马睿没有同意。

当时，琅琊王氏势力强盛。南中郎将王含自恃出身显贵，骄傲自恣。他任命僚佐、守令二十多人，多是才不堪任。

刘隗又弹劾王含，虽最终被司马睿压下，但也引起了琅琊王氏的忌恨。

可以说，刘隗与琅琊王家的恩怨早就埋下了导火线，现在正是引爆时刻。

刁协，字玄亮，御史中丞刁攸之子。刁协年轻时喜读儒家经籍，而且博闻强记，初授濮阳王国文学，累迁至太常博士、渤海郡大中正。

他在八王之乱期间先后依附成都王司马颖、赵王司马伦、长沙王司马乂，历任平北将军司马、相国参军、骠骑将军司马。

刁协与刘隗奉行元帝意旨，推行一系列“刻碎之政”，以排抑豪强。

刁协生性强悍，待人接物不习苟且，凡事都崇上抑下，常借醉酒之机凌辱公卿，琅琊王氏等门阀势力都对他侧目以视。

但他悉心尽力，志在维护皇权，因而极得晋元帝的信任。

刁协曾建议将扬州诸郡的僮客恢复良民身份，以备征役。士族对此都怨恨不已。

出身汝南周氏的周嵩更对刁协进行直接的人身攻击，称他为佞幸小人。

可以说，刁协与刘隗就是司马睿制衡琅琊王家的关键，也因此王敦欲先攻金城，打击刘隗，意欲打痛刘隗，震慑司马睿。

杜弘却认为周札刻薄少恩不得军心，建议先取石头城。王敦遂进攻石头城。

周札开城投降。司马睿忙命刘隗、戴渊等率部反攻石头城，但皆大败而回。太子司马绍闻听诸军皆败，欲亲率将士出城决战，被温峤谏止。

刘隗、刁协率败兵回到台城。

司马睿给二人配备人马，让他们逃离建康，自寻生路。刁协刚刚逃至江乘（治今江苏句容北），便被随从斩杀，首级送呈王敦。

而刘隗则逃回淮阴，但却遭到刘遐的袭击，只得率妻小亲信投奔后赵。

太宁元年（公元 323 年）六月，王敦将举兵向京师进发，晋明帝暗中得知，于是骑着巴滇骏马微服出行，到王敦驻地于湖，沿着王敦的营区走了一圈就出来了。

王敦的士兵发现了，说：“这不是普通人啊！”

这天王敦白天睡觉，梦见太阳绕其城，受惊而起，说：“这必定是黄胡须的鲜卑奴来了。”

司马绍的母亲荀氏是燕代人，司马绍状貌类似外族人，胡须黄色，所以王敦这样说。于是王敦派五个骑兵去寻找追赶晋明帝。

晋明帝策马奔驰而去，马拉粪时，就浇上冷水。遇到旅舍卖饭的老妇，送给她一把七宝鞭，对她说："后面有骑兵来，可把此鞭给他们看。"

过了片刻，追骑来到旅舍，问老妇，老妇说："人已经走远了。"并把七宝鞭拿出来给他们看。

五个士兵传递着玩赏，停留了很久。又见马粪是冷的，认为确实已走远，便停止追赶。

晋明帝因此得以脱身。

这便是历史记载的关于司马绍的遗鞭脱身。

就在司马绍逃走没多久，刁协伏诛、刘隗北逃，朝中"奸臣"业已清除。但王敦却继续拥兵石头城，不但不到台城朝见司马睿，反而纵兵四处劫掠。

建康大乱，台城中的官员、卫士尽皆逃散，只剩安东将军刘超与两名侍中随侍在司马睿身侧。司马睿无奈，只得遣使向王敦求和。

他命公卿百官到石头城拜见王敦，同时大赦天下，宣告王敦等无罪，以王敦为丞相、都督中外诸军事、录尚书事、江州牧，封武昌郡公，食邑万户。

至此，朝政大权尽归王敦，晋元帝司马睿被彻底架空。

司马绍返回京都以后，王敦便进入了建康，王敦平素认为司马绍神武有明略，为朝野人民所钦佩信赖，打算用不孝的罪名废黜他。

王敦为了能够让更多官员听从他的话，他开始询问建康城内的堂兄王导。

王敦得志后，任用王导为尚书令。

在宫外跪了许久，又受尽冷嘲热讽的王导认为佞臣扰乱朝纲，同意王敦来"清君侧"，为他们琅琊王家报仇，但当这些人被杀逐以后，帝室势力退缩回去，王敦还想进一步篡夺政权，王导便表示坚决的反对，出面维护帝室。

并且当初，长安陷没、四方劝进的时候，王敦想要把持国政，恐怕元帝年长难制，企图另立他人，王导不从，也不允许王敦废黜太子司马绍。

及至王敦攻入建康以后，对王导说："那时不听我言，几乎全族被灭。"但王导始终不为所动。

王导此时还是有一点顾念司马王室的情分，但是王敦清君侧不能放开手脚，顿时气不打一处来，为了能够斩断太子司马绍的势力，削弱司马绍的实力，王敦将视线转移到了周𫖮的身上。

王敦兵入建康，王氏一族重又得志。

王敦问王导："周𫖮、戴若思是人望所在，应当位列三司，这是肯定的了。"

王导没吱声。

王敦又说："就算不列三司，也得做个仆射吧？"

王导依旧不答。

王敦说："如果不能用他们，就只能杀了他们了。"

王导还是不说话。

不久，周𫖮和戴渊都被逮捕，路过太庙，周𫖮大声说道："天地先帝之灵，贼臣王敦倾覆社稷，枉杀忠臣，陵虐天下，神祇有灵，当速杀敦，无令纵毒，以倾王室。"

话音未落，左右差役便用戟戳其口，血流满地而周𫖮面不改色，神情自若，遂被杀，时年五十四岁。

周𫖮死后，王敦派缪坦抄没周𫖮之家，只收得空篓子几只，里面装着旧棉絮，酒五瓮，米数石，朝臣都叹服周𫖮的清正廉洁。

而再后来王敦之乱平定后，王导浏览以前的宫中奏折，看到了周𫖮营救自己的折子，其中言辞恳切、殷勤备至。

王导拿着奏折痛哭流涕，悲不自胜。回来之后他对他的儿子们说："吾虽不杀伯仁，伯仁因我而死。幽冥之中，负此良友！"

这便是周𫖮被杀的原因，招揽周𫖮不成，又不想太子司马绍得到周𫖮这样有才能的人，更不希望太子司马绍拥有周𫖮父亲周浚在晋灭吴之战中的将领人脉，于是王敦手起刀落，让周𫖮冤死。

而戴渊又是谁呢？

戴渊年轻时，很侠义，不注意品行，曾在长江、淮河间袭击、抢劫商人和旅客。陆机度假后回洛阳，行李很多，戴渊便指使一帮年轻人去抢劫。他在岸上，坐在椅上指挥手下的人，安排得头头是道。

戴渊原本风度仪态挺拔不凡，虽然是做抢劫这种卑劣的事，神采仍旧与众不同。

陆机在船舱里远远地对他说："你有这样的才能，为什么要做强盗？"

戴渊感悟流泪，便扔掉剑投靠了陆机。他的谈吐非同一般，陆机更加看重他，和他确定交谊，并写信推荐他。

戴渊拿着信过江投军，在军中作战勇敢，表现突出，一直做到征西将军，都督北方军事，位在祖逖之上。

戴渊在当时大晋当中也是卓越的将领，并且戴渊是陆机的心腹，拥有陆机、陆云、陆晔等人在东吴原住世家的人脉。

如果说杀死周顗是敲打黄河以北那些世家功勋的话，那么杀死戴渊就是敲打长江以南那些原住世家了。

也就是说，既要敲打曹魏洛阳附近的贵族，又要鞭打东吴建康附近的贵族，以此达到敲山震虎、震慑他人的目的。

不得不说王敦杀周顗和戴渊确实用心颇深。

但王敦杀周顗和戴渊的时候，太子司马绍做了什么呢？郗鉴做了什么呢？温峤又做了什么呢？

司马绍性情极为孝顺，有文才武略，敬贤爱客，喜好文章辞藻。当时的名臣，从王导、庾亮到温峤、桓彝、阮放等，都被亲近看重。

曾经与大臣们辩论圣人真假之意，王导等人的意见不能使司马绍屈从。又好习武艺，善于安抚将士。当时江东人才济济，远近都归心于司马绍。

王敦之乱时，王室六军溃败。司马绍欲率将士与叛军决战，登上车子将要出发。太子中庶子温峤坚决谏阻，抽剑斩断马套绳，这才作罢。

司马绍当时想身先士卒，结果被温峤拦住，后来静距离观察王敦的叛军又遗鞭脱身，狼狈逃回建康。

而郗鉴这时想着找机会跟司马绍商量讨贼王敦的事情，以此表忠心，并且想跟温峤里应外合。

这是郗鉴人生的机遇，而郗鉴押宝在司马绍的身上，并且押对了。

郗鉴回建康时经过王敦驻屯的姑孰，并与王敦相见。

王敦对他说："乐广其人无才，一个后生四处流荡，言行有悖于名教朝纲，看看他的实际才能，怎么比得上满奋呢？"

郗鉴回答说："相比一定要同类型的人才行。乐广为人性情平淡，见识深远，处于倾危之朝，不随意亲附疏远于人。在愍怀太子被废时，可以说柔中有刚，不失正体。满奋是失节之人，怎能和乐广相提并论？"

王敦又说："愍怀太子被废之际，和他来往就会给自己带来危机，人怎么能死守着常理呢？以此相比，满奋不弱于乐广是很清楚的。"

郗鉴说："大丈夫洁身北面侍君，谨守三纲之义，怎么可以偷生而变节？这样有何面目居于天地之间？如果是天道已终，也当随之存亡。"

王敦早就有了无君野心，听到郗鉴这番话，心中大为不满，便不再与之相见，将郗鉴扣留下来不让他离开。王敦党徒常常诬陷郗鉴，但郗鉴仍然神态自若，一点儿也不害怕。

王敦对钱凤说：“郗道徽是儒雅之士，有名望地位，怎么能随便加害于他呢！”将他释放。

郗鉴回朝后便与明帝商议平灭王敦之事。

从此我们可以看到，王敦拿贾南风和太子司马遹的事情来做文章，用当年乐广到底选择站在正义一边，还是选择成都王司马颖这边的旧事来问郗鉴，到底郗鉴选择帮助琅琊王家，还是选择正义一方。

郗鉴选择了正义，与乐广当年选择一样，钱凤想要杀了郗鉴，王敦到底是顾念郗鉴的书法，更珍惜郗鉴这个带兵打仗的人才，选择了给郗鉴一条生路。

只是郗鉴又怎么肯做王敦这个佞臣的随从呢？于是郗鉴选择了帮助司马绍。

那么被架空的司马睿又做了什么呢？

司马睿一败涂地，无奈之下，司马睿“脱戎衣，著朝服”对王敦说：“你如果想当皇帝，早和我说啊，我把皇位让给你，还当我的琅琊王去。何苦让百姓跟着受苦呢？”

司马睿近似哀求的话，并没有抚平王敦的野心。不久，王敦便自己为自己加官晋爵，自封为丞相、都督中外诸军、录尚书事。

司马睿征讨王敦时，曾下令“有杀敦者，封五千户侯”，而王敦却把自己“封武昌郡公，邑万户”，无疑又将司马睿嘲弄了一番。

司马睿皇帝徒具虚名而已，朝中任何事情都由王敦做主。

司马睿见无法动摇王氏的权势，自己名为天子，号令却不出宫门，渐渐忧愤成病，卧床不起。他想到大臣中只有司徒荀组对自己比较忠顺，就任命他为太尉兼领太子太保，打算让他参与朝政，钳制王导。

不料司徒荀组受任不久就病死，司马睿更加忧伤，病势加重。

这意味着什么呢？

意味着司马睿已经政令不出皇宫，彻底地成了笼中雀，而晋元帝司马睿信任谁，王敦已经能够做到立刻铲除谁。

这样做皇帝还有什么意思呢？简直连傀儡都不如。

于是，司马睿得了一种怪病，一种抑郁的怪病，一种可以慢慢自己抑郁而死的病。

是抑郁而死，还是抑郁自杀，还是王敦下毒，这已经不重要了。

重要的是王敦之乱的早期，王敦斩杀了周顗和戴渊，让满朝文武惧怕，尽管王导后来抵抗王敦，可最终王敦一家独大，甚至让司马睿活脱脱成了一个动弹不得的木牛，呆呆地坐在皇宫里抑郁而死。

刚刚平复下来的大晋又要面临土崩瓦解的命运了。

而此时，温峤在做什么呢？

大会百官，王敦当众问温峤：“皇太子有什么功德值得称道？”声色俱厉，一定要使温峤说出废太子的话。

温峤回答说：“探讨高深的治国之道，使国家长治久安，这不是见识短浅的人所能认识的。从礼的角度看，这就是孝。”

大臣们都认为温峤的意见是正确的，王敦的阴谋遂被阻止。

温峤在百官面前袒护太子司马绍，并且为了司马绍挺身而出，不惜殒命。

为什么温峤要这么保护司马绍呢？

这又有一个典故，那就是司马绍、温峤、庾亮三个人的布衣之交。

第十四章　庾亮布衣之交

我们上文提到了司马绍、庾亮、温峤等人的布衣之交，那么，这是什么样的交情？

先说说温峤和庾亮之间的关系，他俩属于那种可以借钱，也可以为彼此拼命的关系。

温峤和庾亮创造了一个成语记载于《世说新语》，这个成语就是“卿可赎我”。

《世说新语》记载，温峤年轻时，屡次和扬州、淮中的客商赌，但总是赌不过人家。有一次，他又去了，输了很大一笔钱，没法回去。

温峤和庾亮交好，他就在船上大声招呼庾亮说：“你该来赎我！”

庾亮立刻送钱过去，他才能够回来。这种事发生了很多次。

当时的温峤在建康因为刘琨的事情急得团团转，又不能回到幽州去帮助姨夫刘琨，故而整日里浑浑噩噩，像个纨绔子弟。

也正因为庾亮每次都借给温峤钱的关系，庾亮和温峤的关系越来越好，成了至交好友。

庾亮本人跟周顗感情也颇好，有个成语叫何肥何瘦，说的就是周顗和庾亮。

《世说新语》记载，庾亮曾去拜访名士周顗，周顗说：“您因何喜悦，怎么忽然胖起来了？”

庾亮说："您又因而忧伤，怎么忽然瘦下去了？"

伯仁说："我没有什么可忧伤的，只是清静淡泊之志一天天增加，污浊的思虑一天天去掉就是了！"

周𫖮跟王导关系颇佳，故而庾亮和王导也有一定的交往。

那么，庾亮到底是个什么人物呢？

庾亮（公元289—340年），字元规。颍川郡鄢陵县（今河南鄢陵北）人。东晋时期外戚、名士，丞相军谘祭酒庾琛之子、明穆皇后庾文君之兄。

庾亮姿容俊美，善谈玄理，举止严肃遵礼。早年被琅琊王司马睿召为西曹掾，先后任丞相参军、中书郎等职，颇受器重。

其妹庾文君嫁世子司马绍（晋明帝）为妃，他与司马绍也结为布衣之交。

王敦之乱时，以左卫将军协同诸将平叛。

司马绍驾崩后，庾太后临朝，庾亮名义上与王导等人共同辅政，实则拥有决断政事之权。

他执政后，一反王导的宽和，依法断事，杀南顿王司马宗等宗室，因而大失人心。

后执意征流民帅苏峻入京，造成了苏峻之乱。

京师陷落后，庾亮逃奔寻阳，与江州刺史温峤共推荆州刺史陶侃为盟主，平定了动乱。乱事平定后，庾亮出镇豫州。

陶侃死后，代其为征西将军，兼领江、荆、豫三州刺史，都督七州诸军事。

咸康五年（公元339年），庾亮部署诸将，意图北伐，但遭朝臣反对。不久，重镇邾城失陷，致使北伐遇挫。庾亮忧闷成疾，于咸康六年（公元340年）逝世，时年五十二。获赠太尉，谥号文康。

庾亮善书法，有文集二十一卷，今已佚。《全晋文》录有其文。

换言之，庾亮是太子司马绍的大舅哥，这两人是郎舅关系。

也因为是郎舅关系，庾亮自然要把自己的好朋友温峤介绍给司马绍了。

但是为什么司马绍跟庾亮和温峤都是布衣之交，有着这样深厚的友谊呢？

这就不得不说庾亮的出身和世居之地了。

庾亮十六岁时，东海王司马越要征辟他为掾属，但庾亮没有接受，随其父住在会稽。他俨然自守，人们都有些顾忌他的方正严峻，不敢随便接近他。

永嘉元年（公元307年），晋元帝司马睿任镇东大将军时，听闻庾亮的名声，征辟他为西曹掾。二人相见时，元帝看到庾亮的仪表风姿，大喜过望，非常器重他，要聘庾亮的妹妹为世子（司马绍）妃，庾亮反复推辞，元帝不许。

后来又转任丞相参军，参与讨伐华轶有功，受封都亭侯，再转任参丞相军事、负责文书抄写整理的工作。东晋建立之初，庾亮被拜为中书郎，领著作事务，在东宫侍讲。他所讲授和解释的内容，大多都被人们称许。

当时元帝正以法家思想治理乱世，把《韩非子》赐给司马绍，庾亮认为申不害、韩非子的刑名权术之学，严厉苛刻有伤礼义教化，不应该多留心这些东西，司马绍对此也很赞同。后来又迁任给事中、黄门侍郎、散骑常侍。

当时王敦驻地在芜湖，元帝让庾亮前去拜访王敦，商讨国事。王敦与庾亮交谈，不觉移动座位靠近庾亮，之后感叹道："庾元规的贤能，远远超过了裴頠呀。"于是上表推荐他为中领军。

也就是说，庾亮少年不仅仅是被东海王司马越看中，并且世居会稽，也就是现在绍兴、杭州附近。

会稽有什么？会稽有大名鼎鼎的《兰亭集序》和兰亭山。

这会稽是东吴最重要的存在，而庾亮世居会稽，司马睿定都建康的时候，不仅是打压东吴原住贵族，更希望捧起来一批制衡陆家、顾家的世家，看看太子司马绍迎娶庾亮妹妹，就知道那庾亮和他父亲庾琛在东吴的势力有多么强大了，这已经不言而喻了。

温峤喜欢说些轻慢放肆的话，卞壶以礼法之士自居，两人有次在庾亮处互相抨击。温峤说话粗俗不堪，庾亮慢吞吞地说："太真整天出言不俗。"

既然庾亮和司马绍师从卞壶，而卞壶也熟悉温峤，这温峤跟庾亮、司马绍的关系就瞬间拉近了。

怎么看出庾亮和司马绍的感情很深呢？

有一个典故来自《世说新语》，是这样记载的：

王敦从武昌东下建康后，庾亮问他："听说你有四友，是哪几位？"

王敦答道："您家的中郎（庾敳）、我家的太尉（王衍）、阿平（王澄）和胡毋彦国（胡毋辅之）。阿平当然是最差的。"

庾亮好像还不同意最差的说法。

庾亮又问："哪一位更出众？"

王敦说："自然有人（想说是自己）。"

庾亮又追问："是哪一位？"

王敦说："唉！自然会有公论吧。"

左右的人踩了一下庾亮的脚，庾亮才没有再问下去。

瞧瞧这咄咄逼人的架势，作古的王衍与王澄，非要逼着王敦回想自己杀王澄，害王衍的过往，并且让王敦在天下读书人面前像是自视甚高。

当时王敦已经掌权，庾亮在知道卫玠不给王敦面子就有了“看杀卫玠”的恶果后，庾亮又怎么敢这么不给王敦面子？到底是什么让庾亮敢这么做？

答案一定是庾亮为了给初登基的晋明帝司马绍树立威信。

只可惜，庾亮还是太年轻，很快就被穿了小鞋。

太宁元年（公元 323 年），晋明帝司马绍即位，任命庾亮为中书监。庾亮上表坚决推辞，明帝从其所请。当时大将军王敦萌生叛逆之心，心中忌恨庾亮，而表面上却很敬重他。庾亮感到忧虑，便托病而离职，不久又接替王导出任中书监。

司马绍、庾亮、温峤这三个布衣之交中，温峤又是怎样的呢？

从“卿可赎我”可以看出，温峤和庾亮是过命的交情，不管任何情况下，可以充分信任对方。

那么，温峤对待晋明帝司马绍的感情呢？

历史记载，一次，王导和温峤一起谒见司马绍，司马绍问温峤前代统一天下的原因是什么。温峤还没有回答。

王导说：“温峤年轻，还不熟悉这一段的事，请允许臣为陛下说明。”

王导就一一叙说晋宣帝司马懿开始创业的时候，诛灭有名望的家族，宠幸并栽培赞成自己的人，以及晋文帝司马昭晚年杀高贵乡公曹髦的事。

司马绍听后，掩面伏在坐床上，说：“如果像您说的那样，晋朝天下又怎能长久呢？”

对于晋明帝司马绍，温峤是一个可以跟王导比肩而坐，给帝王讲授道理的大贤，被司马绍所尊敬。

太子时期的司马绍或许可以跟温峤推杯换盏，但是皇帝时期的司马绍却早已不可能跟温峤有过于亲密的关系，但这不妨碍温峤对司马绍衷心。

毕竟历史记载，温峤是送王敦走入鬼门关的大贤，史称大晋中兴的能臣。

那么温峤是怎样帮助司马绍赢了王敦，而司马绍跟温峤的君臣关系又是怎样发展成为牢不可破的呢？

第十五章　温峤设计王敦

温峤作为大晋中兴的贤臣，他又是怎样帮助晋明帝司马绍赢了王敦，平息王敦之乱的呢？

时间又要回到晋元帝司马睿弥留之际，晋元帝司马睿诏以陶侃领湘州刺史。王敦上侃复还广州，加散骑常侍。元帝下诏让陶侃兼领湘州刺史职，王敦上书，又让陶侃返回广州，授予散骑常侍。

瞧瞧，王敦不允许陶侃回来，他深知陶侃的军事才能，更知道陶侃与自己不和，直接按住陶侃，让陶侃老老实实地待在广州。

此时郗鉴又在做什么呢？

兖州刺史郗鉴在邹山三年，有众数万。战争不息，百姓饥馑，掘野鼠、蛰燕而食之，为后赵所逼，退屯合肥。尚书右仆射纪瞻，以鉴雅望清德，宜从容台阁，上疏请征之，乃征拜尚书。徐、兖间诸坞多降于后赵，后赵置守宰以抚之。

兖州刺史郗鉴留住邹山三年，拥有士众数万。因为当时争战不息，百姓饥馑难忍，以至挖掘田鼠和藏伏避寒的燕子作为食物，后赵乘机进逼，郗鉴退守合肥。尚书右仆射纪瞻认为郗鉴名望不错，道德高尚，应当在朝中施展才能，于是上疏请求征用他，元帝便征召郗鉴任尚书。徐州、兖州地区的坞堡大多投降后赵，后赵在当地设置官员加以抚慰。

此时渔翁得利的郗鉴还在兖州、徐州地区努力地维持战局平衡，防止石勒、石虎这两个人攻击，并安抚当地百姓，带着百姓寻找活路。

可以说，郗鉴在这个时候收拢民心，一如当年陶侃收揽民心，犹如祖逖一样收揽军心。

而祖逖的族人呢？

祖逖死后，后赵屡屡侵犯黄河以南，拔取襄城、城父，又围攻谯。豫州刺史祖约抵挡不住，退守寿春。后赵于是攻取了陈留，梁州、郑州地区的形势又变得动荡不安。

此时疲于奔命的祖约已经有了愤怒东晋朝廷不作为的心思，并且这个心思愈演愈烈，埋下了祖约之乱的隐患。

就在这样的大环境下，晋元帝司马睿抑郁成疾，最终去世。

失去了琅琊王司马裒的大晋，此时只有太子司马绍独当一面，于是公元322年，元帝因忧愤染病，闰月己丑（初十），元帝驾崩。

司空王导接受元帝遗诏辅佐朝政。元帝恭俭有余而明断不足，所以未能恢复大业，却在内部发生祸乱。庚寅（十一日），太子司马绍继承帝位，大赦天下，尊奉生母荀氏为建安君。

晋明帝司马绍为了能够稳定政局，在温峤、庾亮的帮助下，平稳过渡了政权，并且还笼络了东吴原住世家的人心。

公元323年，晋明帝追封古先贤后裔，吴之则之孙吴皋益被封为昭衍公，这支吴氏又重新肇显于世。尤其是吴皋益长子吴佶因娶晋明帝穆皇后之妹庾氏为妻，与皇帝结为亲戚而官运亨通。

可以说东吴遗老遗少们从此刻开始，已经开始靠近晋明帝司马绍这个皇帝。

而此时，王敦并不想被孤立，眼看着东吴遗老遗少如此维护和拥戴晋明帝司马绍，王敦决定拉拢陶侃。

永昌元年（公元322年）十月，王敦任命前武昌太守王谅任交州刺史。该地原为新昌太守梁硕所持，硕迎前刺史修湛行理州事，并拒绝王敦所派王机。

于是，王敦派王谅前去，使杀修湛、梁硕，王谅到任后，与广州刺史陶侃诱杀修湛，梁硕随即围攻王谅于龙我（今越南河内东天德江北）。

陶侃于次年五月发兵救援，但王谅已被梁硕所杀。侃于六月派参军高宝将梁收斩。随后吏部郎阮放自求刺交州，途中又与侃部下发生冲突，被追击，至州后不久即病死。

也就是说，王敦派遣王谅跟陶侃联手，一是跟陶侃并肩作战，二是不断地拉拢陶侃成为王敦的心腹。

为什么晋明帝司马绍和王敦一直在争抢陶侃？晋明帝司马绍自己又心虚什么呢？

在魏晋三国时代，有两个名人的面容是与汉族的黑发黑瞳不一样的，一个是碧眼紫髯的孙权，一个是碧眼黄发的司马绍。

据《世说新语·假谲》记载，王敦称司马绍为“黄须鲜卑奴”，并称其相貌特征是“黄须”。注引《异苑》所载，王敦语作“黄头鲜卑奴”，并加以解释“帝所生母荀氏，燕国人，故貌类焉”。

黄头指的是金发，黄须指的是黄胡子，可见司马绍的相貌特征就是金发黄胡子，具有白种人的相貌特征。

司马绍生母荀氏的身份是宫人，《晋书·后妃传》未载其出身，《晋书·卷六·帝纪第六》称其为“燕代人”，据《晋书·地理志上》“起雁门以东，尽辽阳，为燕代”，则“燕代”一词显然指的是地理范畴。

但《晋书·刘聪载记》称“鲜卑之众星布燕代”，足见燕代地区是鲜卑人的主要分布区，《晋书》之所以称荀氏为燕代人，是本着为尊者讳的原则，不直书荀氏为鲜卑人，而以与鲜卑人关系至为密切的燕代地区代指。

《异苑》称荀氏为“燕国人”，此燕国是指鲜卑人建立的前燕政权，也是以此暗示荀氏是鲜卑人。

换言之，晋明帝司马绍是混血儿，是混血鲜卑族和汉族的孩子，而司马绍的母亲荀氏就是鲜卑人。

王敦是非常蔑视晋明帝司马绍的，甚至多次羞辱晋明帝司马绍是黄须鲜卑奴，

而晋明帝司马绍也是非常担心大晋其他官员嫌弃他这副鲜卑面孔，导致他帝位不稳。

也因此，晋明帝司马绍才会跟温峤、庾亮结拜，三个人成就了布衣之交的佳话。

也正因为面容和血统的关系，司马绍才会笼络东吴的世族，才会尽可能地拉拢一切势力护着自己，谁让他确实因为自己“黄须鲜卑奴”的身份而自卑，而惶恐不安呢。

这也就解释了，为什么晋元帝司马睿宁愿幼儿琅琊王司马裒登基为帝，也不

愿意晋明帝司马绍登基为帝了。

尽管司马裒和司马绍这哥俩是同父同母的兄弟，但是司马裒人家是真正的黑发黑眸啊！

虽然晋明帝司马绍努力地维持平衡，保证他的帝位安稳，但他还是要拿命赌的，赌的就是陶侃在广州回不来，郗鉴是否愿意助他一臂之力。

王敦谋篡位，讽朝廷征己；帝手诏征之。夏，四月，加敦黄钺、班剑，奏事不名，入朝不趋，剑履上殿。敦移镇姑孰，屯于湖，以司空导为司徒，敦自领扬州牧。

敦欲为逆，王彬谏之甚苦。敦变色，目左右，将收之。彬正色曰："君昔岁杀兄，今又杀弟邪！"敦乃止，以彬为豫章太守。

而这个时候被庾亮指责，被王彬指责的王敦已经有了董卓的架势，也有了董卓的野心和手腕。

根据这段史料，可以清晰地看到王敦已经开始把朝廷架空成为琅琊王家自己的后院，封官任免都是王敦一个人说了算。

此时也就发生了上文我写过的那段，帝畏王敦之逼，欲以郗鉴为外援，拜鉴兖州刺史，都督扬州江西诸军事，镇合肥。王敦忌之，表鉴为尚书令。

八月，诏征鉴还，道经姑孰，敦与之论西朝人士，

王敦曰："乐彦辅，短才耳。考其实，岂胜满武秋邪！"

郗鉴曰："彦辅道韵平淡，愍怀之废，柔而能正。武秋失节之士，安得拟之！"

王敦曰："当是时，危机交急。"

郗鉴曰："丈夫当死生以之。"

王敦恶其言，不复相见，久留不遣。敦党皆劝敦杀之，敦不从。

郗鉴还台，遂与帝谋讨敦。

郗鉴此时从兖州调回京都，又迅速调往扬州郡的合肥（今安徽省合肥市）。

晋明帝司马绍满心希望跟郗鉴诉说筹谋，可是郗鉴却被王敦瞬间调出京都。

一时之间，晋明帝司马绍跟郗鉴没有了说话的机会。

于是，温峤在这个时候选择跟郗鉴见面，并且说服郗鉴。

具体是怎么做的呢?

太宁元年（公元 323 年），温峤改任中书令。他执掌诏命文翰，参与机密大谋，深得明帝倚重。

当时，王敦已还镇江州，遥控朝政，对此极为忌惮，遂请求以温峤为幕府左司马。温峤假意勤勉恭敬，为王敦出谋划策，又刻意结交其心腹钱凤，逐渐取得王敦的信任。

温峤得到王敦信任后，开始进出王敦的府邸，自然就有机会见到来到王敦府邸的郗鉴。

太宁二年（公元 324 年），丹阳尹出缺。温峤以丹阳尹守备京师为由，劝王敦越过朝廷亲自选择任职人选，并举荐钱凤。

钱凤则推荐温峤。王敦遂以温峤为丹阳尹。温峤得以返回建康，将王敦的谋划与虚实尽数禀告给晋明帝，请朝廷做好应变准备。

钱凤字世仪，担任铠曹参军一职，曾多次怂恿王敦反对东晋政权。

沈充，字士居，少习兵书，颇以雄豪闻于乡里。深得王敦器重，王敦亦因而任用沈充当自己的参军、龙骧将军。

沈充又向王敦推荐了同郡同乡钱凤为王敦铠曹参军，二人虽然知王敦有不臣之心，但都坚持做王敦的爪牙，且至死不渝。

同年，郗鉴又来到了建康，此时郗鉴已经跟温峤沟通，并且决定帮助晋明帝司马绍。

太宁二年（公元 324 年），钱凤等人领兵进逼建康，明帝以郗鉴为假节行卫将军、都督从驾诸军事。当时王敦军尚未完成集结，有人认为应率先由明帝亲自领兵进攻。

但郗鉴认为敌军兵多不能力敌，而且王敦军来时已经惹来百姓极大的怨恨和反抗意识，亦无大方略，只求一战取胜。故此认为应当拖长战事，让其他反抗力量形成并对王敦进攻，借以取胜。明帝听从了他的意见。

那么，郗鉴和温峤说了什么？王敦是否知道温峤和郗鉴私下有沟通呢？

第十六章 祖约之乱前因

我们上文说到了郗鉴和温峤给司马绍的意见是一样的，都是说王敦多行不义必自毙，现在正义站在了晋明帝司马绍的一方，司马绍只要静待郗鉴和温峤的佳音即可。

那么，这个佳音到底是什么？

先让我们看看王敦到底在这期间做了什么事情，就知道佳音从何而来，也就知道多行不义必自毙的起源了。

首先是公元324年，史料记载，春，正月，王敦诬周嵩、周莛与李脱谋为不轨，收嵩莛，于军中杀之；遣参军贺鸾就沈充于吴，尽杀周札诸兄子；进兵袭会稽，札拒战而死。

王敦捅的第一个马蜂窝是什么？

周札的家族！周札又是谁呢？

周札出身于义兴周氏，西晋末年时因平定钱璯叛乱有功，封漳浦亭侯。

他进入司马睿的丞相府，担任从事中郎，后又出任吴兴内史，改封东迁县侯。东晋建立后，官至散骑常侍、右将军、都督石头水陆军事。

石头城就是现在的南京，也就是说周札世居南京，并且是水路两栖作战部队大将军。

义兴周氏是什么世家呢？

义兴周氏，江南门阀之一。东晋初期，江南最具权威的是义兴周氏及吴兴沈氏，号称江东二豪，甚至有所谓“江东之豪，莫强周、沈”的说法。

但后来，周氏、沈氏与东晋官方关系交恶，卷入了政治风波，逐渐被吴郡四姓朱姓、张姓、顾姓、陆姓等门阀超过。

义兴周氏源于三国时代东吴裨将军、鄱阳太守周鲂，周鲂生周处，周处生周玘、周札。周玘，曾为东晋三定江南，但因与侨姓士族摩擦而打算与其他江南士族起事反抗，失败后忧愤而死。周氏势力的发展，引起王敦的疑心，王敦联合另一江南士族沈充共同灭掉周札势力。

而周札是周玘之弟，年轻时便以豪族子弟自居，对于州郡的征辟一概不应，后被举为孝廉，历任郎中、大司马参军、句容县令、东吴上军将军等职。他在八王之乱期间，曾被东海王司马越辟为参军，但却不肯应命。

前面讲过晋元帝司马睿联同王导、王敦设计周玘、陈敏等，以此来削弱吴越原住世家。

而周玘就是周札的亲哥哥。

可以说周札本就是憎恨王敦和王导的，并且因为周玘的事情，更是厌恶王敦。

既然梁子早已结下，王敦又怎么可能容忍周玘死后，周札还能领兵威胁呢？

那么，王敦为什么进入南京的时候不杀周札，进入南京之后一年才想起来呢？

因为周札伏低认小，甘愿臣服，虽然臣服的心不坚定。

王敦率军进攻石头城，周札不战而降，打开城门迎王敦入城。刘隗等人率部反攻，企图夺回石头城，都被王敦击败。

王敦乘胜攻陷建康，控制了晋元帝，掌握朝政。他任命周札为光禄勋，后又补任其为尚书。不久，周札改任右将军、会稽内史。

瞧瞧，周札不战而降啊！王敦最开始要是杀不战而降的周札，会有多少人为了保住自己的性命，拼死反抗呢？

既然不杀降将，但是为什么王敦又要杀周札呢？

因为王敦蹊跷生病了。

怎么生病的呢？

王敦是被气病的，后面也可能是被下毒了。

为什么说王敦是气病的呢？

首先是太宁元年（公元323年）四月，王敦由武昌移镇姑孰（在今安徽当涂），屯驻于城东的于湖，并自领扬州牧，直接控制了京畿地区。

此后，王敦权势更盛，甚至达到“四方贡献多入己府，将相岳牧悉出其门”的地步。

他控制扬州、江州、荆州、徐州等重镇，以沈充、钱凤为谋主，以诸葛瑶、邓岳、周抚、李恒、谢雍为爪牙，更纵容沈充等人胡作非为，有篡夺晋室之意。

但在当时，王氏兄弟如王导、王彬、王舒、王棱等，都或明或暗地反对王敦。王棱甚至因此被王敦暗杀。

换言之，王敦的叔辈兄弟甚至亲弟弟都反对他，还跟王敦正面硬刚。

王敦觉得琅琊王家简直是跟自己唱反调。而王导更是临时变了主意，站到了王敦的对立面。

王敦觉得自己给琅琊王家带来问鼎天下的机会，却被琅琊王家联合反对，气不打一处来，活活被自己人气病了。

这是第一点，第二点是被温峤和王允之临时反叛给气蒙了。

当时，王敦与钱凤等亲信密谋篡晋，不慎被堂侄王允之（王舒之子）获悉。王允之假装酒醉沉睡，骗过了王敦。不久他便以回京探父为由回到建康，通过王舒、王导将王敦的图谋报告给了司马绍。

同年，王敦遂以温峤为丹阳尹。温峤得以返回建康，将王敦的谋划与虚实尽数禀告给晋明帝，请朝廷做好应变准备。

同月，王敦得知温峤背叛，大为恼怒，于是以诛杀温峤等奸臣的名义再次起兵，并扬言要亲自拔掉温峤的舌头。晋明帝遂封温峤为中垒将军、持节、都督东安北部诸军事，抵抗王敦。

来感受下王敦那扑面而来的愤怒。

《资治通鉴》记载：当初，明帝亲近信任中书令温峤，王敦不满，请准温峤出任左司马。温峤便假装勤勉恭敬，治理王敦府事，时常私下出些主意来附和王敦的欲望。

又与钱凤结为深交，为钱凤扬名，常常说：“钱凤满身活力。”

温峤素来有善于知人、褒奖后进的美名，钱凤甚为喜悦，尽力与温峤结好。

恰逢丹阳尹的职位空缺，温峤对王敦说：“丹阳尹守备京城，这种咽喉要职您应当自己遴选人才充任，恐怕朝廷任用的人不一定会尽心治理。”

王敦颇以为然，问温峤说：“谁能够胜任？”

温峤说："我认为没有谁能比得上钱凤。"

钱凤也推举温峤，温峤佯装推辞。王敦不听。

六月，王敦上表奏请温峤任丹阳尹，并且让他窥察朝廷动向。

温峤唯恐自己走后钱凤再离间挑拨加以制止，便借王敦设宴饯别之机，起身祝酒，来到钱凤面前，钱凤还没来得及饮酒，温峤佯装酒醉，击落钱凤的头巾，脸色一变说："钱凤你是什么样的人，我温太真祝酒你胆敢不喝？"

王敦以为温峤醉了，把双方劝解开。

温峤临行时，向王敦道别，眼泪、鼻涕横流，先后三次出门后又回来。

温峤走后，钱凤对王敦说："温峤与朝廷关系极为密切，并且与庾亮有深交，此人不能信任。"

王敦说："温峤昨天酒醉，对你稍有失敬，你怎么能马上就这样诋毁他呢！"

温峤到达建康后，把王敦作乱的图谋原原本本告诉了明帝，请求事先有所防备。又和庾亮共同筹划讨伐王敦的谋略。

王敦听说后，勃然大怒，说："我竟然被这个小人欺骗！"便写信给司徒王导说："温峤离开几天，竟然做出这种事！我要找人把他活捉来，亲自拔掉他的舌头。"

瞧瞧，王敦愤怒地大吼：吾乃为小物所欺！太真别来几日，作如此事！当募人生致之，自拔其舌！

王敦非要拔掉温峤的舌头，足见王敦的愤怒。这简直是怒上心头，欲除之而后快了。

在王敦被气病的时间里，部将钱凤劝王敦诛除周氏，以便让支持王敦的吴兴沈氏（代表人物为沈充）在江南士族中形成独大之势。

钱凤说道："江东豪强，以周氏、沈氏最为强盛。周氏族中多俊才，在您百年之后必不安分。除掉周氏，您的后嗣便可平安，国家也可保全。"

王敦采纳了钱凤的建议。

于是周玘和周札的后人，包括周札本人遭受了灭顶之祸。

据历史记载，周筵当时正在王敦军府担任从事中郎，与李脱一同被收捕诛杀。王敦又命参军贺鸾配合沈充，尽杀周札诸侄，随后进兵攻袭会稽（治今浙江绍兴）。

周札毫无防备，直到兵临城下方才得知。他率数百人仓促出城迎战，结果兵败被杀。

这样残杀将领，而晋明帝司马绍却无法保全，对于远在幽州附近的祖约和苏峻而言，他们就有了别样心思。

祖约是谁呢?

祖约家族世代担任俸禄二千石级别的官职，是北方州郡中的世族。父亲祖武，曾任晋王司马睿的副官、上谷太守。

祖约兄弟六人，哥哥祖该、祖纳、祖逖等都豁达爽直而有才干。

他举孝廉出身，授成皋县令。随兄归顺司马睿后，拜从事中郎，负责铨选。祖逖北伐建功，升任侍中。

祖逖死后，继任豫州刺史，接掌部众。驭下无方，无法抵抗后赵石勒的进攻，丧失祖逖北伐成果，后参与平定王敦之乱，因功升任镇西将军。

太宁二年（公元 324 年），王敦举兵反晋，祖约回京保卫京都建康，率军进驻寿阳，驱逐王敦任命的淮南太守任台，因功被封为五等侯，进号为镇西将军，受命屯驻寿阳，成为守卫北部边境的主力。

也就是说，祖约本身就愤怒晋明帝司马绍没有给哥哥祖逖一个死后哀荣，又愤怒至极抵抗王敦没有得到好的待遇，于是晋明帝死后，祖约对现状不满，开始心怀怨恨。

这埋下了祖约之乱的祸根，也牵连出苏峻之乱的隐患。

第十七章　苏峻之乱前因

苏峻又是何人呢？为什么祖约之乱爆发的时候，苏峻之乱也爆发了，又为什么历史评价苏峻之乱要重于祖约之乱呢？

苏峻少有才学，初任长广主簿，成年后举孝廉入仕。永嘉之乱后，结垒于掖县，成为流民统帅，率众聚集广陵（今江苏扬州）。

晋元帝以为鹰扬将军，授淮陵内史，领兰陵相。从平王敦之乱，拜为冠军将军、历阳内史、散骑常侍，封邵陵郡公。晋明帝死后，外戚庾亮执政，将苏峻兵权解除，征为大司农。苏峻心中不安，遂生反叛之心。

具体看看苏峻的生平事迹。

苏峻少年时是一介书生，很有才学，初任本郡主簿。十八岁时，推举为孝廉。

永嘉五年（公元 311 年），永嘉之乱爆发，百姓流亡。苏峻家乡中的人聚众举事，苏峻纠合了数千家，在本县修筑堡垒。当时的豪杰们各有聚集的徒众，但苏峻最为强大。

苏峻派长史徐玮传檄文于各个屯落，宣扬王化，又收拾无主的枯骨埋葬，远近之人感激他的恩义，便推举苏峻为主。

于是在海边的青山中演习军事。晋元帝司马睿知道后，任命苏峻为安集将军。

换言之，苏峻跟祖逖、刘琨、陶侃、郗鉴一样，天生能聚集人心，笼络军心，天生将才。

当时青州刺史曹嶷上表朝廷请求任命苏峻为掖县县令，苏峻以生病为由没有接受任命。曹嶷忌恨苏峻得到众人拥护，恐怕成为祸患，想讨伐他。

苏峻害怕，于是率领徒众数百家渡海向南方转移。到了广陵，朝廷嘉奖他从远处来到，就改任他为鹰扬将军。

恰逢周坚在彭城谋反，苏峻帮助官军讨伐周坚，因功拜为淮陵内史，升任兰陵相。

永昌元年（公元 322 年），江州刺史王敦谋反。朝廷下诏，命苏峻讨伐王敦。苏峻犹豫不决，遂占卜得卦不吉利，迁延不肯前进。

朝廷军队被王敦击败，苏峻退保盱眙。淮陵的旧吏徐深、艾毅请求朝廷任命苏峻为内史，朝廷认可，加号奋威将军。

太宁二年（公元 324 年），苏峻迁临淮内史。王敦进攻都城建康，尚书令郗鉴建议朝廷召苏峻及刘遐援助京都，王敦派遣苏峻的哥哥前去劝苏峻道："可以坐取富贵，为什么还要来送死呢？"

苏峻不听游说，率军奔赴京都，在司徒的旧宅暂歇。因路途远行军速度快，军士们十分疲劳。

沈充、钱凤商议道："北军刚到，经不住攻击，进攻一定能战胜。如果现在犹豫，以后就难以制服了。"

王敦军便在当夜到竹格渚，打开寨门出战，苏峻率领部将韩晃在南塘阻击，大败王敦军队。

苏峻又随庾亮追击并打败沈充。王敦的叛乱被平定后，苏峻晋升为使持节、冠军将军、历阳内史，加散骑常侍，封邵陵郡公，食邑一千八百户。

苏峻虽然心黑如墨石，但却是个从底层摸爬滚打出来的大将，他的哥哥还是王敦的谋士，曾经有机会助王敦一臂之力，最后却选择站在晋明帝一方。

在苏峻的心里，他想要的是官运亨通，更想得到晋朝宗族的认可。

但是后来呢？

苏峻出身本来不是大族，以单家身份在纷乱之际聚众，归顺朝廷之后，一心想着立功，在平定王敦的叛乱中有功于朝廷，威望逐渐提高。

拥有精兵一万人，武器装备也十分精良，朝廷把江北都托付给他。

此时，苏峻很有骄傲之气，为有强兵而自负，滋生谋反的意向，招纳安抚亡命之徒，犯罪的人家有逃出来的，苏峻往往隐瞒藏匿。

兵众日益增多，都靠政府供养，运输船队连绵不断，稍有不如意，就怒骂朝廷。

在苏峻和祖约还想着协助晋明帝司马绍抗击王敦的时候，温峤到底还做了什么呢？

温峤不仅仅把王敦叛乱的消息传递给晋明帝司马绍，联络郗鉴、陶侃等人准备随时抵抗王敦军队，还做了一件事：平定晋朝内部各种复杂的世家关系网。

太宁三年（公元 325 年）三月初二，司马绍立长子司马衍为皇太子。闰八月十九日司马绍健康状况不佳，召太宰、西阳王司马羕、司徒王导、尚书令卞壶、车骑将军郗鉴、护军将军庾亮、领军将军陆晔、丹阳尹温峤，一起接受遗诏，辅助皇太子司马衍。

闰八月二十五日，司马绍病逝于东堂，享年二十七岁。

我们看看顺序，托孤大臣的顺序是司马氏宗族、琅琊王家王导、帝师卞壶、会讨好王导的大将郗鉴、大舅哥庾亮、陆机堂弟陆晔以及温峤。

温峤为什么会成为托孤大臣？又凭什么跟前面几个不是位高就是权重的大臣在一起？而且还是以丹阳尹的身份？

首先，丹阳尹是什么？东晋元帝太兴元年改丹阳内史置，为京城所在郡府长官，掌京城行政诸务并诏狱，一度掌少府职事，地位颇重要。亦称“京尹”。《晋书·温峤传》言其“辇毂喉舌，宜得文武兼能”。秩中二千石。南朝沿置。南齐位次九卿，陈五品、秩中二千石。属官有丞、诏狱正等。

类似于洛阳附近的京兆尹。

其次，就算是帝都的地方官，历来托孤也没听说京兆尹有资格成为托孤大臣，而且是最年轻的托孤大臣。

答案只有一个，温峤能够联络很多人，而且黏合很多人在一起，让他们劲往一处使，心往一处想。

温峤可以说是拥有管仲之才、乐毅之能。

那么，温峤是怎么黏合文武百官的呢？

首先晋明帝司马绍将要征讨王敦，就此事征询光禄勋应詹的意见，应詹表示赞同，明帝于是坚定了决心。

丁卯（二十七日），授予司徒王导大都督、兼领扬州刺史，任命温峤都督东安北部诸军事，和右将军卞敦同守石头；任应詹为护军将军、都督前锋及朱雀桥南诸军事；任郗鉴行卫将军都督扈从御驾诸军事。

又让庾亮领左卫将军职，让吏部尚书卞壶任行中军将军职。

郗鉴认为有军制上的名号于实际情况无益，坚持辞谢不受，请求征召临淮太守苏峻、兖州刺史刘遐共同讨伐王敦。

明帝于是下诏征召苏峻、刘遐以及徐州刺史王邃、豫州刺史祖约、广陵太守陶瞻等入京师护卫。

晋明帝屯军于中堂之地。

看看晋明帝司马绍的任命，统帅是大都督王导，温峤和卞敦是王导的左右副手，应詹是急先锋，郗鉴是护卫御驾的。

庾亮和帝师卞壶任作战主力，并且拉上苏峻、刘遐、祖约、陶侃之子陶瞻、王邃等人齐齐上阵。

温峤时年不过三十六岁，却跟一帮五十来岁的文官成为参谋部大帅，不觉得奇怪吗？

当然奇怪！

王导和王敦毕竟是堂兄弟，晋明帝司马绍是不可能将身家性命完全托付给王导的。

于是温峤和卞壶侄子卞敦就成了王导身边的监视者和监督者，卞壶是帝师，温峤是司马绍八拜之交，如此方能放心王导的指挥。

再看看中军里面，应詹曾与陶侃破杜弢于长沙，金银珠宝一无所取，唯取图书。后被晋元帝司马睿拜为建武将军，又监巴东五郡军事，赐爵颍阳乡侯。再转益州刺史，拜后军将军，出补东吴内史，因公事免职。

镇南大将军刘弘是应詹的祖舅，请他担任自己的长史，并对他说：“你器识宏大深远，以后应该在荆南一带接替老夫了。”接着，托付他军政大事。刘弘在汉南的功业，有应詹的功劳。后来调任南平太守。

应詹是司马绍父亲的爱将，是刘弘的外甥，还是吴越世家里面的人才，更是陶侃的同僚与兄弟。

而陶侃发迹于刘弘的推荐，伯乐的知遇之恩，陶侃得报，故而应詹可以代表陶侃的态度。

郗鉴，不用说了，温峤专门跟郗鉴聊天，郗鉴专门跟司马绍表达了衷心，故而保卫司马绍生命安全的是郗鉴。

冲锋陷阵的是帝师卞壶和国舅庾亮，这可是晋明帝司马绍的心腹，此生最信任的人，当然也是跟晋明帝司马绍利益牵连最深，一荣俱荣、一损俱损的两个人。

满朝文武，能为晋明帝司马绍全心全意拼命的也就这两个人了，不是吗?

最后是苏峻、祖约，这两个人不用说了，一直以忠君爱国自居，至少在晋明帝驾崩之前，苏峻和祖约还是忠君的。

而王邃兄长是抚军将军王舒，堂兄有大将军王敦及丞相王导，王邃是为了王导而来。

刘遐性格果敢坚毅，弓马娴熟，开朗勇猛。当时正逢天下大乱，刘遐做坞主，每次与敌人交战，他都率领壮士冲锋陷阵，冀地之人把他比作张飞、关羽。

刘遐还是温峤的“迷弟”。

太宁二年（公元 324 年）正月，后赵将领侵犯兖州，刘遐从彭城退守到泗口。同年六月，王含反叛，刘遐与苏峻等奔赴京都护卫。王含兵败后，刘遐跟随丹阳尹温峤追击王含到淮南，刘遐纵兵掳掠。

温峤说:“天道助顺，所以王含被剿灭，不能趁乱作乱。”

刘遐深深地责备自己而谢罪。事情平定后，刘遐因功封泉陵公，升任散骑常侍、监淮北军事、北中郎将、徐州刺史、假节，代替王邃镇守淮阴。

可以这么说，刘遐是温峤举荐的大将。

而陶瞻是陶侃的儿子，陶侃虽然远在广州，但是这样的战事，陶侃又怎么可能放弃建功立业的机会呢?

于是陶瞻便替父前来。

看看这些人名就明白了，晋明帝司马绍还是采取将可信之人与将信将疑之人联合使用，但是身家性命只是放心给郗鉴，并且借助郗鉴暗示王导，他晋明帝司马绍还是信任王导的!

晋明帝是否真的信任王导，其实从晋明帝选择的参战人选与官职部署就能看出一二。

那么王敦被气病了以后，王导又做了什么呢?

司徒王导听说王敦重病不治，便带领王氏子弟为王敦发丧，大家以为王敦确实死了，都有奋战的士气。

于是尚书传送诏令到王敦的幕府，罗列王敦的罪恶说:

“王敦专断地扶立兄长的儿子继承自己，宰相的继承人怎么可以不由君王任命。这真是凶顽之徒相互奖掖，无所顾忌；志向凶残丑恶，窥视国家政权。幸好上天不让奸恶之人长寿，王敦因而毙命；钱凤既已奉承奸凶之人，又再煽动作乱，现在派遣司徒王导等率领猛虎般的军队三万人，诸路并进；平西将军王邃等率精兵三万，水陆齐发；朕亲自统领各路大军，讨伐钱凤的罪恶。有谁能够杀死钱凤将首级送来，封为五千户侯。各文武官员即使是由王敦任用的，朕也一概不加过问，你们不要心存猜忌和隔阂，以至于自取诛灭。王敦的将士们跟随王敦多年，远离家室，朕非常怜悯。凡是独生子从军的，都遣返回家，终身不再征用。其余的人都给假三年。休假期满回到朝廷后，都将与宿卫的士卒一样，按三分之二的比例轮休。”

瞧瞧这操作，王导直接发布假信息，说王敦病重，不治而亡。

而且是带上琅琊王家对王敦的咒怨，直接向天下人宣布王敦的假消息。

这简直把王敦气得大脑充血！

第十八章　平定王敦之乱

那么，气得大脑充血的王敦又做了什么呢?

王郭见到诏书，十分震怒，但因病情愈加沉重，自己不能任将出战。将要发兵攻打京师时，让记室郭璞占卦，郭璞说:“事情不会成功。”

王敦历来怀疑郭璞在帮助温峤、庾亮，等到听说卦呈凶兆，便问郭璞说:“你再算算我的寿命还有多长?”

郭璞说:“由刚才的卦象推算，明公如果起兵，灾祸必定不久将至;如果仍旧住在武昌，享年长不可测。”

王敦大怒，说:“你的命多长?”

敦璞回答说:“今天正午毕命。”

王敦于是拘捕郭璞，将他斩首。

郭璞是何人?

郭璞自少博学多识，又随河东郭公学习卜筮。永嘉之乱时，避乱南下，被宣城太守殷祐及王导征辟为参军。晋元帝时拜著作佐郎，与王隐共撰《晋史》。

后为大将军王敦记室参军，王敦之乱平定后，追赠弘农太守。宋徽宗时追封闻喜伯，元顺帝时加封灵应侯。

郭璞为正一道教徒，除家传易学外，他还承袭了道教的术数学，是两晋时代最著名的方术士，传说他擅长预卜先知和诸多奇异的方术。

他好古文、奇字，精天文、历算、卜筮，长于赋文，尤以“游仙诗”名重当世。《诗品》称其“始变永嘉平淡之体，故称中兴第一”，《文心雕龙》也说“景纯仙篇，挺拔而俊矣”。

曾为《尔雅》《方言》《山海经》《穆天子传》《葬经》作注，传于世，明人有辑本《郭弘农集》。

没错，郭璞就是写《晋史》的文官，不仅仅是《晋史》，郭璞还有一部非常有名气的著作《藏经》。

郭璞的父亲郭瑗，西晋时官至建平太守。郭璞喜好经书学术，学问渊博而有大才，但不善于语言表达，他的词赋自东晋建立以来首屈一指。

他喜好古文奇字，精通阴阳术数及历法算学。有一个叫郭公的人，客居于河东，精通卜筮之术，郭璞跟从他学习卜筮。

郭公授予他《青囊中书》九卷，由此他通晓五行、天文、卜筮之术，能攘除灾祸，通达冥冥的玄机，就是京房、管辂这样的人也比不上他。

郭璞的门人赵载将《青囊中书》偷了去，还未来得及阅读，就被火烧掉了。

没错，郭璞是个占卜和祝由术都懂一点、阴阳术数和历法也精通的大能人。

并且，郭璞跟温峤是至交好友，这也是王敦非要杀郭璞的原因。

郭璞著有《江赋》，文辞壮丽，为世人所称道。后来又著成《南郊赋》，元帝见了非常喜欢，任他为著作佐郎。当时阴阳错乱，而诉讼刑狱之事大兴，郭璞上疏劝谏。

过后太阳上出现了黑气，郭璞又上疏陈事。不久，郭璞迁为尚书郎。数次上书，所言便公益民，对朝政多有匡益。

明帝在东宫时，和温峤、庾亮关系密切，有布衣之交，郭璞也因才学而为明帝器重，和温峤、庾亮具有同等地位，受到舆论的赞美。

然而郭璞性格率意不拘，不注意仪表，嗜酒好色，而时常过度。

著作郎干宝常常规劝他说：“这不是任性而行的事啊。”郭璞说：“我的寿命是有限的，尽量享受还怕达不到定数，你怕酒色会给我带来祸患吗？”

干宝又是谁呢？

干宝，字令升，新蔡人，他的祖父干统是三国时期东吴官员，官至奋武将军，封都亭侯；父亲干莹亦是东吴官员，官至丹阳县丞。

干宝从小勤奋好学，博览群书，凭借才气受到朝廷的征召授职，担任佐著作郎。建兴三年（公元 315 年），干宝因参与平定杜弢之乱有功，朝廷赏赐给他关内侯的爵位。

据史料记载，自西晋永嘉元年，干宝初仕盐官州别驾，后因刘聪、石勒之乱，西晋亡，东晋立，南北对峙，干宝举家迁至海宁盐官灵泉乡。

永嘉四年（公元 310 年），父卒，葬澉浦青山之阳，干宝为父守孝。至三世时，迁至梅园。

当时是东晋建立初期，没有设置史官，中书监王导上书说："大凡帝王的事迹，必定要记载下来，写成典籍，永远流传后世。宣皇帝平定四海，武皇帝顺应天命，接受曹魏的禅让，大功大德，足以同古代圣君贤王相比，但他们的传记不见于朝廷府库，他们的恩德未被谱写成乐歌。陛下圣明，为一代中兴之君，应着手建立国史，撰写帝王本纪，上陈祖宗的伟绩，下记将相辅佐之功，务必照实记述，为后代树立准则，满足举国的愿望，使人神欢愉，这无疑是天下长治久安的根本。因此应设置史官，诏令佐著作郎干宝等逐步撰写集录。"

晋元帝司马睿采纳此建议。于是，干宝开始负责国史的撰写。

当时干宝因家庭贫困，请求出任山阴县令，后改任始安太守。

王导请干宝担任其司徒右长史，升任散骑常侍。著写《晋纪》，自晋宣帝至晋愍帝前后五十三年，共二十卷，进献朝廷。该书简略明了，直书史实，又能做到语气委婉，人们都称赞干宝是位好史官。

换言之，干宝与陈寿一样是写史书的，干宝写的是《晋纪》，陈寿写的是《三国志》。

但是，干宝不仅仅写了这本史书，还写了一本光怪陆离的书《搜神记》。

原本《搜神记》已散，今本系后人缀辑增益而成，二十卷，共有大小故事四百五十四个。主角有鬼，也有妖怪和神仙，杂糅佛道。

《搜神记》有谶纬神学，有神仙变幻，有精灵物怪，有妖祥卜梦，还有人神、人鬼的交通恋爱等。其中保留了相当一部分西汉传下来的历史神话传说和魏晋时期的民间故事，优美动人，深受人们喜爱。

传说干宝因有感于父婢死而再生及其兄气绝复苏，乃编集神怪灵异故事为《搜神记》。

他在序中自称："虽考志于载籍，收遗佚于当时，盖非一耳一目所亲闻睹也，又安敢谓无失实者哉！"

此书为我国魏晋志怪小说中成就最高的代表作，保存了许多古代民间的传说，如《干将莫邪》《相思树》《董永卖身》《李寄斩蛇》等，给后世文学艺术以深远影响。

在著名的《聊斋志异》《三国演义》《水浒传》《西游记》《红楼梦》等作品中，有许许多多的情景和描述都是从《搜神记》中汲取营养和精华的。

郭璞喜好卜筮，门阀贵族们多取笑他。他自己则认为才高位卑，就写了一篇《客傲》。永昌元年（公元 322 年），皇孙诞生，郭璞上疏再言时政，被元帝采纳。

元帝根据他的建议，大赦天下，改元永昌。

瞧瞧，郭璞能够确定年号为永昌，能够跟《搜神记》的干宝对谈畅饮，还能跟温峤和庾亮这两个司马绍的结拜兄弟促膝长谈，甚至名声地位同等重要。

并且，王敦将要叛乱，温峤、庾亮让郭璞占卜，郭璞回答说不能判定。

温峤、庾亮又让为他们占凶吉，郭璞说："大吉。"

郭璞走后，温峤和庾亮议论说："郭璞说不明白，是他不敢明言，或许上天要夺王敦之魄。今天我们为国家办大事，郭璞说大吉，是说明举事必定会成功。"

于是劝明帝讨伐王敦。

足以见得，郭璞在晋明帝司马绍心中的地位，也就明白王敦对郭璞的质疑与猜忌从何而来。

谁让郭璞给王敦和温峤、庾亮都做了占卜问吉凶呢？这不是自寻死路！

那么郭璞在风水学的地位如何呢？

郭璞是中国风水学鼻祖，其所著《葬经》，亦称《葬书》，对风水及其重要性做了论述，是中国风水文化之宗。

《葬经》不仅对风水及其重要性做了论述，还介绍相地的具体方法。王祎《青岩丛录》曰："择地以葬，其术本于晋郭璞。"

瞧瞧，郭璞还是风水学的大家，关于郭璞，《晋书》还记录了一个小八卦。

《晋书·郭璞传》中有这样一段：郭璞南渡途经庐江时，看中了庐江太守胡孟康家的婢女。因难以启齿索要，郭璞就暗地作法，夜里在胡宅周围撒上赤小豆。

第二天早晨，胡孟康突然发现数千个红衣人包围了住宅，胡走近再看，这些红衣人就消失了。如是往复，胡孟康觉得很蹊跷，就对郭璞说了此事。

郭璞听后，对胡孟康说："这是让你家的那个婢女闹的，把她送到东南二十里外卖了吧。卖时别砍价，这样你家中的妖孽就除掉了。"胡太守依从郭璞的意见，把婢女送至东南二十里外，郭璞指使家人到那里，以低廉的价格把婢女买了下来。

在王敦杀了郭璞之后，王敦让钱凤和冠军将军邓岳、前将军周抚等率领士众向京师进发。

王含对王敦说："这本是我们王家的事，我应当亲自去。"

王敦便任命王含为全军的主帅。

钱凤等人问道："事成之日，天子怎么办？"

王敦说："还没南郊祭天，哪能够称天子！只管出动你们所有的兵力，保护东海王和裴妃。"

于是以诛杀奸臣温峤等人为由，给明帝上疏。

换言之，王敦打算真的拔下温峤的舌头，并且不在乎晋明帝司马绍的死活，打算将东海王司马越的后人当作傀儡扶持上位，此时的王敦已经有了扶持谁做皇帝都一样的心理了。

秋季，七月，壬申朔（初一），王含等水军、步卒共五万人涌至江宁秦淮河南岸，京城人心惶惶。

温峤移兵驻屯河北岸，烧毁了朱雀桁用以暂挫敌方锋头。王含等人无法渡河。明帝想亲自领兵攻击，听说渡桥已断，勃然大怒。

明帝召令各位公卿前来，温峤到了以后也不谢罪，还索要酒肉。

温峤说："现在宿卫的士卒人数少、体力弱，征召的援军没到，如果让敌寇窜入，将会危及朝廷，那时连祖先的宗庙恐怕都难保，何必吝啬一座桥呢！"

王导一会儿来了，他光着脚就下地请罪说："陛下息怒，竟使温峤都不敢谢罪了。"

温峤立即跪下请罪，明帝这才息怒。大家都赞叹王导的机警智慧。

为什么温峤要斩断一座桥呢？晋明帝司马绍为什么要发怒呢？

朱雀桁是什么地方呢？

朱雀桁是六朝都城建康南城门朱雀门外的浮桥，横跨秦淮河上。三国吴时称南津桥，晋改名"朱雀桁"。

桁为连船而成，长九十步，广六丈。因在台城南，又称"南航"。秦淮河上二十四航，此为最大，又称"大航"。

换言之，这里不仅是晋明帝讨伐王敦的必经通途，更是晋明帝振奋军心的关键，可是温峤却烧了！

为什么温峤要烧了呢？破釜沉舟，方可背水一战！有时候垂死挣扎，不如放手一搏。

而晋明帝司马绍后来听懂了温峤的意思，才有了对温峤的继续支持，而不是战前杀掉祭旗。

与此同时，司徒王导送信给王含说："近来听说大将军王敦病重垂危，有人说已遇不幸。不久知道钱凤大加戒严，想施行奸逆不道之事。我认为兄长应当抑制他们，不使其得逞，所以应回军藩守武昌，现在却与愚昧无知之人一同前来。兄长这种举动，是以为能做成大将军当年所做的事吗？当初佞臣败坏朝政，人心不平，像我这样的人，也心存外念，现在则不同。大将军自从前来屯军于湖，便逐渐失去民心，正直的君子感到危险和恐惧，百姓劳累疲敝。临终之时，将重任委托给王应，王应断奶才有几天？再说凭他当时名望，就能承袭宰相的职位吗？自从天地开辟以来，可有宰相的职位让孺子小儿担任的？凡是有耳听说此事的人，都知道将要进行的这种禅代，不是为人臣子者所应当做的。先帝中兴国家，遗留惠爱在民间；当今圣主耳聪目明，恩德遍于朝野。兄长却想轻妄地启衅作乱，凡据有人臣之位的，谁不为此愤慨！王导一门老小蒙受国家的厚恩大德，今天此事，我明目张胆地出任六军统帅，宁肯身为忠臣战死，也不愿当一个无赖苟活！"

王含不答复。

那么，王含又是谁呢？

怎么七里涧战役里面，长沙王司马乂与成都王司马颖的骂战命运轮回，又来到了王导和王含的身上呢？

王含是王敦的亲哥哥，元帝时为中郎将，助祖逖北伐。后任庐江太守、徐州刺史、光禄勋等。

王敦起兵反叛，于永昌元年（公元 322）八月任命他为卫将军，转征南大将军、征东大将军、骠骑大将军。

太宁二年（公元 324）七月，奉王敦命率钱凤、周抚、邓岳等领兵五万进逼京师，兵败，与子王应投荆州刺史王舒，皆被王舒沉入长江。为人凶暴贪鄙，不齿于时。

也就是说，王含是一个有头无脑，当然还是个见利忘义、刚愎自用的人。

那么王导跟王含这么说，又是为了什么呢？

第十九章　掀起苏峻之乱

王导这么跟王含说话，更多地是为了拖延时间，找到回圜的余地。

有人认为：王含、钱凤的军队人数和战斗力都要强出百倍。苑城既小又不坚固，应当乘敌军强势未成之时，皇帝大驾亲自出城抗敌。

郗鉴说："乱党来势恣纵，势不可当；只能靠计谋取胜，难以力敌。况且王含等人军令不齐，劫掠不断，官吏民众有鉴于往年被凶暴地掠夺资财，人人都自行守备。

只要利用顺逆的情势，何愁不能克敌！再说敌寇毫无谋略和长远设想，只靠盲目奔突一战；旷日持久，必定会启导义士的心神，使他们的智慧和力量得以施展。现在如果以这样弱小的力量与强敌抗衡，期望一朝决定胜负，瞬间判别成败，万一有所闪失，即使有申包胥这样的人愿意赴难救援，于既成事实又有什么补益呢！"

明帝这才罢休。

明帝统领各军出城屯驻南皇堂。

癸酉（初三）夜间，招募勇士，派将军段秀、中军司马曹浑等率领甲士千人渡秦淮河，攻其不备。

清晨，在越城与敌交战，大胜，斩杀其前锋将领何康。段秀即段匹磾的兄弟。

晋明帝司马绍在郗鉴的保护下，等着前方捷报传回，而庾亮和卞壶不负众望，在段秀等人的协助下，打败金玉其外败絮其中的王含。

王敦听说王含战败，勃然大怒说："我这个兄长只是个老奴婢，门户衰落，大事完了！"

回头对参军吕宝说："我要尽力起行。"随即用力起来，因气力困乏，只好又躺下。

于是对自己的舅父、少府羊鉴和王应说："我死后王应立即即帝位，先设立朝廷百官，然后再安排丧事。"

王敦不久即死，王应隐瞒不公布死讯，用席子包裹尸身，外面涂蜡，埋在议事厅中，和诸葛瑶等人日夜纵酒淫乐。

那么王敦的儿子王应和舅父羊鉴结局又是如何呢?

明帝任命虞潭兼领会稽内史。前安东将军刘超、容城内史钟雅也都起兵征讨王敦的同盟沈充。义兴人周蹇杀死王敦任命的太守刘芳，平西将军祖约赶走了王敦任命的淮南太守任台。

王敦去世后，王应和羊鉴根本阻止不了司马绍的部队，面对着节节败退的残局，而沈充犹如丧家之犬，东奔西逃。

丁亥（十七日），刘遐、苏峻等率领精兵万人到达建康，明帝夜间召见并犒劳他们，将士们各按等秩均有赏赐。

沈充、钱凤想乘着北方军队刚到疲困之机进行攻击，乙未（二十五日）夜，沈充、钱凤从竹格渚渡过秦淮河。护军将军应詹、建威将军赵胤等人抵抗失利，沈充和钱凤攻至宣阳门，拔除防御栅栏，正要攻占，刘遐、苏峻从南塘侧面攻击，重创沈充、钱凤军队，渡河溺死的有三千多人。

刘遐后来又在青溪战败沈充。寻阳太守周光听说王敦起兵，率一千多人赶来，到达后求见王敦，被王应以病重为名拒绝。

周光退下后说："我远道而来却见不到王敦，他大概已经死了吧！"

急忙会见其兄长周抚，说："王公已经死了，你何必和钱凤同做叛贼！"

众人都很惊愕。

这个周抚和周光又是何人呢?

周抚字道和，汝南安城（今河南平舆县）人。东晋名将，梁州刺史周访之子。他刚强有毅力，有其父之风，承袭寻阳县侯的爵位，拜鹰扬将军、武昌太守，参与王敦叛乱。

永昌元年（公元 322 年），王敦攻陷建康，把持朝政，命襄阳太守周虑杀死不支持自己举兵的梁州刺史甘卓。

周抚则被王敦任命为南中郎将、督沔北诸军事，代甘卓镇守沔中地区。

太宁二年（公元 324 年），王敦为求篡位，领兵再攻建康，周抚亦领二千人跟随。同年，王敦病逝，王敦之乱被平定，周抚与邓岳皆逃亡。

当时周抚弟弟周光打算送物资给周抚，并图谋捉拿邓岳。周抚知道后大怒，即与邓岳一同逃到西阳郡蛮族中，得酋长向蚕接纳。

次年，朝廷赦免王敦余党，周抚与邓岳于是出降谢罪，并受诏被禁锢。

王敦败亡，王导引荐再度入仕，出镇襄阳，中后赵郭敬循环浴马计退兵，免官。

周抚和周光是亲哥俩，都是周访的儿子，而周访就是陶侃的亲家公。

周抚和周访参与了王敦之乱，而陶侃面临的问题便是如何帮助好友兼亲家公周访护住后人血脉。

丙申（二十六日），王含等人烧毁营帐，连夜遁逃。丁酉（二十七日），明帝回到皇宫，大赦天下罪犯，唯有王敦的党羽不在赦宥之列。

命令庾亮督察苏峻等人追袭逃到吴兴的沈充，令温峤督察刘遐等人追击逃往江宁的王含、钱凤，又分别令各位将领追捕王敦死党。

王含想逃奔荆州，王应说：“不如去江州。”

王含说：“大将军王敦以往与江州王彬的关系怎样，你想到那儿去？”

王应说：“这是因为到那里合适。江州的王彬在他人强盛的时候，敢于坚持不同立场，这不是一般人能比得上的；现在看到他人遭受困厄，也必定会有恻隐之心。荆州的王舒循规蹈矩，哪能超出常规行事呢？”

王含不听，于是逃奔荆州。王舒派军队相迎，将王含、王应父子沉入江中溺死。王彬听说王应要来，秘密准备小船等候。王应没来，王彬为此深感遗憾。钱凤逃到阖庐州，周光将他斩首，自己赴朝廷请求赎罪。

沈充逃跑时迷路，错误地来到自己旧部将吴儒家，吴儒诱使沈充进入墙中夹层，于是笑着对沈充说：“我可以被封为三千户侯了！”

沈充说：“你如果顾及往日情义保全我，我家必定会从厚报答你。你如果为了私利杀我，我死以后，你的家族也将灭绝。”

吴儒杀死沈充，把首级传送到建康。王敦的党徒至此全部平定。沈充的儿子沈劲应当连坐受诛，同乡钱举把他藏匿起来，因此幸免。后来，沈劲灭绝了吴氏全族。

那么病死的王敦呢？

朝廷官吏挖开王敦瘗埋地，拉出尸体，焚毁身上所穿衣冠，摆成跪姿斩首，和沈充的首级一同悬挂在南桁。

郗鉴对明帝说："以往朝廷诛戮杨骏等人，都是先施加官方的刑罚，然后听任私人殡葬。我认为王法诛戮表现公理，私人情义则体现私交，应该听任王敦的家属收葬，在道义上更为宏大。"

明帝同意。司徒王导等人都因征讨王敦有功，各自受到封赏。

王敦死后并无哀荣，好在郗鉴顾念旧情，让王敦最后被琅琊王家收殓回祖坟。

王敦因为要做董卓而害了自己这一门的血脉，并且连带着沈家灭门，可叹可悲。

那平定王敦之乱的王导等人呢，有没有受到牵连呢？

有关部门奏报说："王敦的亲族王彬等人，都应当去职除名。"

明帝下诏说："司徒王导大义灭亲，尚且将世代宽宥他与王敦的兄弟身份，何况王彬等都是王导的近亲呢！"

于是全部不加查问。

明帝下诏说："王敦的重要党羽革职除名，其余僚属禁锢不用。"

温峤上疏说："王敦刚愎自用，不讲仁义，残暴杀戮，朝廷无法制约，亲朋不能谏止。在他幕府中的人，长期畏惧危亡，所以人人闭口不言，行路侧目，实在是贤人君子道义终结、时运乖背，只能静待其恶贯满盈的时候，推究他们的内心，怎么可能安然处之！诸如陆玩、刘胤、郭璞等人经常和我交谈，所以我所知甚详。确实是助纣为虐或诱导作乱的人，自然应当依据典刑严惩不贷；如果是迫不得已，沦为奸党的人，我认为应该加以宽宥。我将陆玩等人的真实情况，禀报圣上听闻，或许应当承受与贼党同流合污的罪责，但如果默默不言，实在有负他们的用心。希望陛下依据仁义之道裁决！"

郗鉴认为先王设置有关君臣关系的教义，可贵的是严守节操、为义献身。王敦的佐吏虽然许多是受到逼迫，然而既不能制止王敦叛逆的阴谋，又不能脱身远远离开，依照以往的典则，应该按君臣大义加以责罚。明帝最终听从了温峤的意见。

冬季，十月，任司徒王导为太保，兼领司徒职，以特殊礼仪相待。令西阳王司马兼领太尉职、任应詹为江州刺史、任刘遐为徐州刺史、代替王邃镇守淮阴、任苏峻为历阳内史、授予庾亮护军将军、温峤前将军。

王导坚辞不受封职。应詹到江州后，官吏百姓不安定，应詹抚慰怀柔，众人莫不悦服。

于是在温峤和郗鉴力保的情况下，王导及其琅琊王家的子孙们有惊无险地躲过了灭门之祸，而晋明帝司马绍也分封下属，让每个人都有了升迁。

但是这次升迁，苏峻和祖约是不满的，他们有样学样，开始跟着王敦学造反了。

于是苏峻之乱爆发！相继地，祖约之乱也爆发了！

第二十章　庚亮摄政乱权

苏峻之乱和祖约之乱爆发的导火线是什么呢?

太宁三年（公元 325 年），王敦之乱平定后，晋明帝司马绍为避免重蹈覆辙，一方面重用庾亮、郗鉴等制约王导的权力，同时拔擢江东士族，在侨、吴士族间搞平衡；另一方面改授荆、湘等四州职务，使藩镇互相牵制。

于是在同年五月任命陶侃为都督荆、湘、雍、梁四州军事、征西大将军、荆州刺史、领护南蛮校尉，其他职务如故。荆楚民众听到这个消息后都互相庆贺。

陶侃治荆州，很重视社会秩序的稳定和发展农业生产。平王敦后，荆州大饥，百姓多饿死。陶侃在秋熟收获之时常买米，等到饥荒时减价卖出救济，使得官民欢悦，都依靠他救济得以生存。

羊祜、刘弘在荆州劝课农耕，使生产发展，颇得民心，这对陶侃影响不小。此外，基于自己巩固地盘和发展势力的需要，这也是必须采取的措施。因此他“务勤稼穑，虽戎阵武士，皆劝励之。有奉馈者，皆问其所由，若力役所致，欢喜慰赐；若他所得，则呵辱还之。是以军民勤于农稼，家给人足”。在他治理下，“自南陵迄于白帝数千里中，路不拾遗”。

此说虽有夸大成分，但当时荆州社会较安定，生产有所发展，确是事实。

而陶侃也不负众望，在劝课农耕上是很用心的。

但是，这个时候，晋明帝司马绍却蹊跷病重了。

据史料记载，太宁三年（公元 325 年），明帝病重，不想见人，群臣都无法进入殿内。庾亮怀疑是负责宿卫的左卫将军、南顿王司马宗及右卫将军虞胤、西阳王司马羕另有图谋。

于是径直进入寝宫见到明帝，痛哭流涕，不胜悲哀，述说司马羕和司马宗等人谋议废黜大臣，自己请求辅佐朝廷，要求废黜他们，明帝未采纳。

几天后，命庾亮与王导等受遗诏辅佐太子司马衍，轮番入殿领兵当值宿卫，又加庾亮为给事中、中书令。不久，明帝驾崩，由晋成帝司马衍继位。

九月，庾太后临朝摄政，命庾亮与司徒王导、尚书令卞壸共同辅佐朝政，但实际上一切政事都由庾亮决策定夺。

可以说庾亮开始执掌大权，并且越来越跟王敦靠拢，有着凌驾于君权之上的心思了。

而庾亮作为外戚，又是在平定王敦之乱的第一年里，他不仅不克制自己的野心，更是大肆残害司马宗族。

王导执政时，因宽和而赢得众心。

庾亮执政后，一反前策，严厉任法，因而大失人心。

再加上明帝遗诏中的辅政大臣没有陶侃和祖约，二人怀疑是庾亮删除了遗诏上的有关部分，就说了一些有怨气的话。庾亮担心会引起内乱，于是派温峤出镇江州作为自己的声援，又修石头城以做防备。

而南顿王司马宗自认不该丢失官职，心怀怨恨，平素又与苏峻交好，庾亮想杀他，司马宗也想废黜庾亮，自己执政。此时，御史中丞钟雅弹劾司马宗谋反，庾亮派右卫将军赵胤拘捕司马宗。

司马宗领兵抵抗，被赵胤所杀，家族被贬姓为马氏。又免除西阳王司马羕的官职，降封为弋阳县王，虞胤被降职为桂阳太守。

司马宗是宗室的亲属，司马羕是朝廷皇族中的元老，二人是明帝时期的重臣，天下都认为庾亮是在铲除宗室。

此时庾亮点燃了苏峻之乱和祖约之乱的导火线：残杀司马宗，擅自更改晋明帝司马绍的遗诏。

庾亮不仅点燃导火线，甚至亲手埋下暴雷的隐患，并将这些隐患越埋越深。

琅琊人卞咸是司马宗的党羽，和司马宗一起被杀。

卞咸的兄长卞阐逃奔苏峻，庾亮以符节令苏峻交出卞阐，苏峻却将卞阐藏匿起来。苏峻招纳了许多亡命之徒，专门用威刑治众，庾亮认为苏峻终将造成祸乱，想下诏征他进京，为此征询王导的意见。

王导说："苏峻猜疑阴险，必定不会奉诏前来，不如暂且容忍他。"

庾亮又在朝中说明此事，群臣无人敢诘难，只有卞壸争辩说："苏峻实力强大，又靠近京师，行军用不了一个早上便可到达，一旦发生变乱，容易出差错，此事应该深思熟虑。"

庾亮不听。温峤也多次写信劝阻庾亮。

满朝大臣都认为此事不可，庾亮全然不听。

庾亮让郭默、庾冰统军防备苏峻，下诏征召苏峻为大司农，让苏峻的弟弟苏逸代领部曲。苏峻上表推辞，不获准。他整装准备赴诏，但又犹豫不决。

此时，他的参军任让与阜陵县令匡术都劝苏峻反叛，苏峻于是同祖约一起举兵。

温峤听说苏峻不接受朝廷诏命，便要领兵东下守卫京师，三吴之地也要起义兵来护卫，庾亮都不同意，写信对温峤说："我担忧西边（陶侃）甚于担忧历阳（苏峻），请足下千万不要越过雷池一步。"

此时帝师卞壸又在做什么呢?

司徒王导称病不上朝，却私下送别郗鉴。

卞壸上奏说："王导破坏朝法以遂私欲，丧失了大臣的操守，请免除他的官职。"

虽然此事中止未实行，但满朝大臣都为此畏惧卞壸。卞壸俭朴廉洁，对事物的裁断贴切、直率，任官实干，性格不宽容，不肯随随便便趋同时尚，所以受到各位名士的贬责。

阮孚对他说："您常常没有闲暇舒泰的时候，好像嘴含瓦石，不是也很劳累吗?"

卞壸说："名位君子以道德恢宏博大、风流倜傥互相崇尚，那么表现庸俗、贪鄙的人，不是我还能是谁?"

当时游闲贵族子弟大多仰慕王澄、谢鲲的为人，放达不羁，卞壸在朝中严辞厉色地说："违背礼义，有伤教化，没有比这更大的罪过了，本朝中途倾覆，实在是由此而起。"

他想奏请据情治他们的罪，王导、庾亮不听，于是作罢。

显然卞壸忙着骂人，不仅仅是弹劾贵族子弟的放浪形骸，更是弹劾王导的称病不作为。

王导又在做什么呢？

咸和元年（公元 326 年），据称后赵石勒军侵犯阜陵，司马衍下诏加王导为大司马、假黄钺，出兵讨伐。晋军停驻江宁，司马衍亲自在郊外为之饯行。不久，后赵军退走，王导解除大司马之职。

王导急于奔走，到处去灭火，先是去驱逐石勒的军队，之后镇压庾亮挑起来的内斗。

当时庾亮因为名望高而所辖地盘狭窄，于是出镇外地。

南蛮校尉陶称挑拨说："庾亮一定会举兵向内（朝廷）。"劝王导暗中提防。

王导说："我和庾元规休戚与共，这些无根无据的议论，不应当出自智者之口。如果就像你说的那样，庾元规真的领兵打进来，我就头戴角巾穿上便服回家，有什么可担忧的？"

又给陶称写信，说因为庾亮是皇帝的大舅，应该尽心尽力侍奉。这样一来，挑拨的谣言就平息了。

庾亮虽镇守于外，但还执掌着朝政大权，又据于上流之形胜，手握强兵，一些顺风转舵的人都投奔他。

王导在朝中心内不平，常常在刮起西风的时候，用扇子挡风尘，慢吞吞地说："庾元规吹起的灰尘把人弄脏了。"

可以说王导的心很累，又要灭外面的战火，又要灭掉庾亮的怒火，还要灭掉他人的挑拨。

建康城内的名士们又是怎么看待庾亮的呢？

丹阳尹阮孚因为太后临朝听政，政事由皇帝的母舅一族把持，对自己亲信的人说："如今江东朝廷创业的时间不长，君主年幼，时世艰难，庾亮年轻，德行和信誉却未能使人信服，在我看来，祸乱将要发生了。"于是自请出任广州刺史。

阮孚即阮咸的儿子。阮咸，字仲容，陈留尉氏（今河南开封尉氏）人。魏晋时期名士，文学家。"竹林七贤"之一，阮籍之侄，与阮籍并称为"大小阮"。

苏峻觉得陶侃或许受不住庾亮的刁难，满朝文武连王导和名士们都厌烦庾亮，或许庾亮会成为下一个王敦，若是此时起兵或许有胜算，于是苏峻和祖约一合计，两个人联手造反。

此时苏峻听参军任让对他说："将军请求到一个偏远小郡都不被允许，形势竟至这样，恐怕没有活路了，不如部署军队自卫。"

朝廷又屡屡派人劝告他，苏峻说：“台府说我要谋反，我还能活吗？我宁可站在山头看法庭，不想到了法庭再望山头。以前国家危如累卵，不是我便不能渡过危机。兔死狗烹，不过我当以死报答制造阴谋的人。”

于是，苏峻派参军徐会联合祖约，谋划作乱，以讨伐庾亮为号召。祖约派遣祖涣、许柳率兵援助苏峻，苏峻派部将韩晃、张健等袭击姑孰，进逼慈湖，杀死慈湖令陶馥及振威将军司马流。

苏峻自己率领祖涣、许柳的部众万人，乘风从横江渡江，进驻陵口，与官军交战，频频告捷。

那么，这时候同样被忌惮的陶侃在做什么呢？

第二十一章　东晋颁定田税

此时苏峻派参军徐会联合祖约，谋划作乱，以讨伐庾亮为号召。祖约派遣祖涣、许柳率兵援助苏峻，苏峻派部将韩晃、张健等袭击姑孰，进逼慈湖，杀死慈湖令陶馥及振威将军司马流。

苏峻自己率领祖涣、许柳的部众万人，乘风从横江渡江，进驻陵口，与官军交战，频频告捷。据守蒋陵的覆舟山，率领众人顺风放火，将台省官署及军营等顷刻烧尽。

苏峻兵强马壮，武器精良，在祖约的配合下，很快挥兵至建康城下，官军连连败绩。庾亮丢盔弃甲，撇下当皇太后的妹妹和外甥小皇帝，匆忙带着三个弟弟狼狈出逃寻阳，投奔温峤。

可以说苏峻将怒火燃烧到建康，并且直接进入皇宫，怒火直面六岁的晋成帝司马衍。

《晋书》记载，司马衍自幼聪明伶俐，明于事理，说话很到位，一副小大人的样子。

次年二月，建康失守，百官奔散，殿省萧然，留下护卫小皇帝的只有王导、陆晔等少数几个大臣。

苏峻勒兵入宫，王导抱着小皇帝坐在御座上，侍中褚、钟雅及右卫将军刘超等侍立左右，显得正气凛然，叛军不敢上殿。

苏峻自封骠骑将军、录尚书事，专断朝政，滥署百官，殴打大臣，裸剥仕女，为所欲为，以王导德高望重，仍然让他官居原职而排在自己前面。

叛将路永、匡术劝杀尽王导等大臣，苏峻敬重王导，没有同意。苏峻逼迫成帝迁居石头城，软禁在一间仓屋里，还天天跑来高声叫骂，骂尽各种丑话。

王导开始害怕起来，担心大祸临头，这时也顾不得小皇帝了，匆忙带着两个儿子逃到了城外的白石。直到叛乱平息，王导才回到石头城，并让手下人把元帝给他的节杖拿来。

陶侃揶揄地说："苏武节似乎不是这个样子！"王导羞愧满面，无地自容，慌忙令人把节杖收起。

可以说，王导最开始的时候还有臣子该有的样子，但是后来，还是选择了保自家性命，狼狈逃窜了。

也怪不得陶侃戏言王导，说苏武牧羊的臣之气节弥足珍贵，而王导即便有晋元帝司马睿赐的节杖，却早就没有了贤臣的气节，王导至此名声大落。

我们说了苏峻不断地残害皇室，比董卓还要手段犀利，那么同样造反的祖约呢?

祖约被苏峻排挤，不得已去了石勒所在的驻军之地。

咸和三年（公元 328 年）二月，苏峻攻陷建康，祖约被任命为侍中、太尉、尚书令。

四月，庾亮、温峤推陶侃为盟主，起兵讨伐苏峻、祖约，并陈其罪状。六月，石勒派石聪南侵，并进攻祖约，由于部将背叛，祖约大败，逃奔历阳。

咸和四年（公元 329 年）正月，冠军将军赵胤派部将甘苗率军猛攻历阳。祖约弃城北逃，将领牵腾则率众献城投降。

祖约北逃后，率宗族及亲信数百人投降后赵天王石勒。石勒十分鄙薄祖约，久久不愿接见他。

咸和五年（公元 330 年），程遐向石勒进言道："天下初定，当褒忠除奸，当初汉高祖斩杀丁公（不忠于项羽），即是此意。如今忠于事君者莫不擢拔贵显，背叛不臣者尽加诛夷，这正是大王您广受拥戴的原因。祖约叛晋来投，主上您对他却不加处理，让臣实为困惑。况且祖约竟还大会宾客，与宗族宾客夺人土地，乡里为患，如此之人，留着也是祸害。"

石勒于是派人送书信给祖约，表示："祖侯远来，未得欢会，可邀集全家宗族子弟，来京一见。”

但在当天石勒却称病推辞不见，改让程遐会请祖约。祖约自知大难临头，饮酒至醉。祖氏一族百余人全部在市集被杀，妇女被分赐诸胡为妾婢。

石勒曾是成都王司马颖的部下，若不是司马颖没有天命，或许石勒和刘渊都会成为成都王司马颖手下最出色的大将。

石勒也因为憎恨王衍让大晋战火不熄，故而，在石勒的心里，但凡害得大晋战乱不休的都是佞臣，该杀！

这也就是为什么石勒看不上祖约，却非常敬重祖约的哥哥祖逖的原因。

毕竟，英雄总是惜英雄，从没见过英雄惜狗熊过，不是吗？

我们也在祖约这场驱逐之中看到了庾亮、温峤推陶侃为盟主，起兵讨伐苏峻、祖约。

那么为什么庾亮和温峤又共同联手了呢？陶侃被排挤之下，为什么又愿意帮助司马宗族了呢？

当时温峤由武昌进屯寻阳（治今江西九江），命督护王愆期、西阳太守邓岳、鄱阳太守纪睦等人率水师援救建康。庾亮在乱军中逃离建康，到寻阳投奔温峤。

在路上，庾亮乘坐小船逃走，乱兵竞相掠夺抢劫，庾亮的左右侍从用箭射敌，结果误中船上舵手，应声倒仆。众人大惊失色，准备逃散。只有庾亮安坐不动，缓缓地说：“这种手法怎么能让他射中寇贼呢！”大家这才安定下来。

庾亮后来还以太后的名义进温峤为骠骑将军、开府仪同三司。但温峤以苏峻未平为由，拒绝接受任命。

也就是说，温峤是真正的要维持大晋朝泰民安的贤臣，而庾亮狼狈逃窜的方向，正是温峤所在之地，庾亮此时是夹着尾巴做人了。

咸和元年（公元 326 年），平南将军应詹去世，死前曾与陶侃书，望陶侃能“竭节本朝，报恩幼主”。

咸和三年（公元 328 年），苏峻之乱爆发，建康被叛军所占领，陶侃的儿子陶瞻也被叛军杀害。庾亮的儿子庾会在苏峻之乱中被杀。

咸和二年（公元 327 年），中书令庾亮在建康失陷时出走，到寻阳投靠温峤，并宣庾太后口诏，升郗鉴为司空。郗鉴接受了诏命后，感激涕零，设立坛场，宰杀白马，与三军一起对天盟誓。

郗鉴誓言说：“贼臣祖约、苏峻不恭顺天命，不怕王师诛讨，凶暴逆行，破坏国家纲纪，无视五常之伦理，动摇国家根基，威逼胁迫幼小的君王，毁坏国家的栋梁支柱，残害忠良之臣，祸及黎民百姓，使天地神祇祖宗灵位无所归依。所以天下为之怨恨，亿万人民为之泣血，我们奉旨讨伐，以除灭元凶。过去戎狄危及周室，齐桓公与诸侯会盟以扶王室，董卓欺凌汉宫，各路豪杰聚义致讨，护卫君亲之义，古今一样。现今主上陷于危难，百姓处于倒悬，忠臣志士无不心存报国之念。凡入我同盟者，一经盟誓之后，齐心合力，以救社稷。若二寇不消灭，决不退缩偷安。有谁违背誓言，天神不容！”

郗鉴登坛后慷慨陈词，使三军士气大振。郗鉴见此，于是派将军夏侯长通知温峤，并预计苏峻会挟持成帝到会稽，建议温峤在重要据点立营据守以阻其去路，同时又断绝粮运和坚壁清野，据守京口等待苏峻因缺乏物资溃败。

温峤深表同意。此时，平南将军温峤、郗鉴、庾亮邀请陶侃出兵一同勤王。

在好友应詹临死之前的遗言中，在陶瞻和庾会被杀之后，陶侃明白庾亮会跟自己一样，会铁了心地为儿子报仇，会尽全力诛杀苏峻。

温峤作为百官黏合剂，更是让陶侃和庾亮放下了旧仇，给陶侃扫除一切阻碍。

此时陶侃来到寻阳，仍因遗诏之事不满庾亮，时人议论陶侃会杀执政大臣以谢天下。

陶侃对庾亮说：“君侯您修石头城来防备老夫，怎么今天反过来又求我呀？”

庾亮非常害怕，等见到陶侃时，将符节送到陶侃那里谢罪。

陶侃回答说：“古人曾有三败，君侯您才败两次。现在是紧急关头，不该计较这些。朝廷政出多门，才产生国家的灾祸。自从王室丧乱以来，难道只是苏峻一人为患？”

二人在一起宴饮闲谈了一整天。庾亮知道陶侃素来节俭，于是在吃薤菜时，特地留下薤白。

陶侃问：“为什么要这样？”

庾亮说：“因为薤白可以再种。”

陶侃于是赞叹说：“庾元规不仅风流倜傥，也有为政的实际才能啊。”

于是陶侃和庾亮握手言和，这也给陶侃有胆子做盟主奠定了基础。

而杀白马的郗鉴也已经向天下吹下大牛，若是郗鉴失败，郗鉴此生将成为人们口中的笑柄，故此郗鉴会豁出老命。在掌握人和之后，温峤和郗鉴又带来了地利。

郗鉴后率众渡江，在茄子浦与陶侃会合，又修筑白石垒。

不久王舒和虞潭战败，郗鉴与后将军郭默回屯京口，修筑大业、曲阿和庱亭三垒抵抗并分散对方军力，但随即被围攻，郭默更逃出驻守的大业垒，令士兵震惊。但郗鉴仍坚持固守。不久苏峻坠马被杀，大业垒得以解围。

两军对峙以来，联军败多胜少，而温峤军粮食尽，不得不向陶侃借粮。陶侃十分恼火，责备温峤准备不足而仓促兴兵，声称要返回荆州以等待时机。

温峤首先预言苏峻骄兵必败，再分析形势已经骑虎难下，陶侃如果退兵，有"沮众败事"的危险。

陶侃无言以对。

同时，温峤还带给陶侃准确无误的天时。

咸和三年（公元 328 年）九月，温峤修建行庙，大设坛场，祭告皇天后土祖宗之灵，亲自宣读祝文，语气激昂，泪流满面，三军将士都不敢抬头观看。

同月，陶侃都督水军攻打石头城，庾亮、温峤等率步兵万人从白石出战。

苏峻酒醉之下，竟然马失前蹄，被陶侃麾下将领斩杀。

咸和四年（公元 329 年），郗鉴派参军李闳追击南逃吴兴的苏逸等人，将苏逸斩杀并收降其余众共一万多人。

至此，苏峻之乱、祖约之乱平定。

在平定苏峻之乱后，温峤被封为骠骑将军、开府仪同三司，加散官散骑常侍，晋爵始安郡公，食邑三千户。王导想奖赏决战前投奔朝廷的路永等人，在温峤的坚决反对下，王导只得作罢。

同年四月，温峤路过牛渚矶，听闻水下多怪物，便命人点燃犀角下水照看。当夜，温峤中风，回到武昌后没有几天就去世了，终年四十二岁。江州百姓听到温峤去世的消息，无不相对而泣。晋成帝下诏追赠温峤为侍中、大将军，谥号忠武。

大晋至此失去了能够护住平安的太平宰辅，四十二岁去世，当真是令人心痛！

如此太平无事数十年，等到晋成帝司马衍长大成人，他让大晋终于再次中兴起来，史称"庚戌土断"。

繁养生息，是每个战乱之后王朝必然要做的事情，也唯有繁养生息期间，百姓才能够过得上太平日子。

那么，什么是庚戌土断呢？

土断是东晋废除侨置郡县，将侨郡的流民登入所居住的郡县户籍的办法。东晋曾在其管辖地区内用北方沦陷的地区名设立郡县（即侨置郡县），安置北方南渡的流民，以示不忘恢复故土。

他们的户籍是与南方本地人不同的，南方本地人的户籍称为黄籍，侨置州郡的流民户籍称为白籍。

当时侨置郡县并无实际辖区，不征租税徭役。那些南渡的士族在侨郡一带广造田园，大肆隐藏户口，十分影响朝廷财政收入。

东晋大司马桓温（公元 312 年—公元 373 年）执政时，于兴宁二年（公元 364 年）三月初一行土断法，史称“庚戌土断”。

这次严厉清查户口，对隐匿户口的贵族地主予以惩处。土断之后，国家控制的户口大量增加，赋税收入也增多了。康宁元年（公元 373 年），桓温死后，此法不行。

义熙九年（公元 413 年），刘裕再行土断，诸侨置郡县多被裁并。

换言之，就是严重兼并土地的大世族被整顿，扩增国库，缩减世家自己的收入，以此来富国强民。

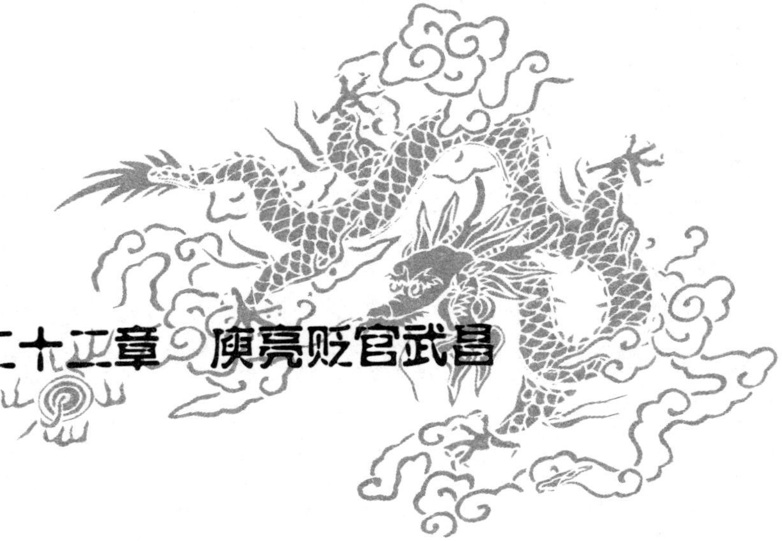

第二十三章 庾亮贬官武昌

在温峤去世之后，晋成帝司马衍执行“庚戌土断”之前，陶侃、庾亮、王导、郗鉴等人的结局又是怎样的呢？是否再发生战事呢？

咸和四年（公元 329 年）二月，苏峻之乱平息，成帝来到温峤的船上，庾亮得以进见成帝，哽咽悲泣。成帝下诏群臣与庾亮一起登上御座。

次日，庾亮又来跪拜谢罪，请求将自己免职，准备带全家远投山林。成帝派尚书、侍中拿着成帝亲手写的诏令来安慰他说：“这是国家社稷的灾难，不是舅父大人的责任。”

庾亮上疏说：“祖约、苏峻肆行凶逆之事，罪过由臣引发，即便寸寸斩割屠戮，也不足以向七庙的神灵谢罪，不足以平息天下人的责难。朝廷又有什么道理再将臣与他人相提并论，臣又有什么脸面跻身于人伦呢！希望陛下即便是赐降宽宥，保全臣的头颅也就行了，对臣还是应当抛弃不顾，让臣自生自灭，那么天下人便能粗知劝善罚恶的纲要了。”

成帝又下诏安慰，庾亮没有听从，还想遁逃于山水之间，自暨阳向东走。成帝下诏让有关部门挡住舟船。

庾亮请求在外镇效命，于是出任为持节、都督豫州和扬州之江西宣城诸军事、平西将军、假节、豫州刺史、领宣城内史。庾亮接受任命，出镇芜湖。

而就在庾亮出镇芜湖之前，晋成帝跟庾亮来了一次促膝长谈。

苏峻之乱平息后，晋成帝司马衍问舅父庾亮："往常那位白头公（司马宗一头白发）何在？"

庾亮奏道："司马宗谋反伏诛。"

司马衍很伤心，哭着说道："舅父大人说谁做贼，便杀之，如果人说舅父大人做贼，我又该如何？"

庾亮一听，吓得脸色大变，无言以答。

可以说此时的庾亮已经彻底地失去了帝心，也失去了东晋朝堂内世家的支持。

同年十二月，后将军郭默杀害江州刺史刘胤，占据湓口反叛，庾亮上表请求亲自征讨，朝廷于是命庾亮以本职再加任征讨都督，率将军路永、毛宝、匡术、刘仕等步骑二万人，与太尉陶侃会合。咸和五年（公元 330 年）三月，庾亮到达湓口，与陶侃包围郭默。

五月十九日，郭默的部将宋侯捆绑郭默父子出城投降，陶侃将其处决，首级传至建康。

庾亮于是返回芜湖，拒绝朝廷的封赏。

陶侃写信给他说："赏罚升降，是国家的信义，很奇怪您这样矫情要独为君子吗？"

庾亮回答说："元帅指挥，武将们效命，我有什么功劳呢？"坚决推辞不接受赏赐。

朝廷进庾亮为镇西将军，他又推辞。当初，因为讨伐王敦的功劳，封庾亮为永昌县公。庾亮一次次辞让，数十次上疏，最后朝廷才允许。

较之掌权时期的庾亮，此时的庾亮已经收敛起不可一世的心，开始越发低调起来。

而此时朝堂内只剩下陶侃和王导二人。

先说说陶侃，陶侃是个念旧的人，在苏峻之乱的时候，陶侃启用了他的亲家公的儿子周抚和周光，就是追溯王敦的那两位。

咸和元年（公元 326 年），司徒王导任命周抚为自己的从事中郎，让他出任宁远将军、江夏相。

咸和三年（公元 328 年），历阳内史苏峻率叛军攻陷建康，江州刺史温峤等人发起义军讨伐苏峻，周抚与其弟周光亦派兵支持温峤。次年，苏峻之乱平定，周抚迁任南中郎将、监沔北军事，镇守襄阳。

陶侃在他有生之年很好地护住了至交好友周访的血脉，是个不负朋友的人。

咸和四年（公元 329 年），苏峻之乱平定，陶侃回师江陵。三月初十，陶侃因功升任侍中、太尉，加授都督交州、广州、宁州等七州军事，加羽葆、鼓吹，封爵长沙郡公，食邑三千户，又赐绢八千匹。

陶侃因为江陵位置偏远，于是移镇巴陵。当时割据辽东的慕容廆与陶侃通信，不仅称赞王导和庾亮，而且称陶侃是“海内之望中唯足为楚汉轻重者”，可见陶侃的地位威望。

而此时的王导呢？

苏峻之乱平息后，建康的宫殿、宗庙都被焚为灰烬。温峤建议迁都到豫章，三吴之地的豪杰们请求定都于会稽，这两种意见争来争去，不知哪样为好。

王导说：“建康，即古时的金陵，过去就是帝王之都，而孙仲谋、刘玄德都说这里是帝王之宅。古代帝王不必因简陋豪华而移都，如果能弘扬卫文公以大布之衣大帛之冠为君的风尚，则可无事不成。若不勤勉耽于安乐，即使找到一块乐土，也会变成废墟。况且北方敌寇像游魂一样，窥伺我们的空隙，我们一旦有胆怯的表现，跑到南越之地，再想得到威望和实力，恐怕是难以办到。现在应该特别镇静，这样民情便可自安了。”

由此所有迁都的提议都不能实施。

可以说王导达到了能够一句话定夺帝都的地步。

王导平素俭朴寡欲，仓中没有积蓄的粮米，穿衣不同时穿两件帛衣。成帝知道后，送给他布万匹，以供他私人开支。

王导体弱患病，出席不了朝会，成帝就亲自到他府中置酒设乐，然后用舆车将他接到殿里，成帝就是这样敬重尊崇他。

冬祭太庙，成帝下诏把祭祀剩下的胙肉送给王导，并且令他不用下拜谢恩，王导以有病为由推辞不敢承受。

当初，成帝即位时年纪幼小，每次见到王导必下拜，给王导的手诏则说：“惶恐而言”，中书写的诏书则说“敬问”。

负责官员议论说：“元旦大会群臣时，圣上应当礼敬王导吗？”

博士郭熙、杜援评议，认为：“礼书没有君王拜大臣的记载，我们认为应当免除礼敬。”

侍中冯怀评议，认为：“天子驾临辟雍，拜见三老，何况是先帝的太师太傅？

我以为应当倍加礼敬。”

侍中荀奕评议，认为：“元旦是一年中朝会中的第一次，应当显明君臣各自的身份，因此不应当礼敬，如果是另外日子的小朝会，自然可以备加礼敬。”

成帝下诏顺从他的意见。荀奕即荀组的儿子。

可以说王导达到了位极人臣的最高境界，皇帝都要亲“敬问”，都要派舆车接送。

此时王导和陶侃的威望都在东晋举足轻重，故而一场夺权之战又拉开了序幕。

咸和四年（公元330年）十二月，后将军郭默擅自杀害江州刺史刘胤，执政的丞相王导认为郭默骁勇难制，便任命他为江州刺史。

陶侃闻知此事，一甩袖子站起来说：“这其中必定有诈。”随即要率兵征讨郭默。郭默派使者送陶侃妓妾和绢，并写密诏呈送给陶侃。

陶侃的僚佐大多劝谏说：“郭默不受诏令，怎敢做这种事。如果要进军，应该等待诏书。”

陶侃神色严厉地说：“天子年幼，诏令并非出于己意。刘胤被朝廷重用，虽然所任非才，但为何胡乱遭到极刑。郭默恃仗骁勇，行事贪婪横暴，因国家大难刚刚平定，朝廷法令纲纪宽松简略，想乘机肆行无忌罢了！”

便派使者上表陈述郭默的罪状，并写信给王导说：“郭默杀死刺史就任用他为刺史，如果他害宰相是不是就要任他为宰相呢？”

王导这才收起先前被示众的刘胤首级，给陶侃回信说：“郭默占据长江上游的有利地势，再加上有舰船为其所用，所以包涵忍耐，让他占据那地方，朝廷因此得以秘密戒备。等足下大军到达，风驰赴敌，这难道不是暂且顺从，等待时机再定大事的策略吗？”

陶侃笑着说：“这的确是对此贼屈从的策略。”

随即起兵抵江州，郭默想向南占据豫章，适逢陶侃的军队到达，郭默出战不利，进城固守，用米堆成垒堡，显示自己粮食有余。

陶侃修筑土山与他对垒。同年三月，庚亮的军队到达湓口，各路军队会齐。

五月，郭默的部将宋侯捆绑郭默父子出城投降。陶侃在军门前将郭默斩首，首级传至建康。

郭默在中原时，多次与石勒交战，石勒的部下都害怕他，听说陶侃兵不血刃就擒拿郭默，更加敬畏陶侃。苏峻的部将冯铁杀了陶侃的儿子后投奔了石勒，石勒让他任边将。

陶侃把事情真相告诉了石勒，石勒就杀了冯铁。

朝廷下诏陶侃领江州刺史，都督江州军事，部下增设左右长史、司马、从事中郎四人，掾属十二人。

陶侃领兵回到巴陵，再移镇武昌。

实际上，王导和陶侃对郭默的不同态度，反映了他们之间对江州的争夺。

王导对郭默擅杀刘胤表示的容忍，在于要笼络郭默对抗陶侃。

陶侃指责王导并迅速出兵，是要将江州控制在手。陶侃夺得江州，也就控制了长江的上游和中游。

事后，陶侃任命张夔之子张隐为参军，范逵之子范珧为湘东太守，以刘弘的曾孙刘安为掾属。凡是他微贱时受过别人的恩惠，哪怕是一餐饭他也必定报答。

此后，陶侃曾欲举兵废黜王导，但因庾亮调解以及王导的亲家郗鉴反对才作罢。

那么被贬官的庾亮是怎么调解的，郗鉴又是怎么反对的呢?

第二十三章 桓温北伐开始

这所有的事情起源于一个地方：武昌。

而武昌这里除了庾亮和陶侃，又诞生了一个枭雄：桓温。

我们先说说许久没出现的郗鉴，这位王羲之的岳父是怎么做的。

苏峻之乱平定后，郗鉴以功升任司空，加侍中，解任八郡都督，改封为南昌县公，并以先前的爵位封其子郗昙。

咸和六年（公元 331 年），石勒部将刘征再次侵扰东南诸郡。郗鉴驻屯京口，并加都督扬州之晋陵郡、吴郡诸军事，率兵将刘征击退。

可以说郗鉴一直在征伐叛贼的路上，从未停歇。

丞相王导在成帝继位后一直参与辅政工作，而他行事作风不拘小节，对自己委任将领的犯法行为多作容忍，遭到朝臣不满，其他士族亦试图借此废掉王导，削弱琅琊王氏的影响力。陶侃就曾于成帝咸和年间打算起兵废掉王导，但因郗鉴反对而没有成事。

咸康四年（公元 338 年），郗鉴升任太尉。当时，征西将军庾亮也想罢黜王导，并寻求郗鉴的支持，但郗鉴表示反对。庾亮再写信游说郗鉴，但郗鉴坚拒，最终庾亮亦唯有放弃。

郗鉴阻止了朝中主要士族的剧烈斗争，让经历了两次大动乱的东晋能够维持安定。

我们来分析一下郗鉴为什么拒绝庾亮，而庾亮后期又为什么同意了郗鉴的看法呢？

我们先了解一下洞察世事如烛火，在王敦之乱时准确站队晋明帝司马绍，在苏峻之乱时准确帮助晋成帝司马衍，并且一直颇受重用，又让琅琊王家非常信任的郗鉴到底是什么性格吧。

郗鉴就任司空时，对同座的人说："我平生志向不高，碰上世事纷乱，便升上三公之位。想到朱博徒有空名，内心实在有愧。"

朱博是何人？

朱博，字子元，杜陵人也。家贫，少时给事县为亭长，好客少年，捕搏敢行。稍迁为功曹，伉侠好交，随从士大夫，不避风雨。是时，前将军望之子萧育，御史大夫万年子陈咸以公卿子著材知名，博皆友之矣。

陈咸任御史中丞，因泄露宫禁之内的话而犯罪，被关进监狱。朱博辞去官职，偷偷地步行到廷尉府中，刺探陈咸的案子。

陈咸被拷打询问，伤势很重，朱博伪装成大夫进了监狱，得以见到陈咸，完全了解了他所犯的罪，终于免去陈咸的死罪。陈咸得以判处出狱，而朱博因为这件事名声显扬。

他为人节俭清廉，敢诛杀，宾客满门。因为依附傅太后，弹劾大将军傅喜，被汉哀帝派廷尉调查，朱博自杀。

可以说朱博是个明察秋毫的人，但是朱博站错了队，最后自杀。

为什么这么说呢？汉哀帝就是跟董贤有断袖之癖的那位，而汉哀帝死后汉平帝登基之后，王莽篡权。

而郗鉴跟所有人说他觉得朱博跟自己一样，是什么意思呢？是否在思考是否站错了队？

又是否在影射自己站队王导，起初是对的，但是陶侃和王导争夺权力之后，他又觉得是错的了呢？

实际上，郗鉴说的是一种影射，站在个人感情上来说，支持王导与陶侃对立，压倒陶侃才能保住自己郗氏一门，毕竟王羲之的关系在，琅琊王家与郗氏密不可分。

可是东晋建国以来，大小纷争不断，王敦之乱、苏峻之乱、祖约之乱、郭默之乱层出不穷，可谓是战祸连年。

站在东晋朝民的立场上来说，支持王导与陶侃对立，就是支持下一场大晋之乱。

这会动摇到东晋的根本，八王之乱十年后，好不容易暂时和平的东晋是不能再乱了。

也绝对不能让好不容易偏安一隅的东晋，最后落得一个“王莽篡权”的恶果。

于是郗鉴站在历史的角度，纵观前后二十年，才下定决心要调和陶侃和王导的关系，并且拉着庾亮和自己一起去说和。

可以说，郗鉴真正地做到了鞠躬尽瘁死而后已。

也因为这样的心理，郗鉴才会说自己再也不想跟朱博一样站错队了，跟朱博一样因为帮助了傅皇后，才有了后面的王莽篡权。

庾亮也深知若是陶侃和王导缠斗下去，庾亮、郗鉴、陶侃、王导都将是历史的罪人。

那青史之上，怎能留下污名？又怎能成为佞臣？

难得的是，王导和陶侃真的在庾亮和郗鉴调解下握手言和了。

于是，朝廷拜陶侃为大将军，赐予赞拜不名、剑履上殿的殊荣，被陶侃上表坚决辞让。陶侃到晚年时深感物极必反的道理，因此不参与朝政，多次想告老还乡，但被佐吏们苦苦相留。

可以说陶侃晚年位极人臣，能“怀止足之分，不与朝权”，对他个人来说，不失为一种明智的选择。

这样既可维持“家僮千余，珍奇宝货富于天府”的家业，又可保住子孙的前途。

咸和九年（公元334年）六月，陶侃在病中上表逊位，派左长史殷羡将官印节传等送还朝廷。在离开荆州前，军资、器仗、牛马、舟船等，都有簿录统计，封存仓库，由陶侃亲自上锁。

陶侃将后事托付给右司马王愆期，加职都护，命他统领文武官吏。

十二日，陶侃乘车离开武昌，到渡口乘船，准备返回长沙，回头对王愆期说：“老夫现在蹒跚难行，正因你们阻拦。”

次日，陶侃于樊溪去世，享年七十六岁。

根据他的遗嘱，众人把他葬在长沙南二十里的地方，他的旧部又在武昌城西为他刊石立碑、作画像。

成帝下诏追赠陶侃为大司马，赐谥号桓，以太牢礼祭祀。

一代忠臣良将陶侃，就这样撒手人寰，留下配享武庙七十二贤之一的美名。

同年，朝廷任庾亮为都督江、荆、豫、益、梁、雍六州诸军事，兼领江、荆、豫三州刺史，进号征西将军、开府仪同三司、假节。庾亮推辞开府之职，移镇武昌。

而在去武昌之前，庾亮、郗鉴、王导手把手教出来了晋明帝司马绍的女婿桓温一身本事。

桓温又是谁?

桓温（公元312年—公元373年），字元子（一作符子），谯国龙亢（今安徽怀远龙亢镇）人。东晋政治家、军事家、权臣，谯国桓氏代表人物，东汉名儒桓荣之后，宣城内史桓彝长子。

桓温是晋明帝的驸马，因溯江而上灭亡成汉政权而声名大奋，又三次出兵北伐（北伐前秦、羌族姚襄、前燕），战功累累。后独揽朝政十余年，操纵废立，有意夺取帝位，终因第三次北伐失败而令声望受损，受制于朝中王谢势力而未能如愿。

桓温曾在晚年逼迫朝廷加其九锡，但因谢安等人借故拖延，直至去世也未能实现。死后谥号宣武。其子桓玄建立桓楚后，追尊为“宣武皇帝”。

根据《晋书》记载，桓温是东汉大儒桓荣之后。

但据历史学家田余庆考证，桓温的高祖（或高伯祖、高叔祖）是三国时代在嘉平之狱中被司马氏诛杀的曹魏大司农桓范。

谯国龙亢桓氏沦为刑家，在西晋并非高门望族。桓彝南渡后交结名士，跻身江左八达之列，并“志在立功”，曾与明帝密谋平定王敦之乱，使得家族地位有所上升。

桓温是桓彝长子，未满周岁时便得到名士温峤的赞赏，因此以“温”为名。

是的，没错，桓温就应了郗鉴那个乌鸦嘴，所谓的汉平帝之后，王莽篡权！

当年刘邦斩白蛇起义当皇帝，然后王莽是白蛇化身，篡权刘邦后人！

到如今，司马懿杀了桓范，然后桓范的后人，桓温也篡权司马懿的后人！

而且颇为巧合的是，汉哀帝跟董卓关系很好，然后汉哀帝无子嗣，死后是汉平帝（刘衎原名刘箕子）登基。

晋哀帝司马丕竟然是琅琊王！而且酷爱炼丹术的司马丕也没子嗣，死后是晋废帝（司马奕）登基。

对了，晋废帝司马奕也是个断袖之癖，封号曾是琅琊王！

历史的老人真是有趣，东晋起于琅琊王，终于琅琊王！而且西汉终于断袖之癖，东晋也终于断袖之癖！

真乃天意啊！

这更奇怪的是，箕和奕，竟然都是棋子的意思！

棋在甲骨文里面由“木”和“其”构成。

“其”字表示几案上有簸箕，整个字的意思是几案上有像簸箕横竖成行条纹的木制品。

它指围棋盘，引申表示各种棋。

而弈就更不用说了，对弈就是下棋！

这汉平帝寓意刘家的棋子，被王莽玩弄于股掌之上；这晋废帝寓意司马家的棋子，也被桓温把玩！

这郗鉴的乌鸦嘴真是……开光了！

桓温从小就是个猛人。

咸和三年（公元 328 年），桓彝在苏峻之乱中被叛军将领韩晃杀害，泾县县令江播也曾参与谋划。当时桓温年仅十五岁，枕戈泣血，誓报父仇。

咸和六年（公元 331 年），江播去世。其子江彪等兄弟三人为父守丧，因怕桓温前来寻仇，预先在丧庐内备好兵器，以防不测。桓温假扮吊客，混入丧庐，手刃江彪，并追杀其二弟，终报父仇，由此为时人所称许。

桓温为人豪爽，姿貌伟岸，风度不凡，后娶晋明帝司马绍的女儿南康长公主为妻，加拜驸马都尉，并袭父爵为万宁县男。咸康元年（公元 335 年），桓温出任琅琊内史（相当于太守）。后加辅国将军。

而这个时候的桓温有着要做英雄的梦想。

桓温自认为雄姿英发，常以刘琨自比。他曾在北方得到一个老婢，曾是刘琨的家伎。

老婢一见桓温，便潸然泪下，道：“您长得很像刘司空。”

桓温大喜，连忙整理衣冠，问她哪里像。

老婢答道：“脸庞很像，就是薄了点；眼睛很像，就是小了点；胡须很像，就是红了点；身材很像，就是矮了点；声音也很像，就是雌了点。”

桓温怅然若失，“褫冠解带，昏然而睡”，好几日都闷闷不乐。

可以说，桓温一直非常期待成为刘琨、祖逖这样的英雄，而谁又点拨了桓温，让桓温有着数次北伐的心呢？

先看看桓温的朋友圈是怎样的吧。

王导与殷浩辩论，桓温、王濛、王述、谢尚都在座。

王导感叹道：“刚才我们的谈论，竟然到了不知义理源流归属的地步。至于文辞，我们是不相上下的，正始年间王弼、何晏之间谈玄，可能也就这样了。”

次日，桓温对人道：“昨夜听殷、王二人清谈，非常美妙。谢仁祖也不感到寂寞，我也时时心有所得。回头再看看王濛和王述，就跟身上插着漂亮羽毛扇的母狗一样。”

他是在讥讽王濛二人不懂装懂。

桓温不仅是个猛人，说话也很犀利。

那么王濛、刘惔、殷浩又都是谁呢？

王濛（公元 309 年—公元 347 年），字仲祖，小字阿奴，太原晋阳（今山西太原）人。东晋名士、外戚大臣。

王濛年轻时放荡不羁，至后期才开始克己力行，从而获得风雅潇洒的美好名声。王濛与刘惔齐名，并且是好朋友，二人互相称许。当时的人以刘惔比为荀粲，王濛比为袁涣，并成当时风雅潇洒名士的典范。

王濛初任司徒王导的掾吏。当时王导要任用苏峻降将匡术的弟弟匡孝，王濛写书给王导暗指匡孝是小人，又称文臣武将泾渭分明，不能混在一起，这会有亏清穆之风。

王濛可以说是性格很出色的一位大臣，而且很喜欢抨击别人。

王濛一次听到外族语言，因听不明白一脸茫然，于是说：“假若介葛卢来朝，定必听得懂这语言。”介葛卢是春秋时介国的国君，连牛鸣叫也能听出意思。

一次王濛与刘惔同席而坐，王濛喝得痛快时跳起舞来，刘惔说：“阿奴你今日比得上昔日向子期的任率呀。”

一年冬天，王濛到尚书省见王洽，当时外有积雪，王濛在门外下车，穿着公服步入，王洽遥遥望见王濛，叹道：“此不复似世中人！”

虽然王濛很喜欢抨击别人，但是，王濛擅长隶书和章草，亦能画画，后世称其为“丹青甚妙，颇希高远”。

刘惔又是何人呢？

第二十四章　冉闵的杀胡令

刘惔出身世族家庭。少为王导所识，时人比为荀粲，迎娶晋明帝庐陵公主，场为永和名士的风流之宗，是当时清谈的主力干将。历任司徒左长史、侍中、丹阳尹等职，故称为“刘尹”,。

清明远达，风度才气。三十六岁时。去世，赠前将军。

袁宏在《名士传》中称刘惔为“永和名士”,《唐会要》尊其为魏晋八君子之一。著有文集二卷，至今已佚。

什么是魏晋八君子?

魏晋时代八位在不同德行能力方面俱佳，且谥号均为肃侯的名臣的合称。

贾诩筹谋策算、贾逵忠诚勇敢、张既民政才能、程昱智勇双全、顾雍缜密持重、王浑风度气量、刘惔看人能力、庾翼志向规略，被尊称为“魏晋八君子”,出自《唐会要》。

刘惔，字真长，沛国相县人。刘惔出身世宦家庭，他的祖父刘宏在西晋颇有名声，与其兄刘粹、其弟刘潢被时人称赞为“洛中雅雅有三嘏”。

刘惔父刘耽，官至晋陵太守，亦颇有名声。

刘惔年少时清明远达，有风度才气，与母亲任氏寄居京口，他家中贫穷，靠编草鞋为生。刘惔虽住在荜门陋巷，但却怡然自得。他起初未被人重视，唯独丞相王导十分器重他。

后来刘惔日渐知名，被时论比作袁乔。刘惔听说后很高兴，回家把这件事告诉任氏。任氏是个聪明的人，她说："你无法与他相比，不要接受。"又有人拿他与范汪比，他又很高兴，但任氏还是不许他接受。

刘惔成年后，被时论比作三国时代的名士荀粲。他后来娶晋明帝的女儿庐陵公主司马南弟为妻。

换句话说，刘惔和桓温都是晋明帝的女婿，这哥俩是连襟。

而刘惔和王濛的感情更好一些。

王濛和刘惔到中军将军殷浩家清谈，谈完了，就一起坐车走。

刘惔对王濛说："渊源（殷浩字）的言论真可意。"

王濛说："你原来掉进了他设下的迷雾中。"

这便是《世说新语》中关于坠其云雾中的由来。

并且王濛和刘惔这两人喜欢互怼。

王濛与刘惔两人别后重逢，王濛对刘惔说："你更有长进了。"

刘惔回答说："这个就像天本来就那么高而已。"

刘惔性格简傲高贵，如一次好友王羲之十分喜爱郗愔的一个由北方南渡的奴仆，更常向刘惔称赞他。

刘惔问："那人比起郗愔如何？"

王羲之答："他只是小人物，怎比得上郗愔呀！"

刘惔就说："如果连郗愔也比不上，那不过是平凡的奴仆而已。"

又一次桓温问他："会稽王（司马昱）他清谈技巧又更进一步吗？"

刘惔答："大有进步，不过仍是第二流。"

桓温于是问："第一又是谁？"

刘惔就答："就是我这些人呀。"

可见他自视很高。

更有一次，殷浩到刘惔处与他清谈，但殷浩稍见辞屈，于是只能继续说些虚浮不实的言辞。刘惔见此亦不再回答他。

殷浩走了后，刘惔就说："下巴老却硬要学人去清谈议论。"

这便是刘惔创造的成语"简傲高贵"的由来。

桓温去探望刘惔，看到刘惔躺在床上，便用弹弓打他的枕头，结果弹丸迸碎在褥子上。

刘惔勃然大怒，起身说道：“使君，这样你就能在战斗中获胜吗？”

他是在讥讽桓温当兵出身，做事不离本行，纯属莽夫。

能这么开玩笑，可见刘惔和桓温这对连襟感情极为深厚。

那么，殷浩又是谁呢？

殷浩（公元303年—公元356年），字渊源，陈郡长平县（今河南西华县）人，豫章太守、光禄勋殷羡之子，东晋时期大臣、将领、清谈家。

太尉、司徒、司空三府征召殷浩为官，他都推辞不就任。后来征西将军庾亮征召他为记室参军，多次升任至司徒左长史。安西将军庾翼又请做司马。后任命为侍中、安西军司，殷浩都称病不就职。

隐居荒山，将近十年，当时的人将他比作管仲、诸葛亮。王濛、谢尚还探察他的出仕和退隐的动向，来预卜江东的兴亡。

殷浩在庾亮属下担任长史时，有一次进京，丞相王导为他把大家聚在一起，桓温、左长史王濛、蓝田侯王述、镇西将军谢尚都在座。

王导离座亲自去解下挂在帐带上的拂尘，对殷浩说：“我今天要和您一起谈论、辨析玄理。”

两人一起清谈完后，已到三更时分。

王导和殷浩来回辩论，其他众人丝毫也没有牵涉进去。

彼此尽情辩论以后，王导便叹道：“一向谈论玄理，竟然还不知道玄理的本源在什么地方。至于旨趣和比喻不能互相违背，正始年间的清谈，正是如此！”

可以说殷浩是一个管仲再世的大贤，而且是王导非常喜欢的人，更是庾亮的得力助手。

桓温认识殷浩，也就等同于学习庾亮一身本事，又有连襟刘惔拜于王导门下，也就学会了王导的那身本事。

而此时王羲之，与王羲之齐名的谢安又在做什么呢？

王羲之此时历史没有太多记载，但考察郗鉴的受命可知，王羲之此时正在伴随郗鉴走完生命的尽头。

谢安少年时，得到名士王濛及宰相王导的器重，已在上层社会中享有较高的声誉，然而谢安并不想凭借出身、名望去猎取高官厚禄。朝廷最初征召谢安入司徒府，授任他佐著作郎之职，都被谢安以有病为借口推辞了。

后来，拒绝应召的谢安干脆隐居到会稽郡的东山，与王羲之、许询、支道林等名士、名僧频繁交游，出门捕鱼打猎，回屋吟诗作文，就是不愿当官。

因此，桓温这个时候大多数是跟王濛、殷浩、刘惔等人畅谈国事，塑造了桓温北伐的决心。

而另一边，有一个英雄少年也崛起了，他就是冉闵。

冉闵是谁?

冉闵字永曾，小名棘奴，魏郡内黄（今河南内黄）人，生于兰陵（今山东兰陵）。冉魏政权开国皇帝（公元 350 年—公元 352 年在位），西华侯冉良之子。

他果断敏锐，以勇猛著称。出仕后赵，授游击将军，封修成侯。数从征伐，屡立战功。石虎死后，拥立石鉴，然后屠胡灭石。永兴元年（公元 350 年），即位称帝，建立冉魏。

咸康四年（后赵建武四年，公元 338 年），石虎在昌黎之战中大败，后赵各路军队都弃甲溃逃，只有冉闵带领的一支军队未遭创伤，由此冉闵威名大显。

石虎回到邺城后，任命刘群为中书令、卢谌为中书侍郎。苻洪因功授任使持节、都督六夷诸军事、冠军大将军，封为西平郡公。

冉闵对石虎说:“苻洪才智杰出，得到将士的拼死效力，他的儿子们又都有非凡的才能，而且拥有强兵五万人，驻屯在都城近处，应当秘密地除掉他们，以安定国家。”

石虎说:“我正倚仗他们父子攻取东吴和巴蜀，为何要杀死他们?”

便没有除掉苻洪，反而给苻洪的待遇愈加优厚。

东晋咸康五年（后赵建武五年，公元 339 年）八月，当时东晋征西将军庾亮镇守武昌，派豫州刺史毛宝、西阳太守樊峻戍守邾城。

石虎憎恶，任用夔安为大都督，率领石鉴、冉闵、李农、张貉、李菟五位将军，兵众共五万人侵犯荆州和扬州的北部边境，另派二万骑兵进攻邾城。

毛宝向庾亮求救，庾亮认为邾城城池坚固，没有及时派兵。九月，冉闵在沔南打败晋军，杀死东晋将军蔡怀。夔安、李农攻陷沔南，朱保在白石打败晋军，杀死东晋郑豹等五位将军。

张貉攻下邾城，邾城战死者有六千人。毛宝和樊峻突围出逃，渡江时溺水而死。

这一年，冉闵打出了军功，也掌握了军权。

但这一年也是群星陨落的一年。

咸康五年（公元 339 年），郗鉴病重，将府中事务交给长史刘遐，上疏请求辞职，并推荐蔡谟为都督、徐州刺史，来接替自己。还推荐自己的侄子郗迈为兖州刺史。此疏上奏后，朝廷便任命蔡谟为太尉（郗鉴）军司。同年，郗鉴病逝，享年七十一岁。

晋成帝派御史持节护丧事，以太牢礼祭祀，追赠太宰，谥号文成。

咸康五年（公元 339 年），王导病逝，终年六十四岁。成帝于朝举哀三日，遣大鸿胪持节监护丧事，仪式赠物的礼仪比照汉代的霍光及安平献王司马孚之例。

下葬时，成帝赐九游辒辌车、黄屋左纛、前后羽葆鼓吹、武贲班剑百人，自东晋中兴以来，没有可以同他相比的臣子。成帝又派使持节、谒者仆射任瞻追谥文献，以太牢礼祭祀。

大晋此时只剩下庾亮这一个能征善战的将军，但是后赵拥有了冉闵这样的将星，此时大晋岌岌可危。

天不假年，庾亮自从邾城失陷后，忧闷成疾。当时王导、郗鉴相继去世，朝廷于是征召庾亮为司徒、扬州刺史、录尚书事，他又推辞，成帝准许。

咸康六年（公元 340 年）正月初一，庾亮去世，享年五十二岁。朝廷追赠太尉，谥号文康。吊丧时，成帝亲临。等到下葬时，又追赠永昌公的印绶。其弟庾冰力表庾亮先志而推辞，成帝准许。

而这个时候的大晋面临了灭国之忧。

但是老天始终站在晋朝这一边，永和五年（后赵太宁元年，公元 349 年），石虎去世，太子石世即位。

石世在位三十三天，石虎第九子石遵废石世自立为帝。

石遵是个嗜杀之人，很快后赵朝堂开始了频频政变的恶果。

当初，石遵从李城出发时，曾对冉闵说："努力吧！事情成功后，让你做太子。"

不久却立石衍为皇太子，冉闵颇感失望，自认为功高一时，企图掌握朝政，石遵顾忌这一点而不能任用他。

冉闵担任都督后，总管内外兵权，便安抚殿中将士和原东宫的高力一万余人，把他们都申报为殿中员外将军，晋爵为关外侯，赐给他们宫女，树立自己的恩德。

石遵并不惧怕他，而更改了题名及其褒贬评价来抑制冉闵的势力，很多人都产生了怨气。又采取了中书令孟准、左卫将军王鸾的计策，对冉闵有几分疑惧，渐渐夺取他的兵权。

冉闵更加流露出不满，孟准等人都劝谏石遵杀掉冉闵。

同年十一月，石遵召石鉴等进宫，在郑太后面前议论此事，都请求杀冉闵。

郑太后说："从李城回师进京，若无冉闵岂能有今日！他略微有些骄纵，不可动辄杀他。"石鉴出宫后，派宦官杨环驰马报告冉闵，冉闵旋即劫持了李农及右卫王基，密谋废黜石遵，指使将军苏亥、周成率领三十名甲士在如意观拘捕石遵，并在琨华殿杀死石遵。

石遵死后，石虎第三子石鉴即位，任命冉闵为大将军、封武德王。

当月，石鉴派遣石苞及中书令李松、殿中将军张才等人深夜在琨华殿杀冉闵、李农，未能成功，宫中惊扰混乱。石鉴恐怕冉闵叛乱，假装不知此事，连夜在西中华门斩了李松、张才，同时杀了石苞。

此时石虎另一子石祗在襄国，与姚弋仲、苻洪等友好往来，集结了军队传檄诛讨冉闵、李农。石鉴任石琨为大都督，与张举及侍中呼延盛率领七万步骑兵分几路讨伐石祗等人。

中领军石成、侍中石启、前河东太守石晖谋划诛杀冉闵、李农，结果冉闵、李农把他们杀害。

当时，龙骧将军孙伏都、刘铢等人集结了三千羯兵暗中埋伏在胡人居住的区域，也想杀掉冉闵等人。当时石鉴正在中台，孙伏都带领三十余人想登台挟持石鉴而发起进攻。石鉴见孙伏都在破坏阁道，询问原因。

孙伏都说："李农等人谋反，已经聚集在东掖门，我带领着卫士，谨先告知您。"

石鉴说："你是功臣，好好为官效力。我从台上观望着你，无须考虑尚未向我报告。"

于是孙伏都及刘铢带领士众攻打冉闵和李农，未能获胜，驻兵凤阳门。

冉闵、李农带着数千士卒毁坏了金明门而入宫。

石鉴害怕冉闵会杀了自己，迅速召来冉闵、李农，打开宫门接纳他们，对他们说："孙伏都谋反，你们应当立即讨伐他。"

冉闵、李农进攻杀了孙伏都等人，从凤阳门至琨华殿，横尸遍地，血流成河。冉闵发布命令告知宫廷内外，六夷凡敢动用兵器者一律斩杀。

胡人有的攻破城门，有的越墙而出，逃亡者不可胜数。冉闵派尚书王简、少府王郁率领数千士卒，在御龙观看守石鉴，食物都悬吊着给他吃。

在城内发令称："与官同心者留下，不同心者听任各自离开。"命城门不再戒严。于是百里之内的赵人都进城来，离城而去的胡羯也堵满了城门。

冉闵明白胡人不愿为己所用，颁布命令告知内外赵人，斩一个胡人首级送到凤阳门的，凡文官进位三等，武职都任牙门。

一天之内，杀了数万胡人。冉闵亲自率领赵人诛杀胡羯，不论贵贱男女少长一律杀头，死者达二十余万，尸体在城外全被野犬豺狼所吃。

集居在四方的胡人，当地的军队依照冉闵的命令杀了他们，当时外表长得高鼻多须的人有一半因滥杀而死。

永和六年正月，冉闵想彻底消除石氏，以谶文中有“继赵李”的字样为托词，更改国号为卫，改石氏为李氏，实行大赦，改年号为青龙。

石琨及张举、王朗率领七万士众攻打邺城，冉闵带领千余骑兵在城北抵抗他们。冉闵手执两刃矛，飞驰进攻，斩杀首级三千。

冉闵与李农带领三万骑兵到石渎讨伐张贺度。闰二月，石鉴秘密派遣宦官送信召张沈等，让他们乘虚袭击邺城。

宦官把此事报告给冉闵、李农，冉闵、李农驰马速归，废黜石鉴并杀了他，又杀害石虎孙三十八人，把石氏家族全部消灭。

同年（公元 350 年），冉闵杀死石鉴后，司徒申钟、司空郎闿等四十八人尊冉闵为帝，冉闵执意让给李农，李农以死来坚决请求冉闵为帝，于是冉闵于南郊僭登帝位，大赦天下囚犯，改年号为永兴，国号大魏，史称冉魏，并恢复冉姓。

后来慕容儁叛变，冉闵与慕容儁展开了激战。

冉闵所乘的赤马名叫朱龙，日行千里，冉闵左持双刃矛，右执钩戟，顺风迎击，斩杀三百余名鲜卑兵。顷刻间燕地骑兵蜂拥而至，重重包围住冉闵。

冉闵寡不敌众，跃马冲破重围向东逃跑，走了二十余里，马无缘无故地死去，冉闵被慕容恪擒获，与董闰、张温等一起被送到蓟城（今天津蓟州区）。

慕容儁让冉闵站在面前问他：“你这个奴仆下人，为何妄自称作天子？”

冉闵答道：“天下大乱，你们夷狄之族，人面兽心，尚且意欲篡位谋反。我乃一世英雄，为何不能做帝王呢？”

慕容儁大怒，把冉闵鞭打三百下，送至龙城（今辽宁朝阳），告祭祖父慕容廆、父亲慕容皝庙廷。

永和八年（公元 352 年）五月初三，慕容儁在遏陉山将冉闵斩杀，山左右七里草木全部枯萎，蝗虫大起，自五月起天旱不雨，直至十二月。

慕容儁派使者前往祭祀冉闵，谥号武悼天王，当天降大雪。

一代英雄冉闵，至此陨落。

但是公元 339 年—公元 352 年后赵的频繁政变也为大晋争取了时间。

那么，是争取的什么时间呢？

第二十五章　王羲之兰亭序

我们来看一下此时大晋是一个什么样的状态，郗鉴、王导、庾亮相继去世，大晋一时之间中流砥柱全部陨落。

这一年庐山有了第一座寺庙。

东晋咸康初，大书法家王羲之任江州刺史，离任后在山南金轮峰下建习字别墅，后于公元340年献与西域高僧达摩为寺，取名“归宗”，是庐山建立最早的寺庙。

公元340年这一年，庚辰，有星孛于太微，天降异象。

这一年，晋成帝司马衍质问庾亮的弟弟庾怿关于外戚擅权的事情。

庾亮之弟庾怿送酒给江州刺史王允之，王允之试着让狗先喝了一点，那狗便立即倒在地上死去。王允之吓得不轻，赶紧上表报告小皇帝。

司马衍听说后怒不可遏地说：“大舅已乱天下，小舅也要学着来吗？”

庾怿知道后，为保全庾家，喝毒药死了。可惜他自幼被舅家把持，没机会管理朝政。

可见司马衍不简单，而且很有心于政事。为人俭省，曾想在后院盖个射箭练习室，算后要用四十金，就说太费钱了没盖。虽然雄武气度不及父亲，但恭俭的品德倒足以追溯先贤。

按道理说大晋有晋成帝司马衍这样的明君，即便是陶侃、郗鉴、王导、庾亮相继去世，也可以护住大晋。

可是司马家继承了老曹家帝王短命的基因，咸康八年（公元 342 年）五月，成帝司马衍身体不适。六月初五，病情加重。当时，成帝的两个儿子司马丕和司马奕年幼，尚在襁褓之中。

于是庾冰（庾亮弟）请求让成帝的同母兄弟、琅琊王司马岳为皇位继承人，成帝同意了。

晋成帝司马衍下诏，让司马岳为皇位继承人，时年二十二岁。庙号显宗，谥号成帝，葬兴平陵（南京鸡笼山之阳）。

初九，琅琊王司马岳即帝位，大赦天下，史称晋康帝。

那么，晋康帝是一个什么样的人呢？

司马岳（公元 322 年—公元 344 年），东晋第四位皇帝，字世同，晋明帝司马绍次子，母明穆皇后庾文君。

司马岳在其兄晋成帝继位后，受封吴王。后改封琅琊王，历任散骑常侍、骠骑将军、侍中、司徒。

咸康八年（公元 342 年），晋成帝病重，在掌权的庾冰等人建议下，舍弃二子，立弟司马岳为皇位继承人。同年，晋成帝去世，司马岳继位。

建元二年（公元 344 年），司马岳去世，终年二十三岁，谥号康皇帝，葬于崇平陵（今江苏南京江宁区蒋山）。

司马岳也是一位书法家，其代表作品《陆女帖》被收录进宋代的《淳化阁帖》。

换言之，晋康帝司马岳继位两年就撒手人寰了。

晋康帝司马岳与晋成帝司马衍是同父同母的好兄弟，庾冰也同样是司马岳的亲娘舅。

晋成帝的舅父庾冰因为自己兄弟执掌朝政已久，怕皇帝换代之后，自己与皇帝亲属之间的关系愈加疏远，会受到他人的离间，便常常劝说晋成帝国家外有强敌，应当册立年纪大的君王，并请求让晋成帝立司马岳为皇位继承人。晋成帝同意，于是下诏立司马岳为皇位继承人。

六月初七，晋成帝命武陵王司马晞、会稽王司马昱、中书监庾冰、中书令何充、尚书令诸葛恢一并接受遗诏辅佐司马岳。

六月初八，晋成帝去世。六月初九，司马岳即皇帝位，是为晋康帝，大赦天下。命在各地屯兵驻守的文武将领和地方郡守官长，不可擅离职守前来奔丧。

六月十四日，晋康帝封晋成帝二子，司马丕为琅琊王、司马奕为东海王。当时晋康帝正处居丧期间不能多言，委托庾冰、何充处理政务。

那么庾冰是一个什么样的人呢？

庾冰字季坚，颍川鄢陵（今河南鄢陵）人。东晋大臣、外戚，丞相军谘祭酒庾琛之子、征西将军庾亮之弟。

初为王导司徒府长史，迁东吴内史，平定苏峻之乱，丞相王导死后，拜中书监、扬州刺史，内朝掌权，进号左将军，促成晋成帝传位于弟弟晋康帝，以巩固庾氏势力。

晋康帝即位，拜车骑将军，出镇江州刺史，假节、镇守武昌。

换言之，庾冰是王导曾经的手下，并且跟庾亮一样曾镇守武昌。

《世说新语》记载：庾冰雅素垂风，获得世人重视之余，亦被庾亮视为庾氏之宝。同时天性清廉谨慎，以俭约自居。一次儿子庾袭借了十四官绢，庾冰知道后大怒，打了他以后，将绢布都送回官府。

俭约之风至临死仍坚持，遗命长史江虨要节葬。死后家无妾侍婢女，亦无物资产业，得到当时人的赞许。

可以说庾冰是晋康帝司马岳时期的贤臣。

清代文学家、史学家赵翼曾这样评价庾冰："东晋犹能享国八九十年，则犹赖大臣辅相之力。明帝、成帝时，有王导、庾亮、郗鉴等。康帝、穆帝时，有褚裒、庾冰、蔡谟、王彪之等。孝武时有谢安、谢元、桓冲等。"

可是呢，王夫之却这样评价庾冰："呜呼！王导、郗鉴、庾亮相继而亡，何充、庾冰、蔡谟皆庸才也，虢乃敢以此言试中国之从违；诸其臣者，畏其暴己罪状而徇之，诸葛恢不能固持其说，而晋事去矣。"

那么，在郗鉴、王导、庾亮去世后，何充、庾冰、蔡谟到底是怎样的庸才呢？

苏峻攻破建康，亦派兵进攻东吴。庾冰不敌，于是弃郡而逃奔会稽。当时苏峻正悬红追缉庾冰，东吴铃下卒则在浙江以船载庾冰，并以竹席覆盖，带他南下会稽。

庾冰可以说武将才能连苏峻都敌不过，跟庾亮一样属于逃跑的主儿。

但是，建元元年（公元 343 年），庾冰的弟弟安西将军庾翼有北伐志向，更联结前燕和前凉，意图分别进攻后赵和成汉，并且请转镇襄阳，预备攻打后赵。

庾冰于是以车骑将军、都督江荆宁益梁交广七州和豫州之四郡军事、领江州刺史、假节镇武昌，作为庾翼后援。

庾冰和弟弟庾翼有着北伐的决心，更是有着收复中原的心思。

换言之，庾冰虽然军事才能不咋的，倒还算是为大晋考虑，愿意收复失地。

那么何充和蔡谟又是怎样的人呢？

何充字次道，庐江郡灊县（今属安徽霍山）人，晋朝重臣。曹魏光禄大夫何桢曾孙，安丰太守何睿之子。

何充风韵深沉高雅，以文章德行著称。最初任大将军王敦的属官，转任主簿。

王敦之兄王含当时为庐江太守，贪污腐败，行为不检，王敦曾于座中向众人称道："家兄在郡为官，肯定清廉，庐江人士倍加称赞。"

何充正色道："我何充就是庐江人，所听到的与大将军所言不同。"

王敦默然不语。旁人都替何充深感不安，何充泰然自若。由此得罪了王敦，降职为东海王文学。

换言之，何充曾是王敦的手下，还是个敢打脸王敦，正面揭露上司丑事的何大胆儿。

为什么何充这么大胆呢？

何充是王导姨姐的儿子，其妻是明穆皇后的妹妹，因此年少时便与王导友善，很早就担任显要官职。

何充曾拜访王导，王导以拂尘指着床喊何充与自己同坐，说："这是你的座位。"

王导修补扬州官舍，回头对何充说："这是为你何充而修。"

晋明帝也喜爱何充。

换言之，何充是王导妻子姐姐的儿子，王导是何充的姨夫。这就跟刘琨是温峤姨夫一样。

这王敦再生气也会看在王导的份上，给何充活下去的机会。

在晋康帝和晋穆帝时辅政，历任黄门侍郎、中书侍郎等职，而后官至中书监、骠骑将军、录尚书事，封都乡侯。曾与庾氏分别在让晋康帝和晋穆帝继位时有分歧。

何充建议说："父子传位，是先王既定的法典，忽然妄加改变，恐怕不是利国的良策。所以武王不传位给有圣德的弟弟，是遵循大义。从前汉景帝也打算传位给其弟梁王，百官都以为毁乱典章制度，不能接受。如今琅琊王继位，年幼的太子怎么办？国家社稷，灾祸将至！”

但庾冰不听从，朝廷亦下诏以司马岳为嗣。

何充提出让桓温代替庾氏家族镇守荆州，是谯国桓氏在东晋崛起的重要起点。

庾翼将举行北伐，庾冰出镇江州，何充入朝，向康帝进言说：“庾冰是尊贵的国舅，应做宰相掌管朝政，不宜远出。”

朝臣讨论的结果否定了何充的建议。于是朝廷征召何充为都督扬州、豫州、徐州之琅琊诸军事、假节，兼任扬州刺史，将军封号不变。此前，庾翼征发江、荆二州全部没入户籍的奴隶以充兵役，士人百姓纷纷谴责。

何充打算征发扬州的奴隶来分担舆论对庾翼的指责。后因中兴之时已征发过三吴的奴隶，如今不宜再征发而终止。

何充不仅仅是帮助庾冰的弟弟庾翼北伐，更是带着桓温学习北伐的经验，为桓温夯实了北伐的决心。

建元二年（公元 344 年），晋康帝病重，庾冰及庾翼打算立晋元帝子会稽王司马昱为帝，何充则建议立皇太子司马聃，并得康帝答允。

康帝于当年逝世，何充随后以康帝遗诏立司马聃为帝，即晋穆帝。庾冰及庾翼因而十分憎恨何充。当时穆帝年幼，临朝的皇太后褚蒜子亦重用何充，让他可带甲杖百人入殿。又应何充认为自己不宜兼任中书监和录尚书事之要求，解任中书监并加授侍中，又赐其羽林骑十人。

穆帝即位后当年庾冰就逝世，次年庾翼亦患病，何充一人独掌大权，辅助幼主。庾翼临终前，上表朝廷请求将他的职位委托给他的儿子庾爰之。

议论者都认为庾家世代守西藩，人情所归，应该依从庾翼的请求，以安人心。

何充说：“不可如此。荆、楚是国家的西大门，拥有人口百万，北有强胡环绕，西与劲蜀为邻，地势险阻盘曲，绵延万里。所任得才则可平定中原，所任非人则国家社稷可忧，正所谓陆抗存则东吴存，陆抗亡则东吴亡，怎能让一个白面少年来充当此重任呢？桓温才略过人，文武兼备，经略荆楚的重任，非桓温莫属。”

议论者又说：“庾爰之肯让桓温吗？如果他拥兵阻挡桓温，祸害不浅。”

何充说：“桓温足以制服他，诸位不必多虑。”

于是在这场庾氏跟何充的权力角逐中，桓温在何充的帮助下，一步步走入了权力中心，成为手握军权的重臣。至此庾氏一蹶不振，慢慢没落。

永和二年（公元346年）正月，何充逝世，享年五十五岁。朝廷追赠司空，谥号文穆。因其无子，以其侄儿何放继嗣。

可惜，何充还没布局，便撒手人寰了。

之后，赵石虎病死，中原大乱。晋穆帝在位期间，东晋朝廷先后令褚裒、殷浩北伐，均未成功。

老天给晋朝机会收复失地，可惜啊，殷浩和褚裒不堪大用。

而这个时候蔡谟走上了历史的舞台。

蔡谟，字道明。陈留考城（今河南民权县）人。东晋时期重臣，与诸葛恢、荀闿并称为“中兴三明”，又与郗鉴等八人并称为“兖州八伯”。

康帝即位后，入朝任左光禄大夫、开府仪同三司。又领司徒，与会稽王司马昱共同辅政。后被正式拜为侍中、司徒，但蔡谟在三年内执意推辞不就任，险些被执政的殷浩处决，经荀羡提醒，殷浩才将蔡谟免为庶人。此后，蔡谟便闭门不出，终日教授子弟。

数年后，再任光禄大夫、开府仪同三司，但他称病不朝，无心政事。

蔡谟一直想着联合会稽王司马昱改换君主，被殷浩等人直接贬为庶人。

而这个过程中，谢尚、谢万、谢安等谢鲲的子侄逐渐借着蔡谟、郗鉴后人的频频失误，走上了历史舞台。

建元二年（公元344年），朝廷下诏任命谢尚为南中郎将，其余官职不变。适逢车骑将军庾冰病逝，朝廷命谢尚以原职都督豫州四郡军事，兼任江州刺史，以图抑制在荆州的庾氏，但被庾翼先发制人。谢尚便被改任为西中郎将、督扬州六郡诸军事、豫州刺史、假节，镇守历阳。

谢鲲的儿子谢尚开始抢夺庾氏的地盘，而桓温跟谢尚因为关系交好，桓温站在了谢尚这一边。

据《世说新语》记载，王濛和刘惔一同在乌衣巷桓伊的家中开宴畅饮。谢尚从他叔父、尚书谢裒的坟墓上回来，他在谢裒安葬后三天奉神主回祖庙哭祭，大家想邀请他来宴饮。

开头派人去请，他没有答应，可是已经把车停下；又去请，便立刻掉转车头来了。

大家都到门外去迎接，他亲亲热热地拉着大家的手下了车。

进门后，脱下头巾戴上便帽就入座，直到痛饮中途才发觉还没有脱掉孝服。

而此时，谢裒的儿子、谢安的弟弟谢万也走到了历史舞台的中央。

永和元年（公元 345 年），会稽王司马昱被拜为抚军大将军、录尚书六条事，因素闻谢万之名，遂任命其为从事中郎。谢万头戴白纶巾，身披鹤氅裘，足穿木屐，一副名士做派，与司马昱长谈竟日。后又出任吴兴郡太守。

至此，陈郡谢家崛起，而琅琊王家日渐衰弱。

庾亮的后人在跟桓温、何充的角逐中，渐渐地被诛杀殆尽。

王导、王敦的后人中，唯有王羲之还算有点本事，而郗鉴的后人中，郗愔和郗昙已不堪大用，也唯有王羲之能够挑起大梁。

消沉已久的王羲之与谢安不再做隐姓埋名的隐士，王羲之从郡州走出，谢安从东山走出，两个人组织了一场兰亭集会，巩固彼此之间的联盟关系。

东晋永和九年（公元 353 年）三月初三上巳节，时任会稽内史的右军将军、大书法家王羲之，召集一批筑室东土的名士和家族子弟，共四十二人，于会稽山阴之兰亭（今浙江绍兴西南十许公里处）举办了首次兰亭雅集。

有谢安、谢万、孙绰、王凝之、王徽之、王献之等名士参加，会上共得诗三十七首。

那么，这场兰亭雅集到底是怎样一回事呢？

第二十六章 莫高窟开始建

我们先来看看兰亭雅集当时参会的都有谁。

王导、王敦的族人：王羲之、王凝之、王徽之、王献之、王玄之等。

庾亮的族人：庾友。

郗鉴的族人：郗昙。

谢鲲的族人：谢安、谢万、谢瑰、谢滕。

桓温的族人：桓伟，他是大司马桓温之子。

可以说，晋成帝司马衍最重要的权臣的族人都揽入其中。

那么，这些人为什么要去参加兰亭集会呢？

我们先了解一下公元 353 年兰亭雅集之后十年内发生的事情，倒退回来看这段就知道兰亭雅集到底是为了什么了。

晋永和八年（公元 352 年）初，东晋大臣殷浩上疏请北出许、洛，诏许之。

于是，以安西将军谢尚、北中郎将荀羡为督统进屯寿春（今安徽寿县）。后赵降将张遇因不满谢尚而发动叛乱，同年五月，谢尚大败，损失一万五千人，逃还淮南。殷浩亦退屯寿春。

中军将军王羲之建议就此罢兵，但殷浩不从，复谋再举，并于九月进驻泗口（今江苏淮阴北），派戴施、刘遁据守石门和仓垣。浩以军兴，甚至罢遣太学生徒，晋学校由此遂废。

十二月，谢尚派王侠率军攻占许昌，逼秦豫州刺史退屯弘农，而尚遂镇戍石头。殷浩与前秦大将梁安、雷弱儿沟通关系，许以重职，但梁、雷伪许之。及浩闻张遇欲在关中叛秦，健兄子黄眉自洛阳西奔，以为安等事已成。

晋永和九年（公元 353 年）十月，殷浩率大军七万自寿春北伐，欲进占洛阳，修复园陵，以姚襄为前驱。

但襄与殷浩构隙，反伏兵山桑（今安徽蒙城北）攻击殷浩，浩军大败，走保谯城（今安徽亳县）。殷浩北伐至此而失败。

换言之，公元 352 年—公元 353 年，中军将军王羲之一直在劝殷浩北伐罢兵，但是殷浩并未采纳，最终北伐失败。

或许，王羲之觉得需要召集有识之士思考一下北伐之事的具体章程，找出更好的收复失地方案？

先不着急，我们且往下看，看一看同年其他地方的大事件。

东晋永和九年（公元 353 年），敦煌石窟中的莫高窟工程开始营造。敦煌石窟由莫高窟、西千佛洞、榆林窟和水峡口小千佛洞四窟组成，规模巨大。

其中莫高窟最为著名，工程亦最大，艺术成就最高，其他几处均为其分支。

莫高窟又名千佛洞，位于甘肃敦煌东南二十五公里处，在大沙山与三危山之间的大泉沟西岸玉门砾岩绵延三里多长的崖壁上。从东晋时开凿后，经北魏、西魏、隋、唐、五代、宋、元历代增修，现存洞窟五百五十余座。

何为莫高窟？

佛家有言，修建佛洞功德无量，莫者，不可能、没有也，莫高窟的意思就是说没有比修建佛窟更高的修为了。

难道王羲之他们在商量修建莫高窟来祈求上天赐福大晋？

不着急，继续看下去。

公元 353 年，正当前燕与前凉激战秦陇时，被燕人占据的后赵与冉魏故地不断出现反燕势力。三月，原后赵卫尉常山李犊聚众数千人反燕。五月，燕主慕容儁派卫将军慕容恪讨李犊，犊降，计犊起兵仅二月。

慕容恪可是武庙十哲七十二将之一啊！

慕容恪，字玄恭，昌黎棘城（今辽宁义县）人，鲜卑族。十六国时期前燕宗室大臣，前燕文明帝慕容皝第四子，前燕景昭帝慕容儁之弟，杰出的政治家、军事家，十六国十大名将之一。

慕容恪性格谨慎大度，十五岁开始掌握军队，多次以弱胜强，稳固了慕容氏辽东霸主的地位。后赵国王石虎死后，中原大乱。

前秦入关略地，占据幽冀。后赵大将军冉闵自立后，慕容恪率军攻打，终将冉闵引入平原，以“连环马”之计擒杀。景昭帝慕容儁死后，官拜太宰，封太原王，辅佐幼主，总揽朝政，毫无私心，以“德治”为基，构筑国家最大版图，引起周边邻国恐慌。

建熙八年（公元 367 年），去世，谥号为桓。临终前，仍然为前燕未来妥善安排，成为“古之遗爱”的名臣良将。可惜，未能改变前燕低等的社会结构。死后不久，前燕为苻坚所灭。

换言之，慕容恪是能够让苻坚忌惮的人，是前燕的国之柱石。

公元 353 年正好是慕容恪和冉闵缠斗难解难分之时，也正是两大战神顾不上大晋，大打出手之时。

也就是说，大晋这个时候有机会渔翁得利，这在另外一个方面说明王羲之是希望坐山观虎斗，看慕容恪和冉闵两个人两败俱伤的，所以举办兰亭雅集的一个目的应该是与慕容恪和冉闵有关，

而苻坚又是谁呢?

秦宣昭帝苻坚，字永固，又字文玉，小名坚头，略阳临渭（今甘肃秦安）人，氐族。前秦第三位国君（公元 357 年—公元 385 年在位），秦惠武帝苻洪之孙、丞相苻雄之子。

在位前期，励精图治，重用汉人王猛，推行“休养生息，加强生产”政策，实现国力强盛，以军事力量消灭北方多个独立政权，成功统一北方，并攻占了东晋的蜀地，与东晋南北对峙。

建元十九年（公元 383 年），挥师南伐，发动淝水之战，意图消灭东晋，一统天下。最终败给东晋谢玄率领的北府兵，导致前秦陷入混乱，各民族纷纷独立。

换言之，风声鹤唳草木皆兵就是苻坚创造的，他是发起淝水之战的重要人物。

而这个时间段，苻坚又在做什么呢?

公元 354 年（前秦皇始四年），苻雄去世，苻坚袭父爵东海王。另亦获授龙骧将军，苻健更以苻洪曾经在后赵获授此号勉励苻坚，苻坚当时亦“挥剑捶马”，被苻健的话所感动和激励，士卒见此，亦心服苻坚。

苻坚博学多才艺，更有经略大志，广交豪杰。

公元 355 年（前秦皇始五年），苻健病死，其子苻生继承帝位。苻生是天下少有的暴君，视杀人如儿戏。每逢接见大臣，都让侍从箭上弦、刀出鞘，铁钳、钢锯等摆放跟前，看谁不顺眼，就随即杀掉。如哪位大臣有所劝谏，就被视为诽谤，杀之；若有人说句奉承话，就被视为献媚，亦杀之。因此，朝中人人自危。

寿光三年（公元 357 年），苻坚发动政变，自立帝号，称大秦天王，遣使逼苻生自尽。苻生临死前饮酒数斗，醉倒在地上，不省人事，被使者勒毙，时年二十三岁。苻坚谥苻生为厉王。

换言之，公元 353 年—公元 357 年，苻坚都在竭尽所能地跟苻生斗智斗勇，没空搭理大晋是非。

这前秦苻坚在考虑夺权，前燕慕容恪正在跟冉闵斗智斗勇，五胡十六国各自打得难分难解，东晋此时收复失地确实是一个非常好的机会。

而莫高窟便是让东晋封禅祭天，禀告天地神佛道仙，东晋要收复河山的标志。

可是殷浩毕竟北伐失败了，如果殷浩不适合做将领，那么下一任将领该是谁呢？

永和九年（公元 353 年）十月，殷浩北伐失败，征西大将军桓温随即于永和十年（公元 354 年）二月，统帅步骑四万，自江陵出发，继续北伐。

其水军自襄阳至南乡（今河南淅川），步兵自淅川趋武关（今陕西丹风东南），又命司马勋出子午道进攻前秦。

四月，桓温率军与秦兵激战于蓝田，大败秦军；晋将桓冲在白鹿原（今陕西西安东）与秦丞相苻雄交锋，晋军进至灞上（今陕西西安东），秦主苻健退保长安小城，三辅郡县纷纷附晋。

桓温抚谕居民，使安堵复业，百姓争相携持牛酒迎劳，男女夹路迎观，耆老垂泣说：“不图今日复睹官军！”但前秦乘机筹备力量，进行反击。

苻雄在子午谷击破司马勋；又与桓温战于白鹿原，晋军失利。初，温指秦麦以为粮，既而秦人悉芟麦，清野以待之，温军遂乏食。

六月，桓温徙关中三千余户而归，呼延毒率众一万从温还。秦派太子苻苌随后袭击，晋军屡败，所占关中之地旋又弃之。

九月，桓温伐秦还，晋穆帝遣侍中、黄门劳温于襄阳。

换言之，兰亭雅集之后，桓温能够放开手北伐，而且还赢了。

这说明兰亭雅集不仅仅是个集会，更是一个联系文武百官制定推荐谁来做北伐将领，完成北伐大业的集会。

而且兰亭雅集之后，桓温第二次北伐依旧成功了。

羌帅姚襄率部众叛晋降燕后，于晋永和十一年（公元355年）五月攻据许昌。次年二月，晋以桓温为征讨大都督，督司、冀二州诸军事，征讨姚襄。

五月，姚襄率军围攻洛阳，此时被叛晋的周成固守。桓温乘势自江陵北伐，在与僚属渡江乘船望中原时，叹曰："遂使神州陆沈，百年丘墟，王夷甫（即王衍）诸人不得不任其责！"

八月，晋军逼近洛阳，姚襄撤围抵抗，结果为醒温杀败，襄军死者数千人，襄败退至襄陵（今山西临汾东南）。

固守在洛阳城的周成亦率众出降，桓温即以谢尚镇守洛阳，尚未至，留毛穆之等戍守，又将降民三千余家迁至江、汉之间，旋即执周成班师南归。

桓温两次北伐成功，说明了兰亭雅集的高效，那么问题来了，北伐除了需要帅才和将才，还需要什么？粮草！

第二十七章　庚戌土断政策

接续上文，我们提到过庚戌土断的事情，晋成帝司马衍为了扩充国库，实行了庚戌土断，而桓温是土断最大的支持者和拥护者，那么，兰亭雅集的几个人呢？

东晋朝廷渡江以来，对北来流民采取优待政策，并设置大量的侨州郡县（侨州、侨郡、侨县）予以安置，称为侨人。侨人的户籍称为白籍，不算正式户籍，也不负担国家的赋役。世族地主利用特权，荫庇大量流民，侵占良田，逃避赋役。

自咸和年间起，东晋政府开始实行土断，撤销侨置郡县与侨籍，通过清查户口让侨民入当地户籍，同时担负课税与徭役，以稳定国家税收。

兴宁二年（公元 364 年）三月初一，桓温受命主持土断，史称“庚戌土断”。他不断土断侨居人户，对世族贵戚隐占人口进行纠查，对隐匿户口的予以惩处。彭城王司马玄因违禁藏匿流民五户，被下廷尉问罪。

仅会稽郡便“亡户归口三万余口”。这次土断卓有成效，使侨户上籍纳租，限制了士族特权，增加了政府租税调役的来源，还大大提高了东晋的经济与军事实力，为太和四年的伐燕之战及后来的淝水之战的胜利奠定了基础。

换句话说，桓温一直在准备着真正地收复失地，也做着大晋若受到威胁，拥有抵抗一次灭国危机的能力。

而支持桓温这个措施的有谁？恰恰是王羲之和谢安。

永和十一年（公元355年）三月，王羲之称病弃官，“携子操之由无锡徙居金庭。建书楼，植桑果，教子弟，赋诗文，作书画，以放鹅弋钓为娱”。

他和许询、支遁等人，开始遍游剡地山水。定居金庭后，书法兴起。其后裔多擅书画，作品挂满厅堂、书房，人称“华院画堂”。后人定村名为“华堂”，沿称至今。

为什么王羲之辞官，变成了教人诗书礼仪、培养人才的老师了呢？

这就是桓温的另外一项政策了，为了北伐储备人才。

东晋是典型的门阀政治，世族门阀完全垄断中央政权。九品中正制成为门阀贵族仕进、升迁和垄断政治的工具，进一步确立了“举贤不出世族，用法不及权贵”的政治准则，导致了“贵仕素资，皆由门庆，平流进取，坐至公卿”的现象。

高门士族世代担任高官美职，寒门地主则无晋升之阶。

但桓温却能够招纳士人、任贤使能，他采取了以下措施：

寻访隐逸之士：两晋时期，很多志士仁人修身自保，“藏声江海之上，卷迹嚣氛之表”。仅据《晋书·隐逸列传》记载，桓温曾先后推荐、拜访孟陋、谯秀、瞿硎先生。

辟举寒门士人：车胤的父亲只是一名郡主簿，但因学习刻苦，能辨识义理，得到桓温所重，被辟为从事。

重用中级士族子弟：习凿齿只是荆楚乡豪出身，却因“博学洽闻，文笔著称”，被桓温辟为从事。

敬重高门士族中贤达而有才干的人：谢安是晋代名相，出身谢氏高门，早年隐居不出，桓温数次征召，终于将他请出，加以重用。

此外，袁宏、顾恺之等人皆是高门出身，都曾得到桓温的器重。

对新征服地区，从“行阵”“亡虏”之内提拔贤良，桓温平蜀后将成汉旧臣王誓、王瑜、邓定、常璩等人辟为参军。

并且桓温为了确保北伐顺利，还制定了一系列的规矩。

桓温在进行北伐的同时，深感朝廷“外难未弭，内弊交兴”，曾提出著名的《七项事宜疏》：

抑制朋党，杜绝因政见不同而相互倾轧；

合并、裁撤冗余的官职；

重视机要政务，对公文案卷的处理要限制时日；

明确长幼之礼，奖励忠实、公正的官吏；

褒奖惩罚，应与事实相符；

继承、遵守古制，弘扬学业；

选派史官，编修晋书。

能帮助桓温培养人才的是王羲之，能帮助桓温在朝堂带着一帮臣子守住规矩的就是谢安了。

谢安高卧东山隐居至四十余岁，不愿出仕。后来朝廷一再催促，让他出山做官。

因为东晋王朝依靠世家大族，一旦失去大族的支持，统治便岌岌可危，而谢氏是当时著名大族。谢安这时才答应出山，担任大将军桓温的司马。碰巧的是，谢安去拜见桓温时，有人送给桓温草药，其中有远志一味。

桓温见物起意，问谢安说："这种药又被称为小草，为什么有两种称呼呢？"

谢安还没来得及回答，坐在一旁的另一位名士郝隆应声答道："这有什么难的。在山中叫远志，出山就叫小草。"

谢安听了郝隆的话，知道郝隆在讥讽自己高卧东山，素而远志，但出山却只当一个小小的司马，不由脸上露出惭愧之色。

后来以"小草远志"指隐居与出仕，或以小草谦指自己居官低微。

可以说，能请动谢安的桓温，便是跟谢安达成了某种共识，即无论如何都要趁着天赐良机来收复大晋失地。

而谢安和王羲之也达成了里应外合，帮助大晋趁良机提拔一批实干青年的共识。

谢安曾与王羲之共登冶城，悠然遐想，有超乎世俗的志趣。

王羲之说："夏禹勤于政事，手足磨出老茧；周文王管理国家，连吃饭都无暇顾及。如今朝廷边境战事频繁，执政者应思考效忠国家，空谈浮华会荒废大事，恐非当今执政者所应有。"

谢安说："秦任用变法务实的商鞅，只延续两代就败亡了，这难道也是空谈浮华带来的祸患吗？"

这是王羲之和谢安携手打算让大晋真正实现复兴的开始，也是桓温准备北伐必胜的开始。当然，谢安此时也暗示了王羲之，或许桓温北伐过激，会跟商鞅变法一样操之过急。

可以说，兰亭雅集集合了王羲之、谢安、桓温的力量，并且也调动了大晋满朝文武同心协力的开始。

而《兰亭集序》之所以万古留名，怕也是因为兰亭雅集这次非凡的意义吧？

也难怪，固知一死生为虚诞，齐彭殇为妄作。后之视今，亦犹今之视昔，悲夫！故列叙时人，录其所述，虽世殊事异，所以兴怀，其致一也。后之览者，亦将有感于斯文。

当时王羲之会有这样的感慨，《兰亭集序》实际上写的是大晋难得的文武百官心往一处想、力往一处使的故事。

只是后来桓温推行土断伤害了很多大世家的切身利益，以至于陶侃孙子陶渊明落魄成了为生计去彭泽当县令，最终发出不为米折腰的哀号。

大世家因为土断，逐渐失去了财源收入，最后成了破落户！

殷浩虽然被罢黜流放，但没有说过半句怨言，神情坦然，一切听天由命，不废谈道咏诗，即使自家亲人也看不出他有什么被流放的悲伤。

只是整天用手在空中写"咄咄怪事"四个大字而已。殷浩的外甥韩伯，素来受到殷浩的赏识和喜欢，他随殷浩同到流放之地，一年后回京，殷浩送到水边，吟咏曹颜远的诗道："富贵他人合，贫贱亲戚离。"吟罢竟然抽泣哽咽，潸然泪下。

后来桓温打算让殷浩担任尚书令，派人送信给殷浩，殷浩欣然答应。摊开纸张准备写回信，但殷浩太重视这封信，为避免其中有错误而摊开纸张又闭合，再开再合，如此往复几十次，最终给桓温回了一封空白信函，使得桓温大失所望，从此两人绝交。

永和十二年（公元 356 年），殷浩去世。

这好友绝交也就算了，桓温第一次北伐的时候，曾经率军征蜀，进入三峡，看到陡峭的山壁好像悬挂在天上，翻腾的波涛迅猛飞奔，不禁叹息道："既然要做忠臣，就不能做孝子，有什么办法呢？"他的意思是做忠臣就不能贪生怕死。

这个时候的桓温还想着做个忠臣孝子，做个大晋的忠臣良将。

但是桓温第二次北伐时，途经金城（侨琅琊郡郡治，今江苏句容北），看见自己早年担任琅琊内史时栽种的柳树已经有十围那么粗壮，感慨道："木犹如此，人何以堪！"他攀着树枝，捉住柳条，不禁潸然泪下。

桓温为什么哭了呢？

完成第一次北伐而回荆州的桓温多次上表请求迁都洛阳，修复在洛阳的皇家园陵，当时朝廷畏惧桓温权势无人敢阻拦，唯有孙绰上书终于拦下此事。随后升桓温为征讨大都督，督司、冀二州诸军事，专委讨伐姚襄之任。也因此促成桓温发动第二次北伐。

孙绰是曾经参加兰亭雅集的人物。桓温看到洛阳凋零，想要重修洛阳，而孙绰却阻止。

桓温在第二次北伐成功收复洛阳后声望提高，先于升平四年（公元 360 年）晋爵南郡公，后更在兴宁元年（公元 363 年）晋大司马、都督中外诸军事、录尚书事，正式掌握朝政。

次年更授桓温扬州刺史，令桓温掌握京畿地区军事。桓温虽然内镇扬州，然而原本所都督的荆、江二州交由其两个弟弟桓豁及桓冲掌握，由此桓温基本上集东晋全国军政大权于一身，只是没有掌握徐、兖二州所在的京口及豫州等兵力。

当时朝廷曾打算派侍中劝止桓温，可见桓温在当时的威望极高，足以动摇朝廷。

然而，桓温北伐其实得不到举国同心支持，故申胤才有言："晋室衰弱，温专制其国，晋之朝臣未必皆与之同心。故温之得志，众所不愿也，必将乘阻以败其事。"

换言之，当初兰亭雅集说的是帮助桓温北伐，可是桓温北伐两次后，又觉得桓温兵力过强，准备背后捅刀子，要搅黄北伐大业。

也难怪，在收到殷浩空白信，大受刺激后，桓温躺在床上对亲信道："如果一直这么默默无闻，将来死后定会被文景（指从曹魏手里夺得天下的晋景帝司马师、晋文帝司马昭）所笑话。"

随即霍然坐起，又道："一个人若不能流芳百世，那就应该遗臭万年。"

是啊，如果土断之策、北伐大业不能流芳百世，那就遗臭万年吧！

而此刻，被殷浩绝交，被世家孤立的桓温已经决定走向另外一个极端：不再把刘琨当偶像，而是把曹操当榜样！

于是桓温展开了第三次北伐。

太和四年（公元 369 年），桓温上请北伐，并请与徐、兖二州刺史郗愔，豫州刺史袁真及江州刺史桓冲一同出兵。

郗愔是在庾希因救援高平及鲁郡不力而被弹劾免职后受桓温所推荐，然而其实桓温一直觊觎郗愔部下驻京口的军队，心中很不愿由郗愔统率这些部众。

当时郗愔之子郗超是桓温心腹，明白桓温心思后就假作父亲书信，将父亲的徐兖二州刺史的职位让给了桓温，令桓温十分高兴。

至四月庚戌日，桓温终自所镇的姑孰领五万人出兵前燕。

桓温北伐至兖州，当时郗超顾虑汴水因战乱久未浚治，认为会影响漕运，但桓温不听。直至行军至金乡时，就因天旱而令水军不能继续前进。

桓温当时就命毛穆之开凿河道，引水令桓温水军得以继续前进，终成功进入黄河。

郗超又进言，认为桓温入黄河之法是逆着水流而进，与东晋基地距离又远，难通漕运，担心前燕会拒守不战，令晋军陷入粮道断绝，无军粮继续北伐的困境。

郗超建议桓温尽率全军直击前燕国都邺城，不论前燕逃回辽东后方、据守邺城或出战与东晋决一胜负皆有利于北伐进展；另郗超还提议一个较稳健的策略，建议桓温守着河道，控制漕运，一直储蓄粮食，直至公元370年夏天方才继续进攻。

郗超认为如果不速战速决，当战事拖延至秋冬后，水量减少而北方早降温的客观条件之下，会令晋军更难维持。但桓温都不听从。

桓温随后派桓玄攻取湖陆，俘获慕容忠。前燕所派慕容厉率步骑二万进攻，邓遐于黄墟大败敌军。之后邓遐、朱序在林渚击败燕将傅颜，前燕高平太守徐翻投降东晋。

前燕于是再派慕容臧率诸军抵抗桓温，但都失败。至此，前燕黄河以南、虎牢关以东领土全部为东晋所有。前燕见此，唯有派人向前秦求救。

七月，前燕汉人孙元率宗族党众起兵响应桓温，桓温于是移屯枋头。当时前燕皇帝慕容暐和太傅慕容评对战事发展都十分恐惧，打算北逃回辽东。

但慕容垂请求进击桓温，慕容暐于是让慕容垂代替慕容臧率众抵抗桓温。同时，慕容暐以虎牢以西的土地赂诱前秦派兵救援前燕，在王猛的支持下，苻坚在八月派苟池及邓羌率步骑二万救援前燕。

前燕司徒长史申胤认为桓温“骄而恃众，怯于应变。大众深入，值可乘之会，反更逍遥中流，不出赴利，欲望持久，坐取全胜”，预料当晋军粮运出现问题时就会不战自败。桓温以昔日归降东晋的段思为向导，前燕尚书郎悉罗腾却击败桓温军，生擒段思。另外，桓温所派的李述亦被悉罗胜和染干津所杀，令晋军士气下降。

桓温早前命袁真攻打谯国和梁国，意图开石门水道以通漕运，但袁真攻取二郡后，慕容垂令慕容德率所有骑兵围攻袁真，使其不能开通水道，自己在枋头与桓温对峙，使其不能救援。

九月，前燕开始反击，慕容德率一万兵与刘当驻屯石门，李邽以五千豫州兵断绝桓温粮道。慕容宙则以一千兵设计击败晋军，杀伤大量晋兵。

桓温见战事不利，又因粮食将竭，更听闻前秦援兵将至，于是在九月焚毁船只，抛弃辎重，循陆路退军，只留毛穆之为东燕太守。

桓温经仓垣南归，途中凿井取水饮用。当时前燕诸军亦有追晋军，但慕容垂认为桓温新退必然提高警觉，以猛将邓遐率精锐殿后，不如待晋军见燕军未至，专心从速南退时才大举追击，于是只领八千骑兵从后缓缓跟随。数日后，慕容垂见晋军加快速度，于是加速追击，在襄邑追及桓温。

另外，慕容德领四千骑兵率先在襄邑设伏，桓温在襄邑受两军夹击，晋军大败，死了三万兵。苟池所率的前秦兵亦在谯国邀击桓温，杀伤又以万计。

十月，桓温收拾散卒，驻屯山阳。叛归东晋的孙元在武阳据守，但都被前燕所擒。

第三次北伐至此结束。

第三次北伐大败而回，令桓温的威望大降，只因其权倾朝野，故此促使他放弃外讨增加名望，转而对内行废立。太和六年（371 年），桓温废黜晋废帝，并且诬陷武陵王司马晞等人，遂更令其威势比皇室更盛。

然而，因为此败，桓温始终受制于王坦之和谢安等士族人士，无法达成其篡位计划。

桓温大败后，北伐之事亦再没进行。

第二十八章　谢安东山再起

让我们来看看掣肘桓温的王坦之和谢安都是什么样的存在吧。

先聊聊王坦之，他是太原王家的人，是王济的族人。

王坦之字文度，太原晋阳（今山西太原）人，东晋名臣，尚书令王述之子。

王坦之从小备受父亲疼爱，常被父亲抱着坐于膝上，故有“膝上王文度”之称。

年轻时与郗超齐名，曾任大司马桓温的参军，袭父爵蓝田侯，后与谢安等人在朝中抗衡桓温。桓温死后与谢安一同辅政，累迁中书令，领北中郎将，徐、兖二州刺史。

去世时年仅四十六岁，追赠安北将军，谥号为献。

王坦之弱冠之时与郗超并称，时人谓之：“盛德绝伦郗嘉宾，江东独步王文度。”

仆射江彪选举官员时，本打算以王坦之为尚书郎，然而王坦之却说：“自东晋建立，尚书郎都只用次等的人才，我怎会去当此职！”

江虨知道后便打消了这个念头。

王坦之和郗超不仅是并称的人才，更是至交好友。

郗超是谁呢？

郗超，字景兴，一字敬舆，小字嘉宾，高平金乡（今山东金乡）人，东晋官员、书法家、佛学家，太尉郗鉴之孙，会稽内史郗愔之子。

郗超出身于高平郗氏，历任抚军掾、征西椽、大司马参军、散骑侍郎、中书侍郎、司徒左长史等职。他是桓温谋主，曾劝说桓温废帝立威。

桓温因不肯采纳他的建议，在第三次北伐时大败而回。

永和四年（公元 348 年），桓温因平蜀之功，进位征西大将军。郗超进入桓温幕府，担任征西府椽，后改任大司马参军。

桓温英气高迈，很少推崇他人，但在与郗超交谈之后，却认为他深不可测，因此尽心礼待。而郗超也一心追随桓温，不久被授为散骑侍郎。

郗超是东晋著名书法家，唐代窦臮在《述书赋》将郗超与郗鉴、郗愔、郗昙、郗俭之、郗恢并称六郗，认为王家、谢家、庾家、郗家是主宰东晋书坛的主要家族。

庾肩吾《书品》将郗超的书法定为中下品，而李嗣真所著《书后品》则将其定为中上品。王僧虔认为郗超的草书次于二王，在紧凑秀美方面胜过其父郗愔，但骨力稍有不足。

可以说郗超不仅是桓温最重要的军师，更是大晋出名的书法家，可以跟祖父郗鉴以及王羲之等人并列。

咸康六年（公元 340 年），会稽王司马昱任抚军将军，王坦之被征辟为掾属，累迁参军、从事中郎，加散骑常侍，后又担任大司马桓温的长史。

从这里可以看出，王坦之与郗超这样的人物齐名，并且两个人是同僚，也是好友。

王坦之在当时的地位，不仅不低，甚至威望堪比年轻时候的王浑、王导、王衍等人。

要是说王坦之仅仅是因为郗超的原因而能劝动桓温，未免有些牵强，那么又是什么原因让桓温愿意听王坦之的话呢?

王坦之担任桓温长史时，桓温替自己的儿子向王家求婚，王坦之答应回去和父亲王述商量一下。

回到家里，王坦之讲了桓温向自己女儿求婚的事。

王述听罢大怒，说道：“你怎么现在都傻了，竟害怕桓温了？怎么能把女儿嫁给一个兵家子！”

王坦之禀告桓温：“下官家的女儿早就订婚了。”

桓温说：“我知道了，这是令尊不答应啊。”

后来桓温的女儿还是嫁给了王坦之的儿子。

桓温作为晋成帝司马绍的女婿，作为驸马爷，为什么非要跟王坦之联姻，成为儿女亲家呢？

我们来看看王坦之那庞大的关系网，就明白王述怎么有那么大的底气羞辱桓温是兵家子，也就明白桓温为什么非要跟王坦之成为儿女亲家。

王述字怀祖，太原晋阳人，东晋官员，东海太守王承之子。

王述年少丧父，承袭父爵蓝田侯。以孝侍奉母亲，安贫守约，不求闻名显达，故三十岁仍未知名，更有人说他痴愚。

后司徒王导以其门第缘故任用他为中兵属。

咸和九年（公元 334 年），琅琊王司马岳获授骠骑将军，召王述为功曹，出任宛陵县令。后转任征虏将军庾冰的长史。

王述不仅仅是王导的属官，还是晋康帝司马越的属官，更是庾冰的史官。

桓温最看中的军师郗超是郗鉴的嫡长孙，换言之，桓温不过摆平的是郗鉴后人。

可是陶侃的后人呢？庾亮后人呢？王导后人呢？

王述恰恰认识琅琊王家最核心的人物，认识晋康帝司马岳这个东晋皇帝，更认识庾亮弟弟庾冰及其在武昌镇守之地所有的将领。

王述一个人就可以帮助桓温摆平武昌诸将，王述一个人就可以让王导、司马岳、陶侃、庾亮的亲信信任桓温。

这何其重要！不是吗？

但是呢，王述又跟王羲之不和。

王羲之素来轻视王述，但王述却愈来愈有名气和声誉，王羲之因而愤愤不平。

后王述母亲逝世，时任会稽内史的王述离职办丧事，由王羲之代领会稽。

王羲之到后连日声称要去吊唁都没有去，有一次到了门口，但在王述去迎接时却门也不入就离开，以羞辱王述，二人的嫌隙由此扩大。

王述守丧后，不久就升任扬州刺史，上任时都不去拜访王羲之，后更命人检举王羲之治下会稽郡的各种问题，逼得王羲之称疾辞职。

王述和王羲之为什么争夺会稽呢？

会稽郡可就是兰亭雅集所在地！王羲之要固守会稽郡，便是固守兰亭雅集对桓温的许诺。

这从另外一个方面说明了，王述一直在抵触桓温，并且厌烦桓温。

隆和元年（公元362年），桓温平定了洛阳，建议朝廷迁都洛阳，朝廷忧惧，准备派遣侍中劝阻桓温。

王述说：“桓温不过是想虚张声势威慑朝廷而已，并非真心想迁都。只管依从他，自然不会真去做。”迁都之事果然没有行动。桓温又建议迁移洛阳旧宫里的大钟及钟架。

王述道：“永嘉时为强胡所逼，暂时定都江东。如今正要平定天下，返还旧都。即使不还旧都，也理应先改迁先帝园陵，不应先张罗钟之事。”

桓温终因无法驳倒他而作罢。

王述确实一直不喜欢桓温，但是桓温不可能跟王述真的翻脸，既然争取不来王述，那就争取王述的儿子王坦之，只要王坦之能够跟桓温彼此之间有深深的纠葛。王述再厌烦桓温，也要考虑子孙后代被连坐的风险，至此，桓温就会少一个对手。

这便是桓温跟王坦之必须成为儿女亲家的最关键的原因，但这也只是原因之一。

那么，其他原因是什么呢？

王述的父亲是王承，祖父是王湛，而王湛的亲兄弟是王浑，王浑的儿子是王济，王济的儿子是王聿。

王济和王承是亲堂兄弟，而王述和王聿也是堂兄弟。

敏阳侯王聿拥有晋灭吴之战中，王浑和王济攒下来的将帅人脉，桓温是将军，他不可能傻傻地得罪王述，以此来得罪王述的堂兄弟王聿。

桓温想着的是跟王聿也有一定的瓜葛，这样就有机会获得太原王家的人脉，也就可以获得王浑攒下来的关系网。

这是桓温跟王坦之成为儿女亲家的第二个原因。

那么，是否还有其他原因呢？

王述的幼子王祎之迎娶的是晋成帝司马绍的女儿，跟桓温和刘惔是连襟。

王述的女儿王荃嫁给了谢万，而谢万不仅仅是谢安的弟弟而已。

谢万，字万石，陈郡阳夏（今河南太康）人，东晋名士，太常谢裒第四子，太保谢安之弟。谢万出身于陈郡谢氏，早年曾任司徒掾、抚军从事中郎、吴兴太守。

他在兄长谢奕去世后接任西中郎将、豫州刺史，并领淮南太守，与郗昙一同北伐前燕。王羲之为此劝谏桓温，认为谢万无将帅之才，但桓温不听。

永和元年（公元 345 年），会稽王司马昱被拜为抚军大将军、录尚书六条事，因素闻谢万之名，遂任命其为从事中郎。后又出任吴兴郡太守。

谢万的才能虽然王羲之看不上，但是会稽王司马昱是未来桓温扶持的晋简文皇帝。而司马昱跟谢万的关系非常好，可以说会稽王司马昱的人脉大多都在谢万手里，王羲之在会稽郡守着的人脉网也都在谢万的手里。

谢万迎娶了王坦之的姐姐，作为王坦之的姐夫，桓温又怎么可能放弃这一张关系网呢？

那是否，这就是桓温必须要将女儿嫁给王坦之儿子的关键？

不，最关键的原因还在谢安身上。

我们整理下思路，桓温、谢万、刘惔他们的岳父都是晋成帝司马衍，他们是连襟。

而同时谢万是谢安的亲弟弟，刘惔是谢安的大舅哥。

所以桓温更想跟谢安走得近一些，毕竟自己两个连襟跟谢安的关系匪浅，简直心连心！

并且王坦之的第三子王国宝是谢安的女婿。

桓温最想拉拢的王坦之和谢安也是女儿亲家。相较而言，王坦之跟谢安更是至交好友。

而这不是最震惊的，最震惊的是谢安另外两个兄弟的后人，太了不起了。

谢安哪两个兄弟呢？

第一个当属谢安的大哥，谢裒的长子谢奕。

谢奕有十二个孩子，最出名的有四个，分别是位列武庙十哲七十二将的谢玄、王羲之的儿媳谢道韫、郗昙的儿媳谢道粲、桓温的侄媳谢道辉。

谢玄是何人？

谢玄字幼度，陈郡阳夏（今河南太康）人。东晋名将，豫州刺史谢奕之子、太傅谢安之侄。

谢玄有经国才略，善于治军。早年为大司马桓温部将。太元二年（公元 377 年），为抵御前秦袭扰，谢安荐谢玄为建武将军、兖州刺史，领广陵相，监江北诸军事。他招募北来民众中的骁勇之士，组建训练一支精锐部队，号北府兵。

太元四年（公元 379 年），率兵击败前秦军的进攻，进号冠军将军，加领徐州刺史。淝水之战中，谢玄任前锋都督，先遣部将刘牢之率部夜袭洛涧，首战告捷。继而抓住战机，计诱前秦军后撤，乘势猛攻，取得以少胜多的巨大战果。

太元九年（公元 384 年），率兵为前锋，乘胜开拓中原，先后收复了今河南、山东、陕西南部等地区。后因病改任左将军、会稽内史。

谢玄在历史的标注为大晋战神！神一般的存在，堪比霍去病！而谢玄的妻子分别是羊氏、桓氏。

而谢道韫，《世说新语》中：谢安在一个雪天和子侄们讨论可用何物比喻飞雪。

谢安的侄子谢朗说道“撒盐空中差可拟”。

谢道韫则说“未若柳絮因风起”，因其比喻精妙而受到众人的称许。

也因为这个著名的故事，她与汉代的班昭、蔡琰等人成为中国古代才女的代表人，而“咏絮之才”也成为后来人称许有文才的女性的常用词语。

这段事迹亦为《三字经》“蔡文姬，能辨琴。谢道韫，能咏吟”所提及。

谢道韫可谓是中国少有的才女。

谢安的子侄辈联姻涵盖了王羲之、郗昙、桓氏、王坦之！

也因为谢安是王坦之的女儿亲家，跟王述和王坦之父子感情不错，谢安跟郗昙、王羲之又是联姻关系，因此谢安跟桓温是打断骨头连着筋的关系。

也因为如此，桓温跟王坦之联姻之后，谢安有了东山再起的人生际遇。

《晋书·谢安传》：“隐居会稽东山，年逾四十复出为桓温司马，累迁中书、司徒等要职，晋室赖以转危为安。”

那么，东山再起的谢安又是怎样回报桓温的呢？又为什么配合王坦之掣肘桓温呢？

第二十九章 谢玄建北府军

我们来审视一个问题，那就是谢安能空口白牙让桓温对自己尊敬吗？

为什么王述敢跟桓温正面硬刚？王坦之为什么也敢跟桓温甩脸子？

因为王述和王坦之父子手里有军权，而且认识桓温驻地武昌所有将领，分分钟让桓温认识到什么叫架空！

但是一个蜗居东山的谢安有什么？谢万吗？谢万不是将军。谢奕吗？谢奕也不是名将。

谢安要想有掣肘桓温的能力，是不可能凭借自己女婿是王坦之的儿子王国宝，也不可能倚仗跟桓温的子侄辈有联姻。谢安要靠的是背后绝对的军事实力。

那么，谢安重用谁来发展军事实力？

没错，战神谢玄。

而这个时候历史上的北府军创立了。

什么是北府军？

北府军，又名北府兵，是中国东晋时谢玄主持创立的一支军队，一开始权力几乎只属于陈郡谢氏家族，后数度易主，并成为南朝军队主力。

东晋孝武帝太元二年（公元 377 年），由于前秦已一统北部中国，东晋王朝受到空前的军事压力，因此诏求良将镇御北方。当时的重臣谢安遂任命其侄子谢玄应举。

朝廷任命谢玄为建武将军、兖州刺史、领广陵相、监江北诸军事，镇广陵。其时广陵和京口聚居着大量逃避北方战乱而来的流民，谢玄到任后，在这些人中选拔骁勇士卒如刘牢之等，建立了一支军队。

太元四年（公元 379 年），谢玄改镇京口，因为当时京口又名北府，故而其军得名北府兵。

太元八年（公元 383 年），北府军在淝水之战中一举击败前秦大军，乘势追击，刘牢之一度追到邺，北府军从此一战史上留名。

晋安帝元兴元年（公元 402 年），北府军奉命征讨在荆州割据的桓玄，刘牢之随即投降桓玄。桓玄称帝后削减刘牢之兵权，刘牢之意图起兵对抗桓玄，然由于投降桓玄早已丧失人心，众叛亲离下自杀。

元兴三年（公元 404 年），原北府军参军刘裕率余部在京口起兵反抗桓玄，并杀之。

此后，北府军成为刘裕的军事支柱。

公元 420 年，刘裕称帝，建立宋，北府军成为其皇家军队的主力。

北府军可以说是谢玄创立，而最后由刘宋开国之君刘裕收为己用。

北府军参照什么建立的呢？

魏晋时期，京口仍是贫瘠荒凉之处，但有长江作为有效屏障，南渡流民因为财力匮乏、势单力薄，抵达可落脚的安全之地后便无力南行。

京口作为大量流民的落脚点，流民纷纷组成武装军队，以防御异族南下。在王敦之乱时，郗鉴就以此地流民帅军队平乱拱卫晋室。

京口重镇的地位自苏峻之乱后日益凸显，为了控制三吴经济要地，拱卫京师，郗鉴被任命为八郡都诸军事，节度浙东的王舒之军和浙西的虞潭之军。

郗鉴以及其家族开始经营京口，使之成为荆扬之争中建康的有力后盾。

北府兵在东晋后期能有举足轻重的地位，实赖自郗鉴起的长期经营，谢玄在短期内并不能组建这样一支足以左右南北关系的军队。

是的，北府军严格意义上来说是郗鉴创立的，而郗鉴就是乞活军的将领。

也就是说，北府军是乞活军收并之后的名字。

那么，晋朝是如何看待北府军归谢家管辖呢？

为充实长江下游的军事力量，拱卫首都建康和抑制上游桓氏势力东山再起，抵御前秦南下等，谢安打算重新规整北府军队。

北府兵虽然组建匆忙，并无精良装备，亦无正规训练，但是因为流民帅长期率领军队与北方异族作战，军事力量不容小觑，三州南渡流民在落户之前皆是半武装性质，实力颇为强劲，因而北府兵的整体实力十分可观。

太元八年（公元 383 年）淝水之战，北府兵更是表现神勇，成为击败前秦的中坚力量。北府兵的军事实力使它成为各政治集团争夺的对象，北府将领也成为左右东晋政局的重要力量。

换句话说，北府军通过淝水之战，一战成名，成为大晋中流砥柱，也成为制约桓温的存在。

那么北府军有多少战功呢？

早在太元三年八月，秦将彭超进攻彭城（今江苏徐州）。

次年二月，谢玄率高衡、何谦解彭城之围。后彭超复与俱难、毛当等率秦军六万南下，围晋幽州刺史田洛于三阿（今江苏高邮西），朝廷大震。

五月，谢玄复率何谦、刘牢之等解田洛之围。

六月，又连续大败秦军，彭超、俱难仅以身免而北逃。

八年，在有名的淝水之战中，谢玄、刘牢之率领的北府兵更发挥了主力军的作用。

此后，北府兵乘胜北伐，先后收复今河南、山东境内黄河以南大片土地。刘牢之率领的前锋，还一度打到黄河以北的邺城。

可以说，北府军战功赫赫。

那么，谢玄的结局是怎样的呢？

谢玄成年后，显示出了治理国家的才能，朝廷几次征召，他都推辞不受。后来，他与王珣一起被桓温辟为掾属，都受到了桓温的礼遇和器重。

转任征西将军桓豁的司马，领南郡相、监北征诸军事。当时前秦苻坚正是势力强盛之际，多次侵扰东晋边境，朝廷于是下令征召能够抵御外患的良将。

谢安任人不避亲，推荐了谢玄。

中书侍郎郗超历来与谢玄不和，但听到这一举荐，也不得不叹息说："谢安敢于冒触犯众怒的危险举荐亲侄子，确实是英明的；谢玄一定不会辜负他叔叔的推荐，因为他确实是难得的人才。"

当时许多人都不赞同郗超的看法，郗超说："我曾经与谢玄共同在桓将军幕府做事，亲眼见他用人能各尽其才，即使是一些细小事务，安排人也非常恰当。我因此知道他一定能成功。"

朝廷于是召谢玄回朝，授其为建武将军、兖州刺史，领广陵相，监江北诸军事。

谢玄在任上，广募顽强勇敢之人，刘牢之与何谦、诸葛侃、高衡、刘轨、田洛及孙无终等人都因为勇敢威武而应选。

谢玄授刘牢之为参军，命他领精锐为前锋，百战百胜，号称北府兵，前秦对其颇为畏惧。

至此，北府军在谢玄手里发扬光大。

彭城之战，谢玄从广陵往西讨伐句难等。何谦率军击败敌军，为田洛解围。他随后进据白马，大破前秦军，斩其将都颜。又趁势进击，再次将其击破，斩其将邵保。彭超、句难率军引退。

谢玄率何谦、戴逯、田洛追击，在君川与其展开战斗，再次大破其军。谢玄的参军刘牢之攻破浮桥和白船，督护诸葛侃、单父县令李都又攻破其运输船。句难等各自溃散，仅以身免。

朝廷得讯后，派殿中将军慰劳谢玄，为其进号冠军将军，加领徐州刺史，还屯广陵，以功封东兴县侯。

这是谢玄继霍去病成为冠军侯之后，第二个少年即封冠军侯的存在！

淝水之战，谢玄与谢琰、桓伊等人带领八千精兵渡过淝水。

苻坚中箭，苻融临阵被杀。苻坚的军队溃败奔逃，自相践踏，投水而死的不计其数，淝水因而堵塞不流通。

其余人马抛弃铠甲连夜逃走，听到风声鹤叫，都以为是东晋军队已经来到，草行露宿，再加上挨饿受冻，死去的有十之七八。

谢玄获得苻坚的乘驾云母车，加上他的仪服、器械、军资、珍宝堆积如山，牛马驴骡骆驼等十万余头。

《世说新语》记载，谢玄酷爱钓鱼，每每钓鱼大有收获，则做成腌鱼送给亲友，《全晋文》收入他十篇文字中，竟然有四篇都与钓鱼有关。他也曾因此被王珉取笑为“吴兴溪水中钓鱼的羯奴”。

谢玄不仅是钓鱼的好手，更是放长线钓大鱼的军事奇才。

可惜天才招人妒，谢玄的战功赫赫惹到了一些患红眼病的人，至此谢玄回到淮阴后，患上疾病，上疏请求解除职务，诏令不许。谢玄又自陈述，说既然不能履行职责，恐怕会荒废军务。

朝廷下诏让他移镇东阳城。谢玄便奉命上路，以病重恳求解职。朝廷为谢玄派了一名医术高明的医士，并让他好好调养休息，让他回京口治病。

也可以说，谢玄这场病来得蹊跷。

谢玄奉诏回京口，病却长期不见好转，于是又上疏道："臣兄弟七人，都先后凋谢陨灭，唯有臣一人，孑然独存。经历的艰难困苦，谁可与臣相比！臣之所以含悲忍痛，希求继续苟活人世，是因为满怀无穷忠心，欲上报朝廷恩德，或许能恢复健康，便可以完成此志。况且臣家中遗孤甚多，想起他们，心中就不胜悲伤，为此求生之心，不能即刻付与尘土。臣一片勤恳之情，实可哀怜。恳求陛下怜悯臣的忠诉，霈然降恩，不使臣含恨九泉。"

谢玄所上的十余道奏疏都被扣住，未予答复。

许久后，朝廷才调谢玄为散骑常侍、左将军、会稽内史。

谢玄抱病登车去会稽郡任职。

太元十三年（公元 388 年），谢玄在会稽去世，终年四十六岁。

朝廷追赠车骑将军、开府仪同三司，谥号献武。

谢玄至此死在了功高盖主的武将宿命上！

那么，此时桓温、谢安、王羲之、王坦之又在做什么呢？

第三十章　王谢的堂前燕

提到桓温、谢安、王羲之、王坦之就要提到一个地名：乌衣巷。

东晋建武元年（公元 317 年），当时的皇帝司马邺被俘，西晋灭亡。

次年，司马睿被拥立为皇帝，定都建康。

大臣王导住在夫子庙南，一条幽静狭小的巷子里，这里后来便成为王、谢等豪门大族的住宅区。

司马睿之所以能立足建邺，顺利重组政权，使晋王朝得以再延，系得力于王导的谋划和周旋，以王导为代表的王氏家族和以谢安为代表的谢氏家庭都居住在孙吴乌衣营旧址，此时的乌衣营已改称为乌衣巷。

王导，辅佐创立了有百年历史的东晋王朝；谢安指挥淝水之战，以少胜多，打败前秦百万大军。作为一代名相，王、谢足以令后人追怀。

而更令人惊奇的是，王、谢家族人才辈出。

王羲之与另外两位大书法家王献之、王洵，书法成就登峰造极，谢灵运是中国山水诗派的鼻祖，他与谢氏后裔的大诗人谢惠连、谢朓，在文学史上并称“三谢”。

朱雀桥横跨秦淮河，是通往乌衣巷的必经之路，旧日桥上装饰着两只铜雀的重楼就是谢安所建。

换言之，最开始的时候，乌衣巷是琅琊王家和陈郡谢家居住的街巷。

因为乌衣巷从王导开始成为豪门大族的世居之地，才有了刘禹锡那首《乌衣巷》。

朱雀桥边野草花，乌衣巷口夕阳斜；旧时王谢堂前燕，飞入寻常百姓家。

一首诗，道尽多少繁华，说尽多少风流？魏晋风骨，烈烈战鼓，言犹在耳，只是王谢已远。

乌衣巷里面一共走出来了多少名人呢？

王导：

王导十分热爱书法。他在东迁之时，把钟繇的《宣示表》缝入袖中，誓言“贴在人在，贴亡人亡”，足见其对书法之热爱。

他常教诲家族中人要尊重书法，他的堂侄“书圣”王羲之，堂侄孙王献之，孙王珣、王珉，都是一代书法家。

王导传世的书法作品有《省示帖》(《淳化阁帖》所录七行残字）和《改朔帖》，其中《改朔帖》是行草佳作之一。

王羲之：

王羲之的《兰亭集序》，他的书法影响了一代又一代的书苑。唐代的欧阳询、虞世南、褚遂良、薛稷、颜真卿、柳公权，五代的杨凝式，宋代苏轼、黄庭坚、米芾、蔡襄，元代赵孟頫，明代董其昌，这些历代书法名家对王羲之心悦诚服，因而他享有“书圣”美誉。

王献之：

王献之一生的书法艺术并不守旧，且与父不同，字身喜带长形。王献之家学渊源，学习勤奋。其诗文书法，为东晋后起之秀。他笔下的草书，下笔熟练、润秀、飞舞风流，不亚于父亲王羲之，父子合称“二王”。

王献之以行书和草书闻名，楷书和隶书亦有深厚功底。

传世名作《洛神赋十三行》又称“玉版十三行”。前人评论王献之的书法为“丹穴凰舞，清泉龙跃。精密渊巧，出于神智”。他的用笔，从“内拓”转为“外拓”。

他的传世草书墨宝有《鸭头丸帖》《中秋帖》等，皆为唐摹本，他的《鸭头丸帖》，行草，共十五字，绢本。

清代吴其贞在《书画记》里对此帖推崇备至，认为：“书法雅正，雄秀惊人，得天然妙趣，为无上神品也。”他的《中秋帖》行草，共二十二字，神采如新，片羽吉光，世所罕见。

清朝乾隆皇帝将它收入《三希帖》，视为“国宝”。

王徽之：

王徽之，其书法长于行草，以韵胜。《新月帖》，见于辽宁省博物馆藏的唐摹《万岁通天帖》，传为王徽之书。此帖以行楷为主，挥洒自如，笔法多变，妍美流畅。宋《宣和书谱》评其书法“作字亦自韵胜”。

王珣：

王珣工书法，传世书法作品有《伯远帖》等。《伯远帖》是问候亲友疾病的信札。《宣和书谱》载：“珣三世以能书称，家范世学。珣之草圣亦有传焉。”

此帖经北宋内府收藏，明代董其昌等都曾收藏，为乾隆三希之一。

谢安：

谢安曾从王羲之学行书，他的书法非常出色，尤以行书为妙品。后世米芾曾称赞他的书法“山林妙寄，岩廊英举，不繇不羲，自发淡古”。

《宣和书谱》称其“初慕羲之作草正字，而羲之有解书者。后之评其字者，亦谓纵任自在，若螭盘虎踞之势，要当人能品也。然其妙处，独隶与行草耳。此所有惟行书为多”。

收录有其行书《近问帖》《善护帖》《中郎帖》。

《淳化阁帖》有《凄闷帖》《六月帖》。《宝晋斋法帖》等丛帖中存其遗迹。

谢万：

谢万曾作《八贤论》，评论渔父、屈原、司马季主、贾谊、楚老、龚胜、孙登、嵇康八位贤人的优劣，认为隐退者较优，出仕者为劣。孙绰反驳此论，认为不能以出处定优劣，并与谢万反复辩难。

谢道韫：

谢道韫长于诗文，刘孝标注《世说新语·言语》引《妇人集》说：谢道韫有文才，所著诗、赋、诔、讼，传于世。她的作品《隋书·经籍志》载有诗集两卷，已经亡佚。

《艺文类聚》保存其《登山》（又名《泰山吟》）和《拟嵇中散咏松》两首诗，《全晋文》收其《论语赞》。

郗鉴：

郗鉴是当时著名的书法家，尤善草书，卓绝古劲，流传至今的《灾祸帖》书写沉稳，下笔流畅，丰茂宏丽。

郗愔：

郗愔，王羲之早年书法不及郗愔（虞龢《论书表》）。郗家书法，以郗愔为最。他的思想以道为主，致力于玄学、书法、优游。善于章草，代表作《至庆帖》。

郗超：

郗超是东晋著名书法家，唐代窦臮在《述书赋》将郗超与郗鉴、郗愔、郗昙、郗俭之、郗恢并称六郗，认为王家、谢家、庾家、郗家是主宰东晋书坛的主要家族。

庾肩吾《书品》将郗超的书法定为中下品，而李嗣真所著《书后品》则将其定为中上品。王僧虔认为郗超的草书次于二王，在紧凑秀美方面胜过其父郗愔，但骨力稍有不足。

庾亮：

庾亮有文集二十一卷，今已佚。《全晋文》收录有其作品：《让中书监表》《让封永昌县公表》《荐翟阳郭翻表》《上疏乞骸骨》《请放黜陶夏疏》《请留庾怿监秦州疏》《谋开复中原疏》《斩陶称上疏》《皇子出后告庙议》《武昌开置学官教》《与郗鉴笺》《报温峤书》《与周邵书》《追报孔坦书》《书》《答郭预书》《答王群谘为从父姊反服》《翟徵君赞》《立行庙于白石告元帝先后》《释奠祭孔子文》等。

庾亮善书法，《淳化阁帖》收录有其墨迹《书箱帖》五行。

庾翼：

庾翼工于书法，今有行楷《故吏帖》七行、六十字收入《淳化阁帖》中。《宣和书谱》称其“善草隶，与王羲之并驰争先”。

收录有其草书《步征帖》、行书《盛事帖》。据《全晋文》载，庾翼有文集二十二卷，还收录有《表陈南夷事》《北伐至夏口上表》《北伐上疏》《与僚属教》《与王羲之书》《报兄冰书》《与兄冰书》《贻殷浩书》《与燕王慕容廆书》《答何充书》《答参军于瓒》《答翟铿》等。

庾怿：

庾怿工书法，唐代窦臮《述书赋》卷上说：“遗古效钟（繇），叔豫高踪。虽稳密而伤浮浅，犹叶公之爱画龙。”宋代陈思《书小史》卷四称庾怿“善正、行书”。

桓温：

桓温工书法，长于行草，字势遒劲，有王羲之、谢灵运之余韵，有《大事帖》传世。唐代窦臮所著《述书赋》，收录有晋代六十三位书法家，其中便有桓温。明代陶宗仪的《书史会要》也将桓温列入其中。

桓玄：

桓玄，与著名画家顾恺之乃好友，庾肩吾《书品》将桓玄的书法与羊欣、卫夫人等十五人列为中之上品，评其书“筋力俱骏”。

李嗣真《后书品》则列之为中中品，评其书曰：“桓玄如惊蛇入草，钻锋出匣。”

窦臮《述书赋》云：“敬道耽玩，锐思毫翰。依凭右军，志在凌乱。草狂逸而有度，正疏涩而犹惮。如浴鸟之畏人，等惊波之泛岸。”

桓玄还擅长作诗文，史载桓玄“哀乐过人，每欢戚之发，未尝不至呜咽”，颇具诗人气质。他在败走过程中自撰《起居注》，传为佳话。

他留下《桓玄集》二十卷，并注《周易·系辞》二卷，到隋唐时犹存，但今已亡佚。清人严可均《全晋文》中辑有其文章三十五篇，今人逯钦立《先秦汉魏晋南北朝诗》存其《南林弹诗》《登荆山诗》二首。

顾恺之：

顾恺之博学多才，擅诗赋、书法，尤善绘画。精于人像、佛像、禽兽、山水等，时人称之为三绝：画绝、文绝和痴绝。

谢安觉得顾恺之是苍生以来未之有。

顾恺之与曹不兴、陆探微、张僧繇合称“六朝四大家”。顾恺之作画，意在传神，其“迁想妙得”“以形写神”等论点，为中国传统绘画的发展奠定了基础。

顾恺之在绘画理论上也有突出成就，今存有《魏晋胜流画赞》《论画》《画云台山记》三篇画论。

顾恺之画迹甚多，有《司马宣王像》《谢安像》《刘牢之像》《王安期像》《阮脩像》《阮咸像》《晋帝相列像》《司马宣王并魏二太子像》《桂阳王美人图》《荡舟图》《虎豹杂鸷鸟图》《凫雁水鸟图》《庐山会图》《水府图》《行三龙图》《夏禹治水图》等。顾恺之作品真迹没有保存下来。

相传为顾恺之作品的摹本有《女史箴图》《洛神赋图》《列女仁智图》等。

卫烁（卫夫人）：

有《名姬帖》《卫氏和南帖》传世。她曾作诗论及草隶书体，又奉敕为朝廷写《急就章》。

其字形已由钟繇的扁方变为长方形，线条清秀平和，娴雅婉丽，去隶已远，说明当时楷书已经成熟而普遍。

宋代陈思《书小史》引唐人书评，说她的书法“如插花舞女，低昂美容；又如美女登台、仙娥弄影，红莲映水、碧沼浮霞”，应该不是过誉之词。

卫夫人便是王羲之的书法老师！

乌衣巷多少风流雅士尽数于此，魏晋书法之鼎盛，世间再难寻觅。

而魏晋南北朝的风骨又是如何呢？

魏晋风骨又称建安风骨或建安风力。指建安诗人继承《诗经》及汉乐府优秀的现实主义创作传统，一方面在诗篇中真实地描写汉末的大动乱、大分裂，表现对民生疾苦的关切；同时又在诗歌中抒发自己欲在天下建立伟业的雄心壮志。

那么，堪称中华文艺复兴时期的魏晋风度又是怎样的呢？

魏晋风度指的是魏晋时期名士们所具有的那种率直任诞、清俊通脱的行为风格。饮酒、服药、清谈和纵情山水是魏晋时期名士所普遍崇尚的生活方式。

一部《世说新语》可以说是魏晋风度的集中记录。

正是在这个时代，士大夫们创造了影响后世的文人书法标杆，奉献了令人模范景仰的书圣。

以魏晋风度为开端的儒道互补的士大夫精神，从根本上奠定了中国知识分子的人格基础，影响相当深远。

在魏晋风度之中，魏晋风骨支撑下，乌衣巷的这些名士们如何平衡桓温与司马氏的关系，又如何维持大晋最后的繁华呢？

第三十一章　谢安淝水之战

乌衣巷最后的繁华在淝水之战上，我前面留下了个问题，王坦之和谢安如何掣肘桓温，而桓温为何愿意被这两个儿女亲家掣肘？

淝水之战到底给桓温带来了什么影响，谢安与王坦之从中做了什么协调，北府军又如何做到战功赫赫的呢？

最开始的时候，我提到了王羲之、谢安共同举办的兰亭雅集，目的是让桓温替换殷浩，完成北伐大业，实现中原一统。

但是，王述、殷浩等人对桓温是横挑鼻子竖挑眼，非常看不惯，以至于桓温大受刺激，在第三次北伐失败后选择了遗臭万年，选择把曹操当榜样。

那么，在桓温日渐崛起的野心中，桓温到底是先把野心放在前面，还是先把北伐和中原一统放在前面呢？

我们带着这个问题来看看淝水之战。

淝水之战，发生于公元 383 年，是东晋十六国时期北方的统一政权前秦向南方东晋发起的侵略吞并的一系列战役中的决定性战役，前秦出兵伐晋，于淝水（现今安徽寿县的东南方）交战，最终东晋仅以八万军力大胜八十余万前秦军。

淝水之战是中国历史上著名的以少胜多的战例。拥有绝对优势的前秦败给了东晋，国家也因此衰败灭亡，北方各民族纷纷脱离了前秦的统治，分裂为后秦和后燕为主的几个政权。而东晋则趁机北伐，把边界线推进到了黄河，并且此后数十年间东晋再无外族侵略。

我们看下公元 370 年至公元 390 年发生了哪些事情，来倒推桓温的心理变化。

公元 371 年，东晋大司马桓温自以为才干威望盖世，无人能及，常慨叹"男子汉不能流芳百世，亦当遗臭万年"。他三次北伐，欲建功业以提高政治威望，然而第三次北伐枋头大败，使其声望大跌。

参军郗超建议他废帝以重立威权。于是，二人在太后面前诬陷晋帝有暗疾，三个儿子不是亲生，将混乱司马氏血统。太后同意废立。

东晋太和六年（公元 371 年）十一月，大司马桓温废晋帝司马奕为东海王，改立丞相、会稽王司马昱为帝，是为简文帝。桓温改立新帝后，继而将矛头转向一些与其不和的皇族及朝臣，将殷、庾两大强族的势力消除殆尽。

咸安二年（公元 372 年）六月，简文帝去世。桓温原本指望简文帝司马昱禅位于他，或居摄朝政，但二者均未如其愿。桓温于是拒绝入朝，直至宁康元年（公元 373 年）二月才到建康朝见孝武帝，并带兵入朝。

一时建康人心慌乱。由于侍中王坦之、吏部尚书谢安应对自如，桓温才没有发难。晋朝得以安宁。

也就是说公元 371 年桓温发动了政变，让司马奕成为晋废帝，扶持司马昱为下一任帝王，并且一年之内，司马昱蹊跷死亡。

回顾这一段历史去看看，太和四年（公元 369 年）三月，徐兖二州刺史郗愔致信桓温，表示愿意与他共同辅佐王室，请求率部出河上。

当时，北府兵卒悍勇，桓温不愿让郗愔掌握京口（今江苏镇江）重镇。

郗愔之子郗超为桓温参军，暗中将原信毁掉，并以父亲的名义伪造信件，自称老病，请以闲职休养。

桓温便顺势改任郗愔为会稽内史，自领徐兖二州刺史，兼并了郗愔的军队。

郗超作为桓温的军师，欺骗父亲郗愔，直接在发动政变前两年，让桓温收编父亲军队，以此来成为桓温最受信任的心腹。

咸安元年（公元 371 年），桓温收复寿春，对郗超道："这次胜利能雪枋头兵败之耻吗？"郗超则表示不能。

当夜，郗超对桓温道："明公身居重任，如果不能效仿伊霍废立皇帝，不足以镇压四海，镇服宇内。"

桓温采纳了他的建议，决定废黜皇帝司马奕。

十一月，桓温带兵入朝，威逼褚太后废除司马奕的帝位。他诬称司马奕因阳痿不能生育，让宠臣相龙、计好、朱炅宝等人与后宫美人私通，所生三子冒充皇子建储为王。

褚太后只得集百官于朝堂，下诏废司马奕为东海王。

而后，桓温亲率百官至会稽王邸，迎司马昱入朝，拥立为帝，是为晋简文帝，改元咸安。

而此期间谢安、王坦之、王羲之并没有反抗桓温。

为什么呢?

因为司马奕有男宠相龙、计好、朱炅宝等在宫廷参侍。

龙阳之癖犹如汉哀帝与董卓，对于谢安等人而言，大晋要的是香火鼎盛，而不是龙阳之好。

所以，公元371年，桓温废帝改立司马昱为皇帝的时候，谢安等人没有插手，而是静观其变。

淝水之战的重要人物前秦皇帝苻坚对此不以为然，他道:“桓温此前败于灞上，而今又败于枋头，十五年内两次使国家军队遭受重大打击。不但不反思过错，向百姓谢罪，竟还废黜君主。六十岁的老叟如此举动，如何自容于天下?”

桓温此时已经开始学习曹操了，党同伐异成为他的目标。

武陵王司马晞好习武事，又在朝中担任太宰重职，素为桓温所忌。

桓温以“聚纳轻剽，苞藏亡命”为由弹劾司马晞，免去司马晞与其子的官职，让他们返回封地。

后来，桓温又逼新蔡王司马晃自首，称与司马晞、司马综、著作郎殷涓、太宰长史庾倩、散骑常侍庾柔等人谋反，将他们收付廷尉，请予诛杀。简文帝不许。

最终，司马晞、司马晃被废为庶人，殷涓、庾倩、庾柔等人都被族诛。

庾倩、庾柔被诛后，庾蕴饮鸩自尽，庾希则与弟弟庾邈、儿子庾攸之逃入海陵（今江苏泰州）陂泽。

青州刺史武沈是庾希表兄，暗中为他供应粮饷。

庾友因儿媳桓氏是桓温侄女，得到求情，最终得以幸免。

桓温得知庾希兄弟的踪迹，派军队搜捕。

庾希遂与武沈之子武遵在海边聚众抢夺船只，乘夜攻入京口，赶跑晋陵太守卞耽。

他们打开监狱，放出数百囚徒，发放兵器，宣称奉密旨除桓温。

卞耽逃往曲阿（今江苏丹阳），征发诸县乡兵两千人，与庾希对抗。庾希战败，退守城池。

桓温又命东海太守周少孙征讨。周少孙攻克京口，擒获庾希等人。最终，庾希、庾邈、武遵以及子侄、部众全被斩于建康。

桓温诛除庾氏，威势极盛。侍中谢安见而遥拜，更以君臣称作二人关系。

而简文帝虽被立为皇帝，但却形同傀儡，常担心被桓温废黜，甚至向郗超询问桓温是否会再行废立。

郗超以家族百口担保不会再发生政变，简文帝这才稍微安心。

至此，庾亮的族人被桓温大多铲除。郗家一脉成为众矢之的，而谢安已经俯首称臣。

咸安二年（公元 372 年）七月，简文帝病重，急召桓温回朝，并在一昼夜内连发四道诏书。桓温仍推辞不肯入朝。

简文帝临终时，他仍慑于桓温的淫威，竟在遗诏中说："如果儿子可以辅佐，就请您辅佐；如果他不成器，您可以自取天下。"

王坦之大怒，手持诏书入内，在司马昱面前将其撕毁。

简文帝叹道："晋室天下，只是因好运而意外获得，你又何必如此不甘！"

王坦之正色道："晋室天下，是晋宣帝（司马懿）和晋元帝（司马睿）建立的，又怎由得陛下你独断独行！"

简文帝无言以对，遂命修改诏书，将遗诏中的"摄政"改为"辅政"，依照诸葛亮、王导旧例。

随即，简文帝驾崩。桓温原以为简文帝临死会禅位给自己，或让自己摄政，而今大失所望，怨愤不已。

桓温此时将自己看成曹操和诸葛亮合二为一的大英雄，而王坦之的做法碰触了桓温的底线。

尚书仆射王彪之极力反对，太子司马曜方才得以继位，是为晋孝武帝。褚太后认为孝武帝年幼，且正在居丧期间，再次提议让桓温摄政，结果被王彪之阻止。

后来，孝武帝又命谢安征桓温入朝辅政，并加其前部羽葆鼓吹，赐武贲六十人。桓温仍旧辞让，既不接受，也不入朝。

王彪之出身琅琊王氏，为尚书右仆射王彬之子、丞相王导堂侄。

至此，谢安开始跟王坦之、王导堂侄王彪之共同想办法掣肘桓温篡位。

此时的王羲之呢？

大书法家王羲之每逢除夕都要亲手写春联贴之于门。因为他的字号称“天下第一行书”，很多人都想得其字而又难得。所以每年除夕他的春联一贴出，不到半夜，就被人偷偷揭走。

这一年，除夕又至，王羲之照旧写了“福无双至，祸不单行”八个字的春联，留下了下半截。想偷对联的人一看此八个字太不吉利，便扫兴而归。

到了寅时，王羲之补了后半截，变成了“福无双至今朝至，祸不单行昨夜行。”

第二天一大早，想偷春联的人见春联变了样，皆赞叹不已，拍手叫绝。

王羲之靠着对联表达内心对于桓温篡位的愤慨，但因为不是朝中要员，没有任何实质举动。

宁康元年（公元 373 年）二月，桓温带兵入朝，拜谒皇陵。当时，京中流言四起，都说他此次入京是要诛除王谢、颠覆晋朝。

朝廷命谢安、王坦之率百官到新亭（今南京西）迎接，拜于道侧，朝中位望稍高者皆惊慌失措。

王坦之非常害怕，谢安却神色不变，说：“晋室的存亡，就取决于此行。”

桓温抵达后，百官夹道叩拜。桓温部署重兵守卫，接待百官，当时有官位声望的人都惊慌失色。王坦之汗流浃背，连手版都拿倒了。

只有谢安从容就座，他坐定以后，对桓温说：“我听说诸侯有道，守卫在四邻，明公哪里用得着在墙壁后面安置人呀！”

桓温笑着说：“正是由于不能不这样做。”

于是就命令左右的人让他们撤走，与谢安笑谈良久。

由于谢安的机智和镇定，桓温始终没敢对二人下手，不久就退回了姑孰。

王坦之当初与谢安齐名，众人至此才分出二人的优劣。

桓温只以“卢悚入宫”一案，将尚书陆始收付廷尉。

不久，桓温患病，返回姑孰，前后在京不过十四天。

桓温借着一起兵祸缓和了自己篡位的形象，但也在这个时候蹊跷患病，更是蹊跷离开京都。

那么桓温拿“卢悚入宫”一案做文章，这十四天里发生了什么事呢？

东晋太和年间，频繁的劳役、疾病和战争，使百姓死亡十之四五，引起百姓的怨愤。

公元 369 年 12 月，秘书监孙盛写成《晋春秋》(后避讳改为《晋阳秋》)，直书时事，谴责当权者，并直书桓温北伐失利之事。

桓温见后大怒，对孙盛的儿子说，北伐前燕，确有失利，但还不至于如孙盛所说的那样严重，如果不加修改而让其流行，当心孙家的命运。

孙盛之孙遂请求桓温谅解，并答应立即改正。诸子哭泣叩头，请求孙盛为孙家百口命运改写《晋阳秋》。孙盛大怒，坚决不允许，诸子只得私下将书修改后交付出去。然而，孙盛当初已另写副本，流传他国。

晋孝武帝即位后征求天下异书，从辽东（郡名，治襄平，今辽宁辽阳）人手中获得副本。于是，两种版本都保存下来。

而前秦建元七年（公元 371 年），前秦益州刺史王统出兵进攻陇西鲜卑乞伏司繁。司繁率领骑兵三万在苑川（今甘肃榆中大营川）迎战。

前王统派兵偷袭司繁部落，司繁部落五万多人投降。苑川的鲜卑将士听说妻子儿女都已投降前秦，便不战而败。司繁无处可去，只得投降王统。

前秦王苻坚以司繁为南单于留居长安，以司繁叔父吐雷为勇士护军，安抚陇西鲜卑。

在这期间，桓温遗臭千古的事情被孙盛记载在《晋春秋》里面，桓温的恶事被广为流传，桓温担心自己登上皇位后不得民心，早晚被推翻。

苻坚完成了前秦在北方的统一，正磨刀霍霍，随时准备跟大晋一战。

桓温到底是将领，他知道，在自己已经可以号令晋庭的时候，比起自己登基改个名头而言，跟苻坚的这场战斗才是最重要的，也是最危及子孙大业的。

于是，桓温这才挑选了一个名不见经传的小兵祸来缓和晋朝内部局势。

第三十二章 苻坚草木皆兵

那么，桓温就真的跟谢安、王坦之、王彪之握手言和了吗？

答案也是否定的。

前秦阳平公苻融在冀州（今河南北临漳），擅自兴办学校，为有司纠劾。建元八年（公元 372 年）八月，他派高泰到都城长安申辩。高泰曾任前燕尚书郎，前燕灭亡后，王猛多次征召高泰，高泰都不从。

这次高泰应命到达长安，王猛问其缘故。高泰便把苻融兴办学校有司弹劾之事告诉王猛，并指出：兴办学校本是于地方有利之事，但不仅没得到朝廷嘉奖，反而受到纠劾。如果这样，谁还敢为朝廷出力？

王猛认为言之有理，立即答应免苻融罪名，又向秦王苻坚荐举高泰。苻坚召见高泰，询问治国之本。高泰建议苻坚广泛搜求有真才实学的人才。

苻坚认为高泰的见解辞简而理博，遂拜高泰为尚书郎，但是高泰仍然固辞不受，苻坚只得允许他返回冀州。

听说苻坚在创办学校，为可能出现的大战做人才储备，此时桓温心急如焚，这也就是桓温病渐沉重，但仍逼朝廷加其九锡之礼，并多次派人催促的由来。

桓温必须笼络晋朝内部的人心，也必须以诸葛亮七出祁山的毅力来抵抗苻坚即将带来的战争。

东晋咸安元年（公元371年）十一月，大司马桓温诛杀殷、庾两大家族，彻底铲除北伐当年的阻碍后，开始选择跟谢安谈判。

而这个时候三吴地区发生大旱，许多人都饿死了。

桓温越发觉得自己身体不好，而大晋的苏浙沪皖闽赣地区又发生少有的旱灾，于是病情更加重了。

谢安、王坦之见桓温病重，以袁宏所撰檄文不好为由命其修改，借此拖延。

同年七月，桓温在姑孰病逝，终年六十二，至此檄文仍未完成。

朝廷追赠桓温为丞相，谥号宣武，丧礼依照安平献王司马孚、霍光旧例，又赐九旒鸾辂、黄屋左纛等物。

桓温死后，将兵权交付弟弟桓冲，南郡公爵位则由幼子桓玄袭封。

世子桓熙不服，遂与叔父桓秘、弟弟桓济谋杀桓冲，结果被桓冲发觉，都被流放长沙。

此后，桓温的儿子反抗被桓冲压制，桓冲接管了桓温的大业，准备抵抗苻坚。

在桓温诸弟中，桓冲最渊博，有军事才干，很受桓温器重。又因桓温世子桓熙才能薄弱，于是在宁康元年（公元373年）桓温病重时就以桓冲统领他的部众。

桓冲随后迁中军将军、都督扬豫江三州诸军事、扬豫二州刺史，假节，镇姑孰。

桓温有不臣之迹，而且昔日桓温连处以死刑之事都由自己专任；但桓冲接替他后却尽忠于王室，不但将处死之事都先上报朝廷，连当时有人劝桓冲诛除时望，以专掌权力都被桓冲拒绝。

可以说，桓冲在哥哥桓温去世后，选择的是伏低做小、认罪服输的态度，选择跟谢安、王坦之、王彪之、王羲之讲和，并且指明了桓温真正担心的存在：苻坚。

而这次讲和的筹码就是桓冲交出权力，让谢安来做统帅。

于是发生了权力和平过渡的一幕：宁康三年（公元375年），当时尚书仆射谢安辅政，声望极重，群情所归，桓冲自以气量和涵养都不及谢安，而且自己是将领，军事才能不见用于宰相职，于是打算解任扬州刺史并让给谢安，自求出镇。

这个决定被当时桓氏党众所反对，郗超亦极力劝阻，但桓冲心意已决，完全没有为放弃扬州刺史这个掌握京畿、权位极重的职位感到可惜，只尽心匡国。

当年就改都督徐豫兖青扬五州诸军事、徐州刺史，以北中郎府并入中军将军府，出镇京口。

最后的关防布局是桓冲选择去最危险的山东、江苏、安徽附近，直面苻坚的军队。

这就说明，桓冲和谢安达成了协议，而王坦之和王彪之也默认了。

宁康元年（公元 373 年），桓温逝世，王坦之迁任中书令，领丹阳尹，与谢安、王彪之等人共辅幼主。

宁康二年（公元 374 年），王坦之被任命为北中郎将、都督徐兖青三州诸军事、徐兖二州刺史，镇守广陵。

这一年，王坦之选择了去江苏、浙江、安徽附近监督桓冲，也帮助大晋抵抗苻坚。

桓温死后两个月，王彪之升任尚书令，与尚书仆射谢安一同掌政。

谢安颇为推崇王彪之，称许道："朝中大事，众人不能议决的，问王公（王彪之）就必能有个结果。"

王彪之因为年老，屡次上疏求退，孝武帝不许，转拜他为护军将军，加散骑常侍。

王彪之选择在朝中与谢安共进退，并且主管文官，帮助谢安扫平军需后勤一切事宜。

谢安曾打算重新营造宫室，但王彪之则认为将现今宫殿改建就可，不应在外敌当前的时期劳民伤财。

然而谢安则说："宫室不够雄伟，后人会说我们这些人无能。"

王彪之答道："获授任掌理天下事，就当保国宁家，朝政允当，怎能以修筑宫室去表示有能！"

谢安不能驳倒，所以王彪之有生之年都没有另建宫室。

王彪之一如当年荀彧，负责晋朝一切钱粮的调度与工程建筑，可以说谢安有一个很好的后勤伙伴。

王坦之离开建康后，经常给谢安写信，劝其不要沉迷音律，以免在士大夫中形成不良的风气，可惜谢安没有听从。

宁康三年（公元 375 年）五月，王坦之病逝，年仅四十六岁。临终前仍与谢安、桓冲互通书信，内容都是忧国家之事，并不论及私事。朝野对王坦之的死都十分痛惜，追赠安北将军，谥号为献。

太元二年（公元 377 年），孝武帝加授王彪之为光禄大夫、仪同三司，但尚未正式拜官，王彪之已经病重。孝武帝闻讯后，派黄门侍郎前往慰劳，赐钱三十万以治病。同年，王彪之逝世，享年七十三岁，朝廷赠以未拜的光禄大夫之职，谥号为简。

从王坦之和王彪之临终前的表现来看，这两人认可了桓温的推测，也同意了桓冲的建议，并且随时叮嘱谢安勿忘初心，勿忘危机。

谢安可以说是桓温之后被晋朝选中的，文武百官齐心协力襄助，只为让其成为能够挑起晋朝中兴重任的人物。

东晋宁康三年（公元 375 年）王坦之卒后，桓冲以宰相谢安有众望，欲将扬州刺史的职位让给谢安。桓氏族党都认为不妥，再三劝谏。郗超也出面规劝，以为扬州刺史统摄京畿，责任重大，不宜让人，希望桓冲继续留任。

桓冲不听，让出扬州刺史，自领徐州刺史，出镇京口。谢安遂任扬州刺史，并加侍中之职，掌握了统摄京畿地区的大权。

东晋太元元年（公元 376 年）正月初一，皇太后下诏归政，复称崇德太后。初三，大赦，改元太元。初五，帝始临朝，年十三，以郗愔为镇军大将军、都督浙东五郡军事。

解除桓冲徐州刺史职务，以为车骑将军，都督豫、江二州之六郡诸军事，自京口徙镇姑孰。为了进一步削弱桓氏及其党羽势力，经谢安策划，解除了郗愔会稽内史职务。

谢安为中书监、录尚书事，总揽朝政。

至此谢安掌权军事，连同谢玄的北府军，彻底成为大晋最后权势的存在。

东晋宁康三年（公元 375 年）九月，孝武帝欲宣讲《孝经》，开始阅览典籍，延纳儒士。侍中谢安推荐东莞（今山东沂水东北）徐邈补中书舍人。徐邈对政事多能有所匡益。

孝武帝喜欢在大宴群臣之后，随手拟定诗文赐予侍臣。帝年幼，有时文辞草率，所言秽杂。徐邈常把这些手诏收集起来，加以刊削润饰，经孝武帝过目后发出。当时人都以此赞扬徐邈。

此时谢安开始普及人才，为淝水之战同样做着人才培养的准备。

而这个时候，天降异象，有彗星出于尾箕，长十余丈，经太微，扫东井；自四月始见，及秋冬不灭。

前秦太史令张孟言于苻坚曰："尾、箕，燕分；东井，秦分也。令彗起尾、箕而扫东井，十年之后，燕当灭秦；二十年之后，代当灭燕。慕容氏父子兄弟，我之仇敌，而布列朝廷，贵盛莫二，臣窃忧之，宜翦其抱魁桀者，以消天变。"

前秦建元十一年（公元375年）十月，苻坚下诏增崇儒学，禁止老庄、图谶之学，犯者弃市。又令公卿王侯子弟及将士皆执经受学。尚书郎王佩不听，依归读谶，苻坚下令杀之，学谶者于是禁绝。

苻坚担心王孟、王佩等人一语成谶，为了淝水之战不发生意外，禁绝老庄、图谶之学。

前秦建元十二年（公元376年），前秦攻灭前凉与鲜卑拓跋氏的代国，苻坚召见代国长史燕凤，询问代国内讧的原因。

燕凤向苻坚建议道："代王刚死，部落叛散，不相统一。其中，别部大人刘库仁勇而有智，且与铁弗部首领刘卫辰一向有仇恨。针对这一状况，可以让他们二人分统代国旧部。"

前秦建元十二年（公元376年）十二月，苻坚采纳了燕凤的建议。以黄河为界，分而治之。

至此，前秦基本统一了北方，与南方的东晋政权以淮水为界，南北对峙。

苻坚以原石赵政权的将作功曹熊邈为前秦国的将作长史，领将作丞，大修舟舰、兵器，并以金银装饰之，颇为精巧。

淝水之战箭在弦上，即将爆发。

郗超自废海西公立简文帝后，势焰嚣张，骄横跋扈，一时间朝廷大臣均畏其权势。桓温死后，郗超失势去职。孝武帝太元二年（公元377年）十二月卒，时年四十一岁。

谢安见郗超去世，在笼络了王导后人、王坦之族人后，开始笼络郗鉴后人。谢安派人给郗超父亲郗愔送了封信，郗愔忠心于王室，对郗超与桓温图谋篡晋之举丝毫不知。

郗超临终前，将一箱书信交给门生保管，嘱咐道："我父年事已高，我死之后，如果他悲伤过度，影响到饮食睡眠，可把这个箱子呈交给他。不然的话，你就把它烧掉。"

郗超死后，郗愔果然因悲痛患病。门生便将箱子交给他，里面全都是郗超与桓温密谋书信。

郗愔大怒道："这小子死得太晚了。"从此再也不为他流泪。

谢安此时完成了大晋所有豪门世族的联盟，做好了淝水之战的准备。

前秦统一北方以后，苻坚开始南征的行动。建元十四年（公元 378 年），苻坚派征南大将军、长乐公苻丕等率步骑七万进攻东晋重镇襄阳（今湖北襄樊）。

据守上明的晋荆州刺史桓冲拥众七万，惧怕前秦兵强盛，竟不派兵救援。晋梁州刺史朱序固守襄阳城，与前秦军展开拉锯战。

至此淝水之战的序幕在襄阳拉开，桓冲第一个参战。

桓冲在战后引咎上疏请求解职，但不被允许，后派左卫将军张玄之去桓冲处咨谋军事。

晋建元十五年（公元 379 年）五月，彭超、俱难集中步骑六万，围攻东晋幽州刺史田洛于三阿（今江苏宝应）。

三阿距离东晋重镇广陵（今江苏扬州）只有一百里地，三阿被困，建康震动，立即沿江布防。东晋宰相谢安遣弟征虏将军谢石统率舟师屯兵涂中（今安徽滁县），遣兖州刺史谢玄自广陵救三阿。

五月二十五日，前秦将俱难等战败，退保盱眙，三阿之围遂解。

七月，苻坚下彭超于廷尉，彭超自杀。

前秦建元十六年（公元 380 年）正月，苻坚起用苻重，任命为镇北大将军，镇守蓟城（今北京大兴）。

前秦征北将军、幽州刺史行唐公苻洛自恃灭代有功，向苻坚求开府仪同三司，苻坚不准，苻洛因而怨愤，便与苻重联络，意欲反叛，最后被苻坚镇压。

苻坚亲自送苻丕等至灞上（今陕西西安东），诸氐告别时皆失声痛哭。苻坚近臣赵整歌曰：“远徙种人留鲜卑，一旦缓急当语谁！”

苻坚笑而不采纳。苻坚徙诸氐于边远地区，将鲜卑等异族留在中原，为淝水大败后，前秦境内各羌、鲜卑等族乘机复国提供了条件。

前秦内部有了分裂的趋势，为淝水之战失败埋下了隐患。

太元六年（公元 381 年），前秦将阎震和吴仲率兵南侵竟陵，桓冲派桓石虔和桓石民抵抗，大败阎震等并逼令他退守管城。桓石虔继续进攻，成功攻下管城并俘获阎震等二十九人。

次年桓冲又派扬威将军朱绰进攻襄阳，焚毁前秦在沔北的屯田及掠六百多户南归。

苻坚决意消灭东晋，在益州命裴元略及王抚造船预备入侵，又做出多次将领调动，为灭晋做准备。

淝水之战越来越临近爆发点。

八月，前秦正式派兵大举南侵东晋，苻坚以苻融率慕容垂等人以步骑二十五万做前锋，然而因防桓冲的荆州兵，于是主攻豫州寿阳（今安徽寿县）。以姚苌督益梁二州诸军事，更授以自己杀苻生登位时所任的龙骧将军，寄予厚望，似要让他领益州新建水军牵制桓冲；另又以慕容垂等人别攻荆州江夏附近的郧城。

当时桓冲见前秦倾力南侵，于是派三千精兵入赴建康，以求保全首都，然而谢安认为即使多三千人也是少于敌军，于是拒绝桓冲派兵入援，反要桓冲守着荆州。

公元380年，是岁，江东大饥；公元379年，是岁，前秦大饥。

前秦跟大晋一样爆发了旱灾，于是拼人才、拼钱粮的决战时刻到来。

谢安派遣侄子谢玄组建北府兵，以北方流落到江淮一带的健儿为主力，经过六年时间的训练，北府兵已经拥有十分惊人的战斗力。

公元382年，谢安任命谢玄为征北大将军指挥北府兵，在祖逖、桓温等人之后，东晋朝再次北伐消息传出，前秦举朝震惊。

苻坚为了臣心和军心一统，在灭绝图谶之学的时候，令骁骑将军吕光等率兵进军西域。临走时苻坚对吕光说：我伐龟兹，不是贪他的地方，而是为了得到鸠摩罗什，贤哲的人是国家的大宝。

此时前秦内部的分裂已经初露端倪。

十月，苻坚大会群臣于太极殿，对群臣道："我继承王业已有三十年，如今北方统一，只有东南一隅不属秦地。如今大略计算，秦有士卒九十七万，我将亲自伐晋，不知群臣以为如何？"

秘书监朱肜认为伐晋必胜无疑。尚书仆射权翼却认为，晋朝君臣和睦，谢安、桓冲皆为江表伟人，内外同心，未必可图。

太子左卫率支持权翼的看法，他指出：晋朝据有长江天险，而且百姓为其所用，秦国难以取胜。

苻坚坚持道："以我之众，投鞭于长江，可以截断长江水流，东晋又有何险可恃呢？"

群臣各言利弊，久而不决。

苻坚只好让群臣退出，但将阳平公苻融留下了。

苻坚要苻融发表看法，苻融对道："伐晋有三难：天道不顺，晋朝无内乱，我方经战争而士卒疲劳。因此言晋不可伐者皆为忠臣。”

苻坚不听，苻融泣而进言：“我担忧的并不是东南的晋朝，倒是在陛下周围受宠的鲜卑、羌、羯等族。倘若陛下出征，只恐京师发生变乱。再说，陛下常将丞相王景略比作诸葛亮，为什么不想想他临终不要伐晋的遗言呢？”

苻坚仍然固执己见。太子苻宏、沙门道安、苻坚宠幸的张夫人、幼子苻诜也先后劝谏，苻坚坚决不听。

只有冠军将军、京兆尹慕容垂别有用心地对苻坚说：“弱并于强，小并于大，是必然趋势，以秦国虎旅百万，何愁不灭晋朝？”

苻坚听后大喜道：“与我共定天下者只有你一人！”

而这一年前秦刘兰讨蝗幽州，经秋冬不能灭。十二月，有司奏请征兰下廷尉。

苻坚曰：“灾降自天，非人力所能除，此由朕之失政，兰何罪乎？”

是岁，秦大熟，上田亩收七十石，下者三十石，蝗不出幽州境，不食麻豆，上田亩收百石，下者五十石。

前秦有了粮食，也就有了淝水之战的资本。

淝水之战于是决定下来。

公元383年一场著名的战役在安徽寿县打响，这是世界军事史上以少胜多的著名战例，这场战役中产生了许多成语，比如投鞭断流、风声鹤唳、草木皆兵等。

公元383年8月，苻坚亲率步兵六十万、骑兵二十七万、羽林郎（禁卫军）三万，共九十万大军从长安南下。同时，苻坚又命梓潼太守裴元略率水师七万从巴蜀顺流东下，向建康进军。

近百万行军队伍“前后千里，旗鼓相望。东西万里，水陆齐进”。苻坚骄狂地宣称：“以吾之众旅，投鞭于江，足断其流。”

这就是著名典故“投鞭断流”的来历。

东晋王朝在强敌压境，面临生死存亡的危急关头，以丞相谢安为首的主战派决意奋起抵御。

经谢安举荐，晋帝任命谢安之弟谢石为征讨大都督、谢安之侄谢玄为先锋，率领经过七年训练，有较强战斗力的北府兵八万沿淮河西上，迎击秦军主力。派胡彬率领水军五千增援战略要地寿阳（今安徽寿县）。

任命恒冲为江州刺史，率十万晋军控制长江中游，阻止秦巴蜀军顺江东下。

十一月，谢玄派遣勇将刘牢之率精兵五千奔袭洛涧，揭开了淝水大战的序幕。

由于前秦军紧逼淝水西岸布阵，晋军无法渡河，只能隔岸对峙。

谢玄派使者去见苻融，用激将法对他说："君悬军深入，而置阵逼水，此乃持久之计，非欲速战者也。若移阵少却，使晋兵得渡，以决胜负，不亦善乎？"

前秦军诸将都表示反对，但苻坚认为可以将计就计，让军队稍向后退，待晋军半渡过河时，再以骑兵冲杀，这样就可以取得胜利。

苻融对苻坚的计划也表示赞同，于是就答应了谢玄的要求，指挥前秦军后撤。但前秦兵士气低落，结果一后撤就失去控制，阵势大乱。

谢玄率领八千多骑兵，趁势抢渡淝水，向前秦军猛攻。

朱序则在前秦军阵后大叫："秦兵败矣！秦兵败矣！"

前秦兵信以为真，于是转身竞相奔逃。

谢石挥军水陆并进，直抵淝水（今淝河，在安徽寿县南）东岸，在八公山边扎下大营，与寿阳的前秦军隔岸对峙。

苻坚站在寿阳城楼上，一眼望去，只见对岸晋军布阵整齐，将士精锐。连八公山上的草木，他也感到类似人形，误认为是晋兵，颇为惊慌，对苻融说："此亦劲敌，何谓弱也？"

这就是著名典故"草木皆兵"的来历。

苻融眼见大事不妙，急忙骑马前去阻止，以图稳住阵脚，不料战马被乱兵冲倒，被晋军追兵杀死。

失去主将的前秦兵越发混乱，彻底崩溃。前锋的溃败，引起后续部队的惊恐，也随之溃逃，形成连锁反应，结果全军溃逃，向北败退。前秦军溃兵沿途不敢停留，听到风声鹤唳，都以为是晋军追来。

这就是著名典故"风声鹤唳"的来历。

晋军乘胜追击，一直到达寿阳附近的青冈。

前秦兵人马相踏而死的，满山遍野，充塞大河。苻坚本人也中箭负伤，单枪匹马逃回洛阳。

晋军收复寿阳，谢石和谢玄派飞马往建康报捷。当时谢安正跟客人在家下棋，他看完了谢石送来的捷报，不露声色，随手把捷报放在旁边，照样下棋。

客人知道是前方送来的战报，忍不住问谢安："战况怎样？"

谢安慢吞吞地说："孩子们到底把秦人打败了。"

客人听了，高兴得不想再下棋，想赶快把这个好消息告诉别人，就告别走了。谢安送走客人，回到内宅去，他的兴奋心情再也按捺不住，跨过门槛的时候，踉踉跄跄的，把脚上的木屐的齿也碰断了。

这是著名典故“围棋赌墅”“折屐齿”的来历。

东晋太元八年（公元 383 年）十二月，东晋放开酒禁，这是东汉建发中曹操严令酒禁以来第一次开禁。同时增加米税，每口五石。

足以见得，当时谢安知道淝水之战赢了之后，他的内心是多么惊喜。

淝水之战，前秦军被歼和逃散的共有七十多万。唯有鲜卑慕容垂部的三万人马尚完整无损。

苻坚统一南北的希望彻底破灭，不仅如此，北方暂时统一的局面也随之解体，再次分裂成更多的地方民族政权，鲜卑族的慕容垂和羌族的姚苌等他族贵族重新崛起，各自建立了新的国家，苻坚本人也在两年后被姚苌俘杀，前秦随之灭亡。

淝水之战，惊艳也好，诡异也罢，都将成为中国战争史上最为传奇的一战；也成为以少胜多的著名战例载入军事史，对后世兵家的战争观念和决战思想产生着久远影响。

淝水之战使东晋王朝的统治得到了稳定，有效地遏制了北方少数民族南下侵扰，为江南地区社会经济的恢复和发展提供了必要的契机，以至于今天的人们仍然认为淝水之战是保存中华民族血脉的关键一战。

从长期看，淝水之战最重要的作用是使得流落到南方的汉族中原文化得以延续和发展，并且直接影响了此后隋唐等统一王朝的精神实质。

直到公元 589 年才有隋文帝杨坚的“天下大同”“区宇一清”。

至此已去淝水之战二百零六年。

第三十三章　谢安被迫交权

那么，谢安在淝水之战以后，他是否跟谢玄的下场一样呢？

公元384年，丰城宣穆公桓冲闻谢玄等有功，自以失言，惭恨成疾，二月卒。朝议欲以谢玄为荆、江二州刺史。

谢安自以父子名位太盛，又惧桓氏失职怨望，乃以梁郡太守桓石民为荆州刺史，河东太守桓石虔为豫州刺史，豫州刺史桓伊为江州刺史。

谢安此时因为桓冲去世，而做了准备，扶持桓氏步入朝野。

谢安的女婿王国宝粉墨登场，走上历史舞台中央。

王国宝是什么人呢？

王国宝字国宝，太原晋阳人。中书令王坦之第三子，东晋后期奸臣。

他虽然是谢安的女婿，但是因为品行不端，谢安并未予以重任。琅琊王司马道子的王妃是王国宝的堂妹，王国宝便投靠司马道子门下，并在皇帝面前诋毁谢安，使得谢安出镇广陵避祸。

谢安因为王国宝想要夺权，又因为桓温后人想要夺回政权，于是他做出了令人震惊的事情。

太元十年（公元385年）四月，谢安借口救援苻坚，主动交出手上权力，自请出镇广陵的步丘，建筑新城来避祸。

孝武帝在西池为谢安设筵饯行，并敬酒赋诗。谢安虽受朝廷嘱托，但隐居东山的志趣始终未消失，每每露于形色。及至出镇新城，携带全家前往，制造泛海的船只和装备，打算等到天下大体安定后，从水道回东山。

但不久后，谢安病重。

上书朝廷请求估量时局停止进军，并召其子征虏将军谢琰解甲息兵，命龙骧将军朱序进据洛阳，前锋都督谢玄与彭城、沛县之敌对峙，委任谢玄为督察。

孝武帝诏令侍中赴新城慰劳，谢安获准返回建康。

听说自己的车驾已进入建康的西州门，自以为壮志不成，功业未就，因而感慨万分，对所亲近的人怅然道："从前桓温执政时，我常常担心不能保全自身。忽然有一天梦见自己乘坐桓温的车驾走了十六里地，看见一只白鸡后停了下来。乘坐桓温的车驾，预兆将代替他执掌朝政。十六里，从我执政到今天刚好十六年了。白鸡属酉，如今太岁星在酉，是凶兆，我这一病大概再也起不来了！"

于是上书逊位，孝武帝派侍中、尚书晓喻朝廷旨意。

之前，谢安从石头出发，金鼓忽然破碎，又加上谢安说话从不出差错，这一天忽然出现谬误，众人觉得十分奇怪。

为什么谢安会觉得桓温执政的时候自己不能保全自身，又梦见桓温车驾了呢？

在图谶之学盛行的魏晋时期，谢安也是图谶的大家，除了跟郭璞一样自己给自己占卜以外，谢安怕是想起了自己跟桓温、桓冲兄弟的交易。

那是因为桓玄的缘故。

桓玄是谁呢？

楚武悼帝桓玄（公元369年—公元404年），字敬道，小字灵宝，谯国龙亢（今安徽怀远）人，谯国桓氏代表人物，东晋将领、权臣，大司马桓温之子。形貌瑰奇，风神疏朗，袭爵南郡公，世称"桓南郡"。先后消灭殷仲堪和杨佺期，除掉执政的司马道子父子，把持朝权。历任侍中、都督中外诸军事、丞相、录尚书事、扬州牧，领徐州刺史，相国、大将军，晋封楚王。

大亨元年（公元403年），威逼晋安帝禅位，在建康建立桓楚，改元"永始"。

不久，刘裕举北府兵起义，桓玄败逃江陵重整军力，遭西讨义军击败。试图入蜀，被益州督护冯迁杀死，时年三十六岁。博综艺术，善属文，著有《桓玄集》二十卷。

据说桓玄出生时，有光照亮房间，占卜者都感到奇异，故得小名灵宝。

《异苑》则记载说桓玄出生时光芒满室，有个善于占卜的人说："此儿生有奇耀，宜目为天人。"并取名为"神灵宝"。

桓温嫌他取的名字有三字，便减去"神"一字，名曰"灵宝"。

史学家周一良认为，桓玄的名字有"道""灵宝"等字眼，是桓氏其信奉天师道的标志。

桓玄一出生可谓是天降异象。

桓玄小时，与一众堂兄弟斗鹅，但桓玄的鹅总是不及堂兄弟，于是有一晚到鹅栏杀死了堂兄弟们的鹅。

天亮后家人都惊骇不已，以为发生了怪事，向桓冲报告。桓冲心知是桓玄做的，一问，果然如此。

桓玄一如桓温，从很小的时候就是个猛人。

晋孝武帝宁康元年（公元 373 年），桓温去世，遗命其弟桓冲统率其军队，并接任扬州刺史，以时年五岁的桓玄承袭其封爵南郡公。

两年后，桓玄的服丧期满，桓冲亦离任扬州刺史，扬州文武官员与桓冲告别，桓冲摸着桓玄的头说："这是你家的旧官属呀。"

桓玄听后就掩面哭泣，众人都对这反应感到诧异。

此时桓冲已经表现出了对桓玄的重视与认可。

桓玄长大后，相貌奇伟，神态爽朗，博通艺术，亦善写文章，对自己的才能和门第颇为自负，总认为自己是英雄豪杰。

然而由于其父桓温晚年有篡位的迹象，所以朝廷一直对他深怀戒心，而不敢任用。

十五岁的桓玄越发地像他父亲桓温，总认为自己是少年英雄。

此时桓玄认识了一个人：殷仲堪。

殷仲堪是谁？

陈郡长平（今河南西华）人，东晋太常殷融之孙，晋陵太守殷师之子。东晋末年重要将领、大臣。官至荆州刺史，曾两度响应王恭讨伐朝臣的起事，在王恭死后与桓玄及杨佺期结盟对抗朝廷，逼令朝廷屈服。后来却被桓玄袭击，逼令自杀。

《世说新语》记载，有一次桓玄去拜访殷仲堪，殷仲堪正在侍妾的房里睡午觉，殷仲堪手下的人谢绝给他通报。

桓玄后来谈起此事，殷仲堪说：“我从来不睡午觉。如果有这样的事，难道就不能以敬贤之心代替好色之心吗？”

由此可以看出，桓玄跟殷仲堪的私交不错。

《世说新语》记载，一次桓玄与殷仲堪谈话，还与顾恺之一起开玩笑地说些令人害怕的断句，如“百岁老翁攀枯枝”等。

当时殷仲堪有一参军在座，插口道：“盲人骑瞎马，夜半临深池。”殷仲堪以其影射自己瞎了一眼，故说：“咄咄逼人！”

这说明桓玄跟殷仲堪、顾恺之都是好友。

而殷仲堪和顾恺之为什么是桓玄的好友呢？

殷仲堪能清谈，擅长写文章，常说三日不读《道德论》，就觉得舌根僵硬。其谈论义理与韩伯齐名，雅士们都喜爱、羡慕他。后来补任佐著作郎。

太元四年（公元 379 年），冠军将军谢玄镇守京口，请殷仲堪担任参军。朝廷任命他为尚书郎，没有就职。谢玄任命他为长史，十分信任器重他。

而殷仲堪亦曾写信给谢玄，建议他安抚怀柔北方士民，以取悦其心，配合军事行动瓦解北方政权的对抗之心，以图统一。谢玄深为赞同殷仲堪的政见。

可以说殷仲堪是谢玄好友，而且是谢玄的参谋。

因此桓玄可以通过殷仲堪了解谢玄的一举一动，了解谢家的安排。

除此之外，桓玄的姐夫是殷仲文。

殷仲文是谁？

殷仲文，字仲文，陈郡长平人，太常殷融之孙，吴兴太守殷康之子，南蛮校尉殷觊（殷颉）之弟，东晋大臣、诗人。

殷仲文跟殷仲堪的关系一如王敦和王导的关系，同一个爷爷的堂兄弟。

殷仲文少有才华，容貌俊美。被堂兄殷仲堪推荐，担任会稽王司马道子的骠骑参军。殷仲文的妻子是桓玄的姐姐，恰逢桓玄与朝廷有矛盾，因此受到怀疑被人离间，降为新安太守。

也就是说，学习期间的桓玄要通过殷仲文去了解司马道子的一切行为。

此时桓玄不仅要了解谢玄，还要了解司马道子。

那么桓玄了解这些人，与谢安去世有什么关系呢？

谢玄回到淮阴后，患上疾病，上疏请求解除职务，诏令不许。谢玄又自陈述，说既然不能履行职责，恐怕会荒废军务。诏令让他移镇东阳城。

谢玄便奉命上路，途中上疏朝廷，申述报国之忠心及壮志未酬的遗恨，并以病重恳求解职。

后遂以“谢玄文”谓去职归山。

桓玄家里有一家丑：桓玄的哥哥被人休弃，嫂嫂改嫁他人。

这个嫂嫂就是东晋简文帝司马昱第三女，司马道福。她也是晋简文帝司马昱第七子司马道子的亲姐姐。

司马道福初封余姚公主，嫁桓温之次子桓济，桓济想谋杀叔父桓冲，被流放，司马道福与其和离。

王献之与表姐郗道茂离婚后，和司马道福结婚。

郗道茂的父亲郗昙刚去世不久，女儿玉润也去世，无依无靠的郗道茂最后抑郁而亡。

《世说新语·简傲》里记载王献之和郗家交恶：郗家的重要人物郗嘉宾（郗超）死了，王献之和哥哥们去吊丧，他们衣着宽大随便，穿着高底拖鞋，样子漫不经心。

郗家请他们坐，他们说：“我们忙着呢，没时间坐。”等他们走后，郗家人气得大骂，说要是郗嘉宾还活着，准得教训他们。

而桓温和桓玄也是认识王献之的，有一次，桓温让王献之在扇子上写字。王献之挥笔便写，突然笔落扇上，将字污染，王献之便将墨迹改画成黑马母牛，画得十分美妙。

桓玄若是愤怒王献之迎娶了他原本的嫂嫂给桓氏丢脸，那么郗氏更是憎恨王献之离弃郗道茂。

于是，桓玄也就有了机会跟郗氏联手。

王献之曾与兄长王徽之、王操之一起拜访谢安，两位兄长多谈世俗事，王献之只随便说了几句问候的话。离开谢家后，客人问谢安王氏兄弟的优劣，谢安说：“小的优。”

客人问原因，谢安回说：“大凡杰出者少言寡语，因为他不多言，所以知道他不凡。”

太元五年（公元 380 年），谢安因功进拜卫将军，王献之仍担任其长史。不久，授职建威将军、吴兴太守，征拜入朝担任中书令。

换言之，王献之就是谢安身边的秘书，更是谢安的心腹。

若是桓玄跟郗氏联手对付王献之，谢安和谢氏也必然受牵连，于是桓玄找到了报复司马道福、惩罚王献之，又能提醒谢安的方法：当年桓温、桓冲跟谢安做的那个交易。

于是就有了《世说新语》记载的，王献之病重，请道家人主持上表文祷告，本人应该坦白过错，道家问王献之一向有什么异常和过错。王献之说："想不起有别的事，只记得和郗家离过婚。"

毕竟桓玄全家都信天师道。

只是怎么针对王献之呢？

那就要找到既嫉妒王献之，又能在谢安身边下手的人。

哪个人最合适呢？

没错，王坦之第三子王国宝，也就是谢安的女婿。

王国宝向司马道子中伤谢安，并经司马道子传至晋孝武帝那里，令孝武帝亦对谢安有所顾忌。

因为岳父谢安不能给王国宝足够高的官职，也不给王国宝出人头地的机会，名利导致王国宝心理扭曲。

那么猜忌谢安的晋孝武帝又是谁呢？

晋孝武帝司马曜字昌明，东晋第九任皇帝。晋简文帝司马昱第六子，母为李陵容。

司马曜四岁时被封为会稽王，咸安二年（公元 372 年）晋简文帝驾崩前夕被立为皇太子并继承皇位，时年十一岁。

最初由大司马桓温辅政，宁康元年（公元 373 年）桓温死，由从嫂崇德太后褚蒜子临朝听政。太元元年（公元 376 年）太后归政，实权由谢安为代表的陈郡谢氏掌握。

太元八年（公元 383 年）在谢安等的辅佐下，击败前秦大军，赢得淝水之战的胜利，保全了东晋王朝的国运。

司马曜利用士族门阀人才断层的空档期，致力于冲破门阀政治的格局，恢复司马氏皇权，遂以其弟司马道子代替谢安执政，并成为东晋开国江左以来最有权力的君主。

但他耽于享乐，沉湎酒色，又与司马道子争权，形成"主相相持"的局面，造成朝政日趋昏暗。

后因司马曜与宠姬张贵人酒后戏言，导致张贵人一怒之下叫来心腹宫人将熟睡的司马曜用被子捂死，对外宣称其在睡梦中魇崩。

司马曜驾崩时年仅三十五岁。死后庙号烈宗，谥号孝武皇帝，葬于隆平陵。

没错，司马曜就是那个因为一句戏言，被自己的后妃直接用被子捂死的皇帝。

那么，司马曜为什么要收拢权力在自己手里呢？他又是怎么收拢权力并针对谢安的呢？

首先，我们了解一下晋孝武帝司马曜的生平。

东晋自司马睿开国江左以来，一直处于士族门阀的轮流支配之下，形成门阀政治的格局，而除了元帝司马睿、明帝司马绍稍有作为以外，其他皇帝几乎都是傀儡般的存在。

到了简文帝司马昱时，这种皇权不振、士族专权的局面更达到极点，桓温完全掌控了朝廷大政，连谢安都视其为“君”，史称“政由桓氏，祭则寡人”，而他的野心则是要简文帝“禅位于己”，达到倾移晋鼎的目的。

简文帝登基仅八个月便得了重病，于咸安二年（公元372年）七月二十三日连发四诏，催促尚居姑孰的桓温入朝辅政，桓温故意推辞；五天后，简文帝病情加剧，遂册封会稽王司马曜为皇太子，并遗诏“大司马温依周公居摄故事”，又说“少子可辅者辅之，如不可，君自取之”。

晋朝国运可以说到了千钧一发的地步，因为桓温完全可以凭借简文帝遗诏而篡晋自立，这是其他士族所不愿看到的。

因此，出身太原王氏的侍中王坦之当着简文帝的面撕掉了诏书，简文帝被迫同意将遗诏改为“家国事一禀大司马，如诸葛武侯（诸葛亮）、王丞相（王导）故事”。随即简文帝驾崩。

但群臣中仍有慑于桓温淫威的人提议：“当需大司马处分。”出身琅琊王氏的尚书仆射王彪之正色说：“天子崩，太子代立，大司马何容得异？若先面谘，必反为所责。”

于是朝议确定，皇太子司马曜登基为帝，是为孝武帝。

崇德太后以司马曜年幼，又在为大行皇帝服丧为由，再次命桓温依周公居摄故事。

命令下达后，王彪之说：“此异常大事，大司马必当固让，使万机停滞，稽废山陵，未敢奉令，谨具封还。”此令遂未施行。

就在晋室命悬一线的关键时刻，各家士族门阀联手阻止了桓温篡晋的阴谋，确保了司马曜的顺利即位及东晋王朝的延续。

孝武帝司马曜刚继位三个月，就发生了道教徒卢悚率众三百人攻入建康殿庭，掠取武库兵器，欲复辟海西公司马奕的变乱。此乱矛头直指桓温，客观上增加了王、谢等士族抗拒桓温的效果。

桓温在宁康元年（公元 373 年）二月自姑孰入京，风传他有诛王、谢，移晋鼎的打算，王坦之、谢安等严阵以待，桓温只就前一年冬所谓彭城妖人卢悚率众突入殿庭一事穷加究治。稍后桓温生病，病中犹要求朝廷为其加九锡，王坦之、谢安等延宕其事。

是年七月，桓温死，孝武帝继位之初的危机总算有惊无险地渡过了。

这对于时年十一岁的司马曜而言，可谓惊心动魄，促成了司马曜少年老成的性格，也让司马曜看到了桓温这样重臣擅权的可怕后果。

于是，将君权收回成为少年司马曜内心中最重要的目标。

桓温虽死，门阀政治的格局依然延续。由于孝武帝年幼，为了防止桓温之弟桓冲等谯国桓氏人物继续专权，谢安在桓温死后请出孝武帝从嫂崇德太后褚蒜子第三次临朝听政。

史载："时天子幼弱，外有强臣，安与坦之尽忠辅卫，卒安晋室。"

谢安和王坦之在拥立孝武帝、匡扶晋室的过程中立下大功，自然也得到报偿。

所以，东晋实权仍由士族门阀把持，只不过由谯国桓氏逐渐转移到太原王氏和陈郡谢氏手中。

此时少年司马曜已经明白，他的敌人不仅仅是桓温，还有谢安和王坦之。

宁康三年（公元 375 年）五月，王坦之死，谢安势力更盛，与桓冲分处中外，形成东晋权力结构的平衡。

同年八月，孝武帝大婚，迎娶太原王氏名士王濛的孙女王法慧为皇后，其弟琅琊王司马道子也迎娶王坦之的从侄女为王妃，这不仅使太原王氏的影响力继续存在于东晋朝廷，也为孝武帝后期主相相持的政局埋下伏笔。

太元元年（公元 376 年）正月初一，孝武帝加元服，崇德太后归政，谢安以中书监录尚书事，成为名副其实的宰相。

谢安当权的最大弱点在于没有可靠的军事力量作为支撑。由于对内要防范仍在荆州盘踞的桓冲势力，对外要对付日益强盛的前秦政权，陈郡谢氏对于武力的需求迫在眉睫。

太元二年（公元 377 年），谢安推举自己的侄儿谢玄为兖州刺史，镇守广陵（今江苏扬州），两年后又兼领徐州刺史，驻节北府（今江苏镇江）。

谢玄在此期间招募刘牢之、何谦、诸葛侃、高衡、刘轨、田洛及孙无终等骁将，整合他们麾下以流民为主的军队，组成了赫赫有名的北府兵。

北府兵战斗力极强，不仅巩固了陈郡谢氏的势力，更为江左华夏政权的存续提供了坚强的保障。

淝水之战，北府兵节节胜利让晋孝武帝司马曜意识到北府军存在的可怕，更明白北府军会让谢安成为下一个镇守武昌，北上可直取洛阳、长安的桓温。

于是，淝水之战的胜利虽然延续了东晋王朝的命脉，但内部的权力结构却发生了微妙的变化，随之而来的则是统治集团的内讧。

在门阀政治下隐忍已久的孝武帝司马曜在前秦南侵期间的太元八年（公元383年）九月便以胞弟琅琊王司马道子录尚书六条事，开始分谢安的权。

陈郡谢氏主导了淝水之战的胜利，却遭遇功高不赏的窘境。

这一是因为长江上下游的桓、谢矛盾，但该矛盾由于淝水之战后不久桓冲死去、桓氏暂时无人而化解；

二是因为孝武帝、司马道子代表的司马氏皇权向士族门阀的挑战，这是导致谢氏面临危机的主要原因。

于是桓玄才有机会撺掇太原王氏的王国宝等人以谗谀之计离间孝武帝与谢安的关系，因为桓玄笃定谢安本有名士情结，不愿落下争权夺利的骂名，不愿在青史上有污名，谢安最终作出让步。

对王濛和王国宝来说，王濛是王济、王聿那一支的，王国宝是王述、王坦之这一支的，王濛和王国宝作为堂兄弟，同样迎娶太原王家女儿的司马曜和司马道子在借机争权，也便是太原王家女婿之间的争夺战。

于是，司马曜和司马道子借助陈郡谢安的蹊跷病逝开始分食谢家的势力。

谢安为吏部尚书的时候，王导的嫡孙王珣娶谢万的女儿为妻，王珉娶谢安的女儿为妻，均夫妻不和。

谢安鄙薄王珣为人，不惜与琅琊王氏嫡系一支交恶，让侄女和女儿离婚改嫁。双方因此不通往来许多年。

于是王珣也加入了打压谢安的队伍，王珣为什么那么恨谢安呢？

最重要的原因，王珣是桓温、桓熙、桓玄、郗氏的朋友。

王珣和郗超都有奇才，受到大司马桓温的器重和提拔；王珣任主簿，郗超任记室参军。郗超的胡子很多，王珣身材矮小。

当时荆州人给他们编了几句歌谣说："大胡子的参军，矮个子的主簿；能叫桓公欢喜，能叫桓公发怒。”

也因此，王珣愤怒王献之跟郗道茂的离婚事件，打算帮助郗氏报复。

王珣曾与桓熙兄弟一同乘马出游郊野，同行的人都紧随着桓熙兄弟，唯独王珣独自在数十步后跟着，众人都不明白其动机。出游过后，桓熙等人都已经十分疲倦，回程时原先走在前的人都像属官，唯独王珣精神抖擞地在前，时人都赞他的机智敏悟。

更因为王珣是桓熙的兄弟，桓熙是桓温的长子，是桓玄的大哥。所以桓玄跟王珣也是好友。

王珣弱冠时为桓温的掾属，与谢玄一起为桓温所敬重，桓温曾经说道：“谢掾（谢玄）四十岁时，一定统军持节。王掾（王珣）会做黑头公，都没有使人才被浪费啊！”

而二十岁的王珣很不喜欢谢玄，因为嫉妒谢玄比自己成就高。

在桓玄、王国宝、王珣、郗氏的联手合作下，司马曜与司马道子的推波助澜下，谢安、王献之、谢玄相继去世。

公元 385 年，谢安病逝于建康，享年六十六岁。孝武帝闻讯后，在朝堂里哭吊三天，赐棺木、朝服一具，衣一套，钱百万，布千匹，蜡五百斤，追赠太傅，谥号文靖。

因为谢安没有私宅，孝武帝于是诏令在其官府中备办丧事仪式。到下葬时，其葬礼规格与桓温相同。又因击败苻坚的功勋，被追封为庐陵郡公。

于是有了晋孝武帝司马曜拿桓温的规格来警告追随谢安的人，谢安在司马氏的心目中到底是怎样的存在。

其后，王珣调任侍中，很受晋孝武帝司马曜的倚重。后转任辅国将军、东吴内史，任内深得当地士庶之心。

王珣能够被升官，与王珣、王国宝、桓玄联手打压谢安，迎合了司马曜和司马道子的心不无关系。

也才有了后来《世说新语》的记载：王珣因与其妻谢氏离婚而与谢安交恶，至谢安去世后，他出京向王献之说：“我想去哭吊谢公。”

王献之惊讶地说：“我就是希望你这样做。”

王珣便去了谢安的丧礼。他到后，督帅刁约阻止道：“大人活着时，不会见你这个客人。”

但王珣不理他，直接走进去哭吊，并且哭得十分伤心。

王珣去哭吊谢安，除了真的心疼大晋失去了一个风流宰辅，更重要的是去看看自己政敌最后的结局。

公元 386 年，王献之因长期服散致疾，为避娶新安公主，又曾灸足，落下后遗症，最终于太元十一年病逝，年仅四十三岁。

当然，这也为王珣埋下了跟谢安女婿王国宝整顿的隐患。这算是郗恢为姐姐郗道茂报仇的结局。

那么，郗恢是谁？

升平五年（公元 361 年），父亲郗昙去世，郗恢承袭东安县开国伯的爵位。后担任散骑侍郎，多次升迁后仕至给事黄门侍郎，领太子右卫率。

当时晋孝武帝好典籍，郗恢与王珣等人都以才学和文章而得孝武帝亲近。

而当时王珣等人与会稽王司马道子的亲信王国宝不和。孝武帝器重郗恢，更对他寄予厚望，想派他出镇外藩，望可以外藩的军事力量平抑日后王珣及王国宝之间的矛盾。

为什么郗恢会成为王珣和王国宝，也就是琅琊王家和太原王家调和的关键？

郗恢的妻子是谢道粲，王献之是郗恢表弟，王珣是郗恢曾经的表姐夫，王国宝是郗恢妻子的堂姐夫。

郗恢跟王珣和王国宝都是亲戚，能够在这两个人面前说上话。

但是，郗恢虽然会调和王珣和王国宝的关系，却因为帝心的关系，不会帮助谢玄。

公元 388 年，谢玄所上的十余道奏疏都被扣住，未予答复。许久后，朝廷才调谢玄为散骑常侍、左将军、会稽内史。谢玄抱病登车去会稽郡任职。

谢玄在会稽去世，终年四十六岁。朝廷追赠车骑将军、开府仪同三司，谥号献武。

谢家至此没落了，而司马曜与司马道子在铲除谢家后，开始内部斗争。

尽管孝武帝实现了亲政，“威权己出”，但他显然不是一位合格的君主。孝武帝与其弟司马道子一起沉湎酒色，把宫廷搞得乌烟瘴气，又信奉佛教，宠幸僧尼，朝政日益昏暗。

然而，在孝武帝和司马道子“酣歌为务”的表面下，兄弟之间却潜藏着深刻的矛盾，从而形成了太元后期的“主相相持”格局。

主相相持直接表现为外戚太原王氏内部的矛盾，即孝武帝王皇后出身的王恭一系和琅琊王妃出身的王国宝、王忱一系之间的斗争。

王忱，字元达，小字佛大，太原晋阳人，东晋大臣。中书令王坦之第四子，尚书右仆射王国宝之弟。弱冠知名，与王恭、王珣俱流誉一时。

王恭，字孝伯，小字阿宁，太原晋阳人，东晋大臣、外戚。司徒左长史王濛之孙，会稽内史王蕴之子，孝武定皇后王法慧之兄。

太元十七年（公元 392 年）十月，王忱病死于荆州刺史任上，激起了孝武帝夺回荆州的努力，东晋政局又为之一变。

司马道子欲以王国宝继其弟为荆州刺史，孝武帝自然不乐见荆州这块肥肉落入司马道子手中，他迅速采取行动，不经司马道子所控制的吏部铨选，以“中诏”任命心腹近臣殷仲堪为荆州刺史。

与此同时，孝武帝还任命“以才学文章见昵”的郗恢代替以老病退的朱序为雍州刺史，镇守襄阳。通过这一系列的人事变动，孝武帝在主相相持中占了上风。

孝武帝的皇后是“嗜酒骄妒”的王法慧，她在太元五年（公元 380 年）去世，此后孝武帝未再立后，而是宠幸淑媛陈归女和张贵人。

太元二十一年（公元 396 年）九月二十日，孝武帝在后宫清暑殿中与张贵人一起喝酒。

孝武帝喝高了，对张贵人开玩笑说：“你年近三十，美色大不如前，又没生孩子，白占着一个贵人的名位，明天我就废了你，另找个年轻貌美的姑娘。”

张贵人听了后内心妒火中烧，而烂醉如泥的孝武帝毫无察觉，玩笑越开越厉害，张贵人遂起杀心。

她先让孝武帝周边的宦官们也喝醉，等孝武帝和宦官们纷纷醉倒睡去后，她召来心腹宫女，乘孝武帝熟睡之际，用被子把睡梦中的孝武帝给活活捂死了。

中书令王国宝深夜前来，叩打禁宫的大门，打算进去替皇帝撰写遗诏，被王恭之弟侍中王爽阻止。

而当时司马道子（已徙封会稽王）也终日声色犬马，由其子司马元显执政，这对父子原本就站在孝武帝的对立面，对孝武帝之死求之不得，因而对张贵人不予追究。

皇太子司马德宗即位，是为晋安帝，晋安帝的智力残疾程度甚于晋惠帝，自然也不会追究父皇之死。

于是，大晋第二个智商有缺陷的皇帝：晋安帝司马德宗上线。

司马德宗（公元 382 年—公元 419 年），字安德，晋孝武帝司马曜长子，晋恭帝司马德文同母兄。

安帝愚笨，不擅长说话，据《晋书·帝纪第十》记载他甚至连冬夏都无法区别。因此安帝继位后东晋皇帝的权力大大下降，朝外许多将军实际上自立，不受君命，朝内的权力也落在了大臣手中。安帝初期，朝廷政策主要由会稽王司马道子及其子司马元显主持。

那么，傀儡皇帝司马德宗的大晋又发生了什么事呢？失去了谢家的大晋，又会发生什么事呢？

第三十四章 五胡十六国记

提到司马德宗时期的大晋，就要梳理一下什么叫魏晋南北朝了。

南北朝是什么？五胡十六国又是什么呢？

我们先解释下南北朝。

南北朝（公元 420 年—公元 589 年）是南朝和北朝的统称。南北朝时期是中国历史上的一段大分裂时期，也是中国历史上的一段民族大融合时期，上承东晋十六国下接隋朝，由公元 420 年刘裕代东晋建立刘宋始，至公元 589 年隋灭陈而终。

南朝（公元 420 年—公元 589 年）有刘宋、南齐、南梁、南陈四朝。

南朝作为汉族政权和东晋的延续，其各朝皇族主要是士族或次级士族，因为在东晋末期之后，军职大多由士族或次级士族等担任。

北朝（公元 386 年—公元 581 年）则包含北魏、东魏、西魏、北齐和北周五朝。

北朝承继五胡十六国，为胡汉融合的朝代。北魏皇室多为鲜卑族，而鲜卑皇室也逐渐受到汉文化的熏陶，其中以北魏孝文帝的汉化运动最盛。

南北两方虽各有朝代更迭，但长期维持对峙形势，故称为南北朝。

大定元年（公元 581 年）二月，北周静帝禅让帝位于杨坚，即隋文帝，建立隋朝。隋文帝于开皇九年下诏灭陈，自西晋末南北分裂三百余年的中国再度统一，南北朝正式退出历史舞台。

也就是说，南北朝其实是魏蜀吴、晋朝、五胡十六国的下一个时期。

那么为什么很少提及五胡十六国呢？

十六国（公元304年—公元439年）是中国历史上的一段大分裂时期。该时期自公元304年李雄和刘渊分别在汉地巴蜀建立成国（成汉）、在中原建立汉赵（后称前赵）时起，至公元439年北魏拓跋焘（太武帝）灭北凉为止。

十六国时期，汉地江南、荆湘地区由东晋控制，而汉地北部和西南部则先后建立了二十多个国家。

其中的成汉、前赵、后赵、前凉、北凉、西凉、后凉、南凉、前燕、后燕、南燕、北燕、夏、前秦、西秦、后秦十六个国家实力强劲，北魏史学家崔鸿取其中十六个国家来代表这段时期，称这时期为“十六国”。

范围大致上涵盖汉地中部、东部、西部，最远可达漠北及西域。

那么，让我们来了解一下十六国的简史。

公元306年，巴氐族人李雄称帝，于四川成都定都，建国号大成，史称成汉。

公元315年，拓跋族人猗卢称王，建国号代，占有蒙古地区。

公元319年，汉臣刘曜称帝，定都西安，改汉为赵，史称前赵。

公元319年，前赵臣羯族人石勒称王，史称后赵。

公元337年，东晋臣鲜卑人慕容皝建燕，史称前燕。

公元351年，后赵臣氐族人苻健称王，定都陕西西安，建国号大秦，史称前秦。

公元384年，前秦臣鲜卑人慕容泓称王，建国号燕，史称西燕，占有陕西地区。

公元384年，前秦臣鲜卑人慕容垂称王，建国号燕，史称后燕，占有河北地区。

公元386年，前秦臣羌族人姚苌称帝，定都陕西西安，建国号大秦，史称后秦。

公元386年，前秦臣拓跋珪称王，建国号魏，史称北魏。

公元407年，匈奴人赫连勃勃称大单于，建国号大夏。

先说说成汉。

成武帝李雄（公元274年—公元334年）字仲俊，巴氐族，李雄带兵打败晋建平太守孙阜，大获全胜，声势复振。他自称大都督、大将军、益州牧。不久，攻克成都。

公元304年称成都王，建元建兴，公元306年称帝，国号大成，史称成汉，改元晏平。

这一年，河间王司马颙杀张方，向东海王司马越讲和。

再说说代国，也就是北魏拓跋珪追封的皇帝拓跋猗卢。

拓跋猗卢，神元帝拓跋力微之孙，桓帝拓跋猗㐌胞弟，十六国时期鲜卑拓跋部首领。容貌俊美，才智超群，胆量谋略过人。

公元295年至公元307年，统治拓跋部西部国土；公元307年，统一拓跋三部。

拓跋猗卢擅长用兵，于公元295年出兵并州，将北方各少数民族部众北迁至云中、五原、朔方。又西渡黄河攻打匈奴、乌桓各部落，将各部落击败。

代郡人卫操和他的侄子卫雄以及同郡人姬澹（一作箕澹）投奔拓跋部，劝说拓跋猗卢招纳晋朝人。

拓跋猗卢很喜欢卫操等人，于是就把国家大事托付他们，晋朝人前来归附的逐渐多了起来。自杏城以北八十里直至长城，夹道立碑，与晋朝分界而治。

晋朝东嬴公司马腾向拓跋猗卢的哥哥拓跋猗㐌求兵攻打汉赵皇帝刘渊，拓跋猗㐌与拓跋猗卢联合在西河进攻刘渊，把刘渊打败，与司马腾在汾东结盟后回师。

拓跋猗㐌、拓跋禄官分别于永兴二年（公元305年）、永嘉元年（公元307年）相继去世，拓跋猗卢于是总管三部，将其统一，并与鲜卑慕容部首领慕容廆建立外交关系。

永嘉四年（拓跋猗卢三年，公元310年），晋朝并州刺史刘琨派使者前来，将儿子刘遵送来当人质。拓跋猗卢嘉许他的诚意，以丰厚的礼品作为回报。

白部酋长反叛，率部进入西河郡，匈奴铁弗部刘虎在雁门聚众响应，进攻刘琨所辖的新兴、雁门二郡。

刘琨前来求援，拓跋猗卢派侄子拓跋郁律（拓跋弗之子）率领骑兵二万，协助刘琨作战，攻破刘虎、白部的营垒，在营垒中大肆屠杀。

刘琨与拓跋猗卢结拜为兄弟，表奏拓跋猗卢为大单于，并封为代公，以代郡作为他的食邑。

永嘉四年八月，刘渊去世，其子刘聪继位。

永嘉五年（拓跋猗卢四年，公元 311 年），刘琨部下牙门将邢延占据新兴郡叛乱，勾结刘聪进犯。拓跋猗卢派军征讨，刘聪军退走。

永嘉六年（拓跋猗卢五年，公元 312 年），刘琨派使者请求拓跋猗卢出兵征讨刘聪、石勒。拓跋猗卢因刘琨心怀忠义，便答应了他。

恰逢刘聪派其子刘粲袭击晋阳，杀害刘琨的父母，占据晋阳城。刘琨派人向拓跋猗卢通报这一消息，拓跋猗卢大怒，派长子拓跋六修、侄子拓跋普根（拓跋猗㐌之子）和将军卫雄、范班、姬澹带领几万军队作为前锋攻打晋阳，自己亲自统率二十万大军作为后援。

刘粲极为恐惧，焚毁辎重，突围逃走。拓跋部骑兵纵马猛追，斩杀刘聪部将刘儒、刘丰、简令、张平、邢延，刘聪军横尸数百里。

刘琨前来拜谢，拓跋猗卢以礼相待。

刘琨一再请求拓跋猗卢继续进军，拓跋猗卢说："我没能早来，致使你父母被杀害，心里确实感到惭愧，现在你已收复了并州的辖境。而我远道来此，兵士马匹都已疲惫，暂且等待以后再举事，刘聪不是一下子就能消灭的。"

送给刘琨一千多匹马、牛羊各一千多头和一百辆车后回师，把部将姬澹、段繁等留下来戍守晋阳。

建兴元年（拓跋猗卢六年，公元 313 年）五月，王浚派枣嵩督领各军在易水驻扎，召见段疾陆眷，想与他一起攻打石勒，段疾陆眷不来。

王浚发怒，用重金贿赂拓跋猗卢，并向慕容廆等人传发檄文，要共同讨伐段疾陆眷。拓跋猗卢派右贤王拓跋六修带领军队前去与王浚会合，结果被段疾陆眷打败。

六月，拓跋猗卢与刘琨在泾北会合，商议攻打后赵。七月，刘琨进发占据蓝谷，拓跋猗卢派遣拓跋普根驻扎在北屈。刘琨派遣监军韩据从西河往南，打算攻打西平。

刘聪派遣大将军刘粲等人阻击刘琨，骠骑将军刘易等人阻击拓跋普根，荡晋将军兰阳等人协助守卫西平。刘琨等人听说后，带兵回师。

冬季，拓跋猗卢修建盛乐城作为北都，修整平城（今山西大同）旧城作为南都。

拓跋猗卢登上平城西面的山岭，观望地势，于是又在平城以南一百里、㶟水北岸的黄瓜堆修筑新平城（位于今山西山阴南，晋朝人称为小平城），命拓跋六修镇守，统领南部。

建兴二年（拓跋猗卢七年，公元 314 年），刘琨向拓跋猗卢请求出兵攻打汉赵，拓跋猗卢与刘琨约定日期，在平阳会师。

恰逢石勒擒获王浚，拓跋猗卢所辖的一万多家成分复杂的胡人，听说石勒攻破幽州，便密谋叛乱，以响应石勒。事情泄露，拓跋猗卢把他们全部诛杀，于是征讨汉赵的计划中止。

建兴三年（拓跋猗卢八年，公元 315 年），晋朝诏令进封拓跋猗卢为代王，允许他设置属下各级官僚机构，以代郡、常山郡作为食邑。

拓跋猗卢向刘琨索要并州从事莫含，刘琨派遣莫含前往。拓跋猗卢非常重用莫含，常常让他参与制定大计。

建兴四年（拓跋猗卢九年，公元 316 年），拓跋猗卢偏爱小儿子拓跋比延，想让他作为继承人，便让长子拓跋六修出去居住在新平城，并废黜拓跋六修的母亲。

拓跋六修有匹骏马，能日行五百里，拓跋猗卢把马要过来送给拓跋比延。拓跋六修来朝见，拓跋猗卢让他给拓跋比延行礼，拓跋六修不答应。拓跋猗卢于是让拓跋比延乘坐自己的辇乘，派人当先导和随从，出去巡游。

拓跋六修远远看见，以为是自己的父亲拓跋猗卢，便在路左边伏首拜谒，来了一看，原来是拓跋比延，拓跋六修感到羞耻又惭愧，于是愤怒地扬长而去。

拓跋猗卢召见拓跋六修，拓跋六修不来，拓跋猗卢勃然大怒，率领军队讨伐拓跋六修，结果被拓跋六修打败。

拓跋猗卢穿上百姓的衣服逃到百姓中，有一个贫贱的妇人认出了他，于是被拓跋六修所杀。

公元 316 年，北魏道武帝拓跋珪称帝后，追谥拓跋猗卢为穆皇帝。

再说说前赵。

刘曜字永明，新兴郡（今山西忻州）人，匈奴族。汉赵末代皇帝，汉光文帝刘渊从子。

年幼聪慧，有非凡气度。八岁时随刘渊到西山狩猎，因天雨而在一棵树下避雨，突然一下雷电令树震动，旁边的人都吓得跌倒，但刘曜却神色自若，因而得到刘渊欣赏。

刘曜喜欢看书，但志在广泛涉猎而非精读文句，尤其喜爱兵书，大致都熟读。亦擅长写作和书法，习于草书和隶书。另外刘曜亦雄健威武，箭术娴熟，能一箭射穿寸余厚的铁板，号称神射。

刘曜亦时常自比乐毅、萧何和曹参，当时人们都不认同，唯刘聪知道其才能。

二十岁时，到洛阳游历，但被定罪要被诛杀，于是逃亡朝鲜，后来遇到朝廷大赦才回来。

刘曜亦觉得自己外表异于常人，怕不被世人所接纳，于是在管涔山隐居。

永嘉五年（公元 311 年），刘曜同石勒、王弥会攻洛阳，刘曜命其部下烧毁洛阳坊市，杀诸王公及百官以下三万余人，将晋怀帝、羊后及传国玺送于平阳。

刘曜以功被署为车骑大将军，开府仪同三司、雍州牧，封中山王，身居显职。

刘曜镇守长安以后，安定太守贾疋被护军麹允、频阳令梁肃推为平南将军，率众五万进攻刘曜，扶风太守梁综及麹特、竺恢等也率众十万会攻刘曜。

刘曜派刘雅、赵染抵御敌军，但赵染等战败。刘曜率长安全部精兵与敌军在黄丘大战，刘曜被流矢击中，于是退保甘渠。

后来刘曜攻克池阳，掠夺万余人口回长安。麹特等继续围攻长安，刘曜连战都败，于是掠夺士女八万余人退还平阳。

建元二年（公元 316 年），刘曜攻破长安外城，晋愍帝出降，西晋灭亡。严格来说，刘曜参与永嘉之乱，覆灭西晋王朝。此后，领兵镇守长安，拜相国、都督中外诸军事。

大兴元年（公元 318 年），刘聪死，由其子刘粲继位。此后，匈奴汉国形势发生了急剧的变化。

靳准因其女得宠于刘粲，逐渐窃取汉国政权，不久靳准发动政变，杀死刘粲，并将居于平阳的匈奴刘氏宗室无论少长皆斩于东市，自号大将军、汉天王，遣使向东晋称藩。

闻平阳靳准叛乱，刘曜亲自率领军队由长安出发赴平阳，行至赤壁（今山西河津西北的赤石川），遇到了从平阳出逃的太保呼延晏与太傅朱纪。

他们劝刘曜称尊号，于是刘曜即帝位，改元光初，这年是太兴元年（公元 318 年）。刘曜称帝后以朱纪领司徒，呼延晏领司空，范隆等人全都官复本位。

刘曜命征北刘雅、镇北刘策进军汾阴，当时石勒驻守河北，刘曜封石勒为大将军，同石勒成犄角之势，进攻平阳。

不久，靳准为部下靳明所杀，其众共推靳明为主，靳明送传国玺于刘曜，准备投降刘曜。石勒大怒，派主力急攻平阳，靳明向刘曜求救，刘曜派刘雅、刘策迎接靳明。

平阳士女一万五千人随靳明归于刘曜，刘曜斩靳明及靳氏男女。

不久，平阳遂被石勒攻占。这时，刘曜同石勒已成剑拔弩张之势，但因刘曜在关陇立脚不稳，有后顾之忧，所以不敢同石勒马上翻脸，授石勒为太宰、领大将军、加殊礼，以河内二十四郡封石勒为赵王，如曹操辅汉故事，想以此先稳住石勒，以便腾出手来对付关陇地区的敌对势力。

前赵汉昌元年（公元 318 年），刘曜平定靳准之乱并夺得帝位后，于次年立羊献容为皇后。羊献容为刘曜生下三子刘熙、刘袭和刘阐。

刘曜曾经问羊献容："我比起那司马家的小子如何？"

这羊献容就是晋惠帝司马衷的第二任皇后。

羊献容回答："这怎么能相提并论？陛下您是开创国家基业的圣主，他则是个亡国暗主，他连自己跟一妻一儿三个人都不能保护，贵为帝王却让妻儿在凡夫俗子手中受辱。当时臣妾真想一死了之，哪里还想得到会有今天？臣妾出身高门世家，总觉得世间男子都一个模样。但自从侍奉您以来，才知道天下真有大丈夫。"

于是刘曜更加宠爱她。

公元 319 年，刘曜称帝，追尊刘渊等历代祖先为帝。迁都长安，修建光世殿和紫光殿。立妻羊氏为皇后，儿子刘熙为皇太子，其余诸子与宗室都封王，修缮宗庙、社稷、南北郊。以水德承接晋的金德，改国号为赵。崇尚黑色，冒顿配天，刘渊配上帝，大赦境内除了犯有重罪之人。

刘曜称帝后，平定了羌氐之乱、陈安之乱，压制前凉，虎踞秦川；国内提倡汉学，设立学校，文教上有所发展。两赵相争期间，刘曜于高候之战大破石虎，几乎令石虎全军覆没。

再说说后赵。

石勒字世龙，上党武乡人，后赵开国皇帝。

靳准发动平阳政变后，正式与刘曜决裂。

公元 319 年，自称赵王，定都襄国，西取关中，东擒苟晞和曹嶷，灭亡前赵，南掠晋土，北侵代国，令后赵成为北方最强的国家，实行多项措施，推动了文教和经济的发展。

石虎，字季龙，上党武乡人，石勒的父亲石周曷朱将石虎视为己子抚养。石虎年七岁时，有善相者曰："此人貌奇有壮骨，贵不可言。"永兴年间，与石勒相失。

石虎性残忍，好驰猎，游荡无度，尤善弹，数弹人，军中以为毒患。勒白王（氏）将杀之，王（氏）曰："快牛为犊子时，多能破车，汝当小忍之。"年十八，稍折节。

嘉平二年（公元 312 年），石勒带兵从葛陂出发，派石虎带领二千骑兵开往寿春，遇到晋朝的运输船，石虎的部将兵士争先攻取，结果被纪瞻打败。

十二月，石勒派石虎与段疾陆眷在渚阳结盟，拜为兄弟。

建元二年（公元 316 年）四月，石勒派石虎到廪丘攻打刘演，幽州刺史段匹磾派他弟弟段文鸯救援刘演。

石虎攻克了廪丘，刘演逃奔到段文鸯的军中，石虎抓获了刘演的弟弟刘启后就回去了。

石虎此时抓住了刘舆的儿子，刘琨的侄子。

麟嘉二年（公元 317 年）六月，祖逖进入谯城以后，石勒派遣石虎围困谯城，王含派桓宣率军救援，石虎解围而去。祖逖上表请任桓宣为谯国内史。

六月十八日，晋王传布檄文于天下，内称："石虎胆敢率领犬羊乌合之众，渡过黄河荼毒民众，现派遣琅琊王司马裒等九军、精锐士卒三万，由水、陆四路直赴贼寇所在地，受祖逖指挥。"不久又召司马裒返回建康。

光初二年（公元 319 年），祖逖在蓬关进攻陈川（乞活军头领，陈午叔父，继陈午任），石勒派石虎率兵五万救援，两军在浚仪交战，祖逖兵败，退军驻屯梁国。

石勒又派桃豹率兵到达蓬关，祖逖退守淮南。石虎将陈川部众五千户迁徙到襄国，留下石豹守卫陈川故城。

石勒派遣石虎在朔方重创鲜卑族日六延，斩首二万，俘虏三万多人。孔苌攻取了幽州诸郡。段匹磾的士众因饥饿离散，段匹磾想移军保守上谷，代王拓跋郁律领兵准备攻击他，段匹磾丢弃妻子儿女逃奔乐陵，依附邵续。

光初三年（公元 320 年）八月，石勒派遣石虎率步兵、骑兵四万攻击徐龛，徐龛把妻子、儿子送到后赵为人质，乞求投降，石勒答应了。

蔡豹屯军于下城，石虎准备攻击他，蔡豹退守到下邳，被徐龛击败。

石虎率领军队在封丘修建城堡，然后回军，迁徙三百家士族安置在襄国的崇仁里，设置了公族大夫来统领他们。

光初四年（公元 321 年）三月上旬，石虎进攻驻守厌次城的东晋幽州刺史段匹磾，孔苌攻克了幽州辖属的多座城池。段匹磾和段文鸯、邵续等同被后赵所杀。

光初五年（公元 322 年）二月，石勒立儿子石弘为世子。派遣石虎统帅精兵四万人攻击徐龛。徐龛坚守不出战，石虎筑起长长的围墙与之相持。

七月，石虎攻取泰山，擒获徐龛送往襄国。后赵王石勒把徐龛塞进袋中，从百尺高楼上扔下摔死，又命令王伏都等人的妻子儿女割下徐龛身体上的肉吃掉，坑杀降卒三千人。

八月，石虎率领步兵、骑兵共四万人攻击安东将军曹嶷，青州的郡县有不少投降了他，石虎于是进围广固城。曹嶷出城投降，被送到襄国处死。石虎坑杀投降的士众三万人。

石虎原想把曹嶷的部众尽数杀死，青州刺史刘征说："现今让我留下，为的是统治百姓。没有人怎么统治？我准备回去了！"

石虎于是留下男女人等七百多口，配属给刘征，让他镇守广固城。

光初八年（公元 325 年），石虎率领步、骑兵四万人从成皋关入内，与刘岳在洛水以西交战，刘岳战败，被流箭射中，于是后退保守石梁。

石虎设置沟壕和栅栏把石梁四面围住，使内外隔绝。刘岳的士众饿极，杀掉战马充食。石虎又进攻呼延谟并杀了他。

刘曜亲自领军救援刘岳，石虎率骑兵三万迎击。前赵的前军将军刘黑攻击驻守八特阪的石虎部将石聪，大败石聪的军队。

同年六月，石虎攻取石梁，擒获刘岳及其将佐八十多人及氐、羌士众三千多人，都押送到襄国，并坑杀刘岳士兵九千人。

石虎随即进攻驻守并州的王腾，擒获并杀了他，坑杀其士兵七千多人。司州、豫州、徐州、兖州地区全部归入后赵，与东晋以淮水为界。

至此东晋与后赵划定了划江而治的界限。

光初十一年（公元 328 年）七月，石虎率士众四万人从轵关西进，攻击前赵的河东，有五十多个县应从，石虎于是进攻蒲阪。前赵主刘曜派河间王刘述调遣氐族、羌族士众屯驻在秦州，防备张骏和杨难敌，自己率领中外精锐的水、陆各军救援蒲阪，从卫关北渡黄河。石虎畏惧，率军退走，刘曜追击。

十一月，石勒想自己率兵救援洛阳，僚佐程遐等极力劝谏。石勒不听，令石虎进军占据石门，石勒自己率步、骑兵四万人赶赴金墉，从大堨渡过黄河。

十二月初五，石虎带领步兵三万人从城北向西，进攻前赵中军，石堪、石聪等各带精锐骑兵八千人从城西向北，进攻前赵的前锋，在西阳门展开激烈的战斗。

石勒身穿甲胄，从阊阖门出城，夹击敌军。败前赵军队，斩首五万多级。

建平元年（公元 330 年）二月，后赵群臣请求石勒即帝位，石勒于是自称大赵天王，行施皇帝的事务。又立妃子刘氏为王后，世子石弘为太子。

任儿子石宏为骠骑大将军、都督中外军事、大单于，封秦王；石斌为左卫将军，封为太原王；石恢为辅国将军，封南阳王。任中山公石虎为太尉、尚书令，晋升爵位为王；任石虎的儿子石邃为冀州刺史，封为齐王。

石虎发怒，私下对齐王石邃说："主上自从建都襄国以来，端身拱手，坐享其成，靠着我身当箭石，冲锋陷阵。二十多年来，在南方擒获刘岳，在北方赶跑索头，向东平定齐、鲁之地，向西平定秦州、雍州，攻克十三座州郡。成就大赵功业的是我，大单于的称号应当授予我，现今却给了奴婢所生的黄口小儿，想起来令人气愤，寝食难安！等到主上驾崩之后，我不会再让他有后代活下去！"

至此埋下石虎灭绝石勒子嗣的隐患。

建平四年（公元 333 年）六月，石勒病重卧床，石虎进入禁中侍卫，矫称诏令，群臣、亲戚都不得入内，石勒的病情宫外无人得知。

七月，石勒病重，颁布遗命说："石弘兄弟，应当好好相互扶持，司马氏就是你们的前车之鉴。中山王石虎应当深深追思周公、霍光，不要为后世留下口实。"

七月二十一日，石勒去世。石虎劫持太子石弘让他到殿前，收捕右光禄大夫程遐、中书令徐光，交付廷尉治罪，又征召石邃，让他带兵入宫宿卫，文武官员纷纷逃散。石弘大为恐惧，自言软弱，要让位给石虎。

石虎说："君王去世，太子即位，这是礼仪常规。"

石弘流着泪坚决辞让，石虎发怒说："如果你不能承担重任，天下人自会按大道理行事，哪里能事先就谈论！"

石弘于是即位，大赦天下，杀死程遐、徐光。

夜间，把石勒尸体秘密瘞埋在山谷，没有人知道地点。

九月，石虎废黜并杀死刘太后，尊石弘的生母程氏为皇太后。

九月底，石弘自己携带印玺到魏宫，请求将君位禅让给丞相石虎。

石虎说："帝王的大业，天下人自会有公议，为什么自己选择这样做呢？"

石弘流着眼泪回宫，对太后程氏说："先帝的骨肉真的不会再遗存了！"

此时尚书奏议说："魏王请您依照唐尧、虞舜的禅让旧例行事。"

石虎说："石弘愚昧昏暗，服丧无礼，应当将他废黜，谈什么禅让！"

十一月，石虎称居摄赵天王，派郭殷进宫，废黜石弘为海阳王。

将石弘和太后程氏、秦王石宏、南阳王石恢幽禁在崇训宫，不久全部杀害。

至此，石虎开始大肆血洗石勒的后人。

建武元年（公元335年）正月，石虎令太子石邃省视、决断尚书奏事，只有祭祀郊庙、选任地方官员、征伐、刑杀方面的奏事才亲自审议。

石虎爱营建宫室，鹳雀台崩圮，便杀死典匠少府任汪，又让人重修，规模比原先扩大一倍。

石邃曾想杀父篡位。同年七月，称病不理政事，带领五百多人准备杀死弟弟河间公石宣，但因醉酒便返回。

其母郑樱桃听说此事，派人责问石邃，石邃大怒杀死来人。

其父石虎得知石邃有病，派自己亲近信任的女尚书前往察看，石邃又拔剑刺击她。

石虎发怒，于是拘捕李颜等人责问，李颜说出石邃曾想杀害石虎之事，石虎杀李颜等三十多人，把他幽禁东宫。

这是石虎第一次废太子，第二次废太子，石虎的残暴程度令人发指。

这时候发生了一件妖异事，石虎督促张群让人们点燃烛火，夜不停工。天降暴风大雨，死亡的人达数万。

石虎第四子石韬在太尉府建造了一座殿堂，命名为宣光殿，横梁长达九丈。次子石宣看到后认为冒犯了他的姓名，勃然大怒，便杀掉了工匠，截断了横梁，拂袖而去。

石韬对此也怒不可遏，又把横梁加长到十丈，太子石宣起了杀意，派人杀了石韬。

石虎怀疑石宣杀害了石韬，想召见他，又怕他不来，于是便谎称他母亲杜后因悲哀过度而病危。

石宣没有察觉已怀疑到了自己头上，入朝来到中宫，便被扣留了起来。

建兴人史科知道石宣策划杀害石韬的计谋，告发了他们，石虎便派人去抓杨杯、牟成，但他们都逃跑了，只抓到了赵生。经过追问，他全部招供。

石虎听完后更加悲痛愤怒，于是便把石宣囚禁在贮藏坐具的仓库中，用铁环穿透他的下巴颏并上了锁，拿来杀害石韬的刀箭让他舔上面的血，石宣的哀鸣嚎叫声震动宫殿。

佛图澄对石虎说：“石宣、石韬都是陛下的儿子，如今如果为了石韬被杀而再杀了石宣，这便是祸上加祸了。陛下如果能对他施以仁慈宽恕，福祚的气运尚可延长；如果一定要杀了他，石宣当化为彗星而横扫邺宫。”

石虎没有听从劝说。他命令在邺城之北堆上柴草，上面架设横杆，横杆的末端安置辘轳，绕上绳子，把梯子倚靠在柴堆上。

然后又在柴堆四周点火，浓烟烈焰冲天而起，石虎则跟随昭仪官以下数千人登上中台观看。火灭以后，取来灰烬分别放在通向各个城门的十字大路当中。

还杀掉了石宣的妻儿九人。石宣的小儿子刚刚几岁，石虎平素非常喜爱他，因此临杀前抱着他哭泣，意欲赦免，但手下的大臣们却不同意，从怀抱中要过来就给杀掉了。

当时小孩拽着石虎的衣服大叫大闹，以至于连腰带都拽断了，石虎也因此得了大病。

石虎还废黜了石宣的母后杜氏，贬其为庶人。

又杀掉了石宣周围的三百人、宦官五十人，全都是车裂肢解以后，抛尸于漳水河中。

石宣居住的太子东宫被改作饲养猪牛的地方，东宫卫士一万多人全都被贬谪戍卫凉州。

谋杀石韬事发之前，赵揽曾对石虎说：“宫中将有变故，宜加防备。”

等到石宣谋杀石韬以后，石虎怀疑他早知此事而不禀告，把他也杀了。

九月，石虎立石世为太子，以刘昭仪为皇后。

可以说石虎的残忍已经到了令人发指的地步，后石虎因病去世，太子石世即位。石虎被安葬在显原陵，上庙号为太祖，谥号武皇帝。

这个时期，刘琨、祖逖参战，抵抗石勒、石虎军队，前赵覆灭。

再说说前燕。

慕容皝字元真，小字万年，昌黎棘城人，鲜卑族，西晋辽东公慕容廆第三子。太宁末年，慕容皝拜平北将军，封朝鲜公。慕容皝接连派兵攻杀鲜卑木堤和乌丸悉罗侯。

慕容皝“雄毅多权略”，崇尚汉文化。眉骨隆起有帝王之相，门牙宽阔整齐，身高七尺八寸。雄俊刚毅，富有权谋策略，崇尚经学，擅长天文。

东晋咸康三年（公元 337 年）九月，镇军左长史封弈等人认为慕容皝责任重而权位轻，应称燕王，慕容皝采纳。

于是设置各个官署，任封弈为国相，韩寿为司马，裴开为奉常，阳骛为司隶，王寓为太仆，李洪为大理，杜群为纳言令，宋该、刘瞻、石琮为常伯，皇甫真、阳协为冗骑常侍，宋晃、平熙、张泓为将军，封裕为记室监。

同年十月，慕容皝即燕王位，史称前燕，并实行大赦。修建文昌殿，乘坐以黄金为饰的根车，用六匹马驾车，出入要清道警戒。

十一月，追尊父亲武宣公慕容廆为武宣王，母亲段氏称为武宣后。又立自己的夫人段氏为王后，册立世子慕容儁为王太子，一切如同魏武帝曹操、晋文帝司马昭辅政时一样。

其在位期间平定内部叛乱，击败宇文部和段部，击退后赵进攻，破高句丽，威震北方，为日后前燕入主中原打下了坚实的基础。

慕容皝亲临东庠考核学生，提拔精通经籍成绩优异的人补充近侍。因长期干旱，免除百姓田租。

东晋永和四年（公元 348 年）九月，慕容皝在西部边境狩猎，看见一只白兔，驰马射箭，马倒人伤。

这一年又有妖异事件，龙山出现白龙、黑龙各一条，慕容皝亲自率领群僚去观赏，在距离龙二百余步的地方，用太牢祭祀。

二龙龙首相交，嬉戏飞翔，脱角而去。慕容皝十分高兴，返回宫内，赦免境内囚犯，把新宫命名为和龙，在山上建起龙翔佛寺。

慕容皝乘辇车回宫，召见慕容儁等托付后事，不久慕容皝去世，共在位十五年，时年五十二岁，谥号文明王。其子慕容儁称帝后，追谥慕容皝为文明皇帝，庙号太祖，葬于龙平陵。

再说说前秦。

石虎徙关中豪杰及羌戎至关东，以苻洪为流民都督，居于枋头。石虎死，苻洪遣使降晋，接受东晋官爵。

苻坚，初名苻罴，字建业，氐族，略阳临渭人，秦惠武帝苻洪第三子，前秦开国皇帝。因避后赵皇帝石虎外祖父张罴之讳，故改名为苻健。

当初，其母姜氏梦见大熊而怀孕，等长大后，勇猛果敢，擅长骑马射箭，好施舍，善于侍奉人，很受石虎父子的亲近喜爱，历任翼军校尉、镇军将军。

石虎虽然表面上礼遇苻氏，心中其实很嫉恨，就秘密地杀掉他的各位兄长，而不害苻健。

永和六年（公元350年），苻洪去世，苻健继位，取消秦王的称号，称东晋所封的征西大将军、都督关西诸军事、雍州刺史，派人到东晋京都报丧，而且服从朝廷命令。

这一年也发生了妖异事件，新平县有个高个子的人出现，对百姓张靖说："苻氏应天受命，现在正当太平，在外的归附中间就能安泰。"

问他的姓名，不回答，一会儿就不见了。新平县令报告了这件事，苻健认为是妖怪，把张靖关进监狱。

正碰上大雨不停，黄河、渭水涨水，蒲津监寇登从河中得到一只木屐，有七尺三寸长，与人的脚印相像，脚趾有一尺长，脚印有一寸深。

苻健叹息说："天地之间什么东西都有，张靖所说的一定不假。"就赦免了他。

蝗虫大起，从华泽到陇山，把各种草木都吃光了。

牛马互相吃身上的毛，猛兽和狼吃人，路人断绝。

苻健自行免除百姓的租税，减少膳食，撤去乐器，穿白衣避开正殿。

公元350年，苻洪在枋头自称大都督、大将军、大单于、三秦王，不久为石虎旧将麻秋所毒死，其子苻健代统其众。苻健自枋头而西，关中氐人纷起响应，苻健进入长安，据有关陇。

公元351年，苻健自称大秦天王、大单于，史称前秦。

当初，杜洪逃奔之时，招来东晋梁州刺史司马勋。到此时，司马勋率步骑兵三万人进入秦川，苻健在五丈原打败了他。

永和八年（皇始二年，公元352年），苻健在太极前殿即皇帝位，诸公进位为王，把大单于授给其子苻苌。

再说说西燕。

慕容泓，鲜卑族，前燕景昭帝慕容儁之子，前燕幽帝慕容暐之弟。

慕容家有七十二将之一的慕容恪，也就是慕容冲的亲叔叔。

慕容恪（公元321年—公元367年），字玄恭，昌黎棘城人，鲜卑族。十六国时期前燕宗室大臣，前燕文明帝慕容皝第四子，前燕景昭帝慕容儁之弟，杰出的政治家、军事家，十六国十大名将之一。

慕容恪性格谨慎大度，十五岁开始掌握军队，多次以弱胜强，稳固了慕容氏辽东霸主的地位。后赵国王石虎死后，中原大乱。

前秦入关略地，占据幽冀。后赵大将军冉闵自立后，慕容恪率军攻打，终将冉闵引入平原，以“连环马”之计擒杀。

咸康七年（公元 341 年）十月，燕王慕容皝以慕容恪为渡辽将军，镇守平郭。前燕自从慕容翰逃亡，慕容仁被杀后，无人能镇守辽东。

慕容恪行至平郭，抚旧怀新，屡破高句丽兵，高句丽畏之，不敢再入燕境。

建元二年（公元 344 年）二月，慕容皝亲自带兵攻宇文逸豆归，以建威将军慕容翰为前锋将军，刘佩为副将；命慕容恪与慕容军、慕容霸及折冲将军慕舆根等率兵分三路并进。

最终大破宇文军，燕军乘胜追击，攻克宇文氏都城紫蒙川。宇文逸豆归败逃，死于漠北，宇文氏从此散亡。

元玺元年（公元 352 年），冉闵被慕容恪军俘虏后，其子冉操投奔镇守鲁口的大将王午。七月，王午自称安国王，对抗前燕。八月，慕容儁遣慕容恪、太尉封奕、尚书令阳骛攻打鲁口。

元玺三年（公元 354 年）二月，慕容恪再次发兵围鲁口，次月克之，慕容儁以慕容恪为大司马、侍中、大都督、录尚书事，封太原王。

建熙二年（公元 361 年）二月，燕王遣慕容恪统军前往野王平叛。慕容恪率军五万，冠军将军皇甫真领兵一万，进至野王城外，吕护闭城固守。

慕容恪遂于野王城外修筑深沟高垒，切断守军外援，以待机击之。

皇甫真事先已做好防备，慕容恪领兵从侧翼出击，吕护所部死伤惨重，吕护单骑逃往荥阳（今河南荥阳），燕军攻克野王，结束野王之战。

元玺五年（公元 356 年）正月，慕容恪率军渡过黄河，距广固百余里。段龛率军三万人迎战，慕容恪于淄水战败段龛，数千名士卒投降燕军。

段龛逃回广固，闭城固守。慕容恪率燕军在广固城外修高墙挖深堑围困之，并招抚广固四周诸城，段龛所署徐州刺史王腾等于二月投降慕容恪。

慕容恪围广固七个月后，段龛难以支撑，遂派人向东晋求援。八月，东晋派徐州刺史荀羡前往解围。荀羡行至琅琊，畏惧燕军不进。

恰逢王腾带军攻打鄄城，荀羡遂进攻阳都（今山东沂南），斩王腾。

不久，广固城内路人相食，无以为守。段龛悉众出战，被慕容恪在围里击败，单骑逃回城中。十一月，段龛计穷，只得出降。

慕容恪安抚百姓，平定齐地，迁鲜卑、胡、羯三千余户至蓟。

留慕容尘镇广固，以尚书左丞鞠殷为东莱太守，章武太守鲜于亮为齐郡太守，率军而还。

广固城之战后，东晋泰山太守诸葛攸进攻东郡。慕容恪领统阳骛、慕容臧率兵进击，大败晋军，诸葛攸退回泰山。

慕容恪乘胜渡过黄河，占领河南部分土地，并设守宰。此后，前燕辖境迅速延至黄河以南，对东晋构成了威胁。

可以说慕容恪作为七十二名将之一，经常打以少胜多的战役，可谓常胜将军。

光寿三年（公元 359 年），慕容儁患病，对慕容恪说："朕病得这么虚弱，恐怕是好不了。寿命长短，都没有什么可怨恨的了！不过，现在东晋和前秦未除，太子慕容暐年幼。朕担心他应付不来，想效法宋宣公，将皇位交给你。"

慕容恪坚决拒绝，更说："陛下若果认为臣能够承担安定天下的重责，难道就不能好好辅助少主？"

慕容儁听后十分高兴。

皇太子慕容暐即位，年仅十一岁。二月，尊皇后可足浑氏为皇太后，以慕容恪为太宰、录尚书事，行周公事，总摄朝政。

不过，当时作为太师辅政的慕舆根自恃战功显赫，高傲自大，看不起慕容恪。慕舆根为挑起事端以作乱，先以可足浑太后干政来挑拨慕容恪，谎称支持慕容恪夺位。慕容恪知道后，联合慕容评密奏慕舆根罪状，派卫将军傅颜诛杀了慕舆根及其党羽。

面对皇帝新死，就发生诛杀辅政重臣的事件，国内忧虑情绪很高。

慕容恪举止如常，出入都只有一人跟从，不肯加添守卫。然后大赦天下，并停发慕容儁生前所集各路兵员，受任理政，兢兢严谨，与司徒慕容评共同协作，虚心待士，谘诹善道，量才授任，燕政为之一新。

于是，境内局势渐稳，人心稍为安定。原先征集在邺城的各郡军人都因为国家内部纷乱而经常逃跑，而邺城向南方领地的道路通讯不畅通。

慕容恪命令慕容垂南镇蠡台，傅颜率军南巡淮河，终令国家安稳下来。

建熙六年（公元 365 年）二月，慕容恪与吴王慕容垂共攻洛阳。

三月，克之，俘虏扬武将军沈劲。慕容恪惜之为奇士欲赦免，慕容虔上书说：沈劲虽为奇士，却终不可为己所用，留之必患。遂斩杀沈劲。

慕容恪夺取洛阳后，随即略地至崤山、渑池，关中大震，前秦天王苻坚亲自到陕城进行防备。不久，慕容恪率军撤回邺城。

慕容冲是可以让苻坚胆战心寒的名将。

当时吴王慕容垂才能出众，慕容恪对其非常倚重，曾多次向燕主进行推荐。

建熙七年（公元 366 年），慕容恪病重，深虑慕容暐手中无实权，而慕容评又多猜忌，便对慕容暐之兄、乐安王慕容臧举荐吴王慕容垂，但是慕容臧没有听从慕容恪的话。

慕容暐亲临慕容恪府向他询问后事，慕容恪再次向慕容暐推荐慕容垂，说："我听闻，傅说举荐士人。板筑之人都可以，更何况是国家的懿籓！吴王兼具文武之才，才能仅次于管仲、萧何。陛下如果把政务交给他，国家就能获得安定。不然，我怕二寇肯定会有窥窬之计。"

慕容恪言终而卒。死后，赠本官，谥号为桓。

只可惜，慕容恪死得太早了，而燕国没有了慕容恪也就没有了保障，随即燕国覆灭。

再说说后燕。

慕容垂字道明，昌黎棘城人，鲜卑族，燕文明帝慕容皝第五子，母为兰淑仪。

公元 369 年，打败东晋大司马桓温进攻，威名大振。朝廷内讧之际，西投前秦，深得前秦皇帝苻坚赏识。次年，前秦灭亡前燕，回到邺都，密图兴复。

公元 382 年，力劝苻坚进攻东晋，发动淝水之战，屯据郧城，实力保存。

公元 384 年，建立后燕，亲率兵马大败北魏，病卒于还师途中，时年七十一。

慕容冲，是慕容泓的弟弟，字凤皇，昌黎棘城人，鲜卑族。西燕政权第二位皇帝，燕景昭帝慕容儁之子，燕幽帝慕容暐和燕烈文帝慕容泓之弟，母为皇后可足浑氏。

慕容冲容貌俊美，骁勇善战。慕容儁在位，拜大司马，封中山王。秦灭燕后，秦以慕容冲为平阳太守。

太和五年（公元 370 年），苻坚灭前燕，慕容冲的姐姐清河公主，十四岁，有美色，苻坚便纳她为妃，在后宫中最受宠爱。

慕容冲十二岁，亦有龙阳一样的姿貌，苻坚又宠幸他。姐弟独占宠爱，其他的宫女全都失宠。

长安儿歌唱道："一雌复一雄，双飞入紫宫。"

人们都担心成为祸乱。王猛恳切劝谏，苻坚就把慕容冲送出宫。长安又有民谣说："凤凰凤凰停在阿房。"

苻坚认为凤凰不是梧桐不栖息，不是竹子的籽实不吃，就在阿房城种植梧桐、竹子数十万株等待凤凰。

慕容冲的小名叫凤皇，到慕容冲占据阿房城之时，终于成了苻坚的祸害。

公元 384 年，时任北地郡长史的慕容泓听闻后，前往山东召集鲜卑部众，自称大将军、都督陕西诸军事、雍州牧、济北王，并奉慕容垂为吴王。

同年七月，苻坚听说慕容冲离长安二百余里，就撤兵而回，令抚军将军苻方戍守骊山，拜苻晖为使持节，配给五万兵力抵御慕容冲，河间公苻琳为中军大将军，作为苻晖的后援部队。

慕容冲命妇人乘牛马充数，举竿子为旗，扬土为灰尘，督促勉励他的军众，早晨在郑西进攻苻晖军营。

苻晖出兵拒战，慕容冲扬尘击鼓呐喊，苻晖军战败。

苻坚任尚书姜宇为前将军，与苻琳率军三万，到灞上攻击慕容冲，被慕容冲打败。

慕容冲进逼长安，苻坚登上城头观望，叹息道："这些虏贼从哪里出来的？这么强盛！"

苻坚大声斥责慕容冲说："你们这些群奴正好放牧牛羊，为什么来送死？"

慕容冲说："奴就奴罢，已经厌倦了为奴之苦，要把你取而代之。"

苻坚派使者送一领锦袍给慕容冲，称诏旨说："古人交战，使者在中间往来。卿远来诸事草创，能不劳苦吗？现赠送一领锦袍，以表明本心。朕对卿的恩分怎么样，而一夜之间出现这样的变故！"

慕容冲命詹事回答，亦称"皇太弟有令"："孤现在心在天下，岂能顾念一领锦袍的小恩惠。如果能知道天命，就可以君臣束手，停止交战，早点把皇帝送出来，自然会宽赦苻氏，以酬报旧好，终将不让以往所做的善事成为没有可相提并论的独美。"

苻坚大怒说："我不听从王猛、阳平公之言，使得白虏敢到这样的地步。"

太元十年（公元 385 年）正月，慕容冲在阿房城称帝，改年号为更始。苻坚与慕容冲交战，各有胜负，此为燕国再续。

苻坚曾被慕容冲军包围，前秦殿中上将军邓迈、左中郎将邓绥、尚书郎邓琼相互说："我们家世代蒙受荣耀宠贵，先君为国家建立了大功，不能不尽忠效节，以继承先君之志。再说不能为君主之难献身者，不是大丈夫。"

于是与毛长乐等蒙上兽皮，扬戈奋勇攻击慕容冲军，慕容冲军溃败。

慕容冲派他的尚书令高盖率军夜袭长安，攻陷南门，进入南城。前秦左将军窦冲、前禁将军李辩等击败高盖军，高盖军众被斩首一千八百人，并被前秦军分尸而吃。

接着苻坚又在城西打败慕容冲，追击慕容冲的败军到阿房城。

前秦众将请求乘胜入城，苻坚担心被慕容冲俘获，就鸣锣罢兵。

太元十年（公元 385 年）三月，苻晖屡次被慕容冲击败，苻坚斥责他说："你是我的儿子，拥有重兵，屡次被白虏小儿摧败，还活着干什么！"

苻晖愤懑恼怒而自杀。关中三千余所堡垒，推举平远将军冯翊、赵敖为统领，相互结盟，派兵送粮援助苻坚。

前秦左将军苟池、右将军俱石子率骑兵五千，与慕容冲抢麦子，在骊山交战，被慕容冲击败，苟池战死，俱石子逃奔邺城。

苻坚大怒，派领军将军杨定率身边的精锐骑兵二千五百人攻击慕容冲，大败慕容冲，俘获掳掠鲜卑人一万多而回。

苻坚发怒，把这些鲜卑人全部活埋。

杨定勇猛善战，慕容冲很害怕他，就挖了陷马坑以巩固防地。

五月，慕容冲率军登入长安城，苻坚身披钟甲，督战抵御，浑身中箭，血流遍体。

后被慕容冲掳掠的三辅人士都派使者告诉苻坚，请求放火作为内应。

苻坚派七百骑兵去接应。

可是在慕容冲营中放火的人被风吹的火焰烧死很多，只有十之一二的人免于死难。

慕容冲在关中残暴肆虐，百姓都流亡失散，道路断绝，方圆千里没有人烟。

苻坚派卫将军杨定在城西攻击慕容冲，被慕容冲擒获。

苻坚更加恐惧，把后面的事交付给苻宏，带着中山公苻诜、张夫人率骑兵数百到五将山，遍告州郡，约定初冬救长安。

苻宏不久就带着母妻宗室男女几千骑出奔，百官逃散。慕容冲进占长安，纵兵大肆掳掠，死者不计其数。

慕容冲与苻坚相互攻战时，军势很盛。

后秦国主姚苌想要西上，担心慕容冲阻遏他，就派使者与他通和，送儿子姚崇到慕容冲那里当人质，进驻北地，练兵聚粮，以观望时局的变化。

太元十年（公元 385 年）十月，慕容冲派车骑大将军高盖率军五万进攻后秦，在新平以南交战，高盖大败，高盖率部下数千人投降了后秦。

慕容冲喜欢住在长安，而且畏惧后燕武成帝慕容垂的强盛，不敢东归，便督促农耕，建筑宫室，做长久安居的打算。

鲜卑人都怨恨他。左将军韩延顺应众人心中的不满，攻打慕容冲，并将慕容冲杀死，拥立慕容冲的将领段随为西燕王，改年号为昌平。燕国就此覆灭。

再说说后秦。

姚苌字景茂，南安赤亭人，羌族首领姚弋仲第二十四子，魏武王姚襄之弟。前秦在淝水之战中大败，国力顿衰，内部瓦解。

公元 384 年，姚苌随同苻坚之子苻叡征讨慕容泓反叛，战败逃奔于渭北马牧。羌族和西州豪族以为盟主，称大将军、大单于、万年秦王，年号白雀。

不久，屯兵北地郡，厉兵积粟，以观时变，羌胡投靠者十余万，联合慕容冲一起反抗苻坚。

公元 385 年，苻坚为慕容冲所逼，逃出长安。姚苌遣派兵围擒苻坚，缢杀于新平。

公元 388 年，正式称帝，建都长安，史称后秦，前秦覆灭。

再说说北魏。

拓跋珪字涉珪，云中盛乐人，鲜卑族，昭成帝拓跋什翼犍之孙、献明帝拓跋寔之子。

前秦灭亡代国后，拓跋珪随母亲贺兰氏流亡，寄居匈奴独孤部刘库仁部落长大。

公元 386 年，趁乱复立代国，即代王位于牛川，不久改称魏王。他对内励精图治，实行一系列改革，推动鲜卑政权进入封建社会；对外击败贺兰、铁弗、高车、柔然等草原诸部，并与后燕、后秦争霸于中原。

公元 398 年，确定国号为“魏”，将国都从盛乐城迁到平城，史称北魏。

再说说大夏。

赫连勃勃本姓刘氏，字敖云，隶属匈奴铁弗部，夏桓帝刘卫辰之子。

公元 406 年，拜安北将军、五原郡公，镇守朔方，袭杀高平公没奕于（岳父），兼并军队物资，叛秦自立，自称天王、大单于，赦免境内罪犯，建元龙升，国号为夏，定都统万城。残暴嗜杀，狂妄自慢，关中人民深受其害。改姓赫连，攻取长安，称帝于灞上，史称大夏。

十六国时期，中原残破不堪，人民四处逃难，形成流民潮。

诸国君主亦掠夺人口，以充实国力，深深破坏北方的社会结构。

残留在北方的世族，在险恶的环境下，有些聚集乡民和自家的附属人口，建立坞堡以自守。而流民也纷纷投靠，形成人数众多的部曲。有些则与诸国君主合作，以保本族安全。

各国君主在建国后，为了能够统治中原地区，也需要熟悉典章制度的士大夫（世族）的协助。由于处境艰困，北方世族对同族常存抱恤的温情，家族组织趋向大家庭制，有远来相投的亲戚，莫不极力相助。

在团结力量及参与政事后，北方世族并没有因战乱而衰落，反而经过长期相处，使胡人融入汉人文化中。

同时，各国的君主为了增强实力，也在各自的根据地上实行一些发展生产的政策，使得各地区在华北动荡的背景下，形成局部稳定的局面。

在诸国混战期间，前秦苻坚一度统一华北，但在南征东晋时，于淝水之战惨败。

其后各族于关东及空虚的关中叛变，加上东晋北伐，前秦全面崩溃，北部再度混乱。

北魏立国后，经过拓跋珪、拓跋嗣及拓跋焘的经营，最后于公元 439 年统一华北，进入南北朝时期。

当北方诸国一一灭亡之后，由于草原故乡被柔然等新兴民族占据，而且已经适应中原文化与生活。所以这些民族绝大部分没有退返草原，而是留在中原与汉族合为一体。

在东晋南朝方面，中原汉人在衣冠南渡后，也和当地汉人、山越等百越诸族及南方其他各民族发生冲突及融合。

在隋朝统一中国后，南北汉人的界线逐渐模糊，融为一体。

也因此，十六国到南北朝时期，被历史学家称为民族大融合的一个时期。

第三十五章 德宗禅让帝位

我前文也讲了司马德宗是完胜司马衷的存在，是大晋朝第二个智商不在线的皇帝，那么这样的皇帝皇位是否能坐稳呢？

答案是否定的。

太元二十一年九月（公元 396 年），晋孝武帝驾崩，太子司马德宗继位，次年正月改年号为隆安，立妃王神爱为皇后。

王神爱是谁？

王神爱是司马道福和王徽之的女儿，也就是王羲之和郗璿的孙女。

也不知道是不是故意的，让王羲之的孙女去嫁给司马德宗这样一个傻子！

而且，王神爱很奇怪，当了皇后六年就骤然去世，可以说非常蹊跷了！

那么司马德宗登位之后，是否跟晋惠帝司马衷一样爆发了战乱呢？

答案是肯定的！

公元 397 年，兖州刺史王恭和豫州刺史庾楷因对尚书左仆射王国宝等不满，而领兵造反，安帝不得不杀王国宝来平息这场叛乱。

公元 400 年，王恭、庾楷协同荆州刺史殷仲堪、广州刺史桓玄等再次谋反，叛军一直攻到建康附近才被平定，王恭被杀。与此同时，在浙江、江苏一带，孙恩的叛军众多，孙恩攻会稽。

公元 401 年，攻浃口、临海、广陵，晋军多次战败。

公元 402 年，孙恩的叛军甚至直接威胁建康，建康被围困，城内爆发饥荒。后孙恩战败身亡。同年，桓玄自江陵起兵攻入建康，废杀司马道子、元显父子，自封为丞相、太尉。

桓玄从此成为东晋的统治者，于同年秋又自号楚王、大将军。

那么，为什么王恭、虞楷、殷仲堪、桓玄造反呢？谢安的女婿王国宝做了什么呢？孙恩又是谁呢？

我们先了解一下这些人的身世背景。

前文提到了，王恭是王法慧的哥哥，王濛的孙子。

王恭年轻时就有美誉，有过人情操，且自负才能和家族地位，常有担当宰相、辅臣的愿望。王恭在当时与同族的王忱齐名，并仰慕刘惔。

王恭初任佐著作郎，但他后因为官小而不能彰显其才能和志向而称病辞官。后又任秘书丞，将要转任中书郎时，因父亲王蕴去世而无法受命。服丧后，先后任吏部郎、建威将军、丹阳尹、中书令领太子詹事。

可以说，王恭小时候的偶像是刘惔，并且一直做太子的心腹，做京兆尹，后来还成了国舅爷。

当时袁悦之能言善辩，受会稽王司马道子所亲待，又常劝司马道子专掌朝权。王恭将这事情报告孝武帝，袁悦之不久就因他事而被诛杀了。一次司马道子召集朝士开酒宴，尚书令谢石因酒醉而唱起民间歌曲，被王恭严正指责。

可以说王恭是非常喜欢跟司马道子唱反调的，而司马道子的妻子刚好是王国宝的堂姐。

于是司马曜与司马道子的暗斗，成了王恭与王国宝的暗斗。

晋孝武帝当时十分信任王恭以及王珣、殷仲堪、郗恢等人，但当时王国宝附和并讨好司马道子，却与王珣等人不和。孝武帝于是担心日后二者的仇隙会产生事端，就让王恭、郗恢等人出外做外藩，以州府武力做外援，屏卫王珣等人。

而晋孝武帝司马曜的亲信是王恭、殷仲堪、郗恢三个人，而这三个人是来说和王珣和王国宝的。

晋安帝继位，司马道子执掌朝政。当时司马道子宠王国宝，机要朝权都交给王国宝，引起王恭不满，常直言指斥，而司马道子亦深深忌惮和怨恨王恭。

王恭入拜山陵，曾感叹：“栋梁都还是新的，可已见亡国的征兆了。”暗指王国宝乱政将败坏东晋。

虽然当时司马道子有意令朝内与外藩和平共处，将心腹都送到王恭那边，希望冰释前嫌。

但王恭每次谈论到时政时都声色严厉，令司马道子深知与王恭之间的矛盾是不能化解的，于是打算借故召王恭入朝，以伏兵将他杀掉。

而在当时，王恭亦打算领兵入朝诛杀王国宝，只因害怕与王国宝一党的豫州刺史庾楷以及王珣的劝阻而没有实行。

王恭将回京口时，辞色严厉地向司马道子说："天子居丧期间，执政宰相的重任，即使是伊尹、周公那样的贤人也感到难以胜任，愿大王亲理万机，采纳忠言，远离邪声，放逐奸佞小人。"

矛头直指王国宝，令王国宝十分畏惧。

可以说王恭和王国宝到了不可调和的地步，而王恭、殷仲堪、郗恢的团队此时多了一位庾楷。

庾楷是征西将军庾亮之孙，会稽内史庾羲之子。

那么，桓玄此时为什么憎恨司马道子呢？又为什么愿意帮助庾楷和殷仲堪呢？

桓玄从义兴回来后，去见司马道子，很多客人在座。

司马道子问道："桓温晚年要叛乱，怎么回事呢？"

桓玄吓得伏在地上，不敢起来。

谢景重当时是长史，就举起笏板答道："以前宣武公废黜昏君，辅佐圣明登基。他的功劳超过伊尹和霍光，大家议论纷纷，请您公平裁决。"

司马道子说："我知道了，我知道了。"

随即举起酒杯说："桓义兴，我敬你酒。"

桓玄谢罪退出。

桓玄从此深恨司马道子。

桓玄深刻感到自己被晋廷猜忌，于是上疏诉冤，但如石沉大海，杳无音讯。

桓玄住在南郡的治所，也就是荆州的治所江陵，最初荆州刺史王忱处处跟桓玄作对，对他加以压制。

太元十七年（公元 392 年）十月，王忱病死任上，晋孝武帝打算以王恭接任。桓玄虽然对王忱不满，但也惧怕王恭，遂派人入京贿赂孝武帝所宠信的尼姑支妙音，让孝武帝任命被视为"弱才"的黄门侍郎殷仲堪当荆州刺史，果然孝武帝听从妙音尼的意见，以殷仲堪出刺荆州。

殷仲堪对桓玄十分敬惮，而桓玄凭借父叔长年治理荆州的威望而专横荆州，士民畏惧他更过于殷仲堪。

殷仲堪因而与其深交，而桓玄打算借助其军力，亦取悦他。

桓玄只想得到殷仲堪的赏识，能给他做官的机会，至于是否能做成父亲桓温那样，他自己还未知。

隆安元年（公元 397 年）王国宝出于畏惧，劝司马道子裁减王恭兵力。而王恭则准备士兵及军需品，上表北伐。司马道子感到怀疑，于是以盛出兵妨碍农事为由命其解严。

王恭当时已决心出兵讨伐王国宝，于是派使者向荆州刺史殷仲堪联络。

殷仲堪因桓玄所劝起兵讨伐王国宝之事而迟疑，王恭的使者到后坚定了殷仲堪的决心，答应与王恭一同讨伐王国宝。而王恭知道殷仲堪支持自己后十分高兴，于是在四月表奏王国宝的罪行，起兵讨伐。

王恭上表到达建康，内外戒严，王国宝十分恐惧，听从王珣之计而上请解职并待罪，但不久则假称有诏命其官复原职。

另外，司马道子但求息事宁人，于是将罪责全推给王国宝，并命司马尚之收捕王国宝，在四月赐死王国宝并处死王绪，向王恭谢罪。

可以说公元 392 年至公元 397 年，桓玄等的是一个机会，一个被重用的机会，而这个机会随着王恭的起兵来了。

因此，我们可以看到王恭杀王国宝的时候，桓玄成了殷仲堪的马前卒，得到了殷仲堪的信任。

王恭举兵以后，司马道子忧虑王恭和殷仲堪的威胁，于是引司马尚之和司马休之为心腹。

公元 398 年，司马道子打算利诱桓玄和杨佺期，令二人倒戈攻击殷仲堪，于是以桓玄为江州刺史，杨佺期为雍州刺史，而殷仲堪被贬广州刺史。此举令殷仲堪大怒，命桓玄和杨佺期率兵进攻建康。不过桓玄却对这一任命十分高兴，打算接受，又犹豫不决。

当时殷仲堪从弟弟殷遹口中听闻杨佺期也决定受命，于是开始撤军。随着殷仲堪撤退，杨佺期部将刘系亦先行撤退，桓玄等大惧，狼狈西退，直至寻阳（今江西九江）追上殷仲堪。

殷仲堪既失荆州刺史，倚仗桓玄为援；而桓玄本身亦要借助殷仲堪的兵力，故此据势相结。殷仲堪与杨佺期因着其家世声望，共推桓玄为盟主，皆不受朝命。

朝廷见此大为恐惧，唯有下诏安抚，并让殷仲堪复任荆州刺史，请求和解。

此时的桓玄思考的是能否在殷仲堪的势力之下有自己逃脱掌控的机会，还有如何不被司马氏诛杀。

而桓玄逃脱掌控的机会很快就来了。

司马道子利用王恭手底下的叛将刘牢之怨恨的心思，指使刘牢之到竹里后杀死帐下督颜延并投降朝廷，命刘敬宣和东莞太守高雅之进攻王恭。

当时王恭正出城阅兵，被刘敬宣截击，部众溃败。王恭打算返回城内时发现城门已被高雅之关上，唯有骑马逃奔曲阿，但又因不习惯骑马而令大腿内侧长了疮，碰巧遇着故吏殷确，以船送王恭到桓玄那里。

到长塘湖时，因被人告发而被捕。同年王恭与子弟和党众都被处死，死后家无钱财布帛，唯有书籍而已。

司马道子对王恭和刘牢之使用离间计之后，又开始对殷仲堪和桓玄使用此计。

公元399年，桓玄请求扩大其辖区，而执政司马元显亦想趁机离间桓玄与殷、杨二人的关系，故加桓玄都督荆州长沙郡、衡阳郡、湘东郡及零陵郡四郡诸军事，并改以桓玄兄桓伟代杨佺期兄杨广为南蛮校尉。

此举触怒了杨佺期兄弟，杨佺期便以支援后秦围攻的洛阳为名起兵，但皆被殷仲堪阻止。当年荆州有大水，殷仲堪开仓赈济灾民，桓玄乘此机会起兵，亦以救援洛阳为名。

桓玄写信给殷仲堪，称他要消灭杨佺期，并命殷仲堪收杀杨广，否则会进攻江陵。

桓玄袭取殷仲堪在巴陵的积粮，又向路经夏口的梁州刺史郭铨假称收到朝廷下令命郭铨为自己前锋以讨杨佺期，故授江夏兵予他，命他督诸军前进。

当时桓玄密报桓伟作为内应，但桓伟惶恐，向殷仲堪自首，被殷仲堪掳为人质，命其写信给桓玄，在信中苦劝桓玄罢兵。不过桓玄不为所动，自度桓伟必因殷仲堪优柔寡断、常虑儿子的性格而无危险。

殷仲堪派殷遹率七千水军至西江口，桓玄派郭铨和苻宏击败他。后殷仲堪又派杨广及殷道护进攻，桓玄再在杨口击败他们，直逼至离江陵二十里的零口，震动江陵。

杨佺期自襄阳来攻，桓玄一度退后避其锋锐，但终大败杨佺期，桓玄部将冯该追获杨佺期并杀死了他。

殷仲堪出奔，被冯该追获，及后被桓玄逼令自杀。

至此，桓玄踩着殷仲堪和杨佺期壮大了势力，成为军中重臣。

但桓玄坚持要由自己领江州刺史，朝廷唯有让桓玄加都督江州及扬州、豫州共八郡诸军事，领江州刺史；桓玄又以桓伟为雍州刺史，朝廷碍于当时孙恩叛乱恶化，不能违抗。

桓玄于是趁机在荆州任用心腹，训练兵马，并屡次请求讨伐孙恩，但都被朝廷阻止。

此时桓玄的想法是尽可能地再次扩充自己的实力，防止像自己父亲桓温一样被司马氏鲸吞。

公元 401 年，孙恩叛军逼近建康，桓玄上请讨伐，并以庾楷为右将军，其实是想趁机侵凌朝廷。

司马元显借孙恩退兵的时机制止桓玄，桓玄下令解严，庾楷亦解职。

庾楷知道桓玄有入据朝权的野心，怕桓玄一旦失败会牵连到自己，于是暗中与司马元显联结，答允自己会成为其内应。

公元 402 年，朝廷下诏讨伐桓玄，桓玄领兵东下抵抗，庾楷作为内应的秘密被揭，遭桓玄囚禁。

桓玄历数会稽王司马道子及其子司马元显的罪恶，流放司马道子到安成郡，数月后桓玄派人杀死司马道子，又杀司马元显、庾楷、司马尚之和司马道子的太傅府中属吏。

桓玄图除去刘牢之，先命他为会稽太守，令其远离京口。刘牢之意图反叛，但得不到北府军将领支持，于是北逃广陵投靠广陵相高雅之，于途中自杀。司马休之、高雅之和刘牢之子刘敬宣于是北逃南燕。

桓玄不仅扑灭了司马氏对自己的追杀并且势力大增，做了桓温一直想做的事情：称帝！

公元 403 年，桓玄加自己的冠冕至皇帝规格的十二旒，又加车马仪仗及乐器，以楚王妃为王后，楚国世子为太子。

十一月十八日，由卞范之写好禅让诏书，并命临川王司马宝逼晋安帝抄写。

二十一日，由兼太保、司徒王谧奉玺绶，将晋安帝的帝位禅让给桓玄，随后迁晋安帝至永安宫，又迁太庙的晋朝诸帝神主至琅琊国。

及后百官到姑孰劝进，桓玄假意辞让，官员坚持劝请，桓玄于是筑坛告天，于十二月三日正式登位为帝，改元“永始”，改封晋安帝为平固王，不久迁于寻阳。

只是桓玄在建康基础不牢的情况下登基是有风险的，而风险就是袁术称帝的代价。

不久，桓玄就陷入了人人得而诛之的境地。

而这个时候，除了王导、郗鉴、庾亮的后人纷纷出场，许久不见的陶侃后人又在做什么呢？

陶侃的后人就是陶渊明。

陶渊明字元亮，又名潜，私谥靖节，世称靖节先生，浔阳柴桑人。东晋末至南朝宋初期伟大的诗人、辞赋家。曾任江州祭酒、建威参军、镇军参军、彭泽县令等职，最末一次出仕为彭泽县令，八十多天便弃职而去，从此归隐田园。他是中国第一位田园诗人，被称为“古今隐逸诗人之宗”。

公元 398 年，陶渊明加入桓玄幕府。

这一年，桓玄正准备跟王恭、殷仲堪等人讨伐司马道子，而陶渊明是桓玄的幕僚，也就参与了这一场战役。他写下“日负影以偕没，月媚景于云端”的诗句思考人生的意义。

公元 400 年，陶渊明奉使入都，五月从都还家，于规林被大风所阻，有诗《庚子岁五月从都还阻风规林》，表达了他对归家的渴望和对园林对旧居的怀念。

这一年，殷仲堪跟司马道子、司马元显父子智斗，而桓玄带着陶渊明正在坐山观虎斗式捡漏。

陶渊明见证了桓玄日益贪婪的野心，有了归隐的心思，于是在一年后因母丧回浔阳居丧。

在这期间，陶渊明听到了无数人的故事。

有谢安次子谢琰的故事。

公元 400 年五月，孙恩率部众出浃口（今浙江镇海），攻余姚，破上虞，抵山阴县北之邢浦，谢琰初遣参军刘宣之击退孙恩，但不久孙恩又再进邢浦，上党太守张虔硕战败，孙恩于是一直向会稽进发。当时人心惊骇，部将皆认为应该严密防备，在南湖设水军列阵，并分派伏兵突击来袭的叛军，然而谢琰都没有听从。

孙恩兵临会稽，谢琰尚未吃饭就要出战，先遣广武将军桓宝为前锋，杀敌甚多。但后来谢琰在河塘之间的窄路行军，为孙恩军在船舰中射箭攻击，谢琰军队因而前后断绝，在千秋亭败于孙恩。

当时谢琰帐下督张猛从后砍谢琰的马，谢琰堕地被杀，二子谢肇和谢峻亦同时遇害。

此时陶渊明恍惚觉得做个将军之后也没什么好的，有时候死在他乡，还会连累子侄。他写下“衣沾不足惜，但使愿无违”的诗句。

有自缢而死刘牢之的故事。

公元402年，朝廷打算讨伐拥兵叛乱的桓玄，任命刘牢之为前锋都督、征西将军，兼任江州刺史。司马元显派遣使者同刘牢之商议讨伐桓玄的有关事宜。

桓玄从小享有英名，如今又凭仗江南之众，刘牢之担心无法制伏他，又考虑到消灭桓玄之后功盖天下，司马元显一定不会容忍自己，于是犹豫不决，不得已才率北府文武将士进驻洌洲。

桓玄派刘牢之的族舅何穆劝阻刘牢之说：“从古至今，战乱时代，君臣之间彼此相互信任的只有燕昭王与乐毅、刘玄德与诸葛亮，但都是功业未成而明君早逝，假如功成名就，恐怕难保大祸不临头。常言道：‘高鸟尽，良弓藏；狡兔死，猎狗烹；敌国破，谋臣亡。’所以勾践杀文种，嬴则除白起，汉高祖斩韩信。他们都是英雄霸王之主，尚且不相信手下的功臣大将，更何况那些凶残愚昧、平庸无能之辈呢！自盘古开天地以来，拥有足以使君主震动的声威，建立无法封赏的大功，而能被昏暴君王所宽容的又有谁呢？相反，管仲箭射齐桓公以后反被他重用，雍齿多次威逼汉高祖反而受到汉高祖的厚封，这一类事是常有的，何况足下与桓公之间无射钩屡逼之仇。如今足下与桓公为敌，战败了将会遭到灭族之灾，战胜了同样会遭到灭族之灾，出路在哪里呢？与其头足异地，身败名裂，为天下俗人所耻笑，不如掉转戈矛，保住自己的富贵，这样就可以使自身高位固若金石，英雄美名如天长地久。何去何从，请足下三思。”

刘牢之自以为手握重兵，才能智谋足以统辖江南大地。当时谯王司马尚之已被桓玄打败，使得士气低落，军心沮丧，于是刘牢之接受何穆的劝说，派遣使者与桓玄联络。

刘牢之的外甥何无忌与部将刘裕极力劝阻刘牢之，刘牢之一概不听。

不久，刘牢之令儿子刘敬宣投降桓玄。

桓玄大喜，设筵宴款待刘敬宣，而暗中设计杀害他，桓玄陈列大批名人大家的书画，与刘敬宣一同观赏。

刘敬宣丝毫没有察觉到桓玄的阴谋用心，桓玄手下的将佐官吏无不相视而笑。

司马元显被捕后，桓玄任命刘牢之为征东将军、会稽太守，将其调离京口。

刘牢之长叹道：“才刚刚开始而已，便削夺我的兵权，不久以后，大祸将会降临了！”

刘牢之手下将佐纷纷离开刘牢之，而刘敬宣在此之前返回京口转移家室，逾期未还。

刘牢之以为他被刘袭杀害，便心灰意懒，上吊而死。

此时陶渊明猛然觉得野心太大也没什么好的，桓玄被司马氏通缉，刘牢之被反杀，一切都是贪心不足。

陶渊明写下“采菊东篱下，悠然见南山”的诗句，或许他明白贪心其实是纸包不住火的存在。

公元 404 年，陶渊明怀着“四十无闻，斯不足畏”的观念再度出仕，出任镇军将军刘裕参军。

此时他的心情是矛盾的，既想为官一展宏图，可在出仕后却仍然眷念田园，“目倦川途异，心念山泽居”。

而这个时候的陶渊明见证了何无忌和刘裕的故事。

公元 404 年，刘裕与何无忌返回京口，密谋讨伐桓玄，复兴晋室，与刘毅、王懿、孟昶、檀凭之等人共谋起兵。刘裕等军于二月正式起兵，并成功夺取了京口及广陵两个重镇的控制权。当时何无忌亦推荐刘穆之给刘裕作为主簿。

刘裕及后率军攻陷建康，桓玄出走江陵，刘裕在建康以武陵王司马遵承制建立行台，司马遵遂以何无忌为辅国将军、琅琊内史，并授予司马道子府中精兵，命其与刘道规在刘毅统领下追击桓玄。

此时陶渊明看明白了刘裕和何无忌之间的互相利用，觉得人生处于灾祸之中，战祸连年。

公元 405 年 3 月，陶渊明为建威将军刘敬宣参军，经钱溪使都。

陶渊明有《乙巳岁三月为建威参军使都经钱溪》诗云“晨夕看山川，事事悉如昔”，“眷彼品物存，义风都未隔”，“园田日梦想，安得久离析”，动荡于仕与耕之间已有十余年，他已厌倦了也看透了官宦生活。

更是亲眼见到了刘裕与刘敬宣的故事。

刘敬宣在南燕并未安于当地，反而联结青州大姓崔氏、封氏以及鲜卑豪族，图谋推翻南燕皇帝慕容德，改立晋宗室的司马休之，复兴晋室。

公元 404 年，高雅之打算让甚受慕容德宠信的刘轨也参加，然而刘敬宣认定刘轨年老，只想安于当地，反对告诉他。高雅之还是告知刘轨，刘轨果然不允，反让图谋败露，刘轨及高雅之相继被杀，刘敬宣与司马休之出逃。二人走到淮河、泗水一带时知刘裕已举兵击败桓玄，于是重回东晋。

刘裕以刘敬宣为辅国将军、晋陵太守，袭封父爵武冈县男。

刘敬宣回国不久，桓歆就与氐帅杨秋侵袭历阳，刘敬宣参与讨伐。接着迁任建威将军、江州刺史。

刘敬宣在江州征集军粮、船舰以及其他军用物资，务求令储备丰盈，同年西征荆州的刘毅和何无忌等败给桓振，被逼撤守寻阳，正是因为刘敬宣才得以迅速恢复元气。

刘敬宣又击败了试图进攻豫章郡的桓亮。

刘敬宣在荆州未定时已获授江州刺史，起初他就以无功劳，不应在刘毅和何无忌受封赏之前受职而推辞，但刘裕坚持。刘毅收复江陵，驱逐桓楚残余势力后，就说刘敬宣没有参与刘裕的起义行动，说这么早就让他任晋陵太守已是过于优待，任江州刺史更是骇然。刘敬宣十分不安，于是自表解职。

然而刘裕仍然赐他房屋和每月三十万的金钱资助，一同出游时亦赐给甚丰。

后刘敬宣又任冠军将军、宣城内史、襄城太守。

此时陶渊明看明白了刘裕和刘敬宣之间的尔虞我诈，觉得人生若只是猜忌和试探，似乎没什么意义。

于是写下“晨夕看山川，事事悉如昔”的话，也写下“云无心以出岫，鸟倦飞而知还”的诗句来告诉自己，有时候直面内心更重要。

公元 408 年 6 月中，陶渊明家中火灾，宅院尽毁，被迫迁居。

这一年，东晋自偏安以来，时时面临着北方的威胁。祖逖、庾亮、褚裒、殷浩、桓温都曾先后北伐，但无一成功。为了强大自身，刘裕决定兴师北上。

谢混早年曾加入刘裕幕府，但后来在政治上却支持北府军将领刘毅，与刘裕相抗衡。刘毅甚至想利用谢混阻挠刘裕出任扬州刺史。谢混的堂兄谢澹对此忧虑不已，认为谢混的行为会给谢家带来灭族之难，便逐渐疏远他。

刘毅病重，请求让从弟刘藩（时任兖州刺史）继任荆州刺史。刘裕假意批准，却在刘藩入朝之后，公布刘毅罪状，称其与刘藩、谢混图谋不轨。谢混因此被下狱赐死。

陶渊明因为祖上陶侃与谢安、王导关系深厚，曾被刘裕调查谢混事件，此时的他将祖宅付诸一炬。

最终他写下“悟已往之不谏，知来者之可追”的诗句，来感念谢混事件。

第三十六章 刘裕开南北朝

那么，多次征召陶渊明的刘裕到底是谁？

为什么存在于南北朝里面？

是宋齐梁陈的哪个皇帝呢？

刘裕字德舆，小名寄奴，祖籍在彭城县绥舆里，是汉高祖刘邦之弟、楚元王刘交的二十二世孙。他的家族在早年随晋室南渡，长居晋陵郡丹徒县的京口里之后。

东晋至南北朝时期杰出的政治家、改革家、军事家，南朝刘宋开国皇帝。

也就是说大汉末年，兜兜转转数百年，最终魏晋到十六国结束，南朝回到了大汉刘氏的手里。

刘裕于晋哀帝兴宁元年三月（公元 363 年）出生，其时家境贫苦，母亲更因分娩后的疾病去世。

父亲刘翘无力请乳母给刘裕哺乳，一度打算抛弃他，只因刘怀敬之母伸出援手养育刘裕，才得以活下来。

刘裕长大后，为人雄杰，气度宏大，身高七尺六寸，风神奇伟，不拘小节，侍奉继母以孝顺闻名。

据载刘裕早年因家境过于贫寒，落魄到靠砍柴、种地、打鱼和卖草鞋为生，有时为补给家用而去樗蒲。

由于一向贫穷，遭乡里贱视，当时的人多不能赏识他。

刘裕后从军，成为北府军将领冠军将军孙无终的司马，他的偶像就是公元388年去世的谢玄，也就是北府军的创办者。

公元399年11月，孙恩在会稽（今浙江绍兴）起兵反晋，东南八郡纷起响应，朝野震惊。

晋廷忙派卫将军谢琰、前将军刘牢之前往镇压。或因孙无终的荐举，刘裕转入刘牢之的麾下，担任参军。

十二月，刘牢之率部抵达吴地，派刘裕领数十人侦察起义军的动向。不巧碰上了几千起义军，刘裕率众迎战，随从战死大半，而他还在酣战，手舞长刀，杀敌甚多。

后来，刘牢之的儿子刘敬宣及骑兵主力相继前来，起义军逃退，斩杀俘虏千余人，刘裕乘胜追击。后孙恩攻克会稽郡，杀死谢琰。

公元402年春，孙恩频繁进攻句章城，每次都被刘裕击败，刘裕挑选数百人组成敢死队，脱掉盔甲，手持短兵器，击鼓呐喊冲出城。起义军遭到震慑，士气大丧，丢盔卸甲逃散，大帅姚盛被斩，至此三战三捷，俘虏的起义军数以万计。

在转战三吴的几年中，刘裕屡充先锋，每战挫敌，其军事谋略得到初步显露。

他不仅作战勇猛，披坚执锐，冲锋陷阵，且指挥有方，富有智谋，善于以少胜多。

当时诸将纵兵暴掠，涂炭百姓，独有刘裕治军整肃，法纪严明。他率水军继续追讨孙恩，迫使其投海而死。

可以说，刘裕杀死孙恩这一战，可谓是一战成名，并且笼络了军心，有了郗鉴调动乞活军的手腕与本事。

公元402年，司马元显率军西讨桓玄，桓玄也率荆楚大军南攻司马元显。

司马元显派刘牢之抵御，刘裕随军前往。刘牢之率部到达溧州时，遭遇桓玄所部，刘裕请求发起攻击，没得到同意。

刘牢之打算派刘敬宣到桓玄营中讲和，遭到刘裕与刘牢之的外甥何无忌坚决谏阻，刘牢之不听。桓玄攻入建康，杀司马元显，收夺刘牢之兵权。刘牢之惧祸而逃，后自缢身亡。

刘裕审时度势，暂投桓玄以行韬晦。

由于刘裕屡建军功，于北府旧部中颇有声望，故桓玄也不敢小视他，任命他为中兵参军。

此时刘裕有了收拢北府军为自己所用的心思，也有了在桓玄手底下发展壮大的机会。

桓玄的妻子刘氏颇能识人，她多次对其夫说："刘裕行止有龙势虎志，看问题不同凡响，不会久居人下，宜尽早除之。"

桓玄却说："我欲荡平中原，非此人不行，怎好杀他？等关陇平定，再作计议。"

同时，桓玄称帝后为消除隐患，欲瓦解北府兵，大力剿杀北府兵旧将，北府军几乎遭到灭顶之灾。

正在桓玄盘算之际，刘裕也在暗中和北府兵残余兵将联络，伺机反攻桓玄。

因为刘裕对北府军有着血浓于水的感情，他的战友几乎被桓玄斩杀殆尽，此时他对桓玄仇恨滔天。

公元 404 年二月，刘裕以打猎为名，聚集北府兵残余兵将一千七百余人，在京口举兵起义，歼灭了桓楚在此的兵力，杀死桓修。接着，众人推刘裕为盟主，传檄四方，各地纷起响应。

三月三十一日，刘裕获王谧等人推举，出任八州诸军事、镇军将军，徐州刺史。东晋末年，政治混乱，百官放纵，百业废弛，桓玄虽然也想整治，但众人都不听他的。刘裕以身示范，先以威严约束宫廷内外，百官皆认真供职，两三天时间内，风气大变。

此时刘裕展现出了过人的军事才能和治国之能，可以说刘裕给东晋的世族带来了希望，世家大族开始寄希望于刘裕这样能够调和东晋错综复杂势力的将军。

刘裕在进建康城后，派诸将追斩桓玄，晋安帝在江陵复位，刘裕驱逐当地桓氏势力，并迎安帝返回建康。不久，刘裕遣使到后秦，要求后秦归还淮北诸郡，后秦皇帝姚兴可能鉴于西面战事吃紧，不想再在东面又与刘裕为敌，于是答应归还。刘裕因功受封为豫章郡公，食邑万户，获赏绢三万匹。他的僚佐只比原太傅谢安府的僚佐低一等，刘裕逐渐成为谢安一样的存在。

公元 409 年，南燕主慕容超袭位，纵兵肆虐淮北，俘虏阳平太守刘千载、济南太守赵元，驱掠百姓千余家。刘裕为抗击南燕、外扬声威，他乘胜追击北上，招降纳叛，争取民心，并就地取粮养战。

很快刘裕获得了淮河以北的民心，成为百姓心目中的定国之将。

慕容超被困于广固内城，先后遣使驰往后秦求援。于姚兴被夏主刘勃勃击败于贰城，遂令姚强撤回。慕容超久困于广固，不见后秦援兵，欲割地、称藩于东晋，刘裕不允。

南燕大臣相继降晋。九月，刘裕截获为借兵去后秦的韩范，使其绕城而行，以示后秦救兵无望，城内南燕守军惊恐。十月，晋军在前燕降将张纲的帮助下，制成飞楼、冲车等攻城器具，加强攻防能力。

义熙六年（公元 410 年）二月，贺赖卢、公孙五楼率军挖地道出击晋军，被击败，退回内城。刘裕乘机四面攻城，南燕尚书悦寿打开城门迎降，晋军攻入广固内城。慕容超率数十骑突围而走，被晋军追获，南燕灭亡。

刘裕以广固久守不降为由，入城后尽杀南燕鲜卑族王公以下三千人以泄愤。

慕容超被押送回师，在建康街头斩首。

占据岭南的卢循、徐道覆趁刘裕领兵在外，起兵进攻江州。朝廷急征刘裕，而当时刘裕刚灭南燕，收到诏书就撤还建康。

三月，何无忌与卢循部将徐道覆相遇于豫章，徐道覆命令数百兵以强弩登临西岸小山射击何无忌军。

刚巧西风暴急，何无忌所乘小舰飘向东岸，徐道覆于是乘风命大舰进逼何无忌之舰，何无忌军遂奔走溃败。

何无忌厉声曰：“取我苏武节来！”

当符节送至时，何无忌执节以督战。但是当时叛军人数太多，何无忌虽毫无惧色，但仍持节战死。

刘裕至山阳（今江苏淮安）时，知江州刺史何无忌已战死，于是加速回防建康，并于四月赶至。

五月，豫州刺史刘毅大败于卢循。卢循继续东下，刘裕招募兵众，修治石头城并于当地聚兵。

由于刘裕急急南返，士卒多有伤病，而建康兵力亦不过千人，面对有十多万人的卢循大军显得实力悬殊，刘裕坚决不肯接受诸葛长民及孟昶奉安帝北归广陵避敌的建议，决意死战。卢循一再败逃，终为交州刺史杜慧度所杀。

刘裕为自己的战友何无忌报了仇，也为大晋将士灭了燕国，打败了秦国。

回到建康的刘裕发现刘藩及其族人准备叛变，刘裕知刘藩有异心，于是假意答允其请求。但乘刘藩自兖州治所广陵入朝时，指称他与谢混图谋不轨，奏报朝廷将二人赐死。

刘裕命王镇恶焚烧四周城门，齐力攻打，刘毅部众纷纷逃散。刘毅从北门出城单骑而逃，在离江陵二十里处的牛牧寺自缢身亡。

刘裕到江陵后，鉴于江州、荆州凋敝残破，法令残缺不全，百姓疲惫匮乏，为赋税劳役所困，难以为生，下令减免税役，并推广到全国。同时对未做军用的州郡县的屯田、池塘、边塞之税，一律免除。对于那些原来因战争需要被征发的奴隶也一律放还。

至此东晋朝内再也没有反对的声音，又开始让百姓休养生息，刘裕北伐可以平稳进行了。

公元413年，晋军成功灭谯蜀，巴蜀地区再入南方版图，刘裕加授羽葆、鼓吹及班剑二十人。刘裕灭蜀后，下令精简各地劳役，让人民得到休息。

至此，长江以南所有地区都归晋朝所有，刘裕实现了划江而治。

刘裕掌握朝政以后，大力宣传规章制度，施行土断，禁止兼并。会稽余姚的世族虞亮藐视国法，藏匿逃亡人员一千多人，对抗刘裕的改革。刘裕铁腕诛灭了虞亮，罢免了包庇他的会稽内史，法办了大批涉事的士族及官员，一时士族豪强肃然，谨慎规矩，远近遵法守纪，再也不敢像以前一样胡作非为。

公元414年，刘裕上表减轻徭役，让民休养生息。以前，山湖川泽都被豪强士族所夺取，百姓打柴、采摘、打鱼、垂钓都要强迫交税，刘裕上表下令一律禁绝、免征，还山于民，还地于民。

大晋的百姓都对刘裕交口称赞，百姓终于可以安心种地。

自桓玄作乱以来，南方各大割据势力全部灭亡，南方归为一统。东晋境内，全由刘裕势力统治。而刘裕在消灭司马休之后，更获剑履上殿、入朝不趋、赞拜不名的殊荣。

公元417年正月，刘裕留其子刘义隆镇守彭城，自率大军北上，一举攻陷长安，姚泓率群臣投降，后秦灭亡。

近百年失守的长安，在刘裕的不懈努力下，终于回到了大晋的怀抱。

大晋终于北伐成功，长安回来了！

公元420年六月，刘裕代晋称帝，东晋灭亡。他改国号为宋，改元永初。

刘裕以司马氏为前车之鉴，削弱强藩，集权中央。有鉴于荆州屡为祸乱之源，便裁并荆州府的辖区，限制其文武将士的额员。

为防止权臣乱政，他特下诏：凡日后大臣外出征讨，一律配以朝廷军队，军还交回朝廷。

下令严禁世族隐匿户口，减少官府收入。

刘裕还下令整顿户籍，厉行土断之法。

规定政府所需物资，不准像过去那样滥行征发，而是派有关官员以钱购买。适当降低农民租税，废除苛繁法令，让百姓在宽松的环境中休养生息，发展生产。

魏晋以来，皇室、官府崇尚奢华。由于出身孤寒，刘裕知道稼穑艰辛，因而平时清简寡欲，生活节俭，不喜奢侈。

至此南北朝开启，刘裕开启了刘宋时代。

历史学家这样称赞刘裕：刘裕“奋起寒微”，以寒门庶族身份，依靠军功和手中握有的北府兵权，登上历史舞台，他和他周围的人们组成的寒人武士集团，开创寒人掌权的局面。刘裕北伐取得的成就不容磨灭，后来关中虽复失，但河南、山东、淮北已划入南朝版图。将南朝的防线推进到了潼关、黄河一线，保障了江淮流域。

后来的宋魏间战争，多在这些土地上进行，使长江流域得到较为长期的安静，为“元嘉之治”的出现提供了北部疆域屏障。

同时，刘裕对东晋以来的一系列弊政进行了全面的改革，集权中央，整顿吏治，体恤民情，轻徭薄赋，废除苛法，赈济穷人，减轻人民负担，亲自听讼，兴学校，策试诸州郡秀才。又实施“义熙土断”，打击豪强，抑制兼并，为“元嘉之治”打下坚实的基础。

明末清初思想家王夫之认为，刘裕是汉以后，唐以前的历史中一位非常有作为的皇帝。

李贽则直接以“定乱代兴之君”赞誉刘裕。

近代文学家鲁迅说他是南朝唯一值得肯定的君主。

田余庆则将刘裕视为门阀政治的掘墓人，认为门阀政治终结于刘裕之手。

刘裕代晋之后，门阀士族虽然仍然存在，但已无法成为决定性的政治力量。

刘裕可以说真正匹配得上那一句“斜阳草树，寻常巷陌，人道寄奴曾住。想当年，金戈铁马，气吞万里如虎”。

这个晋朝太有意思了

从司马炎登基到西晋灭亡

第一卷

江杭之禹 著

成都时代出版社
CHENGDU TIMES PRESS

图书在版编目（CIP）数据

这个晋朝太有意思了：三卷. 第二卷 / 之江，禹杭著. -- 成都：成都时代出版社，2020.11
ISBN 978-7-5464-2654-9

Ⅰ. ①这… Ⅱ. ①之… ②禹… Ⅲ. ①中国历史－晋代－通俗读物 Ⅳ. ①K237.09

中国版本图书馆CIP数据核字(2020)第204388号

这个晋朝太有意思了：三卷. 第二卷

ZHEGE JINCHAO TAI YOUYISI LE: SANJUAN. DIERJUAN

之 江 禹 杭 著

出 品 人	李若锋
策划编辑	仪雪燕
责任编辑	李 林
责任校对	樊思岐
装帧设计	仙 境
责任印制	张 露
出版发行	成都时代出版社
电 话	（028）86619530（编辑部）
	（028）86615250（发行部）
网 址	www.chengdusd.com
印 刷	旭辉印务（天津）有限公司
规 格	170mm × 240mm
印 张	15.25
字 数	257千字
版 次	2020年11月第1版
印 次	2020年11月第1次印刷
印 数	5000册
书 号	ISBN 978-7-5464-2654-9
定 价	148.00元（全三卷）

序言

“天下大势，分久必合，合久必分”，这句话应该是很多喜好阅读历史的人都耳熟能详的，但却很少有人知道它出自长篇小说《三国演义》。不仅如此，千百年来，这句话也一次次地以王朝更新、政权更迭的方式得以验证。正如我们所知道的东周末年分为了春秋和战国两个不同的阶段，而唐朝在由盛转衰之后，又进入了五代十国的分裂局面。而其中最具有代表性的，还要当属“东汉分三国”以及“司马家建西晋”这两件极为重大的历史事件。

那么，这两件紧紧关联到一起的大势是怎么形成的呢?

东汉末年，皇室腐败，宦官外戚当权，双方斗争不止。朝廷上除了少数几人头脑还算清醒外，大多数的官员都极为肤浅，只知道一味追求自己的利益，除了一再增收严苛的赋税外，很少有人能够真正顾及民间百姓的疾苦。

常言道，官逼民反，民不得不反。面对腐朽的朝廷，社会底层的百姓自然是怨声载道。于是，一场声势浩大的起义瞬间爆发。

汉灵帝光和七年（公元 184 年），天下大旱，颗粒无收而赋税不减，以致各地农民走投无路，陷入绝望的状态当中。在巨鹿人张角和其弟张梁的号令下，人们纷纷揭竿而起，头扎黄巾，口中高喊着“苍天已死、黄天当立，岁在甲子、天下大吉”的口号，向官僚地主发动了猛烈攻击，并对东汉朝廷的统治产生了巨大的冲击。

为平息叛乱，各地方统治者拥兵自重，以战争的方式对起义者进行残酷镇压。尽管在短短九个月内便镇压了这场声势浩大的农民起义，但与此同时，因军阀割据，东汉名存实亡的局面再也不能挽回，而这也正是三国分裂局面的开端。在乱世枭雄们的纷争之下，三国时期的互相争斗由此开始。

如果说一定要给那段历史时期找一个准确的字来加以概括的话，“乱”应该是最恰如其分的。在那个混乱的时代里，一股接一股的力量在快速崛起后，又瞬间消亡。随着时代的变迁，人事也发生着快速的更迭。在经过数十年的激烈角逐之后，有三股主要的力量从中脱颖而出，占据了最为重要的主导地位，他们便是统一江北主要政权的曹操、占据了大部分江东地区的孙权以及割据了益州和汉中两处主要的西南地区的刘备。

然而，最令人意想不到的是，这三股力量虽表面看似强大，但在各自经过两百多年的历史发展变迁之后，却无一例外地被原本看似毫不起眼的司马家族所取代。也就是说，全国的最终统一并不是由谋士辈出的曹魏、人才济济的东吴或自称是汉朝后裔的蜀汉完成的，而是一个在三国后期方才得以崛起的复姓氏族家族来建立的。不仅如此，这个家族根本就没有参与过乱世的霸权斗争。那么，它又是怎样一步步获得成功，直至最终赢得彻底胜利的呢？

在回答这个问题时，也许大家都会给出相同的答案。用一句话来概括，那就是司马懿活的时间够长、司马氏父子三人的野心又够大，所以才有了西晋的建立。这句话似乎是有些道理，毕竟，司马懿在刚开始进入仕途时，只是曹操手下的一名极其普通的文字掾，处处都表现得谨小慎微，并没有暴露出太大的野心。即便后来野心勃勃，也是在曹操、曹丕、曹叡三人去世的十年后才表现出来的。而在先前极其漫长的一段时间里，他不过就是默默地积蓄力量，等待着时机成熟的那一天罢了。也正因为先前的准备工作进行得极其稳妥，司马懿才会在大将军曹爽陪同少帝外出祭祖时，以出其不意的方式迅速发动了高平陵之变，并成功地控制了整个曹魏的朝政。同时，也为其孙司马炎建立西晋政权打下了坚实的基础。当然，每件事情从开始到结局中间都是具有承上启下的演变过程的，司马家族建立西晋亦是不例外，而这中间的演化过程便是由司马师和其弟司马昭共同完成的。事实上，假使没有他们的韬光养晦、蓄势待发，也就没有司马炎后来的顺利登基。应该说，司马三父子是建立西晋政权的直接推动者和最大的功臣。

本书以新颖的视角、通俗易懂的文字、考究的历史出处对从西晋中后期的发展脉络进行深入浅出的梳理，并通过细腻的文笔、风趣幽默的语言为读者讲述自公元 266 年至公元 316 年的一段风云往事。本卷带大家了解八王之乱、狗尾续貂、绿珠跳楼、七里涧之战、华亭鹤唳、永嘉之祸、琅琊王家崛起的故事。那些隐藏在历史风云变幻背后不为人知的新鲜事儿，定然会让您在看书的过程中真正做到手不释卷、全神贯注地被书中内容所吸引。

这个晋朝太有意思了

第二卷

目录

第一章 曹奂禅让帝位

咸熙二年（公元265年）四月，司马昭因中风去世。他的长子，三十一岁的司马炎继承了父亲的相国之位和晋王的封号，同时也获得了司马家族对曹魏朝廷的控制权。此时，由曹氏家族创建的魏国，已经完全被司马家族所掌握，就像当年魏武帝掌控汉室江山一样。

司马炎在中国的历史上是个饱受争议的皇帝，《资治通鉴》作者司马光是这样评价他的：至于晋武独以天性矫而行之，可谓不世之贤君。

而后来又有史家点评，说司马炎执政时热衷于安逸享乐，荒淫无度，最后致使司马家好不容易开创的万世基业走向衰落。

司马炎（公元236—290年），字安世，河内温县人，晋朝开国皇帝。司马炎少时曾被封为北平亭侯，因迎立曹奂，升任中抚军，晋封新昌乡侯，拜为抚军大将军、晋朝世子。后因其父去世，袭爵。

说到司马炎的身世，可真的是不一般。有野史记载，他是紫微星君现世，头发长得能够垂到地面，而且站立的时候，根本不用弯腰两只手就能垂下来摸到膝盖以下，所以当时朝臣们都认为司马炎有异相，将来一定能当皇帝。也正因为这样，当他的老爸司马昭一心想要立老二司马攸当继承人的时候，才会受到重重阻拦。

其实，不仅是别人这样想，就连司马炎自己也是这么认为的。所以在他继承晋王位置后没多久，就逼着曹奂让位了。当时群臣中绝大部分人都站在司马炎这边，要求曹奂禅位，而剩下的一小部分大臣则沉默不语，他们虽然也知道，司马氏这么做并非正人君子，但是毕竟人家已经掌权这么多年了，而你曹奂不过是个娃娃，以前无论什么事情都依靠司马家，现在又凭什么跟人家抗衡。所以，他们宁愿自己的良心受到谴责，也选择了明哲保身，不去帮曹奂说话。

然而，曹奂虽说只是名义上的皇帝，但实际上他也是颇有能力的。虽然曹奂深知自己的境遇，但他并没有因此安于享乐，放任自流，仍然勤勤恳恳地为天下苍生做事。

曹奂在位期间曾多次颁布政令，使民间经济长期发展；免去租赋五年，只为照顾当时北方的原住民。为了更好地治理州县，曹奂还曾将县令等基层职位分封给有能力、有抱负的平民，以此来调动百姓的生产积极性。不仅如此，他还积极地促使南下的百姓北上，特别是此前迁移至蜀地的百姓，只要其能够回归，就会享受到粮食与土地等优待政策，以保证他们能够安稳地在北方生活下去。

正因为曹奂的努力，他的惠民政策得到了百姓的认可，在民间多有敬仰。不仅如此，曹奂还积极参与到战事之中，希望通过自己的努力为曹魏阵营争取到更多的领土。虽说这一切最终都因为各种原因而失败，但曹奂仍然愿意进行尝试。只是因为大权旁落在司马氏的手中，所以在重大的决策方面，他并没有什么话语权，只能任由司马家族的人摆布。

如今，在这强大的政治攻势下，十九岁的曹奂被吓得连话都说不出来。眼见司马氏来势汹汹，自己真的不知道如何是好。同时，眼见自己的努力即将付之东流，曹奂亦感到十分心痛。然而，一时间却又无计可施，只能等待残酷命运到来，大有人为刀俎我为鱼肉之无奈。

不仅如此，司马炎的做法比当年魏文帝更加露骨，其不仅找朝臣做逼宫的啦啦队，更在上朝的时候，当着群臣的面，用手指着曹奂的鼻子，态度嚣张地说道：“曹奂，你不过是个无能之辈，有什么能力做皇帝？你应该把江山让给有德有才的人，那个人就是我司马炎。”

面对着司马炎的种种做法，曹奂心中虽有恨意却又无法抗争，或许身为末世之君，原本就有许多的无可奈何。

然而，与此同时，一个忠诚于曹家的朝臣却挺身而出，反其道而行之。此人名叫张节，官居黄门侍郎。黄门侍郎的工作是为皇帝传达诏命，相当于皇帝的秘书。

虽说官职不高，但张节却是满朝文武大臣中唯一一个敢替曹奂说话的人，而这也注定了他最终悲惨的结局。

尽管人微言轻，但张节却仍毫不畏惧地指着司马炎，厉声喝道："司马炎，今天子有德无罪，何故要让位于你？"

司马炎认为自己能够以理服人，而且他确实相信自己占着天大的理，于是很快便把理由当众向张节摆了出来。

第一，此社稷本来就是汉朝的社稷。既然魏武帝和魏文帝父子两个能篡夺汉室正统，我为什么不能再从曹家手中接过来？

第二，现在曹魏的天下是靠我司马家族三代经营得来的，如果没有我们，曹魏可能早就被东吴和蜀汉瓜分了。现在曹魏这么强大，那是我司马家族的功劳，我当然有权力拿来享受。

张节冷笑道："不是你们司马家为曹魏打下了天下，而是曹魏养活了你们司马家的人，给了你们建功立业的机会，给了你们荣华富贵。现在你却要逼着皇上禅位，你就是篡国之贼！"

司马炎当即被驳得哑口无言，不过作为一个骄傲的人，他绝对不会让对方就这样轻而易举地获胜。既然说不过你，那就打吧！打定主意，司马炎便立刻叫来了把守宫门的士兵，当着曹奂和满朝文武的面，在原本庄严的大殿上，活活地将张节乱棍打死，然后扬长而去。

张节的鲜血迸溅在陛台和殿柱之下，曹奂被眼前的惨象吓得浑身发抖，但张节的死多少也让他有了一点点的胆气。在司马炎走出大殿之后，曹奂壮着胆子请求群臣的支持：

"诸位爱卿，你们都是吃着我曹家饭，领我曹家俸禄的人。不但如此，你们的祖上也多是我曹魏的功臣，难道真的愿意将这江山拱手相让给司马氏吗？"

大臣们心照不宣地低下头，大殿上顿时陷入一片安静。曹奂这时才感觉到什么是众叛亲离，但更狠的事情却还在后头。

突然，一道剑光闪过，在众人惊诧的目光下，贾充用一把锋利的长剑直直地指向了曹奂，怒叱道："曹奂，你莫非是想学曹髦吗？若真的如此，那我贾充这便成全了你。"

曹奂先前就知道贾充挑唆成济弑杀曹髦之事，杀皇上的事情对方既然已经做过了一次，再做一次大概也不会介意，所以当贾充的利剑指向自己咽喉时，曹奂彻底崩溃了，用颤抖的声音命令太常院立刻去南郊筑受禅坛，坛成后禅让皇位。

司马炎如愿以偿，于咸熙二年（公元 265 年）十二月，他黄袍加身、气宇轩昂地登上禅坛，目光灼灼地注视着双膝跪倒在自己面前的废帝曹奂。就此，晋朝建立，年号泰始，司马炎史称晋武帝，曹魏政权结束了四十五年的短暂统治。

遥想当年魏文帝受禅于汉献帝，如今晋武帝又以同样的礼制受禅于曹奂，四十五年间，禅来禅去，真是因果循环，报应不爽。魏文帝当年又怎会想到他和父亲魏武帝辛辛苦苦一手创建的曹魏，立国还不到五十年，就会归于旁人呢?

当日，曹奂便乘坐牛车独自颓然地离开了洛阳，前往邺城。不久，他获封为陈留王，封国宫室安排在邺城，食邑万户。晋武帝对曹奂非常宽厚，让他享有优厚高贵的礼制待遇，一切都仿效魏国初期的制度，和皇帝享有的待遇差不多。另外，魏氏诸王皆为县侯，受到了司马家的优待。

而且，晋武帝还特令陈留王曹奂享有上书不称臣，受诏不拜，使用天子的旌旗、祭拜曹氏先祖等待遇。据《资治通鉴·卷七十九》记载：丁卯，奂奉魏帝为陈留王，即宫于邺。优崇之礼，皆仿魏初故事。

另外，再拿晋武帝封曹奂为陈留王的爵位来说，汉献帝刘协亡国后降封的山阳公爵位就比他低了一等。可想而知，曹奂的待遇比汉献帝刘协要高、要好。

就这样，曹奂安安心心地做了三十八年的陈留王，直至太安元年（公元 306 年），因病在邺城去世，享年五十八岁，后葬于河北省临漳县彭城村。朝廷为他上谥号为“元皇帝”，故而后人称他为魏元帝。

据《三国志·魏书》引魏世谱所记载：封帝为陈留王，时年五十八岁，太安元年崩，谥曰元皇帝。

纵观中国两千多年的封建帝制历史，说魏元帝曹奂是历史上待遇最好的亡国皇帝，绝不为过。

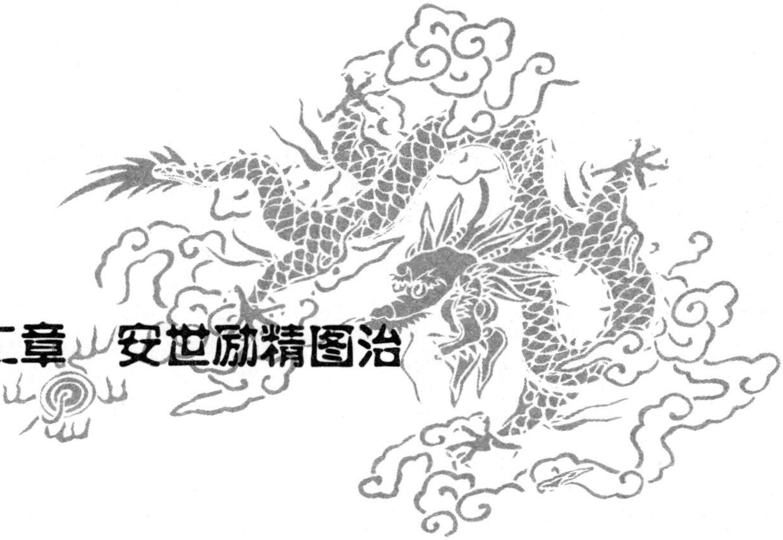

第二章 安世励精图治

司马炎以晋代魏之后，所作所为绝对可以称得上是一位明君。正所谓新官上任三把火，司马炎称帝之后，针对曹魏的失败，在政治、经济、军事诸方面进行了一系列的改革，来巩固新政权，并维护作为其统治基础的士族官僚集团的利益。

政治方面：

一、中央官制的改革。

加强尚书、中书的权力，削弱三公。从两汉时期，尚书的权力开始不断得到加强。曹魏时期，尚书就不再隶属少府，成了完全独立的中央最高行政机构。司马炎登基之后，也继承了这一制度，经过发扬光大，尚书令成了事实上的宰相。

同时，为了限制尚书的权力，中书省的权力得以进一步扩大。那时的中书省由七人组成，主要负责为皇帝整理奏章、草拟政令，掌握了决策军国大计的权力。在中书省逐渐成为决策机关后，尚书省便成了执行机关，中书监、令成了事实上的宰相。

设立门下省。在中书省权力加强后，司马炎担心皇权旁落，于是又设立了门下省。门下省是由秦汉时期作为皇帝侍从的侍中发展而来，长官为侍中。后经发展，门下省的权力地位也日益提高，最后成了中央政府的重要决策机构。

三省的长官皆为宰相，这将两汉时期丞相的权力一分为三，中书省主决策，门下省主审、驳，尚书省主执行，相互制约，保证了皇权专制。但由于西晋政权的性质，三省长官分别由士族垄断，具有较大的自主性。同时，西晋时的尚书、中书、门下权力的提高，也为后来隋唐三省制度的完善奠定了基础。

二、选官制度。

西晋的选官制度基本继承了曹魏时期的九品中正制，又称九品官人法。

曹魏初期急需各类人才，而战乱之后，人口流动和社会变迁使得乡里选举这种制度受到了极大的限制，中央不能通过乡里选举制度获得充足的人才，于是九品中正制也就应运而生了。

九品中正制，一般有以下几点特征：

给各州、郡、县都设立中正官，中正官在自己所在的地区走访、考证、评议比较有责任和影响力的人，并以此作为可以评选为国家官吏的资格。以上司徒，司徒再核，然后付尚书选用。

中正官在很大程度上解决了当时战乱对国家人才选拔影响的问题，而且魏晋两朝的更替并没有造成像东汉末年那般混乱，所以九品中正制也很完好地被西晋政府所承袭。魏文帝正式设立的九品中正制在经历了近五十年的运转后，也曾发生很多变化，更加与时俱进，适合当前的形势需要。

而到了西晋前期，统治阶层中一些掌握实权的大臣对九品中正制的弊端则进行了最直接的抨击。

（1）九品访人，唯问中正。

关内侯、议郎段灼曾上疏力陈九品中正制的弊端：

他认为九品的确定权只由中正官一人掌握，而中正确定品级的唯一依据却是门资也就是门第，根据门第确定品级，其结果也就成了“据上品者，非公侯之子孙，则当涂之昆弟也”。

（2）尚书仆射刘毅认为九品中正制有八损，其核心是今立中正，定九品，高下任意，荣辱在手。中正官对于吏部的候选官员有着最终决定权，而吏部却没有权力对候选官员进行核查，只能按照中正官的决定来，而某些中正官存在“唯能知其阀阅，非复辨其贤愚”的现象。

（3）泰康初年，司马亮上疏指责九品中正制使中间渐染，遂计资定品，使天下观望，唯以居位为贵，人弃德而忽道业，争多少于锥刀之末，伤损风俗，其弊不细。

（4）当时也有人写书讥讽九品中正制。

《崇让论》称：官职有缺，主选之吏不知所用，但案官次而举之。同才之人先用者，非势家之子，则必有势者之所念也。观在官之人，政绩无闻，自非势家之子，率多因资次而进也。

王沈《释时论》中则记载：当斯时也，岂计门资之高卑，论势位之轻重乎？谈名位者以谄媚时势，举高誉者因资随形。

如果仔细阅读当时的史料，大家不难发现西晋初期统治阶层普遍存在四个问题：

地方上各级中正官把持了官员选拔渠道，并通过源源不断地向国家输送预备官吏进而把持了政权。

中正官在选拔官员时基本上都是按照自己的主观意愿进行的，而中央官员对于选拔上来的官员没有审核和进一步划分等级的权力。

资品获得的标准只看“门资”“势位”，而不看才、德，这就使得世风日下，人们谄媚附资，弃才德而重家姓。

提出废九品中正制而恢复旧时的乡举里选：今除九品，则宜准古制，使朝臣共相举任，于出才之路既博，且可以厉进贤之公心，核在位之明暗，诚令典也。

九品中正制运行近半个世纪最后造成的结果就是上品无寒门、下品无士族。统治政权在选拔、任用官吏方面事实上根本没有多少选择，九品中正制并不是唯一的选拔官吏途径，但因为切合当时的历史需要，确是一种主要的选官方式。

《晋书》中直接点明了司马炎之所以能建立晋朝的原因，就是依靠在曹魏政权中担任各级显职的门阀士族的支持和辅佐，用这种不流血的方式夺得了帝位，完成了魏晋更替。而作为政治回报，他也必须满足这些帮助自己上位的新贵们全面进入政权的要求，于是就继续袭用九品中正制，并更加注重其中的门阀因素。

但是司马炎也是一个聪明的人，他通过自己夺权之事吸取了深刻的经验教训。为了不让其他士族门阀走自己的老路，让晋朝的统治长治久安，他一方面以九品中正制的官吏选拔方式满足门阀士族入仕的普遍要求，满足朝中高官显贵垄断政权的愿望，同时造成位居中央的士族和把持地方选择权的豪强势力的矛盾和冲突；而另一方面又让皇族成员全面进入西晋政权，形成以司马氏为代表的门阀士族与其他士族的强烈对峙，这是西晋统治政治中的一种重要的权力分配方式。

三、修订法典律例。

在曹魏末期，贾充、杜预、羊祜等人已经开始针对《魏律》繁杂严密的缺点，制定新的律令，在西晋泰始三年完成，史称《晋律》，又称《泰始律》。同时，晋武帝本人也是比较重视法治的，他曾亲自在殿上向百官讲授律文，而且还下令将新律中死罪条目抄写出来，悬于亭、传，使百姓知法守法。

四、恢复分封制。

西晋政治改革的一个重大举措就是恢复分封制。自西汉解决诸王问题后，诸侯王只是衣食租税，曹魏实行的也是虚封王侯。西晋立国后，当权者一方面认为司马氏之所以能够代魏是因为曹氏封王无权造成的，希望通过分封皇室宗亲为王，屏藩帝室，来维护司马氏统治；另一方面则是为了满足士族大地主的政治、经济要求，于是就恢复了分封制。

司马炎下令将爵位按照王、公、侯、伯、子、男六等分封，将宗室二十七人分封为王。最初封王是留居京城的，到了咸宁三年（公元277年）诸王就遣回封国了，他们的权力也不断得以扩大。

当时王国分为大、次、小三等，“邑二万户为大国，置上中下三军，兵五千；邑万户为次国，置上下二军，兵三千；五千户为小国，置一军，兵千五百人”。后又“更制户邑”，增加了封国户数，大国增至四万户乃至八万户、十万户。封王在封国内拥有很大权力，可以选用官吏、设置军队，集政权、财权、军权于一身。在分封同姓王之外，晋武帝还分封了一些异姓功臣为王。

西晋的分封制给予了宗室诸王很大的权力，但这也恰恰成了西晋灭亡的重要原因，是西晋改革中的一次失败。后来随着统治阶级内部矛盾的发展，诸王大都卷入争夺中央权力的斗争中，内部的斗争削弱了西晋的统治力量，也加速了它的灭亡。

经济方面：

晋武帝在政治改革的同时，在经济方面也进行了重要的改革，颁布了占田制，主要内容有以下几个方面。

户调式。其内容规定：丁男之户（男女十六岁以上至六十岁为正丁）每年交纳户调绢三匹，棉三斤；丁女及次丁男之户（男女十五岁以下至十三岁，六十一岁以上至六十五岁为次丁），纳半数；边郡民户纳三分之二，更远者纳三分之一；少数民族纳布一匹，边远地区纳布一丈。

农民占田课田令。其规定：男子一人占田七十亩，女子三十亩，其中丁男有五十亩、次丁男二十五亩、丁女二十亩为课田，要向政府交税，每亩交租八升。边远地区的少数民族不实行课田者每户输义米三斛，远者五斗，极远者每人纳算钱二十八文。

官员地主占田及荫客、荫亲属制。其规定：官员一品至九品按品级占田，一品可占田五十顷，以下每品递减五顷，至九品占田十顷。品官还可以根据不同的品级荫其亲属，多者达九族，少者也三世。官员从一品到九品可以荫佃客十五户到一户，荫衣食客三人到一人。

西晋的占田制既不是官府授田，也不是重新分配地主的土地，而是将原来自耕农和成为编户齐民后的屯田农民占有的小块土地都归于占田制之下，同时制定出一个最高限额，允许农民在限额内垦荒占田，至于能否达到规定的土地，政府都要按规定的课田数量征收田粮。从这可以看出课田有强制农民耕种规定数量的田地，以便向政府缴纳田租的用意。

与屯田制下的屯农相比，占田农民的负担有所减轻，身份地位也有所提高，从而激发了农民的生产积极性。而且占田无年龄之分，而课田有年龄、性别之分，占田数又高于课田数，这些规定鼓励了农民去开垦更多的田地，大大地扩大了耕地的面积。

太康元年至三年（公元280—283年），政府统计的户口数量由原来的二百四十六万增加到三百七十七万，这是由于占田制的推行，大量流民得以安定下来垦占荒田，重新向朝廷呈报了户口。因此可以说占田制的推行，促进了农业生产的发展和社会的繁荣稳定。

在占田制的推行下，西晋社会得以安定，流民也复归农业，社会经济得到了进一步的发展。占田制中对官员占田作出了具体的规定，承认了官僚士族的既得利益。荫亲属也使官僚士族的亲属可以免除国家的租调和力役负担，荫客则使他们的佃客不再承担国家的赋税负担，完全成了私家的依附农民，这些规定是国家维护官僚士族特权和经济利益的有效举措。

但同时也确实对官僚士族占有土地和依附人口起到了一定的限制作用，使国家有更加充足的租配和力役来源。占田制是我国封建社会的一个重要的经济制度，是系统完整的封建经济制度，对后来北朝及隋唐时期的均田制和租庸调制也有着十分重要的影响。

司马炎看到自己的苦心经营没有白费，正美滋滋地准备享受这胜利的成果，谁知道一个严峻的问题很快就浮出了水面，摆在了他的面前。那就是当时地主们的庄园经济都已经发展得十分成熟，全国的大部分土地都掌握在这些地主的手中。在刚刚推行占田制的时候，由于人口较少，每个人还能够分配到足额的土地，但是随着后来人口数量的不断增加，政府已经不能保证每个家庭拿到规定的土地了，这就势必会导致农民外流的情况出现。

针对此种现象，西晋政府只有限地保证丁男的土地，而次丁男、丁女的土地多有不足。但是政府却对此不闻不问，不去进行深入了解，依然按照应发的土地数量向这些农户收取田租。这就意味着大量的农民要为根本不存在的耕地缴纳高额的赋税，自然会引起人民的不满，对正常的生产秩序造成极大的破坏。

过了一段时间，那些农民和平民为了免税，纷纷委身于世家大族，甘愿放弃独立身份，成为佃客。这就导致西晋政府的税源趋于减少，财政收入最终枯竭，权威扫地。而那些世家大族、官僚贵族，特别是司马炎分封的藩王势力则恶性膨胀，形成尾大不掉之势，为日后西晋政权的动荡蒙上了一层阴影。

第三章　桃符埋下隐患

司马炎经过一段时间的忙碌，眼看着西晋的朝政一日日步入正轨，他这才稍做喘息。然而，就在此时，一个人影突然闪过脑海，让司马炎的心不禁再次一紧。

虽说自己跟那人是亲兄弟，可谁又保证对方就一定没有反叛之心？再说了，想当初，那人可是父亲看好的世子候选人，只是因为自己后来呼声高，所以才没有得手，所以无论从哪个角度，都必须尽快斩草除根以绝后患。

那么，司马炎想到的人是谁呢？没错，就是咱们前面曾经提到过的，他的弟弟司马攸。

说到司马炎、司马攸兄弟，还真是有种“煮豆燃豆萁”的既视感，两个人原本是同父同母的亲兄弟，却偏偏因为当皇帝这件事闹得鸡飞狗跳、家庭不睦，也真的是得不偿失到了极点。

司马攸（公元248—283年），字大猷，小字桃符，晋武帝司马炎的同母弟。司马攸年少聪明，书读得非常好。《晋书》关于他是这样写的：少而岐嶷。及长，清和平允，亲贤好施，爱经籍，能属文，善尺牍，为世所楷，才望出武帝之右。换句话也就是说，司马攸这个人非常有才，无论是在才学还是名望方面，都远远超过他的大哥司马炎，深得爷爷的器重，被安排给了大伯作为继承人。

其实，大家如果仔细分析，就会明白这其中的意思。司马攸被过继到大伯家，不仅仅是因为大伯只有女儿没有儿子那么简单，还因为司马家的权势是爷爷和大伯出力创下的，而自己的父亲当初也只不过是单纯地接班而已。这样的话，以后即便是选继承人，肯定也是从大伯这一方面来找。所以将司马攸过继过去，这明摆着就是帮他找一条上位的便捷通道。

也就是说，景帝无子属于天时，司马攸的优秀则属于人和。按此发展下去，司马攸由世子成为皇帝绝对是板上钉钉的事情，而这无疑也是多方共赢。

这件事情，司马攸明白，司马炎当然也是心知肚明。所以，即便最后，他通过拉拢群臣、以身世做幌子等种种手段赢得了胜利，但是司马攸的存在仍注定成为一生挥不去的阴影。就像是定时炸弹一样，如果不及时拆卸，说不定什么时候就会突然爆炸。所以，当司马炎在皇位上坐稳后，便开始进入与司马攸针锋相对的状态。

当然，司马炎之所以这般着急，也并不是无的放矢。要知道，自己如今是已经坐稳了位置，但是太子司马衷却是个公认的白痴。如果司马攸这个心腹大患不除，将来等到自己有个山高水低，司马攸保不准会抢了司马衷的位置，司马炎当然不愿意看到这样的事情发生。

大家应该都知道历史上有句话叫“何不食肉糜”吧，这就是司马衷说出来的话。

可是既然司马衷的智力有问题，那为啥还会被册封为太子呢？原因很简单。司马炎的老婆叫杨艳，当年登基的时候，他们夫妻俩的大儿子司马轨就夭折了，司马衷是老二，所以理所当然成了皇位继承人。

其实，除了司马衷本身的排行以外，他母亲杨艳也是功不可没。杨艳一共给司马炎生了三个儿子：司马轨、司马衷，还有一个司马柬。

这个司马柬相貌出众，智力超常。他实际上才是最适合继承皇位的那个人。但是，女人普遍天生都有一个弱点，那就是喜欢感情用事。杨艳对司马衷天生脑残这一缺陷始终心存内疚，认为是自己的错，所以就一心想要把最好的留给这个傻儿子，以此来做补偿。

司马炎虽然比较理智，但是毕竟司马攸的阴影一直横亘在他的心里呢。司马炎认为，不管司马衷本身的智商怎样，只要有大臣相帮，都会让权力平稳过渡，照样可以坐拥天下。所以，不管群臣怎么说，司马炎夫妻都坚决地让司马衷当了太子。

然而，随着司马衷一天天长大，朝臣们都看出太子愚笨，不足以君临天下。于是，一股拥立齐王司马攸为皇太弟的力量在暗中快速集结。按理说，太子愚笨，再换武帝的另一个儿子就是了，为何大臣们要拥立司马攸呢？

首先，也是最为关键的一点，司马炎建立晋朝后，追封祖父为宣帝，大伯为景帝，父亲为文帝。也就是说，司马攸法理上的父亲，也是皇帝。同时，司马攸的嫡母羊氏和生母王氏，并为皇太后。司马攸，作为景帝的嫡长子，又本为文帝亲子，身份极为尊贵与特殊，于情于理，继承皇位都是理所应当。

第二，在许多大臣心目中，天下本应该是景帝的。现在景帝已经亡故了，大臣们自然会将这种情感寄托在景帝法理嫡子司马攸的身上。

第三，西晋建国后，齐王司马攸继续维持了自幼年起的好名声。他的生父文帝病逝之时，司马攸异常悲伤。不仅在行为做法上超过了当时礼法的规定，而且还数天不进米食。

晋朝诸侯宗室的开销都由朝廷负责，司马攸却上书说，自己封国齐国的赋税足以供养自己，不再需要朝廷开支。他在齐国内部轻徭赋税，多次开仓赈民，同时对有疾病和死葬的官员属吏也赐钱抚恤。无论是否作秀，这些行为都为司马攸赢得了赞誉，一代贤王名满天下。由于武帝诸子幼小，齐王司马攸以武帝至亲的身份在朝辅政，谦恭谨慎，礼贤下士，这也是齐王司马攸声望日隆的原因。

最后，此时的齐王司马攸，还有个特殊的身份，那就是朝廷第一实权大臣贾充的姑爷。贾充原本是坚定不移地站在司马炎这边的，但是自从司马攸成亲，他的态度就变得非常暧昧，不再像当年一样坚定地支持司马炎，司马攸背后的大臣势力也因此得以增强。

这股暗流，武帝司马炎是有所察觉的，弟弟司马攸就是他的梦魇，就这样，出于对司马攸的忌惮，司马炎开始实施对他的打压。按理说，这样的做法原本也是无可厚非，放在历朝历代，都算说得过去。但是，晋武帝偏偏在打压方式上出了问题，以损害晋朝国体的方式连出昏着，致使晋朝的大政从此崩坏。

司马炎，是中国历史上少有的“弱势”开国君主。有人说，晋武帝与魏文帝建立新朝的方式十分相似。然而究其实质，却只是神似，而形不似。

魏文帝篡汉之时，已经当太子多年，身边聚集了吴质、陈群等国之栋梁。而司马炎，被立为太子不过数月就即位晋王，又过了四个月就篡魏建立晋朝。时间上根本不允许他建立自己的班底。

所以，在新朝建立之初，司马炎不得不全盘接受伯父和父亲遗留下来的班底，通过大封诸王、犒赏功臣，与宗室和功臣共享天下的方式，来稳固政权。

当时司马炎第一批封宗室二十七人为王爵，但这二十七人中却没有一个人是司马炎的儿子，原因很简单，武帝诸子太小，当时司马衷不过是个七八岁的孩子。而算上司马攸，晋文帝的后代也只有三人为王，可见帝室一系的虚弱。

所以，在晋朝初年，宗室和功臣集团在朝堂之上十分有话语权，司马炎形同“虚君”。

当时权力最大的功臣集团有五人，分别是贾充、裴秀、荀勖、王沈、羊祜，但是王沈早逝，裴秀由于喜欢服用寒食散，导致身体不好。所以当时形成了贾充、荀勖居内，羊祜居外的政治格局。

随后，贾充与荀勖组成了当时朝廷内最大的功臣派。为了对抗他们，司马炎扶持以任恺为首，庾纯、张华、温颙、向秀、和峤为骨干的“反贾派”。这一派既有任恺这种前朝女婿，也有张华这种出身寒门的栋梁之材。但如无司马炎的支持，这些人绝对是不可能有实力和贾充对抗的。

泰始六年（公元 270 年），西北鲜卑族秃发树机能发动叛乱，连败晋军，一时间西北凉州震动。任恺想将贾充排挤出朝，于是上奏，推荐贾充去镇守西北，武帝居然同意了。逼得贾充被迫接受荀勖的建议，主动提出与武帝结为儿女亲家。

武帝对贾充的这一表现非常满意，因为这样司马攸和司马衷就会成为连襟，而贾充作为岳父，必然会一碗水端平，自己以前的顾虑也就可以尽皆除去。

于是，在经历了此事后，贾充不仅顺利留朝，继续坐镇中枢，而且很快司马炎还将自己亲自栽培的“反贾派”给毁掉了。

此次党争事件，是武帝一手策划，目的就是让太子成为贾充的女婿，以便制衡齐王司马攸。只可惜了任恺等人，完全就是武帝的棋子。但是司马炎为了太子，以西北战事为筹码，挑起党争的举动，简直是视国政如儿戏。

以为太子地位就此稳固的武帝，在咸宁二年（公元 276 年）再次遭受打击。这一年，武帝突然病重，由此取消了一年中最重要的元会。

元会，就是元旦的朝会，主要参与者是六百石以上的官员、各诸侯王、藩属国首领等。元会的取消，说明了一件事：武帝病得很厉害。因为但凡能坚持，皇上都不会不参加元会。而这时候，侍奉在武帝左右的是三个人：贾充、荀勖、齐王司马攸。

由于不知道武帝还会不会痊愈，于是朝野支持司马攸的暗流再次涌动。河南尹夏侯和更是直白地对贾充说：“贾充，你这两个女婿，要立也应该是立有德之人啊。”

夏侯和这话说得是再明白不过了，那就是司马攸即位才是众望所归。当时贾充手握部分禁军兵权，而夏侯和则负责洛阳地区的行政和治安。二者一旦联手，就可以马上发动宫闱政变。

贾充并没有表态，也没有反对，很有可能当时他也想拥立齐王司马攸。

结果，谁也没想到的是，武帝司马炎病愈了。病愈后的第一件事，就是夺了贾充的兵权。

种种迹象表明，单纯让贾充与太子结亲不足以稳固太子的地位。于是，他启用了另一股势力：外戚弘农杨氏。

其实，外戚势力自东汉末年起已经崩溃，曹魏为了防止外戚干政的历史重演，规定皇后必出自无势力的寒门。但司马家本就是勋贵之家，曹魏时期与各大家族联姻，所以在成为皇族后，后族必然是当初与之联姻的名门望族。

武帝有两任皇后，均出自弘农杨氏，两人为堂姐妹。而武帝这次启用的，就是第二位皇后杨芷的父亲杨骏，以及杨骏的弟弟杨珧和杨济。

弘农杨氏在东汉“四世三公”，是与汝南袁氏并列的士族之首。杨骏是东汉太尉杨震的五世孙，按照家族的辈分，魏武帝当年杀死的杨修是杨骏的族叔。

但是杨骏这一支，早就没有当年经史传家的士族家风，史载其人“小器，无才，素无美望”。后来杨骏想把自己的女儿嫁给后起的士族领袖琅琊王氏的王衍，王衍视为耻辱，所以就果断地给拒绝了。可见杨骏的崛起确实是武帝强行拔高的结果，其本人并没有才华，但是他的弟弟杨珧和杨济却很有才能。

杨珧当过尚书令，口碑极佳。而杨济则在军中很有威望，后来参加了伐吴之役。二人一文一武，完全听命于武帝。杨骏、杨珧和杨济，时人称之为“三杨”，经过武帝的提携，迅速成为朝廷上不可忽视的力量。

由于杨芷的亲子早夭，所以外戚杨氏要想保住地位，就必须全力支持同族的第一任皇后杨艳所生的太子司马衷，而这就是武帝提拔“三杨”的真实原因。然而，尽管有了“三杨”的支持，但武帝却仍不足以将齐王隔绝于皇位之外。因此，司马炎果断地发动了灭吴之战。这本来是一件千秋功业的大事，但是在他的“微操作”下，却彻底变了味道。

东吴，其实早就该灭了。尤其是陆抗病死后，羊祜立刻上书请求伐吴。但是，当时贾充、荀勖等人，因怕灭吴后羊祜、张华等主战派会因功升职，威胁自己的地位，所以一直反对伐吴。使得羊祜最终郁郁而终，到死都没有亲眼看到灭吴的那一天。

咸宁五年（公元 279 年），司马炎在张华的支持下，宣布伐吴后，却故意任命最反对伐吴的贾充为主帅。并且在战后赏罚不公，对贾充一党重赏，而真正有功的张华等人却有功不赏。

很明显，司马炎既想灭吴，又不想得罪贾充，期望他继续支持太子司马衷。而也正因为此，这场伐吴之战充满了诡异的色彩。

总之，司马炎通过灭吴战争，收获了巨大的威望。他终于可以实现自己的终极目的：外放司马攸，让其彻底失去继承皇位的机会。

而在咸宁四年（公元 278 年），景王的皇后羊氏因病去世。作为羊氏法理嫡子的齐王司马攸，理应以子礼服丧。但是，立法上，“诸侯不得祖天子”，司马攸一旦行子礼，那就是合法的皇嗣，对皇位有名正言顺的继承权。这对武帝来说，是断然不能接受的。最后，还是贾充提了个折中的法子。那就是，“服子服，行臣制”。可见，咸宁四年开始，司马炎对齐王司马攸的打压就已经公开化了。

到了太康三年（公元 282 年），即灭吴之后的第三年，武帝将灭吴功臣张华外放幽州。张华心向齐王，主张至少要让司马攸留朝辅政，武帝因此借故将他排挤出朝。这一年，十二月，武帝挟灭吴的巨大威望，强行下令，齐王司马攸以大司马、都督青州诸军事的身份，立刻赶赴齐国封国，这就是历史上著名的“齐王之国”事件。

这里要说明的是，这种诸侯王“以高位镇守一方”的外放，如果在乱世，算是重用。藩王甚至会拥兵自重，发展成割据一方的独立王国，比如后来的八王之乱中的成都王司马颖。但是，此时的晋朝刚刚统一全国，是和平年代，以这种身份外放，其实就是贬斥。

因此在治世，齐王一旦去了封国，就会受到中央任命的齐国大臣的监管，王国卫队也无法随意调动，可以说并无实权。

而远离了朝廷，一旦宫廷有变，司马攸将无任何发挥的余地。不要说皇太弟，就是日后想做新皇的辅政大臣也几乎是不可能的。

齐王外放的这道命令，遭到了几乎满朝的反对。宗室长辈中，当时最有能力的扶风王司马骏力劝武帝留下齐王，将来让司马攸辅佐太子司马衷，结果当场被武帝冷言拒绝。司马骏回府后，一气之下病逝了。

而武帝的亲信也反对齐王外放，这大大出乎武帝的预料。武帝亲信之中，以王浑和羊琇最为反对齐王外放。王浑和司马炎是亲家，是武帝的铁杆亲信，关系甚密。也正是由于这种身份，王浑说话非常直爽，他直接指出：你外放齐王，无非是怕他威胁太子的位置。但是，等你百年之后，谁能代替齐王司马攸辅政呢？你选的汝南王司马亮是个庸才。另外，你重用外戚，就真的不怕走东汉外戚干政的老路吗？

最后，王浑提出了以司马攸（贤王）、司马亮（宗室最长者）、杨珧（外戚）三人辅佐太子的方案，让他们三人互相制约。这个方案，应该说是最佳的辅政方案了。但是此刻，武帝已经听不进去任何劝说，所以王浑只能无奈地放弃。

而另一位武帝亲信，当年曾帮他夺位的羊琇，当听说武帝外放齐王是外戚杨珧出的主意后，甚至气得想要率军暗杀杨珧。

王浑、羊琇之外，朝中其他大臣更是联名上奏，请求废除齐王外放的诏令。司马炎的好友，魏陈思王曹植之子曹志也支持让齐王留朝辅政，气得司马炎愤怒地说："连曹志都不明白我的想法，更何况别人，都是庸才，我要你们做什么！"

面对着朝臣们的强行阻拦，司马炎更加坚定了尽快外放齐王的决心。然而此时，齐王司马攸的身体却出现了很严重的问题，但无论怎么说，司马炎都坚决不信，为了一探真假，他很快便派出御医给司马攸诊治。不想，御医是庸才，回复说齐王无病。于是司马炎再次强令司马攸前往齐地赴任，司马攸对哥哥的这一举动很是心寒，不久便因病发作吐血身亡。

发丧之时，司马炎假意哭得十分伤心，但是当他听到有大臣说"齐王名过其实，却得到天下人归心，今天他病死是社稷之福，陛下不必这样伤心"时，便立刻停止了哭泣。

兄弟嫌隙如此，又怎能不令人唏嘘？

第四章　贾充《泰始律》

之前咱们说了司马炎为了拉拢贾充，不惜与其结为儿女亲家，希望以这样的方式与司马攸形成制衡。这说明贾充在司马炎心中乃至整个晋朝，都有着举足轻重的地位。他的忠诚度极高，敢于为了主子公然刺杀皇上。在谋事方面也颇有建树，为晋武帝提出过许多立国之策。不仅如此，他还在制定法律法规方面极有见地，曾以主编的身份为晋朝编撰基本之法《泰始律》。

应该说《泰始律》是西晋时期的一个重要成就，为后面数个朝代礼法律令的完善打下了坚实的基础。从西晋开始实施直至隋唐的几百年间，《泰始律》一直都在被使用与改良。

任何事物的产生必然会有它自身的原因，《泰始律》亦不例外，它源自司马昭的“攀比”。

《泰始律》之前的律令法制是曹魏时期的《新律》。当时魏武帝“挟天子以令诸侯”，兼并各路诸侯，统一大片领土。正所谓攘外必先安内，他开始将视线转移到稳定人心上。而一部实用的律法便成了那时最为至关重要的东西。

然而，当时距离汉初萧何制定的《九章律》已经过去了整整四百年时间，经过不断的发展，这部法典已经变得庞大驳杂，无法跟当下的环境紧密结合。故此，魏武帝经过慎重的考虑决定重新编修一部律令法制。但是因为他那时还是汉朝的臣子，所以不好亲自动手。思来想去，魏武帝选择定科和发布大量律令来曲线改变汉律所带来的困局。

然而，实际上，魏武帝的做法却是治标不治本。只能说暂时起到了稳定人心的作用，但是对于长治久安却并没有什么明显的效果。等到魏明帝继位，律令法制终于到了真正变革的时刻。魏明帝虽说是贪图享受，在其他朝政方面没有太大的作为，可在刑律方面却还算有一定的研究。再加上此时已是曹魏的江山，所以也就没有什么可顾忌的了。于是，他遂命令司空陈群、散骑常侍刘卲、给事黄门侍郎韩逊、中郎黄休等人编制新的律令法制。

三国时期，魏、蜀、吴政权虽均各自立法，但其中最有影响、最具代表性的律典还应算是《魏律》。由于陈群等人所编撰的律书是对汉律的改革，故此当时称为《新律》；同时为了同北朝的魏律相区别，所以又被称为《曹魏律》。

《新律》在汉律的基础上进行了增加，共计十八篇。其篇名分别是：《刑名》《盗律》《劫略》《贼律》《诈律》《毁亡》《告劾》《系讯》《断狱》《请赇》《兴擅》《乏留》《惊事》《偿赃》《户律》《捕律》《杂律》和《免坐》。

可惜的是，尽管这部《新律》虽然已经编修完成，却仍未能正式颁行，产生应有的效力。

曹魏后期，司马氏掌权，晋景帝曾对律令法制进行了少量的改革。等到晋文帝时期，上奏魏帝以“中护军贾充正法律”制定新的律令法制框架，可见他那时已经开始为建立新朝进行积极的准备。

新的律令法制以儒学为主体，旨在宣扬司马氏篡夺曹魏江山的合法性。司马氏为儒学大族，而魏统治者曹氏则出身于法家寒族，且伟大成就的产生更能与前面的秦、汉、魏三朝进行攀比，重点突出了司马氏所建王朝的功绩。

至于《泰始律》的参与人，《晋书》上是这么说的：四年春正月辛未，以尚书令裴秀为司空。丙戌，律令成，封爵赐帛各有差。

晋代曹魏后，司马炎继承了他父亲晋文帝的思想继续支持新的律令法制编制工作。公元 267 年，贾充等人经过三年的时间终于完成了相关工作，并且在第一时间将这个好消息上奏给晋武帝。第二年，《泰始律》正式面世。

司马炎向天下颁布了废除曹魏《新律》的指令，并且对贾充等人进行了丰厚奖赏。

《泰始律》作为一个新王朝律令法制，其内容极为繁杂，而在这样短暂的时间内便全部完成，依仗的就是其参与编制人的复杂特性。

据记载，直接参加《泰始律》一书编制工作的主要有十四个人。他们分别是：车骑将军贾充、太傅郑冲、司徒荀顗、中书监荀勖、中军将军羊祜、中护军王业、廷尉杜友、守河南尹杜预、散骑将军裴楷、颍川太守周雄、齐相郭颀、骑都尉成公绥、太子中庶子荀辉、尚书郎柳轨。当然，《泰始律》仅靠这十几个人是没有办法速成的，还有大量专业人员进行辅助。而这十四个人中，儒、法及百家学说各有涉及，合力发挥着不同的作用。

首先，位列首功的贾充，是曹魏时期豫州刺史贾逵的儿子。贾家世代奉行法家，以功利为尚。贾充在晋代魏过程中发挥了极其重要的作用，曾为司马氏扫清了障碍。又因其有才且善于讨好君上，因此晋朝开国后，受到了晋武帝司马炎的重用，成为其宠臣。

荀顗为曹魏太尉荀彧的第六个儿子，荀彧为魏武帝的“吾之子房”，是曹魏统一北方的首席谋臣，人称为“王佐之才”“荀令君”。颍川荀氏作为魏晋时期的一流士族，可见荀顗的知识储备量是多么丰富。

荀勖为荀彧叔父东汉司空荀爽的曾孙，同样出身颍川荀氏。他们与贾充因为共同编纂《泰始律》成了惺惺相惜的好友。在贾充后来即将被晋武帝外放时，曾经挺身而出，冒死举荐贾充之女贾南风成为太子妃，帮助贾充渡过难关。此后，贾充、荀顗、荀勖更是一起拥立司马衷保住太子之位。

而王业在高贵乡公之役中曾冒着风险为司马氏通风报信，被晋文帝、晋武帝父子视为心腹。同样的做派，让这几个人可划为一派，即司马氏的心腹派。

说完了司马氏的心腹派，咱们再来一起梳理下与其相对应的亲曹派。请注意，因为当时已经是西晋时期，所以所谓的亲曹派只是那些对曹魏有同情心的人。这里包括了羊祜、杜预、裴楷等人。

羊祜出身于泰山羊氏，娶夏侯霸之女为妻。夏侯霸是曹魏第一猛将夏侯渊次子，面对着司马氏发动的宫廷政变，他宁愿投靠蜀汉也不愿意投靠司马家族掌权的曹魏。不仅前人这样，羊祜本人亦是如此。为了表示立场坚定，羊祜曾果断地拒绝了晋文帝的征辟，直到曹魏朝廷征辟才应命。羊祜是后来晋朝灭吴的计划者，政治和军事能力都十分出众。

杜预的祖父杜畿是曹魏名臣，在其试船遇难时，魏文帝曾为之非常悲伤。杜预本人博览群书，素来有“杜武库”之称。魏灭蜀之战爆发后，他曾是少数为邓艾当众申冤的将领。而且，他还是晋灭吴之战的直接实施者。

裴楷是东汉尚书令裴茂的孙子，曹魏冀州刺史裴徽的儿子。裴楷出身河东裴氏，凡是读过唐朝历史的人就应该知道这个家族有多厉害。在唐朝二百多年的历史中，河东裴氏一共出现了三十位宰相，以及很多将军、尚书、刺史等，可见这个家族在人才培育方面是非常厉害的。

据相关史料记载，裴氏在上下二千年间，豪杰俊迈，名卿贤相，茂郁如林，代有伟人，彪炳史册。其家族人物之盛，德业文章之隆，在中外历史上堪称绝无仅有。

裴氏家族公侯一门，冠裳不绝，正史立传与载列者六百余人，名垂后世者不下千余人，七品以上官员三千余人。

据《裴氏世谱》统计，裴氏家族曾在历史上先后出现过宰相五十九人，大将军五十九人，中书侍郎十四人，节度使、观察使、防御使二十五人，刺史二百一十一人，太守七十七人；封爵者公八十九人，侯三十三人，伯十一人，子十八人，男十三人；与皇室联姻者皇后三人，太子妃四人，王妃二人，驸马二十一人，公主二十人等，真可谓“将相接武、公侯一门”。

裴楷在这样的家庭中长大，可见他的实力也绝对是不容小觑的。

羊祜、杜预、裴楷等人皆因才能出众而得到了司马氏的重用，虽然身为开国功臣，但内心却始终对曹魏充满了同情。而且他们品德高尚，向来看不惯司马氏心腹派的做法，倾尽一生，始终没有放弃与贾充等人的争斗。

因为羊祜、杜预等人支持灭吴，希望能够尽快“三国归一”。贾充等人因为害怕，屡屡阻挠。要不是晋武帝力排众议力挺伐吴，三国归晋还不知道要等到什么时候。而为了拉拢羊祜、杜预等人，司马炎同样让他们参与了编修律令法制的工作。

然而这样的话，编修的队伍就出现了一个非常严重的问题。大家都知道，如果两个派系极端对立的话，那是根本做不成事情的。所以基于此，其中必然会有中间派的加入，而郑冲就是那个中间派。

郑冲，字文和，荥阳开封（今河南开封）人，三国曹魏末年至西晋初年大臣、儒学家。他精通儒术及百家之言，博学清正，极有威望。

司马炎很敬重郑冲，对他极力拉拢。这样德高望重的人，两派都不敢得罪。又因其经史百通，制定律令法制多要倚重。而郑冲对律令法制之事，既不支持也不反对，采取放任的态度。可以说司马氏在制定新的律令法制时，充分考虑各方势力，想尽办法拉拢一切力量。

从《泰始律》的指定人员中，我们可以看出其人员设置极为复杂。其中郑冲儒学大师兼通百家，贾充法家代表兼儒，这两个人中，郑冲为设计者，贾充为实施者。郑冲出身寒微，自幼研习经史，儒雅简朴，德高望重。在制定律令法制中，贾充、羊祜等人一旦有不断之处，必定咨询郑冲。经过郑冲指点后，这条律令才算通过。然后，由郑冲设计出方向，再由贾充和羊祜等人来实施。

贾充实施的权利来自司马炎，作为晋文帝和晋武帝的宠爱之臣，他有着“有刀笔才，能观察上旨”。大家可以说，贾充是善于察言观色的佞臣，也可以说他是有才能的顺臣。

贾充受家学的影响，明法理。晋文帝要为新朝建立新的律令法制，敲定总指挥。贾充忠心又有能力，自然是司马氏的不二人选。

荀顗、荀勖二人精通儒家经典，两人和荀辉同样出身于善于儒学礼律的世族颍川荀氏。荀顗是曹魏《新律》编制者陈群的小舅子，族兄荀诜也曾参与制定律令，可知荀顗对陈群主持修订律令法制非常熟悉。而他本人也曾担任过吏部的相关职务，精于礼学，孝道得到当时的公认。荀勖自幼父亲早亡，依附于舅氏颍川钟氏，钟繇、钟会都出身于这个家族。颍川钟氏“世善刑律”，在这种家庭环境中长大，荀勖自然精于律法。早在曹魏时期，他还曾担任过廷尉正，专职于司法。因此，“三荀”以儒、法参与制定律令法制。

荀顗和羊祜曾参与制定礼仪，而杜预则精通律学兼儒法，京兆杜氏素来以儒学著称。后来，杜预又著有《律序》《律本》《刑法律本》等作品。裴楷则精通《老子》《易经》，喜好庄子学术，且河东裴氏多有精通律学者。成公绥好音律，诗词歌赋俱佳。晋朝的统治者司马氏更是儒家大儒，必定宣扬儒家正统。

综上所述，《泰始律》是以儒家思想为核心、道家为精神、法家为表现，剩余百家为修饰的集大成之律令法制。

《泰始律》的内容取材于自汉朝以来的律、令、章程、仪法等一切制度，更是以《九章律》《新律》为蓝本。《泰始律》制定的一个因素是汉律繁杂，急需整理编纂。为了做到篇目清晰、条文简易、体系严密，贾充、羊祜等人就在《九章律》的基础上进行删减、重定。而曹魏制定《新律》距离贾充、羊祜等人制定《泰始律》时，也不过是只过去了几十年的时间。加上贾充、荀顗等人与《新律》制定参与人的直接关联性。所以，此番制定《泰始律》定然要借鉴《新律》。

《泰始律》的编排是以《九章律》为基础进行借鉴的，在其基础上增加了十一章，最终形成了二十章内容。它们分别为《刑名》《法例》《盗律》《贼律》《诈伪》《请赇》《告劾》《捕律》《系讯》《断狱》《杂律》《户律》《擅兴》《毁亡》

《卫宫》《水火》《厩律》《关市》《违制》《诸侯》，而原来的《九章律》的主要内容则包括了《盗律》《贼律》《囚律》《捕律》《杂律》《具律》《户律》《兴律》和《厩律》。

《泰始律》中的首两篇《刑名》和《法例》由《九章律》中的《具律》改编而来，想法来源于《新律》中首倡的《刑名》，主要是讲明刑罚制度与具体刑罚方式。《泰始律》在《新律》的基础上增加了《法例》，讲述律学的义理。《泰始律》中的《告劾》《系讯》《断狱》则由《九章律》中的《囚律》拆分改良而成，《诈伪》《请赇》《毁亡》《水火》由《九章律》中的《盗律》部分拆分并保留《盗律》。

同时，《泰始律》还新创了《卫宫》《违制》《关市》《诸侯》等篇章。其中，《卫宫》讲述的是皇宫、官府门卫廷禁制度，起到强化皇室权威的作用。《违制》主要讲述官职制度，《关市》在当时市场管理方面进行了高度概括，《诸侯》则讲述了诸侯的法禁。种种新创表现了律令法制参与人，对汉、魏、晋律法内容上的差异有很深刻的认知。《泰始律》大致可以概括为《刑名》和《法例》，是刑法的总则。而《告劾》《捕律》《系讯》《断狱》是审判正文，其余各篇为定罪量刑。

以历史而言，西晋存在不长，但《泰始律》的产生却有着重大的意义。西晋《泰始律》的出现，结束了自汉魏以来律令法制的粗放型发展，使之变得体系化，具有划时代的意义。此律敢于打破旧传统，建立新制度，更为之后历朝历代的律令法制发展提供了深远的基础，绝对算得上是一部“承前启后”的律令法典。

第五章　孙皓末世昏君

司马炎在颁布了《泰始律》和一系列规章制度后，逐步让西晋的综合国力得以提升，百姓生活安定，全国呈现出一副欣欣向荣之景。然而就在举国欢庆的时候，身为一国之君的司马炎却怎么也高兴不起来，整天都是愁眉不展、郁郁寡欢。

身边朝臣看到这一幕，都纷纷诧异地探问：“皇上，现在咱们晋朝的形势一片大好，您怎么还反倒惆怅起来了呢？”

司马炎每次听到这样的问话，就会唉声叹气道：“你们有所不知，虽说此刻看起来天下甚是安定，但是只要朕一想到东吴还没有真正归于我司马家的掌控之中，心里就非常不舒服，总觉得像是亏欠了列祖列宗。如今天下大好，也该是朕通过一场战事来证明自己实力的时候了。”

晋武帝之所以这么说，并不是毫无来由。要知道，这个时候距离魏灭蜀之战已经过去了整整十五年时间，在这漫长的时间里，东吴无疑是司马氏心中的一个心病，确实应该尽快除去才是。

按理说，按照当初晋文帝的设想，灭掉蜀汉三年后，就可以顺长江东下，灭掉东吴。可为什么拖了整整十五年呢？这其中有很多原因。

首先，我们来看看三国的国土面积和人口数量。

遥想当初，东汉末年，魏蜀吴三分天下。话虽然是这么说，但若是论实质，蜀汉是三国中实力最弱的。曹魏占领中原的司州、豫州、并州、冀州、幽州、青州、兖州、徐州、雍州、凉州和扬州、荆州北部的各一小部分。东吴则占据扬州、荆州的大部、交州（后分出广州，今广东），只有蜀汉只占据了益州一个地方，可想而知，蜀汉的国土面积当真是小得可怜。

不仅这样，蜀汉人口少，兵力寡，所谓的重镇只有汉中而已。虽说地势险峻，但相对来说，也比较容易攻下来。

东吴的实力却比蜀汉强太多了，曹魏在三国中人口最多，为晋所代时，有四百四十三万人在籍。东吴的总人口差不多是曹魏的一半，共二百三十万人在籍。如果用二百三十万人对抗四百四十三万人，还不算特别离谱，比蜀汉九十四万人对抗四百四十三万人“靠谱”了许多。

如果曹魏算上不在籍的人口，据考证约有一千三百万人。东吴不在籍的人口也不少，算下来，差不多也应该是曹魏人口的一半左右。

其次，蜀汉和东吴的后勤能力也不同。

蜀汉不仅面积小，而且产粮区还主要集中在四川盆地。南中主要出产各种战争资源，这是蜀汉敢于对抗曹魏的主要原因，只是南中的粮食却不是蜀粮的主要构成。当年蜀汉北伐比较艰苦，需要翻越巍峨的秦岭，路险难走。诸葛亮几次北伐，开始都是兴师动众，到最后却不得不灰溜溜地退兵回去。这里面固然可说曹魏大军骁勇善战，但物资短缺也是很重要的一方面。往往粮食都快吃光了，仗还没打完，这不输才怪呢！只不过诸葛亮擅长谋略，绝不轻易认怂。第一次断粮退兵，他杀掉了大将王双。第二次因断粮退兵，他又在木门道用伏击的方法斩了张郃。

为什么诸葛亮在平定南中后，花了三年才大举北伐？他在三年间主要做了两件事：其一，提高军队的作战能力；其二，筹粮。没有粮食还打什么仗？大家想想，这筹一次粮食都要用去这么长的时间，结果可想而知，是不可能太好的。

像蜀汉这种运粮困难的状况，在东吴是绝对不存在的。东吴的地理条件和蜀汉有很大的不同，产粮区要明显大于仅有四川盆地一个产粮区的蜀汉。东吴所控制的扬州、荆州，都是产粮大区，经济富庶的鱼米之乡。

先说扬州，东吴时期的扬州面积非常大，包括安徽省、江苏省在长江以北的部分地区，以及苏南、皖南、上海、浙江全省、福建全省、江西全省、湖北省东部。要知道，长江中下游平原那可是出了名的产粮基地，从南京、苏州一带至杭州、绍兴一带，可以说沃野千里，鱼米飘香。而在今江西省境内，北有鄱阳湖，赣江贯穿南北，同样是鱼米之乡。豫章郡、鄱阳郡、庐陵郡、临川郡，全都是产粮大郡。

再说荆州，荆州虽然曾是东吴的地盘，但后来却被蜀汉强行“借用”，并且企图霸占不还。但因为荆州是当时江东的西线门户，所以东吴不惜代价也要夺回它。可以说荆州之于东吴，除了是重要的战略屏障外，也是重要的粮食产地。自古就有一句话：湖广熟，天下足。所谓湖广，是指明朝、清朝的行政区划湖北省与湖南省，也就是东吴的荆州。

另外，东吴还控制着交州（包括广东、广西和越南北部），这里同样适宜大规模耕种。虽然说秦汉时期，岭南的开发相对较慢，但广州附近的水稻种植，却早在东吴之前的三百多年的南越国时就已成规模。就农业生产而言，东吴的实力也只略逊于拥有华北平原的曹魏，但远强于只有四川盆地的蜀汉。

在冷兵器时代，农业实力的强弱（具体表现主要是耕地多少），是衡量一个势力战争持续能力的重要标准之一。东吴占据面积如此之大的产粮地，自然就有足够的粮食以支持其对抗晋朝。晋朝呢，虽然吞并了蜀汉，但粮食却并不算特别充盈。

除了以上这两点以外，还有最关键的一点，那就是晋武帝本身。

司马炎在这些年里无时无刻不在想能早点将东吴拿下，可是每次准备讨伐东吴的时候，都会被贾充、荀勖等人所阻拦，被迫停止进一步的行动。不过表面上看，他是受了贾充等人的蛊惑，但实际上却也是因为伐吴的准备并不是特别充分。再加上当时的东吴“国宝级”名将陆抗还在，其在军事作战方面要远远强于羊祜，所以晋朝断然是不敢贸然发兵的。

而对于晋朝的狼子之心，东吴亦是始终有所体察的。远的不说，国主孙皓就曾数次与晋朝交过手。

孙皓，字元宗，又名彭祖，本是东吴太祖皇帝之孙，吴景帝孙休之侄，曾被封为乌程侯。按理说，在正常情况下，孙皓只能在他的封地乌程，过着衣食无忧的贵族日子，而皇位是绝对轮不到他的。不过，幸运之神很是垂青孙皓，让他在冥冥之中得以改变命运。

公元 264 年，吴景帝孙休病逝，按理说，继承皇位的应该是当时的东吴太子，也就是孙休的儿子。奈何，太子的年龄尚幼，而当时东吴的局势又十分不稳，蜀汉刚被曹魏所灭，强大的曹魏对东吴已经构成了战略上的包围。因此，来自敌方的压力，导致了东吴内部人心惶惶，朝中的局势陷入动荡之中。甚至，国内还发生了多起叛乱。

基于以上种种情势，东吴丞相濮阳兴、左将军张布等人认为时局如此不稳，国家已经到了危急的边缘，这个时候如果再立一个小孩子当皇帝，那样，就定然会使局势更加难以掌控，对于东吴来说，无疑是雪上加霜，恐怕将来社稷都难以保全。因此，他们通过研究决定，要立皇室中的一位年长者为帝。

然而，谁是那个能够在危急时刻力挽狂澜，并且引领着东吴走向安定的人呢？

在左典军万彧的推荐下，这位乌程侯孙皓，就进入了东吴朝廷的视线中。众臣认为孙皓已经成年，同时为人很有魄力，能够担当大任。因此，濮阳兴、张布等人进宫劝说太后朱氏（景帝孙休的皇后），应以大局为重，改立孙皓为嗣，继承皇位，朱氏无奈之下，同意了众臣的请求，下旨命孙皓继位。

公元264年秋，刚刚即位的孙皓，为了缓和国内的矛盾。同时，为了获得更多人的支持，下诏开仓济贫，将宫中的宫女尽皆释放，匹配给民间因为各种原因没有娶妻生子的人。另外，为了向朝野证明自己以后一心为国，不会贪图享乐，他还下令将宫苑中的野兽都放归森林。

在对外政策方面，孙皓主动派人去洛阳先后与曹魏、西晋建交，在一定程度上缓和了两国之间的矛盾，使局势逐渐安定了下来。所以，一时间，孙皓受到整个东吴的称颂，认为他是一代明主，以后国家中兴有望。

但是，没过多久，随着东吴局势稳定，孙皓在为人方面的劣根性逐渐暴露。他不仅荒淫无道，而且极为残暴。首先，孙皓因为担心景帝的儿子以后会威胁到自己的帝位，不顾朝臣劝说阻拦，一意孤行将孙休的儿子封为豫章王，赶出都城，迁往封地。结果，孙皓派人在半路上将孙休的儿子偷偷地杀害了，而太后朱氏，后来也被孙皓逼死了。

当朝中众臣知道事情的真相以后，都是痛心疾首，对孙皓特别失望。特别是曾经支持他上位的丞相濮阳兴和左将军张布更是后悔得不得了。

原以为孙皓会念及旧情，对此二人格外开恩。不想，当二人私下的怨言被孙皓知道以后，孙皓便马上下诏将濮阳兴、张布斩杀，并灭其族。因张布的两个女儿极为貌美，才幸免于难，被送入宫中，被孙皓所宠。

另外，孙皓还派遣宦官行遍州郡，为其挑选美女。朝中大臣的女儿如果到了出阁的年龄，必须先给他送过来。如果长得漂亮，就要强迫留在宫中，不好看的才允许出嫁。

孙皓因感觉宫中的财富不够，就命手下人去集市上抢劫百姓的财富。甚至派人或以官方身份，或者扮作盗匪，对那些豪门大户人家进行巧取豪夺。由于孙皓的倒行逆施，一时间弄得天怒人怨、民心丧尽。

似乎觉得这样的折腾还不够，不久，孙皓又相信了术士之言，认为荆州是龙兴之处，扬州的建邺（今江苏南京）已经不适合再为帝都了，同时镇守西陵的西陵督、昭武将军、西亭侯步阐（步协之弟），以荆州地区的战略重要性为由，也建议孙皓迁都。因此，孙皓下定决心要将都城迁往荆州的武昌。

公元266年秋，东吴都城，建邺的皇宫大殿内，吴主孙皓傲然地立于殿上，得意扬扬地看着恭敬地站在下面正目瞪口呆地看着自己的大臣们。

大臣们被孙皓刚才宣布出来的消息惊得七魂出窍。

静默片刻，很快，如潮的反对声一浪高过一浪，满朝文武无一人同意孙皓的迁都想法。刚升任左丞相的陆凯（陆逊之侄）劝谏孙皓，如果迁都就会加重扬州地区百姓对武昌物资供应的负担，到那时极容易发生民变，结果孙皓并没有采纳他的建议，还是一意孤行地准备迁都。

公元266年深秋时节，当北方西晋政权建立不到一年的时间，孙皓便命右将军诸葛靓（曾经因在寿春起兵反抗晋文帝，后来兵败被杀的曹魏镇东将军诸葛诞之子）、御史大夫丁固镇守建邺，然后率满朝文武迁都武昌。

迁都没多久，同年的冬十月，吴兴郡永安县（今江苏宜兴一带）的百姓，就因为不堪东吴朝廷的重负，在一位山民领袖施但的带领下愤然起义，义军迅速发展到了数千人，然后将在乌程的永安侯孙谦（孙皓的庶弟）挟持，以孙谦的名义反对孙皓，进攻建邺。

在到达建邺的时候，义军已经发展到了万余人。不过，因为农民军之前没有经过正规的军事训练，而且装备也非常落后。所以，当他们遇到右将军诸葛靓和御史大夫丁固所率领的东吴正规军后，不堪一击，很快就全线溃败了。最后，施但扔下老婆和孩子，跑得无影无踪。而那位倒霉的永安侯孙谦在被吴军抓到后，由于解释不清，也自杀了。

当远在武昌的孙皓得知施但谋反后，即刻命令手下军队进入建邺，将那些被抓住的义军，以及施但的家小斩尽杀绝。然后，他昭告天下，说是以荆州的天子之气大破扬州之贼。

然而，就在这时，东吴又传出了一个童谣：“宁饮建邺水，不食武昌鱼。宁还建邺死，不住武昌居。”

通过这个童谣，可以看得出来，当时东吴的国人对于孙皓迁都的不满。同时，更能看出来，孙皓在迁都以后，给东吴百姓的生活带来了多么沉重的负担。

此时，以左丞相陆凯为首的很多大臣，借此童谣纷纷给孙皓上表，陈述定都武昌给东吴带来的种种不利局面。孙皓在众位朝臣的强烈说服下，经过权衡利弊，最终决定在同年腊月，将都城重新迁回建邺，只留下卫将军滕牧一人镇守武昌。

同时，孙皓以为自己天子气正盛，不用再惧怕晋朝了。他听从了车骑将军刘纂的建议，不再与晋朝结交，派出大量的间谍潜入晋朝内部，刺探军情。

吴主孙皓回到建邺的第二年，公元 267 年夏，下旨召集民工大兴土木，建造昭明宫。同时，还命令二千石以下的官员，都到山林里面监督伐木。

宫殿在数月后建成，孙皓立刻收集天下财富置于宫中。经过他的精心布置，昭明宫立刻变得富丽堂皇、美轮美奂，到处都是珠光宝气，宛如仙境一般。

为了建此宫殿，东吴国库里大量的钱财，以及无数民脂民膏，都被挥霍殆尽。

公元 268 年夏，孙皓再次听从术士之言，认为自己能够得到天下。因此，火速发兵大举进攻西晋。

孙皓亲统大军屯驻东关（今安徽含山县西南）指挥全局，令右大司马丁奉、右将军诸葛靓率军五万进攻合肥。同时，命荆州方向的左大司马施绩率军三万进攻江夏，令升任不久的右丞相万彧率兵三万进攻襄阳。

丁奉、诸葛靓率大军到达前线，正遇晋朝的汝阴王司马骏（司马炎叔叔），率大军前来迎战，双方在合肥城外展开了一场激烈的大战。最后，吴军不敌，败退而去。

荆州方面，晋武帝司马炎命义阳王司马望为大都督，率兵五万抵达荆州前线，与荆州刺史胡烈共同对抗吴军。

经过数日的苦战，胡烈率军在江夏将东吴的施绩击败，而进攻襄阳的万彧也被晋军击溃。最后，孙皓因看到战局不利只有命全军重新撤回东吴地界，而晋军看到敌军退去，也见好就收，回到了洛阳。

孙皓刚回到建邺，就得到了交州刺史刘俊战败的消息。

原来，交州下辖的九郡原本属于东吴的领地，景帝时期，当地的各民族出于对东吴统治的不满，在郡吏吕兴的带领下发生了叛乱。很快，便将包括交趾郡在内的诸多交州郡县都给占领了。因为当时正值魏灭蜀之战，东吴为了救援蜀汉，就把这件事给耽搁下来了。

蜀汉灭亡后，前蜀汉的翊军将军霍弋率南中七郡（今四川大渡河以南以及云南）降魏。这样，曹魏在西南的疆域，就与东吴的交州，也就是目前叛军所占领的地区接壤。

占据交州的吕兴害怕东吴派兵剿灭，命手下人来到南中，面见当时已是曹魏的南中都督霍弋，请求投诚，寻求庇护。霍弋将这件事情报到洛阳，晋文帝立刻封吕兴为安定县侯，都督交州诸军事。同时，又命霍弋兼任交州刺史。另外，委派很多官吏到交州任职。

然而，这些官吏刚一到达交州，就得到消息说吕兴被自己的手下人所杀。霍弋忙命手下将军马融为交趾郡的太守，前往交州镇守。结果，没过多久，马融就因病死在了任上。

后来，西晋取代曹魏，霍弋等人自然也就成了晋朝的臣子。这时，霍弋又保举手下大将杨稷接替马融为交趾太守，总督交州军务。

公元 268 年夏，吴主孙皓进攻晋朝的同时，任命刘俊为交州刺史，率军收复交州。

刘俊率军刚到达交州，便与交趾太守杨稷率领的晋军战在了一起。经过数次交锋，吴军惨败，数员大将被斩杀，士兵更是死伤无数。最后，就连东吴的交州刺史刘俊也战死沙场。

经此一战，东吴军队不但没能收复交州，相反，就连交州北部原本没有沦陷的郡县，也都被晋军强行占据。

消息传到建邺后，孙皓勃然大怒。公元 269 年，孙皓兵分两路，南讨交州。第一路，他命令监军李勖、督军徐存率军至建安，从海路出发；第二路，命监军虞汜、威南将军薛珝率军从荆州出发。

结果，第一路的李勖由于在海中迷失方向，无法到达指定地点。李勖大怒，当众斩杀了向导，率兵返回建邺。他原本想极力跟孙皓解释，再换一名向导前往，没想到对方却以无功而返为理由，将作为主帅的李勖、徐存二人杀掉，并夷其族。

第二路的虞汜、薛珝率军顺利到达了交州，而这时已经成为交州刺史的杨稷，听到吴军前来征讨的消息，忙命交州各郡太守做好战争准备，同时，亲率大军前来迎敌。

初始，杨稷率晋军多次击败吴军。后来，东吴重用苍梧太守陶璜。陶璜率领一支军队，连续击破了晋军的战略要地，致使晋军处境异常被动。数月后，晋军不敌，全线崩溃，交州很多的郡县都被吴军攻破，很多将士因此死在了沙场上。

随后，杨稷率军退守交趾郡，同时，命人去南中请霍弋发兵救援。

然而，当信使到达南中后却意外得知，霍弋早就因病去世，新任命的南中都督还要很久才能正式走马上任。没有主帅的命令，南中各地的郡守都不敢私自发兵救援。信使无奈，只好回到交趾，将这件事原原本本地呈报给了杨稷。

杨稷心中知晓，事到如今，除了据城紧守外，已经别无他法。因此，在交趾郡与吴军展开了血战。最终，杨稷被手下叛将所出卖，致使交趾郡失守。城破后，杨稷被敌军所擒，后被杀害。然后，吴军又陆续地收复了交州的其他郡县。至此，交州又重新成为东吴的领土。

而在此战中，由于苍梧太守陶璜屡建奇功，因此被孙皓任命为交州刺史。后来，由于他受到司马炎的赏识，继续担任原职。陶璜治理交州长达三十年之久，他对外保土卫边，对内维护民利。所以，深受当地百姓的爱戴。

孙皓自将交州重新夺回来后，野心更加膨胀。同时，他又听从了侍中刁玄的蛊惑，认为吴天子应该北上洛阳以取天下。

因此，在公元 271 年，孙皓亲率大军西征晋朝。这次，连皇后以及嫔妃等后宫数千佳丽，也跟随大军出征。结果，由于下起了百年不遇的大雪，导致道路泥泞难行。兵士冒着寒雪行走，苦不堪言。很多将士由于憎恨孙皓，不断有人逃跑，甚至主动投降了晋军，而更多的士兵则都在不断地抱怨着。后来，孙皓怕继续走下去会引起士兵的哗变，才命全军返回，仓促地结束了这一场荒唐之旅。

孙皓在回到建邺后，行为上不禁没有丝毫收敛，反而变得更加丧心病狂，以杀人为乐。无论是宫中的宦官、宫女，还是外面的官吏、军民，凡是孙皓看不顺眼的，都会被他斩杀。甚至，有人哪怕无意之中看了孙皓一下，也会被挖掉眼睛、剥去面皮，或者被赐死。

另外，通过这次出兵，孙皓开始对满朝文武产生了严重的怀疑，他认为这些人只不过是表面顺服，实际上却没有一个是忠心的。因此，只要是哪位大臣不顺他意，就立刻惨遭斩杀。甚至，有些原本在外面领兵驻守的将军也被孙皓无缘无故地调入京城，然后任意杀害。一时之间，东吴的文臣武将，人心惶惶，生怕自己哪天会成为孙皓的待宰羔羊。也因此，孙皓彻底失去了民心。

公元 272 年秋，孙皓下诏，命令镇守西陵的西陵督、昭武将军步阐进京。而此事也为随后爆发的西陵之战埋下了伏笔。

第六章　羊祜西陵之战

西陵步家，本是临淮淮阴（今江苏淮安）的名门士族，东汉末年，天下大乱，步家当时的家主步骘，带领家族南迁至江东避乱。后来，步骘辅佐太祖皇帝为东吴立下了无数的功勋，被太祖皇帝任命为骠骑将军、西陵都，并赐爵临湘侯。当东吴丞相陆逊死后，步骘接替了丞相之位，同时，继续都统西陵（今湖北宜昌）。

步骘死后，他的长子抚军将军步协接替了他的位置，成了西陵督，归镇军将军陆抗（陆逊之子）节制。后来蜀国灭亡，步协与陆抗率军会攻永安。司马昭为救永安，命荆州刺史胡烈，以围魏救赵之策进攻西陵。陆抗与步协为保西陵，只有撤兵回援，永安之战就此结束。

步协死后，由其弟昭武将军、西亭侯步阐接替兄长之位，继续都督西陵。

吴主孙皓登基以后，步阐以荆州地区的战略重要性为由，建议孙皓迁都到荆州的武昌，孙皓听其建议，将都城迁到武昌。不过，几个月后，由于种种原因，孙皓又重新将都城迁回了建邺。

公元 272 年 8 月，吴主孙皓下诏，封步阐为绕帐督，命其到建邺述职。

步阐深知孙皓的残暴，这些年很多朝中的大臣及外面领军的将军，都无缘无故地被孙皓所杀。甚至，连很多皇室宗亲都无法幸免。

前不久，孙权的侄孙孙秀，由于领兵在外，被孙皓所猜忌，孙秀提前带家小投奔了晋朝，才幸免于难。后来被司马炎封为骠骑将军，并赐予会稽公的爵位。

想到这里，步阐越来越感觉害怕，由于步家在西陵经营多年，手中握有兵权，难免会遭到孙皓的猜忌。同时，朝中还有小人搬弄是非，以孙皓的残暴，必然会假借步阐去建邺述职为由，然后将其杀害。

因此，步阐找来亲信一起商议对策。大家一致认为，此时除了投降晋朝，寻求庇护外，已经别无他法了。

同年九月，步阐举西陵城降晋，并将兄长步协的两个儿子步玑、步璿送到晋朝洛阳为人质。司马炎封步阐为侍中、卫将军，都督西陵诸军事，赐爵宜都侯。

当步阐投降晋朝的消息传到建邺后，孙皓勃然大怒，遂命接替大司马施绩（此时已病逝），掌管荆州诸军的镇军大将军陆抗率兵讨伐步阐。

当坐镇在乐乡（今湖北松滋市）的陆抗接到孙皓的命令后，忙令将军左奕、吾颜、蔡贡等人率军三万进围西陵。

晋武帝司马炎得到吴军征讨步阐的消息以后，忙命新调任的荆州刺史杨肇率兵三万从荆州南下，到西陵接应步阐。同时，他又命车骑将军羊祜引军五万，进攻荆州重镇江陵（今湖北荆州市），以期攻占江陵以后，大军继续西进，与杨肇的晋军在西陵会师，然后共破吴军，救援步阐。随后，命令接替罗宪职务的巴东将军徐胤，率水陆两军共一万精锐，由巴东进攻建平（今湖北秭归县一带），救援西陵。

吴军方面，陆抗为了避免腹背受敌，命围困西陵的吴军，在西陵城外的赤谿至故市之间构筑高墙，内用以围困步阐的叛军，外则以抵御救援的晋军。

吴军将士接到命令以后，昼夜筑墙，很是辛苦，纷纷抱怨道：“西陵此刻就在眼前，而我们不发动进攻，这得什么时候才能拿下西陵？”

这时，一些将军建议陆抗道：“咱们不如趁着晋军的援军未至，我军锐气正盛之时，一举打下西陵。”

在听到众将的建议后，陆抗道：“我军如今奉命镇守荆州，深知荆州各城的情况。西陵城防坚固，粮草充足。另外，步氏在此经营多年，培养了大批为其卖命的党羽亲信。况且，在听到外有援军的消息后，西陵城内的叛军必定会士气高涨、众志成城，这对我军的进攻必将极为不利。如果我军没有攻破西陵，也没有筑城防御西陵叛军，以及防御晋朝援军的工事。那么等到敌人援军一旦杀到，对方里外夹攻，又该拿什么来进行阻止？到那时，情势定将极为被动。故此，还应先修筑防御工事。一面困住西陵叛军，另一面阻止敌军的援军，再另寻时机将援军击溃。西陵叛军看到晋军救援无望，必会引起骚乱，咱们再趁此乱夺取西陵便易如反掌了。”

众将听完以后，虽然不再作声。但是，很明显心中都很不服气。陆抗看此情形，不让他们碰碰钉子，肯定会心怀不满。因此，遂命西陵前线的几员将军率兵进攻西陵，结果，数次进攻均被西陵叛军击破。此刻，众将在困难面前才真正服气，知晓陆抗的决定是正确的。随后，听从陆抗的将令，努力筑墙，构建工事。

与此同时，由于晋朝的车骑将军羊祜，进兵的道路十分平坦，对于晋军的行进颇为有利。因此，陆抗命令江陵督张咸日夜不休修筑大坝把江水堵住，使江水流到平坦的大道上，以阻拦晋军的前行。

刚走到当阳的羊祜得到此消息后，马上决定将计就计，先秘密征调船只负责运送粮草，同时命令晋军继续按原计划前行，只等到前方道路变成汪洋，然后改用船只运送兵粮。另外，羊祜担心吴军会提前察觉自己的意图，遂命手下大肆宣传，广而告之说晋军已派人秘密前行，试图摧毁大坝，以利于晋军通行。

陆抗听到晋军的宣传后，马上命张咸将大坝毁掉，众将不解，纷纷劝谏道：“将军此举不妥，江水如今已经漫到通往江陵的大道上，晋军肯定无法通行。如果这个时候把堵住江水的大坝毁掉，那么江水将不再受阻，就会和平时一样顺流而下。那样，必然不会再淹没道路，晋军没有江水的阻挡，一定能够很快到达江陵。”

陆抗微微一笑，慢条斯理地说道：“众将莫要烦忧，你等可要知晓，那车骑将军羊祜并非等闲之辈。若我等还像先前那样，待到道路化作汪洋，他必定会征调船只用来运送兵粮。那时，对于晋军的行进不仅没有半分阻拦，反而推波助澜。本将军能够想到的，那羊祜也定会想到。现在我们已经通过引江水之法将道路弄得泥泞不堪，晋军的粮草、辎重运送定然极为困难。如此一来，我们已达到了目的。”

果不其然，当阻拦江水的大坝被吴军毁掉后，江水得到了有利疏通，不再流到道路上，并没有出现羊祜先前期望的汪洋之景。羊祜无奈之下，只得命人重新将粮食搬下船只，继续用车拉着前行。不过，由于此时道路异常泥泞，辎重粮草运送起来特别困难。因此，全军的行进速度甚为缓慢。

公元 272 年十一月，羊祜率领的晋军经过长达两个多月的艰难跋涉终于到达了江陵。与此同时，晋朝荆州刺史杨肇也率兵三万，抵达江陵。另外，巴东的徐胤也率军杀到了建平。

陆抗见此情形遂命水军督留虑、镇西将军朱琬率水军和陆军共五千军队赶到建平，阻挡徐胤的晋军。同时，他又令江陵督张咸率兵两万固守江陵，派镇守公安（今湖北公安县）的公安督孙遵率兵一万在长江南岸布防，防备羊祜率兵南渡。

陆抗率亲兵卫队奔赴西陵，与西陵的三万吴军会合，凭借围墙工事与杨肇的晋军对峙。

在陆抗前来西陵之前，手下众将都认为江陵要比西陵重要得多，希望陆抗不要去西陵，而是在江陵指挥战斗。

陆抗对众将说道，江陵城池坚固，兵力充足，没有什么可担忧的。即使晋军得了江陵，他们也定然是守不住的。相反，如果西陵被晋军占领了，那么西陵以南广大地区的夷人就会摆脱东吴的控制，转而和晋朝联合，一起对付东吴，那么祸患将不可估量。因此，无论其他将领如何劝说，陆抗最终仍力排众议，来到了西陵前线。

果不其然，杨肇到了西陵后，马上命令全军向吴军的阵地展开数次进攻。结果，均被早已有所防备的吴军击退。杨肇无奈，只有命军队撤回营地。

杨肇回到中军大帐内，正在苦思良策。这时候手下兵士突然来报，说吴军的都督俞赞来降。杨肇闻言顿时大喜，迅速将俞赞接入大营。随后，俞赞告诉杨肇，吴军防线最薄弱的地方就是夷人军队的防护区，杨肇大喜，迅速集结军队，准备先进攻吴军的薄弱地区。

这时，陆抗也获知了俞赞叛逃之事，陆抗暗想，俞赞是军中的旧官吏，我军的虚实瞒不住他，如今杨肇定是知道了夷人之事，如若他率兵进攻，突破防线，我军失利在所难免。

然而，陆抗又转念一想，如果将计就计，将吴军的精锐部队迅速调到夷人驻防区，然后让夷人的军队前往他处布防。这样，晋军来攻，就会进入我军的圈套了。

就这样，陆抗决定按计而行。不久，杨肇率兵进攻才发现此中有诈，这里的守军根本不是那些没有战斗能力的夷人军队，而是久经沙场的精锐之师。但是，来都来了，也只有硬着头皮继续冲了。

因此，杨肇命全军不惜一切代价拼命进攻，而吴军在陆抗的亲自指挥下也毫不畏死地和晋军拼杀到一起。战斗整整进行了数个时辰方才结束，两军都出现了极大的伤亡。晋军原本想要好好歇息一下，孰料，陆抗从其他防线调来的军队又接踵而来。当吴军的生力军出现在战场的时候，晋军已经顶不住了，战线很快便出现了松动。陆抗见状，遂命令全线出击冲向晋军，在吴军的强大攻势之下，晋军顷刻全线溃败，杨肇也差点死在乱军之中。

当杨肇狼狈逃回大营，这才发现自己军队的损失已经接近半数，再也没有能力和吴军抗衡。无奈之下，他只能灰溜溜地命令军队向后撤退。

陆抗得知晋军撤退的消息后，想要继续追赶，却又担心西陵城内的步阐趁机杀出。踌躇再三，命底下军队擂鼓呐喊，摆出一副追赶晋军的架势。

晋军以为吴军在后面追赶，因此，全军恐慌，拼了命地向北逃窜，瞬间引起混乱，导致伤亡将士无以计数。同时，陆抗命令轻骑军全员出动，在后面掩杀逃跑的晋军，致使晋军的损失更加惨重。杨肇率领残兵败将好不容易才逃离，待他将军队再次集结起来，这才惊诧地发现，原本的三万大军竟然只剩下几千人了。大部分将士还都有伤在身，再难反攻。杨肇见状只能郁闷地对着空中长叹一声，率兵回归洛阳，等候司马炎的发落。

这时，依然驻守在江陵的羊祜却对杨肇之事一无所知，他正率领大军猛攻东吴军队。不想，却遭到了江陵吴军的拼命抵抗，一连数日都没能如愿。眼见晋军损失惨重，却未有丝毫进展，不禁很是郁闷。很快，他便得到了杨肇大败的消息。作为一位统军多年的将领，羊祜深知解救西陵已是无望。同时，他又担心陆抗再回头攻打自己的军队。于是，也赶紧率军撤回了洛阳。

建平方向的徐胤所率领的晋军，也受到了吴军的顽强阻击，听到晋军西陵兵败、羊祜被迫撤军的消息后，他也只好命令军队返回了巴中。

吴军各路大军齐聚西陵城下，在主帅陆抗的指挥下，同时向西陵发起了猛攻。西陵城内的步阐此刻早已知晓了援军败退的消息，也只有硬着头皮孤注一掷地与吴军作战。最终，因寡不敌众，西陵城被吴军攻破，步阐被吴军所擒，西陵之战至此结束。

吴主孙皓在得到西陵之战胜利的消息后，命将步阐以及追随步阐的那些官吏尽数斩杀，同时诛灭步阐三族。

由于此战陆抗建立了不朽的功绩，因此孙皓特意加封他为都护。转过年的三月，又加封陆抗为大司马、荆州牧，都督荆州诸军事。

而晋朝的荆州刺史杨肇，则因作战失利被司马炎革去了官职，贬为平民。车骑将军羊祜，也被降职为平南将军。

从此以后，晋朝和东吴又恢复到了战前的状态，一直到灭吴战争爆发的时候，两国之间再没有发生过大的战事。

西陵之战是东吴后期罕见的胜利，也是东吴最后的辉煌，曾经在五十年前，距离西陵不远的夷陵，就发生了被称为三国史上最著名的三大战役之一的夷陵大战，当时吴军在主帅陆逊的指挥下，瞬间便令蜀汉军队溃不成军。

而五十年后，由陆逊之子陆抗所率领的吴军，在西陵击败了晋朝的大军。西陵之战以西陵为核心，东至江陵，西至建平，在百余里的战线上，双方投入的兵力及战场的规模和战争的惨烈，都不比夷陵之战逊色。故此，在后人的眼中，陆抗和其父陆逊一样，都是真正的千古名将。

第七章 羊陆荆州对峙

陆抗成为东吴名将后，尽管每天面对的都是讨好之人，但心中有时却也难免会生出曲高和寡之感。正所谓，英雄惜英雄。他常常会情不自禁地回想曾经和羊祜在战场上交手的情景。可不想，命运却早已悄悄做出了安排。很快，他们二人便又在荆州见面了。

荆州，历来为兵家必争之地。晋吴时期，荆州被一分为二。荆州的江北，除了沿江各郡以外，其他地区尽被晋朝所掌握。而荆州江北沿岸的地界以及江南所有的地域，则都属于东吴的势力范围。

也正因此，荆州江北地区也就理所应当地成了晋朝和东吴两国中西部疆域的交界线，陆抗和羊祜这两位旗鼓相当的名将，也就责无旁贷地成了晋吴两国在荆州各自统治区域内的最高统帅。

羊祜，字叔子，出身于汉魏时期的名门士族，祖辈世代为官，其姐嫁与晋景帝为妻，其岳父是与曹魏有着深厚关系的右将军夏侯霸。

晋高祖发动宫廷政变后，曹魏的宗亲以及曹氏的亲信都受到了打压，夏侯霸与曹氏关系甚密，担心自己被司马氏所害，故连夜投奔了蜀汉，成了蜀国的车骑将军，后病逝于蜀国。

夏侯霸投降蜀汉后，其亲属怕受到牵连，都与他断绝了关系。只有羊祜还是一如既往地将夏侯霸视为自己的岳父，照顾其家人。

由于羊祜是晋景帝的妻弟，故一直备受司马家族的厚待。晋景帝去世后，晋文帝以及晋武帝都十分器重羊祜。羊祜谋略过人，为晋朝屡立功勋。后来，官至车骑将军。西陵战败后，被降为平南将军，镇守荆州。

羊祜初到荆州之时，发现荆州的形势很不稳定，不但百姓的生活极为困苦，甚至就连军队需要的军粮都存在着供给不足的情况。于是，羊祜首先将精力用在治理荆州方面，针对当地的实际情况，切实地制定了一系列于民有利的政策。

数年后，荆州在羊祜的治理下，形势得以彻底改观。百姓丰衣足食，过上了安稳的日子。甚至就连东吴江北地区的百姓，也得到了很大的好处。同时，羊祜还积极地开办了大量学堂、学院，为荆州乃至整个晋朝，培育了无数栋梁之材。

另外，经由西陵之战，羊祜对于东吴有了更加深刻的认知。他认为东吴虽然与晋朝相比实力较弱，但也绝不能因此而小觑。特别是名将陆抗，在指挥军事作战方面颇有能力，想要彻底将其击败，绝对是件极难办到的事情。要想真正灭掉东吴，在短时间之内怕是极难实现。

鉴于此，羊祜遂采取了军事蚕食和提倡信义的策略，以便积蓄实力瓦解对方。同时，他还秘密筹备，积极寻找灭吴的合适时机。

随后，羊祜又在荆州江北挥军东进，占据了一些战略要地。接着在原有的基础上，又接连修建了五座城池，并以此为依托，占据了大片的肥沃土地以及众多的良好资源。同时，他又许以东吴人好处，用丰厚的物质作为筹码吸引吴人前来投晋。眼见得晋朝这边好处多多，一时间，大量东吴江北民众纷纷来投，石城以西尽归晋朝所有。

陆抗获知这一消息后，立刻上表告知给了孙皓。言辞恳切地建议吴主不要太过于依赖长江之上的东吴水师，应该好好经营江北方向，不要给敌人任何可乘之机。

然而，孙皓却认为，羊祜虽说此刻在江北岸确实是闹出了些动静。但是究其实质，对东吴在整体方面却并没有造成太大的威胁。因此，他并没有采纳陆抗的建议，相反，对于羊祜的军事政治行动，采取了置之不理、不闻不问的态度。

羊祜见东吴对自己的行动并没有横加阻拦，胆子不禁又大了许多。经过一番深思熟虑，他进一步采取怀柔政策、攻心之计，以便取得更多的东吴百姓的信任。在荆州边境，羊祜对东吴百姓及东吴军队很讲信誉，每次在和吴军交战时，羊祜都会事先与对方商定交战时间和地点，从来不搞突然袭击。

一次，羊祜的部下在边境抓到吴军两位将军的孩子，便想拿孩子威胁对方，让他们来降。羊祜在得知这件事情后，马上命人将孩子送了回去。后来，孩子的父亲们由于感激羊祜，伙同其他几位东吴将军一起率众来降。

另外，晋军将进犯的吴军将领捉住后，羊祜又将他们放了回去。而那些将军回去之后，由于担心受到孙皓的猜疑，很快便又率部纷纷来降。

羊祜要求手下的兵将对东吴百姓亦是秋毫无犯，晋军在路过边境的时候，会收取东吴境内百姓的稻田以充军粮，但每次都用绢偿还。在打猎的时候，羊祜也约束部下不准越过边境线，如果一旦有猎物被东吴猎户打伤，跑到晋朝境内，被晋军捉到，也要送还给对方。

羊祜的这种做法使得吴人心悦诚服，为了表达尊重，东吴人对羊祜并不直呼其名，而是一律尊称他“羊公”。

对于羊祜的种种做法及意图，同样身为主将的陆抗自是极为了然的。因此，他不止一次告诉手下，羊祜以德感人，我们也要这样。如果咱们以暴力掠夺，就会失去民心和军心。那时，即便别人不打，咱们也会失败，被对方所征服。因此，我们只要保住边境就好。千万不要为了芝麻绿豆大的一点蝇头小利，去侵扰对方。如果那样的话，东吴可就彻底被动了。

因此，很长一段时间内，荆州边境上的晋吴两军都处于和平的状态，毫无战事。

另外，陆抗与羊祜虽然身处不同阵营，属于敌对关系。不过，由于他们之间英雄惜英雄，互相敬重对方，故成了无话不谈的好友、知己。

一次，陆抗患病，羊祜知道后特意寻来好药，命人送到陆抗的军中。众将都怕药中有毒，力劝陆抗不要服药。

陆抗则笑道：“羊叔子岂会下毒害我，众位不要疑虑。”

说完，便将药给吃了。

羊祜喜欢饮酒，陆抗为了答谢赠药之谊，遂在病好后投桃报李地找来东吴的特产好酒，派人送给羊祜。羊祜手下诸将都劝羊祜不要相信陆抗。

羊祜道：“陆抗绝不是下毒害人的小人。”

然后，便抱起酒坛，一饮而尽。

由此可见，陆抗与羊祜虽然是各为其主，甚至是在战场上杀得你死我活的敌人。但是，他们个人之间的交情却非常好。因此，羊祜与陆抗的交往，被后人称为“羊陆之好”，或是“羊陆之交”。

当司马炎知道羊祜在荆州所采取的政策，以及他和陆抗的交往后，非常高兴，对其大加赞赏。

相反，当孙皓得知此事后，却马上对陆抗生出了疑心。然后，火速派人前去军中责问陆抗。

陆抗道："一城一地都要讲求信誉，何况是一个国家，如果我们不讲信誉，以后又该如何去信誉天下？如今，羊祜事事讲求诚信，必将会受到天下百姓拥戴，这对于东吴未来的发展是极其不利的。"

孙皓听后，虽无言以对，但还是削去了陆抗在荆州的兵权，令其即刻返回建邺述职。

此时，东吴流传着一首童谣："阿童复阿童，衔刀浮渡江。不畏岸上兽，但畏水中龙。"通过这首童谣不难看出，东吴当时靠着长江的天堑及训练有素的水师，毫不惧怕江北的晋军。但是，却仍担心晋朝以后也会建立一支同样强大的水师。

因此，羊祜在听到这个童谣后，马上便建议司马炎在益州打造战船，加紧训练水师。同时，他又推荐蜀中的广汉太守王濬为益州刺史。司马炎听其建议，任命王濬为龙骧将军、益州刺史，都督益州诸军事，命其大量打造战船，训练水军，为伐吴做准备。

当晋朝在益州大举训练水师的消息，被东吴的间谍获知后，即刻传到了建邺。陆抗得知此消息，马上给孙皓上表，详细地分析了当前局势。

陆抗认为，江北晋军以陆军为主，在长江上，他们最惧怕的就是东吴的水师。如果他们想要过长江，只要东吴的水师把守，就无法成功。

将来一旦晋军攻吴，江北的晋军就必然会与益州的晋军水师相互配合。如果江北晋军事先夺取了江北防线上东吴的那些重镇，为益州水师扫平东进的江北障碍，那么，晋军的益州水师就会顺江东进，将长江上的东吴水师击溃。然后，在荆、扬二州配合江北的晋军渡过长江，进攻江南及攻打建邺。那时，东吴的江山就保不住了。

因此，陆抗建议孙皓，必须好好经营江北防线，不要给晋军任何可乘之机。特别是建平、西陵两地更要派重兵前去把守，因为，建平、西陵是晋军水师从益州顺着长江东进，进入荆州以及扬州的重要门户。

当年，蜀汉为了复夺荆州，曾举大军伐吴。而吴军就是在这一区域与蜀军展开激战的，东吴大都督陆逊在离西陵不远的夷陵地区将蜀军击败。后来的西陵会战，西陵和建平又都是双方争夺的主战场，可见这两个地区战略地位的重要。

如果建平、西陵不失，晋军的益州水师将无法通过这两个地区顺江东下，进入荆、扬二州地界的长江水域，而江北的晋军在东吴水师的凌厉攻势面前，更是无法越过长江。那样，就可保东吴的江山无恙。

相反，如果建平、西陵被晋朝夺去，晋军的益州水师将不会再有阻碍，会顺江东下，直抵吴都建邺。同时，配合江北晋军向江南挺进，那时，东吴的长江水师将无法抵御敌军的水师，更无法阻挡江北晋军跨江南下，等待东吴的就只有灭亡了。

但是，孙皓却认为，东吴有长江天堑，又有装备精良的水师，晋军的益州水师根本就不足为虑。另外，扬州是东吴的中心地带，都城建邺就在扬州境内。以后的战略方针应该以保护扬州及保护建邺为主，所以应该把重兵放在扬州地区。而建平、西陵是整个荆州的江北防线，毕竟离建邺还远，暂时用不着加派重兵防守。因此，孙皓并没有听从陆抗的建议去巩固江北防线，更没有往建平、西陵派重兵防守。

此时，宦官何定由于受到孙皓的宠信，在朝中把持大权，干预朝政，营私舞弊，陷害忠良。

陆抗知道后给孙皓上书，力劝其远小人亲君子，接纳贤臣，重用良将，内修国政，外练强兵，积极备战，时刻预防晋军南下。结果，均不被孙皓采纳。

后来，孙皓听从何定的蛊惑，将武昌左部督薛莹抓捕入狱，陆抗听到这个消息，马上又给孙皓上书。在信中，他陈述了薛莹为人正直，是一位难得的忠臣。同时，薛莹还很有才干，是一位不可多得的良臣，希望孙皓不要轻信小人之言，而让真正的忠臣蒙冤。

结果，孙皓还是没有听陆抗的话，不过，也没杀薛莹，只是将其关押了起来。直至后来，何定露出马脚，孙皓愤怒地将他杀死，才将薛莹释放。

公元 274 年，东吴著名的军事家、一代名将陆抗由于身患重病，病逝于建邺。孙皓将陆抗的数千部曲（私人武装部队）一分为五，命陆抗的五个儿子，陆晏、陆景、陆玄、陆机、陆云分别各掌管一部。后来，陆机、陆云皆为西晋时期的著名文学家。

至此，东吴后期的丞相陆凯、右大司马丁奉、左大司马施绩、大司马陆抗这些国家柱石、良臣、名将都先后去世。之后，东吴在孙皓的残暴统治下，再也没有出现过一位能臣良将。

当晋朝的平南将军羊祜获知陆抗病逝的消息后，不禁长叹一声，当众落泪。他既为一代名将的陨落而感慨，也为失去一位好友而伤心，更为痛失知己而难过。

不过，羊祜当时的心中亦应该是悲喜交加的。因为陆抗是东吴的长城，是晋朝征伐的最大劲敌。如果陆抗还在，晋军很难战胜吴军。相反，陆抗一死，东吴再无名将统率军队与晋朝对抗，灭吴将会容易很多。

因此，陆抗的死对于羊祜来说，是既伤感又兴奋的。无论怎样，他们毕竟各自处在敌对阵营。就感情来说，陆抗和羊祜完全算得上是知己。但是，从大局来看，他们却又是完完全全的敌人。只能说是各为其主，当真是无奈至极。

公元276年，羊祜给司马炎上书请求伐吴。他认为，此时的东吴在孙皓的暴政统治下，早已内无能臣，外无良将，军心涣散，民心思变。倘若进攻，必定会易如反掌。

同时，羊祜还在信中进一步阐述了自己对伐吴之事的战略构想。羊祜认为，东吴有长江天堑，不利于北方晋军的征战。因此，首先必须攻克包括西陵在内，沿江以北那些东吴的军事重镇。同时，命益州的水师攻克建平，顺江东进，在长江之上将吴军水师击溃。然后，和江北晋军互相配合，攻取东吴江南诸郡，合围建邺，灭亡东吴。

可以说，羊祜和陆抗对战局的看法，几乎是一致的。只不过，一个是策划进攻的战略构想者，而另一个则是在看出对方的战略企图以后，针对对方的战略而采取的防御措施者。可惜的是，陆抗即使建议再好，孙皓不接受，亦是枉然。

当司马炎接到羊祜的上述建议后，立刻对其看法表示了赞同，并召集群臣进行商议。没想到，贾充、荀勖等人却坚决反对此时伐吴，他们认为西北凉州、陇右地区的鲜卑之乱尚未平定，而鲜卑军此时势头正盛，晋军先前在西北多次败北，如果现在征伐东吴，那就是两线作战。毫无疑问，在人力、物力、财力等诸多方面都将加重负担，这对晋朝是极其不利的。因此，当下首要应该是先平定鲜卑之乱，使国家再无后顾之忧。然后再集中精力，一举征讨东吴。

最终，经过群臣的劝说，司马炎暂时打消了伐吴的想法。他给羊祜下诏，告知其暂时不能伐吴，同时又令其积极训练士兵，做好战争准备，随时等候朝廷伐吴的指示。

司马炎改封羊祜为征南大将军，恢复其贬降前的一切职权。羊祜随时可以以开府仪三司的身份辟招僚佐，另外，继续都督荆州诸军事。

公元278年，羊祜身染重病回到洛阳，此时他抱病又一次给司马炎上书。此番，羊祜认为，现今的东吴在暴君孙皓的统治下，早已人心离散，正是伐吴的最好时机。如果孙皓暴亡，东吴出现一位英明之主，接纳贤臣、重用良将、内修政治、外修军事、广结民心，不用几年，东吴必将重新强大起来。那时，征讨东吴将会难上加难。

同时，羊祜认为荆州是伐吴的前沿地区，是此战的重中之重。因此，必须派一位有胆有识、谋略出众的人来接替他的位置，掌管荆州诸军，以待将来伐吴。因此，推荐曾经担任过秦州刺史，在讨伐鲜卑之乱中被顶头上司陷害，后改任为度支尚书的杜预接替其位。

公元278年冬，西晋著名的战略家、政治家、文学家，一代贤臣羊祜病逝于洛阳。司马炎得知羊祜去世的消息后，不由得痛哭失声。

据史料记载，当时正值寒冬时节，司马炎的泪水流到鬓须上很快便结了冰。司马炎追封羊祜为侍中、太傅，由于羊祜无子，其钜平侯的爵位改由其兄之子继承。

羊祜病逝的消息传到荆州后，荆州百姓感念羊祜的恩德，都自发地组织起来到街上进行悼念。整个荆州到处都是百姓的痛哭声，而荆州各处晋军大营里面也都是哭声阵阵，那些将士都为自己的老领导羊祜的猝然离世而伤心不已。就连江北的东吴百姓及吴军将士也都为之落泪。

由于羊祜被追封为太傅，从那以后，荆州地区的百姓每当提起他，都不再直呼其名，而是尊称为羊太傅。同时，荆州人为了避其名讳，还将房屋由“户”改称为“门”。另外，荆州地区的“户曹”（专管户籍的郡县官员），也改名为“辞曹”。

晋武帝司马炎虽然暂时没有发起灭吴战争，但是，他听从了羊祜的建议，为将来灭吴正做着积极的战前军事准备。他任命镇守豫州的王浑为安东将军，都督扬州诸军事。同时又任命汝南王、镇南大将军司马亮，接替王浑都督豫州诸军事。令镇军将军胡奋都督江北诸军事，然后，命度支尚书杜预接替羊祜为征南将军，都督荆州诸军事，又命龙骧将军、益州刺史王濬在巴蜀加紧训练水师。

另外，司马炎命全国缩减开支，打造兵器，积蓄钱粮，加紧备战，命各地将士在训练的同时，都要时刻准备进入战争的状态。只等朝廷一声令下，各军马上开赴前线，不给东吴喘息之机。

公元279年冬，洛阳传来消息，西北的鲜卑族叛乱已经被彻底平灭，司马炎大喜，马上召集群臣共商灭吴大计。

第八章　西晋六军伐吴

公元 279 年冬，这时候的北方已经进入数九寒冬。洛阳的皇宫中，晋武帝司马炎正坐在大殿的宝座上，目不转睛地注视着正立于殿下，纷纷发表着各自对时局看法的群臣们。

西北的鲜卑叛乱被平灭以后，晋朝如今对灭吴之事已无后顾之忧。司马炎召集群臣，旧话重提，商讨下一步伐吴的事宜。结果，鲁郡公、太尉贾充以及尚书令荀勖等官员都认为此时鲜卑之乱刚刚平定，国家需要休养生息，不适合即刻用兵伐吴。

相反，有很多大臣认为，虽然这些年为了平灭鲜卑耗费了大量的精力，但是国家战争储备依然雄厚，足够维持战争的需要。另外，各地的军队已经训练得兵强马壮，各军一直处在备战的紧张状态之中。因此，伐吴已经是水到渠成的事情，根本不需要再去休养。

都督荆州诸军事的征南将军杜预，以及龙骧将军、益州刺史王濬同时上表给司马炎，他们认为，东吴此刻已经没有能臣治国，更无名将领军。在吴主孙皓的残暴统治下，军心不稳、民心思变，正是讨伐的最佳时机。

另外，益州的晋军水师在王濬的训练下，已经形成了一支拥有七八万水军、大小战船数千艘的强大水师。王濬还命人建造了二十余艘大型战船，这些战船特别牢固，每条都长达一百二十步、宽三十步，上构小型的木城，筑起楼橹，四面开门。每只船上都能同时运载上千名士兵，可以说是江上的巨无霸。此时益州晋军水师的规模以及作战能力，已经远远超过了东吴的长江水师。

司马炎经过反复斟酌，最后下定决心伐吴。同时，他和朝中大臣还就伐吴所采取的战略战术进行了反复的研究。经过商议，一致认为当初太傅羊祜的战略布局是最正确的。因此，遂按照羊祜的战略计划，兵分六路，起水陆大军二十余万同时伐吴。

首先，司马炎命都督徐州诸军事的琅琊王司马伷率兵三万从徐州的驻地下邳向东吴的涂中、涂水挺进。又命都督扬州诸军事的安东将军王浑率兵五万从扬州的驻地寿春，向横江方向进军。另外，命令建威将军王戎率军二万，自豫州的驻地许昌向东吴的武昌进攻。遣都督江北诸军事的镇军将军胡奋率军二万从荆州地区，向南攻打东吴的夏口。派都督荆州诸军事的征南将军杜预率兵五万从荆州的驻地襄阳，向东吴重镇江陵方向进军。最后，命益州刺史、龙骧将军王濬和巴东监军、广武将军唐彬率七万晋军水师，出益州顺江东下，攻取建平西陵。

此六路进军是根据当前晋吴两军形势所采取的直接战略部署，因为，此时东吴尚有水陆军二十余万，晋军伐吴的兵力并不占太大优势。只是，吴主孙皓将大部分兵力都用来防守扬州以及建邺，而荆州方面的兵力就相对薄弱许多。

晋朝根据当前形势采取了东西共进、逐个击破的策略，命司马伷、王浑两路大军将扬州江北的东吴各地攻破以后，陈兵于江北。这样就能够牵制住扬州长江之上的东吴水师，无法西去救援荆州地区的吴军水师。荆州的东吴水师在没有外援的情况下，很难抵御晋军的益州水师，晋军水师顺江东下至扬州，再将扬州地区的东吴水师击败。

由于荆州的吴军兵力不足，杜预、胡奋、王戎三路大军快速地拿下东吴江北各郡，然后与益州水师汇合，顺利渡过长江，攻取东吴江南地界，将东吴各地的军队分割包围歼灭。最后，晋军水陆大军与扬州江北晋军互相配合进攻建邺，灭亡东吴。

公元 279 年腊月，在司马炎的命令下，晋军各路大军按照计划分别开赴战场。同时，司马炎任命太尉贾充为大都督，使持节、假黄钺，总统六路大军，又命冠军将军杨济为贾充的副手，协助贾充节制各军。另外，命度支尚书张华总管后勤，为全军调度粮草器械。

不过贾充因为害怕兵败，始终推诿不肯接受命令。结果司马炎的态度非常坚决，他告诉贾充，如果贾充不去督师，那他司马炎就御驾亲征。贾充被迫无奈，只有接受命令，率中军至襄阳，节制六军伐吴。

公元280年正月，晋朝的二十余万水陆大军在荆、扬二州沿着长江的数千里战场，向东吴各郡同时发起了猛烈进攻。

扬州地区物产丰富，历来被称为鱼米之乡。晋吴时期，扬州被一分为二，长江以北的沿江各郡以及扬州的江南全境包括建邺属于东吴，是东吴的政治、经济及军事中心。而扬州长江以北的大部分地域则都属于晋朝的势力范围，是晋朝攻伐东吴东部的最前沿地区。

都督扬州诸军事的安东将军王浑接到晋武帝司马炎的命令后，按照事先的作战部署，率精兵五万向东吴的横江方向进军。进军路上，王浑认为寻阳、高望城都是渡江的有利渡场。因此，他兵分三路，命手下参军陈慎率兵一万攻击寻阳，又命殄吴将军李纯率军一万进攻高望城。然后，王浑亲率三万大军进击横江地区的吴军。

李纯率军到达高望城后，与高望城的守将俞恭所部展开了一场大战，最后击败俞恭夺取高望城，占据了渡江的有利渡场。与此同时，参军陈慎大败东吴牙门将孔忠于赖安乡，然后，率军直抵寻阳，镇守寻阳的东吴厉武将军陈代、平虏将军朱明一看晋军势大，几乎没做什么抵抗，就率部众开城降了陈慎。另外，王浑亲率大军也顺利攻占了横江的各处渡场。

二月，吴主孙皓得知晋安东将军王浑率军南下，即命丞相张悌、丹阳太守沈莹、护军孙震、右将军诸葛靓等人率军三万，渡江迎战。

张悌率大军行至牛渚，召集众将商议对策。

丹阳太守沈莹根据目前敌我双方的形势，分析着说道，晋军这些年在益州扩充水军，积极备战，而江北荆、扬二州的晋军又大举南犯，攻取东吴江北各重镇。益州的晋军水师必然会顺江东下，协助江北的晋军作战，而东吴目前在荆州地区兵力薄弱，很难抵御进犯的晋军，西线荆州的沿江防御一旦被敌人攻破，敌军水陆大军必然会顺江东进，与扬州江北的晋军一起攻入建邺。如果那样，东吴就危险了。

沈莹建议张悌，目前吴军暂时不要渡江作战，应该将全军聚集在牛渚一带，等待对岸的晋军渡江。等到晋军兵至江中，东吴水陆大军趁机杀出，必然将来犯之敌歼灭。然后，大军趁胜挥师西进，救援西线的荆州。

相反，吴军如果主动渡江作战，那么东吴长江之上的水师就无法参战，无形中就使吴军失去了最大的优势，要是东吴陆军渡江以后，与晋军作战失败，东吴就彻底保不住了。

结果，张悌认为，晋军如果不渡江，只在对岸与吴军对峙，吴军受到晋军的牵制，根本无法西进增援荆州，等到西线的晋军占据荆州的沿江各地，益州晋军水师顺江东进至扬州，汇合对岸的晋军向吴军发起进攻，吴军更会处于不利的局面。

张悌长叹着说道，现在的东吴，军心不稳，人心思变。甚至很多士兵、百姓都盼望晋军能够尽快渡过长江，灭亡东吴。如果这时候晋军主动渡江，就怕我军众兵将心生恐惧，不敢与敌交战，到那时，失败就会在所难免。所以，现在趁敌军的益州水师未到，我军不如渡过长江，与敌决战，或许还有希望。如果将敌击败，我军将会声威大震，士气高涨。那时，再趁势增援荆州，迎击西来之敌，定能制胜敌军。相反，如果兵败身亡，那也是为国捐躯，死得其所了。

因此，张悌命全军渡江，当吴军渡过长江到达杨荷，正遇王浑的部将城阳都尉张乔率领七千精兵赶至，随即，两军在杨荷展开了一场大战。最终，张乔不敌，被吴军包围。最后，张乔率军请降。

东吴右将军诸葛靓认为，张乔乃是假意投降，行缓兵之计，不但不应该接受其投降，还应急速剿灭。但是，张悌却认为，张乔不会假意投降，吴军应该集中力量对付王浑的主力军队，不要把有限的兵力浪费在张乔的身上。因此，接受了张乔的投降。

然后，吴军继续向前挺进。结果，在横江地区与王浑的数万晋军主力相遇，吴将丹阳太守沈莹首先率五千吴军向晋军发起了进攻，王浑命扬州刺史周俊、司马孙畴率部迎击沈莹。

随即，晋吴两军在离长江西北岸不远的旷野上展开了一场大战，沈莹率军猛攻敌阵，数次都被晋军击退。张悌在后方一看，沈莹难以进展，忙督促后面的各军参战。而王浑看到吴军倾巢出动，也命晋军各军全线出击。同时，命部将薛胜、蒋班二人各率一军，从两翼对吴军进行包抄。

惨烈的战争足足持续了一天，吴军在晋军的猛烈进攻下终于不敌，全军开始后撤。而王浑又怎会放过这么好的机会，遂命各军对吴军展开全线总攻。正在这时，投降吴军的晋朝城阳都尉张乔率部向吴军后方杀了过来。

在晋军四处夹攻下，吴军顷刻全线崩溃。不论是将军还是士兵，看到大势已去，均纷纷逃窜，溃不成军。右将军诸葛靓收集残部千余人，杀出一条血路，冲出了晋军的包围。当他在乱军中看到张悌，力劝对方跟自己一起回去。

结果，张悌却悲壮地说道，今日之败，说明东吴气数已尽，我为东吴丞相，理应为国捐躯。诸葛靓无奈，只好引残兵败将撤过长江，而张悌、沈莹、孙震皆战死于沙场。三万吴军，战死一万余人，其余的兵将或逃或降。

战败吴军以后，王浑率大军直抵长江江边。吴军三万精锐被歼，东吴上下震惊。龙骧将军、益州刺史王濬的水军克武昌，趁势东下，所向披靡。扬州别驾何恽认为东吴已呈土崩瓦解之势，因此，建议王浑应急速挥军渡江，直捣建邺，建立不世之功。

不过，王浑认为，长江之上还有很多的吴军水师，如果这时候渡江，一定会受到敌军水师的军事打击，渡江极容易失败。另外，按作战部署，皇上司马炎只让他攻取东吴扬州地区的江北各郡，然后陈兵于江北。一方面，牵制扬州的吴军增援荆州。另一方面，等待益州水师的到来，与益州水师共同会攻建邺。要是自己不按作战计划执行，率先渡江进攻建邺，如果失败了，必获重罪。因此，王浑没有采纳何恽的建议，命全军陈兵于江边，与对岸的吴军对峙。

在王浑率兵进攻吴军的同时，镇东大将军、琅琊王司马伷按作战部署，率军三万直抵东吴的涂中，经过一番激战，最后夺取了涂中一带的地区。然后，司马伷命琅琊相刘弘率军一万进抵长江，与建邺隔江对峙，以牵制吴军。同时，命长史王恒率军一万，攻取涂中以东的东吴江北各郡，自己亲率一万大军在涂中坐镇，支援各军。

王恒率军沿着长江北岸一路向东，经过数次的恶战，将东吴江北守军纷纷击溃，攻取了很多的郡县。同时，一些东吴将领看到大势已去，带着部众纷纷来降。

至此，晋军伐吴的东部两路大军已经完成了既定的战略计划，只等西路晋军水陆大军的到来，共同攻打建邺，灭掉东吴。

第九章 杜预西线决战

公元 280 年正月，荆州襄阳城外，晋朝的数万精锐部队迎着凛冽的寒风，排着整齐的队列，有序地向南方行进着。他们此行的目的，正是位于东吴江北的江陵城。

路旁，一位年近六旬、文质彬彬的儒雅将军在众亲兵的保护下，正有条不紊地指挥着大军行进。这位将军不是旁人，正是都督荆州诸军事的征南大将军杜预，杜元凯。

杜预原是晋朝的度支尚书，也就是专门掌管国家财政、经济的官员，相当于现在的财政部部长。后来，经由太傅羊祜举荐，司马炎任命杜预接替羊祜的职位，统领荆州诸军。

杜预出身于官宦世家，祖父杜畿、父亲杜恕都是曹魏时期的高官，同时，杜预和晋朝皇室还有着姻亲关系，他的夫人是晋文帝的妹妹，因此晋武帝在每次家庭聚会的时候还要尊称他一声姑父。

按照《晋书》上记载，杜预作为一个读书人，几乎没有什么武艺，射箭的技术更是糟糕透顶。不仅如此，作为领兵打仗的统帅，他甚至连马都不会骑。但是每当有军事会议的时候，朝廷必定会召他参谋策划。

杜预知己知彼，善于与敌人斗智。另外，他为人心胸颇为宽广，遇事总是能够从大局着想。

这次，司马炎分兵六路讨伐东吴，杜预所统帅的荆州诸军就是六路大军中的其中一路。按照事先的作战部署，司马炎命杜预率军进攻东吴江北重镇江陵，然后再引兵沿江西进，与益州晋军水师会攻西陵，为水师东进扫平障碍。

杜预接到命令以后，忙调集荆州各地的军队向江陵进发。同时，亲率中军从驻地襄阳一路向南，直抵江陵。

杜预统军到达江陵以后，即刻召集众将就下一步作战计划进行紧急商讨。由于江陵是东吴江北重镇，因此，不但城防坚固，而且还驻有重兵把守。所以，强攻是完全没有效果的，只能智取才行。

杜预与众将经过一番缜密的分析，认为江陵虽然易守难攻，但是此刻由于晋军来势汹汹，城中的粮草储备应该不会太多。而该城所需的粮草、物质，又都是从长江南岸的乐乡（今湖北松滋市）通过船运调运来的。如今晋军只要对江陵围而不攻，把乐乡对江陵的支援给掐断，江陵在内无粮草、外无救兵的情况下，必然城破。

军事会议结束后，杜预率军包围了江陵，同时，命部将张尚率兵一万沿江北西进，攻取江陵与西陵之间的一些城池。另派牙门将周旨率八百名精壮士卒，在沉沉夜色的掩护下，偷偷渡过长江。

周旨到达长江南岸以后，当即依照杜预事先的吩咐，调兵遣将。一方面他让兵士们在山坡上到处点火，树立旗帜，虚张声势。另一方面则分兵袭击了乐乡附近的各个要塞。

镇守乐乡的东吴主将、乐乡督孙歆（东吴宗室）此时正在发愁，因为江陵被围，镇守该地的江陵督伍延派人渡江，到乐乡请求他的支援。孙歆在得到消息后，马上派部将率军渡江救援江陵。同时，还给江陵带去了大量的粮草。结果，军队派出去以后，晋军就趁着乐乡空虚，偷偷渡过长江袭扰。

孙歆正在苦思对策，忽然有士卒来报，说是派出去救援江陵的吴军刚到江陵外围，就中了晋军的埋伏。不但伤亡惨重，而且粮草也落入敌手，此刻败兵正在撤退。孙歆一听，不禁大惊失色，忙吩咐手下前去接应，同时打开城门让败兵回城。

当吴军的败兵在回乐乡的途中，周旨与手下的晋军趁乱扮成敌军的装束，混入了队伍，随着吴军进入了乐乡城。当晚，趁着吴军不备，他们杀入孙歆的府中，将其活捉。当吴军反应过来，发现主将被捉，无奈之下，只得或逃或降。随后，周旨率兵押着孙歆返回江北的晋军大营。

由于这突发的变故，此时的乐乡宛若一座空城，在军事上根本无法继续支援江陵。同时，江陵城内所需要的粮草物资也因此而彻底没了指望。

当乐乡发生变故，孙歆被捉的消息传到江陵后，镇守江陵的江陵督伍延顿时大惊。他深知，江陵如今已是一座孤城，城破是早晚的事情。因此，伍延连夜率城内的吴军突围。在与晋军的一场血战厮杀后，伍延被对方活捉，为保命想假意投降。不想却被杜预看穿，招致杀身之祸。

至此，东吴重镇江陵被晋军彻底攻破。而此刻，江陵至西陵之间的城池，都被杜预的部下张尚率军夺取。随后，杜预又命手下参军樊显、门牙将周旨率军一万西进，与张尚所部汇合，一同进抵西陵，等待益州水师的到来，进行合攻。

此时镇守西陵的东吴主将是刚调任过来没多久的西陵督留宪，而上一任西陵督是将军张政。杜预刚到荆州赴任的时候，就了解到张政很是了不起，不但作战勇猛，同时富有韬略，是一位极其难得的将才。因此，杜预心里清楚，如果张政镇守西陵，将来一定是晋军益州水师顺江东下进攻东吴的最大障碍。

因此，杜预此番采取了借刀杀人之计。他从军中挑选了一些精锐兵士，悄悄命自己手下的一员部将带领这些精兵偷偷伏击了张政。张政由于之前并无防范，因此在措手不及的情况之下吃了败仗。

张政回到西陵后，因为害怕孙皓惩罚自己，并没有如实地将此事进行汇报。而杜预亦深知孙皓为人多疑，遂将捉来的东吴战俘送到建邺，同时大力宣传张政打了败仗。

正如杜预所料想的一样，孙皓果然中计，气急败坏地将张政召回建邺，当众免其官职。随后，命武昌监军留宪接替张政的西陵督之职，而留宪根本就没有多少作战经验，因为刚调到西陵，在军中还没有树立太大的威信。所以，此时的西陵是力量最薄弱的时期。

当荆州、扬州的各路晋军同时向东吴发起进攻时，龙骧将军、益州刺史王濬也接到了司马炎的作战命令。

王濬按照事先的作战部署，亲率益州水师七万人、大小战船千余艘，自成都沿江而下，过瞿塘峡、巫峡，进军至建平。

此时镇守建平的是东吴建平太守吾颜，他曾经是陆抗的部将。由于作战勇猛，善于谋略，因此很受上级的重用。后来，经过陆抗的举荐，孙皓任命吾颜镇守建平。

当吾颜得知益州晋军水师进犯的消息后，一面加紧备战，一面则派人通知西陵速速做好防范。

王濬率军来到建平后，命前军向建平发起猛攻。同时，命广武将军、巴东监军唐彬率部进攻丹阳。吾颜靠着建平的有利地形，指挥全军奋力抵抗，连连击退晋军的进攻。王濬带兵接连攻打数日，都毫无进展。

王濬正在无计可施之时，好消息传来，唐彬率部攻破了丹阳，活捉了丹阳监盛纪。王濬闻讯大喜，要知道，打下了丹阳，就意味着全军可以绕过建平东下，进攻西陵。王濬遂下令留下其中的一支军队继续围困建平，其余人等皆随大军顺江而下向西陵挺进。

当大军顺江行至西陵峡的时候，前军来报，在前方出现很多拦江铁索和暗置江中的铁锥，大军无法继续通行。

王濬听后点了点头，心中暗想，看起来我方密探得到的信息是准确的。早在一年前，他便知晓，东吴已在此地设置了拦江之物，为的就是要阻拦晋军前进。不过，因为早已知道了这件事，晋军这次也是有备而来。

王濬命人将事先准备好的几十个足有百步长的大木筏划了出来，伐上扎上草人，披甲执杖，令善水士兵乘筏前行。

由于木筏的体积过大，因此，当江中的铁锥刺到筏上，都被木筏给带了出来。王濬又命人在每个木筏前面都放上了一个长十丈、粗数十围的大火炬，然后灌上麻油，遇到铁索就用火烧。就这样，江上的铁索纷纷被大火烧断，江中的铁锥也被彻底清除干净。

当江上一切障碍都被彻底清除以后，王濬命全军向西陵杀去，在路上他得到了一个消息，杜预此时已经打下了江陵，派大军向西陵行进，只等益州水师来到，两军共同合作，水陆并进攻克西陵。

公元 280 年 2 月初，王濬率水师到达西陵，他命大军从长江之上向西陵发起进攻。这时候杜预手下将军张尚、周旨等人也率大军来到了西陵城外。见此情形，张尚遂吩咐自己手下兵士从陆地上向西陵发起猛攻。

西陵督留宪看到晋军水陆并进攻打西陵，忙令西陵守军固防抵御晋军。但是，此时的吴军一见大势已去，根本就无心恋战，在晋军数次猛攻之下，西陵的抵抗彻底土崩瓦解。当晋军攻进城内，除了一小部分吴军仍在拼死抵抗，其余大部分吴军纷纷抛下兵器投奔了晋军，而那位西陵督留宪也战死在了乱军之中。

攻破西陵后，王濬留下一部分水军守护西陵，然后率大军顺江东去。而张尚、周旨则按照杜预的指示，也留下一部分陆军镇守西陵城。随后，率军返回了江陵。

王濬率晋军水师继续东进，一路上连克长江南岸的荆门、夷道二城，斩杀夷道监军陆晏和宜都太守虞忠。继而，引得胜之军继续东进，来到了乐乡。

前段时间，乐乡主将孙歆被周旨偷袭所擒，而当时晋军在没有水军支援的情况下，以少数兵力偷渡长江袭扰乐乡属于孤军深入。周旨担心手下兵力不够，怕被江南的吴军包围，便率领手下兵士挟持着孙歆渡江撤回了北岸。当吴军发现晋军已经撤走，马上又重新占据了乐乡。

不过，这次还没等吴军在乐乡站稳脚跟，王濬的水师就打过来了。吴军一见晋军实力强大，哪里还敢抵抗，纷纷弃城逃跑。王濬兵不血刃，成功地占领了乐乡。

此时，晋武帝司马炎派人给王濬下达命令，命他进入荆州地界归杜预节制，进入扬州归王浑节制。而此刻因是扬州地界，王濬接到命令以后不敢有所耽搁，马上率军坐船到达江北的江陵，顾不上休息便连夜去见上级领导杜预，等待调遣。

江陵，杜预一听到王濬到来的消息连忙带领手下众人前来迎接，热情地将其迎到中军大帐。王濬看到杜预这般随和，紧张的心情安定了下来，很快便与杜预一同商讨接下来的进军方案。

最后，二人商定，杜预留下一万军队在江北，命参军樊显、门牙将周旨率领这些军队沿江北岸向东推进，与长江上的益州水师互相配合，攻取这一路上的东吴城池。

然后，在晋军水师的掩护下，杜预率领大军登船渡江。当杜预的大军到达长江南岸以后，杜预命张尚、管定、伍巢等将军率领一万兵士，沿着长江南岸向东推进，也与长江之上的晋军水师互相配合，攻取沿途的东吴各城。

而留在长江南北两岸向东推进的这两支军队，都由王濬节制。随后，杜预亲率三万大军向着长江以南的广大地域挺进。

晋军在杜预的率领下，迅速攻占了荆州长江以南的零陵、桂阳、衡阳等诸多郡县。杜预为了扩大战果，率大军继续向南挺进。一路上晋军攻城略地势如破竹，东吴各地的守将看到灭国在即，都不再为孙皓卖命，纷纷率众来降。

杜预的大军几乎占领了荆州长江以南的全境，而先头部队也打到了交州北部。

晋军水师协助杜预的军队渡过长江以后，王濬指挥水师继续东进，一路上与两岸的晋军互相配合，攻取了长江南北沿岸很多城镇。

当荆州的战况传到建邺以后，吴主孙皓忙命水军督陆景、平西将军施洪率二万荆州水师，从夏口西进阻击晋军水师。同时，又命征南将军成据率兵一万，从武昌出兵沿长江南岸西进，阻击晋军沿长江南岸的东进之师。

公元280年2月中旬，晋吴两军的水师在巴丘以西的长江之上相遇。

陆景命施洪率一万水师为前锋，攻打晋军水师前部。王濬见东吴水师杀到，忙命巴东监军唐彬率二万水军迎敌。随即，两军在长江之上展开了一场大战。

残酷的战争从早上一直打到了中午，晋吴两军都付出了惨重的代价。而随着战场规模的不断扩大，两军之间的战争也是越来越激烈。

按照原定分工，陆景本来是在后面指挥全军。然而，当他看到晋军势头猛烈，担心施洪有失，便亲自指挥中军杀了上去。晋军的唐彬见状亦不甘示弱，将预备队的兵士通通调至前线作战。

一时间，两军的战争进入白热化，双方将士的呐喊声、拼杀声、兵器的撞击声、战船与战船的碰撞声、战鼓声伴随着滔滔的江水声，仿佛这一区域的长江之水都在沸腾着、燃烧着。

王濬在后方看到前线的战争已经打了很长时间，感觉火候已到，便亲自率领中军冲了上去，并且命二十余艘巨大的战船在前方担任主攻。同时，派遣两支水师从两侧迂回包抄东吴水师。

当晋朝巨大的战船开过来以后，东吴的水军就顶不住了。在晋军巨大的战船面前，吴军几乎没有还手之力。不是战船被撞翻，就是被巨船上居高临下的晋军所射杀。

正在与吴军苦战的唐彬所部，忽然看到王濬亲自率军前来支援，顿时斗志昂扬，就像是打了鸡血一般，在唐彬的指挥下，呐喊着杀向吴军。

而此时的吴军水师伤亡已经接近半数，看到晋军水师如此强大，早已无心恋战，全军不禁开始动摇，有了溃败的迹象。

王濬看到吴军失败在即，遂命兵士发动总攻。同时，从两侧迂回的晋军水师也到达了最佳的位置，在两侧向吴军发起了进攻。

在晋军三面夹攻之下，吴军水师的阵营迅速土崩瓦解，全军溃散。王濬自然不会放过这么好的时机，他吩咐兵士们在后面追杀。又令两侧迂回过去的水军堵住吴军的撤退之路，争取全歼东吴荆州水师。

陆景看到全军溃散，四周都是敌军，退路已被封死，无奈之下，只好在亲兵的保护下，杀开一条血路来到长江南岸。随后，便率百余残兵弃舟登岸，前去投奔征南将军成据。平西将军施洪率一部分吴军水师想要杀出重围，结果被唐彬部下所斩杀。

直至黄昏时分，长江上的呐喊声才逐渐平息了下来。此战以东吴荆州水师全军覆没、晋军水师大获全胜而告终。至此，荆州一线的吴军水师主力均已伤亡殆尽，对晋军水师再无任何威胁。

大战过后，长江上到处都是毁掉的战船，很多船上仍燃烧着熊熊的大火。原本澄澈的江水已被鲜血染红，到处都漂浮着晋吴两军将士的尸体，惨烈的程度宛如人间地狱。

陆景到达长江南岸以后，率残兵一路疾驰，忽然，他看到前方有很多东吴兵士正在向东逃窜。派人打探方才知晓，原来，当东吴水师与晋军水师在江上激战的时候，征南将军成据已率一万吴军沿长江南岸西进。不料，半路上竟遭遇了晋军沿长江南岸东进的军队，两军遂在离江岸不远的地方爆发了一场大战。起初还是势均力敌，谁知后来，江北的晋军竟渡过长江，在吴军侧翼发动进攻，致使吴军两侧受敌最终败北，征南将军成据也因此战死在沙场。

陆景一听顿时大惊，马上随败军向东而逃，结果半路上被张尚率领的晋军赶上。一场激战之后，陆景也死在乱军中。

长江上的王濬命人打扫战场，待到一切恢复原样，便指挥大军水陆并进，趁势攻取了长江南岸的巴丘。

第十章 王濬剑指吴都

公元 280 年 2 月下旬，由于伐吴前线的捷报频传，晋都洛阳城内处处张灯结彩、喜气洋洋，百姓都自发地来到街上，用不同的方式欢庆着晋军的胜利。

宫中，晋武帝司马炎端坐在御书房的桌案后面，双眼凝视着刚刚从前线发来的奏表。当他看到益州刺史、龙骧将军王濬大破东吴荆州水师攻取巴丘的时候，不由得心中大喜，马上给王濬颁发了一道圣旨，提升其为平东大将军，假节、都督益州、梁州诸军事。

同时，司马炎在圣旨中命王濬继续率兵东进，协助镇军将军胡奋、建威将军王戎攻取荆州的夏口及荆州的武昌。王濬接到圣旨后不敢有所耽搁，忙命全军向夏口方向挺进。

夏口，历来为兵家必争之地，北有长江天堑，东与武昌互为支援，城防坚固、粮草充足。另外，东吴为了巩固夏口的城防，派遣了重兵在此防守。因此，夏口是一个极难攻取的重镇。

当初，司马炎兵分六路伐吴，将攻打夏口的这一路大军交予镇军将军、都督江北诸军事的胡奋来统帅。

当胡奋接到司马炎的作战命令后，即刻率领二万大军从驻地荆州的南阳一路南下，直抵夏口的对岸。然后，胡奋按照作战部署，派军攻取了夏口对岸的东吴各城。

当胡奋在夏口对岸站稳脚跟以后，命手下部将率领大军沿着长江的西北岸向西推进。由于此时的吴军已经毫无斗志，因此，这一路上胡奋的大军攻关拔寨，势如破竹，进展得十分顺利，一鼓作气地打到了东吴在江北的另一个重镇江安。随即，晋军与吴军在江安展开了一场激战，最终，晋军攻取了江安。

然后，胡奋率领大军在江北与对岸的江夏对峙。此时，虽然东吴在荆州地区的水师主力已经被晋军水师歼灭。但是，在夏口以及武昌一带的水面上，还有一些东吴水师护卫着这两座重镇。因此，胡奋不敢轻易让陆军渡江，只能陈兵于夏口对岸，等待王濬的水师到来，再一起会攻夏口。

公元 280 年 2 月末，王濬率水陆大军到达夏口，他即刻将水师分为两路，一路负责进攻江上的吴军水师，另一路则护送胡奋的大军渡江。

此时的东吴水师早已失去了往日的斗志，看到晋军水师杀来，不过只是象征性地抵挡一下罢了，便抛下夏口向武昌方向遁去。

而胡奋大军则在晋军水师的护送下，顺利地渡过了长江。在与长江南岸的张尚所部汇合后，王濬就与胡奋一道指挥水陆大军将夏口包围。

次日清晨，晋军从江上和陆地同时向夏口发起了猛攻，战斗一直持续到了午时才停。东吴镇守夏口的主将、江夏太守刘朗看到晋军势大，并且自己手下的将士已经军心涣散，出现了动摇情绪，便知晓此战必败。在幕僚的劝说下，他派人去晋营请降，胡奋和王濬听说此事，心中大喜，于是便接受了刘朗的请求。随后，率军进入夏口。

晋军占领夏口以后，胡奋率军驻扎在夏口，另外拨出五千精兵归王濬调度，与张尚的军队一起沿长江南岸向东推进，王濬率水陆大军向武昌挺进。

武昌重镇坐落在长江南岸，地处咽喉要地，北可拒敌渡江南下，西可阻敌顺江东进，是保卫东吴荆、扬二州的战略要地之一，更是东吴都城建邺西部的重要屏障。

另外，武昌的政治地位也很重要。当年太祖皇帝就在此地建过都，孙皓也曾经将都城迁到过武昌。武昌就相当于东吴的陪都，政治地位很是不同凡响。

因此，武昌也就成了晋军征伐东吴的首要目标之一，而进攻武昌的军事行动，司马炎交给了时任豫州刺史、建威将军的王戎来完成。

当王戎接到朝廷的进攻命令以后，当即率军两万从驻地豫州的许昌出发，一路南行抵达武昌的北岸。随后，他很快便率军攻取了江北的邾县、蕲春，收降了东吴牙门将孟泰。

与此同时，王濬率领水陆大军也从夏口来到了武昌，守卫武昌江防的东吴水师看到晋军水师到来，吓得急忙后撤。晋军水师当即采取了两翼包抄的战术，将东吴水师包围在长江之上，吴军水师领将杨雍、孙述一看无路可退，马上命全军放下武器，投降了晋军。

然后，晋军水师协助王戎的大军渡过长江。继而，两军还是采用攻打夏口的方法，水陆并进，攻打武昌。

当时东吴镇守武昌的守将是武昌督虞昺，虞昺本是东吴的尚书侍中，文人出身，常年在朝堂之上没有经历过什么战阵。由于受到孙皓的信任，因此，孙皓派他来镇守武昌。

当晋军刚发起进攻，这位武昌督虞昺就害怕了。战斗刚刚进行一个多时辰，惊慌失措的虞昺就命令全军放下武器打开城门，投降了晋军。至此，东吴苦心经营了多年的军事重镇武昌，就这样轻而易举地落入晋军之手。

而西陵至武昌沿途各郡的沦陷，也代表着东吴经营数十年的长江上游、中游的军事防御体系彻底土崩瓦解。

攻克武昌以后，王戎率本部人马留在了武昌。然后，拨五千军队给王濬，随着长江南岸沿江东进的军队继续东征。

王濬率水陆大军继续前行，一路上攻城拔寨势如破竹，攻占了很多城镇。而此时，负责扬州江北作战的安东将军王浑则派遣参军杨慎，率部沿着长江西北岸向西推进。杨慎率军一路前行，最后直抵浔阳。而镇守浔阳的吴军，看到晋军杀到，在守将的带领下打开城门，不战而降。

杨慎占领浔阳没多久，沿着长江北岸东进的晋军，就在参军樊显、牙门将周旨的率领下，也打到了浔阳。由此，晋军在长江北岸东西对进的两路大军，胜利会师于浔阳。至此，东吴长江以北的所有郡县都被晋军所占领。

当各路晋军纷纷取得胜利之时，那位奉诏伐吴的最高军事长官、节制各路大军的大都督贾充却给晋武帝司马炎上表，希望此次战争就打到这里。他认为东吴不是一下子就能够灭掉的，晋军大多数是北方士兵，如果在江南长期作战下去，弄不好就会由于水土不服，导致疫病在军中流行。那时，失败就会在所难免。因此，最好是见好就收，早点撤兵，等到以后时机成熟，再灭掉东吴。

司马炎看到此表不过微微一笑，他自觉，如今形势一片大好，晋军锐气正盛，军中也没有发现瘟疫横行，应该趁此时机，一鼓作气将东吴灭掉。故此，非但没有采纳贾充的意见。反而下令前线各军乘胜前进，争取早日拿下建邺，活捉孙皓。

公元 280 年 3 月上旬，王濬的水陆大军已经顺着长江，进入扬州地界。吴军看到东吴灭亡在即，谁也不愿意再给孙皓卖命，有的直接投奔了晋军，有的则弃城逃跑。王濬军队所到之处尽皆顺畅，直抵三山。

三山是东吴都城建邺的最后一道屏障，打下该地就意味着打开了通往建邺的最后一扇大门。因此，王濬遂命全军水陆并进，猛攻三山。经过一场激战，三山被晋军成功占领。王濬在攻取三山后，命全军稍加休整，然后率军继续前行。

当吴主孙皓得到三山失守的消息后，忙命游击将军张象率领一万扬州水师迎击晋军水师，晋吴两军在接近牛渚的江面遭遇。

当长江上那一望无际的晋军水师驾驶着如同巨兽一般的战船出现在东吴水师的视线中时，吴军皆被这强大的阵容惊呆了。他们不禁暗想：当年赤壁大战时，魏武帝的强大阵势也不过如此吧，如今的东吴早失去往昔的风采，那旷世名将周大都督也不会复生，这简直就是以卵击石，自寻死路啊。

惶恐的情绪很快便在吴军内部蔓延开来，身为统帅的张象见此情形，连忙率军后撤。王濬一看机会来了，忙命前军在后掩杀。登时，吴军水师的撤退就演变为了溃败。

张象率残兵败将逃回去以后，发现已经折损了半数兵力，心知已无再战之力。想回去复命，又怕被孙皓治罪。于是，便咬了咬牙，率军投降。

当孙皓得知吴军战败、张象投敌的消息后，顿时气得大骂其不忠。正在他大发雷霆的时候，内臣来报，徐陵督陶濬回来了，此刻正在殿外等候。孙皓先是一愣，转念一想，不是先前派陶濬协助他哥哥陶璜平定交州的郭马之乱了吗，为什么这么快就回来了？随后，理了理心绪，命人宣陶濬来见。少顷，待二人见面，孙皓了解了整件事情。

原来，早在晋军没有大举南下征伐东吴的时候，在交州地界有一个名叫郭马的将领率部发生了叛乱。叛军迅速占领了交州的很多郡县，交州刺史陶璜派兵数次征讨，皆被郭马叛军所击败。陶璜无奈之下只得给孙皓上表，请求支援。

孙皓得到消息后，速命陶璜之弟陶濬从长江水陆西进至武昌、夏口，从这两地共调拨出来七千军队归其调遣。陶濬率这七千人马南下至交州，与其兄陶璜两路夹击郭马叛军，平定叛乱。

结果，陶濬还没有到达武昌，晋军各路大军就对东吴展开了进攻。而胡奋、王戎两路大军更是陈兵于江北，时刻都在威胁着武昌、夏口两处重镇。陶濬怕这两地兵力不足，因此，没有前去调兵，只是暗自在武昌以东的一座小城中静观其变。后来，夏口、武昌两地均被晋军攻破，陶濬无奈，只有率随从回到了建邺。

由于先前事情失败，陶濬见到孙皓后，立刻向其请命愿率军抵御晋军。孙皓闻言不禁大喜，立刻从建邺周边各地区临时拼凑了两万兵马，归陶濬指挥。同时，加封其为荆州牧、镇南大将军，命其即日领兵御敌。

次日凌晨，陶濬来到建邺城外的大营，想要集合军队迎击晋军。不料，刚到大营他就发现，半数的吴军已在头天夜里悄悄逃跑。没奈何，陶濬只得率领剩下的一万多人继续向西而行，迎战晋军。

结果可想而知，陶濬的军队在与晋军经过一场激战后，几乎全军覆没，而他也战死在沙场。

消息传到建邺，孙皓顿时大惊失色，连忙召集群臣商议对策。左国史薛莹、中书令胡冲都认为，建邺目前面对的敌军共有三路，分别是与建邺隔江对峙的司马伷大军、江北横江一带的王浑大军，以及正在向建邺不断进发的王濬水陆大军。其中，当以王濬之军对东吴的威胁最大。

因此，他们建议孙皓投降，写下三道降书，分别送到这三路大军主帅的手中。对方肯定会为了抢夺灭吴的首功，互相牵制、互相掣肘，这样就会在无形之中给东吴以喘息时机，也好收拢各地的吴军，保卫建邺。

孙皓依计而行，命使者分别将降书送到司马伷、王浑、王濬的军中。

司马伷在接到降书以后，没有表态，只是命军队继续陈兵于建邺对岸的江北。

当王浑接到孙皓的降书后顿时坐立不安，他明白，自己的大军现在还不到渡江的时候。倘若勉强渡江，一时半刻肯定是过不去的。而王濬则不同，他不但有强大的水军，同时还有长江南岸的陆军。从目前形势来看，王濬肯定是第一个到达建邺的。到那时，灭吴的首功非王濬莫属。既然当初朝廷的命令，是让王濬在到达扬州后必须听从自己的节制调遣，那么也就是说，他现在是王濬的顶头上司，如果给王濬下达命令，对方是绝对不敢不听的。

想到这里，王浑遂命人将船横在长江上，挡住晋军水师的东进道路。同时，给王濬下命令，命其率兵原地待命，不要再往前走。王浑还命令部下马上征调船只运兵渡江，争取在王濬之前赶到建邺，夺取灭吴首功。

此时，王濬也接到了孙皓的降书。他命大军加快速度，争取第一个赶到建邺，获得首功。然而正在行进之时，前军却忽然来报，说前方有王浑的军队堵住了通往建邺的水路。同时对方还传达王浑的军令，命我军原地待命，不准再向前行进。

王濬得到禀报，心中晓得，这是王浑害怕自己抢了首功，想要利用手中的权力将自己的行军速度降下来。不过，按照朝廷的命令，在进入扬州后，确实是应该听从王浑的节制。假使不执行，只恐日后王浑会在皇帝面前参奏，说自己不遵守朝廷的旨意，不听从调遣。倘若如此，万一皇上追究起来，定会获罪。但若是听从他的命令，不继续进兵，那么，一旦错过了良机，给了东吴喘息的机会，这仗可就没有那么好打了。

王濬正在纠结之时，手下幕僚献上一策，让他以江上风大、船只无法停泊为由继续前进，这样王浑即便生气亦是无计可施。另外，有了这个理由，日后在皇帝面前也好解释。

王濬听后顿时大喜，马上依计而行。他命士兵在船上对着王浑手下的军兵大喊，江上的风太大，战船根本无法停靠，暂时无法遵从王浑将军的将令。同时，他还吩咐前面的战船加快速度，全速向着前面拦截的船只撞去。

王浑手下的士兵见状均大惊失色，纷纷将船划到江水两侧，为晋军水师让开了道路。倏忽之间，王濬的军队便顺江向东远去，消失在江面上。

王浑得到消息，顿时暴跳如雷，大骂王濬不遵朝廷旨意、违抗军令，以后说什么也要在皇帝面前告其一状。不过，既然事已至此，王浑也无计可施，只能眼睁睁地看着灭吴的首功被王濬得去。随后，他很不甘心地命令手下暂时放弃渡江，原地待命静观其变。

公元 280 年 3 月中旬，王濬率水陆大军直抵石头山。由于石头山山势险峻，长江又从山下流过，因此，当年太祖皇帝将都城从武昌迁至建邺，便在石头山上修建了石头城，城内设有石头仓、石头库，用以储备军粮兵器。后又在城墙的高处筑有烽火台，可以随时预报敌军侵犯的消息。由此，石头城成了守卫都城建邺的军事重地，东吴在那里部署了大量的兵力，用以抵御外敌。

当王濬到达石头城后，遂命令南岸的晋军从陆地向石头城发起猛攻。随后，自己亲率晋军水师，对护卫石头城的东吴水师发起进攻。

这场激烈的战斗从早上一直打到了中午，东吴仅存的一支水师终究没能挡住敌军疯狂进攻，在长江上被晋军彻底歼灭。

然后，王濬命一支水军弃舟登岸，协同岸上的晋军进攻石头城。直到傍晚时分，战斗方才结束。晋军全歼东吴守军，成功地占据了石头城。

在打下石头城后，王濬即刻命令大军原地休整，准备兵临城下，直捣皇宫。

第十一章 吴败，天下归晋

公元280年3月中旬，东吴都城建邺的皇宫大殿内，吴主孙皓一脸颓然地坐在那代表着至高皇权的宝座上，看着下面的文武大臣们。满朝文武皆是愁容满面，战战兢兢地站在下面。

看到群臣都不言语，孙皓不禁勃然大怒，喊道："你等都是朝中重臣，世受皇恩，吃穿用度均为东吴的俸禄。如今已是危难关头，你等就是如此报答皇恩的吗？"

听到此言，众臣纷纷低下头去，不约而同地露出了怅然的神情。孙皓说得没错，如今东吴的灭亡已成定局，还有什么可说的。

正在这时，内侍慌慌张张地跑进殿内，跪倒在孙皓的面前，结结巴巴地说道："陛……陛下，大事……不好了，晋军已经打下石头城，马上就要杀到建邺了。"

孙皓听内侍说完，顿时如同精神分裂一般，双眼定定地看向天空，嘴里不断地念叨道："完了……全完了！"

而下面的群臣看到皇帝这般，不禁更加手足无措，陷入极度的恐慌之中。

私署太常张夔道："陛下，现今晋军已兵临城下，咱们手里的几千御林军和城防军实力甚微，根本就守不住建邺。其他各处的军队一时半会也调不过来，因此，建邺城破已成定局。如果让晋军攻进建邺，一定会导致生灵涂炭，陛下及满朝文武也会朝不保夕。陛下若能仿效蜀汉的后主刘禅，举吴地降晋，晋朝一定不会亏待咱们。这样，不但能够保住东吴皇室及百官的性命财产，同时也免去了生灵涂炭，岂不更好？”

听到张夔这般言说，其他大臣也都壮起了胆子，纷纷劝谏孙皓降晋。孙皓沉默良久道：“倘若朕归降了晋朝，晋朝会像优待刘禅般对待朕吗？”

张夔道：“陛下放心，晋朝定会优待咱们。陛下倘若投降，晋朝必然会为了笼络吴人之心，在天下人面前施行仁义，让天下之人知晓晋朝的仁政，从此一心向晋。司马炎何等聪明，此等政治方面的利益，他是断不会失策的。再说，陛下既已失国，日后对晋朝也就再无威胁。因此，司马炎更不会为难您了。到那时，陛下虽然不再是君主，但还可以继续享受富贵荣华。”

孙皓一听有理，经过反复权衡，遂决定投降。随后，他便命张夔等人为使者，带上玉玺等象征东吴皇权的信物，来到石头城向王濬请降。

都督益州、梁州诸军事的屏东大将军王濬一听东吴信使来了，忙命人将张夔等人请入中军大帐。张夔等人见到王濬后，交上了玉玺等信物，代表孙皓请求投降。王濬闻言不禁大喜，让张夔回去告诉孙皓，晋朝愿意接受东吴的投降。同时，双方定好次日在建邺城外受降。

公元 280 年 3 月中下旬某日，建邺城外，数万名晋军列着整齐的方队，等待着城中的孙皓前来纳降。不久，建邺城门大开，吴主孙皓以亡国之礼，驾着素车白马，袒露肢体，缚住双手，带着太子孙瑾、鲁王孙虔等人及东吴的文武百官来到城外，向王濬所代表的晋朝投降。

看到孙皓前来归降，王濬快步走上前去，用双手将他扶起。同时，命人解开孙皓身上的绑绳，请其入帐。随后，在孙皓的陪同下，王濬率部进了建邺。

进入建邺以后，孙皓按王濬的意思，下旨命东吴各郡的官员、守将、士兵、百姓，向晋朝投降。旨意一下，东吴尚未沦陷的各郡，便在当地官员及守将的带领下纷纷降晋。

交州在东吴的最南端，此时的交州境内，以郭马为首的叛军正在攻城略地，交州刺史陶璜屡次派兵征剿均以失败告终。同时，晋朝征南大将军、都督荆州诸军事的杜预，率兵已经抵达交州北部一带，随时都会进犯交州地界。

交州刺史陶璜可谓压力重重，而他正在无计可施之时，突然收到了降晋的圣旨。陶璜心里清楚，东吴已经彻底灭亡了，如今别无他法，只能遵照孙皓的旨意向晋军投降。因此，陶璜便派使者拿着自己的印绶，前去交州北部的晋军大营请降。

都督荆州诸军事的征南大将军杜预得知陶璜投降的消息后，心中大喜，忙率军进入交州境内，到达陶璜的驻地交趾郡，与其会晤。

通过此次会晤，杜预与陶璜增进了彼此之间的了解。首先，杜预对陶璜这些年在交州的治理，大加赞赏。当他们谈到交州境内的郭马叛乱时，杜预马上派出大军，协助陶璜的军队共同围剿叛军。

经过数次激战，郭马叛军败北，率残部坐船渡海逃到海南。随后，晋军也杀到海南，将郭马斩杀，其余叛军或战死或投降，交州的郭马战乱至此平灭。

交州是东吴辖区的三州之一，东吴灭亡后，司马炎将交州一分为二。原交州的西部地区还为交州，将交州的东部地区重新设置为广州。由于陶璜在交州治理期间深得民心，故司马炎命陶璜继续担任交州刺史一职，镇守此地。

建平郡是东吴最西部的战略防御地带，晋军的益州水师出川以后沿长江东下，攻打的头一个城池就是建平。吴军在东吴建平太守吾颜的率领下，屡次击败晋军水师。王濬无奈，只好留下一部晋军继续围困建平，然后率主力继续沿江东下。

孙皓归晋以后下发圣旨至建平，命吾颜降晋。吾颜接到圣旨以后，遵照孙皓的旨意，率建平守军向城外的晋军投降。司马炎看到吾颜很有才能，任命其为散骑常侍、金城太守。后来，又命其为南中都督，统领南中。交州刺史陶璜死后，吾颜接替陶璜的职位，成了交州刺史。

当晋军完全掌管了东吴之地以后，王濬遵照司马炎的旨意，命孙皓携带东吴皇室以及文武百官迁至洛阳。

那位曾经与东吴丞相张悌率军渡长江迎击晋军，最后战败逃回的右将军诸葛靓，也随着孙皓一起迁往洛阳。到了洛阳以后，司马炎任命他为侍中，结果，却遭到诸葛靓的当场婉拒。原来，诸葛靓因父亲诸葛诞之事一直对司马氏心存芥蒂，故他痛下心来，绝不为晋朝之臣。后来，诸葛靓回到故里，终身不面向洛阳方向而坐，以此来表明不以晋帝为君王的心志。

陆抗之子陆机、陆云都成了晋朝的官员，同时，二人也是西晋时期著名的大文学家，历史上将他们二人并称为“二陆”。另外，司马炎对东吴的百官也各有赏赐，按才录用。

孙皓到了洛阳皇宫，觐见晋武帝司马炎。司马炎请孙皓落座以后，对他说道："我早就想抓你了。"

孙皓听完，不服气地仰头说道："我在建邺当皇帝的时候，也想灭了你。"

司马炎听后，顿时朗声大笑。

贾充在旁边一看来了气，想要羞辱孙皓，说道："我听说你在南方的时候实在太过残忍，什么害人的手段都能想得出来。"

听到贾充说这话，孙皓蔑视道："你贾充本是曹魏的臣子，可是却弑杀君上，像你这样的奸臣只配用那样的刑罚处置。"

贾充听后，顿觉羞愧到极点，再也说不出一句话来。后来，司马炎封孙皓为归命侯，命其在洛阳居住，并赐予良田、豪宅供其享受。

当孙皓走出大殿之时，看到了曾经的东吴宗室孙秀。不想孙秀一看到他，顿时便怒目相向。

原来，当初孙秀是东吴的前将军、夏口督，由于他在外领兵，因此遭到了孙皓的猜忌。然后，孙皓便以游猎为名，率军去夏口想要将孙秀斩杀。多亏事先有人为孙秀通风报信，连夜带着亲兵家眷逃到了江北，投奔晋朝。由于孙秀忠心耿耿且又带兵有方，故被司马炎封为会稽公、骠骑将军。

所以当孙皓看到孙秀，不由得惭愧地低下了头。然后，快步与其擦肩而过，身影很快便消失在远方。

看着孙皓远去的背影，孙秀长叹了一声，面向南方流着眼泪说道："当年长沙桓王以一位普通将军的身份，带着武烈皇帝给他留下的几位老将以及很少的兵力，创下了东吴的万年基业。后来在其弟太祖皇帝的手中发扬光大，建立了东吴政权。可是，如今这大好河山竟然断送在了孙皓这个败家子的手里。祖宗的陵寝，以后只怕会成为废墟了。想到这些，又怎会叫人不心痛。"

当司马炎听说此事后，不由得对孙秀大加赞赏。他对手下大臣说道，孙秀当年被孙皓所逼，迫于无奈才投奔了晋朝。虽看似叛国，实则不然，确切来说，孙秀只是背叛了孙皓。但是，孙秀从内心中还是希望东吴能够得以延续下去。这样的臣子，一定也会对晋朝忠心耿耿，完全可以当得起司马氏的封疆大吏。因此，司马炎下旨，赏赐孙秀很多的财物，以感念其忠义。

公元 280 年，历经五十二年的东吴政权被晋朝所灭。从此以后，东吴的江山及曾有的辉煌，都随着历史长河一去不复返。

东吴灭亡以后，司马炎下旨，封赏灭吴有功的将士。封杜预为当阳县侯，继续都督荆州诸军事。封王濬为襄阳县侯，辅国大将军。封王浑为京陵公、征东大将军。另外，胡奋、王戎、司马伷等有功将士也都依次获得了封赏。

当初，王浑命王濬停下战船，原地待命。但是，王濬没有听从王浑的将令，以江上风大、战船无法停靠为由，命战船继续前行。最后，攻下了石头城，夺取了灭吴的首功。因此，王浑一直怀恨在心，给司马炎上书，弹劾王濬。同时，列举了王濬很多不遵圣旨、违抗将令的罪状。司马炎看完以后，只是轻描淡写地批评了王濬，让其以后要以将令为主。然后，此事就不了了之了。王浑一看告不倒王濬，也就只能作罢，不再追究下去。

当东吴彻底归并晋朝以后，司马炎对吴地以及吴人的治理，采取了宽松政策。对那些士族、豪门，仍然保留其以前的地位财富。同时，还出台了很多对普通百姓有利的政策。数年后，在司马炎的治理下，吴地百姓丰衣足食、安居乐业。因此，吴人一心向晋，对晋朝的拥护甚至超过了其他地方，这也为以后司马睿到江南建国（东晋）打下了很好的基础。

东汉末年，由于汉廷腐败，对百姓肆意地盘剥，百姓在不堪重负之下，爆发了轰轰烈烈的黄巾军大起义。后来，起义虽然失败了，但是，另外一种势力却在剿灭义军的过程中趁势而起，那就是军阀势力。

在平定黄巾起义以后，汉廷正处在新旧交替时期。此时，皇帝年弱，朝局不稳，因此导致了宦官与外戚的权力之争。这时，有一方军阀势力借此时机趁势而起，掌控了朝政，从而引起更多的军阀为了利益，加入战争之中。

后来，皇帝被其中的一个军阀接走了，那个军阀以皇帝名义号令天下，而天下各路军阀也都割据一方，相互倾轧、互相兼并，陷入群雄逐鹿的混乱状态。

不过很快便有三个强大的军阀从中脱颖而出，建立了各自的政权。随后，他们或为统一天下，或为开疆拓土，或为自保，政权之间展开了连绵不断的征战。

直到后来，另外一股势力经过多年的韬光养晦终于掌握了政权，那就是士族势力。然后，这个势力取代了其中一个实力最强的政权，又接连兼并了另外两个政权，实现了真正意义上的统一。

从公元 184 年的黄巾军起义直至公元 280 年晋灭吴统一天下，在这百年时间里，天下纷乱，刀兵四起，金戈铁马。公元 280 年，在晋武帝司马炎的努力之下，终于使得乱世结束，让天下重新归于一统，百姓重新过上了安定祥和的生活。

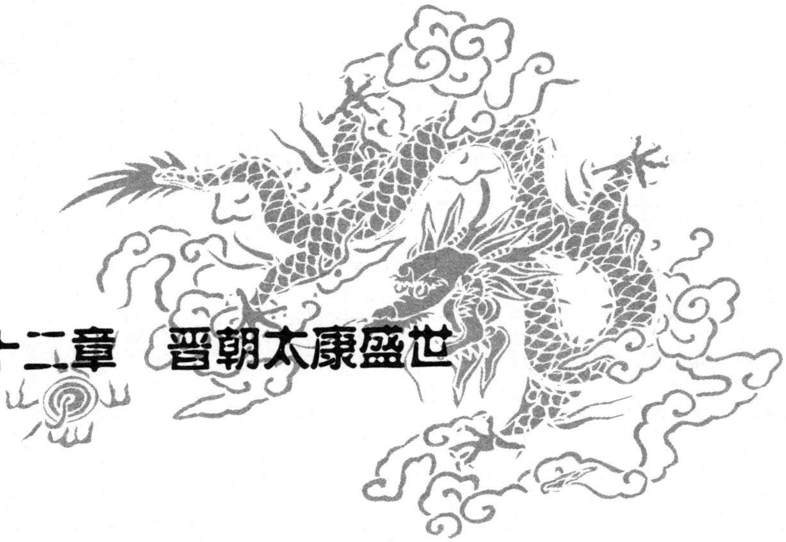

第十二章　晋朝太康盛世

公元 280 年，晋武帝司马炎命二十万晋军南下，攻破了东吴都城建邺，俘虏了吴主孙皓，结束了近百年的分裂局面。

作为晋朝的首位皇帝，司马炎深知治国之理。在他看来，若想要政权真的实现稳定，必须要让国家强大，百姓过上好日子。因此，在灭掉东吴实现大一统后，司马炎抱着做一个人人称颂的好皇帝的决心，励精图治，进行了各方面的改革。在他和各级官员的共同努力之下，社会经济得到了突飞猛进的发展，在极短的时间内便出现了经济繁荣、社会安定、人民安居乐业的盛世景象，堪称是国富民强、“天下无穷人”的太平盛世。因为那段时间（公元 280—289 年）司马炎的年号为太康，故这段时间又被史学界称为“太康之治”“太康盛世”或“太康繁荣”。

太康之治是晋武帝司马炎一手开创的，司马炎是晋朝的开国皇帝，也是历史上一位极具作为的皇帝。自他登上皇位后，在政治、经济、文化等方面均进行了一系列的改革。

西晋王朝从建立到灭亡，前后共经历了五十二年。如果从统一中国算起，则只有短短的三十七年。其中，晋武帝司马炎打造的“太康之治”绝对可以算得上是当之无愧的亮点。

为了打造这个盛世，司马炎从即位之初就开始努力了。公元265年，他才三十来岁，年富力强，正是为事业打拼的黄金时期。也可能因为西晋政权是从曹魏手中夺过来的，担心自己会被天下人的唾沫淹死，所以司马炎即位以来一直都是兢兢业业地埋头工作，从来不敢有丝毫懈怠。就连曹魏时期被废止的谏官制度，他也重新恢复了。直言敢谏的傅玄和皇甫陶共同执掌谏官之位，为司马炎提出了不少好建议。

比如，傅玄曾经上书请求推荐贤才，称应该撤除那些闲散无用的职位，并以制度考核天下官员，鼓励其做出政绩。同时，他还重点指出恢复儒学也是当务之急。司马炎觉得他的提议不错，立即下诏褒奖，不久还将其提升为侍中。

不过，这傅玄哪里都好，就是脾气有点急，心胸也狭隘了些。如果他想上书奏事，就风风火火地一刻也等不了。有时实在太晚，宁愿不睡觉，也要抱着奏章坐等天亮。

司马炎对傅玄极为宽容，即使他提出的一些建议无法马上被采纳，也会得到一番鼓励。后来，晋景帝的羊皇后去世，百官前去祭拜，傅玄的位置被安排在卿位之下，他很是不满，当场破口大骂并离席而去。

傅玄原以为司马炎会再次宽容自己，可却得到了相反的结果。要知道这可是皇上伯母的丧事，更何况还是在众目睽睽之下。司马炎即便是想要袒护，可也难以堵住悠悠众口。于是无奈之下，只能免去了傅玄的官职。

由于当时刚刚将三国从分裂统一到了一起，为了尽快使国家从动乱不安的环境中摆脱出来，晋武帝采用了怀柔的政策，并且使无为与宽松政策成了西晋之初的立国精神，而这种政策在后来国家的各个领域中也均有着充分的体现。

公元268年，晋武帝在诏书中明确指出：为永葆我大晋的江山，现以无为之法作为统领万国的核心。同年，他又向下设的各个郡国颁下了五条诏书：一曰正身，二曰勤百姓，三曰抚孤寡，四曰敦本息末，五曰去人事。

早前，魏武帝继东汉的动乱政治之后，为了安定人心、恢复国力，也曾采取了类似的比较宽松开放、节俭求实的治国方略。但到了魏文帝时期，政治渐趋严厉，社会风气亦腐败，魏武帝当年的风范已不复存在。皇帝为了满足自己的私欲，不断把物质重负转移到百姓的身上，而长期的战乱使百姓在艰难度日的情况下，心里都有一种莫名的恐惧与疲惫之感。在这种情况下，晋武帝反其道而行之，提出无为而治的强国方略是再合适不过的。

另外，司马炎在婚姻法方面也颇有见地。当时，中原地区由于战乱，人口严重不足。为了解决这个问题，他也费了不少脑筋。

司马炎曾下令，女孩到了十七岁必须出嫁，以繁衍后代。如果不嫁，那就让官府替她们找合适的婆家。同时，他还提供了口粮、免除徭役，用这些优厚条件吸引蜀汉及东吴的人到中原来。

大家可千万别小看了这些措施，都是非常管用的。在司马炎的大力推行之下，人口数量得以快速增加，从事农业生产的人越来越多，经济也越来越发达，从而有了“太康盛世”的幸福时光。

晋武帝称帝后积极总结前代亡国的教训，认为曹魏政府束缚防范宗室，导致皇帝孤立无援。为了屏卫皇室，晋武帝实行了五等封爵制，把大批同宗的叔侄兄弟封作王。即位之始仅仅一次就封了二十七个王，以后又陆续增封，总计达五十七王，并允许诸王自选王国内的长吏。

与此同时，晋武帝还委任几位宗王统领重兵，出镇许昌、邺城、长安等战略要地，用以拱卫首都洛阳。宗王出镇是晋武帝加强宗室权势的重要措施，对以后西晋的政局影响极大。由于凭借朝臣、士族的支持，晋武帝才得以建立西晋政权，所以对拥戴有功的大臣和世家大族极力照顾。

比较突出的是，晋武帝为防止功臣之间为官职高下而引起纷争，杂糅上古及汉代三公的名目，在中央政府设置品级极高的太宰、太傅、太保、太尉、司徒、司空、大司马、大将军等职，号称八公，成为历史上鲜见的因人设官的典型。此外，他还对臣下大加分封，前后受封的异性公侯五百余人。按照规定，各等封爵的食邑标准是被封地区民户全部赋税的十分之一，后又扩至三分之一。

晋武帝把原御府的珠玉玩好之物分赐臣下，自己一点都不留。又下令削减各郡国政府对皇室的贡调，禁止乐府排演开支较大的靡丽百戏，停止有司制作各种游戏田猎的器具。此外，在用人方面晋武帝尽量不记旧怨，启用一些原属于曹魏集团的官吏。太常丞许奇的父亲许允因参与魏主废黜晋景帝的密谋，事泄被杀。晋武帝认为许奇有才，不顾别人反对，把其提升为祠部郎。此后，他还选用了一批原在蜀汉政府任职的人，其中包括著名的学者谯周、文立等人以及诸葛亮的孙子诸葛京。

泰始四年正月，晋武帝批准颁行新律《泰始律》。其中，张斐、杜预联合为《晋律》做注解，经晋武帝批准颁诏天下，注与律文具有同等法律效力，因此该律又名《张杜律》。

《泰始律》在中国法律发展史上有着很重要的地位，南北朝乃至隋唐的法律无不打上它的烙印。此律以宽简著称，是中国古代立法史上由繁入简的里程碑。晋律还是三国两晋南北朝时期唯一通行于全国的法律，并被东晋和南朝所沿用，也是这一时期承用时间最长的一部法典。

西晋成立之初，晋武帝为了收买人心大封功臣，许多大家族都被封为公侯。短短几年时间，司马炎共封了五十七个王、五百多个公侯。蜀汉灭亡不久，晋武帝为了稳定巴蜀人心，又任用了一批原在蜀汉供职的官吏为朝官。

与其他皇帝相比，晋武帝并没有采用一朝天子一朝臣的惯用手法，而是采取拉拢、收买人心的办法，稳定各级官吏，以确保社会稳定地过渡。司马炎之所以要这么做，是因为他看到了，蜀汉虽然已经灭亡，但是东吴尚未灭，全国还未真正统一。于是经过运筹帷幄，司马炎又成功地灭了东吴，结束全国的分裂局面。

公元 270 年，鲜卑秃发树机能发兵反晋，并于六月在万斛堆的战争中杀死时任秦州刺史的胡烈。随后，又在金山击败凉州刺史苏愉。公元 271 年，树机能联合其他胡人在青山围困凉州刺史牵弘，牵弘军败而死。

晋武帝知晓这一事情后，便命汝阴王司马骏为镇西大将军，都督雍、凉等州诸军事，坐镇关中。公元 275 年，司马骏对鲜卑进行讨伐，消灭三千多人，树机能送质子向晋朝请降。公元 277 年，因秃发树机能意图掠夺佃兵，晋将文鸳率军讨伐，树机能战败，诸胡共计有二十万人归降。

公元 278 年，秃发树机能命部将若罗拔能在武威大破晋军，斩杀凉州刺史杨欣。公元 279 年正月，秃发树机能攻陷凉州，晋武帝非常后悔，临朝哀叹道："谁能为我讨此虏者？"翻译成白话文就是："谁能帮我把那个造反的小子杀了？"

马隆请命而往，率三千五百勇士西征。匈奴刘渊也自请而往，孔恂、杨珧坚决反对，认为刘渊的祸患远大于秃发树机能。马隆率军向西渡过温水，秃发树机能等人带领几万名部众凭借险阻抵抗。因为山路狭隘，马隆就造了扁箱车，还造了木屋置于车上，边作战边前进。走了一千多里，打得敌人死的死、伤的伤，损失惨重。

自从马隆西去，音讯断绝，朝廷为他甚觉担忧。不久，马隆遣使而来，禀报晋军打了胜仗，晋武帝听后很是高兴，于朝堂上当众下旨赐其符节、授官宣威将军。马隆到了武威，鲜卑部落首领猝跋韩且万能率领一万多部落前来归降。十二月，马隆与树机能再次大战，于军中杀死对方，凉州就此平定。

晋武帝登基以后立即废除了早已不再实用的屯田制，统一全国后，公元 280 年，司马炎颁布了罢州郡兵以归农、颁布占田制（占田、课田令）。西晋占田制的实行，使农民可以依法占有一定的土地，调动了农民辟田开荒、从事生产的热情。这项在经济制度方面的重要改革使得农民开垦荒地的积极性得到迅速提升，从而使得全国开垦的田地迅速增加，国家的税收收入也大大增多，出现了国富民强的景象。除此之外，晋武帝还注重招抚流民、兴修水利。西晋初年的社会经济得到了较快恢复和发展，势头一片大好。

另外，司马炎还设“常平仓”，按照规定，丰年时应以适当价格抛售布帛，收购粮食；而荒年则按适当价格出售粮食，稳定粮价。

《晋书》中曾称：是时天下无事，赋税均平，人咸安其业而乐其事。而干宝也在《晋纪·总论》中描述了太康年间的繁荣景象，说当时“牛马被野，余粮委亩，行旅草舍，外闾不闭，民相遇者如亲。其匮乏者，取资于道路。故于时有‘天下无穷人’之谚”。

司马炎统治时期，在人才上施行任人唯贤、不计前嫌，对人才也积极进行保护，从而有利于官员提拔和文化创作的繁荣。那一时期，涌现出了大量的文化佳作和名人。

在晋武帝的大胆变革之下，晋朝国内出现了空前繁荣的盛世景象。农业生产逐年上升，国家赋税收入逐年充裕，人口数量逐年增长，一派安定祥和的欣欣向荣之景。他开创的“太康盛世”将西晋王朝推向了巅峰。

第十三章　西晋才女左棻

晋武帝开创的“太康盛世”，其中最重要的一条就是重用贤能，也因此，那段时间涌现出了许多饱读诗书、妙笔生花的文人雅客，写出了很多经久传诵、千古流芳的经典诗文，而左棻无疑是其中最特别的一位。

左棻，字兰芝，少好学，善作文，因其才华与许穆夫人、蔡文姬、谢道韫、李清照等人齐名，并列为中国古代最有才华的女诗人。然而，与其他人不同的是，她还是晋武帝的嫔妃，是一个如假包换的王的女人。

左棻的父亲左雍，是齐国临淄人，曾担任殿中侍御史。这个官不算大，级别是从七品，专门负责殿廷供奉的仪式举办，有职无权，说白了就是个小办事员。在掉下块砖头就能砸死三个当官的京城洛阳，是个很不起眼的人。

但是别看左雍这样，左棻的哥哥可是不得了。凡提起他的名字，人们都会一拍脑门道：“哦，是他呀。不就是写过《三都赋》，导致洛阳纸贵的那个人吗？”

没错，就是他，鼎鼎大名的西晋才子左思。

说实话，这左思不但相貌奇丑无比，而且一说话就漏风，学东西还特别慢。但是人家有一个最大的优点，那就是热爱学习。俗话说勤能补拙，左思就是最好的证明。

而且左思不仅自己写文厉害，崇拜的偶像也是不得了。一个是写过《两都赋》的班固，另一个是写过《两京赋》的张衡。张衡不光是文学家，还是发明家。说起他的发明，可是不得了。对，就是地动仪。

左思一直都想写出一篇可以跟两个偶像相媲美的文章，于是很早就开始搜集资料。什么历史、地理、物产、风土人情……通通一网打尽。等做完准备工作，他便闭门谢客专心写作。憋了整整十年，写出了《三都赋》，瞬间便在民间引起了强烈的反响。

这件事不仅引起了文学圈的轰动，也成功地引起了晋武帝的关注。话说司马炎哪里都好，就是自己原来的书读得不太够，一直处于半文盲的状态，所以想找个“高知”女性装点门面。他通过手下人一打听，发现左思还有个妹妹，虽然长得跟她哥一样丑，但是文章却也写得又快又好。于是便很快跟左家提亲，迎娶左思进宫了。

就这样，公元272年，十九岁的才女左棻带着厚厚一摞书到皇宫报到了。史书上并没有记载晋武帝第一眼看到左棻是什么感觉，反正她入宫后就当上了“修仪”，成为九嫔之一，地位等同朝中九卿，从二品，身份是很高的。而且很快，左棻便被提升为贵嫔，地位仅次于皇后，位列三夫人之首，是非常高的封号。

成为司马炎的妃嫔，主要原因是左棻的才华而不是相貌。可以想象，以左棻丑陋的长相，面对着宫中诸多美女的暗中竞争，想要得到皇上的宠幸有多难。

史书上这样记载左棻进宫后的待遇：“姿陋无宠，以才德见礼。体羸多患，常居薄室。”

换句话说，不漂亮的左棻并没有得到皇帝的宠幸，她体弱多病，居住在简陋的屋子里。即便有时会见到皇上，两人所谈的内容也都是些作诗写文的话题。

说白了，司马炎之所以让左棻入后宫做了自己的妃子，其实就是想附庸文雅。

左棻非常聪明，她当然也明白皇上的意思。

左棻曾写过一篇《离思赋》，抒发对亲人的思念。

原文如下：

生蓬户之侧陋兮，不闲习于文符。不见图画之妙像兮，不闻先哲之典谟。既愚陋而寡识兮，谬忝厕于紫庐。非草苗之所处兮，恒怵惕以忧惧。怀思慕之忉怛兮，兼始终之万虑。嗟隐忧之沈积兮，独郁结而靡诉。意惨愦而无聊兮，思缠绵以增慕。夜耿耿而不寐兮，魂憧憧而至曙。

风骚骚而四起兮，霜皑皑而依庭。日晻暧而无光兮，气懰栗以洌清。怀愁戚之多感兮，患涕泪之自零。昔伯瑜之婉娈兮，每彩衣以娱亲。悼今日之乖隔兮，奄与家为参辰。岂相去之云远兮，曾不盈乎数寻。何宫禁之清切兮，欲瞻睹而莫因。仰行云以欷兮，涕流射而沾巾。

惟屈原之哀感兮，嗟悲伤于离别。彼城阙之作诗兮，亦以日而喻月。况骨肉之相于兮，永缅邈而两绝。长含哀而抱戚兮，仰苍天而泣血。

乱曰：骨肉至亲，化为他人，永长辞兮。惨怆愁悲，梦想魂归，见所思兮。惊寤号啕，心不自聊，泣涟洏兮。援笔舒情，涕泪增零，诉斯诗兮。

洋洋洒洒三百七十九个字，可谓是字字珠玑。每一个字都直抒胸臆，将潜藏在心中的情感入木三分地表达了出来。

司马炎对她吟诗作赋的本事非常满意，常常夸赞她：“言及文义，辞对清华，左右侍听，莫不称美。”宫中有什么红白喜事、祭祀朝拜大事，甚至是诸侯国献来奇珍异宝，司马炎就会让人把左棻找来，拟好题目，让她写诗作赋歌颂一番。

左棻写成的诗赋满纸都是华丽辞藻，众大臣听后无不赞叹，司马炎也觉得很有面子。

由此可见，左棻入宫后，根本不是什么妃嫔，而是宫中的御用诗人。

左棻存有诗、赋、颂、赞等共计二十余篇，大多为应诏而作。其中，《感离诗》《感离赋》《啄木诗》是她的代表作。

南山有鸟，自名啄木。

饥则啄木，暮则宿巢。

无干于人，唯志所欲。

此盖自卑，性清者荣，性浊者辱。

在这首《啄木诗》中左棻以鸟自喻，表明自己清高不群的品格和姿态。

左棻自幼和哥哥一同长大，兄妹之情极好。然宫禁清切，极难相见，只能通过赠答诗章来寄托这咫尺天涯的思念之情。

左棻入宫两年后，时任六品秘书郎的左思作四言诗《悼离赠妹》，托人辗转交给了妹妹。在诗中，他以文字表达了自己的一片深情。左棻看完后，当即便写了一首《感离诗》回赠给哥哥：

自我去膝下，倏忽逾再期。

邈邈浸弥远，拜奉将何时。

披省所赐告，寻玩悼离词。

仿佛想容仪，欷歔不自持。

何时当奉面，娱目于书诗。

何以诉辛苦，告情于文辞。

对于左棻来说，皇宫深院就是一个奢华的囚笼。而她对哥哥的深深思念，其实也是对自由生活的憧憬和怀思的体现。厌弃貌似华贵的宫廷而怀念昔日诗书自娱的生活，又体现了她的高洁傲骨。然而，这一切不过都只是想象的幻景罢了。与其相对应的，只剩下了“辛苦”二字。试想，在这样的环境中，左棻不过是一只被折断了羽翼的鸟儿，早已失去了生气与灵动，又怎能不辛苦。

公元 300 年 3 月 18 日，一代才女在宫中无声无息地忧郁去世，卒年四十七岁。

第十四章　羊车望幸宫女

晋武帝之所以与左棻只是灵魂交流，却没有肉体上接触，实际上也是有原因的。那就是：后宫中女人实在是太多了，作为一个正常的男人，他确实是有些招架不住。用一句非常形象的话来说，就是感觉身体似乎被掏空。

话说晋武帝在灭了东吴一统天下之后，顿时失去了多年的精神支柱，人一下子就松懈了下来。而且这些年辛辛苦苦，也实在是太累了，确实是该好好歇歇。可是要用哪种方式调节呢？

根据《晋书》和《资治通鉴》的记载，美色是司马炎人生唯一的爱好。早在尚未统一天下之时，他便下令从民间选拔美女入宫供自己差遣。不仅如此，就在征战东吴之时，司马炎一边忙着调兵遣将，另一边则在不亦乐乎地忙着选美。他要求朝中所有官员都将自己女儿的名字上交，以名筛选，甄选进宫，即便没有选上也一律不准结婚，随时等待召唤。

据说当时被送进皇宫的女子有五千多人，进宫女子一路哭泣，无不怨声载道，均无半点欢欣喜悦之情。东吴覆灭，司马炎再次要求宠臣选出五千女子送入宫中。

从东吴选出女子千里迢迢至首都花销巨大，国库一时间无力承担。于是，司马炎遂下令宣旨裁军，仅剩少许维持秩序军马，节省钱财用来选美。据史料记载，司马炎选美召进宫里的妃子有七千余人，加上各地甄选的妃子三千多人，最高纪录后宫女子总计超过万人。

正值壮年的司马炎身体极好，每天均多次召唤数人侍寝，最多一日可同时召唤八人，非常荒淫无度。

大家试想后宫万人，每天即便十人，也要十年轮流一次。由于人数众多，每逢选人侍寝甚是费神。为了雨露均沾，司马炎就以羊为引，用羊车载着自己，任凭车子在后宫的小路上漫无目的地游荡，如果羊车停在谁的门前，便由谁来侍寝。而这也就是历史上非常著名的“羊车望幸”。这种方式不仅在两晋，在南北朝时期仍广为流行。

由于羊喜欢吃盐，一些女子为了让皇帝宠幸，特意在自己的门口撒上盐水，或是在门上插上用盐水浸泡过的树枝。消息不胫而走，一传十、十传百，最后整个后宫均纷纷效仿，依法炮制。

据说司马炎在位期间，因此事被盐齁死的羊就有上千头。

不仅如此，司马炎在晚年时，更是沉迷于酒色，不理朝中政务，每天只是在宫闱中做些声色犬马的勾当。

常言道，上梁不正下梁歪。在晋武帝司马炎的带领下，西晋的上层很快就进入奢侈享受的状态，他们不仅不以浪费为耻，反而觉得这是一种身份的象征。

西晋奢靡表现的第一点就是酗酒。

从饮酒到纵酒，在西晋时期是一种持续的风尚，而这也导致了很多看似荒唐的事情发生。

提到“竹林七贤”中最能喝酒的人，大家首先一定会想到之前曾经提到过的阮籍和刘伶。不过在这里提到的不是他俩，而是那个被嵇康骂得狗血淋头，却又要帮他拉扯孩子长大的山涛。

作为团体的老大哥，山涛非常老成持重。但是如果一旦提到喝酒，他就马上像是换了一个人，放飞自我。可以说行为任性放荡到跟阮籍、刘伶毫无差别。

据说，山涛常常“饮酒至八斗方醉”。而他的儿子山简则更是青出于蓝而胜于蓝，常常自诩为“高阳酒徒”，将游宴名池称为“高阳池”，比起他父亲，绝对是有过之而无不及的。

不过这也没什么，毕竟在那个时候，士大夫阶层都是这样的，样貌颓废，行事怪诞。就像史料中记载的那样，“诸阮皆能饮酒，仲容至宗人间共集，不复用常杯斟酌，以大瓮盛酒，围坐，相向大酌。时有群猪来饮，直接去上，便共饮之”。

不仅如此，西晋的饮酒炫富花样频出，十分血腥。据说那个善于斗富的石崇就曾经发明过一种新玩法，每次宴请，他都会让自己府中的婢女给客人倒酒。客人喝了就算了，如果不喝，就吩咐手下人将倒酒的婢女直接拖出去斩了。

大家都知道，西晋时期虽说有占田制，但是粮食的产量并不高，而酿酒主要原料就是粮食，同时酒的酿造还要耗费大量的时间，所以酗酒在当时绝对是对社会财富的一种极大的资源浪费。能喝得起酒的基本上都是些达官显贵和皇室成员，这些人一旦酗酒，终日昏昏沉沉，不做正事，整个国家肯定是一片混乱。

说完了酗酒，咱们再来说一下炫富。

西晋的门阀士族们为了维持人们对他们的尊重，突显出自己的经济地位，不约而同地选择利用财富来证明自己的实力。而在这一过程中，也就造成了社会资源的极大浪费。

据说，那个时候有三个专门以炫富为乐的朝中富豪。其中一个是朝廷的禁军中护军、晋景帝羊皇后的哥哥羊琇，还有一个人是晋武帝司马炎的舅父、将军王恺，最后一个就是散骑常侍石崇。

按道理讲羊琇和王恺这两个人都跟皇帝有亲戚关系，是当时赫赫有名的外戚，只有石崇不是，在地位权势方面确实是没法比。但是要说起有钱，前两者还真的没法跟他比。

据说石崇曾经当过一阵子地方官员，那段时间，他不断地压榨百姓，就像是土匪一样搜集财产。当时石崇听说王恺很有钱，家里面烧饭用的柴火都是蜡烛，府邸庭院道路两侧挂满了丝绸屏障。于是为了压倒对方，石崇便用更加贵重的丝绸在自家门前挂上了屏障，足有五十里远。

王恺听说这件事，肺都要气炸了。我可是晋武帝的舅舅，这整个天下都是我家的，你石崇不过是我家的奴才，凭什么跟我比。

于是，王恺便去找外甥晋武帝帮忙，希望尽快在石崇面前找回面子。晋武帝听舅舅这么说，也觉得挺有意思的，所以就把自己宫中收藏的一株两尺多高的珊瑚树送给了王恺，让王恺在众人面前炫耀一番。

王恺拿到珊瑚树，顿时扬眉吐气，于是就找了包括石崇在内的一帮子朝臣到家里吃饭。席间，他故意带众人欣赏宝物，瞬间便引来了一片啧啧赞叹。

石崇见状，唇边遂泛起一丝冷笑，他当然知道王恺的意思。

石崇便从袖筒中取出了一个玉如意，出其不意地向珊瑚树砸了过去。只听一声巨响，珊瑚树断成了两截。众人不觉大惊失色，王恺更是气急败坏地拉住石崇，口口声声要他赔偿。

石崇微微一笑，很快便让下人从家里拿来另一株珊瑚树，送给王恺。这个就更厉害了，足有三四尺高，众人看到这棵树惊叹不已，而王恺也只得甘拜下风，不再比试。

不过话说回来，当时西晋内部，可不是只有石崇和王恺有钱，其他人亦是不甘落后的。

《晋书》中有这么一段记载：武帝尝降王武子家，武子供馔，并用琉璃器……蒸豚肥美，异于常味。帝怪而问之，答曰："以人乳饮豚。"帝甚不平，食未毕，便去。王、石所未知作。

相传有一次晋武帝到将军王武子家去吃饭，王家用的餐具都是琉璃制作的。当吃到一道菜的时候，晋武帝觉得非常好吃，于是便问道："这肉怎么这么好吃，是怎么做的？"

王武子笑道："回禀皇上，这菜不过是家常做法，不过这肉可就有讲究了，它是用人奶喂养的猪。"

晋武帝一听不觉赧然，饭还没等吃完就走了。大家试想，这王武子虽然战功赫赫，但是说到底不过也就是个臣子罢了，竟然这般暴殄天物，着实是令人震惊。

这种不良的风气，很快便被那些真正心怀天下、一心为朝中政务着想的贤良官员引以为弊端。

傅咸就曾经给晋武帝上了一道诏书，说明了这种奢侈浪费的严重性和后果。他认为应该惩罚这种行为，要不然这可能会成为朝廷的一个灾难，甚至比天灾还要可怕。然而晋武帝看了奏折之后，却不以为然，没有将这件事放在心上。

或许，当时在晋武帝的心中已经默许了这样的行为，但是正如傅咸所说的一样，这种奢侈的背后确实是隐藏着很多弊端，往往腐败就是从这里开始的。一旦官员腐败，就会失去民心，从而产生大乱。

官员们在温饱思淫欲的同时，根本不会再理会朝廷和百姓，他们只知道贪图享乐，用各种令人不齿的手段以满足私心之欲。

正如《晋书·石崇传》所评论的那样：帝风流靡，崇心载驰。矜奢不极，寇害成赀。邦分身坠，乐往哀随。

而也正是由于晋武帝这种不闻不问的态度，晋朝从此开始慢慢走向崩溃。

第十五章　武帝历史功过

作为西晋的开国皇帝，晋武帝暮年时期基本上荒废了晋朝的事务，也导致了晋二世而亡的命运，但是却并不能因此就抹去他卓越的功绩。

那么，该如何给司马炎一个客观的评价呢？

作为晋高祖的孙子、晋景帝的侄子、晋文帝的儿子，司马炎绝对是遗传了家族的好基因，继承了祖辈和父辈的强大忍耐力和出众的战略能力。

咸熙二年（公元 265 年），司马炎接受了曹魏的禅让，成功地登上帝位，建立西晋王朝。随后，又用了十年的时间消灭了东吴，实现了全国的统一，从而达到了祖辈和父辈都没有达到的人生高度。

令人惊讶的是，在这之后他却陷入了成功的诅咒，把原本抓到手里的好牌打了个稀巴烂，为西晋王朝三十年之后的全盘崩溃敲响了警钟。

按理说，开国皇帝大多都是工作勤勉、爱民如子、有所作为的好皇帝，为什么晋武帝司马炎却偏偏会出现这样的巨大反转，让自己的人生具有如此戏剧性呢？

首先，咱们先一起看看《晋书》是怎样评价的吧。

帝宇量弘厚，造次必于仁恕；容纳谠正，未尝失色于人；明达善谋，能断大事，故得抚宁万国，绥静四方。承魏氏奢侈革弊之后，百姓思古之遗风，乃厉以恭俭，敦以寡欲。有司尝奏御牛青丝纼断，诏以青麻代之。临朝宽裕，法度有恒。高阳许允既为文帝所杀，允子奇为太常丞。帝将有事于太庙，朝议以奇受害之门，不欲接近左右，请出为长史。帝乃追述允夙望，称奇之才，擢为祠部郎，时论称其夷旷。平吴之后，天下乂安，遂怠于政术，耽于游宴，宠爱后党，亲贵当权，旧臣不得专任，彝章紊废，请谒行矣。爰至未年，知惠帝弗克负荷，然恃皇孙聪睿，故无废立之心。复虑非贾后所生，终致危败，遂与腹心共图后事。说者纷然，久而不定，竟用王佑之谋，遣太子母弟秦王柬都督关中，楚王玮、淮南王允并镇守要害，以强帝室。又恐杨氏之逼，复以佑为北军中候，以典禁兵。既而寝疾弥留，至于大渐，佐命元勋，皆已先没，群臣惶惑，计无所从。会帝小差，有诏以汝南王亮辅政，又欲令朝士之有名望年少者数人佐之，杨骏秘而不宣。帝复寻至迷乱，杨后辄为诏以骏辅政，促亮进发。帝寻小间，问汝南王来未，意欲见之，有所付托。左右答言未至，帝遂困笃。中朝之乱，实始于斯矣。

在这近五百个字中，作者以洋洋洒洒的文章对晋武帝的一生进行了高度的总结概括。

应该说晋武帝司马炎在位二十多年间，为西晋的政治、经济、文化发展做出了不可磨灭的重要贡献。

但是，由于受时代的影响，他在政治制度上基本仍沿用了汉代以来的分封制，严重地削弱了中央集权。在军政方面，则认为天下一统，将西晋地方州郡的兵力全部裁撤。在边疆上，采取了放任无为的治理政策，对当时已经出现苗头的五胡在北方各郡的活动与渗透不闻不问，致使事态愈演愈烈，直到最后难以收场。再加上晚年生活极端奢侈腐化，公开卖官，花天酒地，以致上行下效，各级官吏不理政务，斗富成风，奢侈之风盛行，故此导致了西晋王朝的迅速灭亡。

晋武帝前期能厉行节俭，虚心纳谏，用人唯贤，进行了一系列的改革。而后期则热衷于安逸享乐，荒淫无度，君臣赛富，前明后暗才是对他最客观也是最公正的评价。

司马炎建立晋朝后，一方面继续执行和平国策，另一方面则休养生息，推行《泰始律》，爱护百姓，扩大生产。他下诏在全国释放奴婢，并组织起来代替士兵军屯，增强了国力。

在曹魏奢靡的基础上，晋景帝治理了军队的贪腐，晋武帝则要求百官廉洁，并且采纳了尚书胡威要求严管三品官员的建议。

晋武帝推崇节俭，史称“承魏氏奢侈刻弊之后，百姓思古之遗风”，提倡恭俭。同时，他的廉洁也得到了包括唐太宗在内等古代政治家的赞许。

陆云在给吴王的上书中，也提到晋武帝即位二十六年，没有再修建宫殿，多次下诏严格禁止奢靡。相反，他却批评了在晋惠帝时期蔓延的腐化作风。

晋武帝对百姓是仁慈的，在国家统一之后，他继承了晋文帝优待蜀汉君臣百姓的政策，不仅对东吴君臣大加优待，而且还提出对江东百姓免除二十年的赋役，得到百姓的拥护。后来，司马氏能够南渡建立东晋，与江东百姓感念晋武帝有着极其紧密的关联。

唐太宗李世民曾对晋武帝做出了这样的评价："制奢俗以变俭约，止浇风而反淳朴。"

所以，过去曾有人说晋武帝骄奢卖官是绝对的误解。尽管他晚年有纵容豪强、外戚的缺点，但并没有到彻底腐朽的程度。

晋武帝在全国统一后执行占田制，允许百姓占田百亩，当时没有出现任何土地兼并的情况，国内非常太平，呈现出了欣欣向荣的清平之景。也正因此，当时才流传着"天下无穷人"的民谚。

散骑常侍邹湛曾说"世谈以陛下比汉文帝"，而刘述也在上书中提到百姓把晋武帝比作汉文帝，可见其当时在全国是受到百姓爱戴的。

晋武帝能解除曹魏宗室和东汉宗室的禁锢，优待三国的宗室是值得赞许的。他"仁以厚下，俭以足用"，总体上对历史起到了积极推动的进步作用，是杰出的政治家。

司马炎在晚年时尽管有纵容豪强、喜欢宴乐的缺点，可是从中大家也可以看出他的本质依然是俭朴的。司马炎关心舅舅，听说王恺与石崇争富，想帮舅舅，送去的珊瑚树却没有石崇家的珊瑚树大，可见并没有做到完全的奢侈。到王武子家吃饭，看到饮食、器具华丽，感到非常不适应，没等宴会结束就提前离开了。

而晋武帝面对官员们迷乱的生活，能在复杂环境中抑制豪强，不让其对国家造成极坏的影响，主要依靠的便是对百姓施行仁政，制定占田政策削弱豪强的势力。推行民主、释放奴婢来阻止豪强过度膨胀，这些都是进步的政策。尽管有些政策也表现出了负面的影响，比如让州郡二千石以上官吏的女儿入宫选秀，供皇上差遣。这样的方式表面看上去是极其不符合人伦纲常的，但是从另一个角度上来说，确实也起到了限制士族豪强家族之间联姻、强化皇家地位尊严的作用。

虽然说是"羊车望幸"，但是在具体执行时，晋武帝却也处处顾及杨皇后的感受，将家庭稳定放在最前面。

当然，对于晋武帝后期的种种做法，朝中的那些正直高参们都是极力反对的，曾给他很多非常好的建议。只可惜司马炎当时却一句话都听不进去，只是安于现状。从此不问政事，一心只求安乐，与之前那个有着雄心壮志、意气风发的他完全判若两人，给日后的西晋发展埋下了深深的祸根。

十年之后，由西晋宗室们自导自演的八王之乱爆发，再加上五胡乱华的火上浇油，天灾肆虐、瘟疫横行，致使华夏大地很快便进入比三国这个不到百年的小分裂时代更加惨烈的近三百年的大分裂时代。

在经历了一系列的纷纷扰扰、分分合合之后，最终大唐明君李世民终于结束了大分裂时代，也正因为他深知其中所蕴藏的哲理，故此在读完刚刚写好的《晋书》中的《武帝纪》后，遂提笔写下了两条深刻的批注，“居安而忘危”和“不知处广而思狭”，以此来提醒自己和后世一定要以史为鉴，千万不要再去重蹈前人的覆辙。

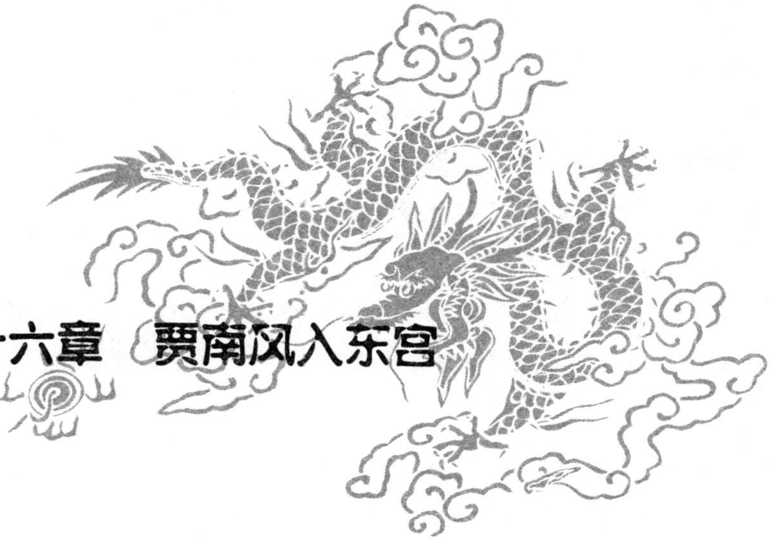

第十六章　贾南风入东宫

翻开史书就会发现，中国的历史上，越是大一统的朝代，越是容易出现杰出的女性。这些女性或是皇后，或是太后，在一些历史大事件上，都起到了关键的作用。

秦朝的芈八子，她与嬴驷、嬴稷的故事，为大秦统一六国夯实了基础；

汉朝的窦漪房，她与刘恒、刘彻的故事，延续文景之治，夯实了汉武盛世；

唐朝的武则天，她与李世民、李隆基的故事，承接贞观之治，夯实了开元盛世；

宋朝的曹皇后，她与赵祯、赵曙的故事，传承仁宗盛世，涤荡乌台冤案；

明朝的马皇后，她与朱元璋、朱棣的故事，开创洪武盛世，夯实了永乐盛世。

而中国历史上还有一位皇后，她也出生于大一统的朝代，但是鲜为人知：那就是晋朝的皇后贾南风。

正如武则天的无字碑所述，中国历史上的女性，通常是誉满天下，但也谤满天下，名满天下，但依旧逃不开，毁满天下的命运。

于是，每一个皇后都有自己的无字碑，功与过，任凭后人诉说。

而贾南风也有她的一个功与过的无字碑。

说起晋朝的贾南风，历史上的评价很有趣，说她是一个又黑又丑又喜欢圈养面首的老妇人，更是一个引起八王之乱的狠毒妇人。

但是在她的身上又有一个谜一样的问题：为什么她活着的时候，八王之乱没有发生呢？又为什么她死了半年后，八王之乱爆发了呢？

带着这个问题，我们来看看贾南风到底是何许人也，为什么她的生与死决定了八王之乱爆发与否，她到底有多重要。

贾南风出生于簪缨世家，也就是世代为官的家庭里。

贾南风的父亲叫贾充。

贾充是何人呢？贾充一生做了四件大事，分别被四本书记录于历史中。

第一本书《三国志》，贾充做了举世瞩目的一件大事：联手成济，帮助司马昭弑君。

杀的是谁呢？曹髦，三国归晋的那位曹氏君主。

感受下贾充与成济弑君篡位时，这暴烈的气息：

司马昭令贾充拒之，时府兵尚不敢动，贾充即令成倅、成济曰：公蓄养汝等，正为今日。成济乃抽戈犯帝，刃出于背而崩。

第二本书《晋史》，贾充为了巩固地位，让两女嫁给了司马氏，长女贾褒嫁给了司马昭的次子司马攸为齐王妃，三女贾南风嫁给了司马昭的孙子司马衷为太子妃。

这里面还有两个插曲，可以说是暴击了还是一个单纯女孩的贾南风。

第一个插曲，当时给太子选太子妃，司马炎看上的儿媳妇是卫瓘的女儿，卫氏女。

有学家推测，这个卫氏女后来成了王羲之的母亲，这也就是卫烁为什么愿意成为王羲之的老师。

但是呢，卫瓘不仅看不上晋武帝司马炎的长子，更看不上长子位列储君。

为什么呢？

你知道司马炎的长子，司马昭的长孙叫啥吗？

晋惠帝，司马衷。

知道这家伙的名言吗？

何不食肉糜！

没错，就是他，我们的司马衷。这可是历史上出了名的智商堪忧，双商不在线的糊涂皇帝，不，说他是智商不在正常水平线的傻瓜皇帝更贴切。

再说，卫瓘何许人？

他去过西蜀揍过刘阿斗，抽空脚踹过邓艾，智斗赢了钟会。

他去过东吴揍过孙皓，没事拿鸡毛掸子教训过王衍、王戎。

他的次子卫恒研究《竹书纪年》，留下《四体书势》，还生下中国四大美男之首的卫玠，卫美人。

他的三子卫宣迎娶了晋武帝的女儿，成为驸马爷。

就卫瓘这么一个牛气哄哄的主儿，他怎么愿意宝贝女儿嫁给一个傻子，对吧？

于是，卫瓘坦率地说了句“你儿子配不上我女儿”，于是退婚了。

退婚了？退婚了！

退婚也就算了，还捎带几年后，卫瓘赌气在家，逼着司马炎跑到他家听他一个糟老头子酒气冲天，废话连篇，口沫横飞。

说的是什么呢？

“你长子傻子一枚，赶紧废了吧。”

没错，卫瓘就是这么耿直的一个BOY，于是差点废掉太子的他，被贾南风记恨在心，杨骏之乱的时候，贾南风腾出手来，让卫瓘连同他们家的男丁一起去西天团聚了。

还好，当年卫玠不足十五岁，活下来了，成就了一个故事：看杀卫玠。

这是贾南风成为太子妃前后第一个插曲，相当戳心，对不？

那么第二个呢？

第二个插曲来自贾南风她妹妹贾午，同父同母的妹妹的灵魂暴击。

贾午是何许人也？

贾午并不出名，但是她做的事情，可是前卫得很，简直是遗臭万年的那种。

为什么这么说呢？

因为贾午创造了一个成语：偷香窃玉。

你一定记得美男韩寿，对吧？

没错，跟韩寿创造了偷香窃玉的就是贾午姑娘。

当然，还创举了倒插门的一个巅峰，那就是生下的男孩必须姓贾。

于是韩寿这个倒插门的男子，他的独子不姓韩，姓贾，叫做贾谧。

对，就是金谷园二十四友的老大，掌管天下文人的那位贾谧！

至于为什么贾午这么做呢？

说起来更狗血，因为贾午不想嫁给傻子司马衷。

于是，在听说卫瓘拒婚，司马炎想要自己做太子妃时，十五岁的贾午毅然决然地用司马炎赐给贾充的西域香，做了一件大事：偷汉子。

这可是打司马炎的脸打得啪啪的。

卫瓘不愿意嫁女儿，贾充愿意嫁最小的女儿贾午，可是贾午自污抗婚，怎么办？

于是，贾南风这个十七岁的姑娘就被推上了历史的舞台，成了大晋的太子妃，未来那位叱咤风云的贾后。

这个捡漏才得来的太子妃的妃位，真的是让贾南风丢脸到了极致。

但是成了太子妃的贾南风是不甘的，她自然不愿意这辈子就这样跟傻子坐在大桥上，陪着傻子说：门前大桥下，游过一群鸭。

于是，贾南风选择了名师和伙伴，来帮助自己成为杰出的女政治家。

这就牵扯到了第三本书《泰始律》。

晋朝的律法叫《泰始律》，贾充、羊祜、杜预主持修订。

贾南风一如历史上很多爱情不如意的女政治家一样，她选择读书来修身养性，而读的书就是《泰始律》。

这就好比一个自学成才的律师，熟读律法于心，就算是打起官司来，也是话术无敌的讼师，堪称天下无敌手。

关于熟读律法的好处，有一个故事就是刘墉借助乾隆偷盗明代皇陵的木头为理由，判了皇帝一次偷坟掘墓的罪，还把乾隆发配去了江南一趟。

这就是读法律的好处，更是熟读律法的好处。

就在贾南风准备升级打怪期间，又一本书扎心了我们的贾后，也就是第四本书《世说新语》。

《世说新语》记载了这样一件事，贾充将三女贾南风嫁给司马衷为太子妃之后，又急急忙忙地将大女儿贾褒嫁给了司马炎的二弟司马攸为齐王妃。

这贾褒是谁？

贾充的第一任妻子叫李婉，这俩人是少年夫妻，恩爱异常。

贾充的岳父李丰被判罪，李婉生下长女贾褒和次女贾裕以后，就被流放他乡。

没多久，贾充觉得李婉被赦免的希望不大，就迎娶了第二个妻子郭槐。

郭槐就是贾南风和贾午的母亲，可她出身比李婉低很多，而且谈吐和知识量也更是难以相比。

李婉被赦免后，司马炎赐给贾充双妻的特权，让贾充把李婉接回家。

但是呢，郭槐悍妇一枚，绝对吃醋用海量。

郭槐曾经因为忌妒不满三岁的幼子喜欢奶妈，而把奶妈换掉，结果幼子绝食而死！

后来，郭槐又生了一个儿子，次子不满三岁的时候，正好看见贾充和奶妈眉来眼去，醋上心头的郭槐又让人当着次子的面活活打死了奶妈。于是，没过多久，这个被吓着的儿子，活活吓死了！

就郭槐这么一个主儿，她能允许李婉夺走丈夫贾充的宠爱？

于是，郭槐悍妇体质上线，站在李婉的房前，一副要把烟囱骂直了的架势，贾充心知李婉骂人不吐脏字的能力，劝郭槐别自找难看。

死活不听劝的郭槐，气势汹汹地去了李婉那里，结果被李婉说得涕泪横流地跑了。

这一幕，全程让贾南风看见了。

至此，贾南风恨让她娘出丑的李婉，更是在李婉百年后，任凭齐王妃贾褒如何叩头哀求，贾南风始终拒绝李婉与贾充合葬，气死了贾褒。

第十七章 贾后性格骤变

贾南风少年时期看到母亲郭槐的狼狈，看到两个幼弟非正常死亡，又体会了一把妹子贾午偷香窃玉得到大晋美少年韩寿，自己中规中矩却嫁给傻子司马衷的心灵暴击。

贾南风的心灵逐渐发生了复杂的变化。

不久之后，一则荒诞的流言从她弥留的父亲嘴里流出，最终出没于晋朝大街小巷，甚至被后世观瞻。

这是什么样的流言呢？又是怎么一个荒诞呢？

首先这个流言叫做：白日做梦。

对，你没听错，白日做梦这个成语就来源于贾充。

但是，这个白日做梦可不是黄粱一梦，也不是痴心妄想这些意思，而是真正的青天白日做了一场光怪陆离的鬼魂索命的梦。

这就牵扯到另外一个关键词：荒诞。

怎么一个荒诞法呢？

且说贾充的大女儿贾褒嫁给齐王司马攸以后，三国归晋的最后一战：晋灭吴之战爆发。

于是，贾充跟着一帮牛人前往长江流域，展开大一统的战争：灭掉东吴孙家政权，统一称为543万平方公里的大晋朝。

这是个什么概念的领土呢？

秦朝领土：340万平方公里。

西汉领土：609万平方公里。

隋朝领土：467万平方公里。

唐朝领土：1237万平方公里。

北宋领土：320万平方公里。

明朝领土：997万平方公里。

晋朝领土打败了秦朝、隋朝、北宋，在中国大一统王朝中，是个不大不小的存在。

参加这场战争的都有谁呢？

司马师的继子，司马昭的次子，被称为堪比周公的齐王司马攸。

司马师的三弟，司马懿的三子，东晋之主司马睿的爷爷司马伷。

司马师的小舅子，跟陆抗是好友，百姓自愿建祠堂怀念的羊祜。

羊祜的外甥，信口雌黄，人称琅琊王家小机灵的王衍。

王衍的堂弟，竹林七贤老小，酷爱林中裸奔的吝啬鬼王戎。

司马炎的重臣，第一美男卫玠的爷爷，号称北京一哥的卫瓘。

司马炎的重臣，第一美男卫玠的姥爷，河南扛把子的王浑。

司马炎的重臣，军粮调配高手张华，物资调配高手贾充。

东吴的话术专家，华亭鹤唳，不作不死的陆机兄弟和他爹陆抗。

司马攸、司马伷、羊祜、王衍、王戎、卫瓘、王浑、张华、贾充随便调出一个人，都是魏晋时期独当一面的牛人。

这些人汇聚在晋灭吴之战中，为的就是打掉违命侯孙皓这个喜欢割人皮的败家小哥。

你以为参加这次大战就只是人吗？

不，少年，你还是太简单，太年轻。

要是只有人参加，我又怎么会说是荒诞二字呢？

据《世说新语》记载，贾充调配物资的时候，贾充小跟班周勒敞着衣服在军帐里睡大觉，做了一个奇怪的梦，梦见了一些奇怪的事情，并且醒过来记忆犹新。

周勒觉得此梦事关自己的上司贾充，决定顺着梦中小路一探究竟，果然见到贾充朝着一个高地而去。

这一下可把小伙儿吓呆了，立马躲在草丛旁，默默偷看。

此时周勒看到了死去多年的司马懿对着贾充劈头盖脸地骂。

这一堆骂人的话里，周勒听到两个关键信息：

第一，贾充必须想办法弄死张华，不然大晋就要完了。

第二，遭殃的内容是，一个女儿死于毒酒，一个女儿死于木棒，一个孙子死于枯木。

贾充磕得头破血流都不敢停歇，只求司马懿饶了自己。

这大白天活见鬼，见的还是司马懿，司马懿还一脸愤怒地说大晋就要亡在贾充的后人手里。

这些事情能不荒诞吗？

但尽管荒诞，贾充却信以为真，于是晋灭吴之后，违命侯孙皓被拽到了京城，与乐不思蜀的刘阿斗不一样，孙皓还是做了一些幺蛾子的。

而伴随着这些幺蛾子，贾充无时无刻不加以利用，只求司马炎在位的时候腰斩张华。

可惜，张华命厚如山。

贾充看着张华被贬官，还写出了堪比《搜神记》的《博物志》，一口气上不来就气死了。

贾充死前将白日做梦这件事原原本本地告诉了贾南风，并嘱咐贾南风不惜一切代价杀了张华。

于是贾南风为了贾家后人的安全，也开始了腰斩张华的大计。

为了实施大计，贾南风让侄子兼外甥贾谧做金谷园二十四友之一，招揽石崇为自己的钱袋子，更通过金谷园二十四友收纳了一批贤士。

贾南风在招揽贤士入门下的时候，有一个不安分的老头子杨骏窜了出来，魏灭蜀之战他躲在京城唱曲儿，晋灭吴之战他躲在尚书台抨击他人。

杨骏身为国丈，一点国丈的气质都没有，成天上蹿下跳，侄女因病去世，找来女儿做女婿司马炎的续弦。

明明跟杨国忠一样是飞鹰走狗之辈，他非要做霍光这样的骁勇悍臣。

于是德不配位的一场战乱爆发，史称：杨骏之乱。

贾南风一看机会来了，于是从读律法的书屋里走出来，准备消灭杨骏。而此时贾南风对杨骏门下一个谋士很是欣赏，那就是潘岳。

潘岳何许人也？

潘岳，字安仁，世人常说貌比潘安，对，没错，他就是人们口中的潘安。

潘安此人前半生一个字足以形容：倔。

为什么呢？

一个做过杨骏和贾充幕僚的人，敢在皇宫的石柱上写道：阁道东，有大牛。王济鞅，裴楷鞧，和峤刺促不得休。

这也是《世说新语》精彩的一段，潘安没事就骂卫玠的岳祖父山涛是老牛，卫玠的娘舅王济是前边拉牛的车鞅，卫玠的二姨夫裴楷是抽牛屁股的鞭子，卫玠的大姨夫和峤是赶牛、推牛、拍牛屁的蠢货。

卫玠两任妻子，第一任岳父乐广，第二任岳父山简。

那潘岳的后半生呢？

一个字：惨。

潘岳自从成为贾南风倚重的臣子，整天想的就是如何帮助贾南风稳定政权。不仅要讨贾南风欢心，还要让那个醋坛子郭槐开心。

潘岳就在郭槐的马车远去的时候，吃了一嘴尘土，还恭恭敬敬地作揖。

世人称之为：潘岳望尘而拜。

后来设计司马衷的儿子司马遹失败，贾南风死于金墉城之后，潘岳被司马伦判罪，跟石崇同年同月死于菜市口。

潘岳死的时候，当初他家家奴孙秀是监斩官，他娘不愿意苟活，非跟着潘岳赴死。

对了，孙秀就是那位跟石崇抢绿珠，逼绿珠跳楼的主儿。

言归正传，贾南风趁着杨骏叛乱的时候，敲打潘岳，让潘岳老实一点，并给十年郁郁不得志的潘岳机会，重新择主。

自然一番敲打之后，潘岳成为贾南风第一谋士。

很快张华也终于搞明白了贾充为什么一直刁难自己，于是痛定思痛的张华带着晋灭吴的大将投靠了贾南风，后来在贾南风平衡外戚权势的时候，还成为贾南风的人生导师。

大权在手的贾南风，又挑唆跟司马亮和卫瓘不和的二十岁少年司马玮，让司马玮借助这次杨骏带人挑事，浑水摸鱼，有仇报仇，有怨报怨。

于是，司马玮带兵围攻司马亮和卫瓘的府邸。

司马玮非常干净利索，不说废话地挥刀斩杀卫瓘满门，让人用数十把刀活活刺死了卫瓘的亲家司马亮。

而此时，贾南风借助杨骏的蛮力，软禁太后杨芷，更是借助杨芷的信物诓骗杨骏入宫，就跟康熙捉鳌拜一样，宫廷内部上演了一场捉贼大战。

只是与鳌拜不同的是，杨骏被人追到马厩杀死了。

杨芷因为失去了杨骏这个叔叔，于是被软禁直到活活饿死。

处理完杨骏之乱后，贾南风得知司马玮做事太过直接，一点弯都不转地斩杀朝廷忠臣。

虽然贾南风非常记仇，觉得司马玮杀了贬黜自己丈夫的卫瓘没错，但是大面上还是要给朝廷一个交代的。

聪明的贾南风反手一招，就说司马玮假传圣旨，其心可诛。

可怜的司马玮还没有狂笑三声，就被贾南风斩杀，并以司马玮的头来安慰司马亮和卫瓘的亲属。

更有甚者，贾南风不计前嫌地留了卫玠和他哥卫璪的命。

卫瓘之女求张华、王浑等人帮助卫瓘和司马亮洗清冤屈的时候，贾南风对这位差点成为太子妃的情敌一点也不心怀芥蒂，帮助卫瓘和司马亮正名了一生。

贾南风，可谓是心胸、手段、智慧兼具的女人。

只是，贾南风生为八个公主的娘亲，这一辈子没有生出儿子的她，又是如何处理储君的关系，又是什么时候真正黑化的呢?

第十八章　贾后筹谋报复

贾南风为什么黑化呢？提到黑化，一定是心理上的巨变，那巨变一般来自灵魂暴击。

我们上一章讲过了，贾南风少年时期的灵魂暴击来自妹妹贾午的偷香窃玉以及大娘李婉的刺激郭槐。

这一章就来讲讲贾南风青年时期和中年时期的灵魂暴击。

先讲讲贾南风青年时期的灵魂暴击。

这场灵魂暴击是外部及内部因素，外部因素排山倒海，内部因素翻天彻底。

对于贾南风而言，人生之三观，全部颠覆于此。

先讲一下外部因素，这个外部因素主要是来自三个方面，分别是贾南风的公公晋武帝司马炎，贾南风的二任婆婆杨芷，贾南风的丈夫司马衷。

先说贾南风的公公晋武帝司马炎。

这司马炎能被历史记住，是他做了三件大事，分别是《晋史》记载的晋灭吴的一统天下，《资治通鉴》记载的驾着羊车寻妃子，《世说新语》记载的王恺与石崇斗富。

这三件大事，第一件是三国归晋的大事，最后归命侯孙皓投降入洛阳。

这件事对贾南风造成了什么样的心灵暴击呢？

这是公元281年至公元283年之间，晋灭吴之战后，司马炎觉得自己做了非常了不起的大事，于是乎，开始吃喝玩乐。

这吃喝玩乐就得有个乐子啊，于是司马炎找了两个乐子，分别是安乐公刘禅，就是那位刘备的儿子阿斗，以及归命侯孙皓，就是孙权的孙子。

司马炎跟刘阿斗的乐子，非常出名，就是宴席上问阿斗，你是不是被你父亲摔傻了，你亡国也不难过？

刘阿斗尿遁去想办法，他的大臣郤正说，您就朝着西北方，一脸难过地说先人坟墓，远在蜀地，我没有一天不想念啊！

刘阿斗就是刘阿斗，司马炎率先念出这段台词时，刘阿斗一脸惊叹地跟司马炎说，就是郤正叫他这么说的，不过他一点也不想念蜀国。

于是乎，乐不思蜀被刘阿斗发明出来，这个成语也贻笑后世。

司马炎觉得刘备的儿子就这德行，那么孙权的孙子，那位归命侯孙皓是不是同样也是个怂包？

于是乎，好奇心重的司马炎又去找孙皓的茬。

但是这一次，司马炎学乖了，直接让贾南风的父亲贾充去问孙皓。

这个贾充什么不好说，非要一开口就讽刺小毒舌孙皓，说：听说阁下在南方挖人眼睛、剥人面皮，这是什么样的刑罚？

孙皓那毒舌，简直登峰造极，绝对气死人不偿命，而且是打蛇七寸，骂人狠准稳。

看看孙皓的光辉履历，在位初期，施行明政。后期则沉溺酒色，专于杀戮，变得昏庸暴虐。名声很大，惊动华夏，令晋武帝感到惶怖。

首先，孙皓很残忍，孙皓的爱妃派人到市场上劫夺百姓财物，司市中郎将陈声以前是孙皓宠爱的臣子，凭借孙皓的待遇将人绳之以法。爱妃告诉孙皓，孙皓大怒，借口其他事锯断陈声的头，将他的身体扔到四望山之下。

其次，孙皓特别喜欢玩恐惧游戏，杀人如麻。

孙皓每次大宴群臣，座客至少得饮酒七升，虽然不完全喝进嘴里，也都要斟上并亮盏说干。有位叫韦曜的酒量不过二升，孙皓对他特别优待，担心他不胜酒力出洋相，便暗中赐给他茶来代替酒。

但孙皓是一个暴君，性嗜酒，又残暴好杀。当他对韦曜颇为欣赏时，可以酒席之间暗中做弊，偷偷地用茶换下韦曜的酒，使之得过“酒关”。

韦曜为人却是耿直磊落，他可以在酒宴上暗地里玩些“偷梁换柱”“暗渡陈仓”的把戏，但一旦事关国事，则一是一，二是二，实事求是。

于是当他在奉命记录关于孙皓之父南阳王孙和的事迹时，因不愿意将孙和列入帝纪，触怒了孙皓，被杀头送了命。

而这便是以茶代酒的来历。

所以说孙皓毒舌冷酷，由来已久。

只见那孙皓，第一个回合就把贾充气得心脏病都要发作了。

孙皓说：有作为臣子却弑杀国君以及奸险狡诈不忠的人，就对他用这种刑罚。

贾充捂着心肝，气得脸红脖子粗的。

为了扳回一城，贾充又作死地问孙皓尔汝歌咋唱。

于是一场个人演唱会开始了，唱的歌词直击司马炎的内心，两眼燃起了簇簇火焰。

感受下归命侯孙皓的毒舌歌词：昔与汝为邻，今与汝为臣。上汝一杯酒，令汝寿万春！

这是啥意思呢？

简而言之，就是你曾经是我的邻居，咱平起平坐，如今我落魄成了你的臣子，给你一杯酒，你自己看着办吧。

这又是啥意思呢？

简直是告诉司马炎，以前咱俩啥地位，现在咱俩还啥地位，你让我称臣可以，跪拜，宁死不降。

这话说的，司马炎能开心吗？自然，司马炎很生气地看着贾充，贾充捅了马蜂窝也就算了，还惹得司马炎差点宰了贾充。

贾充不仅仅是因为让司马炎在孙皓面前丢脸，更是因为贾充原本就反对攻吴，又曾进谏退兵，所以东吴覆亡后，贾充十分害怕，打算请罪，但司马炎只安抚而不问罪。

这贾充犯了两件混事，于是，抑郁成疾，病重期间交出印绶退位。司马炎派侍臣问候，又派太医医治，皇太子以至宗室都来探望贾充。

六十六岁这年，公元 282 年，贾充一命呜呼。

这贾充去世也就罢了，可是留下了不痛快给司马炎。

司马炎看着司马衷是怎么看，怎么不舒服，怎么看，怎么不满意。

司马炎哀叹自己大儿子司马衷不够聪明的同时，想着多生几个聪明的儿子。

为了想办法多生儿子，司马炎想了一个雨露均沾的好办法：找一只羊，让羊拉车，羊走到哪里就跟哪个妃子造小人。

于是，六宫三千粉黛，皆望着羊车，期待这羊车的到来，自己能够有机会生小娃娃。

有个聪明的妃子，知道羊喜欢盐水，便把草浸了盐水，频频引来羊车。

这便是历史上有名的，被记载在《资治通鉴》的成语：羊车望幸。

不久之后，杨艳的堂妹，司马衷的姨母，第二任皇后杨芷怀孕，生下了小皇子司马恢。

司马炎觉得司马恢比长子司马衷更有智慧，在杨芷的鼓动下，有了等司马恢长大些，再把司马恢立为储君的想法。

所幸，司马炎还是给司马衷组建了蔚为可观的东宫朋友圈。

他们是谁呢？

“竹林七贤”之一的王戎，此人目光灼灼，却有先见之明。

卫玠的二姨夫，杨骏女儿的公公裴楷，此人敢说贾充是败类。

卫玠的大姨夫，人称见蛇就暴走的和峤，此人便是杯弓蛇影中被吓哭的主人公。

贾充费尽心思去诛杀，但是百足之虫死而不僵，属于打不死小强的张华，此人命厚得让人怀疑人生。

此时贾南风借着丈夫司马衷的名义，召集了王戎、裴楷、和峤、张华前来共商东宫大事。

贾南风觉得此事是很机要的秘密，就让司马衷带着他的妃子躲远点，奈何这个妃子总是觉得自己比贾南风聪明，声称：太子爱的是我，你不配，你走开。

贾南风下令将妃子掌嘴后，叫人带走了妃子。

就在贾南风商议如何保住司马衷储君之位的时候，又有一件大事发生。

这又是什么事情呢？

竟然有人告密给司马炎，说贾南风忌妒成性，打杀一位受孕的东宫嫔妾。

正准备给丈夫司马衷找机会稳住储位的贾南风，就这么被关了禁闭。

至于告密者是谁呢？

竟然是杨芷这个皇后，这个司马衷的亲堂姨，贾南风的第二任婆婆！

贾南风被关禁闭之后，和峤急中生智，让司马炎召开一场公开考试，由司马炎出题，司马衷答题。

因为司马衷需要答题，杨芷竟然同意把贾南风给释放了，要求贾南风帮助司马衷一起答题。

可能在杨芷的脑海里，认为贾南风跟司马衷一样无脑吧？

杨芷棋差一招，就这样轻易放了这么一个能量十足、读书不输给男儿的贾南风。

于是，一场让人瞠目结舌的舞弊要案拉开了序幕。

此时，潘岳，也就是咱们常说的美男子潘安，他刚在宫里的木柱之上写完卫玠大姨夫和峤、卫玠二姨夫裴楷、卫玠舅父大人王济的坏话，来到了贾南风的宫前。

为什么潘岳能去贾南风的宫门前呢？

潘岳曾经是贾充的下属，后来又成为杨骏的下属，这相当于贾南风他们家的幕僚，也就是门客，私人军师。

贾南风本来急得犹如热锅上的蚂蚁，看到此时潘岳到来，计上心来，便让潘岳代笔，给司马衷做小抄，帮助司马衷蒙混过关。

潘岳是何人？那也是一口气写七首悼亡妻诗歌的大才子，金谷园二十四友，位居前三的主儿。

尽管此时洛阳纸贵的左思写了《三都赋》，可潘岳依旧是当时出了名的才貌兼具的帅哥。

于是《晋史》《资治通鉴》记载了这么一段趣闻：司马炎认为太子司马衷并不聪明，不宜当储君，而大臣和峤等亦曾这样说过，于是司马炎特意试验他，召集所有东宫属官参加宴会，同时写了问题给司马衷作答。

贾南风见问题后，知道司马衷必不懂作答，于是她十分害怕，但东宫属官都参加了宴会，即便找来外面的人代答，答案大多都引据古义。贾南风便让潘岳代笔，给司马衷做小抄，帮助司马衷蒙混过关。

最后谁来审核的呢？

审核的人就是卫玠的爷爷卫瓘，卫瓘尽管看司马衷不顺眼，还是给了中肯的评价。

于是，这一套题答下来，司马衷的东宫储位堪堪保住了。

可是东宫储位保住了，傻子司马衷却坐不住了，他觉得自己老婆贾南风能力强是坏事，自己作弊是违背良心的，老婆超过自己是让人怒不可遏的。

于是，历史书上写着的另外一件趣事又发生了：贾后眉有疵。

这贾南风眉毛有瑕疵是怎么来的呢?

我猜测，很大的可能是因为司马衷恼怒贾南风帮自己答题，一时使小性子，拿博山炉砸出来的伤疤。

贾南风躲开的时候，博山炉正好刮到了眉梢，在眉梢处留下了疤痕。

可是看贾南风的女儿们，可以发现，公元 282 年这一年，贾南风不仅经历了丧父之痛，更是身怀第八女，也就是她此生最后一个孩子，她的小女儿司马女彦。

司马女彦，名字出自臧荣绪《晋书》。

司马女彦八岁夭折，在死前贾南风心疼她年幼未及封爵，要将她加封公主，女彦说:“我尚小，未成人，礼不用公主。”司马女彦死后，贾南风以长公主的礼仪治丧。

司马女彦死于公元 290 年，死时八岁，敕封皇女，足见贾南风是多么喜爱这个孩子。

如果司马女彦出生在公元 282 年，也就是说，贾南风之所以铆足力气维护司马衷，就是因为怀着这个女儿。所谓因爱生恨，被司马炎差点废掉太子妃的妃位，也是因为她怀着孩子，甚至可能即将临盆。

那么，我们不妨猜测一下，公元 282 年父亲去世，同年挺着肚子等着跟丈夫一起被废黜，而自己被婆婆冤枉杀了一个妾，公公更是怒目相对，非要废了自己的太子妃位。

好不容易帮助丈夫稳住太子之位，丈夫还拿博山炉砸自己，一副要砸死自己的样子。面对丈夫要杀了自己的凶恶面容，自己还要护住肚子里的胎儿，防止一尸两命。

易地而处，平心而论，换成哪个女子只怕都会对人生质疑，也开始转变观念了吧?

第十九章　司马攸生死局

这贾南风知道自己的眉毛被砸了一个大疤，心里自然是一直惴惴不安的。

这是为什么呢？

这破了相的太子妃，按照皇家的礼仪，但凡身体有残次者，不得入庙堂。

这是什么意思呢？

就是说啊，只要口鼻歪斜的，身有残疾的，男者不得为皇，女者不得为后。

这太子妃距离皇后可是一步之遥，因为眉毛有瑕疵而被废除后位，搁谁心里也不舒服吧？

为了稳住自己的太子妃位，贾南风只能想尽办法讨好这个总是指桑骂槐的小婆婆杨芷。

为什么叫小婆婆呢？

那就要从皇后杨芷的身世说起了。

这杨芷是西晋太傅杨骏与嫡妻庞氏之女，武元皇后杨艳堂妹。

杨艳又是谁呢？

杨艳就是晋惠帝司马衷的生母，也就是贾南风丈夫的母亲。而杨芷就是杨艳相差十几岁的堂妹。

看一看杨艳的生平，杨艳字琼芝，西晋武帝司马炎皇后，曹魏通事郎杨炳之女。

杨艳的祖先在汉代为官，四世三公，名满天下。父亲杨文宗，曹魏通事郎，世封蓩亭侯，杨艳的母亲赵氏，很早就去世了。自幼父母双亡，为舅舅赵俊所养，跟随继母段氏生活。聪明贤惠，善于书法，天生丽质，娴熟女红，嫁给了世子司马炎。

杨艳深得晋武帝的宠幸，并为晋武帝生下三子三女，分别是毗陵悼王司马轨、晋惠帝司马衷、秦献王司马柬、平阳公主、新丰公主和阳平公主。

那么杨芷又是谁呢?

杨芷，字季兰，小字男胤，弘农华阴人。晋武帝司马炎皇后，东汉太尉杨震幼子杨奉后裔，东汉末年东莱太守、蓩亭侯杨众曾孙女，西晋太傅杨骏与嫡妻庞氏之女，武元皇后杨艳堂妹。

按年龄来说，杨芷几乎跟贾南风同岁，所以唤一声小婆婆。

这声小，一个是杨芷年纪小，一个是杨芷是续弦。

贾南风在破了相之后，如何讨好杨芷呢?

俗话说：敌人的敌人就是同盟，共同的敌人也是同盟。

于是贾南风开始放眼整个大晋朝，寻找杨芷和自己共同的敌人，思来想去的，终于找到了一个最佳人选：齐王司马攸。

熟读晋朝历史的人都知道啊，这齐王司马攸是何人?那可是响当当一号人物。

人称小周公，太祖一句安江山的人中之翘楚，司马桃符啊!

这司马昭一辈子就生了两个儿子，老大是骑着羊找美女的晋武帝司马炎，也就是贾南风的公公。

这老二呢，就是姓司马，名攸，字桃符，被司马昭抱在膝盖上说是司马家的希望，被司马懿抱在榻上说是司马家未来小太阳的齐王。他是晋武帝司马炎同母弟，母为文明皇后王元姬。

司马昭因为过于疼爱司马攸，于是行军打仗，到哪里都带着这个小儿子。

这就跟曹操过于喜欢曹植，到哪里都带着曹植，却冷落了曹丕一样。

可是呢，司马攸天生命运不好。

虽然是嫡出，奈何不是嫡长子，而是嫡次子!这也就算了，偏生司马懿的大儿子，嫡长子司马师没有儿子只有女儿。

这身为司马懿二儿子的司马昭一看自己大哥没儿子，心里一想，这香火得传续啊。

于是，狠狠心，咬咬牙，跺跺脚，司马昭将自己的次子司马攸过继给了司马师！

过继之后，离开司马昭这一支子，司马攸就不是司马昭本支脉的人了。

于是乎，十年口水战拉开了序幕。

口水什么呢?

口水（一）

正方：司马懿说司马攸是司马氏的小太阳，司马昭说司马攸是司马氏的未来。

反方：司马攸过继出去了，不是司马昭一脉的人了，没资格继承大统。

口水（二）

正方：司马师是司马懿的嫡长子，司马师无儿子，司马攸是长子长孙。

反方：司马攸是司马昭的次子，次子过继给司马师，不能算是长孙！司马炎才是嫡长孙！

这第一种口水，辩的是世家的支持；这第二种口水，辩的是司马师还是司马昭一脉继承皇位。

于是乎，这长达数十年的辩论导致了很长一段时间的党同伐异。

但是呢，你要问谁赢了?

司马炎坐上皇位前，口水（二）中关于嫡长孙的辩论赛是主要战场，司马昭的立储当立长，让司马炎完胜第二个口水，成为司马氏第三任掌实权的当家人。

至此，司马炎登基为帝，开启了三国归晋的大时代。

但是口水（一）一直是争辩不休的焦点，而这个焦点集中在晋惠帝司马衷不堪大用，毕竟人家确实智商是有名的不高，属于桌子底下放风筝的低手。

于是，让司马攸取代司马衷成为储君，皇太子变为皇太弟的说法甚嚣尘上。

而力挺这个说法的都有谁呢?

那就要掰扯掰扯这些世家里面，那些如老树根一样盘根错杂的关系网了。

我们捋出一个头绪来，就是卫玠亲戚们的作死之路。

那么，到底是卫玠的哪些亲戚呢?

首先，卫玠的师父，能写《博物志》的张华。

我们前文提到了贾充白日做梦，看到司马懿命令自己不惜一切代价杀死张华的故事。

所以，第一个雄心万丈护大晋，一心只要司马攸坐上皇位的张华，就成了晋武帝司马炎的眼中钉肉中刺。

这张华口沫横飞地说了半天，被司马炎懒懒的一个哈欠，一下子吹到边疆，他就悲摧地戍边去了。

第二个是卫玠的姥爷太原王家的王浑，这可是参加晋灭吴之战的大将。

这王浑非常有名气的是他的夫人钟琰，也就是卫玠的姥姥（外婆），这钟琰是钟会的侄女，大书法家钟繇的孙女，钟子期的重孙女。

可以说卫玠的姥爷是大将军，姥姥可是闻名遐迩的名门之女。

来看看卫玠姥爷王浑的生平，王浑字玄冲，太原郡晋阳县人。三国曹魏至西晋初年名臣，东汉代郡太守王泽之孙、曹魏司空王昶之子。

王浑早年为大将军曹爽帐下掾吏，司马懿杀死曹爽，王浑循例遭到罢黜。不久复出，历任怀县县令、参军、散骑侍郎等职，并袭封京陵县侯。

魏元帝曹奂禅让帝位予司马炎，西晋建立，王浑加任扬烈将军，迁徐州刺史。在徐州刺史任内曾开仓赈济饥荒，而深得人民信赖。

可以说王浑是一个有勇有谋又善良的大将军。

当然，王浑的妻子也是个幽默的人，喜欢打击自己的儿子。

王浑和妻子钟琰在一起坐着，看见他们的儿子王济从院中走过，王浑高兴地对妻子说："生个这样的儿子，可以安心了。"

钟琰笑着说："如果我能婚配参军（指王浑之弟王沦），生的儿子本来可以不只是这样的。"

再来看看卫玠姥姥钟琰的家世。王浑的妻子钟琰，是颍川人，为魏太傅钟繇的曾孙女，父亲钟徽，为黄门郎。

她平时广泛阅读各种书籍，因此几岁的时候就能撰写文章。她聪慧弘雅，善于啸咏，她的礼仪法度，为中表所推崇，她写有文集五卷。

瞧一瞧卫玠姥姥的诗词，《遐思赋》：惟仲秋之惨凄，百草萎悴而变衰，燕翔逝而归海，蟋蟀鸣而相追，坐虚堂而无寥，嗟我心之多怀，怅遐思而内结，嗟尔姜任，邈不我留，谋民生之未几，吾何为其多愁，凉风萧条，露沾我衣，忧来多方，慨然永怀，感飞鸟之反乡，咏卫女之思归，于是周游容与，逍遥彷徨，悲民生之局促，原轻举之遐翔。

可以说，卫玠的姥姥钟琰是一个大家闺秀，而且学富五车。

王浑弟媳郝氏有德，钟琰和郝氏两人为妯娌，向来互相亲近、尊重。钟琰不以名门出身，显贵自居，而傲慢凌辱其弟妇；郝氏不以家门低贱自卑，而趋炎其嫂，雅相敬重亲爱，所以时人赞称钟夫人之礼、郝夫人之法。

钟琰是个很有修养的女人，并且尊重他人，不会势利眼。

钟琰有一套特殊的相人本领。夫妻俩有个女儿王氏，到了女大当嫁的年纪，便想替女儿找个好人家，于是王浑要他的次子王济替他的妹妹找个好对象。

王济面试了许多对象，始终觉得都配不上妹妹，因此一直未能达成使命。有一位出身军旅世家的青年，模样挺拔俊秀又有些才学，王济知道后，就想这个人也许是不错的对象，就向母亲钟琰报告。

钟琰说："既然如此，你就安排一下，让我观察观察他，看看他是否像你所说的这般配得上你妹妹。"

于是王济安排了一群小吏与那名青年在一起闲谈，母亲钟琰则躲在帷帐之后观察。

事后，钟琰问王济："有一名长相、穿着如此这般的青年，是不是你说的那个人？"

王济一听母亲形容得一点没错，就点头称是。

钟琰便说："这个人的才学能力的确出类拔萃，但是他出身低下，要想出人头地必须还要许多年才行。而我观察他的面相身形，却又已经呈现短命之相。所以我不能答应将你的妹妹许配给他。"

王济便婉谢了那名青年的提亲。几年后，那名青年果然如钟琰所说，因故过世了。

可以说，卫玠的姥姥钟琰是一个懂得面相的奇女子，有这样的姥姥和姥爷，养在外祖父母身边的卫玠自然也养成了钟敏毓秀的才子。

第三个是卫玠的舅父大人，也就是王浑的独子（其余儿子早夭）王济。

这个家伙更有名气，他不仅仅在晋武帝司马炎的撮合下娶了公主，成了司马炎的女婿，更是喜欢拿铜钱铺路，擅长铺张浪费到了极致。

王恺家有一头牛名叫"八百里驳"，王济以钱千万与王恺进行射牛打赌。

王恺自以为比王济箭法好，让王济先射，结果王济一箭将牛射死，并立即命人把牛心挖出，扬长而去。

有一次，王济在家宴请司马炎，食器珍贵，蒸肉味道甚美。

武帝问："这是怎么做的？"

王济回答说："用人乳喂养的猪的肉蒸的。"

司马炎听后，很不高兴，中途退席而去。

这王济的奢靡真的比王恺、石崇有过之而无不及。

王济有个叔叔叫王湛，开始的时候，王济看不起他这个叔叔，吃饭的时候，大家面前都有菜，王湛面前却没有菜。王湛只是从容地让人把菜端来，没有任何不悦之色。

有一次，王济去王湛家，看到王湛在看《周易》，很不以为然地问："叔父还看这？"

王济让王湛说说易理，王湛说的都是王济闻所未闻的道理，王济听过之后，肃然起敬，叹道："家有名士，三十年而不知，这是我王济的罪过啊。"

王济有马癖，曾经看到一匹马迟迟不前，王济对马的主人说，这是因为马害怕把披在身上的挡泥布弄脏了。

把布除去以后，马就踏泥而去，王济识马可见一斑，杜预称他有马癖。

王济有一匹马甚是喜爱，王湛却说："此马虽快，但是力薄不能坚持走长路。最近看见一匹督邮的马比这匹好，只不过粮草喂得不到位而已。"

王济把那匹马拿来试养。

王湛又说："这马任重才能知道它的本领，在平路上比赛比不出来。"

结果果然是王济原来的那匹马不行。从此，王济对这个叔叔很是佩服。

司马炎曾经问王济，"你那个傻子叔叔死了没有？"

过去王济总是无话可说，后来，司马炎又问，王济理直气壮地说："臣叔根本不傻。"

司马炎问："能和谁有一比？"

王济回答："在山涛以下，魏舒以上。"

东吴亡后，末帝孙皓被迁到洛阳。

一次司马炎与王济下棋，孙皓在侧，王济问他为何要剥人皮，孙皓见王济此时双腿在棋盘下伸直，甚为无礼，于是说对君主无礼的人就要被剥皮，借此讥讽。

可以说王济是一个能明辨是非，又护家的人，不管是对他的岳父司马炎，还是对叔父王湛。

第四个是卫玠大姨夫，那个吝啬至极，连桃核都要追回来的和峤。

第五个是卫玠二姨夫，跟琅琊王家平起平坐的河东裴家的裴楷。

第六个是卫玠的爷爷卫瓘，魏灭蜀、晋灭吴皆参战的大帅。

卫瓘做过最有名的事，就是随时喝醉了都要叮嘱晋武帝司马炎放弃贾南风的老公做太子。

卫瓘的身世到底如何呢?

卫瓘字伯玉，河东郡安邑县人。三国曹魏后期至西晋初年重臣、书法家，曹魏尚书卫觊之子。

由于家庭的影响和父辈的熏陶，卫瓘青少年时就以“性负静有名理，明识清允”，受到邻里、亲朋的称赞。

他十岁时丧父，从小便磨炼自立的能力。先世袭亡父的爵位阌乡侯。年仅二十岁就做了曹魏的尚书郎。

有传言说卫觊是卫仲道本人，也就是说卫瓘的母亲有可能是蔡文姬或蔡文姬的妹妹。

卫瓘在讨伐蜀汉时以监军的身份并持符节监督邓艾、钟会的军事行动，代理镇西将军军司，并统兵一千人。

平蜀后，邓艾自大而独断专行，钟会与卫瓘密奏大将军司马昭，说邓艾有反状。元帝下诏，用囚车监禁邓艾入京。

钟会使用一石二鸟之计，先派卫瓘以少量兵力到成都擒邓艾，企图借邓艾之手将其杀死，再把卫瓘之死作为邓艾谋反的罪证之一。

卫瓘心知肚明，但不能拒绝，便去了成都。卫瓘在夜里到达成都后，向邓艾手下的将领发出檄文，声称“奉诏捉捕邓艾，其余的人一概不予追究。如果向朝廷军来报到，爵位赏赐就和之前一样；如果胆敢不出面，就诛灭他三族”，第二天鸡鸣时，邓艾的属将们纷纷赶来卫瓘军营中，只有邓艾还在帐内未出来。

卫瓘就在日出后，乘着使者的车赶往邓艾的居所，此时邓艾还在睡觉未起，父子一起被擒。

邓艾对着天叹道：“我邓艾是忠臣啊！竟然会落得如此的下场！从前白起所受的遭遇，在今日又见到了。”

邓艾的属将计划拦劫囚车营救，率领兵马来到卫瓘军营。卫瓘穿着轻装出来迎接，假称正在写奏章，要为邓艾的事申辩，诸将听信他的话，于是停止营救邓艾。

可以说，卫瓘是以一己之力平复钟会叛乱的大才。

卫瓘被授为都督青州诸军事，兼任青州刺史。后加号征东大将军、青州牧。他善于理政，所到之处都有政绩。

卫瓘出镇北境，任征北大将军、都督幽州诸军事，兼任幽州刺史、护乌桓校尉。

朝廷听从卫瓘之前的意见，设立平州，后更以他兼督平州。卫瓘在任内离间北方鲜卑诸部，使“务桓降而（拓跋）力微以忧死”，为朝廷解决了边害。

杨骏被楚王司马玮矫诏诛杀，作为帝师的卫瓘与汝南王司马亮共辅朝政，录尚书事，被赐予“剑履上殿，入朝不趋”的荣誉。武帝将其女繁昌公主下嫁给卫瓘第四子卫宣。

卫瓘曾经位极人臣，更是司马炎的儿女亲家。

有卫瓘如此人物在，这司马衷的皇位确实不太容易保住。

于是乎，六个义士就跟打了鸡血一样，在晋惠帝司马衷答题不佳之后，铆足力气劝说司马炎放弃司马衷的皇太子之位，改立司马攸的皇太弟之位。

这眼看着司马昭这一脉的王位易主，司马炎那二十几个儿子肯答应吗？肯定不愿意！

这眼瞅着杨芷自己的皇后之位，就成了小叔子坐庄当主，皇后背后的杨家肯答应吗？当然也不可能答应了！

于是，贾南风找到了和杨芷拉近距离的一个好方法：建立共同的敌人。

为什么杨芷会相信贾南风呢？

原因有三。

其一：贾南风是太子妃，皇太子改成皇太弟，贾南风妃位也被废除，这是一损俱损。

其二：贾南风恨李婉以及李婉的大女儿贾褒，而贾褒恰好是司马攸的王妃，这血亲间的家仇有时候比世家之间的仇恨更深刻。

其三：贾南风有机会接触贾褒，最有机会拿到司马攸不安分的证据，一击致命。

无论是从利益、私仇，还是从关系上，贾南风都是当之无愧的扳倒齐王司马攸的人选。

于是杨芷自作聪明地要了一个心机：借刀杀人。

贾南风也暂时达到了自己的目的：保住太子妃的妃位。

此时，又发生了一件事，这件事也是该着司马攸自己给自己找不痛快。

这司马攸很喜欢做三件事。

其一：不想拿皇家钱，自己封地比皇库的钱还多，而且还拿钱周济封地属官，引得朝堂上的大官艳羡，并且靠着捐赠清廉官员，笼络人心。

其二：喜欢对平民广为布施，更喜欢比皇家还勤快地当散财童子赈济灾区。弄得天下只知道齐王司马攸，不知道太子司马衷。

其三：因为晋灭吴的时候，司马攸也曾参战，这卫瓘、王浑、王衍、王戎、裴楷、和峤、司马伷都跟他私交甚好。这势力足以震慑皇室。

最关键的原因，司马炎没几年好活了，想给儿子留个太平宰相，却不愿留一个争权夺位的强劲对手，尤其是子孙后代都要给别人叩首低头的对手。

于是，司马炎捧杀司马攸的预谋开始。

当天下人歌颂齐王司马攸是再世周公的时候，当世家称颂齐王司马攸是司马氏皇族希望的时候，一个质疑的声音出来。

这就是口水（一）的内容，司马攸不是司马昭一脉了，过继出去的齐王怎么配继承大统？

所有据理力争的都是司马攸的好友，而司马炎的手下也在这个时间开始抗议。

贾南风看到这一绝佳机会，开始打听司马炎的心思，突然发现，司马炎打算让司马攸留守京城，把司马攸看得死死的，并且杨芷的父亲杨骏为了稳住女儿皇后的位置，已经着手准备对付司马攸了。

鉴于司马炎和杨骏都在筹谋坑害司马攸的事，贾南风计上心头，打算借杨骏的手给司马攸下毒。

据正史记载，壮年时期的司马攸口吐鲜血数天不止，是因为好友接连被贬，而自己被气得严重吐血。

司马炎因为怪司马攸脾气性格不好，数天不见，于是耽误了就医，司马攸最后气得吐血而亡。

三十多岁的人，气吐血而死，这简直是胡扯。

所以，最根本的原因就是司马攸被人下了毒，中毒吐血而死。

为什么我怀疑是杨骏和贾南风联手做的呢？

第二十章　东吴孙皓归命

我们讲到了司马攸在晋武帝司马炎时期是怎样牛的存在，又在晋文帝司马昭时期是多么稀罕的存在。

所谓桃符可旺我司马家，说的就是齐王司马攸，谁让司马攸字桃符呢?

但是这个桃符没有起到桃木剑辟邪的符箓效果，却起到了招灾引病的霉运效果。

为什么呢?

上文提到了太子妃贾南风选定齐王司马攸为自己跟皇后杨芷共同的敌人。

既然有了共同的敌人，就要有共同消灭敌人的最有利的借口。

我们在历史上见过最狗血的，就是借刀杀人的同时配上一点嫁祸于人。

这嫁祸于人的手段要是高超，就跟明朝的四大奇案一样，让人最终都云里雾里，不明真相。

这嫁祸于人的手段要是低端，就是拿血亲做引子搞事情。

那么，如果有人手段低端，又有人同时手段高端，会产生什么有趣的化学效果呢?

我们先来看看手段低端的代表：晋武帝司马炎的第二任皇后杨芷。

杨芷虽然贵为皇后，可到底有皇太子司马衷在太子的位置上，这司马衷又是司马炎最爱的女人，也就是上一任皇后杨艳所生。

这堂姐的大儿子，司马家的长子嫡孙，即便是个历史上真正盖章认证的呆傻，那也不能轻易废储。

如何能让司马炎废掉成年的司马衷，改立两岁稚童司马恢为皇储呢？

首先，杨芷要防止努力成果被摘桃子，比如几个优秀的皇子，分别是晋怀帝司马炽、淮南王司马允、清河王司马遐、楚王司马玮、长沙王司马乂、成都王司马颖。

其次，杨芷要防止努力过程中后宫趁机捣乱，比如几个有能耐的后妃，晋怀帝司马炽的母妃王媛姬，淮南王司马允的母妃李夫人，清河王司马遐的母妃陈美人，楚王司马玮、长沙王司马乂的母妃审美人，成都王司马颖的母妃程才人。

最后，杨芷更要防止各位美人及皇子背后的世家趁机浑水摸鱼，比如晋怀帝司马炽的琅琊王氏，淮南王司马允的赵郡李氏，清河王司马遐的颍川陈氏，成都王司马颖的岳父乐广及背后士人。

为了防止别人摘桃子，杨芷可谓煞费苦心。

杨芷想让晋武帝司马炎心疼自己儿子司马恢，又希望能震慑众皇子，于是想借助司马恢一场蹊跷的病来让自己的父亲杨骏掌权。

想法是好想法，办法也是好办法，只是实施起来，杨芷用错了人。

为什么呢？

我们前边说到了，杨芷只想到司马氏内部的事情，无论是姻亲还是外戚的事情，却忘了司马氏外部的仇敌。

比如被灭了国的孙皓，比如手段高超的贾南风。

就在杨芷付诸计划的时候，贾南风自动请缨，打算跟杨骏里应外合铲除齐王司马攸。

而杨骏和杨芷低估了贾南风，以为贾南风只是会剽窃文豪潘岳的文章，其实贾南风自己是个胸大无奈的蠢货，至于潘岳，没错，就是貌比潘安的那位潘安。

只是更正一下，人家潘安不叫潘安，真正名字叫做潘岳，字安仁，所以他叫潘安仁，不叫潘安。

可是杨芷不知道的是，一个拥有精通律法父亲的女人，甚至参与修晋朝律法的女人，一个能写策论糊弄住皇帝司马炎的女人，这个女人真的会是个胸大无脑的简单人吗？

可是呢，杨骏和杨芷先于杨国忠和杨玉环，他们父女发扬了杨家过于单纯的老毛病，真的以为贾南风看不出这父女俩的局中局。

也许，在杨芷眼里，贾南风就是借刀杀人的那把刀；在杨骏眼里，贾南风就是个只懂得憎恨姐夫齐王司马攸的蠢女人。

所以这俩人以为贾南风傻乎乎地引来司马攸，能够同样傻乎乎地承担来自司马攸背后大世族的愤怒。

可是，贾南风是什么人呢？卧薪尝胆，十年报仇不晚的主儿，一个生了八个女儿，毫无子嗣也能稳坐太子妃的女人！

既然是借刀杀人，那么贾南风就干脆将水搅浑，让所有人都置身其中，而她便可以从容地全身而退，隔岸观火。

那贾南风怎么做的呢？

首先，贾南风找到了一把好刀，这把刀是谁呢？

没错，就是跟唐后主李煜有一拼的归命侯孙皓，也就是孙权的孙子。

晋灭吴之战确实是让三国归晋，天下一统。

可是谁愿做亡国之君，又有几个有刘阿斗的心胸能忍下耻辱，跟人诉说乐不思蜀呢？

孙皓可是能在酒席上当众斥责司马炎，当众羞辱贾充的硬脾气，自然遇刚则刚，遇强则强。

贾南风发现孙皓这一点就炸的性格，心生一计。

什么计谋呢？

真正的借刀杀人。

贾南风发现孙皓很喜欢参加宴会，各种各样的宴会，高调出现表明自己的存在，而她又打听到司马栋和司马攸会同时出现在这个宴会上。

于是设计天衣无缝的巧合，就成为贾南风当下最重要的事情。

如何设计呢？

首先，我们先看一段史料记载：太康五年（公元 284 年），孙皓在洛阳去世，时年四十二岁，葬在洛阳的北邙山。滕皇后亲自为他写了哀悼文，文章甚是悲痛凄楚。

我们不禁要问，四十二岁的孙皓，没听说有什么疾病，怎么会暴病而亡？

到底是暴病，还是中毒呢？

我们再参考一下另外一个史料：太平兴国三年（公元 978 年）七夕节，违命侯李煜四十二岁生日，在住所聚会后妃，作《虞美人》追思往事、怀念故国，并命南唐女伎咏唱，宋太宗听到后非常愤怒，诸罪并罚，遂赐牵机药鸩杀李煜。

瞧瞧，同样四十二岁，一个是归命侯孙皓，一个是违命侯李煜，都是被俘虏两年后死亡。

李煜的结局很清楚，历史记载是被毒杀的。

那么孙皓呢？

我揣测，十之八九这孙皓同样是被毒杀的。

那么，为什么被毒杀呢？

我们来看看太康四年（公元 283 年）到底都有谁蹊跷去世吧。

第一个就是齐王司马攸。

第二个是东晋之主司马睿的爷爷，琅琊王司马伷。

第三个是“竹林七贤”的山涛。

第四个是归命侯孙皓。

那么，太康五年（公元 284 年）有谁去世呢？没错，皇后杨芷的独子司马恢！

巧不巧？

这成年的都早于司马恢去世，而且是几个冤家，司马攸啊、孙皓啊，还有司马伷和山涛。

而且更令人震惊的是，司马攸是久不就医而死的，孙皓是毫无记载的暴毙。

而司马伷呢？历史记载是司马伷病重，司马炎赏赐他各种物品，又派侍中询问病情！

啧啧啧，瞧瞧，五十七岁的司马伷病重被赏赐，并且临终时上书，请求把自己葬在生母伏太妃陵墓的旁边，又请求把封国分给他的四个儿子，司马炎允许了！

到底是什么让参加晋灭吴之战的将军王爷不愿待在京城，非要返回封地的呢？

是心灰意冷吗？是心惊胆战吗？还是怕被牵连呢？

而山涛呢？更绝了，史书记载山涛上表苦苦求退，司马炎下诏不许，累死在任上。

有意思的是，潘岳骂过山涛、王济、和峤、裴楷，阁道东边有大牛，和峤在牛前，裴楷在牛后，王济在中间挑逗纠缠不得休。

这卫玠姨夫、舅父大人、未来第二任太岳父的组合，为什么要被潘岳这么骂呢？

而这些人恰恰是后期因为替司马攸求情，被贬黜的人。

等下我们串起来看看贾南风高超的借刀杀人计。

史书还记载了这样一段往事，公元283这一年，多王去世，发生日食，兖州、河南及荆州、扬州发大水，洪水淹没两千多个村落。

瞧瞧，发生了群星陨落事件，以及天降异象事件。

潘岳一个琅琊走出来的小官，能这么大胆指责晋灭吴之战的元帅、将军这些功臣及其子嗣，肯定有人撑腰与谋划。

那么是谁呢？

我们前文也说了，贾南风请潘岳写了一篇策论帮助司马衷骗过了司马炎的试探，并且潘岳此时成了贾南风的谋士。

贾南风如果想要拥有自己的势力，首先在风暴来临之前要隐藏自己的势力，风暴来临的时候要保护自己的势力，只有这样，风暴过后才有能力保住自己的地位。

潘岳骂遍了卫玠的亲戚，顺理成章地被贬官，送到了一个满是桃花的地方种桃花，成了桃花县令。

贾南风为什么要保护潘岳，让潘岳躲开？又为什么让潘岳在皇宫大内的柱子上写这个呢？

我们来看这段话的意思，也来品品贾南风的第二个绝招：兵不血刃，借刀杀人。

我们站在贾南风的角度来看事情经过。

婆婆杨芷和国丈杨骏要求自己这个太子妃请姐夫齐王司马攸入皇宫，要趁机栽赃司马攸。此时引路人、邀请人都是贾南风，如果司马攸有个万一，是不是贾南风首当其冲要问责？

婆婆杨芷打算要小皇子司马恢大病一场，以此来诬陷司马攸打算杀掉司马炎，却让司马炎小儿子司马恢中招。手足相残，祸起萧墙，又加上有很多人支持司马攸。枕边风一吹，司马炎会不会相信司马攸有反心？如果相信，身为司马攸小姨子的贾南风，太子妃位还会稳固吗？

那贾南风如何让自己成为不知者不罪，又给司马炎造成一个她是局外人的假象呢？又如何将杨芷、杨骏、杨芷之子诸葛恢、司马攸、司马亮、司马伷、山涛、卫瓘等人一网打尽呢？

第二十一章 司马家的取名

在弄清楚贾南风计谋的时候，先弄明白一个问题，贾南风应该跟司马家哪些人为统一战线，哪些人为仇敌呢？这些人如何选择正确，才能够达到她假他人之手的目的呢？

我们先看看贾南风与司马家的交友圈，顺便了解一下司马家那些王爷们的有趣故事。

很多时候，越大的家族，越喜欢拿孩子的名字来当作家族大事件的记载。

我们来看看司马懿几个儿子的名字，司马师、司马昭、司马伷、司马亮、司马京、司马干、司马骏、司马肜、司马伦，就会发现里面的蹊跷之处。

司马师出生于公元 208 年，参考《三国志》《晋史》，建安十三年（公元 208 年），曹操为丞相以后，使用强制手段辟司马懿为文学掾。曹操对使者说，“若复盘桓，便收之”。

司马懿畏惧，只得就职。曹操让他与太子往来游处，历任黄门侍郎、议郎、丞相东曹属、丞相主簿等职。

也就是说，司马师出生这一年，正好是司马懿假装中风后被识破，被强行拉去当官的一年。

这一年，司马懿做的是随行黄门侍郎。

想象一下，被拉去做属官的司马懿会死心塌地，心无怨恨？

肯定是满肚子怨气的那种，那么这个时候，无言的抗争以及跟家族明示的最佳方法是什么呢？

用自己的儿子的名字来做明示，告诉司马氏自己的决心。

什么决心呢？师与誓的关系。

师：比作王师统帅，如曹操一般，出任丞相，号令群雄。

誓：发誓要卧薪尝胆，终有一天要雪耻，毕竟是有狼顾之相的司马懿。

那么，司马师在司马氏精神中的地位是什么？

发誓要让司马氏堂堂正正、扬名立万的精神存在！

我们再来看下司马昭。

司马昭出生于公元211年，也就是小司马师三岁，参考《三国志》《晋史》，这一年曹操逐渐察觉司马懿“有雄豪志”，又发现他有“狼顾之相”，心里很忌讳。因此对曹丕说，司马懿不是甘为臣下的人，必会干预我们的家族之事。

这一年，曹操曾多次征召马超入京为官，但都被马超拒绝。而后马腾入京被封为卫尉，马超就统领了马腾的部队。建安十六年（公元211年），曹操治兵关中，马超联合关中诸侯韩遂等抵抗曹操，曾一度对曹操造成了极大的威胁，但被曹操用离间计击败退走，而后聚拢部队再次攻取陇上诸郡，失败后依附汉中张鲁。

马超和司马懿都是多次拒绝曹操的人，曹操记恨马超，就率兵攻击马超，而同时曹操也说过忌惮司马懿的话，若你是司马懿，你怎么想呢？

这前车之鉴就在眼前，马超的下场历历在目，司马懿对自己未来的处境有什么考量？

当然是如履薄冰，如临深渊，战战兢兢了。

那么，司马懿就借着司马昭的出生跟家族表达自己的另外一种心思。

是什么心思呢？

昭：昭然若揭、昭告天下、太过招摇的懊悔。

兆：等待预兆、占龟卜兆、甘做兆民的韬光。

那么，司马昭在司马氏精神中的地位是什么？

发誓要学越王勾践，韬光养晦，卧薪尝胆，君子报仇十年不晚的筹划。

现在说下司马伷，伷是司马懿被曹丕封为托孤大臣之后，贵胄的胄的谐音，以为贵极人臣。

这是司马懿向家族明示，司马氏要崛起的一个预告。

之后是老四司马亮，公元231年，建兴九年春，亮复出祁山，以木牛运粮，粮尽退军。与魏将张郃交战，射杀郃。

此时司马懿是想向曹叡及其曹魏重臣表达自己对诸葛亮斩杀张郃愤怒的情绪，但也同时告诉司马氏，司马家从文官一跃成为文武成斌大世家的开始，司马氏的未来光亮如昼。

再之后是老五司马京。公元230年8月，诸葛亮屯军成固（今陕西城固西北），召李严领兵二万赴汉中，严阵以待。

会大雨三十余日，栈道断绝。魏太尉华歆、少府杨阜、散骑常侍王肃均上疏请还师。九月，魏帝召曹真等回师。

正所谓浩浩荡荡去攻打诸葛亮，灰头土脸被老天撵回老家的曹魏大军，就是这样一个时间，足以让司马懿震惊了，也足以让诸葛亮乃神人也的思想深入司马懿的脑海。

因此司马京的京也就有了咄咄称奇、啧啧称怪的惊奇含义。

之后是老六司马干。公元232年，司马懿保住陇西粮食，解了祁山之围，最终两军在相持中，蜀军粮草耗尽退兵。

并且司马懿认为："诸葛亮两次出祁山，一次攻陈仓，都受挫而返。即使以后他还会出兵，将不再攻城，而是寻求野战，地点必在陇东，而不会在西边。诸葛亮常以粮少为恨，回去后必然广积粮草，估计至少三年内，他是不会出兵的。"

此时，不得不惊叹于司马懿的老谋深算与难得的率真直爽，以一个"干"字来告诉司马氏，司马懿守住了粮草就是守住了胜利，是唯一战胜诸葛亮的将帅！

而《淮南子》也说，树木旁生曰枝，本根为干。也许粮草就是战胜诸葛亮的根本，所以司马懿以此来向家族炫耀自己的功绩吧？所以张春华生的最后一个儿子，取名为司马干！

之后是老七司马骏。公元232年，魏太和六年九月，明帝曹睿因辽东（今辽宁辽阳）太守公孙渊与吴通好，遂不听散骑常侍蒋济劝阻，使汝南太守田豫督青州诸军自海道、幽州刺史王雄自陆道，共讨公孙渊。屡攻不克，诏令罢军。

十月，公孙渊遣校尉宿舒、郎中令孙综向孙权奉表称臣，并献貂、马，权大悦。次年正月，为之大赦。三月，遣渊使舒、综还。权不顾群臣谏阻，使太常张弥、执金吾许晏、将军贺达、中使秦旦等领兵万人，送金宝珍货、九锡备物，从海道入辽东，封公孙渊为燕王。

司马懿虽然跟老曹家对垒多年，可到底还是拥有不错的大局观，此时在司马懿看来兵多将广不如膘肥体壮的战马来得更重要。

在听到公孙渊和东吴的互动之后，司马懿也表现出了对辽东骏马的期待与艳羡。

这一刻司马懿对辽东半岛，对整个幽州有了更清晰的认识。

之后是老八司马肜，景初二年（公元238年）正月，魏明帝召回司马懿，命他率兵讨伐。司马懿平辽东，杀公孙渊。邪马台女王卑弥呼派使者到魏，魏封卑弥呼为“亲魏倭王”。

因为战胜了公孙渊，也顺道将辽东的骏马收入帐下，此时老八出生，司马懿用了《周礼》一书的意义来向家族炫耀自己作为统帅荡平公孙渊等人，平定幽州，掌握辽东。

而肜的含义，《周礼》记载，肜，商代祭祀的名称。而肜日，祭祀之后第二天又进行的祭祀。

这是什么意思呢?

相当于在打公孙渊之前，司马懿跳脚骂：孙子！你洗干净脖子，等着爷拿你的头当祭祀品献祭！

果然是取名不费脑子的司马懿，大事件就用儿子名字记录。

那么老九，八王之乱，狗尾续貂创始人，司马懿幺儿，柏夫人的独子司马伦又是什么意思呢?

据《三国志》《晋史》记载，公元241年，正始二年四月，吴帝孙权分兵四路攻魏：卫将军全琮率军数万出淮南，威北将军诸葛恪攻六安，前将军朱然攻樊城，大将军诸葛瑾攻祖中。

正始四年（公元243年）九月，司马懿率军出征。军队到达舒城，诸葛恪弃城而走。司马懿巡视淮北屯田区，提拔农家子弟邓艾主持屯田。

在高平陵事变（公元249年）中，司马伦曾经借机报信，而且是钻狗洞，一个钻狗洞的孩子才多大？五岁到八岁之间。

如果按照人事大变动，公元243年，司马懿战胜东吴，并让自己的学生邓艾屯田蚕食蜀汉。

魏灭蜀之战，也可以看到钟会和邓艾靠着屯田法蚕食蜀汉，最终刘阿斗成了乐不思蜀的主儿。

以此看到，司马伦最可能出生于公元243年，这一年最具有纪念意义。

而伦，《周书》所言：悌乃知序，序乃伦；伦不腾上，上乃不崩。

意思是说条理清晰，顺序清楚，就不会发生崩坏的情况。

简单而言，就是司马懿向整个司马氏宣告他能解决任何崩坏前的危机，并且有绝对多的人才与方法，《说文》解释伦辈即我辈。

这便是以伦辈的词组含义，向司马氏昭示，司马氏学曹操称王，自我辈始！也是宣告野心的开始！

我们诠释了司马懿通过给九个儿子取名来递进式地宣告自己的野心，那么，贾南风有没有可能学司马懿，靠着几个人的名字或者敕封、雅号、显号、别号、道号来向同盟传达信息呢？

答案是可能的，而且是最佳的传递密码。

而这个密码掌握在什么地方呢？

答案是金谷园，建立属于贾南风自己的朋友圈，而这个朋友圈就是石崇建立的金谷园，潘岳维持的金谷园，史称金谷园二十四友。

第二十三章 《三国志》成书

而贾南风在设下计谋的时候要筹建金谷园二十四友，以破解司马家取名密码，并借助此事来寻找自己的司马王族同盟，并甄别出她的司马王族仇敌，顺道防止司马懿其他弟弟，也就是其他司马氏支脉王爷得到信息，为了摘皇位这个大果子吃，而蠢蠢欲动。

我们上文分析了杨芷要做的事情以及她一定会做的事情，那么，我们来看看杨骏做的事情。

杨骏是杨芷的父亲，诸葛恢的外公，脾气像极了大唐时代的杨国忠，但是能力比杨国忠强一点。

杨骏身为外戚，最喜欢做的事情是提建议，是那种只提建议绝对不解决问题的主儿。

杨骏的面前有三个敌人，第一个是战功赫赫的王爷和将军们。

他们都是谁呢?

先数一下王爷，分别是卫瓘的儿女亲家万岁亭侯司马亮、东晋开国之主司马睿的爷爷琅琊王司马伷，还有就是司马师的养子、司马昭的次子齐王司马攸。

这其中有个人是关键，是谁呢?

没错，这个人就是万岁亭侯司马亮。

要知道历史上被唤作万岁亭侯，从曹魏开始算起，共有六个人，分别是许褚、荀彧、韩浩、高柔、曹茂、司马亮。

司马懿有四个杰出的儿子，司马师是长子，司马昭是次子，司马伷是三子，司马亮是四子。

万岁亭侯这么霸气的封赐是什么意思呢?

要知道，三国以来重臣才是侯爵，而不以地名为封赐更是贵中之贵，能被说成万岁，更是重中之重。

再者，我们来看看这六个人在魏晋时代是怎样的存在吧。

参考《三国志》《晋史》，许褚，这家伙是与曹操有过命交情的护卫，孔武有力，忠诚于曹操。

荀彧，这位更有名气了，喜欢三国的都知道荀彧是何人。

这荀彧堪称曹魏智囊一般的存在。

他到底有多神呢?

荀彧告诉曹操，挟天子以令诸侯；荀彧告诉曹操，立许昌为帝都；荀彧告诉曹操，有他在，不用担心战时无粮草供应。可谓军需后勤调度界中的扛把子，是陪着曹操打过官渡之战、赤壁之战的主儿!

韩浩或许你可能不知道是谁，但是说起为什么质子劫持主人时必须斩杀，这个源头从哪里来，你或许就能知道了。

没错，韩浩创造了质子劫持他人，必杀质子的万世之法。

为什么呢?

韩浩本是由夏侯惇所举荐，夏侯惇在攻打吕布时被吕布将领诈降后劫持，韩浩竟决定将人质夏侯惇和所有叛军一起杀死。

夏侯惇最终还是得以逃脱，但韩浩此举却深得曹操认同，下令如有人质劫持事件，一并砍杀，以杜绝劫持之事发生，并认为这是“万世之法”。

高柔是谁呢?

提起高柔，你可能不知道是谁，但是提起袁绍外甥，你或许就理解了。

这个高柔是袁绍外甥，20 岁当官做到 90 岁，辅佐过曹操及曹氏五代皇帝，几乎横跨了整个曹魏历史，这可是五朝元老。

而曹茂呢?

曹操地位最卑微的儿子，曹丕称帝后众兄弟中唯独曹茂不封王，还是曹操在世时封他为“万岁亭侯”，直到曹丕去世曹叡上台才被封为聊城王。

有史学家就说，只有常年跟随在帝王身边的人才能分封此爵，并且万岁亭侯可共享王室收入！

瞧瞧，司马亮就是下一个万岁亭侯的代表！

那么，司马亮有什么特别的地方吗？

我们来看看司马亮出色的简历。

参考《三国志》《晋史》，司马亮初封万岁亭侯，后改封广阳乡侯、祈阳伯，历任东中郎将、散骑常侍、镇西将军等职。西晋建立后，先封扶风王，后改封汝南王，先后担任骑司马、抚军将军、卫将军、宗师等。

咸宁三年（公元 277 年），升任镇南大将军、都督豫州诸军事等要职，镇守一方。不久，入朝任太尉、录尚书事，兼任太子太傅。

这是什么意思呢？

泰始元年（公元 265 年），司马亮的侄子晋武帝司马炎受禅登基，建立西晋政权，封他为扶风郡王，食邑一万户，担任骑司马，增加参军掾属，加持节称号，都督关中雍凉诸军事。

这就是说，司马炎学曹丕，曹丕怎么让汉献帝刘协让位的，司马炎就是怎么让曹奂让位的！

没错，历史在重演！不断地重演！

当时，曹丕登基的时候，曹丕有曹真。

在新帝登基时期，曹真的官职是什么呢？

曹丕继位后，拜为镇西将军、都督雍凉诸军事，负责镇守西北边境，封东乡侯。迁使持节、上军大将军，都督中外诸军事，成为曹魏军队的最高统帅之一。

我们来瞧瞧曹真和司马亮一样的地方。

曹真是镇西将军、都督雍凉诸军事！

司马亮也是镇西将军、都督关中雍凉诸军事！

为什么新帝登基，都要有个镇西将军？都要都督雍凉诸军事呢？

我们带着这个疑问，再去看看另外一个巧合点。

那就是帝王驾崩前的托孤，曹真和司马亮的相似之处，又是什么？

太熙元年（公元 290 年），晋武帝司马炎卧病，司马亮遭到杨骏的排挤，晋武帝便任命司马亮为侍中、大司马、假黄钺、大都督、都督豫州诸军事，出京镇守许昌，外加三面悬挂的钟磬之乐、六佾之舞。

太熙元年（公元 290 年）晋武帝司马炎给中书下诏，让召汝南王司马亮与杨骏共同辅助王室。晋惠帝司马衷以太尉杨骏为太傅，辅佐朝政。八月二十六日，立子广陵王司马遹为皇太子，以中书监何劭为太子太师、吏部尚书王戎为太子太傅、卫将军杨济为太子太保。

让我们来看看曹真，同时期曹丕驾崩前托孤的史料。

黄初七年（公元226年），曹丕驾崩，曹真与镇军大将军陈群、征东大将军曹休、抚军大将军司马懿四人受遗诏辅政，魏明帝曹睿即位后，封邵陵侯，迁为大将军，地位仅次大司马曹休。

我们来看看帝王驾崩前的相似之处。

曹真是顾命大臣，而司马亮呢？司马亮也是顾命大臣。

那么问题来了，新帝登基的时候，曹真和司马亮都是最靠近帝王的人，都是最有军权的人，帝王驾崩前，曹真和司马亮都是帝王最信任的托孤大臣。

就司马亮这样的万岁亭侯，在晋武帝司马炎心中到底是怎样的一个地位，不言而喻了吧？

我们再看看司马亮与司马伷的关系！

了解魏晋历史的人，大多知道司马懿最喜欢的一个姬妾是伏夫人。

这伏夫人是大汉朝末年的外戚，在司马家的地位很高，并且她一共生了四个儿子，分别是三子司马伷、四子司马亮、五子司马京、七子司马骏。

也许你会问，第六子是谁生的呢？答案是司马懿正妻张春华所出！

张春华生了老大司马师、老二司马昭、老六司马干！

而老八司马肜是张夫人所出，老九司马伦则是柏夫人所出。

司马懿一生九子，伏夫人独占四个，张春华占三个，伏夫人到底多受宠，可见一斑。

我们再看看司马伷出生这一年，司马懿在做什么。

公元227年，诸葛亮驻军汉中，写《出师表》准备北伐，太守孟达数与诸葛亮通书信，司马懿准备带兵“胖揍”孟达！

而公元226年，恰好曹叡登基为帝，司马懿成为托孤大臣，司马伷的伷就是贵胄的胄之意，诠释为贵族。

确实啊，托孤大臣的司马懿在这一刻实现了人生第一个梦想：贵极人臣！

也因此，司马伷是司马懿向司马家宣誓的一种暗号：成为最尊贵的家族！

我们再看看司马亮出生这一年，历史虽然没有给出具体时间，但是从老五司马京出生于公元232年来推测，老三司马伷出生于公元227年，公元227年与公元232年之间相差五年，那么中间的这个老四司马亮会是哪一年呢？

公元228年，司马懿攻取新城，斩杀孟达。诸葛亮第一次北伐，魏延献计出子午道，马谡失街亭，陆逊大败曹休，姜维降蜀。

这一年诸葛亮挥泪斩马谡，司马懿斩杀孟达，是不是这一年呢？

别着急，再看看公元229年。

这一年诸葛亮派遣部将陈式夺取武都、阴平二郡，刘禅恢复诸葛亮相位，孙权称帝，蜀汉遣使来贺东吴，缔结吴蜀同盟，建立“中分天下”的盟约，孙权迁都建邺。

这一年，想必司马懿真的觉得老对手诸葛亮让人恨得咬牙切齿。

公元230年呢？

这一年没有什么大事发生，唯一的一件事，就是司马懿宁愿挨罚也不愿意在曹真面前抢夺军功，选择慢吞吞地跟曹真合兵一处。

公元231年呢？

据《三国志》记载，这一年春天，诸葛亮再次北伐，六月，粮草接应不上，而又收到令北伐军撤退的召命，诸葛亮唯有引军退回。张郃追击蜀军，于木门道，被埋伏于高处的蜀军射中右膝，伤重病逝。

没错，就是最开始司马懿设计让曹魏最后一员猛将陨落的地方！

我认为，司马亮出生最有可能是在这一年。

公元231年，诸葛亮设计张郃，司马懿以亮为名，给自己儿子取名司马亮。

次年，公元232年，司马懿以京或惊的字来给自己儿子取名司马京。

而这样的取名，也同样让司马伷、司马亮、司马京成为司马氏一族图腾一样的精神存在。

而这个时候陈寿也写完《三国志》，并记载了司马氏的有趣的家族图腾变迁史。

陈寿是谁？《三国志》又是一部什么书呢？

陈寿，字承祚，巴西郡安汉县人，三国时蜀汉及西晋时著名史学家。

陈寿自幼刻苦好学，拜同郡人谯周为师，研习《尚书》《春秋左氏传》《春秋公羊传》《春秋谷梁传》，精通《史记》《汉书》，陈寿聪明机敏，所写文章以富丽著称。

最初应州里的聘请，历任卫将军主簿、东观、秘书郎、散骑、黄门侍郎、观阁令史等职。当时宦官黄皓专横弄权，蜀汉众臣大都极力逢迎黄皓，唯独陈寿不愿依附他，因此多次被贬谪。

适逢陈寿父亲去世，他守丧期间，因为生病而让婢女伺候自己服药，被来客看见，乡党因此对他颇为议论指责。

可以说，陈寿是个熟读历史，又刚正不阿，被宦官排斥的大臣。

蜀汉灭亡，陈寿因而多年不被荐举。张华欣赏其才华，认为他虽然有行为不检点的嫌疑，但依照情理不应被贬废。于是推举其为孝廉，授官佐著作郎，又出任阳平县令。

陈寿撰写《诸葛亮集》，上报朝廷。后授职著作郎，兼任本郡中正。

张华这个打不死的小强引荐了陈寿，并且让巴蜀人陈寿写了巴蜀的名人诸葛亮，这是他第一次写史书，写的是蜀汉诸葛亮传奇。

益州自从东汉光武帝之后，蜀郡人郑伯邑、太尉赵彦信以及汉中人陈申伯、祝元灵和广汉人王文表都是博学多闻，撰写有巴、蜀的《耆旧传》。

陈寿认为这些书都不值得流传后世，于是合并巴郡、汉中地区，撰写成《益部耆旧传》十篇。散骑常侍文立向朝廷呈献此书，得到武帝的嘉奖。

又由于陈寿编纂了更符合历史的书籍，晋武帝司马炎对陈寿颇为赏识。

张华准备荐举陈寿为中书郎，中书监荀勖虽然赏识陈寿，但因忌恨张华，陈寿又写了不太符合曹魏形象的《魏史》，两个因素叠加而排斥陈寿，荀勖便示意吏部改任陈寿为长广太守。陈寿以奉养老母为由不就职。

荀勖到底是荀彧的儿子，自己的父亲的历史并不出彩，自然会不满中书郎陈寿所记载的史书，因此陈寿写曹魏历史中断了。

镇南将军杜预离京镇守荆州之前，又将陈寿举荐给朝廷，建议授予他黄门侍郎或散骑常侍之职。

陈寿因此被授职为治书侍御史。因母亲去世离职，其母临终遗言将她埋葬在洛阳，陈寿恭行母亲遗志，但又此而遭到非议贬官。

当初，谯周曾对陈寿说："你必定会凭才学扬名天下，但常会遭到诋毁伤害，这未必是不幸，要谨慎从事。"陈寿至此，正应了谯周之言。

司马懿的女婿，司马昭的妹夫杜预推荐陈寿重新写史书，可惜，人才招人妒，陈寿还是被再次贬官，所幸陈寿还在写史书。

晋灭吴，统一天下。陈寿撰写完成《三国志》，共六十五篇。

当时的人们盛赞陈寿善于叙写史事，具有良史的才干。夏侯湛当时也在撰写《魏书》，看到陈寿的《三国志》后，便销毁自己的《魏书》。

张华对陈寿倍加赞赏，对他说："应该把《晋书》委托给你撰写。"

陈寿就是如此受时人器重。

但是关于陈寿还有一个小插曲，那就是被贬官之后缺米粮，然后写史书根据赠送米粮来给人美化功绩。虽然这个小插曲出现在房玄龄的《晋书》之中，是不是谣传，至今尚无定论。

唐朝房玄龄等撰写的《晋书·陈寿传》，收录了陈寿因为私仇而在书中有所表现的一则传闻，说的是丁仪、丁讷在曹魏时负有盛名。

陈寿对他们的儿子说："送我千斛米，我就为令尊大人写传记。"

丁氏不答应，陈寿果真不为他们立传。

陈寿父亲曾做过马谡参军，马谡兵败被诸葛亮所杀，陈寿父亲也被牵连受罚，诸葛瞻又轻视陈寿。

因而陈寿为诸葛亮立传，说诸葛亮军事谋略非其长处，又无临敌应变之才；说诸葛瞻只工于书法，名过其实。议论的人因此而轻视陈寿的为人。

这便是"索米轻亮"的由来。

万卷楼位于四川省南充市玉屏山麓，是陈寿少年成长和晚年归隐之地。据记载：万卷楼始建于蜀汉建兴年间，为三重檐式木石结构楼阁，唐代在楼前新建甘露寺，形成了汉唐风格的建筑群。

在万卷楼主要建筑的门框上，有多副盛赞陈寿的楹联："千秋笔写千秋史，万卷楼藏万卷书""破万卷书求索宇宙人生真谛，修三国志弘扬中华民族精神""承祚倘无三书神州竟成千古恨，果城幸有万卷举世得仰一名楼"。

陈寿所著《三国志》，书中多有劝诫之言，阐述前人的是非得失，对今世的教化大有裨益，尽管文辞不及司马相如，但质朴实在，惠帝于是诏令河南尹、洛阳令，派人去陈寿家抄写其书。

这一年，贾南风与晋惠帝司马衷将这个蒙尘许久的《三国志》正式引入庙堂，并成为晋朝少有的私人修史被司马皇家认可的正史书籍，与其说是司马衷慧眼识珠，不如说是修编《晋律》的贾充之女贾南风珍惜人才，重视史书典籍。

陈寿在三国归晋的时候，终于写完史书《三国志》，由于屡次遭贬，也因此《晋史》与陈寿无缘，但是不妨碍《三国志》史书的地位。

《三国志》是一部记载魏、蜀、吴三国鼎立时期的纪传体断代史。其中，《魏书》三十卷，《蜀书》十五卷，《吴书》二十卷，共六十五卷。记载了从公元220年（魏文帝黄初元年），到公元280年（晋武帝太康元年）六十年的历史。

陈寿是晋臣，晋是承魏而有天下的，所以《三国志》尊魏为正统。在《魏书》中为曹操写了本纪，而《蜀书》和《吴书》则只有传，没有纪。全书只有纪和传，没有记载王侯、百官世系的“表”，也没有记载经济、地理、职官、礼乐、律历等的“志”，这是一大欠缺。

记刘备则为《先主传》，记孙权则称《吴主传》。这是编史书为政治服务的一个例子，也是《三国志》的一个特点。

陈寿虽然名义上尊魏为正统，实际上却是以魏、蜀、吴三国各自成书，如实地记录了三国鼎立的局势，表明了它们各自为政，互不统属，地位是相同的。

陈寿所著的《三国志》，与前三史一样，也是私人修史。《三国志》书成之后，就受到了当时人们的好评。陈寿叙事简略，三书很少重复，记事翔实。在材料的取舍上也十分严慎，为历代史学家所重视。

史学界把《史记》《汉书》《后汉书》和《三国志》合称前四史，视为纪传体史学名著，《三国志》更是二十四史之一，是二十四史中评价最高的“前四史”之一。

至此可见，《三国志》在纪传体史书的地位，以及在史学家心目中的高度。

除此之外，陈寿在书中表现出品题人物的兴趣。

他说曹操是超世之英杰，刘备是英雄，孙策、孙权是英杰，周瑜、诸葛亮、鲁肃是奇才，庞统、程昱、郭嘉、董昭是奇士，董和、刘巴是令士，和洽、常林是美士，徐邈、胡质是彦士，王粲、秦宓是才士，关羽、张飞、程普、黄盖是虎臣，陈震、董允、薛综是良臣，张辽、乐进是良将。

《三国志》与《三国演义》，实际上是史书与小说的区别，而《三国演义》作为小说，出现了很多史书未曾记载的故事。

第一，刘备、关羽、张飞桃园三结义是不存在的，《三国志》只记载了三个人感情很好。而且年龄也不对，年龄：关羽＞刘备＞张飞。

第二，温酒斩华雄不是关羽，《三国志》记载的是孙权、孙策的父亲孙坚。

到阳人城下，城中守备十分严密，偷袭不可能成功。这时，军队饥渴困顿，士气低落。加上是在夜间，没有堑壕工事防御。将士们刚刚解甲休息，吕布又令人传布谣言，说孙坚率城中将士乘夜来袭。军众在黑夜中，不明真假，扰乱奔逃，弃盔甲，失鞍马，十分狼狈。

孙坚乘势出城追击，胡轸全军溃败，部下督华雄也被斩杀。孙坚阳人一役获胜，名声大起，威望更著。

第三，草船借箭不是诸葛亮，《三国志》记载的是孙权和周瑜。

建安十八年（公元213年）正月，曹操与孙权对垒濡须（今安徽巢县西巢湖入长江的一段水道）。初次交战，曹军大败，于是坚守不出。一天孙权借水面有薄雾，乘轻舟从濡须口闯入曹军前沿，观察曹军部署。孙权与周瑜商定轻舟行进五六里，并且鼓乐齐鸣。

但曹操生性多疑，见孙军整肃威武，恐怕有诈，不敢出战，喟然叹曰："生子当如孙仲谋，刘景升儿子若豚犬耳！"随后，曹操下令弓弩齐发，射击吴船。

不一会，孙权的轻舟因一侧中箭太多，船身倾斜，有翻沉的危险。孙权下令调转船头，使另一侧再受箭。一会，箭均船平，孙军安全返航。曹操这才明白自己上当了。

这里还有一句千古名言，生子当如孙仲谋！

第四,三英战吕布不存在,《三国志》记载的是孙坚打败了吕布。

董卓惧怕孙坚的勇武威猛，派部将李傕前往劝说，想与孙坚结为婚姻之好，并且让孙坚开列子弟中能任刺史、郡守的名单，答应保举任用他们。

在利诱面前，孙坚一身正气，他义正词严地说："董卓大逆不道，荡覆王室，如今不诛其三族，示众全国，我死也不瞑目，难道还要与他和亲吗？"

当即下令向大谷进军，部队一直挺进到距离洛阳九十里的地方。

董卓亲自引兵与孙坚交战，结果遭到孙坚重创，他留下吕布掩护，自己转守渑池和陕城。孙坚挥兵，进攻洛阳，与吕布接战，吕布最终不敌而败走，孙坚大军进入洛阳。

当时洛阳空虚，数百里内没有烟火。孙坚入城，见此惨状，无限惆怅，潸然泪下。他命令部队清扫汉室宗庙，用太牢之礼祭祀。

第五，过五关斩六将不存在，《三国志》记载的是关羽杀颜良，曹公知其必去，重加赏赐羽，尽封其所赐，拜书告辞。左右欲追之，曹公曰：彼各为其主，勿追也。

从地图上看，这关羽根本不是走直线，而是走的三角线，并且所去地区地域辽阔，这在地图上也好，还是史书上也罢，关羽离开其实很轻松，《三国演义》这一段是杜撰的。

第六，长坂坡七进七出不存在，《三国志》记载的是赵云曾两次救出了幼年时期的刘禅。长坂坡之战，刘备在逃亡过程中，丢下了妻子和儿女，两个女儿都被曹操部将曹纯统领的虎豹骑掳走，刘禅及甘夫人赖于赵云的保护才幸免于难。

后来东吴孙权趁刘备入川时派遣船队迎接孙夫人回吴，孙夫人趁机带走了刘禅。

其实赵子龙救刘备妻女的时候，非常平淡，《三国演义》这一段也是杜撰的。

第七，五虎上将在《三国志》不存在，贬义居多，陈寿在撰写《三国志》的时候，将关张马黄赵合为一传，这五人虽然各自有着勇猛一类的评价，但还并未说有五虎上将，五人共同的评价是都被比作“国之爪牙”。

“五虎上将”一说何时出现已不可考，元代戏曲里他们被称为“五将军”或“五兄弟”。

《三国志平话》称其为“五虎将军”，《三国演义》称“五虎上将”。

第八，周瑜被诸葛亮气死这件事不存在，《三国志·吴志·周瑜传》记载，甘宁之围被解后，周瑜军队便渡江扎在北岸，约定日期与曹仁军队大战。周瑜亲自跨马掠阵，被乱箭射中右胸，伤势严重，只好退还。后来曹仁听说周瑜卧床未起，便率兵上阵出战。周瑜回到江陵，准备行装，然而路过巴丘时即发病去世，年仅三十六岁。

周瑜是猝死不假，但那是箭伤而不是气死的。

并且“既生瑜何生亮”也不存在，据《三国志·周瑜传》记载，周瑜是一个气度恢宏、心胸宽广的人，他在历史上没有嫉妒诸葛亮的才能，当然也就不会说那句话。

《三国志》中陈寿对周瑜的评价“曹公乘汉相之资，挟天子而扫群桀，新荡荆城，仗威东夏，于时议者莫不疑贰。周瑜、鲁肃建独断之明，出众人之表，实奇才也”。周瑜王佐之才，性度恢廓。

《三国志》中陈寿对诸葛亮才智的评价“亮才，于治戎为长，奇谋为短，理民之干，优于将略”“可谓识治之良才，管、萧之亚匹矣”。

也就是说诸葛亮在《三国志》之中只是一个管理军需调度的后勤官员，不过跟管仲、萧何有一拼，诸葛亮从未是一线将军，两个人很少碰面，不存在周瑜忌妒诸葛亮军师的能力。

第九，华容道关羽义释曹操也不存在，《三国志》记载曹操率军从华容道步行撤退，遇到泥泞，道路不通，天又刮起大风。曹操让所有老弱残兵背草铺在路上，骑兵才勉强通过。老弱残兵被人马所践踏，陷在泥中，死了很多。周瑜、刘备军队水陆并进，一直尾随追击，但已经来不及了。

换言之，刘备、周瑜追曹操没追上，曹操溜得快才保了命，关羽根本不在。

第十，关羽单刀赴会不存在，单刀赴会的是鲁肃。《三国志》记载鲁肃与关羽邻界统兵，疆土犬牙交错，多次发生摩擦。鲁肃顾全大局，总是以友好的姿态安抚双方。刘备平定益州，孙权请刘备归还荆州中的长沙、零陵、桂阳三郡。刘备不肯。

孙权派吕蒙率军进取，长沙、桂阳二郡望风归附，唯有零陵太守郝普坚守不降。刘备得知，亲自引兵五万从成都赶回公安坐镇，派关羽率军三万争夺三郡。孙权也从秣陵进驻陆口，派鲁肃率领一万人屯守益阳，和关羽对抗。

鲁肃为了大局，邀请关羽相见，提出各自将兵马布置在百步以外，只有将军们各带单刀赴会。鲁肃做出决定后，他部下将领怕出变故，劝鲁肃不要轻蹈险地。

鲁肃毫无畏惧地说："事到今日，应该把话说清。刘备辜负国家，是非尚未论定。关羽又能怎么样呢？"

鲁肃毅然赴会。

会上，鲁肃数次指责关羽："我们江东真心诚意将土地借给你们，是因为你们兵败远方而来，无有立足之地。现在已经得到益州，既然没有奉还荆州的意思，那么就只要求你们归还三郡，而你们还不从命。"

鲁肃话音未落，荆州方面的一将说："说到土地，只有仁德之人才能占有，哪来一家永远占住不放的道理！"鲁肃当即大声呵斥，辞色严厉。

关羽此时也操刀而起，对那人说道："这些自然是国家大事，他知道什么！"用眼光示意那人离去。

单刀会没有结果，双方僵持不下，战争一触即发。时曹操进攻汉中，刘备害怕失去益州，派人跟孙权讲和。

双方议定，以湘水为界，平分荆州。江夏、长沙、桂阳三郡属孙权，南郡、武陵、零陵三郡属刘备，孙、刘休兵罢战，史称"湘水划界"。

第十一，诸葛亮六出祁山不准确，其实只有两次。

第一次出祁山，建兴六年春，扬声由斜谷道取眉，使赵云、邓芝为疑军，据箕谷，魏大将军曹真举众拒之。

亮身率诸军攻祁山，戎陈整齐，赏罚肃而号令长明，南安、天水、永安三郡叛魏应亮，关中响震。

魏明帝西镇长安，命张郃拒亮，亮使马谡督诸军在前，与郃战于街亭。

谡违亮节度，举动失宜，大为张郃所破。亮拔西县千余家，还于汉中，戮谡以谢众。

第二次出祁山，建兴九年春，亮复出祁山，以木牛运，粮尽退军，与魏将张郃交战，射杀郃。

第十二，火烧上方谷、七擒孟获、空城计、诸葛亮骂死王朗和曹真都不存在。而割须弃袍也不存在，曹操是胜利的一方，不是失败方。《三国志》记载曹军潼关战马超的真实情况如下。

建安十六年（公元211年）三月，曹操传令，让镇守长安的钟繇讨伐张鲁，并派夏侯渊出河东会合钟繇。此时，夏侯渊和徐晃刚刚平定太原商曜的叛乱，军队沿汾河出河东讨伐张鲁，将有可能经过关中诸将马超等人的防地。

闰八月，曹操亲自率军从潼关东面的渡口北渡黄河，先将大军移至北岸，只有曹操和许褚等虎士百余人留在南岸负责断后。

马超立即率万多人袭击，乱箭齐发，矢如雨下。但曹操仍然在胡床上不动，许褚见势危，立刻扶曹操上船，船夫却被流矢射杀。许褚左手举着马鞍作盾，为曹操挡箭，右手则拼命撑船，数次受害。

驶了四五里，马超军仍不断追赶、射箭，大军都不知曹操安危，十分担心。这时校尉丁斐命军队放走牛马，用以作饵引敌人，关中联军果然放弃追剿，赶紧追捕牛马，曹操最后才成功渡河。

各人见曹操平安无事，悲喜交集，但曹操却大笑："今日差点被小贼困住！"

离间计刚刚施用完毕，曹操立即与马超、韩遂等约期会战，而马超、韩遂等也急于结束对峙状态。

曹操先以轻兵前往挑战，大战了很久，曹军以虎豹骑夹击联军，联军大败，曹军斩杀了成宜、李堪等人。

结果韩遂、马超、梁兴败走凉州，杨秋则前往安定，程银、侯选南入汉中投靠张鲁。渭南之战到此结束。

尽管潼关之战很危险，曹操一度面临生死危机，但是他并没有"割须断袍"。

所以说《三国演义》有很多不符合历史的地方，但是小说的精彩之处便是这些不曾存在，却又让人记忆深刻的片段。史书与小说，有时候就是这样，互相矛盾，又互相成就。

第二十三章 金谷二十四友

上文提到了金谷园二十四友以及司马懿给儿子起名偏好，那么，我们回归最开始的问题，贾南风是怎样将自己从杨芷的局中局里面摘出来的，又是怎么把杨芷、杨骏、杨芷之子诸葛恢、司马攸、司马亮、司马伦、山涛、卫瓘等人一网打尽的呢？

首先加强金谷园二十四友的联系，其次暗中推波助澜，让杨骏成为冤大头。

第一件事：金谷园二十四友。

据《晋书》《资治通鉴》及部分后人整理的史书记载，西晋太康时期，经济发展，社会安定，文学创作也出现了一个高峰，并具有鲜明的特点，被称为“太康文学”。

简而言之太康文学在西晋时期是一个文学政治团体，这个团体依附于鲁国公贾谧，也就是贾南风的外甥贾谧（贾午和韩寿的儿子），而这个团队就叫金谷二十四友，或金谷园二十四友。

他们都是谁呢？

比较出名的成员有“掷果盈车”的大美男潘安（即潘岳），“闻鸡起舞”“枕戈待旦”的刘琨，“洛阳纸贵”的左思，“潘江陆海”的陆机、陆云二兄弟和“珊瑚斗富”“绿珠跳楼”的石崇。

其余十八人分别是：欧阳建、郭彰、杜斌、王粹、邹捷、崔基、刘瓌、周恢、陈眕、刘讷、缪徵、挚虞、诸葛诠、和郁、牵秀、许猛、刘舆、杜育。

潘岳不仅仅是第一美男，是贾南风的第一谋士，更重要的一点，潘岳跟夏侯湛是好朋友。

潘岳十九岁时与同为美男的夏侯湛同游洛阳，风头一时无二，更留下“连壁接茵”的成语。而夏侯湛是曹魏名将夏侯渊的第四子。

《太平御览》评价夏侯湛：“皇太子东宫多用杂材为官属，宜令纯取清德。太子舍人夏侯湛，字孝若，有盛德，而不长治民，有益台阁，在东宫已久。今殿中郎缺，宜得才学，不审其可迁此选不。”

可以说夏侯湛是东宫太子司马衷的太子舍人，与潘岳同是太子一党，同时也是贾南风的左膀右臂。

感受下不同时间段，潘岳的人格魅力和才华横溢。

青年时代的潘岳意气风发，不仅会骂人，更会借着《西征赋》发表自己意气方遒的率直。

“想赵使之抱璧，浏睨楹以抗愤。燕图穷而荆发，纷绝袖而自引。筑声厉而高奋，狙潜铅以脱膑。据天位其若兹，亦狼狈而可愍！简良人以自辅，谓斯忠而鞅贤。寄苛制于捐灰，矫扶苏于朔边。儒林填于坑穽，诗书炀而为烟。国灭亡以断后，身刑轘以启前。商法焉得以宿，黄犬何可得牵？”

这个时候潘岳可能是被发配做桃花县令，所以说自己是李斯，借大秦的扶苏、荆轲、商鞅、焚书坑儒等，来表达他抑郁不得志的悲伤。

中年丧妻时期的潘岳写了《悼亡诗》，这个时候还会思考心中的志向，坚持理想。

“徘徊不忍去，徙倚步踟蹰。落叶委埏侧，枯荄带坟隅。孤魂独茕茕，安知灵与无。投心遵朝命，挥涕强就车。谁谓帝宫远，路极悲有余。”

这个时候还会思考上达天听，必须要竭尽所能匡扶社稷的雄心壮志。

老年时期的潘岳写了《闲居赋》，充分表达了对贾南风的崇敬，顺道回顾了自己做的种种是非。

“今天子谅暗之际，领太傅主簿，府主诛，除民为民。俄而复官，除长安令，迁博士，未召拜，亲疾辄去官。阅自弱冠涉乎之命之年，八徙官而一进阶，再免一除名，一不拜职，迁者三而已矣。虽通塞有遇，抑亦拙者之效也。”

不过潘岳确实是一个多愁善感的人，不然也不会三十来岁就早衰，两鬓生白发，写下《秋兴赋》，创造了“潘鬓悲秋”的成语。

严格说起来，第一美男潘岳确实是个大半生抑郁不得志的典型，但好在有贾南风这个伯乐让他一展所长，在中老年时期登顶权力的高峰，成为朝中重臣。

左思写《齐都赋》，写了一年才写成。再想写《三都赋》，恰逢妹妹左棻被召入宫中，左思全家搬到京城，于是就去拜见著作郎张载，向他讨教四川的情况。左思构思十年，家门口、庭院里、厕所里，都摆放着笔和纸，偶尔想出一句，马上就记录下来。左思自己认为见识不广，就要求担任秘书郎一职。

等到《三都赋》写成，当时的人并未重视。左思认为自己的文章不比班固、张衡的逊色，左思担心因为自己的地位低微会导致自己的文章被埋没，安定的皇甫谧在洛阳有很高的声誉，左思前往拜访，把《三都赋》呈给皇甫谧看。皇甫谧称赞赋写得好，为他的赋写了序。

张载为其中的《魏都赋》做了注释，刘逵为其中的《吴都赋》《蜀都赋》做了注释，并为之作序说：“观战国以来，作赋的人太多了，司马相如的《子虚赋》在前代享有盛名，班固的《两都赋》道理胜过文辞，张衡的《二京赋》文采超过立意。至于这篇赋作，比拟诸家，或运用辞藻表现思想，或运用事实阐发意蕴，也颇有情致，不精研细审的人不能详知这篇赋作中蕴含的深意远旨，不通晓众物的人不能统摄这篇赋作中涉及的殊物异闻。世人都崇尚古代的作品，看不起当世之人的创作，没有人肯花心思了解作品实质。”

司空张华见到此赋，感叹说：“左思是班固、张衡之流的人物，能使诵读的人感觉文已尽而意有余，历时越久，越有新意。”

张华才说完没多久，豪门贵族之家争相传阅抄写，京城洛阳的纸张供不应求，价格大涨。这便是成语洛阳纸贵的由来。

但是在《三都赋》写作期间，也有几个有意思的小故事。

起初，陆机到了洛阳，想写《三都赋》，听说左思也在写《三都赋》，就拍着手直笑，在给弟弟陆云的信中说：“这里有一个粗鄙之人，想写《三都赋》，等他写成之后，我将用它来封盖酒瓮。”

等待左思的赋写出，陆机从心底叹服，认为自己无法超过左思，就搁笔不写了。

挑选这《三都赋》的部分段落，感受下它的魅力所在。

“露往霜来，日月其除。草木节解，鸟兽腯肤。观鹰隼，诫征夫。坐组甲，建祀姑。命官帅而拥铎，将校猎乎具区。乌浒狼荒，夫南西屠。儋耳黑齿之酋，金邻象郡之渠。戍裔，軷霅警捷，先驱前涂。俞骑骋路，指南司方。出车槛槛，被练锵锵。吴王乃巾玉辂，轺骕骦。旗鱼须，常重光。摄乌号，佩干将。羽旄扬蕤，雄戟耀芒。贝胄象弭，织文鸟章。六军袀服，四骐龙骧。”

当然左思还有一个妹妹左棻，晋武帝司马炎闻听诗人左思的妹妹左棻才情过人即纳入后宫。她入选嫔妃后，长居深宫，物质生活虽然十分丰富，但精神生活却非常空虚，因而她写诗主要是描绘宫中的凄凉生活和青春被葬送的无限悲哀。

左思成为司马炎的小舅子，对于贾南风而言，左思并不是很重要，左思的妹妹，也就是贾南风自己的姨娘左棻是很重要的。

毕竟幽怨很深的左棻可以打听到公公司马炎很多旧事，还可以帮助自己里应外合袭击杨芷，算是自己在后宫最好的同盟。

而王粹则是灭吴功臣襄阳侯王濬的孙子，他娶了司马炎的女儿颍川公主为妻，与卫玠的舅舅王济是连襟，他还是成都王司马颖的好友。

可以说王粹既可以帮助贾南风弄清楚公公司马炎的动向，又可以弄清楚王浑这个大将军府的动向，还可以暗地里联络贾南风的小叔子司马颖助战。

这就是为什么王粹会出现在金谷园二十四友的原因之一。

崔基在史料上的记载很少，但是他是清河崔家的人，清河崔家是大晋时代的名门望族，贾南风要想扶持司马衷登基为帝，少不了清河崔家的支持和帮助。因此，清河崔家的人出现在金谷园二十四友也是不奇怪的。

周恢是安东将军周浚侄子，周浚是卫玠姥爷王浑的妹夫，而周恢的女婿还是清河王司马遐。贾南风要想打压卫玠爷爷卫瓘一帮人等，就要拉拢卫玠姥爷王浑等人站队。

于是贾南风选择了周恢这个周浚的侄子，既可以协助王粹弄清楚王浑的动向，又可以帮助王粹去拉拢贾南风另外一个小叔子司马遐的支持，是贾南风未来不错的助力，因此周恢出现在金谷园二十四友的名单中。

陈眕出身颍川陈氏，西晋太尉陈准之子，陈群族曾孙。陈群曾经是司马懿最好的朋友，更是荀彧的女婿，是魏晋南北朝选官制度“九品中正制”和曹魏律法《魏律》的主要创始人。

更有意思的是陈眕跟清河王司马遐是好友，跟东海王司马越也是哥们，他的弟弟陈匡在惠帝元康时侍东宫，当太子司马遹的陪读。

也就是说陈眕的家族是荀彧和陈群的关系网，并且涵盖了司马八达（司马懿八个兄弟）所有的人脉，还跟司马衷、司马遹这对亲爷俩关系匪浅。

陈眕此人既可以帮助贾南风摆平远一支脉司马王族的怒火，还能够平息荀彧、陈群人脉网的非议，最关键的是能帮助贾南风给她的丈夫司马衷，她的养子司马遹说上话，稳住太子一党的军心，这才是至关重要的。

诸葛诠是诸葛绪的孙子，诸葛冲的儿子，也是晋武帝司马炎的妹夫，诸葛婉的哥哥。

诸葛婉曾经差点成为大晋朝的第二任皇后，据史书记载，晋武帝泰始九年（公元 273 年）春，秀丽端庄的诸葛婉被选入后宫，其风韵不逊专房之宠的胡贵嫔。入宫后，深得武帝司马炎宠爱，使持节、洛阳令司马肇拜为夫人，此位仅次于皇后。司马炎对诸葛婉的宠爱，使得杨皇后十分不满，忧恨成疾的杨皇后临终前也没法对诸葛夫人等后宫嫔妃释怀，她苦苦哀求武帝答应将自己的堂妹立为皇后后，才得以瞑目。

可以说，诸葛诠跟左思一样，他们的妹妹是贾南风在后宫的助手，虽然都是小婆婆，但是诸葛婉更恨杨艳剥夺了自己的皇后之位，并且憎恶杨芷占据自己的皇后之位，自然敌人的敌人就是朋友，诸葛婉对儿媳贾南风也会有所帮助。

而诸葛诠和诸葛婉的父亲是诸葛京，诸葛京是三国名臣诸葛亮之孙，诸葛瞻次子。换言之，诸葛诠和诸葛婉是诸葛亮的重孙。

而诸葛诠的弟弟是诸葛玫，诸葛玫的妻弟周穆就是清河王司马遐长子司马覃的舅舅，诸葛玫与周穆后来在晋怀帝年间试图拥立司马覃，被东海王斩首。

周穆又是东海王司马越的姑家表弟，亲姑姑的儿子。

司马越的王妃裴氏是裴楷的亲侄女，裴楷是卫玠的亲姨夫。司马越的母亲河内杨氏是曹植好友杨俊的孙女。

换言之，诸葛诠、诸葛玫跟清河王司马遐和东海王司马越的关系很好，诸葛一家是诸葛亮的直系后人，代表了蜀汉归降的一派。

诸葛诠一人既可以摆平蜀汉残余，又可以弄清楚清河王司马遐和东海王司马越的动向，还可以搞清楚河东裴家的动态与河内杨氏的举动，真是一举多得。

和郁是和峤的亲弟弟，他们的姥姥就是曹真的女儿，姥爷是夏侯尚，也就是夏侯渊的侄子。和郁虽然没有和峤名气大，但是可以监视卫玠的大姨夫和峤的一举一动。

牵秀是成都王司马颖的好友，并且转司空张华长史。也就是说牵秀能够联系成都王司马颖，并能够知道张华的一举一动，这对贾南风而言是非常有用的。

杜斌，杜预的从兄。杜预跟羊祜、山涛、卫瓘、王浑是好友，杜预是司马昭的妹夫，是司马炎的姑父。杜斌是可以监视杜预以及一帮武将的最佳人选！

第二十四章　贾南风的布局

接下来再看看贾南风的七大姑八大姨以及表兄弟们的情况。

贾南风的堂舅郭奕跟司马师小舅子羊祜私交甚好，更得到山涛的夸赞，还是晋武帝司马炎的左膀右臂，跟荀勖是好哥们，而荀勖跟张华是忘年交。

由此可见，贾南风从娘舅这一代开始，她们家就跟司马皇族有着密不可分的关系，并且和羊氏、山氏、荀氏关系匪浅。

郭奕太康八年去世，也就是说贾南风公公司马炎当政时期，贾南风还是可以靠着堂舅笼络羊祜、山涛、荀勖的一批旧友或子嗣为自己所用。

贾南风的姨夫裴秀出身著名的大族河东裴氏，少年时便颇有名气，后被大将军曹爽辟为掾属，获封济川侯。他建议立司马炎为世子，司马炎继位晋王后，拜裴秀为尚书令、右光禄大夫、西晋司空，他是裴頠的父亲。

裴秀是掌管水利营造的尚书令，不仅如此，裴秀著《禹贡地域图》，开创了中国古代地图绘制学。李约瑟称他为“中国科学制图学之父”，与古希腊著名地图学家托勒密齐名，是世界古代地图学史上东西辉映的两颗灿烂明星。

曹爽称赞裴秀为兼有颜回、冉求、子游、子夏美德的青年才俊，后来在司马昭任安东将军及卫将军时都担任他的司马，参与谋划军国之政，大多都得到信任而被采纳。后迁任散骑常侍。司马昭亲自率军讨伐，裴秀与尚书仆射陈泰、黄门侍郎钟会从征，参与谋划策略。

当时魏帝曹髦好学有文才，多次请裴秀及王沈到东堂一起讲解谈论学问、切磋文章，称王沈为文籍先生、裴秀为儒林文人。

可以说，贾南风这个亲姨夫跟司马昭那可是至交好友，推心置腹、过命交情的那种。跟曹氏最后帝王那也是畅谈文学，可促膝长谈的挚友。

当时荀觊负责制定礼仪，贾充负责订正法律，而裴秀则负责修改官制。荀觊是曹魏太尉荀彧第六子，泰始年间，他与贾充一起推举司马衷为太子。

当初，司马昭未定世子人选时，有意立舞阳侯司马攸为世子。司马炎害怕自己无法被立为世子，于是询问裴秀说："人有贵贱之相吗？"并把自己身上奇异的标记给裴秀看，借此拉拢裴秀。裴秀后来便对司马昭说："中抚军（指司马炎）在世人中有德望，又有这样天生的标记，一定不是为人臣的相貌啊！"自此才定司马炎为世子。

换言之，贾南风的这个亲姨夫裴秀跟荀彧的儿子，跟她爹贾充关系匪浅，能够直接管理大晋朝建国的法律，并且是帮助司马炎走上帝位的核心人物，裴秀地位之高，可想而知。

贾南风的这个亲姨夫的家族圈更厉害。裴秀的父亲是裴潜，裴潜曾经是曹操、曹丕、曹叡最倚重的大臣之一，而和夏侯家关系很好。

裴秀的堂弟就是王浑的女婿裴楷，裴楷跟"竹林七贤"的王戎是至交好友，跟钟会、卫瓘、司马亮、王济、和峤、卫宣、王衍也是好朋友，还是司马昭多年的谋士。

裴楷之女嫁给卫瓘之子，是卫瓘的儿女亲家，也就是卫玠的姨夫兼姥爷。而且裴楷之子裴瓒娶外戚杨骏之女，也就是说，裴楷跟杨骏也是儿女亲家。裴楷的长子裴舆开始时娶司马亮之女为妻，裴楷跟司马亮还是儿女亲家。

但是裴楷并不帮助贾南风，这是唯一的遗憾。

裴家有多强大呢？初，裴、王二族盛于魏晋之世，时人以为八裴方八王：裴徽比王祥，裴楷比王衍，裴康比王绥，裴绰比王澄，裴瓒比王敦，裴遐比王导，裴頠比王戎，裴邈比王玄。

在贾充、裴秀的影响下，贾南风得益于父亲和姨夫的人脉，可以跟琅琊王家走得很近，还可以跟河东裴家走得很近，更会跟晋灭吴的大将产生良好互动。

贾南风的堂哥贾模，曾经担任散骑常侍、护军将军的职务，与张华、裴頠同心辅政数年。可以说，贾南风的这个堂哥是一个直接负责皇宫治安的人，并且跟张华和裴頠都是好友。

只可惜，贾模跟裴楷一样，并不帮助贾南风。

贾南风的表哥裴頠，字逸民，河东闻喜（今山西闻喜县）人。西晋大臣、哲学家，司空裴秀之子。

裴頠颇有雅量，见识高远，通古博今。初为太子中庶子、承袭父亲爵位，迁散骑常侍，转国子祭酒兼右军将军，拜侍中、光禄大夫、尚书左仆射之职。

裴頠的思想在当时有很大影响，成为崇有派领袖，著有《崇有论》。

裴頠和贾模、张华是好友，而且，裴頠身为裴秀独子，也不支持贾南风。

贾南风的表哥刘舆是刘琨的大哥，刘舆、刘琨都是贾南风的表哥，刘舆和刘琨的妹妹是赵王司马伦的儿媳妇，刘舆本人跟东海王司马越私交甚好。

刘舆是个“人型电脑”一般的人物，过目不忘还对天下所有大事了若指掌，人称“油垢”，史书称其为“舆犹腻也，近则污人”。但也有美名，时称越府有三才：潘滔大才，刘舆长才，裴邈清才。

刘舆跟陆机不对付，但是刘舆、刘琨、陆机都在金谷园二十四友之中。

贾南风的表哥刘琨连襟有成都王司马颖的谋士卢谵，更有清河崔氏。

可以说贾南风这两个刘氏表哥，一文一武，给她助力。

现在我们来整合一下贾南风的朋友圈，看看金谷二十四友对贾南风的意义。

能给贾南风通报司马炎信息的人：司马炎的舅哥左思，司马炎的妃子左棻，司马炎女婿王粹，司马炎的姑父杜预的弟弟杜斌，司马炎的舅哥诸葛诠，司马炎的爱妃诸葛婉。

能给贾南风通报司马攸信息的人：贾南风的妹妹贾午，贾南风的妹夫韩寿，表姐夫王衍。

能给贾南风通报诸位司马宗室信息的人：司马炎的女婿王粹，荀彧的女婿陈眕，司马炎的妹夫诸葛诠，诸葛诠的胞弟诸葛玫，司马莠的大舅哥刘舆、刘琨，表姐夫王衍，表哥裴頠，堂哥贾模。

能给贾南风通报将军、世家信息的人：司马炎姑父杜预的弟弟杜斌，清河崔家崔基，王浑妹夫的侄子周恢，司马炎的女婿王粹，荀彧的女婿陈眕，司马炎的妹夫诸葛诠，诸葛诠的胞弟诸葛玫，和峤的弟弟和郁，张华的徒弟牵秀，表姐夫王衍，表哥裴頠，堂哥贾模，陆机，陆云，潘岳，石崇。

从这里可以清晰地看出来，贾南风的金谷园二十四友及其巨大的朋友圈储备，可以让贾南风精准捕捉公公司马炎的心思，能够清晰地知道谋害对象齐王司马攸的动向，可以保护自己老公司马衷不受波及，而司马攸一旦被陷害，她有多少说客可以游说世家和司马皇室。

可以说贾南风从公元273年一直到公元283年，用了整整十年的时间，布局设计了一场精彩绝伦的齐王司马攸陷害事件。

既然知道了金谷园二十四友对于贾南风的布局意义，那么，我们来考虑一个问题，这些人是怎么进到金谷园这个小团体里面的呢？是什么事情让这些人成为核心人物的呢？

我们都知道，进入一个团体并成为核心人物，要么是功高志伟，要么是名满天下，要么是关系很硬。

可这群人中，大多数人并不是皇亲国戚，就算有一如陆逊孙子陆机这样的，那也是亡国（东吴）的贵族。

既然大家都不属于关系很硬的那一类人，那就一定属于前者，也就是要么居功至伟，要么名满天下。

那么，什么样的人，可以在金谷园这个圈子里呼风唤雨呢？

我认为，应该与名气没什么关系，与功劳有绝对的关系。

接下来的第二个问题，什么样的人才是可以有功劳的呢？至少对贾南风而言，是有功劳的呢？

我们前文提到杨芷要将贾南风当枪使，贾南风要摘干净自己，既要保证自己不被伤害，还要保护自己的势力不被波及。

那么，什么样的人在这个时候能够保护贾南风的势力，又能保证贾南风的安全呢？

最起码，应该跟贾南风同时期的人，有一定的阅历、人脉、经历、能力去与贾南风并肩而站吧？

我们看一下贾南风的出生时间，她出生于公元257年，截止于司马攸去世时期公元283年，此时贾南风二十六岁。

也就是说，金谷园二十四友能帮助贾南风，能在贾南风心目中有一定地位，有一定功劳的一定是早于或刚好在贾南风前后几年出生的人。

这些人都有谁呢？

首先是潘安，潘安出生于公元247年，比贾南风大十岁，青年时期就读洛阳太学，二十余岁入仕，也就是公元267年至公元280年供职于权臣贾充幕府。

换成贾南风的年岁，公元267年至公元280年，贾南风十岁到十三岁，古代十三岁豆蔻年华，算是半个成人了，也就是贾南风心智成熟的时间十三岁，刚好跟潘岳可以建立某种友谊的时间段。

再看看潘岳骂过卫玠亲戚之后的履历表，潘岳左迁离洛阳更远的怀县做县令。潘岳做得有声有色、政绩斐然，朝廷提拔他到京城做财政部官员，后来因为犯事被免职，不久被太傅杨骏引入门下做了太傅主簿。

杨骏！刚好是杨芷的父亲杨骏！

此时潘岳若是想探听杨骏的一切行踪并报告给贾南风，是不是易如反掌？

如果你也这么认为的话，潘岳若是跟贾南风是同盟，潘岳给贾南风提供的消息以及出谋划策，贾南风若是照单全收的话，潘岳在贾南风心目中是什么呢？

一定是重臣，类似于荀彧在曹操心目中的地位，类似于张良在刘邦心目中的地位。

所以，金谷园二十四友最有资格在核心地位的，一定是潘岳。

但是贾南风只有一个心腹是不可能成事的，也不可能帮助她摆脱司马攸死后的危机。

于是她需要运作，可是运作是需要钱的，那么，谁给她钱呢？

我们再看一个人西晋巨富石崇！

石崇出生于公元 249 年，比潘岳小两岁，比贾南风大八岁，是大司马石苞第六子。太康元年（公元 280 年），石崇因参与伐吴有功，被封为安阳乡侯。他在郡任职时虽有职务，仍好学不倦，后因疾病自求解职。不久，又被拜为黄门郎。

石崇的兄长石统因事触犯了扶风王司马骏，有关部门受司马骏指使，上奏弹劾石统，武帝打算严惩石统，后又赦免他。

因石崇没有上朝谢恩，有关部门想把罪名再加到石统身上。石崇便向武帝上表辩白，得以解脱。经屡次升迁任散骑常侍、侍中。武帝因为石崇是功臣之子，又有才干，非常器重他。

瞧瞧，汉武帝司马炎是非常器重石崇的，一个被皇帝器重的人，对于贾南风而言，不是一个最好的帮手又是什么呢？

潘岳被调往长安做县令，因为母亲生病辞官奉养，在此期间与好友石崇附会贾充外孙贾谧，之后升迁做了黄门侍郎，贾谧开阁延宾，召集天下文士潘安、石崇、陆机、左思、刘琨等二十四人，因文采盖世被称为“鲁公二十四友”，也被称为“金谷二十四友”。

看看，潘岳和石崇是非常好的朋友。

这样两个人，一个人很有才华，相当于军师一角，一个人很有财富，很得司马炎器重，相当于军阀一角。

这样两个人，一文一武，若是归附于贾南风，足以让贾南风平安度过这次危机，不是吗？

再看看，我们前文还提到的，贾南风打算借刀杀人的那把刀：东吴末代君主孙皓。

我们首先注意的是孙皓是东吴人，若是让孙皓飞蛾扑火，谁给孙皓引路最好呢？

当然是东吴人，最好是和孙皓家族亲密无间的人。

那么，谁比较好呢？

我们知道一个典故，忍辱负重。

忍辱负重是说，陆逊是孙权亲自拔擢的新晋人才，被任命为大都督在夷陵防御刘备。当时诸位将领，或是孙策时期的旧将，或是宗室贵戚，都很自负看不起陆逊，不听从他的管教约束。

陆逊说："我虽然是个书生，但也接受了主上的委命。国家之所以委屈各位来听从我的指挥，是因为认为我还有一些长处，能够忍受这样屈辱承担重任的缘故。"责令诸将不可再犯。

等到刘备被打败，计谋大多出自陆逊，众将这才心悦诚服。

陆逊是孙权亲自拔擢的英才！所谓千里马常有，但伯乐不常有。

孙权可谓是陆逊的伯乐，知遇之恩大于天。

再看看另外一个成语：解衣共舞。

解衣共舞是说，石亭之战后，陆逊回镇荆州，孙权对他荣宠万分。孙权将自己的车盖赠送给他，又命左右覆盖陆逊出入宫殿的大门。孙权脱下裙帽和带金环的腰带赠送他，亲自给陆逊戴上，赠给陆逊缯彩、丹漆。

孙权为群僚召开酒宴，喝醉时，命陆逊跳舞，并脱下所穿的白鼯子裘赠给他，又与陆逊对舞。等到陆逊回西陵，公卿一起为他送行，孙权又赠给他彩色缯帛的御船。

当时凡是赏赐给陆逊的，都是御用珍品，没有哪个人能与陆逊相比。

可是陆逊的孙子陆机和孙权的孙子孙皓会不会维持老一辈的亲密关系呢？

贾南风若是信任陆机，陆机会不会反手一杀呢？

答案是不会。

为什么呢？

功高震主之后，君主大多会收拾自己的得力干将，陆逊也没有逃脱这个荒谬的怪圈。

孙权、孙和父子关系恶化后，孙和的役使曾藏于孙权的床下，监听到孙权和杨竺谈论想以孙霸为储之事。孙和恐惧，于是秘密召见亲信陆胤，请他乘到武昌的机会请族父陆逊为自己出面申辩。

而太子太傅吾粲也几次与陆逊互通消息。陆逊听二人言，屡次上疏陈述嫡庶之分，又请求面见。

孙权发觉禁中语漏泄，先后将杨竺、陆胤、吾粲收监审问。陆逊虽未立即被一同问罪，也被遣使写信责备打听宫中机密。在狱中，杨竺招供陆逊二十条罪证，陆胤又对孙和的存在不发一言。陆逊终抑郁而卒。

陆逊维护太子孙和，却被孙权质疑活活气死！而孙和被废除太子，孙和的儿子孙皓自然憎恨孙权！

但陆机会因为爷爷陆逊帮助孙和，就和孙和之子孙皓情同手足吗？

答案也是不会。

第二十五章　贾后清算旧仇

我们看下陆逊和陆抗的身后事。

太元元年（公元 251 年），陆抗回到建邺治病。等到他要离开时，孙权哭着与他告别：“我过去听信谗言和你父亲不和，由此辜负了你。我前后问过的事都焚毁消灭，不要让人再见到这个了。”永安年间，追谥陆逊为昭侯。

这一次孙权是表现得假惺惺。

凤凰三年（公元 274 年），晋武帝复任王濬为益州刺史，命其在巴蜀大量建造战船，训练水军，使东吴受到严重威胁，一些大臣深感忧虑。七月，陆抗病重，陈西陵利害，劝施仁治，重守西陵，以应急变。孙皓对此依旧置之不理。

这一次，孙皓对陆抗生死毫不关心！

就算陆逊、陆抗父子对孙和、孙皓父子再好，这个孙皓对陆抗生死爱答不理，陆机和陆云兄弟还能对孙皓有深厚的感情吗？

答案是否定的，甚至还可能成为仇敌。

但是县官不如现管，贾南风要想在帝都长安有所作为就得让长安市长，古代称之为京兆尹来帮助。

那么谁是长安京兆尹呢？

杜斌，他是杜预从兄。以才望称，恰好是长安京兆尹。

杜预何人？跟司马亮、司马伷、卫瓘、王浑参加晋灭吴之战的大将。初仕曹魏，授尚书郎，成为司马昭高级幕僚，封为丰乐亭侯。西晋建立后，历任河南尹、安西军司、秦州刺史、度支尚书，迁镇南大将军，成为晋灭吴之战的统帅之一，封为当阳县侯，入为司隶校尉。

太康五年（公元 285 年），逝世，终年六十三岁，追赠征南大将军、开府仪同三司，谥号为成。耽思经籍，博学多通，多有建树，时誉为“杜武库”。著有《春秋左氏传集解》及《春秋释例》等，成为明朝之前唯一一个同时进入文庙和武庙之人，属于武庙七十二哲之一。

并且杜预还是司马懿的女婿！司马昭执政期间，司马氏已经成为曹魏政权最大的政治集团，司马昭在掌握执政权后，为了巩固、扩大统治基础，在任用贤良的前提下，也任用了许多宗族和亲戚，杜预因为是优秀的人才，所以也和羊祜、山涛等被司马昭重用。

在甘露二年（公元 257 年）恢复了他丰乐亭侯的爵位。杜预的年龄比司马昭小，但是比司马昭的弟弟司马干、司马伷年长，他和司马昭的妹妹高陆公主成亲，成为司马氏集团中最杰出的成员之一。

杜预担任了司马昭相府的重要幕僚，在平定蜀国的战争中，他和司马昭的主簿师纂都被司马昭派去担任两路最重要部队统帅的关键幕僚，师纂被派去担任邓艾的司马，杜预被派到钟会的军中。

咸熙元年（公元 264 年）七月，司马昭委托荀勖、贾充、裴秀、郑冲等人改制礼仪、法律、官制。杜预时任守河南尹，受命参与法律的制定。

这部法律即是泰始四年（公元 268 年）颁布的《晋律》，它上承《汉律》，下启《唐律》，对后世的封建法律有很大的影响。

名义上主持修律的官员是贾充，而实际上杜预担负了最繁重的工作，《晋律》的所有注解都是由他完成的。

可以说杜预是个文武兼具的奇才，跟荀勖、贾充、裴秀都是至交好友，更与司马昭是郎舅关系，还是晋灭吴之战的主战派，更是主将之一。

若是杜斌跟杜预谈个话，套取一点关于晋灭吴所有参展将领的信息，是不是也易如反掌？

答案是肯定的。

至此，我们来盘点贾南风作为太子妃时期的死忠党，管钱和人脉的石崇，管文和人才的潘岳，管长安安防的京兆尹杜斌，可以给孙皓下绊子的原东吴贵族陆机、陆云。

除此之外，还有三个外挂一样的存在。

第一个外挂对内便是潘岳，潘岳收集并禀报贾充旧属臣、杨骏属臣的信息。

第二个外挂对外便是陆机，陆机收集并汇报孙皓旧臣及孙皓本人的信息。

第三个外挂对上便是石崇，石崇收集并汇报晋武帝司马炎的信息。

于是乎，贾南风拥三个外挂，能够清楚地知道决策者司马炎、设局者杨骏、搅局者孙皓以及自己势力的动向。

在知道这些动向以后，贾南风是怎么设计司马攸，让杨芷、杨骏、司马亮、司马伷、卫瓘等人卷入这个大局中陷入泥潭，最终走入末路的呢？

这不得不说贾南风聪明的地方，她有个非常大的优点：隐忍，尤其擅长隐而不发。

贾南风是一个女政客，擅长谋大局，拉长时间线；更擅长从局部出发，以时间来切断对手之间的联系网，形成断裂的网格，随后各个击破。

现在，让我们来梳理公元 273 年至公元 290 年，贾南风以十七年为期设计的局中局，以十年为基石，设计的旧仇清算计划吧。

公元 280 年，西晋灭东吴，孙吴末帝孙皓投降西晋，三国时代结束。

这一年，贾南风得知卫瓘借着发酒疯，劝说晋武帝司马炎废太子司马衷的话，记恨卫瓘和与卫瓘是儿女亲家的万岁亭侯司马亮。

这一年贾南风开始设局让杜预的从兄杜斌打听晋灭吴之战所有参战将领的信息，尤其是司马攸、司马伷、司马亮、司马伦、山涛、卫瓘、杜预等人。

这一年，贾南风开始拿着小本本记录每个得罪过她的人，记录每个想要让她失去太子妃位的坏人坏事。

这一年，贾南风开始设局，调动父亲贾充的下属潘岳，让潘岳去记录杨骏所有的坏人坏事，准备以此要挟。

公元 282 年，司马炎撵张华出长安，封张华为都督幽州诸军事，张华到职后，立刻派安北将军严询征讨鲜卑。

这一年，贾南风得知父亲贾充白日做梦的信息，设局让石崇打听厌恶张华的人都有哪些，于是乎，发生了中书监荀勖、侍中冯犹弹劾张华。

弹劾的是什么呢？

司马炎问张华：“谁可托后事者？”

张华回答司马炎：“明德至亲，莫如齐王（司马攸）。”

张华这段话算是忤旨，荀勖因而弹劾张华，张华由此被撵出长安。

贾南风通过石崇得知这个消息以后，又知道杨芷火急火燎地想借着自己的手推两岁孩子司马恢登上东宫太子的储位，杨骏更希望借助这一次东宫易主的机会，党同伐异，清除异己。

也正是这个时候，贾南风开始将眼光集中到齐王司马攸的身上，并开始盘算怎么能够让杨骏和杨芷父女偷鸡不成蚀把米。

于是乎，公元 283 年，在得知杨芷准备设家宴，宴请司马攸、司马伷、司马亮、司马伦、杨骏、卫瓘等人入宴的时候，开始设计孙皓。

太康元年（公元 280 年），陆机二十岁时孙吴灭亡，他于是退居家乡，闭门勤学，累积十余年。由于陆机父祖宗亲在孙吴都位居将相，功勋卓著，他深深感慨吴末帝孙皓抛弃祖业，投降西晋。便评论孙权得天下、孙皓亡天下的原因，又追述自己祖父、父亲的功业，于太康九年（公元 288 年）创作了《辩亡论》。

陆机是谁呢？

陆机字士衡，吴郡吴县人。西晋时期大臣、文学家、书法家，孙吴丞相陆逊孙子、大司马陆抗第四子。出身吴郡陆氏，少有奇才，文章冠世。门荫入仕孙吴，授牙门将。

太康十年，进入洛阳，得到太常卿张华赏识，名气大振，时有“二陆入洛，三张减价”之说。历任太傅祭酒、吴国郎中令、著作郎等职，名列贾谧“金谷二十四友”。

赵王司马伦掌权时，引为相国参军，册封关中侯。

近十年时间闭门勤学？是真的闭门，还是闭门忙着跟潘岳搞小动作呢？

《辩亡论》是从公元 280 年开始策划写，那么公元 282 年的时候，陆机有没有跟人讨论过文章的雏形呢？

如果有的话，陆机跟谁讨论过呢？十有八九，这个人是潘岳。

为什么是潘岳呢？

这里不得不提到公元 281 年洛阳纸贵的《三都赋》，左思创作《三都赋》曾让陆机放下笔，也曾让皇甫谧为之震撼，最关键的是潘岳也是才子，才子最爱好文章。

以文会友这件事，在古代非常常见，更何况公元 280 年晋灭吴之战，三国归晋，东吴大小贵族都被拉到长安来了。

被软禁在长安的陆机，难道要一辈子看着门扉成寒门柴门吗？当然不可能，这走动是一定要的。

也因此公元 281 年出来的《三都赋》恰好是潘岳与陆机相遇的一个突破口，也是机遇点。

当然，也给潘岳和陆机交恶埋下了伏笔，这就是后话了。

贾南风得知陆机跟孙皓有死仇之后，借潘岳跟陆机传出了点花絮：潘江陆海。

贾南风让潘岳接近陆机，跟陆机说点悄悄话。

潘岳和陆机说的会是什么呢？

我认为，或许潘岳是这样说："士衡（陆机字士衡），你有没有觉得孙皓越来越讨厌了呢？"

陆机眼冒星星，拼命点头道："嗯嗯，安仁（潘岳字安仁）此话，深得我心。"

潘岳："士衡，你父亲被孙皓气死，想不想报仇？"

陆机："安仁，有兵不血刃的好法子吗？"

潘岳神秘一笑道："有。"

陆机激动万分道："是啥？"

潘岳："让孙皓暗算司马攸怎么样？"

陆机瑟瑟发抖："要是晋武帝司马炎迁怒东吴遗老遗少咋办？"

潘岳拿出密信："你瞧，皇后杨芷打算暗算司马攸，你添把火。"

陆机恍然大悟："好的，交给我。"

于是乎，在潘岳与陆机友好交流下，潘岳拿出了惊天动地的一招借刀杀人，将贾南风引司马攸入家宴，暗害司马攸的风险通过陆机为父报仇的心转嫁到恨不得齐王司马攸惨死的孙皓身上，风险完美转移。

陆机跟孙皓提到杨芷要暗杀司马攸的消息，当然是喜不自禁，在想到有杨芷做大树，杨芷可以当替死鬼挡灾的情况下，孙皓毅然决然地给齐王司马攸下毒。

孙皓到底曾经是东吴之君，不需要特地做些什么，只要敬酒的时候将自己的酒给司马攸喝就行了。

而孙皓自己这杯酒里面是不是有毒药，并不重要。

因为在孙皓的心里，这酒里有毒药就是杨芷杀司马攸不成误杀自己，没毒药就是司马攸杀司马炎不成，误杀司马恢。反正不管是哪一条，孙皓是客，没有能力下毒。

杨芷则认为孙皓来了宴会，一旦司马攸有什么事情，都可以推给孙皓和贾南风做替罪羊。

杨骏则是觉得外孙暂时中毒，为了刺激司马炎盛怒之下憎恶司马攸，尽快解决司马攸这个麻烦。

司马炎则是觉得借着小儿子司马恢暂时因毒生病，借题发挥一次性解决司马攸、孙皓，敲打飞扬跋扈的岳父杨骏也是一件不错的好事。

于是乎，司马炎、杨芷、杨骏、孙皓各怀鬼胎等着司马攸自投罗网。

而司马亮和司马伷这对兄弟，卫瓘和杜预这对战友则是纯粹城门失火殃及池鱼的池鱼，那真是倒霉地见证这一场暗杀。

但这也是贾南风清算仇敌的妙招，不是吗？

第二十六章 齐王的危局之变

那么，司马攸进入了这个局里，司马攸又是怎么做的呢？

据史料记载，公元 281 年，司马炎灭吴后身体健康恶化，而太子及各皇子都软弱，朝中人人都希望由司马攸继位。但当时司马攸极为厌恶司马炎宠臣荀勖和冯紞等人阿谀奉承的行为，二人亦害怕一旦司马攸真的继位，自己都会被贬谪，于是借故以正太子名位为由要将齐王调回封国。

此时司马攸一点也不低调，没事就骂这个贪官，那个废物的，搞得每个人都担心自己要被司马攸清算。

公元 282 年，贾南风迎来了摘干净自己的一个老天赐予的契机：替父守孝。

按照孝礼，属于重孝的斩衰。

这斩衰是最重的丧服，斩衰之服的丧期是三年，但并非三个周年，只要经过两个周年外加第三个周年的头一个月，就算服满三年之丧，所以实际上是二十五月。

《荀子·礼论》有这样一段话：“三年之丧，人道之至文者也，夫是之谓至隆，是百王之所同，古今之所一也。”

这也就是说，贾南风是无法参加杨芷这个家宴的，包括她的长姐，齐王妃贾褒也不能参加。

齐王司马攸作为皇族王爷，尽管也要服丧，但是到底是女婿，因此司马攸的孝期是白天。

白天之后，司马攸单独去参加家宴，贾南风通过天赐良机，完美躲过了杨芷拉自己入局的尴尬。

公元 282 年，当时太尉贾充、司徒李胤都相继去世，太子太傅职务又空缺。荀勖于是上表陈说道："三公和太子太傅之职，应有恰当人选。如果让杨珧为太子太傅，一定符合圣意。尚书令卫瓘、吏部尚书山涛都可担任司徒。如果认为卫瓘新任尚书令不便改任，那山涛就更为合适。"

司马炎采纳了这些建议。

此时卫瓘、山涛有机会掌实权，而这个掌实权的机会到来，司马炎自然不能让卫瓘和山涛卷入一场漩涡中，毕竟要给子孙留下太平丞相辅政。

为了能给儿子司马衷留下太平丞相，公元 282 年，司马炎担心太子司马衷愚钝懦弱，恐怕以后给国家带来祸乱，于是派荀勖与和峤前往观察情况。

荀勖是谁？

荀勖三国到晋朝时期大臣、音律学家、文学家、藏书家，东汉司空荀爽曾孙。早年丧父，聪慧好学，博学多闻。初仕曹魏，为大将军曹爽掾属，迁中书通事郎。

曹爽伏诛后，历任安阳县令、骠骑从事中郎、廷尉正等职。迁大将军司马昭记室，屡进策谋，深见信任，联合裴秀、羊祜共掌机密。

西晋建立后，册封济北郡侯，拜中书监兼侍中，领著作郎，累迁光禄大夫、仪同三司、尚书令。管理尚书台时，核罢不称职之人。太康十年，去世，追赠司徒，谥号为成。

景元五年，钟会之乱被平定后，荀勖随司马昭回到洛阳，并与裴秀、羊祜共掌机密之事。当时，将要派使者出使东吴，让诸位文士草拟与孙皓的书信，司马昭选用了荀勖所写之信。孙皓接书后回报说愿意和亲通好。

司马昭对荀勖说："您之前写的那封信使吴国顺服，真是胜过十万大军啊！"

荀勖是贾南风的姨夫，王衍堂舅最好的朋友。

和峤是谁？

曹魏后期至西晋初年大臣，曹魏太常和洽之孙，吏部尚书和逌之子。和峤少有风格，常仰慕舅舅夏侯玄的为人，珍重自爱，有盛名于世，袭父爵上蔡伯，起家太子舍人。累迁颍川太守，为政清简，甚得百姓欢心。

太傅从事中郎庾颛见到他赞叹说："峤森森如千丈松，虽磥砢多节目，施之大厦，有栋梁之用。”

贾充亦十分看重他，在武帝面前赞美他，后任给事黄门侍郎，迁中书令，晋武帝十分器重。荀勖为中书监，晋朝中书监与中书令常同乘一车入朝，中书令和峤鄙视荀勖的为人，遂乘坐专车，与之抗衡，这是和峤专车的典故。后和峤在任上病死，谥号简。

和峤是贾充非常看重的人才，更是夏侯玄的外甥，还是卫玠的姨夫，王济的姐夫。

和峤很吝啬，比王戎有过之而无不及。

和峤虽然是晋朝一代名臣，也曾有过清政之绩，但他和他的祖父和洽有些不同。和洽一生清廉，死时家财尽散，而和峤在位时家产丰实胜于王者。

和峤一生吝啬异常，爱钱如命，杜预曾经认为他有钱癖。和峤家有好李，王济向他索求，也只给了数十个。

王济在和峤当值的时候，带领想吃梨的少年持斧到和峤的梨园去吃了个够，又把树给砍了，送一车梨枝给和峤。

王济问和峤：“跟您的梨比怎么样？”

和峤得到梨枝后，唯笑而已。

山涛是谁？

山涛是三国至西晋时期名士、政治家，“竹林七贤”之一。山涛早年孤贫，喜好老庄学说，与嵇康、阮籍等交游。四十岁时，才任郡主簿。

大将军司马师执政时，山涛被举为秀才，累迁尚书吏部郎。西晋建立后，升任大鸿胪。历任侍中、吏部尚书、太子少傅、左仆射等职，封新沓伯。

他每选用官吏，皆先秉承晋武帝意旨，且亲做评论，时人称之为“山公启事”。曾多次以老病辞官，皆不准。

太康三年，升为司徒，以老病归家。次年去世，年七十九，谥号为康。有文集十卷，已亡佚，今有辑本。袁宏在《名士传》中称山涛等七人为“竹林名士”。

山涛的从祖姑山氏是司马懿夫人张春华的母亲，因而可以见到掌权的司马师，司马师说：“当世的吕望是想做官吧！”于是命司隶校尉举山涛为茂才，授任郎中，又转任为骠骑将军王昶的从事中郎。

换言之，山涛是司马昭的表弟，司马炎的表叔，卫玠第二任妻子的爷爷。

荀勖回来后极力赞扬太子有德，而和峤却认为太子还是老样子，于是天下人尊敬和峤而鄙视荀勖。

司马炎将要废黜贾南风时，荀勖与冯统等进谏请求，贾南风才没有被废，当时议论的人都以为荀勖倾覆国家、搅乱时局，是孙资、刘放之类的人物。

这个时候，我们不得不思考一件事，为什么荀勖要帮贾南风说好话？更是在贾南风父亲去世这一年，贾南风作为太子妃也得给父亲服孝期间呢？

答案是，荀勖憎恨张华，又因为贾充不遗余力地攻击张华，所谓敌人的敌人就是朋友。

荀勖恨起一个人来，有多恨呢？

钟会是荀勖的堂舅，但二人的关系不好。荀勖有一把宝剑，价值百万，常在钟会母亲钟夫人处放着。钟会擅长写信，于是模仿荀勖的笔迹，写信给钟夫人把剑取去。荀勖知道是钟会做的，但没有办法，只能任凭他拿走，思考如何报复钟会。

后来钟会和钟毓斥资千万修建了一栋宅子，建成后，布置甚为精美华丽，还没有来得及搬家。荀勖非常擅长作画，于是偷偷前往，在宅中画钟繇的样子，衣冠相貌栩栩如生。钟会和钟毓入门后看见此画，非常悲伤哀痛，此宅于是被空置。

可以说，荀勖和钟会这对甥舅都能闹成这样，他要是恨张华肯定会不遗余力地打压了。

荀勖并不是多么崇拜贾南风，而是因为张华是贾充的敌人，也就是贾南风的敌人，更因为贾南风是不允许齐王司马攸取代丈夫司马衷的太子之位的。

于是，共同对付张华和司马攸的心思，让荀勖开始帮助贾南风说好话。

也正是荀勖的作用，贾南风通过石崇的钱财，开始笼络人心，借助这次家宴孤立杨骏，丑化杨芷。

怎么做到的呢？

首先这场家宴，我前边交代过了，司马炎身体不好，想着给儿子司马衷寻一个太平丞相，但是山涛、司马亮、司马伷、卫瓘都是参加过晋灭吴之战的生死之交，更是跟齐王司马攸关系密切。

司马炎也不想儿子司马衷被这帮人糊弄，断了他这一脉的帝位继承权。

于是，多人思考坑死司马攸的家宴，以司马恢中毒生病、司马攸中毒生病拉开序幕。

这晋武帝司马炎的亲弟弟和最小的儿子中毒了，能不是大新闻吗？

有了这个大新闻，贾南风又在守孝期间，谁会成为被调查的人，成为背锅侠呢？

答案就是归命侯孙皓！

孙皓当众羞辱过司马炎，自然而然地，司马炎也想让孙皓死！

于是，调查司马攸如何中毒、司马恢如何中毒的大事落到了掌管律法的荀勖身上。

荀勖根据上面授意，加上自己对司马攸和张华的厌恶，开始泼脏水给孙皓、司马攸。

给出的答案，尽管历史没有明说，但是看看司马攸接下来的下场，我们就能猜到一二。

太康三年（公元282年），司马炎下诏任命司马攸为大司马、假节、都督青州诸军事，并回到齐国。司马攸知道后很不高兴，又知道要他回封国是荀勖等人的主意，因而愤恨发病，于是要求留守生母文明皇后王元姬的陵墓，但不被允许。

在此之前，司马炎让司马攸回封地齐国的决定遭受了群臣的极大阻力，有的劝谏者为此遭受了贬谪之苦、牢狱之灾，更有气愤致死者，这些人中包括张华、曹志、向雄、司马骏、王浑、羊琇、成粲、刘暾、郑默、甄德、王济、和峤、裴楷等重要朝臣。

张华又是怎样的人呢？

张华是西晋时期政治家、文学家、藏书家，西汉留侯张良的十六世孙。自少贫苦，因才学过人而受同乡名臣卢钦、刘放、阮籍等人的赞赏。

在曹魏时，他历任太常博士、河南尹丞、佐著作郎、中书郎等职。

西晋建立后，拜黄门侍郎，封关内侯，逐渐受到晋武帝的重用。后拜中书令，加散骑常侍，与大将杜预坚决支持武帝伐吴，于战时任度支尚书。

吴国灭亡后，以功进封广武县侯。其后遭到排挤，出镇幽州，政绩卓然。之后返朝任太常，终武帝之世未得参与政事。

晋惠帝继位后，累官至司空，封壮武郡公，被皇后贾南风委以朝政。张华尽忠辅佐，使天下仍然保持相对安宁。永康元年，赵王司马伦发动政变，张华惨遭杀害，年六十九。

张华还是个文学大牛，他编纂有中国第一部博物学著作《博物志》。《博物志》共十卷，分类记载了山川地理、飞禽走兽、人物传记、神话古史、神仙方术等。为继《山海经》后，中国又一部包罗万象的奇书，填补了中国自古无博物类书籍的空白。

张华跟乐广、王衍感情很好。一次，众名士一起到洛水边游玩，回来的时候，乐广问王衍："今天玩得高兴吗？"

王衍说："裴仆射（裴頠）擅长谈论名理，滔滔不绝，志趣高雅；张茂先（张华）谈《史记》《汉书》，娓娓动听；我和王安丰（王戎）谈论季子（季札）、张子房（张良），也议论高超而玄妙。"

就在司马攸中毒生病，司马恢也中毒生病的时候，司马炎做的事情是让司马攸带病舟车劳顿地从陕西西安去山东蓬莱！

我们都知道生病需要静养，这中毒生病更是需要静养！

这样的决定，我们不得不思考司马炎对司马攸的仇恨得有多大，让司马攸带病走人！

更绝的是，司马攸不想走，希望能够扫母亲王元姬的陵墓，但是呢，司马炎严厉拒绝了。

而之后，所有站在司马攸一边的人都跳出来了，包括荀勖和贾南风都厌恶的张华！

更包括了司马伷和司马亮同父同母的亲弟弟司马骏、卫玠的姥爷王浑、羊祜的侄子羊琇、卫玠的舅父大人王济，还有卫玠的大姨夫和峤、卫玠的二姨夫裴楷等人。

这些劝谏者为此都遭受了贬谪之苦！

而此时司马伷和司马亮呢？

司马懿第三子司马伷，司马炎的三叔，东晋之主司马睿的爷爷于太康四年（公元 283 年）病重，司马炎赏赐他各种物品，并派侍中询问病情。

五月初一，司马伷去世，他临终时上书，请求把自己葬在生母伏太妃陵墓的旁边，并请求把封国分给他的四个儿子，司马炎允许。

这也就是说，司马伷聪明地决定退一步，示弱了，并且跟司马攸下场一样，决定滚回封地，再也不回京城了。

这是一个蹊跷的事情，蹊跷在为什么司马伷害怕了？

更蹊跷的是，同年，司马懿第四子司马亮，司马炎最信任的四叔，堪称是曹丕对曹真的信赖程度的万岁亭侯，他被征召入朝。

司马亮担任侍中、抚军大将军，兼任后军将军，统领冠军、步兵、射声、长水等军营，供给五百士兵、一百匹马。又升任太尉、录尚书事，兼任太子太傅，侍中之职如同从前。

这完全是准备作战的架势了！只是东吴都灭亡两年了，司马炎这么做到底是防备谁呢？

而最蹊跷的是，司马懿第七子司马骏，支持司马攸的王爷也入朝了。司马骏对母亲伏太妃非常孝顺，太妃随司马骏的兄长司马亮在职，司马骏常常哭泣思念太妃。如果听说太妃生病，常常都担忧得吃不下饭，定期前往看望。

为什么司马骏老是去见司马亮呢？是真的思念伏夫人，还是劝说司马亮改换门庭，扶持齐王司马攸呢？

我更相信，这个时候的军事变动，应该是司马炎拉司马亮做同伴，调兵遣将严阵以待；司马攸拉司马骏去劝说司马亮倒戈，山涛、卫瓘、王济、和峤、裴楷也加入劝说行列。

也因此，才有了潘岳在宫廷柱子上刻字骂这群人拉老牛的怒言，更有司马炎没有严惩潘岳，反而放潘岳一马的宫廷疑案。

至于琅琊王司马伷，可能是不想卷入是非，选择明哲保身，所以隐退山东琅琊。

我前文也讲过，贾南风以父亲贾充去世，需要守孝为由，不参加家宴，以不在现场摘干净自己。

贾南风通过潘岳说动陆机，再由陆机劝说孙皓在家宴上给司马攸下毒。同时贾南风让潘岳在宫殿柱子上骂山涛、王济、和峤、裴楷。最终以潘岳被贬官当桃花县令，来达到保护潘岳不卷入司马攸险局中的目的，保护了自己的势力。

贾南风通过石崇探听到司马炎的真实想法，得知司马炎对张华、司马攸的忌惮，以及对司马衷的袒护与维护。最终以石崇跟王恺斗富，石崇得罪了司马炎的舅父大人王恺为噱头，来达到保护石崇不卷入危局的目的，保护了自己的钱罐子和人脉网。

贾南风又利用京兆尹杜斌的耳目，探听到杜预决定出京兴修水利，并且杜预不得不提防京城中的权贵对他的陷害，每年杜预都要大量送礼贿赂他们。他曾对别人说，这样做不是企图通过他们得到什么好处，只是希望权贵不要加害于他。

而当贾南风准备利用杜预的时候，更让贾南风出乎意料的事情发生了。

第二十七章　八王之乱开始

到底是什么让贾南风出乎意料的事情呢？

接上文所阐述的，贾南风本来想要利用杜预来拆解晋灭吴之战的所有将领的关系，却没想到山涛突然去世了，而杜预身体每况愈差。

据史料记载：太康四年（公元283年），山涛去世，终年七十九岁。司马炎下诏赐棺木朝服各一具、衣一套、钱五十万、布百匹，以供丧事之用，策命追赠司徒的蜡印紫绶、侍中的貂蝉及新沓伯的蜡印青朱绶，以太牢礼仪祭祀，赐谥号康。

太康五年（公元284年初）闰十二月，杜预被征调到中央政府任司隶校尉，途中行至邓县，突然病故，终年六十三岁。司马炎甚为哀悼，追赠征南大将军、开府仪同三司，谥号成侯。

山涛突然病故，到底是突发心肌梗死还是他杀，值得商榷。

杜预突然大病，到底为什么两年没撑住就死了，也值得推敲。

但不管是他杀，还是自身疾病，山涛的死亡和杜预的大病都给了贾南风运作的空间。

运作什么呢？又是怎样的空间呢？

首先，让我们来看看山涛跟杨骏、杨芷父女的关系。

山涛在朝处于各派之中，晚年时正值杨皇后亲党专政。山涛不愿用杨氏，多次讽谏司马炎，司马炎虽领悟其意而终究不能改正。

由此可见，山涛跟杨骏可谓政敌，到了批判不留颜面的地步。

也就是说，有山涛在，杨骏随时等着被骂个狗血喷头。

按道理，山涛是贾南风的同盟，可惜山涛是卫瓘、司马亮、司马伷等人的故交好友。

也因此，贾南风只能够顺着山涛这条线来琢磨杜预及其他人。

此时又有一个人出现在贾南风的视野里：贾南风的表舅郭奕。

我们再来梳理下贾南风母亲郭槐的家谱。

郭镇和郭配是亲哥俩，而郭配是郭槐的父亲。

郭镇有个儿子叫郭奕，女婿是刘蕃。

郭配有个儿子叫郭豫，女婿分别是贾充和裴秀。

郭镇这一支子看家谱：刘蕃生了两个儿子，分别是刘舆、刘琨，女婿是司马伦之子司马荂。

郭配这一支子看家谱：贾充生了三个女儿，分别是贾褒、贾南风、贾午，女婿是司马攸、司马伷、韩寿。

郭豫生了一个女儿，女婿是王衍。

再赘述一遍，贾南风的表弟是刘舆和刘琨，王衍是贾南风、刘舆、刘琨的表姐夫。

而郭奕就是贾南风、刘舆、刘琨的表舅，也是王衍妻家堂叔。

对，没错，信口雌黄的王衍是贾南风的表姐夫，王衍是郭氏的女婿！

是的，没看错，闻鸡起舞的刘琨与刘舆跟贾南风是表姐弟！

据史料记载，尚书褚䂮、郭奕都上表说杨骏心胸狭隘，不能将治理国家的重任托付给他。但武帝不接受这些意见。

武帝从太康以后，以为天下无事，不再留心政务，只是沉湎于酒色，开始宠信后党，请托贿赂之风公开盛行。

贾南风一听说表舅郭奕也抨击杨骏，瞬间感觉能借助司马攸大案摆平杨骏的机会来了。

而这个机会就是借助郭氏的势力。

但是怎么借助呢？

那一定先要找一个可靠的人来做自己的帮手。

潘岳可以吗？此时潘岳被贬职种桃花去了！

石崇可以吗？此时石崇被司马炎的舅父大人王恺记恨着呢！

杜斌可以吗？此时杜预身体不好，杜斌忙着跟杜预套近乎呢！

难道贾南风就没有帮手了吗？

不，有，有三个最佳的帮手，这就是刚才说的三个人：刘舆、刘琨、王衍，尤其是王衍！

为什么尤其是王衍呢？

据史料记载，王衍幼年时，曾去拜访山涛，山涛见到他后，感叹了许久。

等到王衍离开的时候，山涛目送他走出很远，又感慨地对别人说："不知道是哪位老妇人，竟然生出了这样的儿子！然而误尽天下老百姓的，未必就不是这个人。"

这也就是说，王衍跟山涛关系很好，而且王衍确实认识山涛背后的名士们！

为什么呢？山涛是"竹林七贤"之一，而"竹林七贤"还有一个至关重要的人：王戎！

王戎是王衍的堂弟，这俩人焦不离孟孟不离焦的，关系铁得一塌糊涂。

也就说，第一个条件，王衍认识名士并且对"竹林七贤"背后的士人团队也了若指掌，方便贾南风以后掌握笔杆子，更方便贾南风筹备金谷园二十四友。

据史料记载，外戚杨骏想把女儿嫁给他，王衍却以此为耻，假装发狂才得免。

这也就是说，第二个条件，王衍和贾南风一样，非常讨厌杨骏，甚至将杨骏当作扫把星。

既然王衍认识名士，认识士人团队，并且讨厌杨骏，又是贾南风的表姐夫，为什么不用自己人呢？

第三个条件，则是晋灭吴之战，王衍和王戎哥俩在舅父大人羊祜的带领下，陪着司马伷、司马亮、卫瓘、杜预、王浑直接参战过。

如果说贾南风从杜斌那里探听杜预及其背后关系网，有点绕圈子的话。

那么，贾南风从王衍和王戎这里探听晋灭吴之战所有将领的关系网和小癖好，那就更直截了当了。

据史书记载，羊祜在边境，德名素著，可在朝中，却每遭诋毁。他正直忠贞，疾恶如仇，毫无私念，因而颇受荀勖、冯纨等人忌恨。

王衍是他的堂甥，曾来见他陈说事情，言辞华丽，雄辩滔滔。

羊祜很不以为然，王衍拂衣而去。

羊祜对宾客说："王夷甫方以盛名处大位，然败俗伤化，必此人也。"

西陵之战，羊祜曾要按军法处斩王戎。所以，王戎、王衍都怨恨他，言谈中常常攻击他。

王衍和王戎对于舅父大人羊祜很不满，很喜欢跟羊祜对着干，但同时却得到荀勖的认可与喜欢。

瞧瞧，王衍又是贾南风的盟友荀勖的好友！

再看看王衍的身世，王衍字夷甫，琅琊郡临沂县人。西晋末年重臣，玄学清谈领袖，曹魏幽州刺史王雄之孙、平北将军王乂之子、司徒王戎堂弟。

作为琅琊王家的领军人物，贾南风的表姐夫，王衍可是一点都不输给裴秀和裴楷、裴颀。

举几个例子来侧面了解下王衍的为人，比如成语"信口雌黄"的由来。

王衍从小博览群书，才华出众，长大后步入仕途，频频提升，年纪轻轻就做到了黄门侍郎这个皇帝侍从官的官职。由于受到当时社会风气的影响，他渐渐地迷上了玄学。他精通玄理，出口成章，为世人所倾慕。

当时，人们清谈时必定要手执一种用木条和兽毛做成的工具，名叫尘尾，它本是用于驱虫、掸尘，但相沿成习就成为一种名流雅器。

王衍常常拿持在手的尘尾很特别，柄为白玉做成。每当清谈的时候，人们一边听着他的高谈阔论，一边看着他那和尘尾玉柄一样白皙的手，无不目瞪口呆。

与友人谈玄论道，王衍有一个习惯：感觉别人讲的经义玄理中有什么不妥当的地方，立刻就要进行批驳更改，有时甚至连自己的话也前后矛盾。

当时，人们用黄纸写字，发现写错了，就拿黄色的雌黄来涂抹，然后再予以更正。大家见王衍这样喜欢更改别人的言论，于是便给他起了一个绰号——"口中雌黄"。

可以说王衍是一个能够推翻自己言论，吹牛不打草稿的人。

王衍的妻子郭氏是惠帝皇后贾南风的亲戚，性情暴戾，搜刮财物贪得无厌，还喜欢干涉别人的事情。

王衍耳闻目睹妻子的种种恶行，但没有办法禁止她。

当时，幽州刺史李阳是名震京师的大侠士，郭氏素来很忌惮他。王衍对郭氏说："不只是我说你不能这样做，李阳也说过这样做不好。"

郭氏这才稍稍收敛。王衍素来鄙夷郭氏贪重钱财，所以口中从来不提钱这个字。郭氏想试试他究竟会不会说，就让奴婢用钱绕床一圈，让他不能走出来。

王衍早晨起来看到钱后，就对奴婢说："把这些东西（阿堵物）都拿走！"

王衍即便骄傲，他也有骄傲的资本，看看王衍的母系家族，王衍的母亲是泰山羊氏，亲姥姥是辛宪英，亲姥爷是羊耽，娘舅羊瑾，堂舅羊祜，亲姨夫夏侯庄，堂姨夫司马师！

王衍母系家族同辈人，表弟是夏侯湛、夏侯淳、羊玄之，表妹夏侯光姬，表妹夫王正、司马觐，名义上的表弟司马攸！

王衍母系家族下一辈，外甥司马睿，侄女羊献容，名义上的侄子司马冏！女儿王景风、王惠风、王氏，女婿贾谧、女婿司马遹、女婿裴遐，独子王玄。

王衍母系家族之强大，令人瞠目结舌。

基本上，贾南风的亲姐夫司马攸也是王衍的表弟！而且王衍可是从小被羊祜指导长大的，还跟王戎一起去参加了晋灭吴之战，本身就认识王浑、卫瓘等人！

王衍的父系家族呢？

琅琊王家实在是人太多了，就说王衍同辈人吧，王衍、王戎、王敦、王导、王澄、王彬、王旷、王廙，其中王旷就是王羲之的父亲！

不仅如此，王衍的表妹夫兼堂叔王正就是王旷的父亲，王羲之的爷爷！

可以说王衍是一个在人脉关系和血缘关系上，绝对不输给裴秀和裴楷的存在！

最关键的是王衍愿意帮助贾南风成就一番大事业。

为什么说王衍是被羊祜从小指导长大的呢？

据史料记载，王衍的父亲王乂曾任平北将军，当时经常有公文事务需要派使者呈送，但常常无法按时得到答复。

王衍十四岁的时候，就常到尚书仆射羊祜那里申报陈述公文的内容，言辞非常清晰明白。

羊祜在当时很有名望，德高望重，但王衍在他面前却没有自卑屈节的神色，大家都觉得十分惊异，都说他是一个奇士。

司马炎下诏命百官举荐可以安定边疆的人才。王衍起初喜欢谈论连横合纵的游说之术，所以尚书卢钦举荐他为辽东太守，但王衍没有就任。

讨厌杨骏，又缺钱想要建功立业，这给贾南风找到表姐夫王衍为同盟奠定了基础。

《晋书·羊祜传》，三国末期，晋遣羊祜伐吴，吴陆抗抵御之，虽相为敌，而彼此讲求德信，故后世称两国将帅虽临敌相拒，仍敦睦交谊为“羊陆之交”。

陆抗可是陆机和陆云的父亲！羊祜没有儿子，经常带着的人是王衍！

也因此，你能说王衍和陆机不认识吗？不，这两个人应该是相交甚多的！

鉴于荀勖喜欢王衍，陆机熟识王衍，王衍厌恶杨骏，王衍讨厌舅父大人羊祜的好友。

贾南风通过王衍去了解晋灭吴将领的小秘密，抓这些人的小辫子就水到渠成了。

也许你会问，王衍这样的人，他出身于琅琊王家，怎么可能乖乖就范，让贾南风这个自身难保的人来招揽？

这就不得不牵扯到另外一个史实了。

据史料记载，王衍的父亲在北平郡去世后，他的亲人朋友送给他很多办理丧葬的钱财，许多亲戚熟人向他借贷，王衍就把钱财分给他们。

没几年的时间，家里的财产就几乎用光了。在没有办法的情况下，王衍只好搬到靠近洛阳城西的田园中居住。

也就是说，同样不喜欢杨骏的王衍，现在是处于一分钱难倒一个英雄汉的阶段。

贾南风作为东宫太子妃，又有石崇这个巨富，她并不缺钱，她缺的是士人团队，缺的是王衍这类人脉。

于是一个缺钱，一个缺人，公元282年贾充去世，王衍来吊唁的时候，贾南风和王衍一拍即合，两个人形成了合作关系。

后来王衍被贾南风重用成了社会的风气，并且是年轻人一跃龙门的典范。他精通玄理，专门谈论《老子》《庄子》。无论朝廷高官，还是在野人士，都很仰慕他，称他为“一世龙门”。

王衍接连担任显要职务，很多求仕的年轻人，没有不仿效他的。凡被朝廷进用的官员，都认为他应该做士族的首领。他崇尚浮华放荡，又被许多人赞同，因此成了世间风气。

这说明贾南风确实跟王衍联手了，才有了“一世龙门”的王衍。

这个合作关系到底有多铁？

王衍长女嫁给了贾谧，次女嫁给了司马衷的儿子司马遹！

瞧瞧，王衍的女儿嫁给了贾南风掌权时期，权力最鼎盛的两个年轻人。一个是贾南风的外甥，一个是贾南风的养子，大晋朝的储君司马遹！

而王衍还有一个女婿是贾南风的姨夫裴秀家族的裴遐！

这也就侧面说明了，王衍和贾南风的合作多么融洽，两个人又是多么默契，而裴家在这背后又给予了多大的助力。

王衍利用自己参加过晋灭吴之战，又熟悉羊祜和山涛身边人的便利，帮助贾南风搅动司马攸事件的浑水。

刘舆和刘琨又是怎样的存在呢？

我们来看看刘琨和刘舆引以为傲的简历。

刘舆初辟太宰府尚书郎，迁散骑侍郎。齐王司马冏辅政，以为中书侍郎，转为颍川太守。东海王司马越辅政，以为左长史，封定襄侯。

能参与辅政，在司马冏、司马越期间不被司马伦所牵连，还活得游刃有余，可以说刘舆此人聪明至极，很懂纵横捭阖之术。

二十六岁的刘琨出任司隶校尉从事。后又被高密王司马泰辟为掾属，迁任著作郎、太学博士、尚书郎。

公元306年，刘琨从幽州刺史王浚处求得八百骑兵，击破东平王司马楙，战败刘乔，救出父母，又斩杀司马颖麾下大将石超，收降荥阳守将吕朗。

同年，司马越将晋惠帝救回洛阳，刘琨因功被封为广武侯，邑二千户。

刘琨和拓跋鲜卑首领拓跋猗卢结为兄弟，和前赵石勒等大将的战斗互有胜负。

公元316年，石勒出兵进攻并州，刘琨不听姬澹劝阻全军尽出，中伏大败，丢失并州，只身投奔幽州刺史、辽西鲜卑左贤王、假抚军大将军段匹磾，并与其结为兄弟。

同年，刘曜攻破长安，晋愍帝被俘，西晋灭亡。刘琨令长史温峤向司马睿劝进。司马睿称帝后，加封刘琨为侍中、太尉，其余官衔不变，并赐他名刀一把。

可以说刘琨是个将才，而且能跟两个异姓王结拜为兄弟，足见刘琨个人魅力与军事才能堪称一绝。

所以说对于贾南风而言，有刘琨这样极具军事才能的表哥压轴，有刘舆这样极具时局头脑的表哥分析时局，这两个表哥的加盟，她的计划可谓如虎添翼。

他们两个人不仅仅个人能力突出，裙带关系更突出。

刘舆和刘琨有个妹夫，这个人是狗尾续貂创造者司马伦的儿子，也就是司马荂，刘舆和刘琨与司马荂是郎舅关系。

贾南风要想稳住太子妃位要得到司马氏宗族的长辈认可与扶持，司马伦作为司马懿的第九个儿子，作为司马炎的九叔，论辈分算是够格了吧？

并且司马伦一直讨厌司马伷、司马亮、司马骏这同父同母的哥仨，正想着找机会干掉这三个兄弟。

既然贾南风想靠着司马攸的事情浑水摸鱼，司马伦难道不想借着司马炎准备除掉司马攸这件事，顺道带上司马伷、司马骏这两个兄弟一起归西吗？

难道不想打压万岁亭侯司马亮在司马炎心中的地位，伺机取而代之吗？

司马伦当然不会放过这样一个权力变动的好机会。

也因此，刘舆、刘琨借助妹夫司马荂找到司马伦，将贾南风想要做的事情透露给司马伦。

司马伦一听，既能够让司马伷赶紧回封地，又能让司马骏失宠，还能让司马伦被杨骏处处掣肘，立马两手一拍，跟贾南风达成了共识。

于是，司马伦开始撺掇司马氏宗族对于司马伷、司马亮、司马骏的偏见。

很快，司马伷让出兵权，狼狈逃回山东琅琊，司马骏被软禁在帝都，司马亮跟杨骏正式撕扯。

而司马伦带上自己的八哥司马肜开开心心捡漏，成为逐渐取代司马亮的存在。

可是纸包不住火，杨骏再笨也会明白，他暗算司马攸之后，自己惹一身骚，反而便宜了司马伦、贾南风，让这俩人摘了桃子。

于是埋下了杨骏之乱的隐患，同时也埋下了八王之乱的事端。

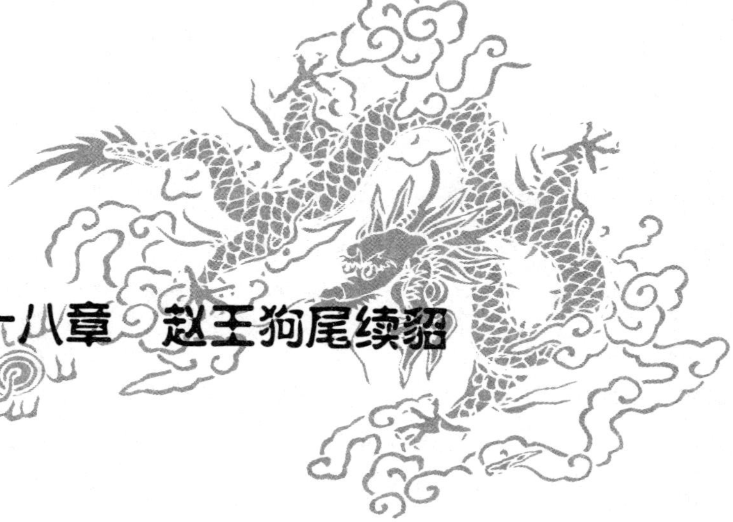

第二十八章　赵王狗尾续貂

我们提到了狗尾续貂的创始人赵王司马伦。

那么杨骏之乱是怎样的呢？

公元283年，山涛突然死亡，司马伷突然死亡，司马攸中毒不治，撒手人寰。

公元284年，司马炎的幺儿司马恢中毒不治，最终以两岁的年纪夭折。

公元285年，杜预病死。

再之后，大晋朝发生了大洪水，星陨如雨。

随着齐王司马攸死亡，于公元286年，贾南风终于跟荀勖联盟，成了正式的合作伙伴。

这荀勖是钟繇的外孙，钟会的外甥，钟琰的表哥，王浑的妻家舅哥。

也就说荀勖跟晋灭吴之战的将领王浑是郎舅关系。

有王浑的鼎力加盟，荀勖一如王衍，都可以给贾南风提供晋灭吴之战将领的人脉关系网。

荀勖长期在中书监之位，专管机密之事，因为他才思敏捷，能揣摩人主心思，不触犯人主之意，所以能始终受司马炎宠信，保存其爵禄。

荀勖这个人能够掌握很多官员的秘密，相当于文武百官的小辫子攥在他手里。

这样的人，可不可怕？

当然可怕！

最关键的是，晋朝初建，荀勖曾与裴秀、羊祜共掌机密！

也就是说，贾南风的亲姨夫裴秀和荀勖是同事，并且跟表姐夫王衍的舅父大人羊祜也是同事！

而贾南风还有一个表哥裴頠，也就是裴秀的儿子，裴楷的堂哥！

裴頠是谁的女婿呢？王戎，没错就是王衍的堂弟的女婿！

瞧瞧，王衍是贾南风的表姐夫，裴頠是贾南风的表哥，王衍的堂弟王戎是裴頠的岳父。

这绕了一个大圈子，贾南风掌握了中书监三个核心人物的后人，也就靠着羊祜的外甥王衍、裴秀的儿子裴楷、荀勖本人掌握了最齐全的百官行述！

在荀勖的牵线搭桥下，因为晋灭吴之战王濬对于王浑的慢待，王浑、王济弹劾王濬后，听从荀勖的话，保持了中立。

公元289年荀勖去世的时候，贾南风势力已经木秀于林了。

而此刻的杨骏呢？

永熙元年（公元290年），晋武帝病重时，没有将国家大事托付给重臣，开国功臣都已去世，朝臣惶恐不安。而杨骏排斥公卿大臣，亲自在武帝左右伺候，并趁机随意撤换公卿，提拔自己的心腹。

常读史书的人都知道，如果一个外戚上蹿下跳过分了，一定会招来宗族的反扑以及趁机挤进核心圈世家的抨击。

杨骏也是如此，因为随意撤换公卿，更因为总是提拔自己的心腹，有危机感的世家逐渐成了杨骏的对立面。

而晋武帝病情稍有好转，见杨骏所用之人不当，就严肃地对杨骏说："怎么能这样做呢！"于是给中书下诏，让召汝南王司马亮与杨骏共同辅助王室。

杨骏听从司马炎的话了吗？

没有。

那，杨骏做了什么呢？

杨骏害怕失去权柄与宠信，从中书那里借来诏书看，并把诏书藏起来。中书监华讷恐惧，亲自找杨骏要诏书，杨骏就是不给。

过了两天，晋武帝病危，杨皇后奏请让杨骏辅政，晋武帝点了点头。于是杨皇后便召中书监华讷、中书令何劭，口头传达晋武帝的旨意，让他们作遗诏。

遗诏写成后，皇后与华讷、何劭共同呈给武帝，晋武帝看了以后不说话。过了两天，晋武帝驾崩，杨骏便作为被委以后事的重臣，居住太极殿。

司马遹将要入殡盖棺，六宫人员都出来举行告别仪式，而杨骏却不下殿，安排一百个武士保卫自己，不恭于朝廷，心怀不轨，从这时就开始显露了。

晋惠帝司马衷登上皇位的时候，杨骏知道自己没有美德高望，害怕不能使远近之人和睦悦服，就依照魏明帝即位时的样子，大开封赏，以取悦于群臣。

殿中中郎孟观、李肇，平素不被杨骏尊重，暗地罗织杨骏图谋颠覆社稷的罪名。

贾后欲干预政事，因害怕杨骏而没有达到目的，又不肯以妇道侍奉太后。黄门董猛，从晋惠帝做太子时即为寺人监，在东宫侍奉贾后。贾后图谋废太后，秘密与董猛通消息。

董猛与孟观、李肇相勾结。贾后令李肇通报大司马、汝南王司马亮，让他联合各藩王军队讨伐杨骏。

司马亮说："杨骏的凶暴行为，会使他很快灭亡，不值得忧虑。"

李肇又通报楚王司马玮，司马玮同意这个计划，于是请求入朝。

杨骏平素就怕司马玮，早就想把他召回朝中，以防他搞变乱，因而听任司马玮入朝。

孟观又是谁呢?

孟观自幼嗜学，精通天文历法。晋惠帝即位，担任殿中中郎。外戚杨骏当权，傲慢无礼，于是孟观与李肇效顺皇后贾南风抨击杨骏。后来杨骏伏诛，升为黄门侍郎，迁积弩将军，封上谷郡公。

齐万年于关中叛乱，赵王司马伦、梁王司马肜受命镇守关中，并无进展。张华、陈准推荐孟观讨伐齐万年。孟观勇不可当，最终擒获齐万年，威镇羌族和氐族，迁任东羌校尉、右将军。

换言之，孟观是一个可以靠着星象诠释杨骏就是叛逆，就是扫把星的官员，他可是解释天意如何的钦天监星象大师！这对于极其重视星象的古代，这个官职相当重要。

董猛又是谁呢?

董猛是西晋宦官，皇后贾南风心腹，诛杨骏有功，封为武安侯，官至黄门令，参与多次宫廷政变。永康元年，赵王司马伦、梁王司马肜、齐王司马冏发动政变，董猛伏诛。

可以说董猛就是皇宫内院的大太监，帮助贾南风协调整个后宫资源，联合一致对付杨骏父女的传令官和后勤总协调。

为什么孟观、董猛等人在杨骏身边，却认识贾南风呢？谁介绍的呢？

一定是杨骏身边的人，是谁呢？被调到杨骏身边的属官刘舆和潘岳，也就是贾南风的表哥和心腹。

贾南风是怎么知道这些人会铁了心帮助她，又有能力见到司马亮和司马玮的呢？

一定是认识司马亮和司马玮的人引荐。

这个人又是谁呢？

能见到司马亮的，当然是司马亮的兄弟，也就是司马懿的第九子司马伦了。毕竟司马伦跟贾南风是同盟。

能见到司马玮的，当然是贾南风本尊了，毕竟贾南风是司马玮的大嫂。

贾南风让刘舆、刘琨通知司马荂，司马荂通知自己的父亲司马伦，司马伦带着几个小人物见司马亮，帮助游说司马亮。

毕竟，司马亮和杨骏从公元 282 年开始撕，一直到公元 290 年，长达八年的时间。

更重要的是，司马伷、司马亮最好的兄弟卫瓘可跟杨骏是死仇。

为什么呢？

根据史料记载，卫宣娶了公主后，有沉溺于酒色的过失。杨骏平素与卫瓘不和，而且自己想要独掌朝政，认为如果卫宣与公主离婚，卫瓘必定逊位辞职，于是与黄门等一起诋毁卫宣，使得武帝下诏让二人离婚。

卫瓘惭愧又惧怕，于是请求告老逊位。下诏以卫瓘为太保，以菑阳公身份回家。有关部门又上奏收捕卫宣交给廷尉，并且罢免卫瓘之职，武帝不许。

后来，武帝才知道是黄门故意构陷卫宣，想要让公主与卫宣复合，而此时卫宣已经因病去世。

瞧瞧，杨骏进谗言害死了卫瓘的儿子，司马炎的女婿，卫玠的伯伯！

这可是卫氏跟杨骏的不共戴天之仇了。

但是司马伦忘记一件事，司马亮更讨厌司马伦捡漏夺权。卫瓘觉得司马伦的危害更胜于杨骏。于是司马伦破天荒地没有去攻击杨骏，卫瓘也选择了中立。

贾南风让潘岳带信给司马玮，司马玮此时才十九岁，正是血气方刚、建功立业的年纪。

司马玮同意矫诏杀掉杨骏，于是带兵从殿中出来，烧了杨骏府第，又令弓弩手上到阁楼上向杨骏府中射箭，杨骏的卫兵都不能出来。杨骏逃到马棚里，被士兵用戟杀死。

孟观等受了贾后的密令，诛杀杨骏的亲戚党羽，焚烧杨骏家中的书信文件，不愿意让天下人知道晋武帝给杨骏的顾命诏书。

杨骏被杀后，没有人敢收尸，只有太傅舍人阎纂安葬了他。

而设计司马攸的杨芷呢，贾南风做法更狠，既可以给大姐贾褒、外甥司马冏一个交代，又可以给全天下恨透杨氏的人一个交代。

史料记载，庞氏一死，杨芷就被押送回金墉城。贾南风随后将她的内侍及宫人全部遣散，并不给杨芷食物。最后，连续八天没有进食的杨芷，于元康二年（公元 292 年）二月一日（3 月 6 日）被活活饿死，死时三十四岁，做皇后、皇太后共计十五年。

贾南风并不因杨芷死而罢休。她听信巫师之言，怕杨芷将事情告诉武帝，于是在杨芷棺材上贴了灵符，并使用一些镇邪的符书药物。

这一切的一切，贾南风做得是漂亮，可是继任齐王爵位的司马冏真的会感激贾南风吗？当然不会。

而司马伦会老实吗？当然也不会。

于是司马伦照着杨骏所做，做了一切杨骏所做的事情，并且还做了封官送礼的糗事：狗尾续貂。

第二十九章　贾南风的末路

我们提到了贾南风政变杀杨骏的始末，所谓看客有时候会成为故事里面的主角。

司马懿的第九子，赵王司马伦就是这么一个从看客变成主角的主儿。

赵王司马伦在看到贾南风通过她的表哥，即刘舆、刘琨兄弟传达信息给司马荂，司马荂这个亲生儿子传递给自己的消息后，虽然毅然决然地选择陪同贾南风诛杀杨骏一党。

可他也见到了贾南风浮出水面的其他势力，看到一个不姓司马，却能够将司马氏玩弄于股掌之上的异姓女人如此做派，赵王司马伦能不想尝试自己做回主吗?

当然想，谁不想成为天下君主?

那么，赵王司马伦这个司马懿最小的儿子是怎么做的呢?

首先，贾南风是怎么起来的呢?

拥有了笔杆子，也就是几个名士，陆机、潘岳、刘舆、刘琨，并且这几个人都是金谷园二十四友中靠前的名家。

拥有了话头子，也就是王衍这个信口雌黄却又熟知晋灭吴之战将领各种秘密的表姐夫。

拥有了小辫子，也就是荀勖、裴秀、裴頠、郭奕这几个可以提供百官行述，掌握百官小辫子的内参。

拥有了钱袋子，也就是石崇这个富可敌国的强大后盾。

拥有了枪杆子，也就是司马玮、司马伦等几个皇家宗族的将军王爷。

拥有了安全点，也就是杜预从兄杜斌这个京兆尹来护卫自身安全。

拥有了时机点，也就是杨芷、杨骏、司马炎设计司马攸的契机。

赵王司马伦在清楚贾南风这番能耐之后，难道不想依葫芦画瓢吗？

尤其是在司马攸、司马伷、杜预、山涛接连去世后，杨骏、杨芷被贾南风除掉后，司马伦跟他的八哥司马肜可谓一枝独秀。

既然是司马宗族长老一般地位的人，司马伦要想笼络属于自己的亲信和心腹，有样学样，还不容易吗？

当然容易，甚至易如反掌。

于是司马伦开始学习贾南风成事的所有关键元素。

首先司马伦借助贾南风的憎恨，借力使力，既让贾南风陷于世家仇恨之中，又让世家开始为求平安纷纷向自己靠拢，求保护，求关照。

但是如何借助贾南风的憎恨呢？

太子妃时期的贾南风最恨谁？当然是差点废掉贾南风太子妃位的卫瓘及其亲家司马亮。

司马伦也记恨自己这个尊为万岁亭侯的五哥司马亮。

于是，一场史诗级栽赃与诬告拉开了序幕。

最开始的时候，贾南风觉得十九岁的司马玮本事不大，脾气不小。

贾南风刚登上皇后之位，丈夫司马衷又是个脑子有问题的傻子，在这样内外交困下，贾南风只能用阴谋克制司马玮。

怎么克制呢？

先了解一下司马玮的生平。

司马玮字彦度，河内温县人，晋武帝司马炎第五子，汝南王司马亮、太保卫瓘建议朝廷让司马玮离开朝廷到封国去，司马玮对此很怨愤。

卫瓘等人因长史公孙宏、舍人岐盛轻薄无德，并受司马玮亲宠，会给朝廷带来祸患，打算收捕岐盛。岐盛得知此事，就和公孙宏密谋，假称司马玮的命令，向皇后贾南风说司马亮、卫瓘坏话。

司马玮于是勒令本部军队，伪造诏书召集军队准备除掉卫瓘等人，不久兵败被处死，年仅二十一岁，谥号隐王，追赠为骠骑将军。

再瞧瞧时局，恰好万岁亭侯司马亮和卫瓘这个时候从中立转为了义正词严的清流派，有司马懿第五子，万岁亭侯司马亮的斥责，身为孙子辈的司马玮自然是敢怒不敢言。

但是司马亮连同卫瓘斥责司马玮也就算了，甚至学司马炎的做派，要让司马玮跟齐王司马攸一样，回封地，再也不许回来。

司马玮年少气盛，哪能受得了这样的羞辱？

贾南风灵机一动，决定让司马玮跟万岁亭侯司马亮、司空卫瓘互相开撕！

于是，精彩绝伦的借刀杀人计再次上演。

事情经过是这样子的，最开始，司马玮被司马亮弹劾，要求被调往封地，卫瓘习惯性地支持亲家司马亮，司马玮愤恨于心。

贾南风借助司马玮假传圣旨杀掉杨骏的经验，再次派人去告知司马玮，让司马玮故技重施。

司马玮因为杀杨骏很有心得，于是找了一个跟卫瓘特别不对付甚至憎恨卫瓘的小官荣晦，这俩人一拍即合，决定分兵两路：司马玮领一路人马直扑万岁亭侯司马亮的府邸，荣晦直扑司空卫瓘府邸，两人同时来一个灭门惨案！

而这个时候的赵王司马伦呢？当然是做好人了。

司马伦先是稳住司马宗族其他人，接着让王衍、刘舆、刘琨、石崇、杜斌等人通知三五好友，在赵王府开门设宴，广延宾客。

于是，司马伦帮助贾南风和司马玮清场，让司马亮和卫瓘没有援兵救场。

而这场灭门惨案，万岁亭侯司马亮是被乱刀剁成了肉泥，卫瓘一家年满十五岁的全部被杀，只留下卫璪、卫玠兄弟二人。

据史料记载，司马亮被乱兵所杀，扔在北门的墙壁下，头发耳朵鼻子都被毁坏。

司马玮派人剁了万岁亭侯司马亮，灭了卫瓘满门，只留了不满十岁的卫玠和卫璪，这件事真的是小事吗？贾南风能逃脱干系吗？

答案是，贾南风啥事没有，司马玮被砍头。

司马玮不是矫诏杀了万岁亭侯司马亮和司空卫瓘嘛，所以贾南风让晋惠帝司马衷在皇宫大内指责司马玮矫诏，于是，第一个被明正典刑的王爷在大晋朝诞生了：他就是司马玮！

司马玮死去之后，贾南风为了稳住自己的地位，开始让外甥贾谧组建金谷园二十四友，并让潘岳、石崇、刘舆、刘琨帮着扩建，更让表姐夫王衍、舅父大人郭奕开始帮着涤荡司马亮和卫瓘残存势力。

但涤荡归涤荡，面子上也要过得去，更要为金谷园二十四友这个笔杆子加话筒子发展提供最有利的条件。

于是这一年，卫瓘的女儿向晋惠帝司马衷申请平反，为父亲、哥哥们平反了冤屈。

而卫玠、卫璪则是被王浑这个外祖父接到了家中养大，又由于荀勖是钟会的外甥，钟琰的表哥，王浑的舅哥，也因此王浑在贾南风这边还算是自己人，对于卫璪和卫玠的生死也就睁一只眼闭一只眼。

平反卫瓘冤屈，是为金谷园二十四友广纳贤才，顺道为朝廷的其他世家做个表率。

这意思就好比，卫瓘和司马亮是司马玮胆大妄为干的，与我贾南风无关，不管你们做过什么得罪过我的事情，死后哀荣，还是会按照对晋朝的功勋来给予相应待遇的。

但是，活着的荣光呢？

这也就是贾南风聪明的地方，贾南风也是在暗示其他世家，得罪我的人，要是懂得低头，还是既往不咎的。但要是死硬派，顺我者昌，逆我者亡。

赵王司马伦看到贾南风的手段心动了，先是学着贾南风弄到属于自己的笔杆子，也就是刘舆和刘琨，将这两个人笼络在身边。

又拥有了话头子，次子济阳王司马馥熟知司马氏宗族各种秘密。

拥有了小辫子，三子汝阴王司马虔可以提供百官行述，是掌握百官小辫子的内参。

拥有了钱袋子，也就是铜钱铺路的王济，卫玠的娘舅，王浑的儿子。

拥有了枪杆子，也就是司马颙、司马颖、司马乂等几个皇家宗族的将军王爷。

拥有了安全点，也就是杜预从兄杜斌这个京兆尹来护卫自身安全。

拥有了两个时机点，第一个是小齐王司马冏设计贾南风，为父报仇的契机。

第二个是太子司马遹打算政变夺取贾南风政权，成为真正皇帝的契机。

小齐王司马冏为什么要报复姨母贾南风呢？

首先是贾褒以老齐王妃的身份下跪贾南风，请求李婉跟贾充合葬，贾南风拒绝，贾褒气绝而死。

其次是贾南风借助司马攸吃人血馒头，完全不顾及司马攸的安危，不顾及贾褒及司马冏这个外甥的心情，完全没有血亲之情。

最后是贾南风得势以来从来没有重用过司马冏，整整十年，一点也没有重用的机会。

这个契机最关键的地方在于太子司马遹打算政变逼宫，而这个逼宫的最开始，是贾南风传出养小白脸的秘密，并根据这个秘密栽赃贾南风是不祥之人。

据野史传闻：贾南风开始是和太医令程据私通，一段时间后觉得程据年龄大了。就派人到街上寻找年轻帅哥，看到后抓进宫，共度良宵。但她怕传出去，也可能喜新厌旧，只用一晚，第二天清晨立即杀掉。

一次有个小吏长得太帅了，破例缠绵数日，最终下不了手，放他回去，并赠给他服饰珠宝。没想到这个小白脸是个显摆的人，平时就穿上了这些绫罗绸缎，招摇过市。

周围人都奇怪，“屌丝”眨眼变土豪了，肯定是偷来的，把他抓到官府。

小官吏供出了离奇经历：几天前他走在大街上，遇到一个老太太，说她家里有人生病，需要一年轻男子压压邪气，重酬相谢。

他心动了，就跟她上了车。中途倒腾换车，又藏到一个大箱子里，走了十几里，过了六七道门。

等到箱子一开，眼前是豪华的楼台殿阁。他问老太太这是哪里，她回答是天上。他被人伺候洗澡喷香水，又换上华美的衣服，进入一房间。

里面有个30多岁的女人，又矮又黑，随后两人颠鸾倒凤，度过了几个狂乱夜晚，如同梦境一般。临别时，获赠这些高档衣服。

大家一听都猜出是当今皇后，讪笑着离开了。

贾南风这个女人是一个不是男人，胜似男人的主儿，光看贾南风为除三害的周处赐死后荣光、圈地立庙就能得出，贾南风是一个胸怀国家、心有乾坤的女中丈夫。

对于这样的污蔑，贾南风是不能容忍的。

要知道，贾南风有八个女儿，可是唯独没有儿子。

贾南风是真的将太子司马遹当儿子养的，为什么呢？因为司马炎说过，此儿当兴我家。

巧合不？司马昭和司马懿跟司马攸也这么说过，如今司马炎也这么说司马遹。

史料是这样记载这段话的：司马遹幼年聪慧，很受祖父晋武帝的喜爱，常在晋武帝身边。三四岁了，晋惠帝还不知道有这么个儿子。司马遹曾经与其他皇子一起在殿上嬉戏，晋惠帝来听朝，拉着各位皇儿的手，临到司马遹，晋武帝说："这是你的儿子啊！"

司马遹五岁时，宫中曾经晚上失火，晋武帝登楼远望。司马遹拽着晋武帝的衣襟到暗处，晋武帝问他原因，司马遹说："夜晚仓促之间，应该防备非常变故，不应让火光照见陛下。"

晋武帝因此认为他是奇才。

一次司马遹跟着晋武帝观看猪圈，对晋武帝说："猪很肥，为何不杀掉来犒劳将士大臣，却让它们在这里浪费粮食呢？"

晋武帝认为他的主意很好，于是马上让人杀掉这些猪赏赐群臣。

并抚摸着司马遹的背，对廷尉傅祗说："这小儿将来会兴旺我司马家呀！"

后来晋武帝当着群臣称赞司马遹像晋宣帝司马懿，于是司马遹的美名便流传天下了。

晋武帝相当重视司马遹这个嫡长孙，当时有望气占卜的方士说广陵那个地方有天子之气，所以晋武帝司马炎便封嫡长孙司马遹为广陵王，食邑五万户。

因为晋武帝司马炎非常看重嫡长孙司马遹，又因为司马炎的父亲司马昭曾经说齐王司马攸是司马家的希望。

故而，也可能晋武帝司马炎为了证明他这一支脉更兴司马皇室，才将皇位传递给晋惠帝司马衷做个过渡，真正的目的是让嫡长孙司马遹承接帝位。

但是，此儿当兴我家，这真是一句咒语！

只可惜啊，司马遹养成白眼狼了，这对贾南风而言是最诛心的。

当贾南风得知司马遹打算逼宫的时候，先下手为强，让潘岳拿酒枣灌醉太子司马遹，是的，你没看错，历史记载，确实是潘岳拿酒枣灌醉太子司马遹的！

史料是这样记载这一段的：元康九年（公元 299 年）十二月，贾后将要废太子司马遹，诈称皇上不舒服，将司马遹诱进宫中，到了，贾后却不与他相见，把他安排在别室，派婢女陈舞逼司马遹吃掉事先准备的醉枣，司马遹便醉得不行。

再让黄门侍郎潘岳打了个草稿，模仿司马遹平常的口气，让小婢女拿纸笔和草稿让司马遹抄写下来。

喝醉酒的司马遹在潘岳的鼓动下，写了大逆不道的话，"陛下宜自了，不自了，吾当入了之。中宫又宜速自了，不自了，吾当手了之。并与谢妃共要，刻期两发，勿疑犹豫，以致后患。茹毛饮血于三辰之下，皇天许当扫除患害，立道文为王，蒋氏为内主。愿成，当以三牲祠北君”。

大致意思是：皇上、皇后你们快点自动退位吧，你们不自动退，我就进宫废掉你们。然后我做皇帝，蒋美人为皇后。

有些史书记载，因为司马遹喝得太醉了，有些是潘岳帮忙补上的字，用那种专门模仿他人笔迹的技能补上的一些文字。

那么太子司马遹是一个什么样的人呢？

太子司马遹，字熙祖，小字沙门，晋武帝司马炎之孙，晋惠帝司马衷长子，母才人谢玖。

司马遹自幼聪慧，有其高祖父司马懿之风。但长大后，不修德业，性刚且奢侈残暴，于宫中摆摊切肉卖酒，并在西园销售杂货，以收其利。又好算卦巫术，忌讳颇多。

这个司马遹有多荒唐，又是怎样的荒唐让司马皇室觉得太子写下这段大逆不道的话是情有可原，最开始的时候并不认为是栽赃的呢？

第三十章　司马冏结梁子

其实司马遹的朋友圈还是蛮强大的，他有着不输给贾南风的朋友圈，若是好好做太子也不至于让大晋如此快地颓废。

司马遹以刘寔为师，孟珩为友，杨准、冯荪为文学，以何劭为太师，王戎为太傅，杨济为太保，裴楷为少师，张华为少傅，和峤为少保。让太保卫瓘的儿子卫庭、司空司马泰之子司马略、太子太傅杨济之子杨毖、太子少师裴楷之子裴宪、太子少傅张华之子张祎、尚书令华暠之子华恒与太子相处，以便互相辅导。

看一看太子朋友圈的牛人到底是怎样一个存在！

刘寔是三国至西晋时期重臣、学者，汉章帝刘炟第五子济北惠王刘寿之后。他品德清洁，好学不倦，通晓古今。初以计吏身份进洛阳，调任河南尹丞，后迁任尚书郎、廷尉正、吏部郎，封爵循阳子。

西晋建立后，历官少府、太常、尚书等职，晋爵为伯。杜预伐吴时，兼镇南军司。因子刘夏受贿获罪，而被免官。后被起用为国子祭酒、散骑常侍。

元康初年，晋爵为侯，渐升太子太保，加侍中、特进、右光禄大夫、开府仪同三司，兼冀州都督。

景元四年（公元 263 年），钟会、邓艾讨伐蜀国时，有客人问刘寔说：“两位将领能平定蜀国吗？”

刘寔说："必定能击破蜀国，然而都回不来了。"客人问其中的缘故，他笑着不说，结局正如刘寔所说的那样。

刘寔曾去石崇家，上厕所，看到有深红色花纹帐幕，垫褥很是华丽，两个奴婢手持香囊。

刘寔于是退出，笑着对石崇说："我误入你的内室。"

石崇说："那是厕所。"

刘寔说："我清贫之人未曾享用过。"于是去了别的厕所。

换言之，刘寔是司马昭身边的重臣，本身跟魏灭蜀、晋灭吴之战的大将有着非常深的交情，跟钟会、邓艾这样司马懿的门生也是交情匪浅，更是与石崇等金谷园名士熟识。

可以说刘寔本身就是一个开挂一般的存在，几乎认识司马懿、司马昭、司马炎、贾南风四代人最杰出的人物，并且私交甚好。

杨淮是弘农杨氏后人，也就是杨修的族人，惠帝末为冀州刺史，与嵇康子绍、山涛子简同好友善。

这杨淮不仅是司马遹的好友，更是"竹林七贤"嵇康和山涛子辈的至交好友，无论是嵇绍还是山简。

瞧瞧嵇绍吧，嵇绍字延祖，嵇绍十岁时，嵇康被掌权的司马氏集团杀害，他也被迫退居乡里，不得出仕。后在山涛劝解下被举荐为秘书丞，历任汝阴太守、豫章内史、徐州刺史、给事黄门侍郎等职。

元康初年，嵇绍被改任为给事黄门侍郎。当时侍中贾谧凭借外戚的身份，年纪轻轻就身居高位，潘岳、杜斌等人都依附他。贾谧请求与嵇绍交好，嵇绍拒绝不理。

等到贾谧被诛杀，因为嵇绍不亲附恶人，受封弋阳子，又升为散骑常侍，兼任国子博士。

赵王司马伦篡位，以嵇绍为侍中。同年，晋惠帝重新继位，嵇绍仍然任侍中。

当时，众人建议追复已遇害的张华的官爵，嵇绍认为张华不能坚持正道，不应该追复他的官爵。又上疏希望惠帝及当权者吸取教训。

可以说嵇绍是一个让司马氏皇族都颇为尊敬的高人，更是一个刚正不阿的直臣。

齐王司马冏在辅政后，大肆建造自己的宅第，骄纵日益加深，嵇绍为此劝谏司马冏，司马冏虽然谦逊恭顺地回报嵇绍，但就是不能听从他的意见。

史料记载，一次，司马冏与董艾等人在中宫中闲聊，畅谈国家大事。

嵇绍穿着朝服求见，董艾对司马冏说："嵇侍中善丝竹，您可以让他弹琴。"

司马冏也正有此意，就命人抬琴进来请嵇绍演奏。嵇绍不愿意。

司马冏就说："今天大家都挺高兴，您又何必如此扫兴呢？"

嵇绍庄重地回答："您匡复社稷，更应讲究礼仪，端正秩序。我今天穿着整齐的礼服前来见您，您怎能让我做些乐工的事呢？如果，我身着便服，参加私人宴会，那倒不敢推辞了。"

司马冏和董艾等人听了此话后，都很惭愧。

嵇绍被征召为御史中丞，未拜受，又任侍中。河间王司马颙、成都王司马颖起兵直驱京都，借以讨伐司马乂，惠帝的车驾驻扎城东。

司马乂向属众说："今日西征，希望谁做都督呢？"

军中将士都说："希望嵇侍中尽力在前面引导，我们虽死犹生。"

于是以嵇绍为使持节、平西将军。

不久，朝廷北征，重征嵇绍为侍中，恢复了他的爵位。

嵇绍能够让司马伦、司马乂、司马冏、甚至浑浑噩噩的司马衷都颇为尊敬，司马遹通过杨淮跟嵇绍相识相交，若是司马遹真的好好做太子，有此正直之臣辅佐，未来必然不可限量。

再看看山简吧，山简是山涛第五子，字季伦，山简性格温润典雅，年轻时与嵇绍、刘漠、杨淮齐名。

历任太子舍人、黄门郎、青州刺史、镇西将军、尚书左仆射等职。山简曾向晋怀帝司马炽上疏建议命群臣各自推举贤才，以广招贤士，使国家富强。怀帝听从他的建议。

永嘉四年（公元 310 年），洛阳饥饿困顿日益严重，太傅司马越遣使带着插羽毛的檄文征召全国军队，让他们来救援京城。

晋怀帝对使者说："替我告诉各镇，今天还可以援救，迟了就来不及了！"

但后来终究没有军队能够到达。当时，山简派遣督护王万率军前去救援，在涅阳驻军，结果被王如打败。

王如于是在沔水、汉水地区大肆抢掠，进逼襄阳，山简只能围绕城墙进行防守。不久，因严嶷逼迫，只能从襄阳迁徙到夏口驻扎。

山简在夏口时，招纳逃亡流落在外的人，长江、汉水的百姓都前往归附他。

当时，江州刺史华轶不服从琅琊王司马睿的指令，有人劝山简讨伐他。

山简说："我和彦夏（华轶字）为旧友，为他感到伤感。我又怎能通过讨伐别人而为自己建立功勋呢？"

他就是如此忠实厚道。当时乐府的伶人躲避灾祸，大多逃往沔水、汉水地区，到了举行宴会的时候，山简的僚佐中有人劝他命伶人奏乐。

山简说："社稷倾覆，而我无法匡救，是晋的罪人啊，还怎么能奏乐？"

因而情绪激昂流下眼泪，在座的人都感到惭愧。

山简虽然不及嵇绍，却也是个正直之人，心怀国家的人，他还是卫玠的第二任岳父。若是司马遹能够收敛一点，听一听杨准、嵇绍、山简的话，也不至于沦落到那种地步。

何劭字敬祖，西晋大臣，出身陈郡何氏，太傅何曾次子。博学善属文，熟知近代掌故。少与晋武帝同年，有总角之好。

晋国建立后，拜太子中庶子。晋武帝即位，以为散骑常侍，累迁侍中、尚书。晋惠帝即位，初建东宫，拜太师，通尚书省事，加特进，迁尚书左仆射。

永康初年，迁司徒。赵王司马伦篡位，以为太宰。

可以说，何劭就是晋武帝司马炎的发小，有祖父这个发小在，又何愁司马炎、司马衷父子两代的重臣不忠心于司马遹？

再看看王戎的生平。

王戎是王衍的堂弟，字濬冲。琅琊临沂人。三国至西晋时期名士、官员，"竹林七贤"之一。王戎出身琅琊王氏。长于清谈，以精辟的品评与识鉴而著称。

最初袭父爵贞陵亭侯，被司马昭辟为掾属。累官豫州刺史、建威将军。后参与晋灭吴之战，吴国平定后，因功晋封安丰县侯。

在荆州拉拢士人，颇有成效。又被征召为侍中，迁任光禄勋。历任吏部尚书、太子太傅、中书令、尚书左仆射等职，并领吏部事务。

王戎自幼聪颖，神采秀美，据说能直视太阳而不目眩。裴楷称赞他说："戎眼烂烂，如岩下电。"

王戎六七岁时，在宣武场看表演，当时猛兽在栅槛中咆哮，众人都被吓跑，只有王戎站立不动，神色自如。魏明帝曹叡在阁上看见后，称赞王戎是奇童。

景元四年（公元 263 年），钟会、邓艾等率军伐蜀，钟会在出师前与王戎道别，询问王戎有什么灭蜀的计策。

王戎说："道家有句话叫'为而不恃'，成功并不难，保持成果就难了。"次年，钟会叛乱失败被杀，大家都认为王戎有见识。

据史料记载，王衍曾拒绝品评当时在琅琊做郡吏的孙秀，而王戎却劝王衍给孙秀好的品级。到司马伦、孙秀掌权时，杀戮朝官，王戎、王衍得以幸免。

王戎厌恶族弟王敦，经常托病避而不见，后来王敦果然起兵造反。他的先见之明到了如此境界。

王戎在晋代是有名的孝子。武帝时为其母守丧，虽逾越礼制，饮酒食肉，但面容憔悴，身体虚弱，连起身都要扶拐杖。

中书令裴楷前往凭吊其母，说："若使一恸果能伤人，濬冲必不免灭性之讥。"

而尚书和峤在同时遭母丧，虽然寝苫食粥，但哀毁不过礼，气色不衰。刘毅称之为"和峤生孝，王戎死孝"。

王戎任尚书令的时候，有一次身穿官服，乘轻便小马车，从黄公酒垆经过，回头对后面车上的人说："我从前和嵇叔夜、阮嗣宗一起在这家酒垆痛饮，在竹林之下游乐，我也参与末座。自从嵇生早逝、阮公亡故以来，我就为时事所拘。现在看到这酒垆虽然很近，却又像隔着山那么遥远。"

可以说王戎本身就是见过曹魏亲贵，跟司马家、曹家、夏侯家、阮籍族人、钟会族人、邓艾后人、卫玠大姨夫和峤、二姨夫裴楷感情颇深的一位当世名士。

不仅如此，王戎也是裴頠的岳父，王衍最亲密的堂哥。

这样背景雄厚的王戎，就连贾南风都望尘莫及，可是司马遹完全不把宝贝当宝贝，尽数把自己的一手好牌直接打成了烂牌。

还有我们很熟悉的卫玠大姨夫和峤、二姨夫裴楷，还有打不死的小强张华，以及卫玠叔叔卫庭、卫玠表哥裴宪、张华之子张祎来巩固司马遹的朋友圈。

可以说，晋武帝司马炎为嫡长孙司马遹构建好了老中青三代辅佐大臣的朋友圈，就等着司马衷平稳过渡给司马遹这个未来圣君了。

如果太子司马遹好好做事，有这样的朋友圈何愁大晋不兴盛呢？

那么司马遹这个太子爷都做了一些什么，又如何作妖的呢？

年纪稍长，太子司马遹却不好学，每天只与左右嬉戏胡闹，也不知道尊敬师傅。

司马遹所宠幸的蒋美人生了个儿子，宦官便对司马遹说应当厚加赏赐，为皇孙多造些好玩之器，司马遹依从。

于是，司马遹怠慢松弛日益明显，还常常不上朝侍奉，在后园游戏。爱好矮车小马，让左右之人骑驰，弄断缰绳，让人坠在地上以取乐。

或有违背者，用手捶击他。个性拘泥于小忌讳，不允许修缮墙壁、动瓦盖屋。

在宫中开设集市，让人杀牲卖酒，他亲手掂量斤两，轻重一点不差。他外祖父家是杀羊的屠户，受其影响，司马遹对卖肉非常钟爱。又让西园卖葵菜、篮子、鸡、面之类物品，从中牟取利润。

按东宫旧礼制，每月钱五十万，以备各种费用，司马遹常常预支两个月以供宠幸者之用。洗马江统劝谏他时陈述的五件事，司马遹不采纳。

舍人杜锡觉得司马遹不是贾后所生，而贾后性情凶暴，深感忧虑，每每忠心规劝太子修德行纳善言，远离谗言和诽谤。

司马遹发怒，让人把针放在杜锡常坐的毡中来刺他，杜锡不知，落座后针扎入臀部，血流不止。

可以说，司马遹既不尊师重道，又喜欢做市井之事，在皇宫开集市称猪肉，这也是开天辟地第一人。这样易怒又奢靡的太子，不管多么伟大的朋友圈，这些朋友都不敢尽心尽力辅佐司马遹啊。

毕竟，谁希望跟杜锡一样，好心好意挨着针扎呢？

既然司马遹连自己东宫舍人都针扎，这些个悖逆的话，又有几个人会质疑呢？

所以司马遹酒醉写下狂傲悖逆的话，也就没有几个人会怀疑事件的真实性了。

只是这件司马遹喝醉的事情是怎么引发齐王司马攸怒杀陆机的呢？

要说到陆机和小齐王司马攸的渊源，又得回到赵王司马伦这里开始说起。

赵王司马伦作为司马懿的第九子，他不是一直蛰伏着，思考着篡位夺权嘛。

这但凡是想要篡位的人，一定要招揽足够的人才，于是小齐王司马攸和原东吴贵族陆机就一起被招揽到了赵王司马伦的帐下。

此时，贾南风盛怒之下让潘岳灌醉司马遹，正让司马遹写下大逆不道的文字。

于是乎，赵王司马伦、小齐王司马冏和陆机凑在一起想了一个对策来削弱贾南风的实力。

什么对策呢？磨刀石与生锈刀斧之间的互相消磨！

没错，就是消磨，彼此消磨，或者说，鹬蚌相争，渔翁得利更为妥切。

太子司马遹到底是司马炎亲口说的，此儿当兴我家，虽然这仿佛是一句咒语，但是司马炎还是要给这个孙子留下保皇派的忠臣护着。

那么忠臣都有谁呢？

首先是被贾充撵得到处跑的张华，也就是《博物志》的作者。

其次是贾南风的堂哥贾模、表哥裴頠和裴頠岳父王戎、表姐夫王衍，

最后是卫玠的大姨夫和峤、二姨夫裴楷、岳父乐广、舅父大人王济。

贾南风也不是傻子，当然知道赵王司马伦一直不安分，司马伦的心腹谋士孙秀更是个色胆包天的主儿。

于是，历史上互相伤害、互相暗算的大戏拉开了序幕。

就在潘岳用酒枣灌醉太子司马遹之前的两个月，贾南风就让表姐夫王衍用自己的两个女儿王景风、王惠风做诱饵，给贾谧和太子司马遹主婚。

贾南风这次主婚并不是让王衍与司马遹交好，而是借着贾谧与太子抢夺大晋第一美人王景风的事件，逼疯司马遹，给潘岳灌醉司马遹创造条件。

我们来看看大晋朝的太子司马遹有多窝囊。

按道理，大晋朝的储君，东宫太子司马遹应该迎娶天下最好的女孩，让最好最美的女子成为东宫太子妃吧？

不，贾南风反其道而行之，要贾谧迎娶了老大王景风，让太子司马遹迎娶了次女王惠风。

这堂堂太子爷迎娶的不是第一美人王景风，不是王衍的嫡长女，而是一个次女！

这还不是最气人的，最气人的是贾后母亲郭槐想让韩寿的女儿为司马遹的太子妃，司马遹也想与韩氏结婚以巩固自己的势力。

可是韩寿的妻子贾午与贾后都不同意，却为司马遹聘了王衍的小女儿王惠风。

何其窝囊？简直是将太子司马遹的脸往地上踩！

于是，潘岳顺理成章地靠近司马遹，灌醉司马遹写下了那篇大逆不道的文章。

此时保皇派的张华、裴楷、贾南风堂哥贾模、贾南风表哥裴頠全部出来给太子司马遹求情，甚至还拿出笔迹对比。

这些人好说歹说，终于保住了司马遹的太子位置，只是贾南风下令让司马遹滚出皇宫，去金墉城面壁思过，要知道金墉城可是大晋朝囚禁皇族的大理寺

监狱。

张华、裴頠呢？自此之后，被贾南风疏远。

贾模在皇宫被当庭羞辱，回到家后，气绝而亡，也就是活活气死了。

裴楷是王浑的二女婿，裴楷的长子裴舆开始时娶司马亮之女为妻，裴楷的女儿嫁给卫瓘的儿子，因为万岁亭侯司马亮的关系，狼狈来到岳父王浑家避难。

后来裴楷维护太子司马遹，贾南风派遣表姐夫黄门郎王衍查看裴楷的病情。

裴楷回眸注视着王衍说："竟未相识。"

王衍非常感叹裴楷的资质不凡。

在这之后呢？裴楷猝死了。是的，在这个当口，裴楷无故猝死了。

也就是说，跟贾南风作对的，不是被孤立疏远，就是自己气不过气死了，要么就是被暗杀！

这一系列操作，自然又被赵王司马伦学了去。

只是赵王司马伦身边的孙秀是个成事不足败事有余的人。

孙秀何人呢？

孙秀字俊忠，琅琊临沂人，信奉五斗米道。跟随赵王司马伦，善于谄媚，擅长书疏，颇为得宠。积极为司马伦谋划，以离间计废太子，杀贾皇后，登上帝位。

孙秀喜欢玩弄权术，贪残污秽，睚眦必报。

孙秀早年的时候在潘岳家里做小吏，因为犯错被潘岳拿鞭子抽过。后来依仗时为征西大将军的司马伦宠信，与雍州刺史解系、冯翊太守欧阳建交恶。梁王司马肜取代司马伦为征西大将军，诸将皆劝斩之以谢羌、氐，友人辛冉为之开脱，得免。

为什么孙秀成事不足败事有余呢？

因为孙秀非常喜欢石崇家的绿珠，金谷园中不仅色胆包天地调戏绿珠，更是喜欢吃绿珠徒弟宋玮的豆腐。

宋玮可是王敦的爱妾，绿珠更是石崇的爱妾。

贾南风听说赵王司马伦一直学习自己，又趁着自己修理卫瓘、司马亮余党而树敌的阶段，到处左右逢源，结缘成人脉。

这愤怒更是不打一处来，于是，贾南风选择了利用孙秀垂涎绿珠和宋玮来搞事情。

这第一件事就是王敦打孙秀，第二件事是石崇打孙秀。

这王敦、王导、王衍、王戎都是琅琊王家的堂兄弟，贾南风借这件事让王衍和王戎认清现实，别站错队。

同时让王敦、王导这两个还没进入核心圈的人记住孙秀的嘴脸，继而恨上赵王司马伦，更借着这个机会让琅琊王家跟赵王司马伦交恶。

这石崇是金谷园二十四友的第三号人物，贾南风借这件事让全天下的士人、世家子弟看清楚赵王司马伦用的都是些什么酒囊饭袋，让清高的名士厌恶司马伦，让有能力的人才疏远司马伦，断绝司马伦招贤纳士的可能。

更重要的，就是让钱袋子石崇死忠于自己，更让王浑的儿子，驸马爷王济明白该如何站队。

贾南风一套组合拳下来，赵王司马伦因为孙秀的关系，实力大减。

只是，历史有时候就是很有趣的，就在赵王司马伦的实力越来越弱小的时候，一个转机又出现了。

据史料记载，因太子司马遹非己所出，遂设计废太子为庶人，囚于金墉城。右卫督司马雅、常从许超与赵王司马伦密议废除贾后。

将起事，孙秀劝司马伦说："司马遹聪明性刚，若复位太子，必不受制于人。明公素为贾后党羽，这是路人皆知的事，今日除掉贾后，为太子立下大功，其虽忍宿怨，然必不能对明公心存感激，若今后有微小的差错，定遭其毒手。不若借贾后之手，除掉太子。然后公废贾后，为太子报仇，这样不仅能免除祸根，还可觊觎皇位。"司马伦从其言。

孙秀使人散播谣言，称有人欲废皇后立太子，贾南风闻知，非常害怕。于是孙秀、司马伦劝贾谧等宜早除太子，以绝后患。贾后遂使宦官孙虑，将太子杀害。

也就是说，不按常理出牌的孙秀使人散播谣言："东宫马子莫聋空，前至腊月缠汝閤。"又说："南风起兮吹白沙，遥望鲁国郁嵯峨，千岁髑髅生齿牙。"

孙秀称有人欲废皇后立太子，贾南风知道后，便去调查，找到了处游走的司马伦和孙秀二人。

贾南风知道了司马伦和孙秀的阴谋后，果断采取了快刀斩乱麻的行动，立刻派遣贾谧去金墉城，要求贾谧制造太子猝死的假象。

关于司马遹结局的具体内容，史书是这样记载的，贾后把它呈给晋惠帝，晋惠帝驾幸式乾殿，召见公卿。

贾南风让黄门令董猛把司马遹写的和青纸诏书上写着"太子写这样的话，现在我下令赐他死”的文字遍示给各位王公、大臣们看，谁都不敢说一句话，只有张华、裴頠证明这肯定不是太子写的。

贾后怕事情有变，便上表免太子为庶人，晋惠帝同意。派和郁持节到东宫宣旨，太子正游园呢，听说皇帝使者到了，便连拜两次接受了诏书，给太子妃留下一封书信，然后步行走出承华门，乘粗牛车，被押解到许昌的金墉城软禁。

正月，贾后让一个宦官自首说自己与太子司马遹打算谋反。下诏把自首宦官的供词颁示公卿。

又派司马澹带一千兵众护送司马遹，幽禁在许昌宫的别坊中，让治书御史刘振持节守卫着。

太子刚废时，太子妃的父亲王衍上书请让小女儿与太子离婚，太子妃王惠风便号哭着回家，路上的行人都为之流涕。

在此之前，有童谣说：“东宫马子莫聋空，前至腊月缠汝阁。”又说：“南风起兮吹白沙，遥望鲁国郁嵯峨，千岁骷髅生齿牙。”

南风，是贾后的名字；沙门，是司马遹的小名。

司马遹不当其罪而被废弃后，众情怨恨。

右卫督司马雅是晋室同宗远房的家门，与常从督许超都受宠于司马遹，二人深为感伤，劝赵王司马伦的谋臣孙秀道：“国家没有嫡系继嗣，社稷将危，大臣的灾祸必定会兴起。而您侍奉中宫，与贾后亲密，废太子之事，都说您预先知道，一旦有变故，灾祸必定连累到你。为何不事先谋划一下呢？”

孙秀告诉赵王司马伦，司马伦采纳。定计之后，孙秀又劝司马伦说：“太子为人刚直凶狠，得志之日，必定会放纵性情。您一向侍奉贾后，街谈巷议，都认为您是贾后的同党。现在虽然想为太子建立大功，太子即使要把愤恨埋在心中，也一定不会对你施加赏赐，会说你为民望所逼，反复无常，只是将功折罪罢了。如有小的过失，还不能幸免于诛罚。不如拖延日期，贾后必然会加害太子，然后再废贾后，为太子报仇，既可以有功，又可以得志。”

赵王司马伦认为很好。孙秀因此用反间计，说宫殿中的人要废贾后，迎太子回宫。贾后闻之很忧惧，便让太医令程据制成巴豆杏子丸。

三月，假诏让黄门孙虑带着药到许昌害司马遹。当初，司马遹恐怕被毒死，常常自己煮饭吃。孙虑把要毒死司马遹的事告诉了刘振，刘振便把太子迁居在小坊中，断绝他的饮食，宫中还是在墙壁上给太子放置饮食。

孙虑便逼司马遹服药，司马遹不肯服，孙虑便到厕所用药杵把他打死。司马遹大声叫喊，喊声传到外面，死时二十三岁。

于是，大晋朝第一奇观：第一个被人用捣药的药杵打死在粪坑的太子爷出现了，这个人就是司马遹。

赵王司马伦这一次学精明了，不靠着太子司马遹这一条支脉，靠着东吴遗老遗少亡大晋不死之心的陆机一脉及为老齐王司马攸报仇的司马冏一脉，开始反击。

赵王司马伦不仅仅是联系着司马遹在金墉城准备逼宫，更是联系陆机，要求陆机带领东吴孙皓的旧属入宫擒拿贾南风以此建功立业，还通知小齐王司马冏什么时候入皇宫是最佳时期。

于是，一场逼宫大戏又拉开了序幕。

这一年，贾南风还是做了一件好事，皇帝司马衷本打算用庶民之礼安葬他，贾后上表说："司马遹不幸丧亡，可怜他迷惑悖逆，过早夭折，我悲痛的内心，不能自己。妾私下希望他刻骨铭心，更思孝道，极度虔诚，以正名号。此志不成，更让人酸心遗恨。司马遹虽然罪过很大，但仍是帝王的子孙，若用庶民之礼送终，情实怜悯，特意请求天恩，赐他以王礼安葬。妾确实愚昧浅见不懂礼仪，不胜至情，冒昧地陈述我的想法。"

诏书同意用广陵王之礼安葬他，至少司马遹死后哀荣还在。

而就在太子司马遹令人跌破眼镜的死讯传来，众人沉浸在储君"意外"猝死的悲伤中的时候，贾南风最在乎的小女儿司马女彦意外身亡，贾南风此时第一次展现出了母亲该有的样子，陪在女儿棺椁前，赐死后哀荣：哀献皇女。

贾南风第一次褪下了强悍的外衣，守灵期间不见潘岳、王衍等人。

于是，历史跟贾南风开了一个天大的玩笑：难得一次失神，难得的一次脆弱，成了她的催命符。

小齐王司马冏得知贾南风因为司马女彦的事情失去了神志，于是壮着胆子带兵闯宫，准备逼死贾南风。

陆机呢，更是带着归命侯孙皓的遗老遗少们开始抢着建功立业。

为什么陆机这么急切呢？

因为陆机、陆云兄弟都属于金谷园二十四友，可是东吴的士子一直被人喊作貉奴！东吴士子没有半点入仕升迁的机会。

参考金谷园二十四友的一段话，每一次潘岳到的时候，陆机就站起来走人，潘岳说："清风至，尘飞扬。"

陆机这时候非常会噎人，他说：“众鸟集，凤凰翔。”

这意思就是，陆机把自己比作凤凰，把潘岳比作乌鸦。潘岳把陆机比作浑浊不堪的臭泥巴，把自己比作和煦的清风。

足见陆机骂人多么狠，又足以见到陆机这样的人在当时北方人眼里是怎样的存在。

也无怪乎，陆机及其东吴的士子非常想建功立业，当然，也不排除有想亡了大晋，恢复东吴的心思。

只是小齐王司马攸跟陆机在一起久了，司马冏能不知道陆机的真实心思吗？

必然是知道的，这也就是为什么小齐王司马冏会一直提防陆机。

当小齐王司马攸逼宫的时候，贾南风又做了什么呢？

我们来看看历史记载。

贾南风问司马冏：“你来此何事？”

司马冏：“奉诏书收捕皇后！”

贾南风接着问：“诏书当从我手中发出，你奉的什么诏？”

司马冏答不上话来，所以不理睬贾南风，这是被问得噎住了。

贾南风问晋惠帝司马衷：“陛下，您眼睁睁地看着自己的皇后让人家废了，到头来还不是废了陛下自己吗？”

晋惠帝司马衷答不上话来。

贾南风问小齐王司马冏：“起事者是什么人？”

司马冏毫不避讳，答道：“是赵王和梁王。”

贾南风：“拴狗当拴颈，我反倒拴其尾，也是活该如此。只恨当年没先杀了他俩，反被他们咬了一口。”

瞧瞧，贾南风并没有多么慌乱，先是噎住外甥司马冏，又是问得司马衷没办法回答。

最后呢，贾南风留下了旷世名言：系狗当系颈，今反系其尾，何得不然！

一代贾后，就此在金墉城，一杯金屑酒，撒手归天。

而小齐王司马冏虽然为父报仇成功，却又看懂了分赐诸王的赵王司马伦的把戏，比如那赫赫有名的狗尾续貂，以及陆机胆大包天的禅位诏书。

第三十一章　皇太弟司马颖

且说上文，小齐王司马冏逼宫成功，并且成了当时的最大功臣。

小齐王司马冏又是怎样的人呢？

小齐王司马冏字景治，西晋宗室、大臣，晋文帝司马昭之孙，齐献王司马攸嫡次子，晋武帝司马炎之侄，“八王之乱”参与者之一。

司马冏少时以仁惠著称，好赈穷施善，有父司马攸的风范。

当初，司马攸有病，晋武帝不相信，派太医诊断问候，都说没有病。司马攸死后，晋武帝前来临丧，司马冏号啕恸哭诉说父亲的疾病被太医谎报，晋武帝便下诏诛杀太医。司马冏因此被称举，得以继嗣齐王爵位。

可以说，小齐王司马冏是一个孝子。

当然也因为是孝子，所以对贾南风这个亲姨母格外地恨，也就有了逼宫一幕。

这政变成功，自然要论功行赏，分封诸侯了。只是到底谁来行使这个主权呢？

令人跌破眼镜的是，突然有一天，皇榜处贴的是晋怀帝司马衷的禅位诏书。

这令人惊奇的地方在于，为什么晋怀帝司马衷会写诏书？他似乎除了吃，啥也不会啊？还这么有文采！

一定有代笔，查，查这个人是谁！

这不查不知道，一查吓一跳，正是金谷园二十四友的陆机，陆士衡。

而与此同时，赵王司马伦也不看看自己一把年纪了，又是司马衷的爷爷辈的人，竟然欣然同意做司马氏的掌权人，大晋朝的皇帝了。

太令人震撼了！

赵王司马伦恬不知耻地登基为帝也就算了，竟然不管官位够不够，没事就越级提拔。

于是乎，过年喝庆功酒的人，人满为患。

而这些参加庆功酒宴席的人，按照礼制是要戴貂毛帽子、穿狐裘大衣的。

于是貂毛一时之间，卖断货，怎么办？黑色的貂毛外形上跟黑狗的狗毛差不多，于是乎，孙秀大笔一挥：貂不足，狗尾续！

是的，这就是臭名昭著的狗尾续貂的来源。

赵王司马伦德不配位，孙秀借着司马伦登基为帝的机会，逼死石崇和潘岳，让这俩人同年同月同日共赴黄泉，逼得绿珠以死殉情。

孙秀更是狐假虎威地杀了张华、贾南风的表哥裴頠等人。

孙秀这一番做派，一时之间，人心惶惶。

据历史记载，在“八王之乱”中，赵王司马伦秘密地与他联合，废除皇后贾南风，按功转任游击将军。司马冏对此职位不满意，有怨恨之色。

孙秀暗中察觉到这种情况，又怕他在朝廷之内，于次年让他出朝任平东将军、假节，镇守许昌。司马伦篡位，迁为镇东大将军、开府仪同三司，想以宠信安抚他。

小齐王司马冏一看自己的功劳被赵王司马伦抢占了，又一想到自己父亲老齐王司马攸可是当兴司马家的小桃符。

打司马昭那一辈开始，就想着让他的父亲老齐王司马攸接皇位的，只是爷爷司马昭一时心软给了司马炎。

怎么自己努力想要让一切回到正轨，让自己重新成为皇太子的心愿成泡影了呢？

司马伦这个家伙欺人太甚了！

不行，一定要给赵王司马伦一点教训，一定要拨乱反正。

于是，小齐王司马冏决定利用世家门第开始准备反击。

小齐王司马冏这次将视线转移到了陆机身上，既然陆机能够帮助赵王司马伦，说不定也会帮助自己，只要陆机希望大晋越乱越好，想要司马氏的王爷们内耗。那么，陆机十有八九会帮助自己起事，甚至帮助自己战胜赵王司马伦。

鉴于这一点，小齐王司马冏开始顺着姨母贾南风的人脉蓄积实力。

首先，小齐王司马冏找到的是自己的好堂弟，八面玲珑的成都王司马颖，能征善战的长沙王司马乂。

有能文的堂弟司马颖、能武的堂弟司马乂在，至少在司马氏宗族里面，司马冏能找到自己的话语权。

其次，小齐王司马冏找到的是父亲司马攸的故交旧属们，有司马伷的儿子司马觐、司马亮的儿子司马羕、卫瓘的孙子卫玠、王浑的儿子王济、王浑的孙子王聿。

有王济这样的钱罐子，王聿、卫玠这样的谋臣，司马觐、司马羕这样的将帅王爷，司马冏能找到自己的军事权。

最后，小齐王司马冏找到的是王衍和乐广，此时王衍因为潘岳和石崇的事件闭门思过，而乐广刚成为司马颖和卫玠的岳父。

有王衍这样的世家子弟，乐广这样的文坛泰斗，司马冏能找到自己的指挥权。

于是，晋朝第二次声势浩大的互相伤害大戏，又开始了。

就在赵王司马伦称帝前夕，因为裁撤司马荂身边的官员时候太粗心，伤害到了濮阳王司马允，火气大的司马允带着弓箭和兄弟直冲赵王司马伦的府邸，拿着弓箭发誓要射死孙秀。

司马虔通知皇宫内部，督护伏胤来到赵王府将濮阳王司马允一剑砍掉了脑袋。是的，一个大臣一剑把司马氏王爷的头砍了。这可是拉开了大臣可杀司马氏皇族的序幕。

也正因为这件事，赵王司马伦仓促登基，一个是为了告诉更多人，司马氏皇族不能被大臣任意伤害；另外一个就是司马允的死亡，赵王司马伦跟司马氏宗族没办法交代。

既然不能交代，只要做了皇帝，就不用交代了。

可正因为如此，赵王司马伦登基之后，一直害怕濮阳王司马允的事情重演，防备长子司马荂的心越来越重。

赵王司马伦偏爱三子司马虔，长子司马荂自然有所不服，于是司马荂找来齐王司马冏、司马觐、司马羕商议如何对付，而商议的结果就是趁势诬陷司马虔。

司马蕃参加家宴的时候，赵王司马伦斩杀了司马蕃的亲信，当众羞辱齐王司马冏、成都王司马颖、长沙王司马乂。

司马冏、司马颖、司马乂可都是司马昭的亲孙子，司马颖和司马乂更是司马炎的儿子，司马衷的亲弟弟。

这赵王司马伦篡位就算了，还诋毁上任皇帝的亲弟弟，是可忍孰不可忍！

于是乎，浩浩荡荡的讨伐开始了！

据史料记载，司马冏因众心怨恨司马伦，暗地与离狐郡的王盛、颍川郡的王处穆商量要起兵诛杀赵王司马伦。

司马伦派心腹张乌窥视，张乌背叛了他，便说："齐王没有别的图谋。"

司马冏担心事情泄露，便与军司管袭一起杀了王处穆，把首级送给司马伦，以便让他安心。

永康二年（公元 301 年），司马冏谋划就绪后，便逮捕并杀死管袭，与豫州刺史何勖、龙骧将军董艾等起兵。派使者告诉成都王司马颖、河间王司马颙、长沙王司马乂、新野王司马歆，把檄文传遍天下征镇、州郡县国，让天下共知。

扬州刺史郗隆接到檄文，犹豫不决，参军王邃杀了他，把首级送给司马冏。司马冏把军队驻扎在阳翟，司马伦派他的将领闾和、张泓、孙辅从堮坂出兵，与司马冏交战。

司马冏的军队失利，筑坚垒自守。正好成都王司马颖的军队在黄桥攻破司马伦军众，司马冏便出兵进攻闾和等人，大破敌军。

齐王司马冏回到封地，带上成都王司马颖、长沙王司马乂及一个堂叔河间王司马颙，这一行人浩浩荡荡地，就跟赵王司马伦对打了起来。

这孙秀就是个草包，司马伦的几个儿子也没几个能征善战的。

这个时候又发生了令人惊悚的妖异事件，《世说新语》记载，司马伦亲自祭祀太庙，回来时，遇到大风，吹折了麾盖。孙秀为司马伦立了大功，因此司马伦更敬重他。

孙秀住在文帝司马昭当相国时所居的内库，事无巨细，必定先征求他的意见然后才实行。司马伦的诏令，孙秀总是改变，有所取舍，便自己写在青纸上当诏书，有时朝令夕改竟达到三四次，百官转任改职如同流水一样。

当时有只雉鸡飞入殿中，从太极殿的东阶上殿，人们驱赶它，又飞到殿西边大钟的下面，过了一会，飞走了。另外司马伦在殿上捉到一只奇异的鸟，问手下都不知是什么鸟，过了几天的一个傍晚，宫西边有个穿白衣服的小孩说这鸟是服刘鸟。

司马伦让人抓住小儿和那只鸟一并关在牢室中，第二天早晨打开一看，门户和先前一样，可是人和鸟都不见了。司马伦眼睛有个瘤子，时人认为那是妖异的象征。

在危机与妖异双重启示下，公元301年，赵王司马伦发明狗尾续貂后，全家被司马氏内部灭门，孙秀也被灭三族。

据史料记载，自从义兵兴起，百官将士都想诛杀司马伦、孙秀以向天下谢罪。孙秀知道众怒难犯，不敢出省。及至听说河北军全部失败，便忧虑得不知所为。义阳王司马威劝孙秀到尚书省与八座议论征战防备之事，孙秀依从。使京城四品官以下的子弟年龄在十五岁以上的人，都到司隶之所，跟着司马伦出战。

内外各军都想劫杀孙秀，司马威害怕，从崇礼阌回到下舍。许超、士猗、孙会等都回军以后，便跟孙秀谋划，有人想收集剩余的士兵出战，有人想焚烧宫室，诛杀不依附自己的人，随同司马伦向南投奔孙旂、孟观等人，有人想乘船向东逃到大海，计议不决。

王舆反叛，率领七百多士兵从南掖门攻入，敕令宫中士兵各自守卫宫门，三部司马作为内应。王舆自己前往攻击孙秀，孙秀关闭中书南门。王舆让士兵登墙烧屋，孙秀和许超、士猗仓皇逃出，左卫将军赵泉斩孙秀等人示众。

在右卫营逮捕孙会，交付廷尉诛戮。捉住前将军谢惔、黄门令骆休、司马督王潜，被斩于殿中。三部司马兵在宣化阌中斩孙弼示众。当时司马馥在孙秀家，王舆派将士把他囚禁在散骑省，用大戟守住省阁。八座都到殿中，坐在东阶树下。

王舆驻扎在云龙门，让司马伦制诏令道："我为孙秀等人所误，致使三王发怒。现在孙秀已诛，将迎太子复位，我告老归农。"

传示诏书用驺虞幡令将士放下武器。文武百官各自奔逃，没有谁敢家居。黄门带司马伦从华林东门出，和司马荂一起都回到汶阳里住宅。

于是派甲兵数千把惠帝从金墉城迎归，百姓都称万岁。惠帝从端门入，升殿，居广室，送司马伦和司马荂等到金墉城。

而司马伦最终的结局非常凄惨，梁王司马肜表奏司马伦父子叛逆，应当诛杀。百官在朝堂会议，都如同司马肜表奏一样。派尚书袁敞持节赐司马伦死罪，让他喝金屑苦酒。

司马伦惭愧，用手巾遮住脸，连声说："孙秀误我！孙秀误我！"

于是逮捕司马荂、司马馥、司马虔、司马诩交付廷尉狱，考究查实。

司马馥临死时对司马虔说："因你连累我们家破人亡啊！"

百官凡是司马伦所用的人，一律斥免，台省府卫也只有少数保留。自兴兵六十多天中，作战所杀害的将近十万人。

但凡同司马伦为逆参与谋划大事的人：张林被孙秀杀死；许超、士猗、孙弼、谢惔、殷浑与孙秀为王舆所杀；张衡、闾和、孙髦、高越从阳翟返回，伏胤战败后回到洛阳，都斩于东市；蔡璜在阳翟向齐王司马冏投降，回洛阳以后自杀；王舆因有功免于诛杀，后来与东莱王司马蕤谋划杀死司马冏，又伏法被杀。

司马伦一党的覆灭可用血流漂橹来形容，十万人就这样几乎全军覆灭。

等到王舆废除司马伦，晋惠帝恢复帝位，司马冏诛讨贼党结束以后，便率领众属进入洛阳，把军队安顿在通章署，披甲之士几十万人，旌旗器械的盛大，震动了京都。

天子前往拜司马冏为大司马、加赠九锡之命，准备器物、典章策命，礼节都如同晋宣帝司马懿、晋景帝司马师、晋文帝司马昭、晋武帝司马炎辅佐魏国一样。

胜利之后，还是要分封诸侯的，那么应该谁来赏赐呢？

这个时候，小齐王司马冏跟着赵王司马伦开始学着当皇帝，不光是分封爵位、罢免官员，更是将司马伦的亲信斩杀了一个遍，只除了他争取过来的刘舆、刘琨、王衍、乐广、王浑父子和谋士们。

司马冏在拜为大司马后，成为辅政大臣，居住在司马攸以前的宫殿，设置掾属四十人，大筑宅第馆舍，北边收取五谷买卖市场，南边开设各种官署，毁坏的房舍数百计，派大匠经营制作，与西宫一样。开凿千秋门的墙壁通向西阁，后房里设置悬钟乐器，前庭陈列八佾舞蹈，沉湎于酒色，不肯入朝朝见。在府中任命百官，用符命文书指挥三台，选举不公平，只宠信亲近之人。让车骑将军何勖领中领军，封葛旟为牟平公、路秀为小黄公、卫毅为平阴公、刘真为安乡公、韩泰为封丘公，号称"五公"，把重要的职任委派给他们。

殿中御史桓豹向天子奏事，没有先经司马冏的府第，便拷问他。于是朝廷侧目而视，天下大失所望。南阳处士郑方用不加封箴的书信极力劝谏，主簿王豹多次规劝，司马冏都不采纳。恰好长沙王司马乂到来，看到了王豹的信，指责王豹离间骨肉，要求司马冏杀王豹。

于是，司马冏采纳司马乂之言，上奏把王豹杀了。

司马冏犯了个致命错误，那就是八佾舞于庭。因为按周礼规定，只有天子才能用八佾，诸侯用六佾，卿大夫用四佾，士用二佾。

司马冏的骄纵日益加深，但他始终没有悔改的意思。以前的曹属孙惠劝谏他，司马冏既不采纳，也不给他定罪。太安元年（公元 302 年）五月，欲久专朝政，以晋惠帝子孙俱尽，立清河康王司马遐之子，年仅八岁的清河王司马覃为太子，以自己为太子太师。

并且将陆机投入监狱，准备择时处死。

可是这个时候，又发生了两件大事。

第一件是成都王司马颖不要爵位、不要战功、不要军权，拿河南、河北、山西地区的军权换陆机不死。

按理说，陆机已经很招人厌恶了，更得罪了金谷园二十四友泰半的人，不可能这么招司马颖喜欢。

那司马颖为什么要救陆机呢？

原因是陆机代表了东吴四大家族之一，东吴可是鱼米之乡，有钱有人。只要救了陆机，就等于救了东吴的钱袋子和将帅们，以后招揽人才自然是水到渠成。

第二件是成都王司马颖打算离开长安，回邺城老家，并要求司马冏能够赐八百口棺材，收敛赵王司马伦战营的士兵尸体。

就带着陆机一个人走的司马颖，虽然让司马冏很奇怪，但是比起陆机和八百口棺材，显然军权更重要。

于是司马颖做了一个不划算的买卖，带走陆机，埋葬了赵王司马伦的旧属。

可是没想到，短短三年的时间内，司马颖所在的邺城就从几千人变成了三十万大军。而且是在长安闹饥荒的这几年，依然有余粮养三十万大军。

历史是这么记载的。

六月，回邺城后，惠帝下诏派兼太尉王粹赐司马颖加九锡殊礼，进位大将军、都督中外诸军事、假节、加黄钺、录尚书事，入朝不趋，剑履上殿。接受大将军封衔，辞让殊礼九锡，上表提及参与讨伐的功臣卢志、和演、董洪、王彦、赵骧等五人，全部封为开国公侯。

司马颖又上表请求运十五万斛粮食解救受战祸影响的阳翟居民，更接纳虑志建议造棺木收殓黄桥战死的八千士兵，设立墓园、祭堂和纪功碑，表彰其家，加两级优待；并命河内温县长官埋葬司马伦的一万四千名战死士卒。这些举动使司马颖的名望更高。

齐王冏专权，作威作福，骄奢日甚，令人失望，成都王颖众望所归，望能改善国家。惠帝下诏喻司马颖入朝辅政。

司马颖亲信的宦官孟玖不想回洛阳，加上母亲程太妃爱恋邺都，致使司马颖犹豫未决。同时司马颖的义募军队想回到家乡，他知义募军队不可留，所以遣散，以安百姓。

也正是这三十万大军，让司马颖成为八王之乱中最有权力的王爷，被河间王司马颙推荐成为历史有名的皇太弟。

此时又发生了一个妖异事件，预示着小齐王司马冏走向了人生末路，司马冏权势强盛的时候，有一个孕妇到大司马府来要求寄居在府中生孩子。官吏诘问她，孕妇说："我产后割断脐带就离去。"有见识的人听到后都厌恶这事。

当时民谣说："女人穿着麻布内衣，挺着大肚腹，是为齐王备孝服。"

紧接着，几个觉得"是可忍孰不可忍"的司马皇族王爷们再次发扬了"不服就干"的质朴性格，司马冏的骄纵日益加深，但他始终没有悔改的意思。翊军校尉李含逃奔到长安，诈称接受了密诏，让河间王司马颙诛杀司马冏，趁机用利禄智谋诱导他。司马颙依从了他，上表列齐王司马冏罪状，扬言率领十万人马，将与成都王司马颖、新野王司马歆、范阳王司马虓共会洛阳。

河间王司马颙的表疏传到之后，司马冏十分惧怕，会集百僚说："先前孙秀作乱，篡权夺位威逼帝王，社稷倾覆，没有谁能抵御这祸难。我纠集义师，扫除元凶，作为臣子的节操，可昭示神明。如今河间王、长沙王听信谗言，制造大难，应依靠忠臣谋士来调和这不协调的局势。"

司徒王戎、司空东海王司马越劝司马冏交出权柄，推崇礼让。

司马冏从事中郎葛旟大怒道："赵庶人司马伦听任孙秀，改易天日，当时天下议论喋喋不休，却没有谁敢首先倡导。明公冒着箭矢危险，亲自披挂甲胄，冲锋陷阵，才有今日。论功行封，事多未能周遍。三台采纳谏言不体恤王事，封赏还报迟延，责任不在明公之府。谗言叛逆，理当诛讨，假造伪书，让公免职回家。汉魏以来，王侯免职回家哪有能保全妻子儿女的呢？持这种议论的人可以斩首。"

于是百官震惧，无不失色动容。

可以说，小齐王司马冏已经在作死的路上停不下来，也无法回头了，他终究要走到众叛亲离的地步。

而这个时候呢，历史又开了一个玩笑。

这河间王司马颙是司马孚的孙子，因为一直想学赵王司马伦，于是开始撺掇长沙王司马乂去攻打司马冏。

司马乂知道齐王司马冏越来越专权，便与刘暾等人预谋杀齐王。司马乂带了几百人，在没有外援的情况下，带着司马衷站在城楼上，与城楼下的司马冏对峙。

司马冏下令格杀勿论，射死了不少文武大臣，这一晚上把司马衷吓了个半死，真是应了贾南风的那句话，如果她死去了，司马衷离被废被人欺辱还有多远呢?

如今，算是司马衷不听贾南风的现世报了。

连战三天，司马冏失败，司马乂擒获司马冏来到宫殿前，晋惠帝显出很不忍心的样子，想留他一条活命。

司马乂呵斥左右的人赶快把他拉出去，司马冏还回头再三看着晋惠帝，接着在阊阖门外把他斩了，将首级示众六军。

司马冏的儿子淮陵王司马超、乐安王司马冰、济阳王司马英被囚禁在金墉。司马冏被暴尸于西明亭，三天没有人敢收殓。司马冏从前的掾属荀闿等上表请求殡葬，得到允许。

也因为这一场变故，长沙王司马乂走向了历史舞台的中心，与成都王司马颖、陆机决战于七里涧。

历史赫赫有名的以少胜多的案例，再次拉开序幕，为东晋建立奠定了基础。

第三十二章　七里涧的战役

前文我们提到了一场比赤壁之战参战人数还多的战役，这是什么战役呢？

七里涧之战！

什么是七里涧之战？

简而言之，就是发生在洛阳城外，白马寺附近，接近苏秦墓地的一场著名的以少胜多的战役，而且是一场奠定东晋开国之君的关键性战役。

这个战役有什么蹊跷之处呢？

我们前文提到了小齐王司马冏最终被长沙王司马乂砍了头，被三军传看。

至此，司马师一脉就没有了嫡传。

那么，问题来了，长沙王司马乂作为司马氏的战神一样的存在，在孤立无援下，靠着区区几百人就赢了司马冏，他这几百人可能稳住江山？

答案是否定的。

为什么呢？因为洛阳城算上左右安防和部队，加起来也就三万人。

可是，洛阳城外的邺城，成都王司马颖，也就是乐广的大女婿，卫玠的连襟，在陆机的协助下，靠着区区八百口棺材和周边接济粮草，足足屯了三十万兵丁。

此时邺城的成都王司马颖可谓一方枭雄，是当时整个司马氏兵力最强的存在。

也因为这三十万的兵丁，河间王司马颙，也就是司马孚的孙子带着一帮司马氏的小王爷们，推举成都王司马颖为皇太弟。

对，你没听错，司马颖就是皇太弟。

什么叫皇太弟？

我们都知道皇太子，皇太子的意思就是储君，是皇帝的儿子，未来的皇帝。

皇太弟顾名思义，也是储君，但是他是皇帝的弟弟，所以皇太子和皇太弟的区别就在子与弟的文字上。

既然成都王司马颖是皇太弟，那么死掉的篡位者赵王司马伦不做皇帝了，小齐王司马冏没做成皇帝，现在的皇帝是谁呢？

没错，还是何不食肉糜的那位晋惠帝司马衷。

这时候你会思考一件事，晋惠帝司马衷不是禅让皇位给赵王司马伦了吗？

就算是司马伦不在了，这个司马衷也不该恢复帝位啊？

我们来分析一下时局，你就知道为什么司马衷被长沙王司马乂拥护并保护了。

这个时候，长沙王司马乂自己在洛阳城中只有三万兵力，周围闹干旱，也就是闹饥荒。

邺城那边的成都王司马颖只照顾自己的三十万兵力，不管长沙王司马乂的死活。

安徽附近的河间王司马颙只照顾自己的十万左右兵力，也不管长沙王司马乂的死活。

苏浙沪附近的东海王司马越压根不给洛阳输送粮食和兵力，要断绝司马乂的粮草。

在孤立无援的情况下，城里除了一个禅位给他人的晋惠帝司马衷，再也没有其他人。

作为司马衷同父异母的兄弟，长沙王司马乂做什么才能保命呢？

最好的办法就是挟天子以令诸侯，毕竟曹操用这个招数获得了定都许昌的机会，并且为曹魏打下了基础。

既然曹操可以这样做，长沙王司马乂为什么不可以？

于是乎，长沙王司马乂就开始拥护晋惠帝司马衷复位。

历史记载了这么一段，司马颙本来认为司马乂的兵力弱小而司马冏的兵力强大，希望司马乂被司马冏擒拿，然后以司马乂为托词，宣告天下四方共同讨伐司马冏，由此废黜晋惠帝而扶立成都王司马颖为帝，自己担任宰相，对天下事独断专行。结果司马乂杀了司马冏，他的计谋未能得逞。

而司马颖呢？太安元年（公元 302 年），时年二十四岁。河间王司马颙上表数其罪状，司马颖不听卢志劝谏，亦起兵应之。十二月，长沙王司马乂打败并杀害司马冏，司马乂掌权。

司马乂虽然总掌朝中大权，但事无巨细都会向邺城的司马颖报告和询问，故此司马颖实是遥控执掌朝政。

即便司马颖此时握有实权，但是河间王司马颙和成都王司马颖能就这样干等着，等着被人家扼住喉咙，按着脑袋俯首称臣吗？

毕竟一方枭雄，尤其是皇太弟的司马颖可是非常想登基为帝的。

太安二年（公元 303 年），司马颙暗中派侍中冯荪、河南尹李含、中书令卞粹等人袭击司马乂，司马乂一并杀了他们。司马颙就与司马颖一同攻伐京都。

司马颖派遣刺客企图刺杀司马乂，当时长沙国左常侍王矩值侍，见到来客脸色异常，就先杀了他。诏令任司马乂为大都督来抗击司马颙，从八月到十月连续交战不停。

这个时候，成都王司马颖的岳父乐广和苏浙沪鲁的家族大佬王衍还待在洛阳城。

成都王司马颖当然想靠着岳父乐广与自己里应外合，一举拿下长沙王司马乂和晋惠帝司马衷。

可惜啊，成都王司马颖棋差一招。

为什么呢？

因为乐广是当时的文坛领袖，跟宋朝苏轼在文坛一个地位。

乐广这个人是出了名的忠君爱国，当然更重要的是非常注重青史上的名声。

我们来看看乐广的生平。

乐广字彦辅，南阳郡淯阳县人，西晋时期名士。乐广出身寒门，早年即有重名，受卫瓘、王戎、裴楷等人欣赏，因而得入仕途。历任元城令、中书侍郎、太子中庶子、侍中、河南尹等职。后任尚书左、右仆射，又代王戎为尚书令，被后人称为“乐令”。

太安二年（公元 303 年），成都王司马颖与长沙王司马乂互攻时，乐广因司马颖岳丈的身份而被司马乂怀疑，乐广虽极力澄清，但仍在次年因忧虑而去世。

乐广与王衍同为西晋清谈领袖，袁宏在《名士传》中以乐广等人为“中朝名士”。

乐广的父亲乐方曾任征西将军夏侯玄的参军。乐广八岁的时候，夏侯玄在路上常看到他，就叫他过来和他谈话，回去后和乐方说：“刚刚看见乐广的神姿爽朗通脱，以后肯定会成为名士。”

可以说乐广跟夏侯家关系很好，而且少年成名。

裴楷曾经请乐广与他一起清谈，二人从早到晚地讨论，互相钦佩。裴楷叹息说：“这是我无法比的。”

王戎任荆州刺史时，听说夏侯玄曾经如此叹赏乐广，便举其为秀才。

裴楷又把乐广推荐给太尉贾充，贾充于是辟其为掾属，又调任太子舍人。

尚书令卫瓘，在朝中德高望重，曾与夏侯玄等正始名士一同谈论，他在见到乐广后认为他是奇才，感叹道：“我以为正始名士以后再也听不到如此微言大义了，可是现在竟在您这里又听到了这样的话。”

让自己的几个儿子到乐广那里去，对他们说：“乐广这个人就像是水一样的镜子，见到他感到他如玉石的光彩，像是云雾散开看见了青天一样。”

王衍也说：“我和别人说话已经觉得很简练了，但是遇到乐广，还是觉得啰唆！”他就是被有见识的人如此称赞。

永康元年（公元300年），愍怀太子司马遹被废黜关押至金墉城，朝廷诏令太子的旧臣不许辞送，众人都忍不住愤慨，全都违反诏令前往拜辞。

司隶校尉满奋将众人逮捕送到牢狱。其中被押送到河南牢狱的人，乐广把他们全部释放送走，众人都为乐广感到担忧。

都官从事孙琰对贾谧说：“之所以把太子废黜遣送，是因为他作恶多端。现在太子东宫的臣僚冒着犯罪的危险与太子告别，而对他们严厉处罚，这事广为流传，反而宣扬了太子的美德，不如释放他们。”

贾谧听从了他的意见，就没有处罚乐广。

乐广后来迁任吏部尚书、尚书左仆射，因东安王司马繇将担任尚书仆射，朝廷于是转乐广为尚书右仆射，领吏部。又接替王戎任尚书令，当年是王戎举荐乐广，而乐广最终接替王戎，时人都以此为美谈。

卫玠的二姨夫裴楷无比佩服乐广，卫玠的爷爷更是非常尊敬乐广，王戎更欣赏乐广，说乐广冰清。贾南风的表姐夫王衍说乐广有见识，父亲贾充倚重乐广，侄子贾谧也敬重乐广。

乐广创造了很多好玩的成语。

乐广曾经有一位亲密的朋友，分别很久不见再来，乐广问朋友不来的原因，友人回答说：“前些日子来你家做客，承蒙你给我酒喝，正端起酒杯要喝酒的时候，看见杯中有一条蛇，心里十分害怕，喝了那杯酒后，就得了重病。”

当时，乐广家墙壁上挂着一张角弓，用漆在弓上画了蛇，乐广猜想杯中的蛇就是角弓的影子了。

他在原来的地方再次请那位朋友饮酒，对朋友说道：“酒杯中是否又看见了什么东西？”

朋友回答说：“看到的跟上次一样。”

于是乐广就告诉他其中的原因，客人心情豁然开朗，疑团突然解开，长久而严重的病顿时治好了。

这就是杯弓蛇影，故事的主角是卫玠的岳父乐广和卫玠的大姨夫和峤。

卫瓘的孙子卫玠年幼时，曾经问乐广什么是梦。乐广说梦来源于想。

卫玠说：“从来没有见过的、接触过的东西，我们却梦到了，怎么是想的结果呢？”

乐广说：“这才是我们所说的因由啊！我们从来不会梦见我们驾着车进入老鼠洞，或者把铁棍捣碎吃下去，这就是我们从来没想过这样的事，没有个因由入梦。”

卫玠为了解开这个谜团，苦苦思考了一个多月，也没明白，结果还得了病。乐广听说了，赶紧去为卫玠条分缕析，卫玠的病很快就好了。

乐广出门赞叹说：“这孩子的心里看来是没有不可治疗的病啊！”

乐广与他的女婿卫玠都闻名天下，评论的人认为“岳父像冰一般清明，女婿像玉一样光润”。

这便是杯弓蛇影、因梦患病和冰清玉洁。

乐广虽为名士，但是，对于名士们放荡的行为并不认可，当时王澄、胡毋辅之等人随心所欲，甚至于裸体，乐广对此不以为然，他说：“名教里自然就有快乐的地方，何必非要那样呢？”

这便是“何必乃尔”的由来，这也说明乐广与王衍、王澄亲兄弟的感情颇佳。

冀州刺史杨準的两个儿子杨乔和杨髦，都是幼年时就成名的。杨準和裴頠、乐广两人很友好，就打发两个儿子去见他们。

裴頠禀性宽宏正直，所以喜欢杨乔那种高雅的风度，他对杨準说：“杨乔将会赶上你，杨髦稍差一点。”

乐广禀性清廉淳厚，所以喜欢杨髦那种高贵的品德，他对杨準说：“杨乔自然能赶上你，可是杨髦会更高出一头。”

杨準笑道：“我两个儿子的长处和短处，就是裴頠、乐广的长处和短处。”

评论的人讨论这两人的看法，认为杨乔虽然风度高雅，可是品德修养还不够完美，还是乐广的话说对了。不过两个孩子都是后起之秀。

这便是“乐言为得”的由来，这也说明裴頠和乐广私交感情也是极佳的。

也因为乐广是文坛领袖，这才有了后世“唐突西子”的说法。

《世说新语》曾言，庾亮告诉名士周顗说：“大家都拿你和乐氏并列。”

周顗问道：“是哪个乐氏？是指的乐毅吗？”

庾亮说：“不是，是乐令啊。”

周顗说：“怎么竟美化无盐来亵渎西施呢？”

乐广作为卫玠和司马颖这对连襟的岳父，对于长沙王司马乂而言，自然意义非同一般。

在长沙王司马乂夜晚大摆宴席，惴惴不安又不敢表现出来，只能强装镇定地来问乐广夺命三连问的时候，乐广表现出来的是大义为先的理念。

到底是什么夺命三连问呢？

“你大女婿司马颖造反，你会为了你大女婿司马颖而放弃你三个儿子的性命吗？你会为了你大女婿司马颖而放弃你女儿和二女婿卫玠的性命吗？”

这乐广相当于脖子被架上刀，司马乂凶神恶煞地逼问：“选我还是选你女婿？不选我，杀你仨儿子！不选我，杀你二女儿和你二女婿卫玠！”

乐广给出的答案：“我不会为了一个女婿和女儿，而忽略了我五个孩子的性命。”

长子将军乐凯、次子太子太傅乐肇、三子吴地郡守乐谟、二女乐氏、二女婿太子洗马卫玠这五个孩子的命，是乐广要拼命保护的。

长沙王司马乂写了一封长信，让王衍带着信去见成都王司马颖，信里面的内容，大家感受下。

先帝顺应乾坤把握天运，统一四海，自己勤劳辛苦，方能成就帝业，天下清平安泰，福泽流传子孙。

孙秀作逆叛乱，违背天理伦常，你发起义兵，恢复了皇帝之位。

齐王依仗功高，大肆从事非法行径，上没有宰相之心，下没有忠臣之德，挑拨离间，离间我们宗亲骨肉，主上埋怨伤心，不久荡平逆乱。

我之与你，兄弟十个，都生在皇室，受封于外郡，各自未能阐扬施行帝王教化，经国济民。

如今你又与太尉一同发起大军，倚仗雄兵百万，重重包围了宫城。

群臣同仇敌忾，任命将帅，为的是宣扬国家声威，不是要将你们摧毁消灭。

你们这是自投于沟涧绝路，大军荡平山谷之日，每天死的人将是成千上万，深为悲痛的是死者都是无辜之人。

哪里能怨什么国恩不仁，这是国家使用刑罚所常有的事。

你所派遣的陆机不愿受你的指挥，率领他所带的兵众私下归顺了朝廷。想来叛逆之人，应当前进一尺，就要后退一丈。

你应该返回镇守一方，以使四海安宁，让宗族不因你而感到羞辱，这将是子孙的洪福。

但不是那样，我因念着骨肉分裂的痛苦，所以才会又送信给你。

这段话的意思是什么呢?

长沙王司马乂的意思是，你别犯上作乱，我们也不要抓头发打架了。咱们是好兄弟，不打架，你赶紧回家去吧！顺便，哥告诉你，你得把你身边的叛贼陆机，这个背叛大晋的家伙杀了，这个家伙不安好心。

成都王司马颖看到这句话火气不打一处来，帮他弄了三十万大军的陆机怎么不是好人了？这可是让他成为皇太弟的大功臣，这个司马乂挑拨他的岳父就算了，还想挑拨他和陆机的关系？不行，得给他点颜色看看。

成都王司马颖给长沙王司马乂回了一封信，让王衍带了回去，信里的内容，大家也感受下。

文帝、景帝接受了立国的图籍，武皇趁着时运创立基业，可比同尧舜，共同使政道安康，其恩德使国家大业兴隆，根本和枝叶都百代不衰。

哪里想到宗亲骨肉参与为祸，皇后家族专把权柄，杨骏、贾谧大肆为害，齐王、赵王篡逆。

幸亏贼人已经被诛灭，但国家却未能安宁。

每当忧虑王室危机时，我都心里惊骇肝肠烂断。

羊玄之、皇甫商等人依仗被亲宠而为非作歹，能不引起我的愤慨！

于是发布征西的紧急檄文，天下人就像风云聚合般响应。

本来想仁兄和我一样有着共同的愿望，就应自己擒获皇甫商等人，以他们的首级送往朝廷。

为何却自己迷途，当了叛军的首领?

对上则伪造国君的诏令，对下则离间你仁爱的弟弟，挟持皇帝，荒唐地发动军队，重用凶恶之人，抛弃杀害忠良之辈。做了坏事而想求得福祥，自己怎能安心?

此前派遣陆机督察指挥，虽然在黄桥退却，但却在温县南边取得胜利，彼败此胜，不足以庆幸。

现在有百万武装兵卒，良将猛锐非常，就想和仁兄来整顿天下。

如果能听从太尉的命令，杀了皇甫商等人，扔掉武器后退让步，自然能得到许多福禄，我司马颖也就返归邺都，和仁兄一同回去。

奉读你的来信劝告，遥想追怀而慷慨不已。

慎重啊老兄，望你深思进退的后果吧!

瞧瞧，二十来岁的成都王司马颖毫不客气地说，我本来准备给你退路，你小子给脸不要脸，洗干净脖子给我等着!

于是乎，七里涧之战拉开了序幕。

这场战役，成都王司马颖投战人数是二十万,三分之二兵力押宝在了洛阳城外两里地的七里涧。

长沙王司马乂投战人数是三万，全部兵力押宝在了洛阳城外两里地的七里涧。

如果算上河间王司马颙、东海王司马越的兵力，这一场战争总参战人数差不多有四十万。

按理说成都王司马颖稳赢吧?

不，二十万兵力全军覆没!

第三十三章 王衍狡兔三窟

我们前边说了陆机指挥了著名的以少胜多的战役，七里涧之战！

只可惜啊，陆机指挥的是惨败一方。

这一场战争爆发于寒冬腊月，最冷的时候。

而这一场七里涧之战，让成都王司马颖的傲娇化为虚无，皇太弟从实权变成了虚名，兵败如山倒之后，狼狈逃窜。

为什么陆机这么一个出身将门的人会输得这么惨呢？

我们在解释陆机之前，先看看陆机的家族是怎样一个存在。

陆机的爷爷陆逊，建安八年（公元 203 年）入孙权幕府，历任海昌屯田都尉、定威校尉、帐下右部督。因受孙权赏识得以发挥卓越的军事才能，地位渐至隆崇。

建安二十四年（公元 219 年），陆逊参与袭取荆州。蜀章武二年（公元 222 年），孙权以陆逊为大都督，在夷陵之战中火烧连营击败刘备。吴黄武七年（公元 228 年），陆逊取得石亭之战的胜利。

黄龙元年（公元 229 年），孙权称帝后，以陆逊为上大将军，辅佐太子孙登并掌管陪都武昌事宜。赤乌七年（公元 244 年）拜为丞相、荆州牧、右都护、总领三公事务，领武昌事。

也就是说，陆机的爷爷参加了很多大战，最关键的是打败刘备，也就是打败诸葛亮和关羽的主儿。

再看看陆机的父亲陆抗，陆抗袭父爵为江陵侯，为建武校尉，领其父众五千人，后迁立节中郎将、镇军将军等。

孙皓为帝，任镇军大将军，都督西陵、信陵、夷道、乐乡、公安诸军事，驻乐乡（今湖北江陵西南）。吴凤凰元年（公元272年），击退晋将羊祜进攻，并击杀叛将西陵督步阐。后拜大司马、荆州牧，卒于官，终年四十九岁。与陆逊皆是东吴的中流砥柱，并称“逊抗”，被誉为东吴最后的名将。

也就是说，陆机的父亲参加了晋灭吴之战，最关键的是打败过羊祜，并且跟羊祜创造了“羊陆之交”的成语。

而陆机呢？

除了会骂潘岳，会把陆逊和陆抗攒下来的将帅和粮草的底子败光，简直是百无一用是书生的典型代表。

陆机真的是心比天高命比纸薄的主儿，眼界甚高，但是眼高手低这么一个人。

在最开始参加七里涧之战的时候，陆机是想着这么一件美事：二十万兵力围攻三万兵力的洛阳，成都王司马颖若是赢了，他陆机就是最大的从龙之臣，将来封妻荫子，重现当年祖父陆逊的荣光。

只是可惜啊，陆机这么想，别人不会这么想吗？

首先第一个这么想的人是成都王司马颖身边的大太监孟玖。

孟玖这个人虽然是成都王司马颖身边的太监，但是孟玖的父亲和哥哥可都是正常男人。孟玖的哥哥是一名将领，孟玖的父亲是一个官员。

稳胜的局面，孟玖当然想要捎上自己的父亲和哥哥来抢功劳了。

于是，七里涧爆发之前的趣事发生了。

第一件事，孟玖的父亲申请做七里涧之战的重要谋臣或军需官，被陆机的弟弟陆运弹劾，孟玖的父亲被革职查办，降职回老家了。

孟玖因为陆运恨上了陆机和陆运两个亲兄弟。

第二件事，孟玖的哥哥先是派人去陆机的军帐偷东西，后来又派人悄悄弄乱陆机的帐营，最后带人直接去陆机的将军帐营闹事。

陆机将这些事情原原本本地告诉了成都王司马颖，大战在即，为了稳重军心，司马颖没有换帅，而是斥责降职孟玖的哥哥。

孟玖更恨陆机了。

于是七里涧战役从开始到最后，孟玖一个劲儿地打小报告，专门拖陆机的后腿。

这还不是最要命的。

最要命的是其他将领，像是公师藩之类的人，他们看着司马颖偏宠陆机，心里不平衡，又对南方将领不服气。以至于陆机的将令传达不下去，很多将帅阳奉阴违，出现了战场抗命或者拖泥带水的事情。

而外围呢？

此时崛起的山东琅琊王氏，也就是王衍、王澄、王戎、王导、王敦他们几个占主要地位。

王衍做了什么呢？

王衍发明了“狡兔三窟”这个成语的变形版。

首先，王衍让自己的亲弟王澄在山东和江苏做军粮、军力、民力的总调配。

其次，王衍让自己的堂弟王敦在安徽和江西做军粮、军力、民力的总调配。

最后，王衍让自己的堂弟王导在浙江和福建、广东做军粮、军力、民力的总调配。

换言之，苏浙沪皖粤闽赣，整个东南沿海的鱼米之乡都被王衍的弟弟们掌控着，也就掌控了大晋的经济命脉。

所谓狡兔三窟，就是琅琊王家的王澄、王敦、王导随便一个人都可以独当一面，都可以让琅琊王家的人成为西晋最重要、最被需要的人物存在。

并且此时王衍、王澄、王导、王敦选择了司马氏新的君主，准备推荐这个君主伺机登基称王。

这个人是谁呢？就是琅琊王司马睿，也就是东晋的开国之君，司马懿第三子司马伷的孙子。

为什么琅琊王家选择琅琊王司马睿，而不是司马炎的其他儿子？

为什么琅琊王家不选择司马昭一脉，改选司马伷一脉了呢？

这是因为，司马睿的身份，这家伙的身份真的是太特殊了。

首先，从司马懿儿子，司马师那一辈子算起。

司马师参加高平陵事变，蓄养死士、掌控死士的能力可谓一绝，可是高平陵事变后，那些死士去哪了呢？

这个无人知晓！但是不可否认，司马师曾经是司马家族的牛人。

那么，跟随司马师的羊祜，司马师的小舅子羊祜难道不会承接姐夫司马师的势力，并将这个势力发扬光大吗？

答案是羊祜肯定会发展壮大司马师留下来的势力，不然，也就不会晋灭吴之战，羊祜是主帅，其余是从将了。

羊祜家族是什么样的呢？羊祜出身于泰山山阴羊家，也就是山东泰安市新泰市羊流那一带。

羊祜家人才辈出，羊祜的父亲羊衜娶了蔡邕的女儿，有人说是蔡文姬本人，有人说是蔡文姬的亲姐妹。

羊祜的叔叔羊耽娶了辛宪英，辛宪英是大晋朝难得的有名有姓的女人，识人能力一流。

羊祜的姐姐羊徽瑜是司马师第二任妻子，羊祜的家族孙女羊献容是贾南风死后，晋惠帝司马衷的第二任皇后。

这新泰羊家是大晋朝牛气冲天的存在。

而身为司马师和羊徽瑜的养子，老齐王司马攸就不会继承司马师的势力，不会接续舅父羊祜的势力？

答案是否定的！如果司马攸接续了羊祜和司马师的势力，为什么老齐王司马攸会被病掩死？

那么，羊祜将势力给了谁呢？一个是羊家的后人，一个是羊祜的另外一个亲外甥王衍。

从王衍被羊祜一直带在身边，参加晋灭吴之战就知道，王衍继承了羊祜的部分势力。

那么剩下的那个羊家后人是谁呢？

羊徽瑜一辈子没生儿子，羊祜就只有羊徽瑜一个姐姐。

而羊祜的叔叔羊耽却有几个女婿和儿子。

其中，羊耽的女婿一个叫王乂，另外一个女婿叫夏侯庄。

王乂生了一个儿子叫王衍，夏侯庄生了一个女儿叫夏侯光姬。

王衍生了一个儿子叫王玄，夏侯光姬生了一个儿子叫司马睿。

瞧瞧，王衍是羊祜的外甥，司马睿是王衍的外甥。

也就是说，司马睿虽然姓司马，虽然是司马懿第三子司马伷的孙子。但是司马睿的母亲是夏侯光姬，是夏侯氏，也就是曹操一族的血脉。毕竟曹操的父亲叫作夏侯巨高。

司马睿论母亲那一支脉有夏侯氏、羊氏的血液。

更令人震惊的是，司马睿的父亲是司马觐，司马觐的娘舅是诸葛靓，司马觐的姥爷是诸葛诞，诸葛诞的堂兄是诸葛亮和诸葛瑾。

换言之，司马睿论父亲那一支脉有司马氏、诸葛氏的血液。

换言之，《三国志》中的东吴诸葛瑾，蜀汉诸葛亮，曹魏司马懿、曹操，三国归晋羊祜，这几个带兵打仗的主帅的血液集中在了司马睿的身上。

无论是蜀汉想要称霸的诸葛亮一族，东吴想要称雄的诸葛瑾一族，曹魏想要称王的曹操一族，还是西晋想要延续的司马懿、羊祜一族，他们都想让自己的子孙做历史的巨人。

如今，所有的人血液集中在了司马睿的身上，东吴也好，蜀汉也罢，曹魏也可，最后还不是三国归晋，完成了他们每个人的最终愿望。

有王衍和王导这两个宰辅之臣鼎力相助，西晋易主在七里涧发生之初成为必然。

第三十四章　陆机华亭鹤唳

我们前文提到了王衍和王导要扶持司马睿成为西晋易主之后的赢家。

那么，王衍和王导到底是怎么做的呢？

我们回到最开始的七里涧之战，据史料记载，司马乂败陆机七里涧之役，太安二年（公元 303 年）八月，河间王起兵讨长沙王乂，成都王颖即屯军朝歌（今河南淇县），以陆机为前锋都督，率兵二十万亦向洛阳进军。

十月，陆机部将石超进逼缑氏（今偃师东南），司马乂挟惠帝在建春门（今洛阳大业门）外大败陆机军。陆机列军自朝歌至于河桥（富平津河桥，今孟洲市南），鼓声闻数百里。乂与陆机军战，机军大败，赴七里涧（今偃师西），死者如积，水为之不流，机军大将贾崇等十六人被杀，石超逃走。

从七里涧之战我们可以看出来，陆机指挥的这一场大战，出现了死亡兵士尸体多到把河流堵截了的惨状。

足见这一场战役，死伤人数之多。

同样的，这样的惨败，我们前边也讲了内因，孟玖家族抢夺功劳不成，开始扯后腿，公师藩等人不服陆机，开始消极作战。

外因就是王衍利用传送书信中，加大司马乂必胜、司马颖必败的信心。

为什么呢？

首先陆机因为禅位诏书差点被杀的时候，是什么时候？是小齐王司马冏活着的时候，这个时候司马冏正在灭赵王司马伦一门。

其中有一个关键的因素，司马伦长子司马荂的夫人是刘舆和刘琨兄弟的亲妹妹。

刘琨是闻鸡起舞的两位英才之一，此时已经成长为一方悍将。是将军，不是士兵！

刘舆是王衍的表哥，在这个时候被释放，成了东海王司马越的谋臣。

历史这么记载刘舆，时称越府有三才：潘滔大才，刘舆长才，裴邈清才。

刘舆这个人能记住山河地理图，能把整个大晋的山水风貌、人文地理清清楚楚地记在脑子里，简直是行走的“人形电脑”。

刘舆和刘琨可是跟自己的妹妹感情很好的，这刘舆和刘琨眼睁睁看着自己妹妹被杀能不恨吗？

当然恨了，最恨的是谁？是陆机，当初要害死他们妹妹的始作俑者。

为什么呢？没有陆机的禅位诏书，赵王司马伦能走上不归路吗？没有陆机和孙秀的撺掇，赵王司马伦能被灭满门吗？

也因为这个恨非常大，刘舆和刘琨当然要设计陆机了。

刘琨的妻子是清河崔氏，而崔氏的父亲是崔述，崔述有三个女儿一个儿子。

崔述的大女婿是温襜，生了儿子温峤；崔述的二女婿是刘琨，生了儿子刘群；崔述的三女婿是卢志，生了儿子卢谌。

卢志是成都王司马颖身边最重要的谋士，没有之一。

而陆机恰好在金谷园骂过卢志的祖先，并且是嘴巴不把门的那种羞辱。

在金谷园内，卢志问陆机：“陆逊、陆抗是你什么人啊？”

陆机当时就怒了，回道：“就像卢毓、卢珽和你的关系一样。”

陆云觉得哥哥陆机有点太过，出门后劝解：“何至于此？”

陆机很严肃：“我爷爷我父亲是什么人，天下还有不知道的吗？鬼生子怎么敢这样！”

什么叫鬼生子呢？

这卢是黄河以北的大姓，传说有个叫卢充的，曾与女鬼（当然是大家族的女鬼）结婚生子。

这个卢充，就是卢志爷爷的爷爷的父亲。

因为陆机当众这么骂过卢志，卢志当然对陆机怀恨在心。

再加上七里涧之战，成都王司马颖对陆机好得不得了，完全没给卢志行军打仗、做个居功至伟的从龙之臣的意思，卢志能不羡慕嫉妒恨吗？

卢志当然恨陆机抢夺自己的战功了。

因此，在刘舆和刘琨憎恨陆机和孙秀害了妹妹性命，卢志在憎恨陆机抢了自己军功的前提下。刘琨和卢志这对连襟必须得做点什么，才能对得起自己的怨恨，对不对？

而刘舆作为东海王司马越的谋臣，也得做点什么，才能让自己的弟弟刘琨、自己的儿子刘演得到点什么安慰，是不是？

于是刘舆为了帮助刘琨和刘演争夺军功，听了东海王司马越的话，开始在七里涧战役上做手脚，让陆机的军令更传达不下去。

刘琨和卢志这对连襟则是根据刘舆的授意，负责在军队中将军令传达不畅执行得更彻底。

卢志元和孟玖结成联盟，一个外臣，一个内监，两个人里应外合，不断跟成都王司马颖诉说陆机的各种缺点，并借着长沙王司马乂的信，不断解读陆机造反的心思。

时间一长，陆机在这么多队友的拆台下，怎么可能指挥得了二十万大军呢？

当然指挥不了了。

一个不听从指挥的二十万大军还能打胜仗吗？

当然也不可能打胜仗了。

所以，七里涧之战，在王衍的琅琊王家拒绝支援军力和粮草中，在刘舆、刘琨、卢志、孟玖不断诟病并拆台下，在成都王司马颖的疑心丛生里，彻底败了。

成都王司马颖二十万大军在七里涧之战全军覆没，剩余的十万兵力能够抵挡长沙王司马乂、河间王司马颙、东海王司马越的联军吗？

答案是，成都王司马颖最多只能自保了，抵抗已经不可能了。

但是，成都王司马颖是怎么起来的？

成都王司马颖是靠着陆机和八百口棺材换来的三十万大军！

就在七里涧战争结束后，乐广拒绝跟成都王司马颖交流，并且以死殉道，用死来告诉天下人成都王司马颖做皇太弟是大逆不道的。

就在乐广作为岳父，在道德上，狠狠抽了成都王司马颖一巴掌的时候，司马颖还愿意留着陆机给下一个称王称霸的人吗？

当然不可能！

所以，陆机输了七里涧之战，等于犯了军法，一切军法处置，顺理成章。

这陆机等着军法处置就行了，却偏偏要吟诗作赋，给历史留下了一个成语：华亭鹤唳。

什么叫做华亭鹤唳呢？

就是说啊，早知道我不出来当官了，我想念老家的仙鹤鸣叫了。

这句话听着没啥问题，可问题就出在古人喜欢旁征博引、引经据典。

就是说，陆机这类人喜欢碰瓷历史名人，说历史名人说的话，做历史名人做的事。

这陆机碰瓷谁了呢？

陆机碰瓷的这个人是李斯，秦朝丞相李斯。

熟悉秦朝历史的人都知道，李斯有一个仇家，是太监赵高，有一个把自己弄死的皇帝是胡亥。

而李斯去世之前说了句，东门黄狗。

什么叫东门黄狗呢？

就是说啊，我李斯早知道不做官了，我想念我老家从东门出发，牵着黄狗打猎的日子。

至今东门黄狗和华亭鹤唳都是近义词，用以作为为官遭祸，抽身悔迟之典。

这成都王司马颖也是个喜欢读书的皇帝，当他听到陆机骂骂咧咧地说，司马颖你这个坏人，我就是李斯，你就是胡亥，孟玖就是赵高，你们害死忠良！我诅咒你，你跟胡亥一样，你就是晋朝第二世，我诅咒晋朝的国祚！

司马颖一听这句话，再加上卢志和孟玖绘声绘色地描述华亭鹤唳这句话，更是怒火中烧。

这还不算，陆机的弟弟陆云带着整个东吴世家的遗老遗少们跪地大哭，逼宫一样地逼迫司马颖放人，不然就跟司马颖死磕到底。

成都王司马颖先是愤怒陆机把自己比作胡亥，又担心陆机被别人利用，出现第二个坐拥三十万兵力的司马氏王爷。更害怕陆云做出比陆机更出格的事情来。

于是一不做二不休，先是假惺惺地哭了一场，借着孟玖酷刑鞭打东吴遗老遗少们，弄出一个血书来，上面写着陆机暗藏祸心，意图造反。

于是，陆机的一句华亭鹤唳，引来了司马颖的屠刀，并且是灭三族的屠刀。

这是一场历史冤案，据历史所载，陆机死后，六月飞雪！

但是，仔细分析司马颖和陆机所做的事情，也不难理解司马颖的所作所为。

毕竟能让二十万大军全军覆没，陆机也委实是个人才！

而司马颖作为皇太弟，距离皇帝一步之遥，却一步之差，谬之千里，怒上心头，斩杀陆机发泄，也是情理之中的事，不是吗？

那么司马乂和司马颖最后的结局是什么呢？

据史料记载，当司马乂赢了七里涧之战以后，战争持久而粮食缺乏，城中大为饥荒，虽说疲惫不堪，但将士同心协力，都想以死效劳。而且司马乂尊奉晋惠帝的礼敬没有什么过失，张方认为不能战胜，想返回长安。然而东海王司马越考虑事情难成，暗中和殿中将领收捕司马乂押送到金墉城去。

司马乂上表说："陛下厚道和睦，把朝政托付给臣下。臣下小心忠诚孝敬，这是神明所共知的。各藩王受到谗言蛊惑，率领兵众来斥责臣下，朝廷大臣心术不正，各自考虑他们的困窘处境，收捕臣下送入另设的衙门，押送臣下到冷宫中囚禁。臣下不惜身躯性命，但念着大晋衰微，宗室枝叶就要被砍尽，陛下也将孤寡危险。如果臣下死了，国家就能安宁，这也对国对家有利。但恐让恶人大快心意，而对陛下毫无益处罢了。"

正月二十五日，殿中左右都遗憾司马乂功败垂成，想把他劫持出来，再靠他来抵抗司马颖。司马越害怕祸难发生，想趁机杀司马乂。这时候又出现了妖异事件，洛阳有谣谚说："草木萌芽杀长沙。"

黄门郎潘滔劝司马越秘密指使张方，张方派遣部将郅辅率领三千兵卒前往金墉城逮捕司马乂，到后把他烧死。司马乂鸣冤喊痛的声音传到左右近旁，三军中没有不为他落泪的。死时年仅二十八岁。

这是司马家族死得最惨的一个王爷，司马乂是被活活烧死的。也果然应了那句民谣。

司马乂殡葬于城东，他的下属官吏没有谁敢去送葬，唯独他原来的掾属刘佑一人为他送葬，步行扶持着丧车，悲痛哭号几乎气绝，路人伤心。张方认为刘佑是个义士，没有对他加以追责。

第三十五章 永嘉神州陆沉

陆机的华亭鹤唳以及司马颖灭族陆氏，那陆机死后是不是就没有下文了？

答案依旧是否定的。

就在华亭鹤唳以及六月飞雪传遍大晋各个角落的时候，王衍趁机拿钱资助自己的弟弟王澄带着几百平民书生，他们结伴而行，集体走向洛阳。

这些书生去洛阳做什么呢？抗议成都王司马颖听信孟玖谗言，逼迫司马颖斩杀孟玖。

我们来感受下这段历史记载描绘的画面：王澄揭发了孟玖奸狡，劝司马颖杀孟玖，司马颖最终杀了孟玖，士大夫和平民莫不称快。

是不是不够震撼？

其实蛮震撼的，听我来分析一下。

首先在这个时期文坛泰斗是谁呢？

最开始是山涛、张华，可是这两位在贾南风时期去世了。

后来是潘岳和乐广，这两位在八王之乱时期也陨落了。

再后来王衍和陆机，但是王澄因为揭发了孟玖，就成了天下文人领袖，与王衍这个同父同母亲哥一起成为文坛泰斗。

这不可怕吗？

琅琊王家的王敦、王澄、王导掌握着东南沿海的粮草和军力，王衍和王澄更是成为文坛的领袖。

这个时期的琅琊王家军权、话语权、人才都掌握在了自己的手里，就只差圈地为王了。

这不够震撼吗？

最可怕的是，司马颖杀陆机的时候是灭三族的，可是王澄随便说几句，司马颖就杀了最信任的孟玖。

而且是司马颖只有十万大军，更在下邳这个地方又跟东海王司马越、河间王司马颙大战折损了一半兵力的时候。

这说明什么？

这说明只剩下五万兵力的成都王司马颖在示好琅琊王家，寻求琅琊王家的庇护，才做了这样一件匪夷所思的斩杀孟玖事件，是不是呢？

在此之后，司马颖的结局呢？

据史料记载，战事维持数月，司马乂军奋力死战，数次大破颖、颙联军，死伤六七万人，张方亦打算撤退；同时常山人王舆合众万余人，打算袭击司马颖。

可是，司空司马越却害怕缺粮的司马乂军会挡不住，与几名殿中将领囚禁司马乂到金镛城。司马越向颖、颙投降，并送司马乂于张方营，张方残忍将其炙杀，而王舆被手下斩杀，全兵向司马颖投降。

这个时候司马颖已经感受到腹背受敌了，永兴元年（公元 304 年），时年二十六岁。司马颖入洛阳后，因在朝野向来有威望，而且军事实力强，被增封二十郡，拜丞相。荆州的成都郡是成都王司马颖后来的封国所在地，居华容县。

但这个时候司马颖也跟司马冏犯了同一个毛病，那就是“八佾舞于庭”的作死路线。

司马颖获大权后，回他的根据地邺城继续遥控政权，排场与皇帝可以比较，目无皇帝，处处展现其夺位野心，又任用孟玖，这令人民大失所望，也给其他有野心的王有了讨伐的借口与机会。

永安元年（公元 304 年）七月，司空、东海王司马越传檄四方，与左卫将军陈眕，殿中中郎逯苞、成辅及长沙王故将上官巳召集四方，共讨司马颖，召集了十多万人，让司马覃复位，并挟惠帝北征邺城。

司马颖知道后大为震惊，想要逃跑，其部下劝其不要，司马颖就召集各人商量对策。东安王司马繇认为皇帝亲自来讨伐，应该投降请罪，司马颖不肯。

司马王混及参军崔旷则劝司马颖迎战，司马颖赞同，派遣奋武将军石超率五万兵马赴荡阴（今河南汤阴）。陈眕的两位弟弟陈匡与陈规亲自到司马越军中，声称邺城中司马颖部下听到皇师到来已经离散。

东海王司马越信以为真，军队于是防备松懈。石超与司马越军于荡阴激战，越军大败，甚至射伤惠帝，左右都争相逃命，将惠帝遗于草地上。石超把晋惠帝送到邺城，司马颖改年号为建武，并杀害了之前劝自己投降的东安王司马繇。

司马越在兵败时先逃到下邳，当时的徐州都督、东平王司马楙不接纳他，司马越就逃回其封地东海国（今山东郯城北）。司马颖以同是宗室兄弟的名义，下令宽恕司马越，要召他回朝，司马越不应命。

陈眕和上官巳则带太子司马覃守洛阳，司马颙当时也派遣张方率兵二万助司马颖，大军到达时司马越军已败，就乘机进驻洛阳。上官巳派苗愿抵抗张方，但失败，司马覃却袭击上官巳，上官巳和苗愿逃走，司马覃则向张方投降，再次被废。

可怜的司马覃屡次被废，可以说是跟晋惠帝司马衷一样的悲惨命运。

不久之后，司马越的亲弟弟并州刺史东瀛公司马腾及安北将军王浚，杀死司马颖所置的幽州刺史和演，司马颖出兵讨伐司马腾。

八月，王浚联合段部鲜卑首领段务勿尘、乌桓羯朱以及东赢公司马腾同起兵讨司马颖，发兵邺城。司马颖派遣新任的幽州刺史王斌及石超、李毅等人前往抵挡王浚的幽州兵。返回左国城的刘渊也派左於陆王刘宏带领五千精锐匈奴骑兵前去会同司马颖部将王粹部队，希望共同阻击东嬴公司马腾并州兵。

而这一年，有一名大将出现——前赵高祖刘渊。

司马颖任命刘渊为代理辅国将军，负责北城防守诸事务。晋惠帝六军战败时，司马颖任命刘渊为冠军将军，封为卢奴伯。不久，并州刺史东嬴公司马腾、安北将军王浚，起兵讨伐司马颖。

刘渊劝司马颖说："现在二镇的人骄横强暴，兵众十万，恐怕不是宿卫军以及都城附近的兵士所能抵抗得了的，我请求回去为殿下您劝说五部的人马来赴国难。"

司马颖说："五部的人马肯定会来吗？即使能够前来参战，鲜卑、乌丸之人强劲、快捷如同风云，是那么容易抵挡的吗？我想护送皇上回洛阳，以避开他们的锋芒，接着再慢慢地告示天下，以叛乱的名义，名正言顺地制服他们。您认为怎样？"

刘渊回答说："殿下是武帝之子，对王室有突出的功劳，有威望、恩泽广，天下人都钦佩您的风范，谁不想为殿下您赴汤蹈火、献出生命呢？这种情况下，征发士兵有什么困难呢？王浚是个小人，东嬴公只是个偏远的旁枝，他们哪能与殿下您抗衡？殿下您如果一离开邺宫，就等于向他人示弱，这样，洛阳到达得了吗？纵然到达洛阳，恐怕威望、权力就不在殿下您的手里了。一纸檄文，一尺书信，有谁肯去为他人尊奉这些？况且东胡的强悍不能超过五部之人，希望殿下您鼓励、安抚兵众，平定混乱，镇守住邺城，我当为殿下您以二部的兵力摧毁东嬴公，以三部的兵力斩杀王浚，两个小人的首级指日就可悬挂在邺城城头。"

司马颖非常高兴，于是任命刘渊为北部单于、参丞相军事。

不幸的是，王粹军很快被司马腾打败，刘宏只得无功而返。王浚、司马腾于是合兵击王斌，大破王斌。王浚以主簿祁弘为前锋，又大败石超于平棘，乘胜进军邺城。战败消息传至邺，人心惶惶，官僚士兵相继作鸟兽散。

司马颖甚是恐慌，卢志率数十骑挟晋惠帝连夜奔往洛阳。羯朱的军队一路追赶司马颖等人到朝歌，追不上才放弃。

刘渊说："司马颖不听我的话，自己向相反的方向溃逃，真是蠢才。然而，我与他有言在先，不能不去救他。"于是，命令右於陆王刘景、左独鹿王刘延年等人率领步兵骑兵二万，将去讨伐鲜卑。

刘宣等人坚决劝阻道："晋朝昏庸无道，他们像对奴隶一样对待我们，所以右贤王刘猛非常愤怒，承受不了心中怨恨，想有所作为，当时正碰上晋朝纲纪还未松弛，大事还没有成就，右贤王就被杀戮，这是单于的耻辱啊。现在司马氏父子兄弟互相残杀，这是上天厌恶晋朝的德行，将天下授予我们。单于积德在身，连晋人都佩服，现在，正应该振兴我们国家和民族，恢复呼韩邪的基业，这样，鲜卑、乌丸可以作为我们的援助力量，怎么可以阻挡他们而去拯救仇敌呢？上天借我们的手来消灭晋朝，不能够违背天意。违背天意就不吉祥，违背众人的意愿就不能成就事业。上天赐予了而不接受，反过来就会受到上天的责备。希望单于不要迟疑了。"

刘渊听后说道："说得对。应该做高山峻岭，怎么能甘心做低矮的小土丘呢！天下的帝王也不是固定不变的，大禹出自东戎，周文王出生在西夷，谁该做帝王，只是按德行的高低授予。现在，我们有兵众十多万，而每个人都相当于晋朝十个人，如果我们击鼓进军摧毁晋朝，必将如同摧枯拉朽。这样，最理想的，可以成就汉高祖一样的基业，最差的也不失做一个魏氏。虽然结果将是这样，但是晋朝的百姓不一定赞同我们。汉朝统治天下的时间久长，恩泽深入人心。所以，昭烈帝刘备仅在一州的土地上奔驰，就可以与天下相抗衡。我又是汉朝刘氏的外甥，我们的祖先曾与汉朝相约为兄弟，兄长灭亡了，弟弟来继承，不也是应该的吗？况且，我们还可以称汉，追认并尊奉后主刘禅，以此来使天下人的期望归向我们。”

于是，迁都到左国城。不久，远方来归附的人达到数万。

元熙元年（公元 304 年），刘渊在南郊筑坛设祭，自称汉王，赦免境内囚犯，建年号为元熙，追尊刘禅为孝怀皇帝，建造汉高祖以下三祖五宗的神位进行祭祀，立妻呼延氏为王后。

署置百官，任命刘宣为丞相，以崔游为御史大夫，宗室刘宏为太尉，其余的人授官各有等差，国号为汉，史称前赵。

而这一年又有一大将出现，那就是赵公明帝石勒。

河间王司马颙担心东部的兵马强盛起来，想要调和安定东夏的局势，于是上书要求废除司马颖。这一年，刘渊在黎亭称汉王，司马颖原来的将领阳平人公师藩等人自称将军，在赵魏起兵，人马多达数万。

石勒与汲桑率领牧人数百骑苑马投奔了公师藩。汲桑这时才让石勒以石为姓，以勒为名。

十一月，当时控制洛阳的司马颙将张方挟持晋惠帝、成都王司马颖、豫章王司马炽等迁往自己势力的腹地——关中长安，以避敌锋。同月，恢复永安年号。

十二月丁亥，诏曰：“天祸晋邦，冢嗣莫继。成都王颖自在储贰，政绩亏损，四海失望，不可承重，其以王还第。”

司马颙废除皇太弟司马颖，令司马颖离开朝廷，返回封地成都。司马颙自行选置百官，改秦州为定州，改元永兴，并以豫章王司马炽任皇太弟。

司马颙又让晋惠帝下诏，立远在东海国的司马越为太傅，要司马越回朝与自己共同辅政，司马越不受封授。司马颖奔于关中后，司马越以平昌公司马模为北中郎将，镇邺。

成都王司马颖被废除皇太弟之位，就只剩下河间王司马颙和东海王司马越一较高下了。

换言之，司马懿这一血脉的人纷纷走下历史舞台，接下来就是司马懿三弟司马孚的孙子和司马懿四弟司马馗的孙子一较高下的时刻了。

先来看看司马颙的生平。司马颙字文载，河内温县（今河南温县）人，晋宣帝司马懿三弟安平献王司马孚之孙，太原烈王司马瑰之子，晋武帝司马炎的堂兄弟，西晋宗室、八王之乱中的八王之一。

司马颙起初继承其父司马瑰的太原王爵位，少年时有好名声，看轻钱财厚待贤士。与各藩王来朝见时，晋武帝司马炎赞叹司马颙可以作为各藩国的表率。

元康九年（公元 299 年）九月，司马颙代替梁王司马肜担任平西将军，镇守关中。按照当时规定，不是特别亲近的皇族之人不能统率关中，司马颙在各藩王中属于比较疏远的人，因其贤能而被特殊任用。

可以说，河间王司马颙继承了司马肜的大部分兵力，也拥有了一定的人脉，但是他朝三暮四，其心不忠。

那么东海王司马越呢？

司马越字元超，河内温县（今河南温县）人，晋宣帝司马懿四弟东武城侯司马馗之孙，高密文献王司马泰长子。司马越年少时就有很好的名声，为人谦虚而有平民的品德，受到朝野的尊敬。

司马越最初以高密王世子的身份担任骑都尉，与驸马都尉杨邈、琅琊王司马伷之子司马繇一同在东宫侍奉讲学，授任散骑侍郎，后任左卫将军，加任侍中。

司马越因参与诛杀杨骏有功，受封为五千户侯，升任散骑常侍、辅国将军、尚书右仆射，兼任游击将军。后再次担任侍中，加任奉车都尉，配给侍从人员五十人，并封为东海王，食邑六县。

司马越跟屠伯苟晞是异姓结拜兄弟，而且残忍毒杀了晋惠帝司马衷，可谓其心可诛。

当世及后世人对司马越的评价非常差。

石勒说司马越：此人乱天下。

余嘉锡说司马越：如钟会、王戎、王衍、王敦、王澄、司马越、桓温、郗超、王恭、司马道子、殷仲堪之徒，并典午之罪人。

可以说司马越和司马睿的叔叔感情亲密，这也为琅琊王司马睿跟随东海王司马越打天下奠定了基础。

河间王司马颙作为司马孚的孙子，充分发挥了老三冲动的特质，在跟司马馗的孙子司马越对垒中，完全处于劣势。

东海王司马越借着屠伯苟晞的勇猛、刘舆的智慧、刘琨的谋算，将河间王司马颙勒死在马车里。

历史是这么描述的，永兴三年（公元 306 年），司马越因为张方劫持迁移晋惠帝，天下人埋怨气愤，首先主张起事并和山东各诸侯限定日期奉迎晋惠帝归来，先派人去劝说司马颙，叫他送晋惠帝回到京都，与司马颙划分陕地而治。

司马颙想听从他的建议，但张方不同意。等到东边的军队取得大捷，司马颖等人失败，司马颙才下令张方的亲信将领郅辅夜里斩了张方，送其首级给东来的部队。

不久又变卦，改派刁默守卫潼关，却归罪郅辅杀了张方，又斩了郅辅。

司马颙的先遣部队将领吕朗等据守荥阳，范阳王司马虓的司马刘琨拿张方的首级给吕朗看，于是吕朗投降。

当时东边的军队已很强大，打败刁默入关，司马颙畏惧，又派马瞻、郭伟在霸水抵抗他们，马瞻等战败逃跑。司马颙乘着单马车，逃到太白山。

东边的军队进入长安，晋惠帝返回，以皇太弟的太保梁柳任镇西将军，镇守关中。马瞻等来到梁柳那里，趁机在城内一起杀了梁柳。

马瞻等与始平太守梁迈联合，到南山迎请司马颙。

司马颙开始不肯入府，长安令苏众、记室督朱永劝司马颙上表谎称梁柳病死，朝中就知道了有关张方的情况。弘农太守裴廙、秦国内史贾龛、安定太守贾疋等人发义兵征讨司马颙，斩了马瞻、梁迈等人。

司马越派遣督护麋晃率领本封国的部队讨伐司马颙。到了郑地，司马颙的将领牵秀抵抗麋晃，麋晃斩了牵秀，并杀了他的两个儿子。义军占据了关中，司马颙仅保守孤城而已。

永嘉元年（公元 306 年），司马越以诏书征任司马颙为司徒，司马颙接受征召赴任。

司马越的弟弟南阳王司马模派遣其部将梁臣到新安的雍谷，在车上掐死司马颙，并杀死司马颙的三个儿子。下诏以彭城元王司马植的儿子司马融作为司马颙的继嗣，改封为乐成县王。

那么，司马颖的结局呢？

光熙元年（公元 306 年），司马颖到达洛阳，司马越讨伐司马颙的军队就来到，接连击败司马颙属下刘乔、楼褒、王阐等军，向长安进发。

司马颖则逃到关中。五月壬辰，越将祁弘等与刁默战，默大败，司马越军随后攻陷长安，司马颙、司马颖避入南山。

祁弘等所部鲜卑大掠长安，杀二万余人，司马越等人带惠帝退回洛阳，司马颖则从华阴经武关出新野。

司马颖来到新野不久，荆州刺史、新城元公刘弘谢世，州司马郭劢趁机发难，准备迎立成都王司马颖为新主。治中郭舒奉刘弘之子刘璠讨伐郭劢，将其斩杀。

随后有诏令命南中郎将刘陶捉拿司马颖，司马颖因而抛弃母亲和妻子，与两个儿子司马普及司马廓坐马车渡黄河回朝歌，收合了以前麾下将士数百人，准备去投奔支持他的故将公师藩。

九月，司马颖等人于途中不幸被顿丘太守冯嵩所抓获，送到邺城交范阳王司马虓处置，虓只将其父子囚禁，并不忍心将司马颖等加害。

一个多月后，司空、范阳王司马虓暴毙，司马虓的长史刘舆想到司马颖在邺城素有威望，担忧留司马颖在邺将成为后患，就秘不发丧，令人装扮台使，矫晋惠帝诏书赐司马颖死。司马颖被看守他的人田徽缢死，时年二十八。他的两个儿子也被杀。

司马颖死后，公师藩任命石勒为前队督兵，跟随大军去邺城攻击平昌公司马模。

司马模派将军冯嵩迎战，将公师藩击败，公师藩从白马渡河南逃，濮阳太守苟晞讨伐公师藩并斩杀了他。

石勒与汲桑逃到苑中，汲桑任命石勒为伏夜牙将，率领牧人劫掠郡县的囚犯，又招募山泽中的亡命之徒，这些人大都归附了石勒，石勒率领他们响应汲桑。

于是，汲桑自称大将军，以替成都王司马颖诛杀东海王司马越、东嬴公司马腾为名。汲桑以石勒为前锋，屡建战功，于是又任命石勒为扫虏将军、忠明亭侯。

汲桑进军攻邺城，任命石勒为前锋都督，将司马腾的将领冯嵩打得大败，于是，迅速攻入邺城，斩杀了司马腾，杀死守军万余人，劫掠妇女珍宝而去。

他们从延津渡黄河，向南攻击兖州，司马越非常害怕，派苟晞、王赞等人率军讨伐他们。

汲桑、石勒在乐陵攻击幽州刺史石鲜，石鲜战死。乞活将军田禋率领五万兵众救援石鲜，石勒迎战，击败田禋，与苟晞等人在平原、阳平之间相持数月，大小决战三十多次，双方互有胜负。

司马越害怕，于是驻军在官渡，为苟晞声援。不久，汲桑、石勒被苟晞击败，战死万余人，于是收合其余兵众，投奔刘渊。

冀州刺史丁绍在赤桥截击他们，汲桑、石勒又大败。汲桑逃往马牧，石勒逃往乐平。晋军在平原斩杀汲桑，把成都王司马颖的棺材丢弃到故井里，司马颖的故臣又收拾好棺材安葬了。

至此，八王之乱告一段落。

而接下来的就是东海王司马越当小弟的琅琊王司马睿，跟着自己的舅父王衍和亚父王导，从下邳之战开始，慢慢蓄积了自己的势力，为东晋中兴做着准备。

当八王之乱告一段落，东海王司马越打遍天下无敌手的时候，又发生了一件大事。

这个时候羌族、氐族、羯族、匈奴族、鲜卑族为代表的游牧百姓开始长驱入中原，因为连年旱灾，颗粒无收，更为惨烈的流血事件发生了，史称永嘉之变，衣冠南渡，神州陆沉。

历史是这么记载永嘉之变的：永嘉之变是西晋后期匈奴军攻破晋都，俘虏晋帝，最终使西晋灭亡的历史事件。

八王之乱后，西晋政权衰弱，经济残破，社会矛盾尖锐，南下蛮族趁机起兵反晋。永兴元年（公元 304 年），南匈奴贵族刘渊在左国城（今山西离石）起兵，建立汉政权。

永嘉三年（公元 309 年），南匈奴两次进攻洛阳，被西晋击退。永嘉五年（公元 311 年），刘渊之子刘聪遣石勒、王弥、刘曜等率军攻晋，在宁平城之战中歼灭晋军主力，杀晋太尉王衍及诸王公，随即第三次进攻洛阳并将之攻破，俘获晋怀帝，杀王公士民三万余人。

建兴四年（公元 316 年），刘曜攻入长安，俘晋愍帝，西晋灭亡。

永嘉之乱是使中国汉地在短暂的统一后再次走向分裂的重大事件。永嘉之乱后，晋朝统治集团南迁至汉地南部，定都建康（今江苏南京），建立东晋，史称衣冠南渡。中国北部地区则进入五胡十六国时期。

永嘉以后，胡人盘踞中原，他们在武力上是胜利者，但文化上却被汉人同化。五胡的首领多倾慕中原文化，重用汉人，委以国政。

如石勒用张宾，苻坚用王猛，北魏拓跋氏用崔浩、李安世，北周宇文氏用苏绰等。其中鲜卑建立的北魏，孝文帝更推行大规模的汉化运动，胡汉相互通婚，泯灭两族界限。

其后，胡化的汉人高欢与汉化的胡人宇文泰更积极从事民族调和工作。

在南方，晋室定都建康（今南京）后，随之南迁的中原大族，亦积极剿灭山越盗寇，开发江南，其中以广州的发展最著名。自永嘉以后，南、北方皆出现民族融和，扩大中华民族的内涵；亦调和胡汉文化，汉族文化吸纳胡族文化的精华，取长补短，下开隋唐文化。

历史是这么描述衣冠南渡的：这是中原政权和文明首次南迁，由西晋京师洛阳南渡至建康。

西晋晋怀帝、晋愍帝时期，中原地区大规模战争不断，内徙的周边部族相继建立君主制政权，强大起来威胁到西晋政权，并最终酿成永嘉之祸，中央朝廷受到威胁，晋建武年间，晋元帝率中原汉族臣民从京师洛阳南渡，史称“永嘉之乱，衣冠南渡”，这是中原汉人第一次大规模南迁。

历史是这么阐述神州陆沉的：公元306年，司马越毒死晋惠帝，立晋怀帝，自己与清谈派首领王衍把持朝政，结果政权被北方匈奴刘渊推翻。

二十多年后，东晋明帝派桓温率军收复洛阳，桓温不胜感慨王衍等人使神州陆沉，繁华的洛阳变成一片废墟。

问题来了，为什么说王衍是罪魁祸首呢？

我们回看陆机之死的时候，王衍做了什么？

王衍选择的是要成都王司马颖失败，好让自己的外甥琅琊王司马睿登基为帝。

王衍确实选择了一个让蜀汉遗老遗少、东吴遗老遗少、曹魏遗老遗少都能够接受的人：司马睿。

但是王衍却太过在乎血脉以及血脉之后的平衡，以至于一叶障目。

为什么这么说呢？

因为王衍选择让琅琊王司马睿，也就是司马懿第三子司马伷这一脉登基为帝的时候，完全不顾及司马昭后人的死活，不在乎永嘉之变中晋惠帝司马衷被东海王司马越毒死，也不管晋怀帝司马炽、晋愍帝司马邺，他们这几个人到底会被羞辱成什么样子，也不设法去营救。

当然，王衍也不在乎自己的表妹羊献容到底是跟着晋惠帝司马衷做皇后，还是跟着刘渊做王妃。

王衍都不在乎，王衍只在乎琅琊王司马睿怎么顺理成章地成为大晋中兴的真命天子。

这也无怪乎，非常崇拜成都王司马颖，曾经是成都王司马颖下属的石勒非要用墙活埋了王衍。

什么仇什么恨，石勒要活埋了王衍呢?

首先，石勒是谁?

石勒，字世龙，上党武乡（今山西榆社）人，后赵开国皇帝。羯族部落首领周曷朱之子，中国历史上唯一一位奴隶皇帝。石勒壮健有胆力，雄武好骑射，喜欢儒家文化。

跟随流民帅汲桑，投靠成都王司马颖部将公师藩。八王之乱后，投靠汉光文帝刘渊。

重用名臣张宾，以襄国为根据地，消灭王弥、幽州王浚、并州刘琨、冀州邵续、辽西段匹磾的割据势力，占据幽并冀州之地。

靳准发动平阳政变后，正式与刘曜决裂。光初二年，自称赵王，定都襄国，西取关中，东擒苟晞和曹嶷，灭亡前赵，南掠晋土，北侵代国，令后赵成为北方最强的国家，实行多项措施，推动了文教和经济的发展。

石勒的祖先是匈奴别部羌渠部落的后裔，祖父名叫耶奕于，父亲周曷朱（又名乞翼加），都曾为部落小头目。

石勒小名匐勒，出生时红光满屋，白气从天上直连接到庭中，看到的人都感到惊奇。十四岁时，石勒随乡里的人到洛阳行贩，曾靠着上东门大声呼啸。

尚书左仆射王衍见后感到惊异，回头对左右的人说："刚才那个胡人小孩儿，我听他的声音感觉他有远大的志向，恐怕将来会成为国家的祸患。"便派人快马去抓他，恰好石勒已经离开。

这是王衍第一次跟石勒见面，这两个人一见面就埋下了生死隐患。

曷朱性格凶狠粗暴，胡人们多不亲近他，于是，他常常让石勒代替自己监督治理群胡，各部胡人都喜爱信任石勒。

石勒所居住的武乡北原山下的树木形状大都像骑兵，家中园子里长出人参，花和叶都非常茂盛，都长成人形。

众父老以及看相的人都说："这个胡儿相貌奇异，志向和气度非凡，他的前途不可估量。"规劝乡里的人友好地对待他。当时，人们大都嗤笑，唯有邬人郭敬、阳曲人宁驱认为可信，并加以资助。石勒也感激他们的恩泽，并因此而努力耕作。

他常常听到刀枪、铃铛的声音，回家后告诉他母亲，他母亲说："这是劳累了耳鸣，不是什么不吉祥的征兆。"

西晋发生饥荒，社会动荡不安，石勒与一同做佃客的胡人逃亡走散，就从雁门回来投奔甯驱。北泽都尉刘监想要捆他去卖掉，宁驱将石勒藏起来才幸免于难。

石勒准备偷偷地投奔了纳降都尉李川，途中遇见郭敬，流着泪叩头诉说饥饿和寒冷。

郭敬也禁不住流泪，于是将所带的货物卖掉，给他买东西吃，并将一些衣服送给他。

石勒对郭敬说："现在闹饥荒，不能总这样守着穷困。众胡人饿得非常厉害，应该带着他们到冀州去求食，乘机将他们抓起来卖掉，这样就可以两全其美。"郭敬非常赞同。

后来石勒碰上建威将军阎粹劝说并州刺史、东嬴公司马腾抓胡人到山东出卖以充军饷，司马腾派将军郭阳、张隆劫掠众胡人打算送到冀州，两个胡人用一个大枷枷住。

石勒当时二十多岁，也在被劫掠的胡人当中，并多次被张隆殴打、侮辱。郭敬先前将石勒托付给郭阳和侄子郭时，郭阳是郭敬的同族兄长。

所以，郭阳、郭时常常替石勒劝解、请求，途中饥饿、疾病全仰赖郭阳、郭时周济。不久，石勒被卖给茌平人师欢做奴隶。

有一位老父对石勒说："您的鱼龙在发际上已长好四道，当显贵地做人主。甲戌那一年，可与王彭祖商议。"

石勒说："若是果真如您所说，我将不敢忘记您的恩德。"

一会儿老父不见了。石勒在田里耕作时，常常听到鼓角的声音，他将此事告诉给众奴隶，众奴隶们也听到了，于是石勒顺便说："我小时候在家里总是听到这种声音。"

众奴隶回家后告诉师欢，师欢也感到石勒相貌奇特，便免除了他的奴隶身份。

可以说石勒从小就是个奇人，无论是家里的花草，还是他本人长相，都很奇特。

石勒还有一个外号，叫赵公明帝，有人说他就是赵公明，财神爷，但这也只是一种传说。

关于石勒的传说也有很多，传言黄瓜原名叫胡瓜，是汉朝张骞出使西域时带回来的，胡瓜更名为黄瓜始于后赵。

石勒本是入塞的羯族人。他在襄国登基做皇帝后，对自己国家的人称呼羯族人为胡人大为恼火。石勒制定了一条法令：无论说话写文章，一律严禁出现“胡”字，违者问斩不赦。

有一天，石勒在单于庭召见地方官员，当他看到襄国郡守樊坦穿着打了补丁的破衣服来见他时，很不满意。

他劈头就问：“樊坦，你为何衣冠不整就来朝见？”

樊坦慌乱之中不知如何回答是好，随口答道：“这都怪胡人没道义，把衣物都抢掠去了，害得我只好褴褛来朝。”

他刚说完，就意识到自己犯了禁，急忙叩头请罪。石勒见他知罪，也就不再指责。

等到召见后例行御赐午膳时，石勒又指着一盘胡瓜问樊坦：“卿知此物何名？”

樊坦看出这是石勒故意在考问他，便恭恭敬敬地回答道：“紫案佳肴，银杯绿茶，金樽甘露，玉盘黄瓜。”石勒听后，满意地笑了。

自此以后，胡瓜就被称作黄瓜，在朝野之中传开了。到了唐朝时，黄瓜已成为南北常见的蔬菜。

这便是黄瓜的由来。

石勒宴请高句丽和宇文屋孤的使者，酒兴正浓时对徐光说：“我相当于自古以来开创基业的哪一类君主？”

徐光回答：“陛下的神明威武、宏谋大略胜于汉高祖刘邦，才略卓荦绝伦超过魏武帝曹操，自三王以来没有人可相比，可以说仅次于黄帝！”

石勒笑着说：“人怎能没有自知之明，你的话不是太过分了吗？我如遇到汉高祖，必当北面而侍奉他，与韩信、彭越并肩齐驱而争为人先。倘若遇到光武帝刘秀，当共同驰骋于中原，未知鹿死谁手。大丈夫行事要光明磊落，如日月光明，不能像曹操、司马懿父子，欺侮孤儿寡妇，以狐媚来夺取天下。我应当处在二刘之间，哪能与黄帝相比呢！”

群臣都顿首齐称万岁。

这便是石勒版本的鹿死谁手。

可以说石勒是个具有传奇色彩的存在，从奴隶到帝王，那是相当励志。

石勒曾经非常想帮成都王司马颖收拾旧山河，让西晋重新成为最强大的晋朝。

只是可惜王衍、刘舆、刘琨、卢志、孟玖等人的私心太重，陆机刚愎自用又自视甚高，让司马颖错过了自己的天命。

石勒和刘渊最开始只是想做司马颖的大将，只是想成为安国定邦的将帅。

但是，王衍的自私让石勒恨透了他。

在东晋与南北朝并立的时间段，石勒借助司马炽的死抓住了抚棺回建康的王衍。

石勒让西晋的王侯大臣前来与他相见，他以西晋的旧事询问王衍。

王衍向他陈说了西晋败亡的原因，并说责任不在自己身上。

王衍说："我年轻时就不喜欢参与政事，想求自身避免祸患，石勒将军还是早些称帝得好。"

石勒大怒说："你名声传遍天下，身居显要职位，年轻时即被朝廷重用，一直到头生白发，怎么能说不参与朝廷政事呢？破坏天下，正是你的罪过。"

让手下把王衍押出去。

石勒对他的参谋孙苌说："我行走天下多年了，从来没有见过这样的人，还应该让他活下去吗？"

孙苌说："他是西晋朝廷的三公，一定不会为我们尽力，有什么值得可惜的呢？"

石勒说："总之不可用刀刃加害于他。"

于是命令士兵在半夜里推倒墙壁把他压死。

王衍临死时，看着别人说："唉！我们即使不如古人，平时如果不崇尚浮华虚诞，勉力来匡扶天下，也不至于到今天的地步。"

这就是另外一个成语的由来，君子不立于危墙之下。

而正是王衍的私心，也应了山涛那句话：何物老妪，生宁馨儿！然误天下苍生者，未必非此人也。

宁馨儿的王衍，果然误了苍生，导致神州陆沉。

那么前面提到的刘渊、苟晞又是何人呢？

刘渊，字元海，新兴郡人，匈奴族，汉赵开国皇帝，匈奴首领冒顿单于后代，南匈奴单于于夫罗之孙，左贤王刘豹之子，母为呼延氏。

传言高祖刘邦将一位宗室之女作为和亲公主嫁给冒顿单于，并与冒顿单于相约为兄弟，所以，冒顿单于的子孙都以刘氏为姓。

左贤王刘豹曾经是蔡文姬的丈夫，也有传言刘渊的生母是蔡文姬，所以精通儒家学说。

东汉建武初年，乌珠留若鞮单于之子右奥鞬日逐王比自称南单于，进入西河的美稷定居，当时离石的左国城就是单于迁移的宫廷。

羌渠单于派其子于扶罗率兵援助东汉，讨平黄巾军。

当时正碰上羌渠单于被国人所杀，因此于扶罗将所率的兵众留驻在东汉，自称单于。

紧接着董卓叛乱，于扶罗率兵劫掠太原、河东，后驻扎河内。于扶罗死后，其弟呼厨泉继位，任命于扶罗之子刘豹为左贤王，刘豹即刘渊的父亲。

后来，曹操将呼厨泉的兵众分为五部，任命刘豹为左部帅，其余部帅也都由刘姓担任。

刘渊年幼时，就非常聪慧。刘渊七岁时母亲呼延氏去世，他伤心得捶胸顿足，号啕大哭，旁人都被他的悲伤所感动，宗族、部落的人都赞赏他的孝顺。

当时，曹魏司空王昶等人听说后也非常赞赏刘渊，并且派人前去吊唁。

刘渊自幼爱好学习，拜上党人崔游为师，学习《毛诗》《京氏易》和《马氏尚书》，他尤其喜爱《春秋左氏传》《孙吴兵法》这两部书，大致都能诵读，而《史记》《汉书》及诸子的著作，没有不阅读的。

刘渊开始学习武学知识和技能，精妙出众，他臂长而善于射箭，体力超过一般人，姿态仪表魁梧。

当时，屯留人崔懿之、襄陵人公师彧等都善于给人看相，见到刘渊，他们都非常惊奇，并且相互转告说："这人的形体、相貌不一般，是我从来没见到过的。"

于是，他们对刘渊都非常崇敬，彼此间按照名分建立起恩情。太原人王浑像对待朋友一样对待他，并且让他的儿子王济拜见他。

也就是卫玠的外公王浑和舅舅王济都欣赏刘渊。

咸熙年间，刘渊作为人质住在洛阳，受到当时曹魏权臣司马昭厚待。王浑多次在晋武帝司马炎面前推荐他，于是晋武帝召见刘渊，与他交谈，非常赏识。

晋武帝对王济说："刘渊的容颜、仪表，即使是春秋的由余、汉代的金日磾不能高出他。"

王济接着说："刘渊的外在仪表、容颜，实在如陛下您所说，而他的文武才干又超出由余、金日磾很远。陛下您若能委任他统领东南地区的事务，吴会地区就不愁不能平定。"

晋武帝欣然赞许。

但是孔恂、杨珧进言说："依臣观察，刘渊的才干现在恐怕没有人能与他相比。陛下若是不重用他，便成不了大气候。若是授予他权力，树立他威望，那么，平定吴地之后，恐怕他就不再向北渡江回师了。刘渊与我们不是一个民族，必然会有异心。现在，委任他治理本部的事务，我们已为陛下您感到担心，若是还要将天然险阻之地赐给他，恐怕是不行的。"

晋武帝默然不语。

可以说刘渊认识司马昭、司马炎、卫玠的姥爷王浑、娘舅王济等人，认识一大批晋朝开国功臣，人脉极广并且实力雄厚。

秃发鲜卑部首领秃发树机能两次击败斩杀秦州刺史胡烈和凉州刺史杨欣，西晋发兵秦、凉二州，准备平定叛乱，但晋军初战溃败，晋武帝访求将帅们收复失地的办法。

上党人李憙说："陛下您若是真的能够征发匈奴五部的兵众，授予刘渊一个将帅的封号，让他们向西部进军，那么，西部的秦州、凉州便指日可定。"

孔恂说："李公的话，不完全符合消除祸患的情理。"

李憙勃然大怒道："凭匈奴人的强悍，刘渊的熟悉兵法，让他们奉命去显示皇上的圣武，有什么不能得到？"

孔恂接着说："刘渊若是能够平定凉州，斩杀树机能，恐怕凉州境内又要乱了。蛟龙得到云雨，就不再是池塘中无法施展能耐的小东西了。"

晋武帝于是放弃任用刘渊的打算。

可以说刘渊曾经一度希望在大晋有所作为，只可惜他抑郁不得志。

后来，王弥从洛阳东回故乡东莱，刘渊在九曲河滨为王弥饯行，流着泪对王弥说："王浑、李憙因为同乡的缘故而对我有所了解，他们常常称道、推荐我，可是一些人也乘机向皇上大进谗言，这些都不是我所希望的。我本来并没有做官的想法，这一点只有您知道。恐怕我会死在洛阳，永远与您诀别了。"

因此情绪激昂，尽情地喝酒，大声地慨叹、呼叫，声音嘹亮，在座的人禁不住流泪。

齐王司马攸当时正在九曲，听说此事便派人快马去察看，看见刘渊在那里，于是对晋武帝说："陛下您如果不除掉刘渊，恐怕并州就不能够长久地安定。"

王浑进言道："刘渊是长者，我王浑替君王担保讲明此事。况且大晋正要向少数民族表明用诚信相待，用德政使远方的人归附，怎么能够凭连萌芽状态都没有的嫌疑杀戮别人送来伺候的人质，以表明晋朝恩德不广呢？"

晋武帝同意王浑所言，最终没有杀刘渊。也正因为王浑曾经善待过刘渊，刘渊称帝之后，并没有对太原王家有过伤害，也算是投桃报李。

晋惠帝司马衷继位，由外戚杨骏辅佐朝政，杨骏任命刘渊为建威将军、五部大都督，封爵汉光乡侯。

元康末年，刘渊因为部人叛逃出塞而被免官。不久成都王司马颖镇守邺城，上表推荐刘渊担任宁朔将军、监五部军事。

赏识刘渊的人是成都王司马颖，这也就是为什么刘渊愿意驰援司马颖的原因。可以说刘渊活着的大半生都是抑郁不得志的，但他对于伯乐司马颖是真的感恩。

第三十六章　乞活军入青史

当大晋连年战火之时，豪门大族们衣冠南渡，来到建康避难，平民百姓呢？

有一些平民百姓，他们不愿意被屠戮，又不希望饿死，于是他们组成了一个小群体，并被记录进了历史，这个团体就叫作乞活军。

据史料记载：乞活军，五胡十六国时期活跃于黄河南北的汉族武装流民集团，被认为是中国古代最勇猛的农民部队。

它是这一特定历史时期的一个特殊产物。部队的组成既不属于官方招募，也不是民间自发，却又兼具官方、民间两种特质，它是由官方组织起来的集体流民，是流民中团结力最强、活动范围最广、历时最长久的队伍。

乞活军是怎样一个存在呢？

最开始的时候，乞活军不叫军，叫乞活贼。

之所以叫乞活贼是因为西晋末年，并州（今山西一带）匈奴人、羯人起兵叛乱，大肆屠杀抢掠，并州大饥。

光熙元年（公元306年），并州百姓及士兵官吏两万余户在刺史司马腾率领下逃难求食，就谷冀州，后形成号为“乞活”的难民集团。

这个时期就是五胡十六国与东晋并立的时期。

为什么乞活贼有这么多人呢？

据史学家分析，乱世出流民，流民扰乱世，形成恶性循环，也成为这一时期突出的一个社会问题。朝廷和地方政府也曾试图解决，或将流民迁回原地，或者组织安置。但是乱世纷争，流民太多，遣送起来十分困难。

而安置措施也很难到位，特别是五胡涌入，地方政权尚且朝夕不保，根本无暇顾及流民。所以当时流民之多、遍布之广，达到了旷世空前的境况。

流民所到之处，势必受到排斥，因为哪里都缺粮食，所以冲突也就无处不在。如“司、冀、并、兖州流人数万户在于辽西，迭相招引，人不安业”（晋书），还有“流民之在颍川、襄城、汝南、南阳、河南者数万家，素为居民所苦，皆烧城邑”（《资治通鉴》）。

这就是当时情形的真实写照。

那么，乞活贼又是什么时候成为乞活军的呢？

西晋末年，“并州（今山西北部）饥馑，数为胡寇所掠”，饥荒加上兵乱，以至于“郡县莫能自保”（《资治通鉴》）。无奈之下，州将田甄、李恽、薄盛等人，便将流民组织起来，“悉随腾就谷冀州，号为乞活”，跟随司马腾到冀州谋食，这支队伍便被称作乞活军。

这样做有两个好处：

一则将流民收编，使这些人有所依靠；

二则形成了一支强有力的武装力量，便于谋食。

没有财产住所，只为活命乞食，这样的部队打起仗来无后顾之忧，十分勇敢强悍，成为司马腾麾下的一支重要军事力量。

司马腾就是东海王司马越的亲弟弟，相当于被司马越收并后成了乞活军。

那乞活军有什么特别的地方吗？

据史学家分析，乞活军最初是在黄河两岸先后为司马越、苟晞、王浚等所驱使，卷入军阀混战，后由于民族矛盾日益加深，乞活军的主要活动也随之转变为抗击民族敌人匈奴刘氏和羯胡石氏。

公元 311 年，洛阳陷于匈奴之后，大河以北的广宗（今河北威县东）和河南的陈留（今河南开封东）是乞活难民集团屯聚的两个中心，由于身处乱世，处境险恶，乞活流民在从事农业生产以求生存的同时，仍保留了武装组织，他们在与胡人的长期残酷斗争中磨炼出顽强的战斗力，以骁勇善战、组织严密、持续时间长久著称。

乞活军在西晋覆亡之后，长期活跃在冀、幽、并等州，曾与胡人进行过艰苦悲壮的武装斗争，起到了保障东晋政权的作用，其事迹散见于《晋书》《资治通鉴》等史书各章节；如：“刘聪攻洛阳西明门，不克；桑冬十一月，石勒陷长乐，安北将军王斌遇害。因屠黎阳。乞活帅李恽、薄盛等帅众救京师，聪退走。恽等又破王弥于新汲。”

这也就是说，司马越、苟晞、王浚等人一直掌握着乞活军的势力，并且扩充乞活军为自己的军队。

不仅如此，乞活军甚至能够战胜刘渊、刘聪、石勒等人。

这种战斗力，堪比大宋时期辛弃疾带着济南府百姓抗击金人的战斗力。

也就是说，乞活军是大晋时期由流民百姓组成的，战斗力非凡的一支编外军队！

那乞活军有战绩吗？

首战以骑兵三千夜破匈奴营，杀敌将数名，逐百里，斩匈奴首三万；

再战以五千骑兵大破胡骑七万；

三战以十一万（含四万乞活军）破众胡联军三十余万；

四战先败后胜以万人斩胡首四万；

五战以六万几乎全歼羌氐联军十余万；

六战以步卒不足万人敌慕容鲜卑铁骑十四万，不退反进，十战十捷。

乞活军和苟晞是什么关系呢？

苟晞出身寒微，精通兵法，时人比之韩信、白起。八王之乱时候，先后投靠多王，战败汲桑、吕朗、刘根、公师藩、石勒等，威名甚盛，人称“屠伯”，累官大将军、太子太傅、录尚书事等，封东平郡公。

苟晞为什么叫“屠伯”这个外号呢？

鲁迅先生这么说苟晞：他就是丧家的，诸王收留的一条走狗。

苟晞最开始的时候，绝对的纪律严明。

苟晞的姨母前来投靠，苟晞供养甚厚，但一次姨母之子请求苟晞让他为将，苟晞拒绝，说：“我不会姑息任何犯法的人，你日后不会后悔吗？”

但他坚持，苟晞于是将他任命为督护。

后来他犯法，苟晞依例处斩他，姨母恳求，但苟晞不听。及后则哭着说：“杀卿者兖州刺史，哭弟者苟道将。”

可见其执法的严苛。

这个时候的苟晞还算是个不错的将军。

齐王司马冏击败篡位的赵王司马伦，以大司马身份辅政，苟晞则受命参大司马军事。之后改任尚书右丞、尚书左丞，并考察属下诸曹办公，下级官员都对他十分忌惮。

太安元年十二月（公元 303 年），长沙王司马乂击败司马冏，苟晞亦因司马冏倒台而被免官，但不久即被随后上台的司马乂任命为从事中郎。

司马越带晋惠帝北征邺城，讨伐皇太弟司马颖，苟晞任北军中侯。晋惠帝兵败被司马颖俘获后不久，八月，王浚和东嬴公司马腾遣乌丸骑、羯朱袭击司马颖于邺城，司马颖大败而挟晋惠帝退回洛阳。苟晞则投奔范阳王司马虓，司马虓承制任用苟晞行兖州刺史。

司马颖旧将公师藩因见司马颖被废，于是在河北地区起兵，牧帅汲桑亦加入，进攻多个郡县，逼近邺城，司马虓派苟晞和广平太守丁绍一同击退公师藩。次年，苟晞在白马县攻击准备渡过黄河的公师藩，并将他斩杀。

可以说苟晞跟过司马冏、司马乂、司马虓做副将，并且战功赫赫。

当时汲桑作乱，自称大将军并称要为被杀的司马颖报仇，进攻邺城。新蔡王司马腾兵败被杀，邺城陷落，汲桑于是打算南攻兖州。太傅司马越知道后大惊，先命苟晞为前锋进讨汲桑。

后见苟晞与汲桑部将石勒在阳平、平原二郡相持，并互有胜负，便领兵出镇官渡，声援苟晞。汲桑素来畏惧苟晞，在苟晞攻来时在城外设栏栅加强防卫。苟晞先让士兵休息，只派单骑向汲桑部众陈述祸福，汲桑部众大惊而退入城，后苟晞领兵在东武阳击败汲桑，汲桑退走。及后苟晞追击汲桑和石勒，连破九垒。

冀州刺史丁绍随后击败刚重整的汲桑军，令事件得以平息。苟晞亦因而获升抚军将军，都督青、兖诸军事，封东平郡侯。

因苟晞屡破强敌，建立起威名，当时的人更将他与韩信和白起比拟。

这个时候的苟晞是一员有点贪财的悍将，能够将所有的不安稳按压在萌芽里。

但这一切都是乞活军为苟晞挣来的。

只是可惜的是，后来苟晞野心越来越大，已经开始妄想皇位了。

永嘉四年（公元 310 年），潘滔及尚书刘望等诬陷苟晞，令苟晞极为愤怒，上表请求斩杀潘滔等人，亦请司马越的从事中郎刘洽为他的军司，但司马越一概拒绝。

苟晞于是与司马越正式决裂，自各州郡宣告自己的战功，而陈述司马越的罪状。

当时晋怀帝亦厌恶专权的司马越，于是下诏支持苟晞，命苟晞进攻在境内叛乱的王弥和石勒。王弥将领曹嶷正攻打青州，负责留守的苟纯闭门固守，而曹嶷则集结兵力，连营数十里，苟晞回来后与曹嶷作战，成功击破。

此时的苟晞已经跟司马越撕破脸，准备跟司马越开战。

后来的苟晞，越来越忘本，彻底地成为一个贪婪的人。

史料记载，苟晞原本出身寒微，后身居重臣，因而十分自满，蓄养婢女千人、侍妾数十，纵情享乐而且刑罚和施政很苛刻。阎亨上书谏止，更遭苟晞杀害。

此时苟晞在历史留下了“屠伯”的绰号：东晋青州刺史苟晞，拥兵自重，酷爱严刑，杀人取乐，人称“屠伯”。

苟晞属下的从事中郎明预知道后，即使抱病仍去见苟晞，以尧舜和纣王的对比劝谏他，终令苟晞面有愧色。但当时人心已离，无人再为苟晞效命，部将温畿和傅宣都已叛离。

同时石勒亦攻灭苟晞的盟友王赞，并且袭击苟晞所驻的蒙城。苟晞为石勒所捕，被署任为左司马。一个多月后，苟晞和王赞图谋反叛石勒，石勒将他们杀死。

我们在感叹乞活军战力非凡的同时，也叹息苟晞这个从寒微中走出，却变了质的大将军。

若是他一直是个正直的将军，或许他真的是再世白起。

只可惜，成也乞活军，败也乞活军。

眼界不高，知识水平不高，气度不高，苟晞败了自己的人生。

但同时，也因为乞活军，司马睿开启了自己的光辉人生。

这个晋朝太有意思了

第一卷

从司马懿篡权到司马昭驾崩

江杭之禹 著

成都时代出版社
CHENGDU TIMES PRESS

图书在版编目（CIP）数据

这个晋朝太有意思了：三卷. 第一卷 / 之江，禹杭著. -- 成都：成都时代出版社，2020.11
ISBN 978-7-5464-2654-9

Ⅰ. ①这… Ⅱ. ①之… ②禹… Ⅲ. ①中国历史－晋代－通俗读物 Ⅳ. ①K237.09

中国版本图书馆CIP数据核字(2020)第163869号

这个晋朝太有意思了：三卷. 第一卷

ZHEGE JINCHAO TAI YOUYISI LE: SANJUAN. DIYIJUAN

之 江 禹 杭 著

出品人　李若锋
策划编辑　仪雪燕
责任编辑　李　林
责任校对　樊思岐
装帧设计　仙　境
责任印制　张　露

出版发行　成都时代出版社
电　　话　（028）86619530（编辑部）
　　　　　（028）86615250（发行部）
网　　址　www.chengdusd.com
印　　刷　旭辉印务（天津）有限公司
规　　格　170mm × 240mm
印　　张　15
字　　数　252千字
版　　次　2020年11月第1版
印　　次　2020年11月第1次印刷
印　　数　5000册
书　　号　ISBN 978-7-5464-2654-9
定　　价　148.00元（全三卷）

序 言

“收百世之阙文，采千载之遗韵。谢朝华于已披，启夕秀于未振。观古今于须臾，抚四海于一瞬。”这是西晋陆机《文赋》中经典的一段，也是作者在晋朝众多诗词歌赋中最欣赏的一段。

晋朝是个有趣的时代，在这个时代里面，有我们熟知却不知典出何处的成语，一如：信口雌黄、狡兔三窟、玉润冰清、潘文乐旨、因梦患病、掷果盈车。

在这个时代里，有我们不熟悉何人却熟悉是何事的故事，一如：洛阳纸贵、何不食肉糜、狗尾续貂、华亭鹤唳、衣冠南渡、王与马共天下。

晋朝是个政法严苛的时代，有贾充、羊祜、杜预、裴楷等人参考《汉律》及《魏律》修成的《晋律》，有上承汉朝三公九卿制、下启隋唐三省六部制的三省制与九品中正制。

晋朝是个著作繁多的时代，有陈寿的史书《三国志》，有范晔的史书《后汉书》，有陆机的史书《晋纪》《洛阳记》，有陆机的文理辩论《文赋》，有鲁褒的钱财辩证《钱神论》，有张华的百科全书《博物志》，有左思的洛阳纸贵的《三都赋》，有卫恒的书法专著《四体书势》，有干宝的志怪小说《搜神论》，有葛洪的志怪小说《神仙传》，有嵇康的养生专著《养生论》，有张协的工匠技艺《七命》，有郭璞的风水专著《藏经》，有刘徽的数学专著《九章算术》，有裴秀的山河地理图《禹贡地域图》。

晋朝是个诗歌繁盛的时代，有潘岳的《悼亡诗》，陆机的《演连珠》，阮籍的《首阳山赋》《咏怀诗》，王羲之的《与谢安书》，孙悼的《游天台赋》，郭璞的《江赋》，陶渊明的《桃花源记》。

晋朝是个书画强盛的时代，有陆机的《平复帖》，王羲之的《兰亭集序》，索靖的《月仪帖》，卫瓘的《顿首州民帖》，顾恺之的《女史箴图》《洛神赋图》。

晋朝是个科技兴盛的时代，有龙泉的哥窑与弟窑，有灌钢技术的成熟，有水磨车的创造，有二季稻的发明，有万斛以上大船的建造。

晋朝也是个复杂的时代，一如西周与东周，一如西汉与东汉，一如北宋与南宋，晋朝也是一个有着西晋与东晋两个时间段的朝代。

本书以诙谐幽默的语言，淋漓尽致的笔墨真实生动地展现出自公元 249 年至公元 265 年的一段风云往事。尽管只有短短的十六年时间，但却划分为了两个不同的历史时期：三国末期和西晋初年。本卷带大家了解司马氏篡权台前幕后的故事和三国风云的沧桑变幻，您将通过那一幕幕帝王传奇、英雄长歌、才子传说，与那些穿越历史的人物交朋友，品读人生，倾听心声。

这个晋朝太有意思了

第一卷

目录

第一章 晋宣帝司马懿

众所周知，三国时代（公元 220 年—公元 280 年）是中国古代史上一段非常特殊的历史时期，这段时期上承东汉下启西晋，共分为曹魏、蜀汉和东吴三个政权，国土割裂，时局动荡，战火不断，百姓苦不堪言。

东汉末年皇室衰微，天下大乱，战火绵延不断。经过各地方军阀的惨烈厮杀，最终曹魏、蜀汉和东吴脱颖而出，形成三国鼎立的局面。

公元 220 年，曹丕篡汉称帝，雄霸北方，定都洛阳，国号“魏”，史称曹魏。次年，刘备称帝，屹立成都，国号“汉”，史称蜀汉。随后，公元 222 年，因刘备在夷陵之战失败，孙权获得了荆州的大部分地区，自此盘踞江东。

曹操原本野心勃勃，一心想要兼并蜀汉和东吴，使天下尽在自己的掌控之中。不料在赤壁之战中被孙刘联军合力击败，只得狼狈地退回北方，不敢再轻举妄动。自此，初步奠定了三国鼎立的雏形。在接下来的十余年间，曹操又发动了大大小小的数次战役，却终究未能如愿。

公元 223 年，有着“卧龙先生”雅称的蜀汉丞相诸葛亮辅佐刘备之子刘禅与孙权重新联盟。公元 229 年，孙权称帝，定都建邺（今南京），国号“吴”，史称东吴。至此，三国历史正式拉开了帷幕。

此后的数十年间，诸葛亮、姜维多次率军北伐曹魏，想要尽可能地扩张地盘，却也始终未能改变这三足鼎立的政治格局。

常言道，皇帝轮流做，明年到我家。曹魏后期，实权渐渐被大将军司马懿所掌握。公元 263 年，司马昭发动魏灭蜀之战，蜀汉灭亡。两年后，他的孙子司马炎废掉魏元帝选择自立，建国号为“晋”，史称西晋。公元 280 年，西晋灭掉东吴，统一中国，至此三国时代结束，西晋统治正式开启。

通过以上只字片语的介绍，大家或许已经看出了其中端倪。这司马炎虽说是晋朝的开国皇帝，但实际上他的登基上位却只能用“顺理成章”四个字来形容。换句话说，他的爷爷司马懿、大伯司马师和老爸司马昭父子三人才是晋朝真正的缔造者。接下来，咱们就从司马家族的第一位当家人司马懿开始说起。

众所周知，三国时代英才辈出。诸葛亮、庞统、关羽、张飞、赵云、马超、周瑜、鲁肃等人都是前期鼎鼎有名的谋臣武将，而到了曹魏后期，司马懿则从众多优秀人才中脱颖而出，跻身于魏国文臣武将实力排行榜的第一，成了一匹前程不可限量的“黑马”。

司马氏家族门第显赫，司马懿更是聪明博学，在少年时就因为文武双全、足智多谋受到多方的关注与赞扬，都说他将来定会成就一番事业，绝非寻常之人。不仅如此，后来司马懿更是在一向惜才爱才的曹操出任魏国丞相后，被其强征为文学掾。即便装病，用“一不做二不休”的表现来消极抵抗也没有半点作用，最后也只能乖乖地从床上爬起来，乖顺听命。他也因此走上了通往事业顶峰的仕途之路，永不停歇地狂奔在那条被称作“传奇”的人生道路上，一发而不可收。

所谓“承前启后”，据说每一段“开挂”的人生后面必定会藏着一双强有力的隐形推手，而司马懿之所以会成就这常人所无法企及的辉煌事业，与他的家世背景亦是密不可分的。而且，不仅是他的祖辈和父辈不是一般人，就连他的姓氏都暗藏着不少玄机。

喜欢阅读历史、对古籍有所研究的朋友应该都知道，“司马”是复姓，与司徒、司空并称为“三有司”，在宋版《百家姓》中的排序在第四百一十位。

关于“司马氏”的出处，素来存在着各种不同的说法。其中，官职之说、“陈田”二姓、改姓、芈姓和姬姓等五种说法则为主流。根据后来的史官推断，官职之说是最靠谱的。

司马来自上古时期的官名。据相关史料记载，在原始社会，这个官职是专门负责掌管火，又被称作火师。换句话说，这个职业相当于雅典神话中的普罗米修斯，当时具有较大的权力。

随着历史车轮滚滚向前，到了夏朝，司马一职从掌管火变成了掌管军事。为什么这么做，其实原因很好理解。对于茹毛饮血的原始人来说，疟疾频发、瘟疫横行，火自然是生活中最重要的东西。而到了奴隶社会，因为国家的出现，公有制变成了私有制。而这个时候，对于野心勃勃的王侯来说，最重要的便是攻城略地，扩张自己地盘。军事便就成了重中之重的头等大事，与火拥有着同等重要的位置。所以，司马从掌管火变成掌管军事也就不难理解了。

大家应该都对“烽火戏诸侯”的周幽王有所耳闻，但提到他的老爸周宣王怕是知道的人就不是很多了。不过，和昏庸无能的周幽王相比，一生都对作战感兴趣的周宣王也算得上是一位明君。只可惜他用兵多年，耗费了无数的财力物力，致使经济萧条、兵将乏力，给周幽王后来的治国埋下了极大的隐患。

周宣王的时候，担任司马的人名叫程伯，字休父。相传他是黄帝的后裔，程国的国君，曾奉㲋充率六师出征涂国，因从征淮夷有功，克平徐方，功勋卓著，获封为安定王，是个不可多得的军事人才。西晋时司马炎感念先祖圣德，为其追尊庙号为晋始祖，谥号为元武皇帝。

有一次，程伯打完仗凯旋还朝面见皇帝。大殿之上，高居皇位的周宣王在听他呈禀完战事后非常高兴，想要重重地嘉奖于他，于是便当着文武百官的面问他说：

“你这次出征辛苦了，我一定要好好地赏赐你，不知道你想要什么奖励啊？”

程伯故作认真地想了想，双手抱拳施礼，恭顺答道：“我程伯是周朝的臣子，为王分担原本就是理所应当的。如果一定要赏，能不能将司马这个姓氏赏赐给臣。这样的话，不仅是微臣，就连微臣的后代也会世世代代感念王的厚恩。”

大家都是聪明人，一定知道程伯说这话的用意吧。他之所以这么说，不过是想趁此机会向周宣王表忠心，证明自己虽居功却不自傲，一心只想报效朝廷。免得明明出了很大的力，到最后却要被那些喜欢搬弄是非的人污蔑是“功高震主”“暗生反心”。要是那样的话，可就反而不好了。

可没想到的是，程伯的一句官面话，却让周宣王很是感动。哎呀，这爱卿果然是难得的人物，我大周朝的千古功臣啊。不光是长得帅、打仗牛，就连这口才也是一等棒啊，这才是真正的文武双全啊。最关键的是，人家要的不是钱，而是一个名头，这在无形中给他省了很多钱。怎么说，也是一笔绝好的生意。既然这样，干吗不做个空头人情呢。想到这里，周宣王点了点头，说道：

“那我就满足你的心愿，将司马姓氏赏赐给你。”

以前从没有人拿官职做姓氏的，周宣王这么做也算是另辟蹊径了。

就这样，司马成了程伯后人的专有姓氏。

遗憾的是，程伯身后司马家却没有再出现过超凡的人物，数百年时光匆匆流逝，到了战国时期，原本寂寥的司马家族再次崛起了。

司马家族出现的第一个奇人名叫司马卬，战国末期，当时还是年轻人的他凭借超常的勇武之力成了当时七国武力排行榜的榜首，成为名震一时的赵国将军。然而由于当时正值秦王嬴政灭六国，生不逢时的他即便一身是胆，却仍难逃灭国的命运。最终在赵国灭亡之后，沦为了普通的市井百姓。

不过虽是如此，一向威风八面、手握重兵的司马卬却怎样也不甘心过平实的草根生活。只是当时兵荒马乱、步步危机，想要实现心中的抱负，又谈何容易？思来想去，他最后决定暂收锋芒、伺机而起。

就这样，司马卬苦苦隐忍了许多年，终于在秦朝末年找到了重新崛起的机会，跟随着楚国贵族项燕的孙子项羽一同投入到浩浩荡荡的灭秦战争中。在成功平定了河内郡（今河南省焦作市）后，他受封为殷王，像汉王刘邦那样成了项羽分封的十八路诸侯王。

焦作市作为华夏民族早期活动的中心区域，八千年前氏族公社时期就已有人在这里居住，留下了远古文明。商朝时期，这里被开国之君汤作为都城，取名朝歌。到了秦朝末年，天下大乱，因这里有利的地理位置，毫无疑问地成了汉高祖刘邦东征的必取之地。

刘邦进入河内郡后，见城取城，见军剿灭，毫不留情。司马卬听手下人来报，得知刘邦来攻，着实吓了一跳，连忙发兵阻击。但刚一交手就被汉军气势吓倒，瞬间溃不成军。司马卬见状只能带领败军火速退回朝歌，不再出战。他一方面加强防卫，闭城坚守；一方面则派人快马加鞭，向远在齐国作战的项羽报告，请求对方出兵增援。

项羽当时正在齐国与田横在城阳进行着你来我往的拉锯战，根本无暇顾及。对于司马卬的求助，也不过是虚与委蛇罢了。然而司马卬在得到项王的消息后，却是信以为真、喜出望外，作为跟随项王出战多年的部下，他坚信项王不会见死不救。于是便不断地给自己手下的兵将打气，要求他们一定要撑到楚军到来的一刻。

这件事的结果可想而知，直到最后司马卬所期待的楚军也没能出现在他的面前。眼见两军僵持不下，刘邦想了个出其不意的法子。他假装撤退，设伏兵于山林间，另派有着汉初第一猛将之称的、自己的妹夫樊哙乘司马卬率兵出城之际攻下了朝歌。司马卬发现竟然落入圈套，心中顿生惶恐，然而想要抽身却已然来不及了，只能硬着头皮与樊哙过招。可他怎敌得过对方的一身神力，勉强招架了一会儿，便凄惶败下阵来，举白旗投降了。

当然，这司马卬虽然外表看着粗犷，实际上却是个心细如发的现实主义者。只是通过刘邦施巧计取河内郡这件事，他便已经看出来其日后一定会击败刚愎自用、口是心非的项王，成为真正雄霸天下、号令群雄的九五之尊。于是，从投降的那一刻起，司马卬便坚决服从刘邦的领导，鞍前马后地随其一同去讨伐曾经对自己有恩的西楚霸王。

可是谁又会想到，刘邦领导的五十六万诸侯联军竟然在彭城之战中被项羽的三万人马打得落花流水，而司马卬更是不幸地成了唯一在此战中战死的诸侯王，没能亲眼看到刘邦阵营的绝地大反击。而正是因为司马卬的惨死，司马家族只能在河内郡默默地度过了几百年的时光。

到了汉安帝时期，没落的司马家族出现了一位了不起的人物——那就是征西将军司马钧。值得一提的是，此人正是曹魏大将军司马懿的高祖父。

这司马钧明明是武将，为什么司马懿却非要说自己是儒学传家呢。虽说在东汉末年，经学世家已经兴起，但传统的将门之后也还是有相当地位的。旁的不说，就连曹操年轻时候的梦想都是当上征西将军，这里面到底藏着怎样的秘密？其实，答案很简单，那就是司马钧这位祖宗实在是太给后人丢脸了。

严格意义上讲，司马钧是司马家族的第一位高官。那个时候，不可一世的草原霸主匈奴早已衰落，而东汉王朝的主要敌手也因此换成了羌族，双方前后打了一百多年。

司马钧戎马一生，把自己的青春和热血都奉献给了汉羌战争。

司马钧虽说在战场上表现得极为勇猛、POSE 摆得超级炫酷，但却输得极惨，手下兵将全都被敌方打得丢盔卸甲。

就是这样一个战绩如此不堪的将军，却能够坐上权倾朝野的显赫位置，只能证明他在别的方面一定是超乎寻常的。也确实，司马钧的本事就在于认了邓太后的哥哥车骑将军邓骘当干爹。

虽然史书上并没有相关的翔实记载，但司马钧这个常败将军能得到如此提携重用，这其中恐怕是离不开他的个人魅力吧……

然而在公元 115 年的汉羌战争中表现得实在太不像话，司马钧终于将皇帝给惹火了。就这样，“无胜将军”司马钧终于迎来了锒铛入狱的这一天。

不过难得的是，这位司马将军虽然一向胜率为零、只知逢迎拍马，却也有着飞将军李广般的武将气节。向来受人重视的他身陷囹圄，因不愿意受到刀笔小吏的侮辱，于是便选择了自杀，就此结束了他略显荒诞的人生之旅。

司马钧的儿子司马量官至豫章太守，或许是由于他老子无胜将军的名头实在是太过响亮，司马量没脸子承父业担任武职。于是在痛定思痛之后，他决定以武转文。在经过数载“两耳不闻窗外事”的寒窗苦读，最终鲤鱼跃龙门，得偿所愿，成了一名文官。

和平和发展才是硬道理，尤其在重文轻武的封建社会，更是如此。做文官一则容易在官场脱颖而出，二则也有助于提高家族名望。后来的结果表明司马量当初的选择是百分百正确的，他正是那个带着整个司马家族改弦易辙，开始向康庄大道昂首挺进的人。

司马量的儿子颍州太守司马俊，已经是博学好古、倜傥大度的文士派头。唯一与人们传统印象中那手无缚鸡之力的文士身份不太符合的是，他那高达一百九十一厘米，堪比一线男模的身高。

司马俊跟父亲和爷爷拒人于千里之外的冷漠态度不同，是一个绝对的温暖阳光型男，极具人格魅力。也正因为是这样，他才会四海之内皆兄弟，成了最受人们爱戴和尊重的人。当然，这暖男的度也是要时刻把握好的，不然一不留心就有可能会成为现代人常说的“中央空调”。

也正因为这与生俱来的人格魅力，虽说后来司马俊跟他父亲司马量一样只是做了个基层官员，颍川地区的父母官，但若论起他们在人们心中的分量那可是天壤之别，差得不是一星半点儿。

颍川不仅是中华民族传统文化的发祥地，还是京师洛阳之外人口最多、最为繁华的地方。同时还拥有浓厚的历史文化，是个集商业和文化于一身的绝佳地方。

颍川曾是夏朝的中兴之地，出现过吕不韦、韩非子、张良、晁错等名人雅士。不仅如此，后来在三国舞台上表现得极为活跃的荀彧、陈群、徐庶、司马徽、郭图、郭嘉、钟会等人也都曾在这里生活过。

颍川荀氏和颍川陈氏两族更是天下豪门大族中最具影响力的顶级世家。由于颍川在世家上的数量优势，足以与四川三公的汝南袁氏和弘农杨氏并驾齐驱。

司马俊在担任颍川太守后，与名噪一方的各大家族都建立了深厚的交情，甚至是实在的亲戚关系。经过他坚持不懈的努力，河内司马氏终于跻身于颍川一流门阀之列。

司马防，字建公（公元149年—公元219年），颍川太守司马俊的儿子，是东汉末期颍川名门“司马氏”名副其实的代表人物。

司马防初入仕途时曾在州郡做官，二十六岁便因为表现出色，受到皇上的器重，被调入中央担任尚书右丞之职（中央政府副秘书长尚书仆射的助理，主管钱粮）。不仅如此，他还曾当过洛阳令（相当于今洛阳市的市长），做过京兆尹和骑都尉。可谓位高权重，在朝廷里颇具话语权。

最为难得的是，司马防虽说位居高堂，但却始终没有失了读书人的清高傲骨。

据史料记载，司马防的性格非常耿直公正，即便是在宴会这样的休闲场所，也保持着读书人的威仪。一辈子只说实话，从没有出现过阿谀奉承、溜须拍马的情况。也正因为是这样，当时的皇帝和文武百官对他是敬爱有加。但凡事都有两面性，刚直不阿既可以赢来好口碑，也可能会在无意中对他人造成不可避免的伤害，而这件事在对待曹操的态度上表现得尤为明显。

司马防和曹操之间的缘分，是从曹操呱呱坠地便开始的。那个时候曹操并不是什么铁血冷酷的魏王，也不是“挟天子以令诸侯”的大将军，只是太尉曹嵩的儿子。虽说他是高官之子，但因为祖父曹腾是宦官出身，所以在当时亦是被称为寒门，在朝臣中备受歧视。

曹操早慧，早在少年时期，他就表现得很有文采。不仅文史经略均有所涉猎，武略也很是高超。

东汉末期的太尉乔玄在当时的社会影响力很大，号称知人善任，在看到曹操后就觉得他不同凡响，以后一定会有一番大作为，夸赞道：

“我看到的天下名士多了，但是像你这样年纪轻轻便有所作为的却还着实没有。年轻人，好好努力吧，老夫现在年纪大了，以后儿女还要拜托你关照呢。”

经过乔玄这么一说，还不到弱冠之年的曹操瞬间在朝臣圈中名声大噪，成了众所周知的有为青年。

到了曹操二十岁的时候，乔玄等人就出面推荐他当官。

原本呢，曹操是可以做京都父母官的，可是没想到司马防却认为他太年轻，难当大任。后来在乔玄等人的联袂推荐下，司马防不得不给面子，于是就让曹操当了洛阳北都尉，专门负责治安管理工作。虽说这官是相对小了些，但不管怎样，对于曹操而言，司马防也算是对他有知遇之恩。

曹操在成了汉室的实际执掌者后，也让司马家族的后人们得到了重用，也算得上是投桃报李了。当然，这是后话。

正所谓前人栽树后人乘凉，司马防为后世打下了这么深厚的根基，他的儿子司马懿等人的发展自然也就顺风顺水了许多。

司马懿有七个兄弟，连同他自己，史称“司马八达”。

司马八达分别是老大汉兖州刺史司马朗，字伯达；老二魏太尉（晋宣帝）司马懿，字仲达；老三魏太宰（晋安平王）司马孚，字叔达；老四魏东武城侯司马馗，字季达；老五魏鸿胪丞司马恂，字显达；老六魏中郎司马进，字惠达；老七魏安城亭侯司马通，字雅达；老八魏安平亭侯司马敏，字幼达。

可能有朋友说，好奇怪，为什么这司马兄弟叫做“八达”呢？这里是不是有特殊的含义呀。

古代男人二十岁都要举行成人礼，也就是弱冠之礼。弱冠之礼上最重要的一项仪程就是长辈给晚辈取一个好的词语，作为对名字的解释，而这也就是字。

一如司马懿，字仲达。

仲达是什么意思呢？

古代的时候，我们有一个特别的排序方式，像是房间、人名计数就是甲乙丙丁，也就是十天干，比如张甲、李乙；像是时间、事件计数就是子丑寅卯，也就是十二地支，比如寅吃卯粮；像是辈分、季节排序就是孟仲叔季，比如孟春、仲秋、季冬。

仲的意思，顾名思义就是司马家排行老二；达的意思则是与懿的一个意思相近，那就是美好的玉石。所以连起来的意思就是司马家第二个美好的玉石。

达还有通达、顺畅的意思，意味着司马防希望自己八个儿子未来都能够平安顺遂。当然这字号也还有另外一层别样的解释，据说司马防当了一辈子的文官，心里却始终羡慕武将。既然自己不能驰骋疆场杀敌建功，那就将这希望寄予给儿子吧，于是就有了这个特殊的字号。不过要真是这样的话，也未免太望子成龙了，搞不好还会给孩子带来沉重的心理负担。好在司马懿兄弟个个都是天降英才，终究都有了一番作为。

乱世中的英雄有两种不同的出人头地、博取功名的方法。一种是靠冲锋陷阵、一刀一枪打出来的英雄，比如咱们所熟知的赵云、关羽、张飞等；而另一种英雄则是忍出来的，他们长于忍耐、精于等待，大部分的时间都过得战战兢兢，为人行事如履薄冰、加倍小心，但即便是这样，最后的胜利却往往与他们无缘，司马懿毫无疑问便是这后者之一。

作为司马家族的骄傲，司马懿从小就才名远播，被人认为前途不可限量。曹操在群雄中一向注意网罗人才，在听说了司马懿的名声后，便想着将他招到自己的麾下。但是司马懿的城府很深，心想现在这世道都已经乱成一团糟了，你能不能立足天下还不好说，我才不做无用功呢。于是便托病不出来。

曹操一看，心想，行，你小子给我耍花招是吧？于是，他便在一个月黑风高的夜晚悄悄派了一名刺客潜入司马府，想试试看司马懿到底是不是像他所说的中风了，结果司马懿面对着锋利的剑刃硬是发扬了泼皮的精神，赖在床上就是不起。曹操没有办法，只能由着他去。直到七年后，成为汉室掌权者的曹操才终于将司马懿请出山。

据说为了磨一磨司马懿的锐气，曹操最开始还曾让他以文字掾的身份做了马倌的活儿。

司马懿在喂马的时候可谓牢骚满腹，常常自怨自艾地说一些什么大丈夫不该只做个马倌，还应该有一番大作为之类的话。

那天司马懿当值，偏偏被曹操看见了自己那不甘心的眼神，于是便认为他有“狼顾之相”。

司马懿不仅尝到了世态炎凉，也开始对人生有了更进一步的思索，活得更加小心翼翼。

当然，那个时候的司马懿并不知道在几百年后有一个叫吴承恩的明朝读书人会写一部名为《西游记》的书。假使他有幸看过这本书，相信一定会对孙悟空从弼马温到斗战胜佛的坎坷成长遭遇感同身受。

小说中的孙悟空最初因为当惯了花果山上号令群猴的齐天大圣，不甘心做弼马温这个芝麻绿豆官，觉得备受侮辱，才一怒之下大闹天宫，被太上老君放进八卦炉里炼成了火眼金睛。最后却因为头上的那个小小金箍所缚，被迫护送唐僧踏上漫漫西行之路，一路斩妖除魔，最后修成斗战胜佛，证得果位。

这司马懿虽然不是孙悟空，可同样也不傻。虽说不甘心，但被现实所迫，在他人生后面的几十年间，他不得不随时进行着角色改变。时而表露出胸怀四方，想做个乱世枭雄的心思；时而却又不得不面对现实，隐藏起来勃勃野心，做个表面乖顺的听令者。

为什么曹操会对司马懿有所防备呢？这件事还得从建安二十四年的那场水灾

说起。

建安二十四年（公元 219 年），因为一场突然而至的大水，繁华之都樊城顷刻被淹。不仅如此，就连汉献帝刘协所在的许昌也眼看要完。曹操本来想把都城从许昌迁走，而就在这最关键的时刻，司马懿却一反常态，勇敢地站出来大声告诫曹操迁都便是示弱。不仅如此，同时他还预测了关羽被孙权设计并斩杀的结局。

这样一个比自己主子还要有远见的人，自然要被主子忌惮了。

司马懿屡遭打压排挤，却敢怒而不敢言。不过野心勃勃的司马懿也绝不会就这样甘心认命，实际上他一直心存谋反之意，却碍于曹家人始终警醒而没能找到合适的下手时机。直到曹芳继位后，仍是如此。维持原状也就罢了，更有甚者竟有人妄想骑在他的头上，着实让他寝食难安，这个人便是大将军曹爽。

曹爽和司马懿之间的仇怨还得从他父亲曹真说起，当年司马懿原本跟曹真一同并肩作战，后来自己班师回荆州，却将曹真独自扔在汉中。正因为如此，曹爽一直对司马懿恨之入骨。此时他突然单方面撕毁了联合做顾命大臣的决议，一意孤行地要为已故的父亲报仇。

而这还不是最坏的，就在这时候，司马懿听说曹叡告诉给曹芳，只要他有反心，就灭他全家。原本他还可以跟曹真斗一斗，现在看来人家早就已经把刀架在自己的脖子上，就等着他抹脖子了。他绝对不想就这样坐以待毙。

一波未平一波又起，这个时候远在东吴的孙权又开始跃跃欲试，非要跟曹魏掰腕子。司马懿派诸葛瑾和诸葛恪父子前来，誓要将曹魏的这潭水彻底搅浑。

司马懿借此手握军权的机会，培植自己的势力，壮大自己的实力。在结合了东吴当地的情势进行详细分析后，他果断地决定放弃水战，直接改为陆战。后来，事实证明，司马懿的决定是正确的，不久之后，诸葛瑾父子战败逃回东吴。

此时的司马懿还没来得及庆祝，心就再次悬了起来，因为此刻曹爽跟驸马爷何晏、丁谧几个小伙伴准备传承曹氏祖训：磨刀霍霍向司马懿。

一场血雨腥风的京城兵变即将到来。

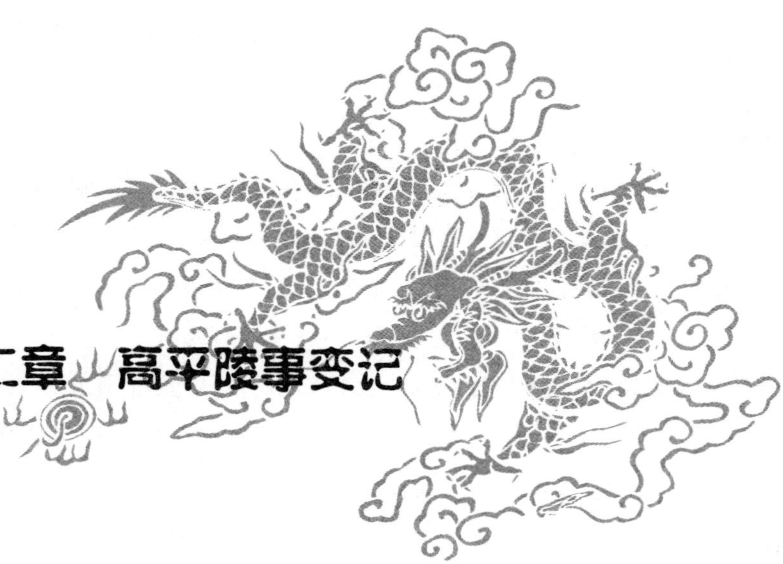

第二章 高平陵事变记

上文咱们说一场血雨腥风的京城兵变即将到来，这场兵变指的不是旁的，正是历史上赫赫有名的宫廷政变——高平陵之变，在这场魏晋权臣的激烈角逐中，司马懿无疑成了最大的受益者。

司马懿发动的高平陵之变，看似一切尽在掌握之中，其实纵观全局，整个过程却都充满了重重危机，一着不慎不但会全盘皆输，而且还会落得个身死族灭的下场。换句话说，司马懿是一个天生的福将，他是在完全不利的情况下发动了近似孤注一掷的背水一战。而这以弱胜强的过程又是何其惊险，其中既有着尔虞我诈的欺骗，又包含着命运之神的眷顾，更有着运筹帷幄的谋略运用。而也正是这三者的完美统一运用，才在最关键的时候力挽狂澜成就了一番传奇。

正始十年（公元 249 年）正月初六，司马懿趁着大将军曹爽与其弟中领军曹羲、武卫将军曹训、散骑常侍曹彦等人陪同少帝曹芳前往高平陵祭祀先人不在宫中之际，起兵造反并迅速控制了京都。

正所谓凡事皆有因果，司马懿发动高平陵之变看似只是一时的举动，实际上却是箭在弦上不得不发。

因为大将军曹爽的屡屡排挤，司马懿从权倾朝野的实权派变成了手无实权的太傅，他原本手中握着的兵权也变更到了曹氏手中。在重重压迫下，司马懿一边装病在家休养，一边窥视着周遭的风吹草动。

曾经有人说成大事者身上都有着很强的狼性，懂得蛰伏并且伺机而动，这句话同样适用在司马懿的身上。经过一段时间的细心观察，他发现除了自己以外，朝臣里还有很多小伙伴也同样对曹氏一手遮天的做法有意见，只是碍于种种原因，没有表现出来罢了。

既然是这样，那为什么不能将大家联合起来呢？让所有人都能够成为自己的同盟军，争取到最大的支持。至少等到自己真的有一天忍受不住心底的郁闷，选择跟曹爽这个家伙硬碰硬，也能够有人站在自己这边。就算是失败了，也有人一起陪着打板子。

于是，司马懿开始在暗中拉拢群臣，他不仅利用自己的心腹死党在朝中帮群臣们打气撑腰，而且在生活中，还对他们施以小恩小惠，甚至就连谁家的孩子满月或是有老人去世，他也会在第一时间将钱送过去。

经过坚持不懈的情感经济双重投资，司马懿毋庸置疑地成了朝臣心中最受欢迎的那个人。后来因为郭太后被曹爽强行打入冷宫，曹芳再次启用了司马懿。这次回来，司马懿无论走到哪里，都有朝臣前呼后拥。曹爽等人见状，心中不禁骇然，不但屡次明里暗里地指责司马懿不该结党营私，而且还常常跑到曹芳的面前告状。眼看着曹芳哼哼哈哈就是不肯作为，朝中群臣跟司马懿的关系却越来越好，最终曹爽等人也只能就此作罢，不再多说。

常言道，每一次机会都是留给有准备的人。数日后，曹爽等人陪同曹芳离开京城前往高平陵为先祖扫墓祭奠，他们走后，宫中瞬间变得冷清。而就在此时，司马懿突然兵出奇招，率兵发动京城兵变，正式跟曹爽扳起了腕子。

《晋书》记载：宣帝之将诛曹爽，深谋秘策，独与帝潜画，文帝弗之知也。将发夕乃告之，既而使人觇之，帝寝如常。

而就在这场所谓替天行道、斩除奸佞的斗争中，曾以“狼顾之相”著称的司马懿充分展现出了不同以往的军事才能。而且不仅是司马懿，就连他的长子司马师据说在起事之日表现得也是异常淡定。其作为最佳助理所有的言谈举止，无不显示一切胜利尽在司马家的掌控之中。

下面我们就一起来看看，高平陵之变当日司马懿的行动路线。

当日一早，司马懿便进宫面见了郭太后，也就是魏主曹芳的生母，与她共谋，欲铲除专权乱政的大将军曹爽。她因曾被曹爽迁移到永宁宫一事，一直对他怀恨在心，所以当即给了司马懿一个“拨乱反正”的名分，并令他便宜行事。至此，高平陵之变迈出了成功的第一步。

紧接着，司马懿需亲自带人到兵器库取三千兵器。为什么是三千件，这是因为司马师当时在京城中豢养了三千死士。也正是这三千死士，成了司马懿此次斗争的主力军，也是他真正能拿得出来与曹魏政权相抗衡的底牌。

正如《晋书·景帝纪》中所记载的那样：初，帝阴养死士三千，散在人间，至是一朝而集，众莫知所出也。

因为这三千死士之前分散在各处，都是临时被召集一处的，所以全都没有兵器。然而谁都没有想到的是，就在司马懿率队取兵器的途中，遭遇到了谋划之外的巨大变数，差点令高平陵之变的计划胎死腹中。

《三国志》注引《魏晋世语》中说：初，宣王勒兵从阙下趋武库，当爽门，人逼车住。

大将军曹爽的府门与兵器库只隔着一条街，这也就代表着如果司马懿要去兵器库，就必须从曹爽府邸门前经过。当一行人经过曹爽府门时，竟然被保护家门弯弓搭箭的府兵给吓得呆若木鸡，惶惑了半晌都没有过去。

府兵见司马懿等人这般模样不禁很是诧异，便将此事告知了刘怖。刘怖听闻连忙出府，将司马懿等人迎进了正厅。

面对刘怖的含蓄询问，司马懿自然是百般抵赖，只是说自己是奉了郭太后的谕旨带人到武器库清点新到的兵器数量。刘怖正要继续追问，一名叫孙谦的将军匆匆进来，说是有要事禀报。

偏厅，刘怖听闻司马懿欲兴兵起事，不禁心生大骇。然而她虽然系出名门，却也只不过是个妇道人家。而今此事究竟该如何定夺，却拿不出来半点主张。于是，她便向孙谦询问解决之道。

孙谦思索片刻，对刘怖献言道："夫人，目前局势不清，还是给自己留条后路吧。"

也正是听从了孙谦的建议，刘怖同意府兵放司马懿等人全部通过。大家细想，如果这个时候曹爽的妻子刘怖稍微狠一点不让司马懿等人通过，硬拼之下，赤手空拳的三千名死士还能存活多少？结果绝对是可知的。同时，倘若这一战真的发生，司马懿的老本怕是都要赔光了，又怎么会出现后来的高平陵之变？

可以说，司马懿的这一步棋同样走得十分凶险，完全是预料之外的突发状况。能够有这样的结果，也只能说是聚齐了天时、地利、人和，就连老天都在暗中帮助他。

在攻占了兵器库后，司马师手下的三千名死士立刻得到了最精良的装备。因为有了大将军府的前车之鉴，司马懿一刻都不敢再做停留，于是调兵遣将，即刻开拔。以郭太后的名义下令关闭了各处城门，在率兵占据了武库的同时，他又派兵出城据守洛水浮桥。不仅如此，同时司马懿还命令司徒高柔持节代理大将军一职，占据曹爽的营地；太仆王观代理中领军职事，占领曹曦营地。其实，此时的高柔、王观并不能完全接管两营禁军。司马懿之所以这么做，目的在于稳住军心，不生出变故。随后，他又以郭太后的名义，罢免了大将军曹爽、中领军曹羲、武卫将军曹训、散骑常侍曹彦的全部官职，解除了他们的兵权，命令他们以侯爵的身份回归洛阳府邸待罪。

说到据守这个词，这可真是司马懿的强项。他曾以龟缩的防御之能，硬是将神机妙算的西蜀丞相诸葛亮活生生地耗死在了五丈原。此番，既然已经占据了上风，他又怎么会给曹爽留下侥幸生还的机会？反之，如果让大将军曹爽等人亲自率领大军护着少帝曹芳临近洛阳城门，守门的兵士即便是吃了熊心豹子胆也得让他们进城，谁敢妄加阻拦？倘若他们一旦进城，事情便会瞬间扭转局势，到那时司马懿可就要从威风八面的当权者瞬间沦为凄惶受死的丧家之犬了。所以，无论如何，他都必须抢在前面彻底除掉曹爽。

或许大家看到这里会说，这司马懿不愧是难得的军事人才，啧啧，瞧这作战计划设计得那叫作天衣无缝，这下曹爽他们肯定会被这强大气势打趴下，乖乖地束手就擒了吧。

不，先前已经说过了，所有的事情都有可能会因一个不小心而出现破绽。这看似完美的占据曹魏都城洛阳的计划，也同样出现过可怕的危机。那就是，被司马懿以郭太后名义任命为中领军的桓范在自己儿子的劝说下决定反水，怀揣大司农印绶，赶到江阳南门平昌门，从自己的荐官城门守将司蕃处骗开了城门，惶惶地逃出城去。

司马懿得知此事后不禁一惊，他向手下谋士蒋济问道：

“桓范这下逃跑，那曹爽必会如虎添翼，咱们想要将他制服，怕是难了。依蒋太尉之见，该如何是好？”

蒋济微笑着摆了摆手，说道：“主公莫慌，那曹爽不过就是匹贪恋马房的劣马罢了。如今桓范虽然逃跑了，但估计也不会起太大的作用。主公稍安勿躁，放心便是。”

当晚，司马懿彻底控制住了战局，他便立刻命人将独自回到洛阳城外的少帝迎接回宫并先发制人地向曹芳表达忠心，大吐苦水，以求支持。

曹芳因为事先受到惊吓，看到司马懿匆匆前来，绷着脸不发一言。司马懿见状，连忙跪倒在地上，磕头纳拜，说道：

“微臣还记得当初在听到先帝龙体欠安的消息后匆匆从辽东回来时，先帝诏令陛下，秦王和微臣到御床跟前的情景。那日，先帝拉着微臣的手，对我说：‘司马爱卿，朕如今已是病入膏肓，只恐会不久于人世，倘若这般，日后辅佐少帝之事，怕是还需爱卿多费心才是。依你之见，该当如何？’微臣回答先帝，身为太祖和高祖的顾命大臣，微臣定当为曹氏一脉殚精竭虑，虽九死而不辞。”

曹芳听司马懿这般言说，便用鼻子哼了一哼，冷冷地说道：“既然你当初在先帝面前发誓说要誓死捍卫我曹家，又缘何要趁朕和大将军出京之际发动此番兵变？你到底意欲何为？”

司马懿面露惊慌神色，紧抱双拳说道：“皇上，请容微臣言说。微臣之所以这样做，也是不得已而为之，大将军曹爽平日行事太过嚣张，微臣已无回转之法。”

曹芳一怔，疑惑地问道：“大将军？此事跟大将军有何关系？”

司马懿回道：“微臣与曹真、曹爽父子同朝为官，交情甚笃。但现如今大将军曹爽破坏了先帝的诏令，败坏扰乱国家制度，在朝内超越本分自比君王，在外面则专横跋扈、独揽大权，破坏各个军营的制度，完全把持了禁卫部队，各种重要的官职也都由他的亲信随从担任。皇帝的值宿卫士，也都换上了他的人。这些人相互勾结在一起，恣意妄为无法无天。而且曹爽不仅是这样，他还派宦官黄门张担任都监，暗自观察皇上您的情况，挑拨您和太后母子二人的关系，并将太后强行打入冷宫，实在是残忍至极。伤害骨肉亲情，致使天下动荡不安，人人怀着畏惧之心。在这种形势下，陛下也只能是暂时寄居着天子之位，又怎么能真正安稳呢？而这也绝非是之前先帝托孤的本意。”

曹芳听司马懿这般言语，心中不禁一震，神情也变得略有缓和。想当初曹爽强行拆散他母子二人，将郭太后打入冷宫，致使他母子二人分离。然而纵使他在心中有千般怨恨却也不敢说明，唯恐招致更加意想不到的飞来横祸。如今司马懿虽说是发动了朝廷兵变，但倘若能够由此打压曹爽的嚣张气焰，也未必不是一件好事。既是如此，他也没什么好说的了。

司马懿察言观色，见曹芳已经被自己说服，便又继续说道：“微臣现在虽说已经老了，但却没有片刻忘掉先帝的话。而且不仅是微臣，就连太尉蒋济等人也都认为曹爽有篡夺君位之心，他们兄弟三人根本就不适合掌管部队，担任皇家侍卫。微臣也曾经将这样的建议上奏给皇太后，皇太后命令微臣按照奏章上所说的来做。所以微臣才敢擅作主张告诫主管人和黄门令，免去曹爽、曹羲和曹训三个人的官职兵权，以侯爵的身份退职归家，不能擅自滞留延误皇上回宫的进程。如果一旦有所延误的话，那微臣就会以军法进行处置。而且臣相信，曹爽亦是因为看过臣用相同言辞写的信后，才让陛下独自回宫的。陛下如今责怪微臣行事太过鲁莽，没有事先禀明，欲要治微臣的罪。微臣没什么好说的，领了便是，但是请皇上一定要相信微臣的话，微臣确实是为了曹家的基业才会这般做的。”

大家听听司马懿这话说得有多妙，既向皇上表达自己心里的委屈，让对方知道自己的不容易。又表现出自己的左右为难，让人误以为他的所作所为不过是为了捍卫朝廷的利益。同时也使得对方理亏词穷，哑巴吃黄连，当真不知道该怎么解释。然而实际上即便不说，明眼人也能够看得出来，这不过是司马懿为发动兵变寻找的理由。而高平陵之变究其实质却也不过是因为不能让对方改变司马氏的政治权威，由尖锐政治对局引发的宫廷斗争罢了。

而曹芳明知道司马懿的这一番话不过是说辞而已，事到如今却也就只能算了。更何况，他这样行事还能解禁太后，让其母子二人团圆，既是如此，也不算亏。想到这里，他起身来到了司马懿的面前，伸手扶起了他。

“司马爱卿起来吧，爱卿果然是忠心可鉴啊，方才是朕误解你了。”

司马懿见曹芳这样做，不禁心中暗喜。正所谓会哭的孩子有奶吃，这铁打的靠山就算是找到了。然而他虽然心里高兴，表面却并未露出半分，仍是躬身一揖说道：

“皇上，这都是微臣的错，让皇上受惊了，臣真是罪该万死。”

说完此事后，曹芳又向司马懿了解了一些他不在宫中时的朝廷之事，方才让司马懿退了出去。

大家看到这里时也许会想，高平陵之变就是司马懿一个人掀翻了整个曹魏朝廷，那么他为什么不彻底推翻曹魏政权，而是又心甘情愿地当了顺从之臣？除了曹爽，他当时针对的对象是否还有曹芳呢？换句话说，司马懿到底有没有篡权夺位的想法呢？

答案是否定的，尽管当时司马懿已经掌握了整个曹魏的命运，但实际上他所掀翻的只是曹爽一党，而并非整个曹氏政权。那些以为司马懿在用一石二鸟之计的想法着实是有些冤枉他了。

说真的，那个时候，司马懿甚至愿意去效仿曹操制约汉献帝的做法。只要曹芳能够乖乖地听话，他又何必要冒着背负骂名的风险，徒遭千夫所指万夫所骂的狼狈呢？更何况那么多双眼睛看着呢。作为聪明人，他也得为自己和家族的未来着想。

而这也正是为什么司马懿要为难曹爽，却让曹芳继续做傀儡皇帝的主要原因。

那为什么群臣只是眼睁睁地看着却没有丝毫反应呢，难道就是因为他们跟司马懿的私交不错吗？

错，如果放在普通人的身上，或许这种说法是正确的。但那毕竟是明争暗斗惯了的朝堂，又有多少真挚的情感可言呢。朝臣们之所以做出这样的选择，是因为政治中心集权制起了决定性的作用。

实际上这件事同样是有原因的，如果要追本溯源的话，应该从西汉末年的王朝动荡更迭开始。

在中国历史上，西汉末年是英雄迭起、群雄逐鹿的时代。而之所以会这样，是因为有一个叫作王莽的败家子。

大家也许之前就曾听说过这个名字，知道他是一个特别有手腕、特别冷血、脑子却又不是很灵光的家伙。但是这真的已经涵盖了他所有的特点了吗？答案当然是否定的。其实啊，王莽不仅不冷血，还曾经是个远近闻名的大孝子。

王莽作为皇太后王政君的侄子，曾经因为仁孝远近闻名。也正因为是这样，所以他的表哥汉哀帝特别器重他。只是后来汉哀帝去世，他在姑妈的大力支持下成为西汉政权的直接管理者。

正所谓上去容易下来难，也就是从那时候开始，一向仁心仁德的王莽竟然与先前判若两人，为人行事处处打压同僚。为了瓦解他人的政治势力，他甚至还想出了平分土地的做法，以此来制造平衡、转嫁危机。

王莽原以为只要自己在表面上做到一碗水端平就会迎来好口碑，谁知事实却恰恰相反，由于他的做法着实欠妥，在无形中得罪了很多曾经支持他的官员，就连姑妈也对他的做法怨声载道。与此同时，汉室宗亲刘秀揭竿而起，一呼百应，最终夺得了江山。然而也正是从这个时候开始，政治中心制的不良隐患被悄悄深埋了下来。后来武装力量代替了政治中心制，致使整个汉朝都是一片混乱。

因此当司马懿在见证了曹氏兴衰变化后，他便生出了大权独揽的想法，想要让自己成为这政治中心的核心，而这无疑也是符合历史发展的客观规律，所以高平陵之变才注定会得以成功。

第三章 曹爽驽马恋栈

对于司马懿在洛阳突然发生兵变的事情，曹爽之前一点都没有察觉到。当时，身为大将军的他正和中领军曹羲、武卫将军曹训等人陪着少帝曹芳在前往高平陵祭扫的路上。离开京城已经有几日了，不知道为什么他的心情却格外轻松。想来或许他虽然身为威震八方的大将军，却也不喜欢过那种钩心斗角的日子。尤其是偶尔想到司马懿这个老匹夫的时候，他心中的气更是不打一处来。没错，这个老匹夫真的该死！要不是他当年见死不救，或许自己的父亲曹真现在还活着，而他也可以继续过着养尊处优的贵公子生活。

曹爽正想着，却没想到身后突然一骑飞骑来报。

“启禀大将军，司马懿反了！”

曹爽听到这消息，脑子顿时嗡了一声。什么，这司马懿竟然有这么大的胆子，胆敢趁着众人不在京谋反，这还得了！

正当曹爽手足无措的时候，司马懿差人送来了一份呈给少帝曹芳的书信。曹爽拿到信后，迫不及待地拆开，然而他的目光不过在信纸上匆匆扫过数行后，身子便猛地一颤。

信上不仅字字杀人不见血，末尾更是委婉地写道：

臣已上奏皇太后，皇太后命臣施行。于是臣擅自做主免去曹爽兄弟官职兵权，保留爵位退职归家，不得逗留延误陛下回宫，如有阻挠，以军法从事。

其中保留爵位退职归家这几个字引起了曹爽的注意。

绝不能就这样坐以待毙、束手就擒。不过当务之急也确实应该先让皇帝独自回宫，不然万一有个山高水低，司马懿这个老匹夫就定会将这顶事君不忠的帽子强行扣到他的头上，那样的话就算是有一万张嘴怕也要解释不清的。想到这儿，曹爽遂来到曹芳乘坐的车前，先以司马懿兵变之事编排了好一番对方的坏处，然后又苦口婆心地劝说曹芳提前结束此番行程。曹芳原本并不情愿，但见曹爽面露难色，便只得悻悻地答应了他的请求。

待曹芳离开后，曹爽立刻让手下兵士到伊水之南构筑好防卫工事，随后他又调遣了数千名屯田兵做护卫，准备跟司马懿打一场轰轰烈烈的拉锯战。

这时候，司马懿派许允和陈泰来劝说曹爽尽早投降。紧接着，殿中校尉尹大目又来劝说，并指着洛水发誓，只要是他乖乖投降，太后和皇上一定会保曹家三族平安，不过只是免去官职。因为尹大目一向受曹爽的信任，所以此刻见他指天为誓，曹爽心里不免有所动摇。

然而就在这个时候，咱们在前面曾经提到过的曹爽的智囊桓范快马加鞭，赶到了此处。一见面，他便将城内的情况悉数告知给曹爽，并劝他赶快追回皇帝并将大军带到许昌，然后再召集勤王之师，如此一来，司马懿独守洛阳，只能坐以待毙。

桓范说得没错，但他却似乎忽略了一点，那就是这种远虑只可为智人道，却难为俗人言。曹爽虽然也曾上过战场打过仗，并且在政治方面有一些强硬的手段，但说到底他不过就是个俗人，看到的只是眼前，哪能看得那么长远！

眼见得曹爽有所犹豫，桓范又继续说道："大将军莫再犹豫了，这都是明摆着的道理。你也是读书明理之人，应该知道，先帝便是因挟天子而令诸侯，才有了后来曹家的万世基业。而今天子同你一起，大将军诏令天下，何人敢不从？"

曹爽听桓范如此说，心知他说得有理。但如若这样做，那就会背上不仁不义的骂名。即使他是曹芳的叔叔，曹家的子孙，可却依然不愿意让名声有所玷污。

看曹爽等人都默然不语，桓范又继续劝说道："中领军有别营近在城南，洛阳典农中郎将的治所在城外，他们都听从调遣。从这儿到许昌，也不过很短的路程，那里的武器足够你使用。我唯一担心的是粮食问题，所幸大司农印就在我身上，到时可征发粮草。"

曹爽仍默然不从，眼见得时间一点点地过去，众人从初更坐到了五更，最后曹爽熬不住了，他把刀扔到了地上，愚蠢地说道。

“我亦不失做富家翁！”

桓范见状，心知此番必是败局，于是便面露难色，恨铁不成钢地说道：

“曹子丹佳人，怎地生了你等似牛儿一般的人物！哪能想到我今日受你等连坐族灭也！”

曹爽瞥了一眼桓范，用鼻子哼了一声，然后便扬长而去。桓范见曹爽没有主见，又转而劝说曹羲，怎知对方仍是无动于衷。最后他只能摇摇头，自认倒霉。可惜啊，谋士再好，将帅没有力挽狂澜的魄力也是无济于事。

其实，桓范之所以这般伤心确是事出有因。曹爽作为大司马曹真的长子，曹操的族孙，从小就以宗室的身份出入宫中，成年后还做了散骑侍郎，后来又升任为武卫将军。

太和五年，曹真逝世，曹爽承袭封邵陵侯爵位。景初三年，征东大将军曹爽和骠骑大将军司马懿以顾命大臣的身份，开始共同辅佐少主曹芳。

一开始，曹爽和司马懿配合得挺好，大事小事互相商量，关系还不错。但不久之后，曹爽便先发制人了。

因为同为曹氏族人，而且又是叔侄关系，相比司马懿，曹芳自然在心里对曹爽更为倚重。无论大事小情都愿意跟他多商量一些。而也正是因为这样，曹芳的做法在无形之中滋长了曹爽的嚣张气焰，萌生出了尽快让司马懿靠边站，从而能够达到他一手遮天的目的。

都说凡事能够忍一时却不能忍一世，在亲信丁谧的出谋划策之下，曹爽采用了明升暗降的策略，强行剥夺了司马懿的兵权，通过少帝曹芳之口封他做了个手里没有一丁点儿权力的太傅。同时，他又把司马懿的亲信蒋济也升为太尉，同样夺走了兵权。

接下来，曹爽更是以最快的速度让自家兄弟曹羲、曹训、曹彦等人接二连三地担任了军中要职，并且将朝廷里的重要官职也都换上了自己的人。由此彻底抛开了司马懿等人的监督，扬扬自得地开始了一手遮天的日子。

也正是由于这一连串突如其来的变故打击，让司马懿彻底想明白了一件事：那就是他无论如何努力，也终究不过是个听命于老曹家的外姓人。要是他曹家人高兴还好，万一一个不高兴怕是自己连命都不知道怎么稀里糊涂就丢掉了。那么哪怕是为了保住性命，他也必须要逼着自己心狠，斩草除根，杀光曹家。

打定了主意，司马懿表面上继续像之前那样不动声色，什么都看不出来。实则在暗中开始悄悄部署，蓄势待发。果然，他有目的的行事很快便有了效果，群臣纷纷站在他这一边，他成了朝中最受拥护的人。

而在同一时间，曹爽却由于误以为自己今后的仕途变得畅通无阻，而显得更加飞扬跋扈，让人对他心存恨意，各种不满的言论纷纷袭来，瞬间便令他的人设崩塌。

公元247年，曹爽听信了何晏的建议，不顾他人阻拦，强行将郭太后母子拆散。母子情深，郭太后和曹芳二人在临别时抱头痛哭，声声入耳，如同针刺，令闻者无不心痛。

郭太后被赶走之后，曹爽不仅吃穿用度、出行排场都向皇帝看齐，甚至招呼都不打一声便将先帝留下来的几个嫔妃带入自己府中。要知道，在我国古代官员都是有严格等级的，虽说大将军在三公之上，可曹爽这样做无疑是在公然与天子作对，自寻死路。只可惜少帝曹芳身为傀儡皇帝，实在太过懦弱，面对这般凌辱却只是敢怒而不敢言，由着曹爽的性子胡来。

曹爽这种不近人情的残忍做法令朝臣大为愤怒，纷纷对他大加指责。不仅如此，就连他的弟弟曹羲后来也看不过去了，曾多次对哥哥晓之以理动之以情进行劝说，希望他能够有所收敛。免得最后失去人心，要只是人设崩塌也就算了，可若真的犯下众怒，招致杀身之祸身首异处，那可就太不划算了。可惜的是，曹爽是一个固执己见的人，只要是他打定主意要做的事情，即便是死也不会更改的。故此，无论旁人如何言说，他就是一意孤行、坚持己见，别人的意见根本就听不进去，依旧我行我素，按照自己的想法作为。

其实，因为曹爽的所作所为，曹芳这时早就恨透他了。只是因为曹爽在朝中根基深重，自己一时半会儿没有办法将他扳倒，所以也就只能采取两面政策。一方面，睁一只眼闭一只眼地任由曹爽胡来。而另一方面，他将这缥缈的希望寄托到旁人的身上。于是，朝中呼声最高的司马懿再次成了他最想抓住的救命稻草。

为了能够震慑曹爽，与其形成对抗，曹芳不顾对方重重阻挠再次启用了司马懿。命他以大将军的身份多次领兵与东吴、蜀汉对峙，司马懿的命运逐渐得以改变，从毫无实权的"靠边站"重新回到了大权在握的"遮天者"。

面对着朝中上下关于司马懿是"曹操第二"的种种是非议论，曹爽当然是心有余悸。在他看来，司马懿这老小子还真是有不倒翁的精神，不管怎么打压就是不倒，说实话还真是挺让人佩服的。可从另一方面来说，这个老小子要是一直不倒的话，只怕迟早会成为他的心头大患，正所谓无毒不丈夫，他必须要抢先一步，将司马懿除去才行。

可主意是打定了，实施起来却异常困难。经过曹爽明里暗里的打压，司马懿却仍是稳如泰山岿然不动，真是让他头痛到了极点。然而让他更加意想不到的是，司马懿竟然会以闪电般的速度发动了兵变，让他彻底陷入了绝境。

次日，曹爽率军来到洛阳门前将司马懿的奏章交还给了曹芳，并表示自己愿意领罪请求曹芳能够看在同宗的情分上免去他的官职，同时把随身携带的大将军印一并交出，命人送给洛阳城中的司马懿。

其实，在做这一系列事情之前，一直忠心跟随着他的主簿杨综也曾劝他勿要冲动。

“您虽说没挟持天子，但毕竟如今还手握大权，难道真的宁愿放弃这些权位而跑到东市被砍头吗？”

曹爽却摇摇头道：“太傅不会失信于我的。”

杨综听了这话，一时气急，破口大骂道：“他司马懿不杀你，我就跟你姓！”

曹爽一群人意气风发地出城，却垂头丧气地回城。他们被免去官职后，虽然依然保留了爵位，却被司马懿派兵拘禁在自己的曹府内。

不仅如此，司马懿还在曹爽府邸的周围各搭了一座木楼，派人二十四小时密切监视曹爽的一举一动。曹爽的任何举动都可能受到监视人的嘲讽，往昔显赫无比的大将军就这样以阶下囚的身份被人羞辱着。

曹爽兄弟自然不甘心就这样被欺凌，于是便以食物不足为由向司马懿提出索要的请求，以此来试探司马懿的想法。果不其然，很快司马懿便派人送来了食物。曹爽兄弟见此情景非常开心，自认为司马懿不会杀他们了。

然而，不过数日，与曹爽兄弟交情甚密的黄门张当就在司马懿的严刑拷打之下，捏造事实污蔑曹爽兄弟等人意图谋反。就这样，曹爽兄弟及其亲信党羽一干人等便因这莫须有的罪名锒铛入狱。正月初十，曹爽等人被屠灭三族。

据史料记载，在此事件中，丢了性命的人有五千余人，其中包括曹爽当时只有三岁的幼子曹麟。

据说曹爽等人被杀的情景相当惨烈，杀到最后，断头台上鲜血横流。而为了能够让曹麟减少痛苦，刘怖特别请狱卒法外开恩给这个聪明可爱的孩子喝了半碗白酒。围观者在目睹这一情景后，无不流泪，纷纷在心中责怪司马懿不该如此决绝，做下此等天理不容之事。

司马懿为什么一定要灭曹爽三族呢？

在史家看来，司马懿之所以这么做，主要是基于以下的两点考虑。

首先，斩草除根原本就是司马懿的性格。自古成大事者不能心慈手软，倘若一时心软就有可能会放虎归山，在日后引起轩然大波。

大家应该还记得在前面曾提到过的桓范，在曹爽与司马懿争权的过程当中，作为曹爽阵营中的中坚力量的他可是起到了极其重要的作用。在高平陵之变时，他曾逃出城去劝说曹爽造反，只可惜被变故冲昏头脑的曹爽却不肯听他的话，方才一错再错，以致招来杀身之祸。

和曹爽三族一样，桓范一家也同样因此事受到波及，被诛灭三族。但是幸运的是，桓范的儿子桓楷却侥幸从这场变故中逃脱。只是和大多数背负血海深仇的人不同，经历了生死考验的桓楷在平安脱身后，并没有选择立刻为家人报仇，而是选择了一处极其偏僻的地方，就此隐姓埋名，过上了普通人的生活。

和司马家一样，桓楷的后代也是英才济济，人才辈出。他的儿子桓灏曾在西晋做官，官至郎中。孙子桓彝则比老子更加能干，文武双全，很受皇上重用，曾做过骑都尉和太常，不仅官越做越大，而且在百姓中也颇具威望。

桓彝生了个儿子叫桓温，这桓温就更厉害了。在晋朝的地位一点不亚于司马懿在曹魏的地位，可以说此人在晚年的时候一直都在努力效仿司马懿，而且手段方面有过之而无不及。据说，此人在晚年时一直都在不遗余力地排除异己，以巩固自己高不可攀的地位，即便是在去世之前，他仍在强迫皇帝为自己加封九锡。不但如此，他还曾经说过一句极其经典的话，估计这句话大家一定早就耳熟能详了。那就是：既然不能流芳百世，就干脆遗臭万年。

不过桓温即便再作，也只不过是个晋朝的臣子罢了，可他的儿子桓玄就不一样了。桓玄完全效仿了曹魏篡夺汉家政权，以及司马家篡夺曹魏政权，趁着八王之乱，施加重重压力让皇帝主动让位，建立了自己的桓楚政权。至此，司马家族的政权被桓家彻底取代。

果然是人做有天看，苍天饶过谁啊。

谁都没有想到思维如此缜密的司马懿竟然只是因为在高平陵之变中的一个小小的无心疏漏，最后竟然会断送他好不容易才打下来的晋朝江山。如果司马懿泉下有知的话，相信他一定会懊悔不已。

说司马懿杀死曹爽，是因为他原本就心狠手辣，这未免有些片面了。实际上更重要的是司马懿害怕曹爽东山再起，死灰复燃。而这才是他杀曹爽、诛三族的真正原因。

可能有人会说，你之前不是说曹爽因为态度极其嚣张，早已失去了朝臣人心。而且在高平陵之变后，兵权也已经废掉了，那又怎么还会东山再起、死灰复燃呢？司马懿是不是有些太过于敏感了呢？

不，司马懿一点儿都不敏感。曹爽的兵权被废掉是不假，可正所谓打虎亲兄弟、上阵父子兵，他身后的那个势力庞大、枝繁叶茂的家族仍会给失势的他以最坚不可摧的支持。

曹爽同父同母的弟弟曹羲，头脑清晰，很有想法，对于司马懿有潜在的威胁。虽然之前曾经因为看不惯大哥嚣张跋扈的态度，屡屡与他发生冲撞。但曹爽落难，他绝对不会袖手旁观，必将会掀起一番腥风血雨。而曹爽的族弟曹训、曹彦，表弟夏侯玄等人，亦都曾经在曹魏军中担任过极其重要的职务，在朝中的关系根深蒂固，能量不可小觑。倘若这些人真的想要聚力一处，他司马懿还真有些难以抵挡、招架不住。

除此之外，曹爽还有很多贴心的亲信，丁谧、何晏、李胜、邓飏、毕轨等人，都会为他出谋划策，帮他反败为胜。特别是桓范，本身就是把持朝政的重要官员，如果稍有不慎，就可能会引起一番风波。

不仅如此，最为重要的是，少帝曹芳那可是曹爽的亲侄子。虽然说曹爽先前将郭太后打入冷宫，强迫其母子俩分离的行为确实令曹芳寒心，但有道是，“同姓才是一家人”。假使曹爽不死，日后一旦曹芳因其惨境心生同情，他便会有了彻底翻盘的本钱。到那时，司马懿就算是有千条妙计怕也是难以施行，只能眼睁睁地看着人家一家团圆，自己气得干咬牙。

老谋深算的司马懿当然不会因为一时的心软，让自己再度陷入危机之中。

面对如此复杂的情势，他只能做一件事，那就是杀！

毕竟，司马懿自己都是隐忍了几十年后才绝地反杀，一击成功的。他绝对不会因为一时的妇人之仁而让自己前功尽弃，功亏一篑。

除了曹爽等人的亲人以外，许多当时著名的文士才子也受其连累而死，也正因此，当时世人还有“天下名士减半”的叹息。

第四章　傅粉何郎叛变

被曹爽案牵连其中的，不仅仅只有桓范一个文人，他的谋士何晏也在其内。傅粉何郎这个成语最开始就是来自何晏，据说何晏不仅长相清秀，而且肤色也特别白，总像是涂了一层粉底。所以这么多年来，他一直稳居在花样美男排行榜的第五名，魏晋男神排行榜的第三名，完全可以跟卫玠、潘安相媲美。而且更难得的是，他不仅容貌俊美，穿着还特别前卫时尚，堪称“会行走的衣架”。也正因此，受到当时无数年轻女子们的青睐，一出道就被套上了无限耀眼的光环。

不过最令人意想不到的是，何晏作为花样美男单单受到女性的追崇也就算了，可就连当时的男性也同样对何晏充满了好奇心与征服欲，总是有意无意地设法接近，想要借机揩油，魏明帝曹叡就是其中的一个。

按理说，如果按照辈分排行，身为晚辈的曹叡还应该礼貌地称呼何晏一声姑父，时刻都要表现出对长辈的尊重态度来。但事实却恰恰相反，因为何晏长得太过清秀，曹叡不仅对他没有半点尊重，还经常对他动手动脚，试图揩油。

不过话说回来这也怪不得人家曹叡，谁让你何晏长得比女孩子还好看呢。尤其是他那肤如凝脂的脸色，可是多少画家调尽了颜色都不一定能够画得出来的。如果魏晋也有电视广告的话，不用说何晏一定会成为大品牌化妆品的最佳代言人，厂家疯狂邀约的对象。你说说，这样一个人不是很容易就会被误会是性别出了问题，男性女性化了吗，要不然怎么可能好端端地就变成了这个样子？

怀着强烈的好奇心，曹叡在上朝的时候总是有意无意地目不转睛地盯着何晏，默默观察着他的一举一动，想看看这个假女人到底还会有哪些惊喜的事情。而朝臣们原本就对何晏这个小白脸有所非议，现在见皇上如此，更是在私底下议论纷纷，恨不得能够多查找些证据出来，多编排出一些皇上和何晏的八卦，以便可以更好地雅俗共赏，消遣娱乐。

面对着满天飞的流言，曹叡非但没有一点收敛，反倒更加有恃无恐。他暗暗在心里打定了主意，决定好好试探一下何晏，这一次无论想什么办法都一定要让对方把脸上的妆给擦了，好好见识一下这位帅哥的庐山真面目。

打定主意，曹叡便开始默默地寻找时机。功夫不负苦心人，还真别说，这机会最后还真被他找到了。

这年酷夏暑气蒸腾，人们都在中午时分躲在家中避暑，只有知了还一刻不停地在树上聒噪。不过和旁人烦闷的心情不同，曹叡却显得很兴奋。他早就想寻个机会让何晏现原形了，而现在不就是最好的时机吗？

打定主意后，曹叡特意挑选了最热的一天，吩咐手下赶快准备热汤给何晏送去，而他自己则先行一步到何府跟何晏叙旧闲谈。

我们不妨来设想下当日的情形。

那日，何晏穿着一件牙白色的丝绸长袍独自坐在书房的书桌后面看书，忽听外面传来了急促的脚步声，声音越来越近，直到关着的书房门前方才停下。片刻，管家推门进来，禀道。

“老爷，皇上来了。”

何晏听管家这么说，连忙起身讶然说道：“哦，快请皇上进来。”

管家“喏”了一声，便退了出去。稍倾，身穿浅紫色公子衫的曹叡缓步走了进来，笑着向何晏打招呼道。

“朕在宫中闲来无事，就想着来此处探望姑父，也好闲谈叙旧。不想姑父却一个人躲在这里享受清净。”

何晏听曹叡这么说，快步来到他的面前，抱拳施礼，微笑相让。君臣二人分宾主落座后，何晏便命管家赶快奉茶。管家听到老爷的吩咐，忙不迭地要侍女拿上了茶水和点心。随后，二人边吃边聊，好不惬意。稍倾，管家又进来禀道。

“老爷，门口来了一名宫人，说是专程奉皇上之命来给您送银耳燕窝粥。”

“哦？”

何晏闻听顿觉讶异。这天气本就酷热难耐，皇上又怎会一反常态地给他送热汤呢?

曹叡见何晏疑惑地看向自己，淡定地笑道:“此汤的确是朕命人送来的，姑父有所不知，这可是一碗极好的滋补汤品，需趁热喝才好，姑父还是赶快让管家带到此处来吧。”

“这……”

何晏为难地说道，此刻他觉得自己当真是有些进退两难。倘若喝了，恐是身体难挨;可若是不喝，这就会让皇上对自己心生嫌隙。自古道，君要臣死臣不敢不死，莫说是区区一碗热汤，就是要了他的性命，他也断断不能有异议。想到这里，何晏吩咐道。

“管家，你命那位宫人将汤送到书房来吧。”

管家答应了声便退了出去，不大一会儿，他便引着一位手中提着食盒的宫人走了进来。

宫人先向曹叡深施一礼，随后将食盒放到何晏面前的桌子上，低着头谦卑地说道。

“何大人，这是皇上特意差小的送来的，说是让您趁热喝。”

何晏点了点头，客套地说道:“公公有劳了，管家赏。”

管家答应了一声，引着宫人离开。

曹叡见此刻室内只剩下他和何晏二人，便不慌不忙地说道:“姑父，既然宫人已经把汤送来了，您就不要客气，快点儿喝了吧，也好滋补身子。天气酷热，流汗甚多，也确实是该好好滋补啊。”

“谢皇上。”何晏向曹叡抱拳施礼，感激地说道。

然而话是这么说，实际上曹叡却真的是给何晏出了个大大的难题。

何晏拿起食盒，呆呆地看着仍然氤氲着热气的汤，双眉紧蹙，眼睛里满是茫然。

“姑父，这汤得趁热喝，凉了可就不好了。”曹叡看出了何晏心中的纠结，假装无意地说道。

何晏侧头看了一眼曹叡，咧嘴笑了一下，便将食盒凑到了嘴边。此刻，他明知烫嘴没法喝进去，但因为曹叡就在一旁看着自己，也只能咧着嘴巴勉强将热汤喝了下去。等到全部喝完，早已是脸色潮红、满头大汗，狼狈之中他再也顾不得平时的风度形象，抬起袖子胡乱地抹着脸上的汗水。

何晏的爷爷是东汉时期汉灵帝刘宏的大舅哥、大将军何进，曾因破获黄巾军首领张角的部下马元义起兵之事而封慎侯，后在中平五年被皇上特封为无上将军。按理说何晏怎么着也得算是系出名门，但事实却恰恰相反，他从头至尾都没有享受到这份家族恩宠。这是因为在他很小的时候，何进就因东汉最后一个专权外戚的身份被十常侍杀死了。何进死得如此寂寥，故此并没能给何家带来太多的家族荣耀。非但如此，因为何家的祖上是屠户，靠杀猪宰羊过活，所以不仅没能像其他士族子弟那样具有雄厚的根基，反而在世族扎堆的环境中，有了某种莫名的戏谑之感。

何进去世后，何家很快便家道中落了。原本父一代子一代，就算是没人撑腰，何晏的老爸何咸也还是可以凭借自己的努力使家族重新崛起的。可惜的是，他虽心有余却力不足，在何晏刚刚几岁的时候，就因病撒手人寰、一命呜呼了，他的妻儿相依为命、艰难度日。

都说乱世之中，人如草芥。况且一个家庭没有男丁，只有柔弱的女子和不懂事的孩子，这其中的艰辛更是可想而知。

好在何晏的老妈尹夫人是一个国色天香的美人，有着其他女子所没有的美貌。她的人生才得以改变，嫁给魏武帝曹操做侧室。

可能会有人看到这里要问了，曹操一生都精于谋术，对江山政权充满了勃勃野心。可若是按你这么说，难不成也是一个爱江山更爱美人的主儿。

凡是看过《三国演义》的人应该都对诸葛亮摆平周瑜，实现孙刘联盟的那个场景记忆犹新吧。

诸葛亮当时是这样说的："亮居隆中时，即闻操于漳河新造一台，名曰铜雀，极其壮丽；广选天下美女，以实其中。操本好色之徒，久闻江东乔公有二女，长曰大乔，次曰小乔。有沉鱼落雁之容，闭月羞花之貌。操曾发誓曰：'吾一愿扫平四海，以成帝业；一愿得江东二乔，置于铜雀台，以乐晚年，虽死无恨矣，今虽引百万之众，虎视江南，其实为此二女也。'"

诸葛亮说的二乔是三国时代的两名绝世美女，曾有人用这样一首诗描写过她们的美貌，"江东有二乔，河北甄宓俏"。这三个人分别指的是大乔、小乔和甄宓。而她们又都与曹操似乎存在着某种藕断丝连的关系。

二乔的父亲乔公，原本在汉献帝的手下做官，后来因为丧妻便带着两个女儿在安徽皖城老家隐居。

建安四年，东吴的孙策和周瑜带着军队攻下皖城，双双抱得美人归，开开心心地做了连襟。也正因为此，才有了苏轼的那千古名句：

“遥想公瑾当年，小乔初嫁了，雄姿英发，羽扇纶巾。”

孙刘联盟之前，周瑜原本是投反对票的。可当诸葛亮说出方才的那番话，又将曹操的《铜雀台赋》拿给他看时，周瑜被气得暴跳如雷。于是，他立刻做出了联盟的决定，共同对抗曹操。

咱们在这里姑且不说诸葛亮是如何机智地通过谐音的方式骗了周瑜，实现了两国联合，但当时铜雀台确实是曹操关押美女的地方，甚至每个月的初一还要在这里进行歌舞表演。倘若东吴真的败了，二乔的命运或许真的会一语成谶也未为可知。

而甄宓则是另一个故事了。

甄宓，史称甄夫人，中山无极人，上蔡令甄逸之女，曹丕的妻子，曹叡的生母。据说甄宓十几岁的时候便劝说父母开仓放粮赈济四方乡邻。建安年间，她嫁给袁绍的次子袁熙为妻，后袁熙做了幽州刺史，她便留在邺城侍奉婆婆刘氏。

建安九年，冀州邺城被曹操攻破，甄宓改嫁曹丕，独得宠爱数年，生下了儿子曹叡和女儿曹氏（东乡公主）。

从表面看上去，甄宓跟曹丕的关系可谓是琴瑟和鸣、夫妻和谐。事实上，她和曹操、曹植父子二人之间的关系亦是剪不断理还乱。

大家一定都听说过《洛神赋》吧，这首赋所夸赞的“翩若惊鸿，矫若游龙”的女神就是甄宓，可见她在曹植的心中有着极高的位置。而曹操虽将甄宓许配给了长子曹丕，却将自己的皇陵和甄宓的陵寝紧紧相连，这其中的意思也可算作是不言而喻了吧。

都说得不到才是最好的，也或许就是从那时开始，曹操对美貌寡妇产生了浓厚的兴趣。因此当他知道何晏母亲的事情后，便托人前来保媒要将其纳为妾室。尹夫人正值走投无路之际，见曹操肯收留自己，自然是对他感恩戴德。于是便就答应了此事。而何晏作为“拖油瓶”，也幸运地做了曹操的养子。

尽管子凭母贵，一夜间从麻雀摇身一变成了凤凰，但是内心纯善的何晏却从没有一刻忘记过自己的亲生父亲何咸。作为何家的独子，他一直以自己是何家人为荣，也渴望能够通过自己的努力，重振何家旧日的荣光。

其实这件事并非只是说说而已，何晏确实有能力让梦想成真。早在他七岁的时候便已经表现得极为聪慧，不仅拥有一目十行的阅读能力，而且头脑也是相当缜密。很快，他便在同龄人中脱颖而出，成为曹府这代人中的智慧担当。

身为养父的曹操看到何晏这样有出息，心中当然十分欢喜，希望何晏改姓曹，正式收他进自己的家门，成为他的儿子。如果此事成真的话，曹操不仅可以在政治方面再多一个得力的帮手，而且等到暮年时也可以有所依靠，安心养老。

然而事实证明，那不过是曹操的一厢情愿罢了。作为何家的子孙，何晏一直坚定地认为，自己哪怕到死的那天，也只能姓何，不能认他人当爹。而对于曹操的恩德，他一直都深深地放在心里，希望长大后能够从其他方面报答，这从他后来成为曹操女婿的这件事上就能够看得出来。

也正是基于这样的想法，当曹操想要收自己做养子的消息传来，何晏顿时陷入了进退两难的尴尬之中。如果答应，那就要背叛自己的祖上，不仅愧对何家子弟的身份，而且还让他这些年来的坚持于瞬间化为乌有。可若是不答应，他们母子的命运必定会再次变得被动，如果说回到从前的状态也就罢了，搞不好，甚至还有可能会身首异处。母亲好不容易苦尽甘来，有了如今的安逸日子。身为孝子，他何晏又怎忍心再让她受到任何伤害呢？想到这里，何晏不禁发出了一声重重的嗟叹。

思来想去，何晏忽地眼前一亮。随即灵机一动，想出了个绝妙的法子。他快步来到房门口，弯腰从地上拾起了一根树枝，随后用树枝在地上画了一个方框，待画好后，他扔掉了树枝，站到了里面，一动不动，再也不肯出来。任凭下人怎样劝说，都一概不予理睬，只是沉默不语。

下人见何晏执意如此，便只得匆匆前去向曹操禀报。

书房，曹操听到底下人报说此事后，心中不觉很是奇怪。身为养父，他早就知道自己的养子一向鬼马精灵、聪明过人，可此时即便是想破了头，他也想不明白这个七岁的孩子到底在跟自己打什么哑谜。为了一探究竟，他迅速打发人前去探问何晏原因。

稍倾，曹操的手下来到何晏的院子里，果不其然，一眼看到何晏正在门前的方框里发呆，连忙走过来劝说道：

“公子，此刻正是正午，阳光灼热，您还是赶快进屋歇息吧。”

手下人边说着边伸手拉住了何晏的手，怎知何晏却用力地挣脱，指着地下的方框说道：

“我现在就是在自己的房子里啊。”

“这……”手下人诧异地说道，“这是公子的房子？”

“嗯。”何晏点了点头，转身用手指了指自己身后的房子说道，“这是曹府的房子，而这才是我何家的房子。大将军与我母亲是夫妻，我母亲生活在曹府本就无可非议。可我何晏身为何家子弟，又怎可以平白无故地受此恩惠呢？为今之计，我只能住在此处了。”

曹操手下人听何晏如此言说，以为他只不过是孩子心性，就继续劝说。然而，无论他怎么说，何晏却都只是闭口不答。

没奈何，手下人只得将何晏方才的话一字不漏地禀报给曹操。曹操听完后，心中不禁生出了对何晏的敬佩之意。他没想到，一个小小的孩儿竟然有这般骨气。

“大人，如今此事该怎么办，还请定夺。”手下人见曹操只是呆坐在椅子上，双手抱拳请示道。

“没想到此子不过七岁却有如此胆识，倒比那些阳奉阴违之人要强上百倍。只可惜，他却不是我曹家之后啊。”曹操嗟叹道，“他既如此决绝，那咱们就遂了他的意。你尽快在附近置上一处上好的院落，将照顾何公子的仆从婢女全部拨了去，何公子的吃穿用度也一应参照府里。”

“是，大人。”手下人躬身答道。

就这样，曹操命人将何晏送出曹家独居，了却他想继续做何家人的心愿。当然，事实证明，曹操并不愿意就此放弃让何晏成为曹家人的打算，在其刚满弱冠，便将自己最心爱的女儿金乡公主嫁给何晏为妻，成就了一对神仙眷侣，也让自己实现了半子之愿。

然而遗憾的是，由于何晏在搬出曹家后，得不到母亲的言传身教，想法渐渐变歪了。再加上他原本就很叛逆、为人豪爽，举止言谈锋芒毕露，从不知道收敛，因此树敌颇多。曹操虽然也曾就此对他屡次提醒，奈何何晏却始终没能听进去，依旧我行我素。

当时吕布部将秦宜禄的儿子秦朗也跟随自己的老妈杜夫人（亦在丈夫死后再嫁曹操）住在曹府里，与何晏同样受到了曹操的宠爱。但是与何晏大大咧咧、随心所欲的做法相反，生性谨慎的秦朗处处赔着小心，举手投足都显得极为谦卑。

也正是有了秦朗做对比，何晏显得很是招人烦。尤其是大公子曹丕更是对他厌恶到了极点，何晏也知道自己招人烦，但却丝毫不见有所收敛，反倒更加肆无忌惮。据说那时他喜欢奢华壮丽的妆容，所以经常穿着世家公子的服饰出入，行头甚至比曹丕等人还要华丽。

曹丕一直有心争夺世子的位置，原本就对何晏得宠的事情颇有微辞，此刻不禁更加憎恨。每次见面都不称呼何晏的姓名，只是管他叫“假子”，甚至后来在他登上九五之位当了皇帝后，也不曾给何晏一官半职。

好在何晏的心理足够强大，不愿意与曹丕盲目较劲，仍旧我行我素地过着随心所欲的生活。而且虽然曹丕如此，曹操对何晏的喜爱却有增无减。面对父亲的做法，曹丕也只能敢怒而不敢言。

直到曹叡即位，何晏在官场的地位方才开始有所起色。作为一个标准的颜控，曹叡不仅对何晏的才华颇为欣赏，而且还对其外貌有着浓厚的兴趣。

后来，何晏终于受到了提携重用，位居高官之列。其实在经历了这么多年官场的是是非非后，何晏的心中一直藏着抱负，然而却又始终苦于无法施展，如今好不容易才等来了这次机会，他自然是格外珍惜。因此处处对曹家马首是瞻，唯恐一不小心，便再次沦为丧家之犬，很多原本不该他出面的事情也跳出来摇旗呐喊，令朝臣们很是反感，常常讥讽他是曹家的狗，而这也为他最后的悲剧命运埋下了伏笔。

原本以为这何晏是曹家阵营中最重要的一员，可没想到在发生兵变后，他立刻就掉头倒戈，投奔了司马懿。

不过，令何晏没想到的是，司马懿竟然也是一个疑心病极重的人。自己所做的一切努力，在他看来只不过是一个笑话。何晏为了保全自己，尽可能地罗织罪名，将所有与案子有关的人都牵涉了进来。随后他便拿着一个名单去找司马懿，本想司马懿看完名单后一定会十分开心，没想到对方却只是淡然地一笑，说了一句：“这上面一共七个姓氏，还缺少了一个姓氏。”

何晏听司马懿这么说便绞尽脑汁地冥思苦想，可怎么都想不出来究竟是缺了谁，便疑惑地向司马懿问询，难道是缺了他吗？

何晏原以为司马懿会给出否定的答案，没想到对方却是促狭一笑，回道：“没错，就是缺了你。”

于是不久以后，何晏三族被诛，身首异处，落得个嗟叹凄惶的下场。

第五章　甥舅典兵埋患

曹爽等人因为莫须有的罪名被司马懿砍头后，曹魏朝廷非常震动。当时围绕着这件事出现了三种不同的态度：以少帝曹芳为代表的中间派，以老臣蒋济为首的忏悔派，以及以太尉王凌和他的外甥令狐愚为主的抵抗派，这三者的做法各有千秋，然而却都代表着当时最真实的心态。

高平陵之变发生后，因司马懿行动极为迅速，很多被他利用而卷入该事件的人直到事后才反应过来，而其中的一些人对自己所做过的事情表示极为忏悔，这其中就包括老臣蒋济。

作为曹魏政权的三朝元老，蒋济对曹家可谓是忠心耿耿，也正因为此，当时司马懿告知他曹爽意图在高平陵挟持少帝时，出于愤慨，他写下了一封劝诫信。可没想到的是，正是因为自己的这封信，反而害曹爽丢了性命。所以当知道事情的真相后，蒋济的内心抑郁到了极点。在果断地拒绝了司马懿的谢礼后，他选择了绝食的方式以谢罪，直至三个月后彻底饿死。

司马懿知道了这件事情后，心中极为悲戚。他不仅托人给蒋济的家人送去万两纹银作为安葬费，还亲自身穿缟素，为其整整守孝三日，以示重视。

因为蒋济的死，曹魏朝廷再次陷入极度动荡之中，朝臣之间产生了隔阂与信任危机。

同年，曹芳特封司马懿为丞相，并赐九锡以表恩荣。九锡，指的是古代天子赐给诸侯、大臣的九种器物，是天子对于臣子的一种莫大认可。曹芳通过这种方式是想暗示司马懿，我作为皇帝将东西赏赐给你，表彰你的功绩和天子一样，以便让你可以更好地享受特权。不过令人费解的是，面对皇上的盛情好意，司马懿却婉言谢绝了。

其实稍做分析我们就能发现，这个时候曹芳和司马懿的心态都很有意思，处于利益两端的双方都在通过这种方式暗暗地试探着对方的心思。因为，它虽然只是九种物品，但却也不是人人都能拿到的。在司马懿之前，拿过九锡的一共只有三个人。他们分别是：东汉末年的外戚王莽、“挟天子以令诸侯”的魏王曹操和坐镇江东的吴主孙权。其中，王莽和曹操二人都是拿了九锡之后篡位的。如今曹芳拿这种方式来试探司马懿，就是想看看他究竟是不是像某些重臣所说的那样心存反意，到底是不是自己可以依靠的对象。从这件事情看，可见这个当时年仅十七岁的少年还是非常有心机的。

司马懿是何等聪明之人，他当然明白曹芳的心思。看来你这个娃娃还当真是聪明得很，竟然知道用这样的方法来试探我。好吧，既然你想试探我，那我就给你想要的答案。于是司马懿假装糊涂，既不肯当丞相，也不愿接受九锡。表面看上去他可能是有些吃亏，但实际上的利益却得到很多。

当时以孙权为首的东吴人都喜欢把司马懿和诸葛亮相提并论，既然你诸葛亮不受九锡，那我司马懿也自然不会领受。

而从另一方面来说，早有篡位心思的司马懿，也正好可以利用这个空当儿，静观其变，看看谁会跳出来与自己为敌，也好尽快铲除，免得纵虎归山，再生祸患。

那些久混于官场的群臣自然也不是些浪得虚名之辈，他们当然明司马懿的用意，于是即便是心中有诸多的不满，却也只是将话深藏在心里，毕竟识时务者为俊杰，总不能为了一时痛快丢了性命。

当时曹氏宗族大将基本都已去世，没人能制约得了呼风唤雨的司马懿。于是在成功地发动兵变之后，杀红了眼的司马懿的胆子越发大了起来。他不仅在朝堂之上一手遮天，有恃无恐地实行一言堂。而且还彻彻底底地推行了自己的“杀光”政策，无论品级高低，只要是有人稍稍表现出些许不满，一旦被他得知，准保见不到第二天的太阳。于是在数次莫名其妙的命案后，朝臣们个个对他心存怨念，恨不得这个野心勃勃的老家伙能够早点死去。

想法虽很丰满，但是现实却依然骨感。在司马懿强大气场的震慑下，朝臣们敢怒而不敢言，生怕一不注意就会得罪了他。要是弄丢了官位也就算了，可要是再莫名其妙地弄丢了脑袋，那可就太不划算了。

不过即便是再黑暗的地方，也会有个别不怕死、喜欢强出头的人。尽管朝臣们个个如同乌龟一样拼命地往后缩，却仍有人为了公理而公然跳出来与司马懿作对，这便是太尉王凌和他的外甥兖州刺史令狐愚。

东汉时期中央政府的官员分为省官、宫官、外官三部分。其中，内官和外官的区分古已有之，而又因宫廷之中，皇帝日常起居的区域被称作省中，因此内宫官员中又有宫官与省官之分。外官由三官九卿构成，这也是官员整体构架中的强大分支，占有极其庞大的人数。其中，三官是指太尉、司徒和司空三个职位，他们在众官员中品级最高，主要职责是辅佐皇帝主持朝廷、处理国家政务。而王凌身为手握实权的太尉，论实力也勉强能与司马懿抗衡。

因为对司马懿心存不满，王凌一直想找个帮手联手将他干掉。找来找去，他发现这满朝的幕僚不过都是些说着冠冕堂皇的言语，实则却胆小至极、贪生怕死的碌碌之辈，倘若当真让这些人知道自己的心思，莫说帮忙，恐怕他们立刻就会屁颠屁颠地去向司马懿邀功请赏，到那时候自己毋庸置疑会沦为阶下囚。他王凌既然想做一番轰轰烈烈的大事，自会将生死之事置之度外，可要是莫名其妙地死去，也不免有些太得不偿失了。

到底谁才是这个合适的人选呢？思来想去，王凌的脑海里突然灵光一闪，眼前瞬间一亮。

“哎，对了，我想了这么多人选，却怎么偏偏把他给忘了呢？”

王凌想到的人叫令狐愚，是当时的兖州刺史。虽然他们两个人的年纪相仿，但如果按照辈分来说的话，这个令狐愚还得尊称他一声舅父大人。这令狐愚平日驻扎在平阿，手里握着兵权，是个彻彻底底的“拥曹派”。而且因为他曾受曹爽的百般照拂，故此心中一直都对其感激不尽。现在既然司马懿做出此等恶事，令狐愚理应替恩公报仇。不仅如此，生性直爽的令狐愚之前也曾在无意中多次当着王凌的面提及过自己对司马懿的恨意。如今王凌要想行事，正好可以让他从旁做个策应。另外，这甥舅二人全都镇守在淮南地区，更容易联合一处，一道起事。

想到这里，王凌迫不及待地给令狐愚写了一封信，差人捎给了对方。信中，他不仅将想法告知给了令狐愚，并且还诚挚地向对方发出了合作的邀请。只是由于担心半路上会有所差池，故此他并没有说出兵变之事。

信差快马加鞭地赶路，三日后，终于将信送到了令狐愚的府邸。书房，令狐愚看完信后，非常高兴，对信使说道：

“哎呀，我早就想做这件事了，只是一直苦于没人联合。现在既然舅父大人捎来了这封信，那我答应也就是了。这样吧，我也给他写封回信，你帮我再捎回去吧。”

说完，令狐愚便在信使的注视下，伏案给王凌写了一封回信。在信中，他首先对舅父大人的邀请表示了诚挚的谢意，同时还邀请王凌到自己的府中做客，以便进一步详谈。

王凌看到信后亦是非常开心，他知道令狐愚是个爽快人，可没想到他马上就答应了下来。正所谓择日不如撞日，那干脆今天就动身前往吧。待打定主意，他立刻通知管家备好快马，在随从的陪同下，策马扬鞭向兖州赶去。

三日后，令狐愚在府中热情地接待了王凌。二人先是一番把酒言欢，酒足饭饱后，才来到书房开始密谈。

“外甥，舅父大人这次来，可真是无事不登三宝殿，有件事情想跟你商量一下。”待关好了门，王凌开门见山地说道。

“哦，舅父大人，有话请讲。”令狐愚因为早就知道王凌此番前来的目的，所以显得很是淡定。

“我问你，你是如何看待大将军被害之事？”王凌明知故问道。

令狐愚听舅父大人这般问自己，不禁怒目圆睁，双手握拳，愤然说道：“说到这件事，我心里就恨得不行！这司马老贼果然穷凶极恶，大将军平素待人极好，竟会惨遭其毒手，想到这里，我真是想将他碎尸万段。”

王凌向令狐愚淡定地摆了摆手，说道：“外甥何必如此心急，我这次就是来同你商量解决之法的。”

“哦？”令狐愚讶异地说道，“不知舅父大人有何良策？”

“我想请外甥相助一同在寿春发兵，攻打司马老贼，为大将军报仇，如何？”王凌喝了口茶，平静地说道。

“哦，当然极好！”令狐愚顿时眼前一亮，兴奋地说道。

经过商谈，王凌和令狐愚二人很快便决定以扬州和兖州为根据地与远在洛阳的朝廷分庭抗礼。不仅如此，令狐愚甚至将此番起事的目标都计划得清清楚楚。

“舅父大人，既然咱们想要发兵攻打司马懿，那就应该在此之前将所有的事情全部都想好，只有这样才能有的放矢、事半功倍。”令狐愚沉吟片刻，喝了口茶，说道。

“嗯，外甥说得极是，那依你之见咱们接下来应该怎么办呢？”王凌点了点头，问询道。

令狐愚低头沉默片刻，放下手中的杯子，起身在室内踱了一周，胸有成竹地说道：“舅父刚刚说咱们此番要以扬州和兖州为根据地，与朝廷分庭抗礼。那外甥觉得，不妨咱们就做得再狠绝一些。”

“狠绝？”王凌诧异地重复道。

“没错，如今皇上懦弱，已经完全沦为那司马老贼的傀儡，即使咱们成功，他也做不了那千古明君。依我之见，咱们不如干脆另立新皇，将他取而代之。舅父大人看，如何？”令狐愚说完后，愤愤地右手握拳敲了下桌子。

“另立新皇？”王凌喃喃重复道，关于另立新皇的事情，他之前也不是没想过，但如今司马懿一手遮天，朝中处处都是他的耳目，谁才是合适的人选呢，“外甥的想法极好，那依你之见，何人才是恰当的人选呢？”

“这……”令狐愚思索片刻，提议道，“舅父大人觉得那楚王曹彪如何？”

“曹彪？”王凌紧皱双眉，兀自思索。

“对。”令狐愚点了点头，与王凌相对而坐，开始进行分析。

令狐愚所说的楚王曹彪是当时曹氏子弟里面最智勇双全的，做事有勇有谋，很是稳妥。再加上此人一向仁心仁德，口碑极好，若当了皇帝，也定会是个贤明之君。

而且这曹彪跟曹芳是魏明帝曹叡的养子出身不同，他是曹操的亲儿子。不仅辈分比曹芳高，而且跟曹植一样，因为颇具才气，长期过着被监视、被限制的生活，只是他不愿意逆来顺受，一直渴望砸开这束缚枷锁，求得自由之身。他的封地就在兖州刺史部，是令狐愚可以控制的地盘。

不仅如此，令狐愚还曾听闻过一个传说，兖州刺史部的白马河里有一匹通体雪白的妖马，常常喜欢与官家牧场的马群厮混。以前有人在夜里路过那里时曾经听到过那匹马的叫声，据说那声音甚是洪亮，犹如洪钟一般。并且在它的带领下，所有的马匹也都发出有节奏的鸣叫，此起彼伏，犹如大合唱一般。等到天快亮的时候，那叫声方才消失。那人悄悄一路跟随在白马的后面，看见那匹马的蹄印大如斛斗，一连数里，最后纵身一跃跳入河中，没了踪影。

或许也就是从那个时候开始，当地出现了一则老幼皆知、众人传唱的童谣。其中开篇的两句便是：白马素羁西南驰，其谁乘者朱虎骑。

曹彪字朱虎，又有这白马的故事加身，自然更显神秘。古代人向来迷信，尤其是那些突然出现的神秘现象更让他们虔诚到了极点。若不然，也就不会有那大泽乡起义时的“大楚兴，陈胜王”之说了。总之，迷信也好，天赐也罢，这件事使令狐愚无比坚信只要拥立曹彪就一定能成事。

“倘若舅父大人没有异议，我即刻便差人前去，相请曹彪如何？”待将自己的想法全部说完后，令狐愚试探地说道。

“嗯。”王凌稍做思索，肯定地点了点头，说道，“外甥想得甚是周到，此事就依你之见来办。”

第六章 王凌一念成魔

咱们上文说到王凌到令狐愚的府中请求外甥相助，共同联手发兵讨伐司马懿，二人言语投机，说得非常开心。由于已是黄昏时分，所以令狐愚决定将舅父留在府中暂作歇息，等养足精神再走。

“舅父大人，你这一路很是辛苦，要不然今夜就在我府中安寝，等明日天亮再走，如何？”令狐愚关切地说道。

“嗯，也好。”王凌略做犹豫，答应了他的要求。

令狐愚见王凌答应了自己的建议非常高兴，连忙吩咐家奴准备家宴、打扫客房，安排王凌休息。王凌见令狐愚这般热情，自然也是非常高兴，连声对他表示感谢。

当晚，二人在水榭暖阁里喝酒聊天。酒过三巡、菜过五味，令狐愚不禁将话头转到了王凌的叔叔王允的身上。在给王凌续上酒后，令狐愚说道：

“舅父大人，不是外甥说，他司马老贼有什么能力跟你斗？想当初王允老大人设下美人计，让那神勇无敌的吕奉先用方天画戟刺杀董卓老贼，他还不知道在何处吃奶呢。”

令狐愚说的美人计，指的是汉献帝时太尉王允联合自己的义女貂蝉以美人计瓦解原本以父子之名相称的董卓和吕布，随后又落井下石地让吕布亲手用兵器方天画戟刺杀了对他恩重如山的董卓，为朝廷立了奇功的事情。

王凌将杯中之酒一饮而尽，摇了摇头，苦笑道:“外甥你哪里知道，当年老大人因为诛杀董卓，遭其旧部李傕等人谋害，身死人亡，连累我王家满门抄斩、三族俱灭。倘若不是我与兄长王晨先他们一步得到消息，怕是也早就不在人世了。”

“哎，舅父何必长他人威风，灭自己志气。如今舅父不仅身为我朝太尉，而且还是堂堂并州派的中坚人物，更何况，那司马老贼当年能够进入朝堂，也有舅父的推荐之功。要我说啊，咱们想要与其为敌，不见得就没有胜算。”令狐愚边给王凌续酒，边豪爽地笑道。

然而，与令狐愚不同的是，王凌却仍显得有些忧心忡忡。虽然说自己是太尉和并州派的中坚人物，但是在如何打败强劲的对手司马懿这件事上，他还真是没有任何把握。

要知道，司马家族如今不仅在朝廷里一手遮天，而且在并州派中也有极其广泛的人脉关系。事实上，并州派能够成为与北海派、颍川派并驾齐驱的第三大门派，司马朗和司马懿兄弟二人也确实是出过不少力。远的不说，就连自己的连襟上西区关陇主帅郭淮能够有此时的作为，也是赖于司马懿的提携，还有自小便与自己情同手足的远房表亲，如今的南区荆州主帅王昶及自己的学生王基也是如此。如果一旦开战，到底他们相助哪方？全然未知。想到这里，他不觉有些心焦。

其实，王凌有这样的感受也实属正常。因为不仅是他，司马懿也是这般想的。也正因为此，在朝廷之上，他一直都在默默地防备着王凌。只不过二人一直都是心照不宣，默默地将对对方的不满埋藏在心底。

王凌虽说在年纪方面，要比自己年长八岁，但这身体却是极好的。眼见着自己的身子一日比一日衰弱，对方却仍充满活力，这不仅让司马懿有些心惊。要知道王凌跟自己一样，亦是文武双全、并州派的代表，而且人家的四个儿子也比自己的九个儿子强上许多，倘若自己真的有个山高水低，只怕是这么多年苦苦经营的司马家业就要全部归于王氏了。

“外甥，你一直在外面，很多事情并不知晓。如今那司马老贼防我就像是防贼一样，总是拉着一张脸，一副冷冰冰的样子。恐怕是当年的那些旧恩情，人家早就不记得了。”王凌说到这里，不觉露出了失望的表情。

“唉，舅父是做大事的人，又何必在乎那些婆婆妈妈的事情呢？”令狐愚向王凌摆了摆手，劝说道，“依我说啊，舅父大人不妨就放宽心，咱们趁这段时间好好谋划一下，将那司马家除了便是。”

“嗯。”王凌点了点头，再次将杯中之酒一饮而尽。此刻，他的神情变得决绝，目光也显得更加凌厉。

令狐愚说得没错，无毒不丈夫。反正他已经跟司马老贼结下了梁子，那就干脆决裂到底，且看到最后究竟鹿死谁手。

说干就干，次日清晨，令狐愚在送走王凌后，便开始进行周密的部署。为了能够得到更多的话语权和兵权，他先派部将张式到白马县秘密与曹彪会面，和其暗中通了消息，为起事做准备。

曹彪府邸侧厅，曹彪在看完张式捎来的令狐愚亲笔书信后，凝眉陷入沉思。信中，令狐愚说要另立新皇，辅佐顺承天意的自己登基。换句话说，就是自己必须要支持他的起兵决定，并且与同为曹氏子孙的少帝曹芳彻底决裂。

“张部将，请你回去转告你家令狐大人，此事事关重大，本王还须稍加考虑。”沉默半晌，曹彪冷傲地说道。

张式见此情景，想要继续劝说，曹彪却没再给他时间，蓦地站起身来，高声吩咐道：

“来人，送客！”

早已在门口把守的护卫听到楚王的吩咐，连忙走进室内，对张式客气地说道：

“张部将，请吧。”

张式见状，没有办法，只能站起身来，双手抱拳向曹彪深施一礼，说道：“还请楚王多加考虑，小人就先告辞了。”

张式见曹彪向自己点了点头，叹了口气，随护卫走了出去。

数日后，张式回到令狐府邸，将与曹彪见面的情形悉数告知了令狐愚。令狐愚听完讲述，不禁有些诧异。都说谁都难抵这利益诱惑，那曹彪为什么会这般模样呢？他到底是在担心什么？想来想去，令狐愚就是想不明白，没办法，他只能写信将这边的情形告诉给了舅舅王凌。

王凌在接到信后，也觉得很是奇怪。然而当务之急已经容不得他再犹豫，还是应当赶快找到合适的人手联合才是。于是他即刻派舍人劳精前去洛阳，把全盘计划告诉给了时任屯骑校尉的儿子王广。

王凌原以为儿子在得知计划后，一定会对他全力支持。怎料结果却恰恰相反，在劳精说到一半的时候，王广便情不自禁地皱起了眉头。待到对方的话音刚落，他便连连摇头说道：

“自古做大事，都应该以民心为本。百姓只盼望可以过安定的日子，司马懿能够顺应民心，所以才得到了百姓的爱戴。如今他父子三人都手握兵权，想要扳倒，简直比登天还难。麻烦劳大人转告我父亲，还是不要轻举妄动，以免招致不必要的麻烦。”

正所谓识时务者为俊杰，王广这话说得一点都没错，司马懿虽然是靠着不正当的手段夺权上位的，表面看似不太光彩。但曹爽等人之前的表现也实在太过差劲，早已失去了人心，这一切也就变得情有可原了。相反，王凌和令狐愚想要此刻起兵，反倒显得名不正而言不顺，有些操之过急了。

况且司马懿掌权后励精图治，的确让曹魏原本腌臜不堪的面貌变得焕然一新。虽然朝中也有一些是非议论，但也不能就此将他的功劳一笔勾销。因此，此时起兵造反根本就不可能获得旁人的支持，更不会取得成功。

劳精原本兴高采烈地到洛阳见王广，指望着能够获得他的支持，谁知道最后却碰了一鼻子的灰。在回到淮南后，他自然是要添油加醋地在王凌面前好好编排王广的一顿是非。

正所谓打狗还要看主人，更何况对方的老大还是你亲爹。府中，王凌听劳精说完，认为王广根本就没有把他这个老子放在眼里，不由得火冒三丈，忍不住破口大骂道：

“这小子莫非是活腻了不成？竟然敢挡老子的道。他以为这样做就能让老子停手吗？哼，老子才不会信他的邪。他要阻拦老子，老子就偏做给他看。”

劳精见王凌这么生气，知晓他中计，心中开心得不得了，但是表面上却仍旧劝说王凌千万不要大动肝火，以免伤害自身。

王凌在劳精的假意安抚下，渐渐平复了情绪。他将王广的逆耳忠言当作耳旁风，继续一意孤行，按照自己的打算招兵买马，暗中积蓄力量，打算与司马懿父子决一死战。

然而，王凌做梦都没有想到的是，就在这个节骨眼儿上，令狐愚竟然出事了。而他也就此失去了一位最为得力的助手，没有办法再行动，只能蛰伏起来，待找到合适的时机再动手。

虽说计划搁浅，但王凌的心中却没有一天不在惦记这件事情。相传嘉平二年，二十八宿斗宿的位置上突然出现了一颗火星。据说远古之人曾留下遗训，斗宿有星，必定会有一位突然显贵的人物出现。而也正是这个根本无法考证真伪的传闻竟然直接导致王凌果断地发动了政变。

大家看到这里时一定会不约而同地想，哎，王凌认为能够突然显贵的人应该就是曹彪吧。因为他不是一直都认为曹彪年龄比曹芳大而且还很有才华吗？如果他登上皇位，也可以兴旺曹氏江山。其实有这样的想法很正常，但是如果咱们再往深里想，就会明白那不过是王凌的说辞罢了，他真正想要辅佐登上皇位的不是别人，而是他自己。说到这儿，王凌和司马懿还当真是一路人，两个人都想当皇帝，却又谁都不想因此而背负千古骂名。所以王凌必须先替曹氏稳定江山政权，然后再将大权握牢在自己的手里。而想要大权在握，他就必须要向司马懿夺权。

公元 251 年早春，孙权因为担心自己死后魏军会长驱直入，于是派东吴大军封锁了涂水地区。王凌趁此机会奏报朝廷，请求曹芳准许自己发兵讨伐东吴。司马懿何等聪慧，他早就发现这其中有异，于是便拒绝了王凌的发兵请求。

一支强大的军队是政权最有力的依靠。相反，如果没有兵权，即便想法再好，也是孤掌难鸣。为了能够与司马懿相抗衡，王凌随即派遣自己的心腹副将杨弘日夜兼程赶赴兖州，说服新任刺史黄华同自己联手共同发兵起事。他原以为自己已经做到了万无一失，孰料，杨弘刚到兖州便和黄华一起给司马懿写了密信，告发了他即将叛变的事情。

这时的司马懿已经是古稀之年的老人，随着年纪的增长，他的身体越来越衰弱。

司马懿心里清楚得很，一旦他发生了意外，这苦心经营了许多年的并州人脉就有可能要被王凌全部接收。对于司马懿而言，这绝对是一场噩梦。

况且，司马懿对自己的身体状况亦是了如指掌。他现在就像是当年的曹叡，外表看上去虚弱，但实际上的心气却仍极高。但就算是这样，如果一旦上了战场，他就不能再有任何退缩。要是迅速获得胜利是最好的，可万一仗没打完他就死了呢，这大军突然失去了主帅，处境肯定相当不妙。就算他能一直坚持着不死，战局久了，那南区的主帅王昶、西区的主帅郭淮等人也必定会应王凌之邀加入战团，到时候这帮人一定会将自己团团包围，令他四面楚歌，再无还手之力。

基于对这种种复杂情势的考虑，司马懿决定孤注一掷，起兵对抗，绝不能给王凌留下任何反转的机会。

黄华向来为人正直，崇尚丞相忠心报国之志的他，一向看不惯曹爽的骄横和何晏之流的浮华作风。就是这样的一个德才兼备之人又怎么会与司马懿作对呢？原本他见杨弘没有打招呼便风尘仆仆地前来就极为讶异，待将整件事情的始末都听完后，他凝眉思索片刻，说道：

“杨兄，依小弟之见这件事情莫要操之过急，如今这朝廷大权皆掌握在司马家族手中。倘若此刻行动，只怕是打草惊蛇，反送了性命。不如等候一些时日，看看情况再说。千万不要跟着太尉大人谋反，以免惹火烧身。”

杨弘苦笑道：“唉，愚兄怎会不了解贤弟的一番好意，我又何尝愿意谋反？只是太尉大人威逼至极，被迫无奈罢了。”

黄华见杨弘并没有谋反之心，便说：“丞相平素向来对他王凌舅甥二人不薄，这次又将王凌破例提拔为了太尉，他却再生反心。这样一个品格低下之人，也不值得仁兄再去追随。而今依小弟看来，既然他王凌要一意孤行，那咱们不如就向丞相密报，通过此法保全你我二人的性命可好？”

杨弘听黄华这般言说，心中不禁生出种种纠结。按理说，他在王凌手下听差多年，一直蒙受恩典，本不该在这关键之时做出此等背信弃义之事。可如今，王凌此举仿若火中取栗，搞不好就会殃及身边之人。他杨弘若是独自一人倒也没什么好怕的，大不了就算作是报答王凌的栽培之恩。关键是他上有老下有小，又怎能将此灾祸累及他人呢？

“仁兄莫要再踌躇了。”黄华在一旁察言观色，继续劝说道，“此事只有如此处理方才妥当。”

杨弘想了想，点头说道：“为今之计，也确实是别无他法，就按照贤弟所说的来办吧。”

就这样，黄华和杨弘联名给司马懿写去了一封密信，交给心腹之人快马加鞭、日夜兼程赶到洛阳呈报给了司徒高柔。

司徒高柔是司马懿最坚定的支持者和拥护者，收到密信后，高柔自然是不敢有所怠慢，火速带信使前往丞相府求见司马懿。

书房，司马懿在听到管家来报说高柔有要事求见，心中不觉有些诧异。他二人今日早朝时才见过面，此刻距离退朝不过半个时辰，又会有什么要事发生呢？

“管家，让高大人到书房来见我。”司马懿吩咐道。

“是。”

管家边答应边退了出去，不大一会儿便引着神情焦急的高柔和信使二人走了进来。

“不知高大人如此匆忙来寻本官有何急事？”司马懿看着高柔，疑惑地问道。

“启禀丞相，高某收到了太尉王凌下属将军杨弘和兖州刺史黄华联名写来的密信，此二人共同就太尉王凌意图起兵扰乱朝纲之事进行告发。由于事关紧急，不敢耽搁，便将信使带到此处，还望丞相大人海涵！”高柔毕恭毕敬地说道。

“哦？”司马懿狐疑地看着高柔，随后又将目光移向了信使，吩咐道，“拿来我看。”

信使听到司马懿的命令，连忙毕恭毕敬地用双手将密信呈到了司马懿的面前。

司马懿接过兖州密信，目光飞快地在上面掠过了一遍。在看完信后，他不禁露出了犹豫的表情，按理说王凌这个家伙平日里跟自己关系还不错，虽然之前也曾有过一些风言风语，说他暗生反心。难不成这老小子又有些蠢蠢欲动了？可正所谓无风不起浪，如果没有切实的证据，即便是借给黄华和杨弘二人一万个胆子他们也绝对不敢这么做。如今这件事既已被他知晓，又该如何处理呢？

思来想去，犹豫再三，司马懿派人传来了王广。王广因为先前便已知晓父亲王凌意图谋反的事情，所以见司马懿派人来寻自己，便已知晓是东窗事发。待见到司马懿，亦是战战兢兢，脸色惨白。然而出于父子之情，他却仍缄默其口。直至司马懿再三向他保证不会为难王凌，这才结结巴巴地道出了整件事情。

在得知整个事情的来龙去脉后，司马懿从兖州和扬州的地理位置等方面进行了逐一分析。最后他决定先隐忍不发，要信使告诉杨弘和黄华莫要再提这件事，和平时一样，安静地在兖州等着，以免引起王凌的怀疑，旁生枝节，招致不必要的麻烦。而司马懿则跟先前一样，言谈举止并未有半点纰漏。

就这样又彼此相安无事地过了一年，到了嘉平三年四月，中原地区突然发了地震。王凌觉得机会来了，便又上奏皇帝说得到情报，孙吴大军将再次利用涂水上涨的机会由水路向扬州发起进攻。

王凌向朝廷申请调兵的虎符，以便就近调动各路魏军，因为之前司马懿曾向魏明帝进行密报，所以朝廷很快便将王凌的申请驳回。这样的举动让王凌顿感意外，在他的印象里，以往遇到这种情况朝廷是不会不批的，而这两年却连续地驳回了自己的奏表，这不是故意苛责自己又是什么呢？即使不说，他也晓得，这其中一定是司马懿故意难为自己。

王凌毕竟是善于思谋的老臣，他很快便意识到可能是事情败露了，马上再派杨弘到兖州，找黄华商议起兵攻打洛阳的事情。

结果可想而知，自然是聪明反被聪明误，搬起石头砸了自己的脚，王凌将要起兵的事情很快便被杨弘和黄华再次举报给司马懿知晓了。

司马懿在得知消息后大吃一惊，没想到这王凌竟然还真吃了熊心豹子胆，敢兵出险招，公然跟朝廷对着干。因为深知事态的严重性，他丝毫不敢大意，立刻更衣进宫面圣。曹芳在得知这件事后，不禁龙颜大怒，立刻责令司马懿亲率大军到淮南讨伐王凌。

司马懿因担心朝中藏有王凌的耳目会先为他通风报信，倘若他铤而走险与东吴大军勾结，反而会增加抓捕难度。为了稳住王凌的情绪，以免横生是非，司马懿奏请少帝曹芳传诏给王凌，因王凌以往拒吴有功，念他只是一时糊涂做错了事，只要肯迷途知返，可以当庭赦免他谋反之罪。如若能主动投降，一切事情均可以既往不咎。同时为了稳住王凌，司马懿还特意让王广将少帝的诏书亲自送往淮南，以此向王凌保证不会伤害他一家的性命。

果然如司马懿所设想的那样，王广一见到父亲王凌，便开始晓之以理动之以情地进行劝说，他原本就不同意父亲和令狐愚勾结一处兴兵起事。司马懿这次好不容易才大人不计小人过，给全家一个保全的机会，他又怎么可能放过呢？

王凌听儿子这般言说，不禁五雷轰顶。他怎么也没想到，自己到头来竟然会被心腹之人出卖。如今司马懿已经掌握了他意图谋叛的证据，怕是再强词夺理也是无济于事了。不过好在对方大人有大量，求皇上给自己留了一条后路，既是这般，那他也就只能选择投降，至少还能保全家人和族人性命。

不过，虽说是要投降，王凌却也没傻到底。为了一探虚实，他给司马懿写了封感谢信，命手下人连夜给对方送了去。

在这封信里，王凌就司马懿在皇上面前为自己求情之事表示了感谢，并且表示自己愿意投降。为了表示诚意，他决定在丘头归还官印等物，约司马懿单独前来见面。

司马懿在接到王凌的信后，心中不禁颇为踌躇。王凌这老小子这是演的哪一出？在他的印象中，王凌原本是倔强到底的死硬派，为什么会突然间变得这般识时务了？他到底是真心，还是有诈？算了，不管怎样，都应该前去一探究竟。

打定主意，司马懿马上给王凌写了封回信，托信差带了回去。信中，他不仅爽快地答应了对方的邀约，而且还悉心地标明了见面的日期。

约见那日，司马懿一大早便起床了，收拾停当，他独自乘着一叶扁舟，赶往见面地点。江水氤氲，雾气升腾，一路上司马懿不禁想起在这相爱相杀的数十载中，他和王凌之间的种种往事。当初，他们也曾将彼此互视为知己，却没想世事难料，到头来，不过是幻梦一场。

半晌，待司马懿来到丘头，讶异地发现王凌早已到达，此时他双手反剪在身后，用拇指粗的麻绳紧紧绑缚着。

“王大人，你这是做什么？”司马懿来到王凌的近前，诧异地问道。

“司马大人，你如果认为我王凌有罪，那干脆就杀了我吧，又何必兴师动众地搞这一出呢？”王凌先发制人地质问道。

“哦？兴师动众地搞哪一出啊？”司马懿似笑非笑地说道，“王大人，您这话倒真的让本官听不懂了。”

“这……”王凌不禁有些语塞。

“王大人，你要知道，本官此番前来不是来杀你的，而是来救你的。”司马懿郑重其事地说道。

“救我？”王凌先是一怔，随即讶异地说道，“此话怎讲？”

司马懿紧抱双拳，慨然说道：“王大人应该知道你犯的可是诛九族的大罪，本官特意在皇上面前为你一族请命，求他能够看在你戎马一生、立下无数汗马功劳的份儿上加以宽恕。现我主英明、龙恩浩荡，给王大人和你的家人、族人免去死罪，倘若王大人愿意归顺朝廷，不过是贬官罢了。既是如此，本官难道还算不上是救你吗？”

王凌原本心中还存有戒备，此刻听司马懿如此一说，不觉放松了许多。也罢，即便是死，他王凌一人承担也就是了，只要其他人能够平安，他便也就知足了。

想到此处，王凌向司马懿微微点了点头，感激地说道：“本官多谢司马大人保全。”

司马懿的唇边泛起一丝讥笑，话里有话地说道：“王大人此话怎讲，咱们是老朋友，本官晓得你是断断不会自取其辱的。”

尽管司马懿嘴上这么说，但王凌自己心里也清楚，依照司马懿心狠手辣的性格，他是绝对没有好果子吃的，不过是时间的早晚罢了。然而，人心却是很奇怪的东西，王凌的心中偶尔也会生出一丝丝侥幸，好像自己当真会被皇上赦免一样。就这样，他一直都在反反复复挣扎着。最后，王凌决定鼓足勇气，无论结果如何，都要试一试司马懿。

打定主意，第二天大军再次上路的时候，王凌趁着休息向司马懿拐弯抹角地要钉棺材的钉子，他原本以为对方不会理睬自己，没想到，司马懿却二话不说就让手下副将将钉子给了王凌。王凌见此一幕，心知司马懿这是铁了心要把自己弄死，于是当走到项县时，彻底绝望的他便服毒自尽了。

第七章 令狐德薄才疏

前面我们说过，王凌和令狐愚两个人原本想一起联手打败司马懿，辅佐楚王曹彪当皇上。不想中途的时候，因为令狐愚出事了，所以王凌瞬间孤掌难鸣，由此屡屡受挫，直至惨死。

那么这令狐愚到底出什么事了？为什么明明说好的，中途却要撤出，从而带来这么一大堆的麻烦呢？

或许听上去是有点不可思议，但是现实中却实实在在地发生了。令狐愚因为情绪过于激动，导致心脏病突发一命呜呼了。

估计大家看到这儿，一定都会露出不可思议的表情，说道："啊？死了！这令狐愚还真是笨啊，怎么会用这样荒唐的方式结束生命？"

没错，令狐愚确实是笨得要死，而且说起他的笨，还真不是一件两件。

说到令狐愚，他的身份可是极其显赫的。不仅本人是曹魏时期非常著名的将领，而且还是一个官二代。他的祖先是山西贵族令狐世家。

令狐家从春秋时始立门楣，就再也没有离开过山西。最初，令狐二字只是黄河东岸的一个地名，是当年秦晋两国曾鏖战的地方。

秦桓公统治时期，秦国猛将杜回曾侵犯晋朝边境。这个杜回天生就是一个能征善战的步军战神，在盛行车战的春秋时期，杜回率领的部队不用车马，只是单靠步战就可以杀得敌军片甲不留。

晋朝这边出征与其应战的将领也绝不是等闲之辈，而是出身将门的名将魏颗，他的父亲不是旁人，正是以武力著称，曾追随晋朝国君重耳在外出逃了十九年才平安返回故国的晋朝大夫魏武子。关于他们父子，最有名的当是“结草衔环”的成语。

传说当年魏武子在晚年的时候曾非常宠幸一个年轻的小妾，这个小妾哪里都好，就是没有留下子嗣。后来魏武子生了一场大病，最初在他头脑还算清醒的时候，曾经跟儿子魏颗说，等他死后就将这个小妾给放了。然而，随着他的病越来越重，他的话竟然改成了将这个小妾与他一同埋葬。

不久，魏武子便死了。出乎意料的是，魏颗竟然让小妾改嫁了。面对着一些不明就里的人的质疑，他平静地说道：

“我父亲当时已经病入膏肓，头脑根本就不清醒，他说过的话是不能作数的，我只听从他清醒时说过的话。”

在这场大战之中，当两军交战之时，魏颗看到一个老人把草打成结拦住了大力士杜回，而他则乘机生擒了对方，挽回了原本不利的战势。

当晚，魏颗在睡梦中见到了白天的那位老人来向自己道谢。

“我就是你释放的那位小妾的父亲，感谢你没有听父亲的昏话，为我女儿找了这么好的归宿，她现在很幸福，所以我白天才特意结草衔环报答你的恩情。”

人与人之间的相互帮助原本就是善良的表现，而结草衔环、知恩图报更是一种美德。就这样，魏颗因为当年所做的善事，转败为胜，最终取得了这场战争的胜利。

晋朝国君的嘉奖也是相当特别，为了纪念这次战争的胜利，他将令狐之地赏赐给了魏颗。于是魏颗便成了第一个姓令狐的人，而他的后代也永永远远改姓令狐，让这个神奇的复姓就此得以发扬光大。

此后八百年间，令狐一脉一直在魏地安居乐业，过着与世无争的日子。直至汉朝末年，家族出现了一个极具传奇色彩的代表人物，才又重新崛起。这个人便是令狐愚的叔叔，弘农太守令狐邵。

汉献帝建安九年（公元 204 年），威震八方的中原统治者曹操以横扫千军之势攻破了黄河以北重镇邺城，曹魏由此坐拥了北方的大半领土。与此同时，这件事情也标志着袁绍辛苦打下的河北基业彻底土崩瓦解，黄河以北的广袤土地就此迎来了新的统治者。

锋芒毕露的刀枪从不长眼睛，杀伐之地白刃相撞，血腥飞溅自是难免，曾经为袁绍父子效力的官员也难逃这败局所带来的惨重厄运。在距离邺城不远的武安某城，随着曹操统领的大军轻松破城，十余名袁绍旧属瞬间便沦为了俘虏。

战乱之年不讲审查判罚，原本这些俘虏及其家属都是该开刀问斩的。然而或许是天意使然，曹操正巧从这里经过，看到队伍里有一个人衣冠、气质都与旁人有所不同。于是便好奇心起，差人前去询问。怎知，就是这看似不经意的一问，却就此改变了那个人的命运。

半个时辰后，曹操在书房里批改公文，差人进来匆匆禀报道：

“主公，那个人说有要事见你。可我问他什么事情，他却又不肯说。没办法，我就把他带到府中来了，此刻就在前厅等候。”

“哦？”曹操抬起头来，诧异地说道，“那个人要见我？”

“是。”差人肯定地说道。

曹操紧皱双眉，思索片刻，起身吩咐道：“那人既是要见本官，你就陪我走一趟吧。”

差人应了一声，陪同着曹操走出了书房，稍倾，他们来到前厅，只见那人正焦急地来回踱着步，见曹操前来，连忙迎上前去，说道：

“我是河东令狐家的人，叫令狐邵。我认识你爹，你爹当乌丸校尉的时候，我们在洛阳一起喝过酒。”

曹操一听此人竟然对自己的身世如此了解，瞬间便对令狐邵有了一些信任，为了进一步对对方的身份进行确认，他便佯作漠然地说道：

“哦？是吗？你和我爹喝过酒？那你可知道我爹和爷爷的名讳？又可否知晓本官的乳名呢？”

“这……”

令狐邵听曹操这样问自己，顿时面露难色。要知道，在古代随便说官员的私事本就是大不敬之罪，更何况此刻二人身份悬殊，人为刀俎我为鱼肉，若是对方不恼也就罢了，可如果对方万一恼了，这后果当真是不堪设想的。但是如若不说，想必曹操定然不会相信自己。

“怎么？你是不知道，还是不敢说啊？”曹操盯视着令狐邵，似笑非笑地说道。

说完，曹操转头给身后的差人使了个眼色，差人见状，心知主公的用意，立刻从腰间的剑鞘中拔出了明晃晃的佩剑，架在了令狐邵的脖子上。登时，阴冷的剑气渗入令狐邵的骨髓，让他猝不及防地打了个大大的寒战。

“好，我说。”令狐邵目光中满是绝望，声音颤抖地说道，“你爹叫曹嵩，爷爷叫曹腾，你因为在家里排行第三，所以小名叫三郎。”

曹操先是一怔，随即朗声大笑了起来。没想到面前的这个素昧平生的人竟还当真是熟人，既然连自己的乳名都知晓得一清二楚，想来定是父亲的交心之人。既是如此，那自己身为晚辈，又焉有不敬之理呢?

想到这里，他边笑着边向差人挥了挥手，说道:“看样子这位令狐大人确实是老爷的故交，咱们还应向他赔罪才是。”

差人听到曹操的吩咐，连忙将剑收回鞘中。随即与曹操一同向令狐邵深施了一礼。

“令狐大人，三郎先前并不知晓您和家父的交情，多有得罪，还望大人海涵。”曹操向令狐邵真诚地表示着歉意。

令狐邵原以为自己今日必死无疑，却没想到竟会在这误打误撞之中因为知晓曹操的身世而救了自己的性命。眼见得曹操此时这般谦逊，惊魂未定的他也连忙向对方施礼道谢，表示今后愿意鞍前马后为曹操效劳。

就此，来自山西太原的令狐邵在曹操的麾下谋得了职位，他先是担任丞相军谋掾（丞相手下的军事属官），随后又长期担任了丞相主簿之职，这个职务由于负责署理丞相的日常政治事务，被视为朝中要职。通过这一点，我们不难发现，在曹操的心中，令狐邵一直是他极为倚重之人。

后来由于工作需要，令狐邵被曹操派到弘农郡担任太守，弘农因地处两大古都长安与洛阳之间，既是军事重镇，也是富庶之地，为两地的发展提供了极其有利的支撑，可谓牵一发而动全身。

因为令狐邵在此之前并没有相关的工作经验，因此曹操刚开始以为他一定不会很快适应工作。然而没想到，事实却正好相反。令狐邵不仅将当地政务打理得井井有条，更通过各种奖惩制度带动起全郡百姓的劳动积极性，推动经济连年增长。无论从哪个方面来说，他都是非常优秀的领导。

尤其难得的是，令狐邵还是一个极为少有的清官。在他担任弘农郡太守期间，虽也曾有人为了达到个人的目的，对他进行贿赂，但都被他拒绝了。尽管当官多年，他仍是两袖清风，生活极其节俭，甚至因为不想铺张浪费，连妻儿都很少安排探望的机会。

东汉盛行儒学和经学，知识分子都以谈论马融、郑玄的经学论著为风潮，但弘农的学术水平却普遍不高，整个郡里都没有一个懂经学的。令狐邵为了改变这种情况，逐一询问属下的年轻干部想不想求学上进，只要是有人愿意就由官府出钱公派他们去山西大儒乐详那里进修课程。在他的大力推行之下，弘农的学术气氛得到极大的改善，原本死气沉沉的环境变得活跃起来。人人都以谈论儒学和经学为荣，学习兴趣空前高涨。

令狐邵的故事到这里就结束了，而令狐家的故事才刚刚开始。令狐邵降曹开启了山西令狐家在汉末三国乱世中难得的荣光，但也为这个家族的衰亡埋下了伏笔。

令狐愚原来的名字是令狐浚。因为从小便失去了父母，所以他在令狐邵夫妻的抚养下长大。因为令狐邵常年不在家，婶娘心地又很是纯善，故此一直将令狐浚视为己出，而这也就养成了他目空一切的嚣张个性。不仅说话做事我行我素，还常常自恃聪明多管闲事。在好不容易混了个小官当后，他仍是没有丝毫收敛，依旧说话做事随心所欲，无论大事小事都要争个高低。

令狐邵看在眼里急在心上，要知道，官场原本就很险恶，根本就不是容你随便撒野的地方，只能事事小心翼翼、时时如履薄冰，令狐浚这样做无疑是在自毁前程。然而无论他怎么劝说，令狐浚就是听不进去，将他的话视为耳旁风，表面上虽然哼哈答应，事实上早已经是左耳进，右耳出了。

最后，在尝试了许多次后，令狐邵也只得无奈地放弃了。既然孺子不可教，那他这个做叔叔的只要尽到心也就是了，其他的事情就全靠自悟吧。

谁知，令狐浚见叔叔不再理会自己，更加开心了。他误以为叔叔是因为词穷，所以让步了，于是更加解放天性，说话做事比以前更加有过之而无不及。

再加之，令狐浚天生聪颖，也曾做过几件漂亮的事情，故此族人们全都将他视为光宗耀祖之人。只有叔叔令狐邵在每次跟旁人提到这个侄子的时候，会连连摇头，叹息着说道：

“这个小子看上去挺聪明的，但他也是相当地任性。要是一直都由着他的性子这样下去，怕是迟早会把大伙儿都带到沟里。”

然而这天下没有不透风的墙，令狐邵原本以为自己说完就完了，却没料到很快便有好事者将令狐邵的话传给了令狐浚。不仅如此，他还加油添醋地渲染了一番，以便能够躲在一旁，更加开心地看热闹。

果然，令狐浚在听完这些话后心里很不舒服，尽管表面丝毫未显露出来，却也不禁在心中愤愤地想道：

“嘁，这老家伙可真是太有意思了，把自己看得那么高。行，既然你一定要自恃清高，那我就不靠你行了吧。就好像谁离了你，就玩不转了一样！”

从那以后，令狐浚果然再也没有登过令狐邵家的门。不仅如此，他还开始钻营，一心一意地想要谋个好位置，好好地奚落叔叔一番。

果然，苍天不负有心人。很快，令狐浚便因为自己努力而得到上级的提拔，摇身一变，做了和戎护军。接到通知后，他做的第一件事便是跑到叔叔家，以报喜为名义，狠狠地奚落了叔叔一把，以此种方式报了当年的“轻贱”之仇。可惜的是，无论令狐浚用何种言语嘲笑讥讽，令狐邵就是那般从容淡定，这不免让他感到有些失望。

其实，令狐邵之所以这样淡定，是因为他已经看透了侄子的结局。你想，这老爷子在官场上混了一辈子，什么样的人没见过。令狐浚的所作所为，让他看就是一句话：成事不足败事有余。

但是令狐邵已经有经验了，既然自己说什么，侄子都听不进去，那他干脆也就不说了。最起码，叔侄之间的关系还能保持得相对融洽。尽管如此，他的心里还是有些不安。

“令狐浚，你这个臭小子要是再不收敛，我们令狐家迟早会被你坑死的。”

当令狐浚在意气风发地抒发着自己的官场感怀时，令狐邵默默地想道。

稍倾，待令狐浚起身走人后，令狐邵依旧什么都没有说，只是轻轻地叹了一口气，无奈地摇了摇头。然而，面对着家人的好奇询问，他却什么都没有说。

当夜，令狐邵在卧房的床上辗转反侧，夜不能眠，脑海中浮现的都是白日里侄子令狐浚那张嚣张跋扈的脸。

唉，真没想到自己苦心经营了大半辈子，这小子却说毁就毁，真是我令狐家的灾星啊。想到这里，令狐邵不禁发出了一声重重的叹息。

身旁的夫人在半梦半醒间听到了声音，睁开眼睛，关切地说道：“老爷，夜已经深了，怎么还不睡呢？”

令狐邵向夫人摇了摇头，披衣起身来到桌子旁，坐下。

“浚儿就是那个性子，老爷千万不要往心里去，免得气坏了身子。”夫人也坐起身来，柔声劝说道。

“夫人有所不知，为夫并非跟那个逆子一般计较，而是……”令狐邵说到这里，再也说不下去，只是悲愤地低下了头。

“只是什么？”夫人不解地追问道。

“只是可怜我令狐家的门楣必将会因他而受辱，我原以为他经过历练会有所改变，却没想到这小子的野心还是这么大，要是一直这样下去的话，他总有一天会捅出大娄子。我现在老了，是一条腿已经埋进棺材的人了，只可惜咱们的后人迟早要受到他的连累啊。”令狐邵痛心疾首地说道。

夫人在听完之后，心中不免也有些惴惴不安。但由于当时还未能看清形势，因此也只能劝说老爷子暂且放宽心思，莫要多想。令狐邵见状，也只能摇摇头不再多说。或许他那个时候心里还存在着一丝侥幸，希望只是自己看走了眼，事情不会向自己想象的方向发展。可谁都没料到，很快这结果就无情地摆在了他们的眼前。

黄初年间，令狐浚奉旨担任和戎护军，在北部边境进行防务工作。当时北境频频受到鲜卑人的侵犯，为了尽快清除祸患，魏文帝曹丕派遣能征善战的乌丸校尉田豫出征讨伐。

这田豫自打进入仕途便以骁勇善战著称，被朝廷视为平定北境的一把利剑。毫无疑问，他这次出征也是横扫敌军得胜而归。可谁都没有料到的是，就在田豫得胜而归后，不识时务的令狐浚却硬要以小小的违纪事件，强行对田豫治罪。虽说有众人的劝说，但性情固执的令狐浚就是抓住小事不肯有丝毫的通融。

据说当时令狐浚在审判田豫的时候，这样大义凛然地说道：

“田豫，本官知晓你这次出征为朝廷立下了汗马功劳，也晓得你的官位极高，旁人应该让你三分。但不管怎样，你既然已经触犯了朝廷律法，本官就不能为你通融，必须严格按照律法执行，追究你的罪责。”

您听听，这话说得那是相当有水平。本来呢，如果放在普通人的身上，这件事情也没有什么错，可令狐浚却似乎将最关键的事情给忘记了，那就是人家田豫也是有靠山的，而且比谁都硬，那可是一言九鼎的天子曹丕。

果不其然，令狐浚的事情很快便传到了洛阳，并且成功地引起了曹丕的震怒。他起先就很看好田豫，所以对田豫的事情非常关注。原本是想让田豫先历练历练就让其在朝中担任封疆大吏的，却没想到令狐浚竟然会在这个关键时刻因为这么芝麻绿豆大点儿的事儿给自己上眼药，出难题。

曹丕知道，如果这个时候他强行提拔田豫的话，必然会招来朝臣们的风言风语，是非议论。可如果不提拔，他就会失去一个极其得力的助手，真是令人心痛。思来想去，曹丕也不能下定最后的决心。于是，一怒之下免去了罪魁祸首令狐浚的职位，给他套上刑具，打入囚牢，并且在诏书上对他大爆粗口。

“令狐浚，你这个蠢货，谁让你没事去为难人家田豫，朕看你还真是蠢到家了。你呀，就别叫什么令狐浚了，干脆就改名叫令狐愚吧，愚蠢的愚！”

当令狐浚看到曹丕诏书的时候，这才意识到原来自己真的是蠢到家了。为什么之前没有揣摩曹丕的心思，没事去招惹田豫干吗?

很多人在发现自己错误的时候都会悬崖勒马，绝对不会让自己在同一个地方再次跌倒。

为了提醒自己以后不要再犯如此愚蠢的错误，令狐浚主动给自己改名叫令狐愚。他希望通过这个耻辱的名字随时提醒自己，以后不要再做这样的蠢事，要不然下一次自己还不知道要遭受什么惩罚呢。然而事实证明，他真的只是改了一个字而已，紧接着所做的事情还是那样的愚蠢，甚至与先前相比有过之而无不及。

不过好在令狐愚是天生福将，他并没有因此而消沉下去，也没有一直以平民的身份过日子。很快他便受到了贵人的赏识，不仅重回朝廷当官，而且还做到了地方州郡的父母官——兖州刺史。

那时候的令狐愚原本以为自己会就这样开心顺遂地了此一生，却万万没有料到这一切竟然如梦幻般毁于一旦。为了报复司马懿，他决定与人联手发动兵变，对其进行讨伐。经过一系列周密的布局，此事即将正式启动。与此同时，为了能够让这件事师出有名，他再次派部将张式前往曹彪处进行说服。原本以为此番还会像前次一样吃个闭门羹，却没料到情况竟有了彻底改变。

这次曹彪没有像前次那样不等张式将话说完，就将他赶出门去。经过这段时间的暗中观察，他发现自己确实不该再对曹芳抱有任何幻想。令狐愚他们做得对，与其这样被动地等待下去，不如奋起反抗，或许还能给曹家挣个清平的天下。基于这样的想法，他不仅悉心地打听了兵变的筹备情况，并且很爽快地说自己愿意配合。

张式见曹彪终于点头答应，自然心中极为欢喜。虽说这结果来得迟了些，但好在没有白忙。在离开楚王府邸回到客栈后，他立刻给令狐愚写了一封信，将此情况悉数告知。原以为这件事接下来的发展会很顺利，可谁都没有想到，就在这紧要关头，令狐愚竟然因为这封信上所写的内容，激动得心脏病突发一命呜呼了。

令狐愚的身死看似只是偶然的事情，实际上却造成了淮南一叛的全局崩盘。王凌在失去了他这个重要的助手后，再无法顺利推进此事。原以为这件事情就这样在萌芽中被扼杀了，可令人意想不到的是，后来由于杨弘和黄华的告密，谋反之事东窗事发。勃然大怒的司马懿不仅逼死了王凌，而且还在震怒之余连带着令狐愚也被开棺暴尸，其三族之人更是因受其牵连悉数被杀，名赫一时的令狐家族就这样在顷刻之间化为乌有。

想必令狐邵在天有灵，那般温文尔雅的他也会大骂侄子愚笨，不该如此不识时务，非要搬起石头砸自己的脚。然而无论如何，这一切也都为时已晚了。

还是那句话，人不作就不会死啊！

第八章　孙权帝王人生

前面咱们说的是曹魏的故事，实际上，这个时期，与其相对而居的蜀汉、东吴两个国家也丝毫没有闲着，发生了很多大事。公元 252 年，孙权在建邺（今南京）病故，谥号大皇帝，庙号太祖，葬于蒋陵，他的亡故标志着三国初期的结束。

孙权字仲谋，是春秋时期东吴著名兵法家孙武的第二十二代孙，孙坚的第二个儿子，小霸王孙策的弟弟。关于古代的英雄人物，民间历来有着许多有关异象的传说，孙权亦是如此。有人说他是蓝眼睛紫胡子、方脸大嘴、上肢长下肢短、直立着双手就能摸到膝盖，相貌奇伟异于常人。

还有人说，早在孙坚跟夫人成亲不久，夫人就做了一个关于日月的胎梦。据说她的梦境里，天空是绚烂的七色，太阳和月亮同时出现，光芒灿烂无比。孙夫人梦醒后不久，就发现自己怀孕了。不久，就生下了孙策、孙权兄弟俩。

传说也好，野史也罢，孙权的确自幼便文武双全，早年随父兄征战天下，在镇压以张角为代表的黄巾军起义中立有奇功。能骑善射，年轻时常常乘马射虎，胆略超群，勇武过人。为了让弟弟能够受到更好的锻炼，孙策还特意让孙权去做了阳羡县的县令，那个时候他只有十五岁，却将该县治理得井井有条，得到了百姓的敬佩，素有“生子当如孙仲谋”之说。孙权性格豁达开朗，待人仁慈宽厚，喜欢豢养侠士。

而且每次孙权参与孙策的决策谋划时，孙策都对他出其不意的计谋感到惊奇，常常跟旁人说自己在智谋方面远远逊色于这个年幼的弟弟。甚至有一次在宴会上，孙策借着酒劲儿指着坐在自己身旁的孙权对众位将领笑着说：

“你们别看我这个弟弟现在是我的上将，以后他一定会在我之上的。”郡中察举孙权为孝廉，州中举荐他做茂才，在军中代行奉义校尉。

公元 199 年，孙权跟随孙策征讨庐江太守刘勋。刘勋败逃后，又进军沙羡讨伐黄祖。

公元 200 年，江东小霸王孙策被许贡家客刺杀身亡，因为父亲孙坚早已亡故，考虑到幼子孙绍当时还不满四岁，无法撑起东吴的半壁江山，故此便把自己手中的权力移交给孙权。为了让弟弟能够做个好皇帝，他还特意鼓励道：

“若举江东之众，决机于两阵之间，与天下争衡，卿不如我。举贤任能，使各尽力以保江东，我不如卿。卿宜念父兄创业之艰难，善自图之！”

这段话的大意是：如果率领江东父老征战厮杀，决定派兵布阵的方法，与天下争锋，你不如我。但在举贤任能，通过努力治理朝政，做一个好皇帝，我则不如你。所以我希望你能随时念着我和父亲创业时的艰难，励精图治，让东吴的基业发扬光大！

孙策死后，孙权因伤心过度，根本不理朝政。唯有长史张昭在这个时候仍以长辈和臣子的双重身份提醒道：

“主公啊，不要再哭了，当前形势紧张，你已经没有时间在这里哭哭啼啼了。你必须马上擦掉眼泪、脱下丧服，依照国君的身份去检阅下属和兵士们，稳定住大家的心。”

孙权听了张昭的建议，立刻换下丧服，上马到各个军营去巡查。同时，他还将原本颓然的心情收了起来，一心扑在政务上。臣子们见他这样，心中顿时踏实了下来，他们相信这个新任的国君虽然年轻，但一定会带着他们过上好日子的，于是便也用心辅佐，很快东吴便在君臣双方的共同努力下，再次蒸蒸日上。不仅如此，在那段时间孙权还网罗了一大批能力极其出众的人才。周瑜、程普、鲁肃、吕范等人都甘愿为他效力，诸葛瑾、严峻、陆逊、徐盛、顾雍等人也陆续地聚拢到他的麾下。孙权分兵派将，镇抚山越，征讨不服从管辖的地方势力，率军击败斩杀庐江太守李术，三次西征黄祖，派贺齐攻克黟县和歙县，把六县之地设立为新都郡。

荆州刘表去世后，鲁肃特向孙权请命前去凭吊，想要借此机会观察时局。然而还没等鲁肃到达，魏国的曹操就已经兵临其境，刘表的儿子刘琮率众投降。刘备想要渡江逃难，鲁肃和刘备相见，传达孙权联合抗曹之意，并且陈明厉害成败。

刘备进驻夏口，派全权代表诸葛亮去见孙权，经过一番商议，孙权欲派周瑜、程普等将领率军抗击。此时，曹操由于刚刚得到刘表部众，故此兵多将广，势不可当。在得知周瑜和程普前来攻打的消息后，曹操心中不禁一阵冷笑。

哼，世人都说孙权聪明，没想到他竟也是个不识时务的糊涂蛋。此番派人前来，无疑是以卵击石。算了，我还是做回好人，劝说他归降吧。于是曹操便给孙权写了封信，信上说：我曹操征战沙场，所向披靡，就连刘琮那老家伙都拿我没办法。现在我带着八十万水军前来，准备攻陷你的东吴呢。你如果不投降就等死吧！

孙权拿到信后，在朝堂上展示给群臣们看，很多人都大惊失色，纷纷劝说孙权投降。只有周瑜、鲁肃等人仍旧主张坚决抵抗，而他们的想法与孙权也是不谋而合。

“蝼蚁尚且惜命，我孙权即便是战死，也绝对不会束手就擒的。”

于是孙权当场任命周瑜、程普为左右都督，各自率领一万人，和刘备所部联合进军，与魏军在赤壁遭遇。经由草船借箭，运用火攻，大破魏军。曹操眼见不好，连忙吩咐兵将撤退，然而由于兵士又饿又累，半路又遭逢瘟疫，军队死伤大半。就此元气大伤，待狼狈退回北方后，再也不敢轻举妄动，也确立了三国鼎立的格局。就此，孙权名声大噪。

公元 211 年，孙权将治所迁移到秣陵，公元 212 年，完成石头城的修建，改秣陵为建邺。

曹操虽说是退回了北方，然而却一直不甘心，后来，他又曾经率兵几次前往江东攻打东吴，却始终没能获胜。这不仅让他的士气大伤，也令他对孙权的神勇有了更加深刻的认知。

然而正所谓分久必合，合久必分，孙权和刘备先前虽然曾因为共同的利益而联合一处，后来却又因为荆州而展开了激烈的斗争。

荆州，位于今天的湖北中南部、长江中游、江汉平原腹地。其名源于《尚书·禹贡》，荆及衡阳惟荆州，为古九州之一，以境内蜿蜒高耸的荆山而得名。

荆州历史悠久，早在五六千年前就有大溪文化等原始文化，春秋战国时则属楚地。

赤壁之战后，兵家必争的荆州七郡被刘备、曹操、孙权三家瓜分，曹操占据荆州北部最大的南阳郡和长江以北的江夏郡，孙权得到了长江以南的江夏郡和大部分南郡，而刘备则得到了长江以南的南郡及荆州南部四个郡（长沙、零陵、桂阳、武陵）。南郡之战后，周瑜分南郡南岸地给刘备，刘备屯兵公安，以土地稀少不利于发展为理由，向孙权请求都督荆州。在鲁肃的强烈支持和说服下，孙权最后答应了刘备的请求。于是刘备便有了完整的南郡，北边可以与曹操对抗，东边则和孙权联合，后来他又取得了益州（今四川），建立了蜀汉基业。

孙权原本以为刘备只是暂时借用他所辖的荆州地区，所以并没有太多的疑虑。然而没想到，等到刘备打下了四川，却仍不肯归还。无奈之下，孙权只得派诸葛瑾前去讨要。

在诸葛瑾前来的路上，诸葛亮便提前知道了大哥要来的消息。作为兄弟，他当然知道大哥的脾气一向都是吃软不吃硬的，于是便告诉自己的主公刘备，见到诸葛瑾后就哭诉困难。果不其然，这一招果然奏效，诸葛瑾顿时就慌了手脚。随后，他听刘备说等打下凉州就把荆州还给东吴，自然是笃信不疑。

诸葛亮就这样不费吹灰之力便帮着刘备继续占据荆州，等到诸葛瑾回到江东后，才知道自己竟然上了弟弟的当，不禁心情复杂、羞愧难当，却也无计可施。好在主公孙权宅心仁厚，并没有将这件事太放在心上，故此心里才算稍稍安定了些。

孙权虽说表面上好言安抚了诸葛瑾，然而和刘备也就此结下了梁子。在他看来，刘备不过是一个心口不一的撒谎骗人精罢了，既然是这样，那他孙权也就没有什么可顾虑的了。

但是，即便是要收拾刘备，也得师出有名才行。于是孙权又派自己手下的三郡长吏再次前去讨要，原本想用外交辞令进行斡旋。可没想到话还没有说完，就被暴怒的关羽赶了出去。这可是彻底惹恼了孙权。

“怎么着，刘备你小子是看躲不过去，就来横的了，是吧。行，我孙权也不是好惹的。既然你不要脸，那咱们俩就杠到底，看看到底是你厉害，还是我厉害！”

于是，孙权在盛怒之下派大将军吕蒙前去用武力强取，刘备听说这件事情后立刻派关羽带着五万人马从益州前往公安。双方一见面便陷入剑拔弩张、兵戎相见的地步，不想此时突然传来曹操发兵攻打汉中的消息，刘备担心四川有危险，于是只好将长沙、桂阳两郡重新割让给了孙权请求停战，这也就是大家知道的湘水合议，双方就此罢兵。

虽说刘备已经把部分地区还给了孙权，但毕竟不是全部领土，而且因为这件事，孙权的心里也蒙上了一层阴影。所以，他一直都想要找个机会好好地坑一把刘备，出一口恶气。

公元 219 年，关羽发动对曹魏的襄樊之战，曹操派左将军于禁前去营救。这日，天降暴雨，汉水暴涨，关羽的水军俘虏了于禁等步骑三万人送回江陵，只有樊城没有攻破。孙权一看机会到了，不如就趁此刻结果了关羽，于是向曹操写信，要求出兵夹击关羽。

曹操接到信后非常开心，哎呀，都说孙权聪明，谁知道他是聪明过头了。我正想要转嫁危机呢，没想到他竟然自己主动送上门来了。好吧，既然这样，那就成全他吧。于是，曹操便写信给关羽，派曹仁用弩箭将信射给了关羽。关羽害怕这是曹操的缓兵之计，在犹豫不决中没有退兵。

随后，孙权对关羽发起了进攻。他先派吕蒙袭取公安，俘获了守城的蜀汉将士。然后又派陆逊率军攻取宜都，占领秭归、枝江、夷道等地，还兵屯夷陵，卡住峡口防备蜀军前来增援，同时也堵死了关羽入蜀的道路。

关羽被徐晃击败后还军当阳，再向西退到麦城，孙权派人前往劝降。关羽假装投降，在城楼上插上旌旗，用草扎了很多草人放在城头上，然后连夜逃走。在路上，关羽的兵士溃散，身边只剩下了十数名骑兵。孙权事先派朱然、潘璋切断了关羽的退路。次月，潘璋部下司马忠在章乡抓获了关羽、关平父子二人和都督赵累等人，东吴重新占据荆州。

据说，在抓到关氏父子后，孙权让手下的兵士将他们的头砍下送给曹操。当曹操毫无防备地打开盒子，看到了正对自己怒目而视的关羽的人头，不禁当场晕厥了过去。

在重新拿回了荆州后，孙权自公安迁都鄂郡，改名武昌，把武昌、下雉、寻阳、阳新、柴桑、沙羡六县合并为武昌郡。而就在这段时间，因为关羽之事得罪了刘备，孙权只能投靠曹魏。为了能够进一步获得支持，他甚至屈身为臣，让东吴成了曹魏的附属。

公元 221 年，刘备以替义弟关羽报仇为名，亲率大军征讨江东，兵锋直指巫山、秭归。刘备派出谋士马良劝降武陵蛮夷，许诺以印绶和封赏。于是诸县及五溪百姓归降蜀汉，出兵协助刘备作战。

孙权一方面任命陆逊为都督，指挥朱然、潘璋等出兵抵御刘备；另一方面派都尉赵咨出使曹魏，寻求支援。

曹丕当堂接见赵咨，问他："吴王是什么样的人主？"

赵咨回答："我主聪明仁智，当然是雄略之主。"

曹丕笑道："为什么？"

赵咨回答："我主纳鲁肃于凡品，是其聪；拔吕蒙于行陈，是其明；获于禁而不害，是其仁；取荆州而兵不血刃，是其智；据三州虎视天下，是其雄；现在屈身于陛下，是其略。"

曹丕点了点头，嘲弄地问道："那吴王学识如何？"

赵咨回答："吴王浮江万艘，带甲百万，任贤使能，志存经略，偶有余暇，博览书传历史，籍采奇异，只不过不像那些儒生寻章摘句罢了。"

曹丕又问："我想现在趁机攻打东吴，怎么样？"

赵咨回答："大国有征讨之兵，小国有备御之固。"

曹丕很欣赏赵咨，点了点头，问道："不知东吴像赵大夫这样有才华的有几人？"

赵咨回答："就全国范围来看，我国特别聪明通达的有八九十人。像我这样的不才之人，车载斗量，不可胜数。"

曹丕哈哈大笑，对赵咨大加赞许，当场便答应了支援的请求。

赵咨不辱使命，孙权听说这件事很是高兴，封赵咨做了骑都尉。在赵咨的建议下，孙权效仿汉朝更改国号，设了自己的旗帜和服装，以应天顺民。同时，他又立长子孙登做世子。

公元 222 年，陆逊派部将宋濂等人进攻五屯蜀军，全部击破，斩杀其守将。之后蜀军退兵于山林中险要之地，前后扎下五十多座营寨，陆逊则坚守不战，等待破敌良机。双方僵持了数月后，陆逊大败蜀军，刘备率领少数人马狼狈逃回白帝城。

同年，曹丕因为孙权不肯送儿子孙登到曹魏做质子，单方面撕毁了与东吴的盟约，命令曹休、张辽、臧霸出洞口，曹仁出濡须，曹真、夏侯尚、徐晃围攻南郡。孙权派遣吕范等人分五路迎敌，派水军抵御曹休等人，诸葛瑾、潘璋等人增援南郡，朱恒在濡须抵挡曹仁。

这时扬州、荆州的少数民族很多都没有平复，内患不息，所以孙权给曹丕写信要求停战。信里，他诚恳地说道："如果罪责难免，我可以奉还您赏赐的土地和百姓，独自在交州了此余生。”

曹丕看信很是感动，回信说：“你生于天下大乱之时，本来就有纵横天下之志，却愿意降低身价降我大魏，享受现在的封赏。我前期已派使者去慰劳你，再派遣尚书、侍中去和你重修前盟，并且商定送太子入朝为质，你却借口推辞。现在看了你的信，言辞恳切，令我伤感动容。这样吧，我马上就下诏让魏军停战，只要你早点儿把孙登送来做质子，我就马上让军队撤回。我保证字字都是真的，发自肺腑！”

孙权看了信后，知道曹丕的想法，心中不禁更是生气。别看曹丕写得动情，实际上还不就是让他俯首称臣。既然是这样，那他干脆就决战到底。于是果断地改了国号，派兵沿长江严加防守。

同年冬天，江东刮起了大风，因为曹魏军不适应当地的气候，接连落败，很快便撤兵了。

孙权见此情形，马上派使者到白帝城，与刘备重新修好。曹丕知道了这件事后，很是生气。他没想到孙权这个小小的东吴之主竟然有这么大的本事，不但敢跟自己决裂，而且还明目张胆地跟刘备重新勾搭到了一起。出于愤怒，他数次派兵前去讨伐孙权，却始终兵败。这才明白当年赵咨在出使曹魏时所言非虚，江东确是人才济济，不可图谋。

随着孙权的一番励精图治，东吴发展得越来越好，国土面积也越来越大，军队兵强马壮、百姓安居乐业，完全成了盛世强国。

公元 229 年，在百官臣僚的劝说下，原本一直以诸侯王自称的孙权在南郊登皇帝位，建国号为吴，宣布大赦天下。同时他追尊父亲孙坚为武烈皇帝，母亲吴氏为武烈皇后，哥哥孙策为长沙桓王，太子孙登为皇太子，对大臣们加爵封赏。

奇怪的是，晚年时的孙权却一反之前的清明，变得越发老迈昏庸起来。他不仅没有让原本呼声最高的张昭当丞相，而且还因为陆逊被卷入孙家的财产纠纷争夺案，派人轮番骚扰，最后活活将陆逊气死，全然不顾这么多年的主仆之情。也正因为此，所以很多负面的舆论接踵而来，甚至有人还用“渣权”这一极具嘲讽的名称来叫他，说他不该偏听偏信、不择手段，做人行事着实太渣。

然而，如果仔细分析就不难发现，孙权这样做也是有他自己的苦衷。当年，面对父兄的早亡，他在士族阶层的互相倾轧下受了太多的委屈。若不是老臣张昭一心相护，他怕是早就会沦为这政权斗争的牺牲品了。而到了他晚年的时候，孙策的政治班底早已老去，退出朝堂。他的嫡系人马中，外来势力逐渐凋零，江东四大家族得以迅速崛起。

面对这种种复杂的情形，为了维持政治平衡，孙权不得不采取一系列措施，寻找不同的借口，严厉打压江东四大家族，甚至不择手段逼死陆逊，杀死了当时不少江东四大家族的人才。为了巩固东部的政权，他甚至还废掉了和江东四大家族走得近的太子。

可以说，孙权是一个精致的利己主义者，他做出的一切选择都是为了维护孙氏江山，让各派势力能够达到一个平衡。因为，作为过来人，他不希望自己的子孙再次遭遇他当年的问题，也不希望好不容易才经营好的东吴基业再次面临覆灭之灾。所以无论如何，他都要在这人生的最后一段时光扫清障碍，让自己的子孙在继续掌权时能够更加顺遂一些。

而对于一个实力并不强大的国家而言，孙权能够做到这个程度，实属不易，谁又敢说他是昏君呢？

公元 252 年 5 月 21 日，孙权带着满腹牵挂病逝。

第九章　丁奉雪中赤膊

由于孙权的去世，东吴朝政瞬间发生了强烈的动荡，群臣个个惶恐不安，朝堂上下人心不齐，眼看着一场由盛转衰的风波就要到来了，而这风波的根源始于二宫之争。

东吴末期的这部分历史，没有了前期开疆拓土的豪气冲天，也没有了长江水战中的运筹帷幄，只剩下血淋淋的、令人窒息的宫闱斗争。皇子夺嫡相争、朝臣举国中分，而长达八年之久的二宫之争，更是以太子、鲁王和群臣的三败俱伤而宣告结束，而也正是从那个时候开始东吴进入了日复一日的混乱和黑暗的内斗时期。

众所周知，孙权一生共育有七个儿子（孙登、孙虑、孙和、孙霸、孙奋、孙休、孙亮）和三个女儿。其中，孙登在孙权在位的时候便被立为太子，协助处理政务、提供劝谏，对时政多有匡弼。可惜的是，他虽然非常有能力，但却短命，三十三岁便患重病去世了。

没多久，孙和当了新太子，而老四孙霸则当上了鲁王。

老四看到老三当了太子，心里顿时就不舒服了。原本这哥俩年龄差不多，从小就常在一块儿玩。而父亲又对他俩同样娇惯，那是要月亮不敢给星星，既然是这样，那凭什么你老三就能当太子，我就不行。老四的心里越想越气。哼，既然我当不上太子，那我也绝对不让你太安生。来吧，咱俩好好较量一番吧。

打定主意，孙霸就开始积极地结交当时的名士，还与朝中官员拉帮结派。当时与孙氏有着血缘关系的宗亲孙奇、吴安，诸葛恪的大儿子诸葛绰、全琮的儿子全寄等人都统统依附孙霸，成了鲁王的幕僚。

然而，孙霸不老实，孙和也绝对不是省油的灯。他看到老四竟然敢公开招兵买马，跟自己对着干，顿时气不打一处来。

于是，尽管孙霸的攻势凌厉，却因为孙和处处设防，根本一点用都没有。闹到最后，事情越演越烈，以孙和被废、孙霸被杀、孙亮登基而告终。

孙亮，字子明，是七兄弟中的老小，别看他年纪轻，但行事为人都极为稳健。登基之后，他先大赦天下，更改了年号。

次年闰月，孙亮任诸葛恪为太傅，滕胤为卫将军领尚书事，上将军吕岱为大司马，丁奉为冠军将军、封都亭侯。众文武在职的都加官晋爵，闲散在家的官员俸禄升级一等。十月，太傅诸葛恪率军拦截住巢湖水，建设东兴城，派将军全端守卫东兴西城，都尉留略守卫东兴东城，各驻军千人进行把守。随后由于朝内有事，诸葛恪先引军而还。

东兴堤横亘在巢湖与长江之间的濡须，诸葛恪修建东兴堤，并且在旁边建筑城坞，算是扼守淮南和江东的一条水道，加强了对曹魏的防备。

但诸葛恪的举动也刺激到了曹魏的敏感神经。当时司马懿已死，由其长子司马师执掌曹魏兵权。司马师原本以为孙亮这个奶娃娃没什么能力，根本就没瞧得起东吴。然而却没想到这个娃娃上台第一件事竟然是修建了一条堤坝，看样子还有点意思。那行，我就发兵陪你玩玩，看看到底是你的堤坝厉害，还是我的虎狼军勇猛。

据说，关于曹魏进攻东吴的具体计划，当时在内部存在着各种不同的声音。

按照《三国志·魏书》引注的《战略》及《三国志·魏书·三少帝纪》引注的《汉晋春秋》的内容来看，在这场战争前期，曹魏内部至少有四种不同的计划，分别是：

一、乘船渡江，横行江表，对东吴进行抢劫抄略。

二、多路进攻，大张声势，凭借巨大的威势离间、引诱东吴守将，等待东吴内部出现问题。

三、在要地驻军屯田，强夺江北肥沃的土地，与东吴相抗，等待有利时机发动突然袭击。

四、由王昶进攻江陵，毌丘俭进攻武昌，阻挡东吴长江上游的援军，然后派遣精锐部队迅速拔除东兴堤附近的两个城坞，破坏东兴堤。

这些进攻计划中，因为诸葛诞提出的计划最直接，故得到了司马师的认可。不过，司马师也并没有完全采纳此意见，而是在其基础上进行了适当的调整。按照诸葛诞的计划，派精锐部队突袭，抢在东吴支援之前完成任务，而司马师的建议是大军压境，用威势重挫东吴军队的锐气。

打定主意后，司马师立刻开始调兵遣将，他下令由武关亭侯王昶率领三路兵马突袭东吴。曹魏大军一路势如破竹，令人闻风丧胆。曹魏大军原本计划次年三月到达南郡，没想到因为进展很是顺遂，这年十二月王昶大军便已到达。在经过一番周密的排兵部署后，由荆州刺史毌丘俭领兵进攻武昌，卫将军胡遵和征东大将军诸葛诞一道率七万大军攻打东兴。

整个东兴之战中，曹魏三路大军总共投入了十五万的兵力。不过，在攻打东兴的过程中，主要兵力却只投入了七万人，其余则同时向南郡和武昌方向进发，两道夹击形成合围。

曹魏大军强攻的消息很快便在东吴朝廷引起了一片哗然。因为之前的朝政动荡，如今正处在休养生息的阶段，面对曹魏这强大的攻势，很难保证结果究竟如何。故此，臣子们立刻便分成了不同的阵营：主战派、主和派、中立派。

尽管阻挠重重，然而经过再三权衡，孙亮最终仍决定以战止战。由于当时东关和西关驻守军队只有千人，面对这来势汹汹的铁骑，根本无法抵挡。因此他特命大将军诸葛恪亲率四万人马日夜兼程，赶去东兴救援。同时，由丁奉和胡遵两名骁勇善战的名将跟随为副将，随时听从诸葛恪的调遣。而关于东吴兵士的来源也流传下来了很多说法，其中有一种是说当时的主力部队都是诸葛恪秘密招收的丹杨兵，极为骁勇善战，最后成就了逆袭的奇迹。

诸葛恪在接到吴王的命令后，很快便针对曹魏军的弱点，并结合自身的优势，进行了一系列的战略部署。

诸葛恪先从大军中挑选出最为能征善战的兵士组成先头部队，派遣其奇袭围城的魏军，在制造敌军内部的混乱后，第二波的攻势再紧接着跟上。与此同时，他又派遣先遣部队破坏魏军的浮桥，让围城的魏军被吴军分割包围，各自为战，最后溃败而退。

待进行完这一系列的布置后，诸葛恪便率领大军离开江东，浩浩荡荡地向东兴堤的方向而去。一路上，大军不断地通过前方探子打听到敌军的消息，心中或喜或忧。然而无论周围人如何表现，身为统帅的诸葛恪、丁奉、胡遵等人却都表现得很是淡定。

即将行至东兴湖时，随着前方探子的不断来报，大部分东吴兵将陷入了恐慌之中，这曹魏大军如此勇猛，吴军又怎能抵得住呢？不如趁着现在两军还没有交锋，赶快撤吧。

面对着兵将们种种负面情绪，丁奉却丝毫没有受到影响，仍显得极为冷静。他认为此时敌人既已从许昌和洛阳调集主要兵力前来，那么此战就必须打。否则的话，不但会重挫了东吴大军的士气，而且还会连带着朝廷的颜面受损，正所谓箭在弦上不得不发。只是魏军兵力强大，如若硬拼，东吴军必将惨败，故此必须先要想好万全之策才是。

经过与诸葛恪等主帅一番激烈的讨论，东吴军有了周密的行动计划。丁奉认为：

“现在我军行动迟缓，如果敌军占据了有利地势，那么我们就无法再和敌军作战。”

他的想法得到了诸葛恪等人的一致认同，素来擅长水战和山路攀缘的他们决定扬长避短，将优势发挥到极致。于是，当船只在中途停靠到岸边时，诸葛恪率军下船，丁奉则继续与将军唐咨、吕据、留赞等人一起沿山路向西边进发。

东兴之战是在冬天发生的，中途下起了大雪。眼见得东吴军再次陷入困境，丁奉决定让唐咨等人继续按原路前进，他自己则单独带着三千人马走小路绕到魏军的后面，以便左右夹击，形成合围之势。

就在丁奉赶往徐塘时，胡遵已占据东兴大堤，并命令桓嘉、韩综向左右二城发动进攻。两城守将全端、留略死守城池，顽强抵御，战事陷入胶着状态。

当时天天刮北风，船助风威，丁奉等人乘坐的船两天就到达了徐塘。寒冬时节，天上又飘起了雪花，四周一片安静。丁奉派手下兵士对该地进行细致勘查，有了两个极其重要的发现。

胡遵军中的兵士并没有太强的防范意识，虽然已是备战状态，但其中仍有一些人悄悄躲在帐篷里饮酒取暖。

曹魏军并没有占据有利地势，对吴军形成合围，到达东关地区的不过只是少量的先头部队。

也就是说，现在正是东吴军打败魏军的绝佳机会。为了鼓舞士气，丁奉立刻抽出腰中佩剑，对兵士们高声喊道：

“取封侯爵赏，正在今日！”

兵士们在丁奉的激励下，神情无比激昂。丁奉见状，马上就进入排兵布阵的准备阶段。为了迷惑对手，他让手下兵士脱下铠甲，丢掉长兵器，只携带刀和盾牌，赤裸上身爬上了东兴坝。

曹魏军看到这群在冰天雪地赤裸上身的东吴兵士，非但没能引起重视，反倒愈发“欢脱”了起来，纷纷讥笑对方疯了，没等开战就冻傻了。听到对方的嘲讽，少数不明就里的东吴军也开始有所抱怨。作为统帅，丁奉却并不急于解释，只是付之一笑。

待东吴军全部爬上大坝后，某一日，在漫天风雪和沉沉夜色的掩映下，东吴的三千兵马伴着激烈的鼓点儿，如同神兵天将一般出现在魏军的营帐之中。原本还在扬扬自得，以为自己碰到的敌手比较傻，这场仗不用打就能赢的曹魏军没想到对方竟然会在此时偷袭，毫无防备，尚未开战便已七零八落，在勉强应付了一阵儿后，就彻底溃败。恰在此时，吕据大军也刚好赶来，与丁奉合力击溃了魏军。这便是“雪中奋短兵”典故的由来，东兴之战的关键转折点。战后，东吴的兵将们终于明白了丁奉的用意，对其更加敬爱，佩服之至。

诸葛恪带领东吴主力军队到来后，曹魏大军也曾试图反攻，然而不但没能成功，反而更加狼狈。

一路上，曹魏大军可谓是惨状频出。他们一开始想从浮桥上撤退，却因为人数众多，加之朱异不断率领水军进攻，浮桥顷刻便被摧毁。曹军多是来自北方的旱鸭子，不识水性，在落入水中后，瞬间便沉入河底不得生还。与此同时，被困在浮桥东侧的部队也很快被吴军消灭，曹军只有招架之功，再无反手之力。

东兴之战给曹魏大军造成了极其沉重的影响。因遭受了一系列的惨败，魏军死伤者众多，很多家庭就此失去了壮丁劳力。不仅如此，该战对礼制也起到了一定的影响。

据《晋书·礼制》中记载：温峤以侵寇为由，不至其母的殡葬，引起朝廷非议。司马睿让群臣议论，论者提及东兴之战的故事：三年丧期完后，礼除。《宋书·郑鲜之传》也曾多次提及此事：因为在此战中死者众多，司马昭特令丧礼从简，守丧期间也不禁止婚嫁和入仕。

永嘉之乱后王敦复引这典故，称其为当时曹魏最重要的国家大事；而《陈书·沈洙传》则在讲述东兴之战时说，因为当时魏国的将士死得太多，以至于棺材铺都缺货了，很多尸体根本无法用棺椁装殓。基于这种种情况，曾有朝臣建议说希望能够用另外的方式来处理此事，而不是单一的传统方法。

同样，三国同期的人物也对东兴之战有着统一的认识。无一例外，他们全都认为这是曹魏的一场奇耻大辱，应该由司马氏全权负责。正如后来毌丘俭和文钦在寿春联合起兵讨伐司马师时的讨伐檄文里写的那样，东兴之战大败是司马师的十一条大罪之一。其中一条是这样写的：贼退过东关，坐自起众，三征同进，丧众败绩，历年军实，一旦而尽，致使贼来，天下骚动，死伤流离。

不过，依史官看来，无论曹魏和东吴双方输赢如何。毋庸置疑的是，东兴之战作为中国古代历史上为数不多、可圈可点的“以少胜多”著名战役，在现代以及未来的军事史研究方面都有着非常重要的指导意义。

第十章 诸葛德不配位

东兴之战魏国大败而归，死伤无数，狼狈不堪。魏帝原本就不建议去打这场仗，如今战败了，不禁更加气急败坏。当着文武百官的面儿，给司马师、司马昭兄弟二人劈头盖脸就是一顿骂，让这原本春风得意的兄弟俩瞬间抬不起头来。不仅如此，魏帝更是当机立断削去了司马昭的侯爵。司马师则因为事前收买人心被其他将领宽恕。

不过，虽说此番是败了，司马师被打了脸，但此事也还不至于撼动司马家在曹魏政权中至高无上的地位。

与此同时，东吴作为获胜方，自然一干将领会加官封爵、摆酒设宴、弹冠相庆。

关于这点，《晋书·景帝纪》中有这样的记载：魏嘉平四年春正月，诸葛恪迁大将军，加侍中，持节、都督中外诸军，录尚书事。

此战吴军大获全胜，作为主帅的诸葛恪成了当时东吴的第一权臣。面对着这巨大的胜利及旁人对自己的恭维，诸葛恪不禁飘飘然起来，说话做事也更加随心所欲。

正所谓，冰冻三尺非一日之寒。诸葛恪有这样飘飘然的心态，和他的成长经历是分不开的。

诸葛恪字元逊，是诸葛瑾的儿子，诸葛亮的侄子。作为地地道道的官二代、世家子弟，可想而知，他的童年一定是衣食无忧。不仅如此，据说诸葛恪小时候长得白胖白胖的，就像个人参娃娃一样讨喜。

他自幼聪颖绝伦，是一个极其聪明的孩子，而且反应能力也超强，常常给人以意想不到的答案。

据说有一次，四岁的诸葛恪跟着父亲到宫中玩，恰巧遇到了太祖皇帝。太祖皇帝一看这小孩长得这么喜庆，真是太可爱了。于是就想逗一逗他，明知故问道：

“你是谁家的孩子啊？”

诸葛恪抬起头来，对着太祖皇帝一本正经地答道：“我爹爹是诸葛瑾。”

太祖皇帝一看这小孩胆子竟然这么大，对他丝毫没有惧怕之意，不禁更加开心，继续调侃道：

“哦，原来你是诸葛家的孩子啊。那我问你，你爹妈给你吃了什么好东西啊，为什么长得这么胖啊？”

诸葛瑾瞥了一眼太祖皇帝，他虽然因为年纪小，听不大明白这其中的意思。但也知道绝对不是句好话，故此就随口答道：

“我听说有钱人家豪宅广厦，有德之人心宽体胖。我哪里是爹妈养得好，这都是我不断积累德行的结果啊。”

太祖皇帝听他如此回答，先是一怔。哎呀，没想到这小孩不是一般人啊。这答案怕是连一些大人都想不出来呢。想到这里，太祖皇帝不禁放声大笑，连连点头，夸赞道：

“哎呀，你说得很对，你爹能够有你这样聪慧的儿子，也是他积德的结果。我早就听朝臣们说诸葛家的孩子不一般，一直将信将疑。今日一见，果然如此。好啊，天降神童，乃是我东吴之福啊！”

很快，太祖皇帝的话便传遍了朝野上下。朝臣们纷纷向诸葛瑾道喜，祝贺他有这样的神童儿子。

后来，随着诸葛恪名气的不断增大，人们都喜欢故意给他出点难题考考他。而每次诸葛恪不仅反应快速，答案也是奇准，故此在少年时代便已入朝当官。而这时，诸葛恪的才智也越发显露了出来，他不仅极其聪明，而且应变能力超级强，好口才也是继承了家族的先天遗传，可谓才思敏捷、口若悬河。这从两个小故事便能够看得出来。

古代上朝可谓是戒律森严，每天早晨天刚蒙蒙亮，朝臣们便得从床上爬起来。待梳洗完毕后，就披星戴月地往宫里赶。这要是春夏秋三季还好说，到了冬天，如果天上再下着雪，那“冰爽”的感觉简直无法用语言形容。

好不容易到了朝堂上，一站就是三个小时。身子都僵直了，还得一动不动，不然就是藐视皇上。这要是只有早朝还好，有时候事务多了，朝会可能就是一天，从早上五点到晚上八点，连喝水的空儿都没有，更别说上厕所解决内急了。

可能有人看到这儿会问了，那万一大臣想上厕所怎么办？怎么办？忍着。有些经验丰富的大臣会在上朝前含一块珍贵的木头，还有的含一块参片，以便增强抵抗力。

当然，并不是每次上朝都是这么难受，偶尔也会有“欢脱”的时候。有一次上朝的时候，太祖皇帝就当着文武百官的面儿命人牵来了一头驴。正当众人面面相觑的时候，没想到他突然提笔写了一张字条：诸葛子瑜（诸葛瑾的字）。通过这种方法，暗讽诸葛瑾的脸长，就跟驴脸一样。

当时在场的朝臣看后虽觉尴尬，但因为是主公所为，也只能跟着傻笑。人群中唯独有两个人没笑，一个是诸葛瑾，而另一个就是诸葛恪。父子二人双双绷着脸，一副严肃的模样。

太祖皇帝见诸葛父子没笑，顿觉无趣。再加上他也意识到自己玩闹得似乎有些过分，不觉有些尴尬。朝臣见状，也连忙收起了笑声，朝堂瞬间一片寂静。

“那个诸葛爱卿啊……”沉默片刻，太祖皇帝用舌头舔了舔嘴唇，有些艰难地辩解道，“朕刚刚只是与你玩闹，你千万不要往心里去啊。”

诸葛瑾听太祖皇帝这般言说，刚要表示没关系。话还没说出口，就从后面传来了诸葛恪的声音。

“皇上，臣有本要奏。”

诸葛瑾听后，心中不觉一沉。身为父亲，他自然知道自己这个儿子自恃聪明，经常会无理辩三分，只是不知道他今天又要出什么幺蛾子。

“哦？元逊，你说。”太祖皇帝饶有兴致地说道，虽然与诸葛瑾同为长辈，但他显然要比做父亲的更加欣赏诸葛恪一些。

“元逊想请求主公允许臣在您方才写过的纸条上再添几个字，不知可否？”诸葛恪抱拳施礼，恭顺地说道。

“元逊，胡闹！”诸葛瑾一看儿子不仅当着满朝文武公然发表自己的见解，而且竟然还敢明目张胆地向主公提要求，真是不要命了，连忙斥责制止道。

“哎，子瑜，你这是干吗？”太祖皇帝向诸葛瑾摆了摆手，示意他不要再说话。随后，又转向诸葛恪道：“元逊，你既然想写，我同意便是。不过，如果你写得不好，我可就要拿你是问了！”

太祖皇帝这话说得半真半假，他原本不过只是想开个玩笑，却没想到因为玩笑开大了，反倒闹得大家都有些尴尬。如今诸葛恪这样做，也是帮他下台，他当然要领这个情了。不过，身为国主还是要有些国主的面子，故此才有了方才的话。

“是。”诸葛恪再次抱拳施礼，神情很是平静。在朝臣们屏气凝神的注视下，诸葛恪在父亲诸葛瑾的名字后面添了两个字：之驴。就是这一添，不仅巧妙地化解了尴尬，而且还将驴子易了主人，可谓是一举两得。

在又反复看了两遍后，诸葛恪放下了毛笔，一揖到地，明知故问道：“主公，你看元逊这样写可否？”

太祖皇帝大笑着说道：

“哈哈，不错！”

“元逊替家父感谢主公的赠驴之恩！”诸葛恪抱拳施礼道，随即转身重新回到班列里。

就此开始，太祖皇帝便将一些棘手的难题都交给他处理。

太祖皇帝喜欢饮酒，每次设宴的时候都会跟大臣们同饮。可是老臣张昭却并不喜欢喝酒，因为这件事他二人还曾经闹过几次别扭。为此，太祖皇帝也曾经试图调和，但却始终不能与其达成一致。不仅如此，张昭还仗着自己的师父的身份，每次酒宴喝得开心的时候，他便会独自在旁边痛心疾首地念叨，一副恨铁不成钢的模样。

“这酒啊，看似是琼浆玉酿，实际上就是穿肠毒药、杀人不见血的刀。臣奉劝主公，还是尽快戒了。”

张昭刚开始念的时候，太祖皇帝并没有太大的反应。然而时间一长，他的心中就越来越忐忑不安，就好像真的是做了什么见不得人、大逆不道的事情一样。

不行，再这样下去，自己迟早会疯的。既然这样，那就必须要让师父先破戒，到时候自己就顺理成章地有话说了。

打定主意，太祖皇帝马上就将诸葛恪传到了御书房，将自己的打算告知给了对方。诸葛恪原本以为是多么重要的军事秘密，此刻一听，原来是此等小事，立刻拍着胸脯说道：

“主公，我还以为是多大的事情。放心吧，这件事情，元逊保证帮您办好。”

太祖皇帝见诸葛恪同意了，非常高兴。次日下早朝前，便通知朝臣们，晚上宫中举行酒宴，让众人全去，一个都不能少。

晚上，太祖皇帝特意安排诸葛恪陪坐在张昭的身边，自己则故意跟群臣们大声喧哗、饮酒作乐。张昭不知这事先的安排，眼见太祖皇帝非但不听自己的好心劝解，反倒变本加厉起来，顿时气得脸色煞白，说不出一句话来。

诸葛恪察言观色，心知张昭此刻的想法，便语重心长地劝说道：

“姜太公在九十岁高龄的时候还曾经上战场打仗，主公考虑到您年迈体衰，不便行军打仗，于是便将您留在后方。而设宴的时候又让您在前方，可见他对您的用心颇深。张先生既然如此蒙受皇恩，难道还不应该好好表示一番吗？”

张昭原本心中有气，然而在听到诸葛恪的这一番话后顿时哑口无言，再加上太祖皇帝平素对他极为宽厚，心知即便不认同也不该勉强其行事。于是便也端起酒碗，象征性地喝了一口。

太祖皇帝虽然貌似跟群臣玩闹，实则一直暗中观察这边的动静。他看到张昭喝酒，马上对身旁的舍人高声吩咐道：

“张公好酒量，还不赶快续酒。”

稍倾，待舍人续完酒后，他又端起酒碗，让群臣陪同自己一起向张昭敬酒。张昭无奈之下只得将酒喝光。因有这次经历，从此在太祖皇帝举行酒宴时，张昭便也就不再拼命劝阻了。

通过这两件事，诸葛恪在太祖皇帝的心中地位直线上升，瞬间成了他最依赖的人。

这件事情过了没多久，诸葛恪便又给太祖皇帝带来了更加深刻的印象。一日，蜀汉有使者到东吴，太祖皇帝因知道诸葛恪喜欢骑马，便当着满朝文武的面对使者说，诸葛恪喜欢骑马，转告你家丞相送好马过来。诸葛恪听完后，连忙出列谢恩。

太祖皇帝见他如此行为，心中不觉讶异，不解地问道：“元逊，你这是干吗？马可还没有送来呢。”

谁知诸葛恪却感激地回答道：“蜀汉就如主公的马厩，既然主公已经下诏了，一定马上就会有良马送来的，故此元逊才要谢恩的啊。”

诸葛恪这随机应变能力可谓没有更强，只有最强了吧。从某种意义上来说，他确实算得上是神童，加上父亲诸葛瑾在东吴的巨大影响力，简直就是带着光环的完美主角。但实际上，从另一个方面来说，这也让诸葛恪有一点性格缺陷，恃才傲物、刚愎自用、急功近利、自命不凡，顺利的仕途则更让他在后来无法接受命运的挫折。

也许是早就看透了诸葛恪的本质，诸葛瑾、诸葛亮兄弟对这个诸葛家族的传人一直颇有微词，甚至诸葛瑾在跟外人谈论儿子的时候，还曾经叹息着说道："恪不大兴吾家，将大赤吾族也。"

这句话的意思就是说：这个臭小子再不好好改变一下性子，将来说不定我们诸葛一脉都会断送在他的手里。

其实，关于断送诸葛一脉这件事，也是有一个较为长期的演化过程的。而这就要说到诸葛恪的政绩了。

诸葛恪是个天才，父亲诸葛瑾是东吴重臣，政治立场又是淮泗集团，算是东吴皇族可以倚重并制衡江东世家的"自己人"，自然会受到重用。

诸葛恪先是骑都尉，进入东宫成为"太子四友"之一的左辅都尉，但这仅仅是个闲散官职，充其量也就算是镀了个金而已。随后又担任了节度官。节度官是东吴所置的一种官员，专管粮草调度。这个工种需要心细，然而诸葛恪却是个心浮气躁的人，自然不愿意管这些琐碎的事情。这一点连远在蜀汉的诸葛亮都看出来了，于是就写信给陆逊，说诸葛恪不是管后勤的料子，就不要难为这小子了。正所谓人尽其才，还是让他到一线去吧。就这样，诸葛恪开始领兵了。

东吴的地盘看上去挺大，但因地处江南，有很多山地，交通不便，控制力不强。还有很多不服东吴管控的山越，这些人依托连绵的山岭和熟悉的地形，加上从山岭的铜铁矿采矿铸造盔甲兵器，拥有一定战斗力，给东吴带来了很大的麻烦。这些人在被征讨的时候都藏在山里，不与东吴正面对抗，因此剿灭很有难度。

诸葛恪领兵后自告奋勇，主动去收服这些丹阳山越。很多人都认为这件事很难办，其中就包括了他的父亲诸葛瑾。但是最后，诸葛恪的报告还是获得了批准，做了丹阳太守。

诸葛恪到了丹阳后，并不急于跟当地山越发生战事，而是修筑篱笆，将他们封锁起来。等到粮食成熟后再派士兵割取，不给丹阳山越留下一颗粮食。一些山民实在没有粮食，出山投降，诸葛恪又命令地方长吏不能用暴力手段对待这些人。这样一来，受限于物质条件的匮乏，加上诸葛恪的攻心政策，大批山民投降官府，诸葛恪从中吸收了高达四万的兵源，为后来东兴之战的胜利打下了坚实的基础。

诸葛恪顺利地解决了丹阳山越的问题，体现了自己的军事能力。之后他被提拔为威北将军，奉命镇守庐江。这个时候的诸葛恪与曹魏相邻，其急功近利，在此期间进攻过舒县、六安，并且向淮南地区广泛派遣斥候，侦测地形和曹魏的情况。曹魏知道后，直接向东吴高层表达了抗议与不满。为了息事宁人，诸葛恪被调到了柴桑。直到后来，才又重新镇守武昌，并且成为辅政大臣。

入朝后，诸葛恪先除掉了自己的政敌孙弘，然后又发布了一系列人心所望的政令：废除充当皇帝耳目的校事官、减免拖欠的赋税、废除关税等，为自己树立了威望。不久，又在东兴之战中取得了胜利，直接将自己的威望推至巅峰。

第十一章　郭费离奇行刺

之前我们说了太多关于曹魏和东吴的事情，接下来再把目光转向位于西南的蜀国，看看在同一时间，这里又有什么大事发生。咱们先从当年发生在蜀汉的一件奇事说起，看看神秘的刺客郭修是如何刺杀位高权重的蜀汉宠臣费祎的。

蜀汉延熙十六年（公元 253 年）的年初，已经成为蜀汉政权一把手的费祎志得意满，搞了一个热闹隆重的新年联欢晚会。当然这也是费祎的传统，原本这种岁首大会在蜀中地区的传统只是一个普通的新年交流平台，但是自从费祎上台后，却因为他喜欢热闹并且善于拉拢人才，而将这个大会搞得风风火火、热热闹闹。甚至为了体现出全民参与，他还将活动进一步改革，变成了歌舞联欢加酒宴的形式。费祎向来聪明，他知道这样一个全民参与的大会，一定会在团结那些反对派和北伐派上发挥很重要的作用。

宴会进行的过程正如费祎原本设想的那样，一切都很顺利，歌舞精彩，觥筹交错，人们把酒言欢，处处显示着对这太平盛世的美好祈愿。而费祎本人多喝了几杯，不觉耳红面热，浑身发烧。然而就在这个时候，费祎突然发现一个人正在向自己走来。此人是之前大将军姜维在蜀地作战中俘虏的一名魏国官员，名叫郭修，因为这个人从被俘获时便表现出一副积极融入蜀汉政权的样子，加上有情商又有眼界，所以就被姜维送到了蜀国的朝堂。为了更好地招纳降人，郭修得到了包括费祎在内的蜀汉高层的重用，成了蜀国的活招牌。

费祎看到郭修向自己走过来，便也起身准备象征性地打个招呼，表现一下自己对下层官员的平易近人。然而万万没想到的是，费祎刚刚走近他，话还没有来得及说完，郭修却出其不意地猛地从袖子里掏出刀子狠狠地向他刺来，而费祎因为喝多了酒反应迟钝，来不及躲避，只能眼睁睁地看着自己挨捅，而在座的其他人也不曾预料宴会忽然发生这样的事情，先是被眼前的情形吓到，一个个呆若木鸡。稍倾待反应过来后，一个个哭爹喊娘地向外面夺门而逃，就这样，蜀汉执政大臣费祎被当场杀死。当然，郭修也没有来得及逃走，很快费祎的侍卫就闻讯赶到，乱刀将他砍死。

就这样，费祎以这种略显荒诞的方式走完了自己的人生。

可能有人看到这里，会觉得一头雾水。费祎和郭修，到底是谁啊？他们俩之间又有怎样的深仇大恨？为什么郭修非要用这样狠绝的手段刺杀对方呢？

还记得咱们在中学时学过的《前出师表》吗？其中就曾经有两次提及过这个名字。

原文是这样的：侍中侍郎郭攸之、费祎、董允等，此皆良实，志虑忠纯，是以先帝简拔以遗陛下……若无兴德之言，则责攸之。祎、允等之慢，以彰其咎。

这段话翻译成现代的话就是：侍中侍郎郭攸之、费祎、董允这三个人，都是先帝留给皇上的可用之人。我在外面行军打仗顾不上家里，有啥事你就跟他们商量吧。

通过这段话不难看出来在诸葛亮的心里，费祎所占的位置那是相当重要的。而费祎也不负众望，成了蜀汉最后一位颇具才能且能服众的丞相。之所以说他是最后一位，是因为他还没来得及培养接班人就被郭修当众刺死了，而且还是以这样震惊四座的手段。费祎遭遇到这样的不测，也许跟他的人生经历有着某种必然的关联吧。

费祎很小的时候就失去了父亲，跟随着族父费伯仁（益州牧刘璋的表哥）一起生活。因为刘璋想请费伯仁出山相助，故此费伯仁便带着费祎到了蜀汉。后来刘备平定蜀中，费祎便留在了益州。因为他才高八斗、知识渊博，很快便与汝南人许叔龙、南郡人董允齐名。

章武元年，费祎与董允都是太子舍人，后来双双出任副丞相等重要官职。而且不仅如此，他因为表现极佳，还与诸葛亮、蒋琬、董允并称为蜀中四相。

蜀军北伐的时候，费祎作为中护军，后来又升为司马。当时诸葛亮已经年迈体衰，魏延和杨仪十分不和，经常吵闹不休，严重影响了朝中秩序。为了朝中安定，费祎常常调和二人的矛盾，而费祎的做法自然让诸葛亮看在眼里，他觉得这个年轻人办事靠谱，暗中将他定为了自己的接班人。在他的提携下，费祎先担任了军师，后来又被擢升为尚书令，最终官至大将军，封成乡侯。

说到诸葛亮对费祎的重用，其中有这样一件事，建兴三年（公元 225 年），诸葛亮平定南中，稳固了蜀汉的后方。在他班师回朝的时候，文武百官全部列队出迎，然而令人意想不到的是，诸葛亮虽然排场这么大，却邀请了当时资历和官职品级都不算太高的费祎跟自己同乘一辆车，可见其在他心里的重要性。

诸葛亮平定南中后，准备对曹魏施行北伐。费祎负责出使东吴，蜀汉和东吴虽然唇齿相依，属于战略合作伙伴关系，但两国的交往过程中少不了唇枪舌剑。在出使东吴时，费祎展现了他圆滑的外交技巧及高超的谈话艺术。在关键时刻，总能凭借锋利的语言维护蜀汉的威严，同时也能够用圆融的手段维持与东吴的友谊，也正是在他的努力下，蜀汉和东吴得以更好地交往。

不仅如此，费祎在军事方面也颇有才能。北伐过程中，因为蒋琬的东征计划遭到质疑，他突然从尚书令升迁为大将军兼录尚书事。作为主帅，他抢先占据险地拦截曹魏敌军，取得了巨大的战果。在这之后，他无论资历、官职、声望都达到了极高的位置，进一步受到了朝廷的重用，成为朝廷首屈一指的命官。

后来，费祎在治理蜀汉政务期间，严格推行了休养生息政策，为蜀汉的发展可谓尽心竭力。

而且费祎不仅做事极有条理，性格更是谦恭真诚，是一位一心只为民做主、两袖清风的清官，尽管位居高位却从不以权谋私，以至于被郭修刺杀以后，家中清贫如洗，根本就没有一丁点儿的余钱。

可能有些人看到这里会觉得奇怪，既然费祎是这样的清官，那郭修肯定是吃饱了撑的，居然刺杀他，难道是他们俩的关系不好吗？不，事实上，他们俩的关系不仅没有不好，而且郭修还一直得到费祎提携。因为郭修为人踏实能干，费祎不仅让他做了左将军，甚至还一度将他视为自己的心腹。

费祎如此重用郭修，郭修却还要恩将仇报，将他杀死，这不太符合常理。

按照常理来说，郭修是一个俘虏，在跟随了费祎后，几年时间就做到了左将军，可谓志得意满了。这也说明他绝对是一个高智商的精英人士，费祎对他又有提携之恩，他为什么又要恩将仇报呢？其实这里面的事情并不是那么简单，而是暗藏玄机。

据史料记载，郭修在西平可谓家喻户晓的名士，官拜中郎将。不仅如此，他还跟咱们前面提到的郭太后是本家，也算得上是皇亲国戚。

后来蜀汉大将军姜维出兵北伐，因为曹魏军的实力极其强大，蜀军被打得落花流水、连连败北。然而令人颇感意外的是，就是在这样不利的局势下，姜维意外地活捉了原本武艺高强的郭修。不过他或许不知道，活捉郭修似乎捡了个大便宜，实际上却是引火烧身，在无意中招惹了天大的麻烦。

其实，作为曹魏武官的郭修之所以会被姜维活捉，并投降蜀汉，就是为了刺杀刘禅。而从后来他行刺的事情上来看，从一开始他就是假意投降。

通过一段时间的苦心经营，此时的郭修在蜀汉可谓要风得风、要雨得雨。高官得做、骏马得骑，有大把的银子花，可他还是选择了刺杀。

对于郭修的刺杀，历来存在着不同的看法。有人说郭修之所以这样做是为了保全还在曹魏的家人，从他行刺费祎以及曹芳奖赏他后人的这两件事情上来看，郭修的家人当时还在曹魏。如果他不这么做的话，家人就有可能会面临灭顶之灾。

从古至今，行刺都是处于弱势的一方对强势一方给予致命打击的一种非常手段，比如荆轲刺秦王、专诸刺杀吴王僚等。众所周知，在三国后期，如果单拼国家实力，曹魏要强于蜀汉许多。既是如此，他们又何必煞费苦心地用这种极端的方法来对待比自己弱小的国家呢？而且就算是历史可以重演，郭修成功杀了刘禅，就真的能够保证死了一个废材皇帝，就不会再出来一个英才明主吗？

同时，郭修和刘禅、费祎本身也没有什么矛盾，甚至他还是费祎的心腹，应该说是衣食无忧，那他就没有必要再去以身犯险了。

事实上，不管是不是曹魏的指派，郭修做这件事情都是费力不讨好的。既不能名留青史，死得又没有太大的价值，只能说是太傻太天真。想必你们看到这儿的时候，也会连连摇头说，郭修不值吧。

以上都是一些人的议论，那么历史的真相究竟又是怎样的呢？

其实，当初曹魏中郎将郭修之所以投降蜀汉确实是诈降，而且在蜀汉高层中亲魏派的帮助下，他很快便平步青云，获得了姜维和费祎的器重。在二人的联合举荐下，当上了左将军。也正是因为他平日表现出对蜀汉政权的忠心，很快也受到了刘禅的信任，从而走进了蜀汉政权的核心圈。

尽管如此，郭修始终没有忘记自己最初的使命，他无时无刻不在寻找着合适的行刺时机。每次酒宴的时候，他都会一边拜贺一边趋前，想要趁旁人不注意刺杀刘禅，但却因为护卫太过机警，一直未能近得了刘禅的身。

因在酒宴上自己随身携带的兵器被刘禅的随身护卫发现，情急之下郭修只能将坐在自己附近的费祎杀死，在仓促间完成了这件惊天动地的大事。

无论出于哪种目的，历史都不能重演。费祎当场死亡，而郭修也当即被刘禅命人诛杀。

故事发展到这里看似戛然而止了，但事实上却远远还没有真正结束。

郭修死后的第八个月，魏国的实际掌权者司马师、司马昭兄弟在得知了他的壮举后，对他大加表彰，点赞他是“砥节厉行，秉心不回”“杀身成仁，舍生取义”。并让曹芳追封他做了长乐侯，赏赐食邑千户，谥号威侯。同时由他的长子继承爵位，加封奉车都尉，赏赐金银缎匹若干。

而蜀汉这边的结果则有些出乎意料，在费祎亡故之后，一直被他打压着的姜维终于熬出了头，当了手握重兵的大将军。

第十二章　姜维新城之战

姜维作为蜀汉丞相诸葛亮的爱徒，从当上大将军开始，就一直努力秉承着恩师北伐的志向，积极致力于兵士训练、粮草囤积，随时准备与曹魏在战场上交锋。功夫不负苦心人，不久之后，他人生中的一个极其重要的转折点便到来了。而这推动他命运发展的不是别人，正是咱们在前面提到的东吴将领诸葛恪。

诸葛恪因为在北伐战争中凭借着丁奉的精彩表现以及合围攻势取得了东兴大捷，摇身一变成了东吴朝廷的重臣，从此过上了众星捧月的日子。皇上宠着、群臣们捧着，每天都能收获到潮水般的吹捧。于是在不知不觉间竟变得飘飘然，好大喜功起来。在此刻的他看来，文武百官不过都是些酒囊饭袋罢了，只有老子才是拯救你们于水火之中的神。

人的想法有时很可怕，因为它会让你的头脑瞬间发晕，彻底迷失方向。诸葛恪自从有了这样的想法，就变得急功近利、目中无人。常常在朝堂上当众顶撞皇上，而且还经常自诩是东吴的福星。不仅如此，为了表现自己的神勇无敌，在班师回朝的一个月后，诸葛恪又向孙亮提出了想要继续对曹魏发动战争。这次不同前次的被动挨打，他要主动进攻。但因为过于密集的军事行动引起东吴内部的反战情绪，所以诸葛恪的想法并没能得到支持。为了不让诸葛恪摔跟头，也为了保全东吴的实力，包括中散大夫蒋延、丹杨太守聂友、卫将军滕胤等人在内的大臣们纷纷劝谏让他不要出兵。然而诸葛恪却觉得这些人不过是在忌才妒能，于是便将大家的好言相劝一一忽略掉，仍旧固执己见，坚决要北伐。

众人见实在拗不过诸葛恪，只得缄默其口。诸葛恪见大伙儿不说话，心中这个美啊，哼，绕来绕去你们还是不如我高明啊。行，既然你们不说话，那我可就带着兵士出发了。

打定主意，为了保证万无一失，诸葛恪写了封书信，差司马李衡赶赴汉中呈交给大将军姜维。信中，他请姜维同时发兵夹攻曹魏，约定灭魏以后，两国平分魏国的土地。

由于蜀汉与东吴唇齿相依，长久以来双方的军事合作就是蜀汉出陇西或者关中，东吴出淮南，从西线和东线同时拉扯曹魏的兵力。而且因为刚刚发生了郭修刺杀费祎的事情，姜维急于洗清自己的嫌疑，于是在看到书信后当即答应了诸葛恪联合北伐的请求。

待将一切事情都安排好后，诸葛恪亲自统率二十万大军，日夜兼程向新城方向赶去。到了新城城外，他先命令大军安营扎寨，又派人前去打探城中的情况，做好攻打的准备。

作为世家子弟，诸葛恪虽然好大喜功而显得浮躁，但他也明了智取的道理。此番，他并没有直接进攻淮南，而是采用了他的二叔卧龙先生在第一次北伐中采用的方法，带兵乘大船从海路进攻青州、徐州，以此吸引曹魏的注意力，为主力部队进攻淮南创造了条件。

诸葛恪的方法看似声东击西，安排得很好。但实际上从海路进攻青州、徐州的风险却也着实是大了些，本身可信度就不高，所以他的计划很快便被曹魏尚书胡暇识破。也就是说，诸葛恪的海上奇兵并没有起到牵制作用。

新城之战的具体过程从整体上看，一共分为三个阶段。

诸葛恪这次用兵绝对算得上是大手笔，动员了二十万大军，号称五十万，浩浩荡荡地进攻淮南地区。同时诸葛恪还令弟弟诸葛融从南郡出兵向汉水流域，吸引曹魏的注意，牵制曹魏在荆州的兵力。

原本诸葛恪似乎并没有明确城池土地上的目的，而是抄略淮南地区的人口。但是淮南地区的百姓到处逃跑躲避，东吴军队的效率非常低。于是有部将建议诸葛恪围攻位于合肥附近的新城，然后等待曹魏的援军，进行围点打援。这个提议很符合当时的情形，因此很快便得到了诸葛恪的认可，二十万大军开始围攻新城。

此时姜维也已经出兵，东线西线都有战事。面对这种复杂的情形，曹魏只能分兵处理：一方面由郭淮、陈泰率领关中军团救援陇西，一方面则由司马孚（司马师的叔叔）率领二十万大军支援淮南。不过司马孚并没有选择直接救援新城与诸葛恪交战，而是羁留在合肥以北的寿春。同时毌丘俭、文钦虽然请战，但是却没有获得批准，而是接到了按兵不动的命令。也就是说，主要面对诸葛恪大军兵临城下压力的，只是新城之内的数千名守军。

当时新城内的守军只有三四千人，守将叫张特。这个张特别看官职相对较低，但他其实也是一个有故事的人。在东兴之战前，诸葛诞奉命都统扬州军事，毌丘俭都统豫州军事。结果诸葛诞在东兴堤惨败，司马师虽然没有处罚战败将领，但还是将毌丘俭和诸葛诞的防区进行了调换。张特原先是诸葛诞手下的部将，但是却不受重用。经过东兴之战后的防区调换，张特被毌丘俭安排到了新城，反而有了发光发热的机会，在历史上留下了浓墨重彩的一笔。

新城的城防虽然很坚固，但是毕竟面对二十万大军，且城内守军太少。新城内先后派出了士兵刘整、郑像出城救援，结果都被诸葛恪抓住。诸葛恪希望用这两个人做文章，对新城内的守兵进行攻心战术，结果刘整誓死不从，郑像假装同意，在阵前对城内守军放出援军赶到的消息，提升了城内守军的士气。

在诸葛恪的围攻下，新城守军伤亡过半。随后，诸葛恪又筑起土山攻城，新城守军根本无法阻拦。

眼见得新城就要被东吴军攻破，张特无奈之下只得病急乱投医，使出了一条缓兵之计。他对东吴军队说，按照曹魏的军法，被攻打超过一百天而没有援军的情况下，守军可以投降，家人不会被连坐。此时诸葛恪围攻新城已经超过九十天，张特请求他暂缓进攻，说是自己要向守军做思想工作，然后再一起投降东吴。诸葛恪不知道这是张特的计谋，便答应了他。张特利用这个喘息之机命手下人连夜加固城防，成功抵御住了诸葛恪的进攻。

虽然新城岌岌可危，但东吴军队内部却出现了非常严重的问题，那就是疫病。《三国志·吴书·诸葛恪传》中记载：士卒疲劳，因暑饮水，泄下流肿，病者大半，死伤涂地。

大家想想，东吴军远道而来，又面临了这样的状况，情况当然非常危险。但众所周知的是诸葛恪劳师动众，本来就是压制反战情绪强行出兵，如果拿不下新城，反而损兵折将，无功而返，对自身威望将是一次非常严重的打击。在这种时刻感到危机的情绪下，诸葛恪变得非常浮躁和不理智，他竟然用严酷手段震慑军队，让士兵们继续作战。朱异劝诸葛恪回军，被诸葛恪夺去兵权；都尉蔡林也向诸葛恪提出建议，诸葛恪不听，蔡林走投无路只得投奔曹魏。

东吴军队发生疫病的消息很快便传到了曹魏那里，同时诸葛恪久攻新城不下也消耗掉了刚出兵时的锐气。在这个时间点上，曹魏的援军终于行动起来。司马孚率军支援新城，文钦率领一支精锐切断诸葛恪的后路。在这种情况下，诸葛恪只能接受无功而返的现实，带着士气低迷、病弱不堪的军队撤退。

撤军途中，有很多士兵受伤染病，流落于道路，有的倒地填沟，有的被敌人捕获，存亡忿痛，大呼小叫，而诸葛恪却安然自若。

诸葛恪率军在江渚住了一个月，后又想到浔阳去屯垦，直等朝廷召他回去的诏书一封接一封地送来，他才慢悠悠地领兵返回。

前有东兴之战，后有新城之战，诸葛恪的命运仿佛坐过山车一样，声望瞬间从顶峰降到了谷底。而相较之下，新城之战的负面影响要远比东兴之战大得多，毕竟一场巨大的败战切实地损害了军民的生命和利益。从此，百姓对诸葛恪大为失望，怨恨的情绪油然而生。然而此时，诸葛恪不但没有主动承担责任，安抚军民人心，反而采取了排除异己、打击政治对手的措施，他把自己出征后选曹奏准任命的各级官员一律罢免，重新任选。

此后，诸葛恪愈治愈严，动不动就对人横加责备，觐见他的人，个个屏息敛气。同时，他还改换宿卫人员，用他亲近的人来担任，以此扩张自己的权势。因为这一系列的做法，诸葛恪与皇帝、宗亲和臣属之间的矛盾越来越大，逐渐将自己推向了政治的孤立局面。到了最后，甚至连皇上也对他很是不满。

然而此时，大权在握的诸葛恪却丝毫没有发现问题，也没有采取更为有效的自保措施。之后，宗室孙峻想与诸葛恪争权，便利用诸葛恪为万民所怨、众人所嫌的机会，说他想要制造叛乱。

同年十月，孙峻与吴主孙亮定下计策，置酒请诸葛恪赴宴。尽管诸葛恪在前一晚感觉异常，但因为是皇上相邀，却又不敢不去。

当天，诸葛恪的下属常侍张约、朱恩等也偷偷写条子给他，上面写着："今天宴会布置不同寻常，恐怕会有变故。"以此提醒诸葛恪。

诸葛恪看到字条，心中颇为纠结。但犹豫一会儿后，他仍在太常滕胤的劝说下，到宫中觐见吴主。

酒过数巡，吴主孙亮起身回内殿，孙峻假托如厕，脱掉长衣，换上短装。陪同诸葛恪一起前来的张约见此情形，低声说道：

“大将军，张约担心情况有异，你还是快些走吧！”

诸葛恪听到张约的提醒，心不禁猛地一沉。从进到殿里，他其实一直在暗中观察着吴王和孙峻的一举一动，此刻，他二人同时离去，确实有些不同寻常。想到这里，他向张约点了点头，二人同时起身欲走。然而就在他们即将走到殿门口时，孙峻却突然出现在他们的面前，见此情形，心知诸葛恪要逃。他猛地从腰间抽出佩刀，向殿内众人厉声喝道：

“孙峻奉诏捉拿诸葛恪！”

诸葛恪见孙峻如此言说，连忙将手伸到腰间，欲要伸手拔剑，然而没等宝剑出鞘，孙峻手中的钢刀就已经接二连三地砍过来了。与此同时，张约为护主奋力上前用刀砍伤了孙峻的左手。说时迟那时快，就在二人交汇的一刹那，孙峻也用锋利的刀锋砍断了他的右臂。这时，守在殿外的卫士闻讯冲到殿内，却见诸葛恪和张约二人已经双双倒于血泊之中，再无生还的可能。

孙峻转身看了一眼兵士，转身从容地对此时早已呆若木鸡、愣在当场的群臣说道：“孙峻奉旨要杀的人是诸葛恪，如今他既然已经死了，那咱们就继续饮酒吧，莫要因为此等小事坏了大家的雅兴。”

随后孙峻便命令兵士将刀剑重新归于鞘内，将宫殿迅速打扫干净，又继续跟群臣喝起酒来。

诸葛恪死的时候只有五十一岁，之后，孙峻更是派人将他的三族夷灭，其外甥都乡侯张震及常侍朱恩等人也全都被杀，诸葛瑾一族在东吴就此绝灭。

第十三章　司马师废曹芳

就在东吴因为大将军诸葛恪被杀的事情导致人心惶惶时，远在北方的曹魏政权也正遭受着一场巨大的风波，那就是身为臣子的大将军司马师竟然公然换掉了九五之尊少帝曹芳。他这一举动，无论从哪方面来说，都只有四个字：大逆不道。要知道自从秦始皇统一中国以后，皇帝就是最高的统治者，皇权至上的代表。无论是什么时候，只要皇上发话要你死，你就绝不能活着。不是有那样一句话，君让臣死臣不敢不死吗？这司马师当真是吃了熊心豹子胆了？竟然敢向至高无上的皇权发起挑战。这件事犹如强力炸弹，瞬间就将朝臣们的心炸了个稀碎。

这到底是怎么回事呢？

关于这件事史料是这样记载的：曹芳是个孝子，虽然每天都从早到晚地处理政务，但只要有时间，他便会去看望母亲郭太后，陪母亲聊聊天，嘘寒问暖一下。也正因为是这样，母子二人的感情很深。

这一天，他们母子俩正聊得开心，突然看到一直守在宫外的舍人匆匆进来禀报道：

“启禀皇上、启禀太后，郭芝郭大人来了。”

哦？郭芝怎么会不打招呼突然就来了？这可是不合礼数的。曹芳想到这里，不禁双眉紧皱，心中兀自生起气来。没错，朕的确是傀儡皇帝，你郭芝也确实是他司马师底下的红人，但也绝对不可以如此不懂规矩，竟然敢不把朕放在眼里，好吧，那一会儿就让你看看我的厉害。

“宣。”曹芳对舍人威严地说道。

“是。”舍人先是应了一声，随后便退了出去。

不一会儿，身着朝服的郭芝快步走了进来，来到曹芳和郭太后的面前，他站定身子，双手抱拳，深施一礼道：

“郭芝见过皇上、太后。”

曹芳听郭芝竟然不用“臣”字来称呼自己，而是直接用了名字，心中顿时极为反感。然而碍于太后在这儿，他却又不能直接发作，只得将怒火强压在心底。

“郭爱卿，你不打招呼就匆匆前来，不知有何要事啊？”曹芳先是用鼻子哼了一声，随即冷淡地说道。

“启禀陛下，今日是大将军派遣郭芝前来的。他欲废黜陛下的皇位，改立彭城王当皇帝。”郭芝目光犀利地注视着曹芳，此刻，他虽然表面看起来较为顺从，然而说话的语气却满是调侃。

对于郭芝来说，曹芳原本就是傀儡皇帝，司马家才是幕后操纵的那只手。如今大将军派自己来通知，不过是给曹家面子，而他也趁机来看场好戏罢了。

果不其然，曹芳和郭太后听完郭芝的话，同时身子猛地一颤，脸色也变得惊惧起来。他们知道司马师有反意，但却没料到他竟然这么快就下手了，竟然给了他们一个猝不及防。

“郭爱卿，你知不知道这么做就是以下犯上。朕现在还是皇上，随时都可以治你死罪，诛杀你满门！”曹芳猛然站起身来，嘶哑着声音说道。

“郭芝当然知道这么做的后果，但是既然大将军有令，臣也不得不从，还请皇上不要难为臣。”郭芝双手抱拳，从容地说道。

“你……”

曹芳没想到郭芝竟然会当众跟自己顶嘴，不禁一时气急。然而他刚要继续说下去，却被一旁的郭太后猝然打断了话头。

“皇帝，你也累了，先回宫歇息去吧。”沉默片刻，郭太后柔声说道。

“是。”曹芳顺从地站起身来，双手抱拳，向郭太后深施一礼说道。

在郭太后和郭芝二人的注视下，曹芳走出了宫门。待其走远，郭太后将目光转向郭芝，先是重重地叹了口气，继而又压低了声音说道：

“郭芝，咱们是同宗，你又是我的晚辈，我向来对你照拂有加，可你今日的做法着实是令我心寒啊。”

郭芝听郭太后这么说，顿时面露难色。作为同族，他当然知道曹芳跟郭太后的母子之情甚是笃深，然而此时面对这复杂的情势，他也不得不如此这般了。

“太后，郭芝自然知道您跟皇上母子情深，但事到如今，臣也不得不斗胆说一句，正所谓惯子如杀子，皇上之所以有今天，太后您也是断然脱不掉干系的。如今大将军此意已决，已经无法再收回成命了。不瞒太后，此时大将军已经派重兵在宫门外把守，郭芝只不过是来替他传话的。”

郭芝的话像刀子般狠狠地剜着郭太后的心，甚是疼痛难忍。原本以为等到曹芳羽翼再丰满些，她们母子二人就可以顺理成章地夺回司马家手中的政权，重新匡扶曹家。没想到盼来盼去，却是这样残酷的结果。唉，可事到如今，她又能怎样呢？即便是拼个鱼死网破，到头来这胜负输赢也未可知。无论如何，她也要再做一下努力才行。

“郭芝，你去告知大将军，就说本太后有话要与他当面讲。”想到这里，郭太后再次说道。只不过这次，她的口气已经在无形中变得柔和了许多。

“唉。”郭芝发出了一声长叹，无奈地摇了摇头道，“太后您有所不知，不是我郭芝不愿意帮忙，只是就算您见到了大将军，事态也不会有所改变。为今之计，太后您还是赶紧将印玺给我才好。”

郭太后听郭芝这么说，心情顿时凄苦到了极点。她知道郭芝所言非虚，为今之计，她只能将印玺交给司马师方才能保得性命。曹芳啊，不是母后心狠，这既是你的命数，也是你的劫数，无论怎样，都逃不过去的啊。

就这样，郭芝不费吹灰之力就拿到了郭太后的印玺。稍后，当司马师了解宫中的情形后，顿时喜出望外。连忙派使者将自己早就准备好的齐王印绶拿给曹芳，令他立刻搬到西宫居住。

宫中，曹芳得知此事后，心中不禁很是惶惑。然而身为傀儡皇帝，他亦是无法把握自己的命运。只能在使者的陪同下前往郭太后的住处，与她洒泪而别，等到一切结束后，才又从太极殿的南边出宫，当时参与送别的朝臣有数十人，却都碍于司马家的权力不敢轻易表露自己的情绪。只有太尉司马孚一人悲痛万分，流泪送别。

如果说前面的高平陵之变，是司马家族掌控曹魏政权的开始的话。那么，曹芳被废，则是“司马代曹魏”的标志性事件。从此以后，司马家的野心就成了世人公开的秘密。

根据《三国志》等相关史料记载，嘉平三年（公元 251 年），司马师继任成为抚军大将军，执掌曹魏大权。嘉平四年（公元 252 年），司马师升任为大将军。众所周知，在汉末三国这一历史时期，大将军这个职位是相当有实权的，可谓一人之下，万人之上。而司马师又跟他父亲一样，是个对权力有绝对欲望的人，所以从上任那天开始，他便暗中决定要将曹魏江山掌握在自己的手里。而也就是在两年后，司马师因为对曹芳有所猜疑，将其废为齐王，搬出曹魏都城洛阳，在河内郡重门营建王宫，所有礼仪制度都如同诸侯王的封国。

那么，司马师为什么一定要废掉当时已是傀儡的少帝曹芳呢？这件事说来就有些久远了。

曹芳是魏明帝的养子，对于他的来历，《三国志》中说“宫省事秘，莫有知其所由来者”，《魏氏春秋》中则说“或云任城王楷子”，也就是说曹芳的亲生父亲可能是他名义上的叔叔曹楷。魏明帝原本有三个儿子，但均幼年夭折，面临着绝嗣的危机。出于个人私心，魏明帝从宗室近支收养了两个孩子，长子名叫曹询，获封秦王，次子叫曹芳，封为齐王。两个养子中，魏明帝偏爱曹芳，对其寄予厚望。

景初三年（公元 239 年正月），八岁的曹芳正式继位，幼小的他并没有治国理政之才，名义上是一国之君，实际上一切军国大事都交由辅政大臣全权处理，“亲临朝，听公卿奏事”，形同傀儡。原本以为这样就可以相安无事，却没料到，时间久了，辅政大臣之间竟然发生了内讧，而作为皇帝，他也必然受到了牵连。更有甚者，在除掉强劲的对手后，司马家不但没有将政权交还给成年后的曹芳，反而强迫他让司马师当了丞相，赠邑万户，群臣奏事不得称名，如汉霍光故事。也就是说司马家竟然在众目睽睽下要学霍光把持曹魏政权，而这也就是曹芳悲剧命运的根源。

司马师掌权后，因为没有制衡之臣，故此对曹芳也就没那么客气了。司马师的无礼和霸道，让二十出头的曹芳内心憋屈。为了重新夺回权力，曹芳做过很多尝试，甚至他还曾跟皇后张氏密谋要暗中除掉司马师。然而或许是天意使然，每每到最关键时刻，计划便会胎死腹中。

作为曹魏政权的实际执掌者，司马师自然在朝中耳目众多，很快他便知道了曹芳所做的事情，不禁恼羞成怒。

“你这小子，我让你做傀儡就好好做嘛，干吗非得夺权呢？这下好了吧，看我不废了你！”

打定主意，司马师便开始了一系列的报复。他先奏请郭太后召开群臣会议，当众痛斥曹芳荒淫无度、亵近倡优，不可以承天绪，并以肆行昏淫、败人伦之纲、乱男女之节、恭孝弥颓、凶德寖盛为由逼迫其退位。可能有人看不太懂这里的意思，换句话说就是，曹芳这个皇帝做事失德，给曹魏政权丢脸，必须退位。

就这样，曹芳被迫退位。八岁登基，二十三岁被废，从幼君到傀儡，曹芳始终没有出头之日。不仅如此，曹芳的凄凉遭遇和不幸，还殃及他的女人们。他的第二任皇后张氏，因为曹芳第一次密谋行事不周受到牵连，先是被废，后惨死于司马师之手。曹芳被废后，他的贵妃邢氏竟被慷慨地送给投奔到魏国的东吴将领孙壹为妻。

在废掉曹芳后，司马师欲立彭城王曹据为帝。然而郭太后坚决反对，当司马师管郭太后要皇帝的传国玉玺时，郭太后擦干了眼泪，斩钉截铁地说道：

“不行。”

司马师有点奇怪：“为什么不行？”

郭太后道：“因为我是他的侄媳妇，如今我的身份是太后，怎么弄？”

司马师先是一怔，随即用手拍了一下脑门，懊悔地说道：“哦，对哦，是我疏忽了。”

这个曹据是魏武帝的儿子，跟魏文帝是同辈，魏明帝要叫他叔叔，而郭太后是魏明帝的媳妇，现在是叔叔当皇帝但是侄媳妇是太后，确实是有些乱套。

司马师先前确实是没想到这点，现在人家郭太后说得有理有据，由不得他不听，于是便又请教太后的意思，到底该立谁当皇帝。

郭太后说：“高贵乡公曹髦，是魏明帝弟弟的儿子，和少帝是同辈。他为人忠厚老成。等他入宫以后，我亲手把这玉玺交给他。”

郭太后说这段话有两层意思，一是告诉司马师我认识曹髦，你别给我弄个假的骗我。二是这玉玺是不可能交给你的，我自己交给皇帝，万一你拿走自立为帝，我怎么办？当时郭太后大概四十四岁，已经预感到司马家的篡位不可阻挡了，只能稍稍延缓一下他们的脚步。她所选的曹髦确实是一个能力挽狂澜的皇帝，假以时日未必不能重夺大权。在他和司马昭的权力斗争中，他其实也是一个胜利者。就这样，司马师最终无奈地顺从了郭太后的意思，立高贵乡公曹髦为帝。就这样，年方十四岁的曹髦就此登基，成了继曹芳之后的又一任傀儡皇帝，同时也开启了另一段悲惨的命运。

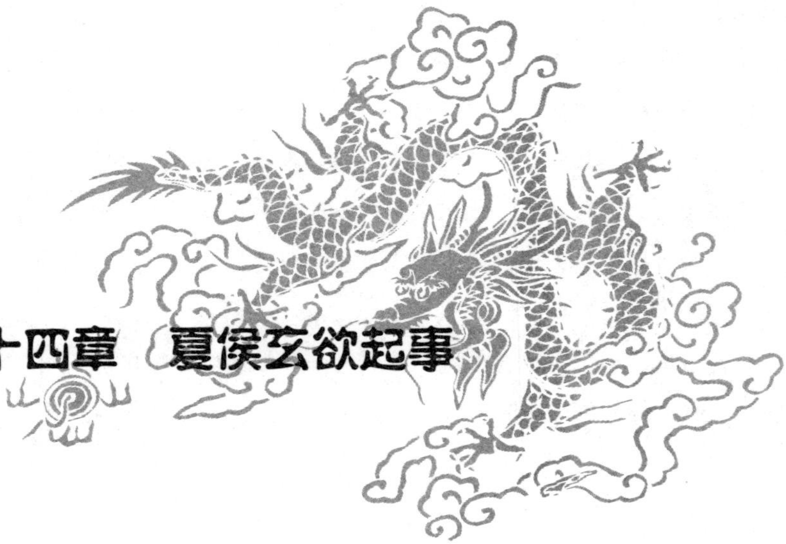

第十四章 夏侯玄欲起事

其实，如若细究起来，司马师另立新君这件事也不能说就是完全的空穴来风，当时有一些朝臣便因站在曹芳这一边，而成了他的对立面，这里面甚至还包括他的大舅哥、发小夏侯玄。按理说这两个人自小一同长大，应该比亲兄弟还要好，用现在的话说，那就是穿一条裤子的。更何况还有一层亲戚关系在，那更是亲上加亲了。可为什么到了最后却偏偏闹成这样呢？

可能有人看到这里，会好奇地问道："哎，夏侯，这不又是个复姓吗，那它是不是跟司马一样，有很大的来头呢？"

说到夏侯这个姓氏，也是非常有历史渊源的。这个姓氏来源于上古八大姓氏之一的姒姓，拥有四千年的历史，与同为古姓的姬姓、姜姓长期通婚。虽然从人数上来看，这个姓氏确实小众，但却是人才辈出。无论是华夏民族杰出的圣祖大禹、夏朝的皇帝启，甚至是因为"烽火戏诸侯"这件事成为千古超级网红明星的周幽王皇后褒姒，毫无例外全都姓姒。

夏侯作为姒姓的分支，也有一段不寻常的故事。西周的时候，杞国是夏禹后代的封国。公元前 445 年，楚国灭杞。杞简公的弟弟佗逃亡鲁国，鲁悼公因为佗是夏禹的后代，祖先又被封过侯爵，就称他为夏侯氏。就此，佗的后代便以夏侯作为自己家族的姓氏。

尽管始于贵族，但夏侯氏在周朝后期却没落了很长一阵子，直到西汉时期才又开始重新振兴。据史书记载，代表人物名叫夏侯婴。

夏侯婴最初在沛县只是一个小小的厩司御，因为与亭长刘邦是铁哥们，所以在其扶植下做了滕令奉车，也因为这件事，他被尊为滕公。等到刘邦起事后，夏侯婴跟随着他一同起兵反秦，作战极其骁勇。因为立下战功无数，被赐昭平侯。

楚汉战争中，因夏侯婴举荐韩信做将军，保全了汉惠帝和鲁元公主，立下了大功。故此，刘邦登基后，封他做汝阴侯，并协助刘邦除去了臧荼、韩信、英布等异姓王侯，以太仆的身份听命于汉惠帝、高后和汉文帝，始终忠心耿耿，没有半点差池。汉文帝八年（公元前 172 年），夏侯婴去世，谥号为文。

应该说夏侯婴让本门姓氏重振，而三国时代的夏侯氏四杰则让家族彻底崛起。

这夏侯氏四杰分别是车骑将军夏侯霸、关内侯夏侯威、乐安太守夏侯惠及夏侯威的儿子夏侯和。

他们都是夏侯渊的儿子，是三国时著名的能人义士，辅佐曹操历经战事，立下辉煌的战绩，因此被后人尊为夏侯氏四杰。尤其是他们的父亲夏侯渊和大伯夏侯淳更是在东汉末年天下大乱之际尽心竭力地辅佐曹操争霸天下，深受曹操的器重与信任。可奇怪的是，为什么夏侯家如此勇武，却一直听命于曹氏，对曹家忠心耿耿、毫无异心呢？

对于这个问题，曾经有人说过，当年曹嵩作为“宦官养子”可能是从夏侯氏过继来的，是夏侯淳兄弟的叔父，这也就是说夏侯兄弟和曹家其实是亲戚关系。既然是一家人，那又何必离心离德呢？

然而还有一些人一直质疑这种说法，首先曹嵩的父亲曹腾虽然是宦官，没有自己的子女，但曹腾的父亲曹萌却是一位英雄父亲。

根据记载，曹萌至少有四个儿子。曹仁、曹洪的祖父曹褒就是曹腾的哥哥。当时曹腾因功被封为费亭侯，如果他收养儿子的话不仅仅是财产继承人，同时也是费亭侯爵位的继承人，从这点上来说，首先选择的应该是曹家子孙，比如自己的侄子，而不是外姓，也就是族内继承，而不是将爵位交给外姓。当然，现代的考古发现也已经证实了这一点。

既然已经证实了曹家不是夏侯氏的子孙，那么夏侯氏对曹家这般肝脑涂地，这背后就定然有别的缘由。

原来曹氏和夏侯氏的祖先分别是汉朝开国名臣曹参、夏侯婴，他们都是刘邦的同乡，一起跟随刘邦起事打天下。汉朝建立之后，虽然分别被刘邦封为了平阳侯和汝阴侯，但那个时候曹氏和夏侯氏的关系却并不像后来一样密切。

一直到汉景帝时期，当时的平阳侯是曹参的曾孙曹寿，曹寿娶了汉景帝的女儿，也就是汉武帝的姐姐平阳公主，二人生下了一个儿子名叫曹襄。只是曹寿的身体不好，年纪轻轻就去世了，留下了年轻美貌的公主和幼小的平阳侯曹襄。

公主年纪轻轻就守寡，自然很是孤单落寞。在汉朝那个开放的年代，身为皇亲贵胄也不可能孤独终老，很多求亲的人纷至沓来，希望能迎娶她过门。

其中夏侯氏的先祖，当时的汝阴侯夏侯颇走进了公主的心中，他风流倜傥，善解人意，特别能讨公主的欢心。在爱情的作用下，二人很快便开始交往。七年之后，公主的儿子曹襄开始独立掌管平阳府的事务，公主改嫁夏侯颇，开始了第二段婚姻生活。

然而，公主在夏侯家的生活其实过得并不如意，作为一个名副其实的风流大少，夏侯颇自然是要处处留情、雨露均沾的。他的做法让公主十分不满，但为了维持这段婚姻，公主只能隐忍下去。

直到元鼎三年曹襄去世，公主陷入了巨大的悲恸之中。这时候她已年近五旬，美艳不在，自然不会再得到风流丈夫夏侯颇的宠爱。夏侯颇丝毫未能体察公主情绪的变化，每天仍旧花天酒地、醉生梦死。

这情况公主并非不知道，只是不愿意去追究罢了。但是即使她不说，这一切却也被另一个人尽收眼底，那个人就是汉武帝刘彻。作为弟弟，他自幼便与姐姐十分情深，更何况皇室的金枝玉叶怎么可以平白无故地受欺负，刘彻决定给姐姐出气。

在派人秘密跟踪了一段时间后，刘彻为姐夫夏侯颇找到了一个合适的罪名，那就是，私通他父亲的妾。

按理说，私通在当时虽然是重罪，但作为侯爵也可以从轻发落，削减一些封地，罪不至死。但问题是查案的可是当今皇上，他要逼死夏侯颇，夏侯颇又有什么办法。

于是在沉重的压力之下，夏侯颇选择自杀谢罪。但实际上，这个结果却并不是刘彻想要的。他只是希望夏侯颇能够幡然悔悟，与姐姐好好过日子，没想到换来的却是这样的结局。

在得知这个消息后，汉武帝顿时龙颜大怒，撤销了汝阴侯的封国，不再让夏侯颇的长子继承爵位。

公主在受到这个打击后，自然在夏侯家待不下去了，于是便带着自己在夏侯家的亲属以及生育的子女再回到曹家，夏侯氏与曹家也正是从那时开始了长达三百年的联盟，而那时曹家当家的已经换成了公主的孙子曹宗。

曹宗出生的时候，公主已经改嫁夏侯颇，和她并不亲近。她必须赶快找到一个可以让她依靠的臂膀，于是在汉武帝的再次撮合下，公主第三次改嫁，嫁给了皇后卫子夫的弟弟大将军卫青，而夏侯氏则继续留在曹家。

征和二年，曹宗卷入蛊惑之乱，最终被处死。平阳侯府因此再也没有了往昔的辉煌，和当年的夏侯府一样瞬间没落，两家身份彻底对等，成了永远的亲家。

一直到了东汉末年，夏侯氏和曹氏俨然连接成了一个牢不可破的联盟，于是也就有了夏侯氏为曹氏两肋插刀的情况，而曹氏也将夏侯氏当成了自己的宗族。

先前我们说了关于曹氏和夏侯氏的故事，下面我们再来看看本文的正主夏侯玄。

对于夏侯玄的死，《魏志·夏侯玄传》曾给予了极高的评价，说这标志着魏国的灭亡。夏侯玄字太初，三国时期魏国的玄学家、文学家。夏侯玄是夏侯尚的儿子，夏侯霸的侄子。夏侯尚去世后，夏侯玄承袭了父亲的爵位，成为昌陵乡侯。

夏侯玄不同于普通官二代中的纨绔子弟，他在很小的时候就已经有名望了，而且长得仪表堂堂，是远近闻名的美男子，当时的人称赞他好像怀里揣着日月一样，光彩照人，即使心情不好，见到夏侯玄，心中的阴霾也会瞬间散去。

不仅如此，因为出身名门，自幼受到父亲的熏陶，所以夏侯玄不仅貌比潘安、姿比宋玉，同时还胸中纵横捭阖，才名远播，尤其精通玄学之道，被誉为当时“四聪”之首（其他三人分别是诸葛诞、邓飏、田畴），是早期的玄学领袖，开创了魏晋玄学的先河。

据说夏侯玄二十岁的时候就被皇帝封为散骑黄门侍郎，作为皇帝的近侍之臣，虽然品级不高，但却有着常人难以想象的优越地位，并且更重要的是，他还能直接影响皇帝的决策。

然而身份给了夏侯玄较高的起点与出众的气质，却也养成了他的傲慢。有一年夏天非常炎热，有一天夏侯玄正在自家院里的大树下午睡，毛皇后的弟弟毛曾突然来了。不知道是不是看夏侯玄着实睡得香不忍心唤醒，毛曾便挨着他坐了下来。等了半天，也不见对方醒来，自己也不觉昏昏欲睡。等到半晌，夏侯玄醒来看到自己身边的毛曾，顿时露出了不悦的表情。

夏侯玄把毛曾叫起来，冲着对方一顿喊。毛曾虽然出身寒微，但因为是魏明帝的小舅子，所以也绝不能忍受这平白无故的委屈，便也据理力争，直到两个人彻底吵翻了天，方才罢休。魏明帝知道这件事后，心中很是不悦。

大家看到这里可能会想，魏明帝是不是有点儿小题大做了呢？两个年轻人吵架有什么了不得的？不，这事情并不是那么简单。在他看来，夏侯玄这是在公然挑战自己的权威。毛曾是自己妻子的弟弟，换句话说也就是他的弟弟，而夏侯玄不过是一个外人，毛曾愿意跟他一起坐，已经算是抬举他了，又怎能当面顶撞呢？好吧，既然你小子不懂事，那朕就帮你长点记性，就这样，不久后，夏侯玄被贬为羽林监。

景初三年，夏侯玄终于否极泰来，升任为散骑常侍。在经历了重重打击后，他终于明白了官场的规矩，也希望能够抓住这好不容易才得来的机会。于是便提出了许多具有创新性的意见，比如：限制中正官的权力、废除重官、改革服制。因为这些想法都非常实用，所以很快便得到了皇帝的肯定，在曹魏朝堂大力推行。

除此之外，夏侯玄作为一代大家，在文学上也颇有造诣。著有《乐毅传》，因后来为书圣王羲之所书写而传于天下。与王弼等人同属当时社会所称的“士派”。《隋书·经籍志》载，夏侯玄有文集三卷已失，今存有《时事议》《答司马宣王书》《皇胤赋》《乐毅论》《肉刑论》《答李胜难肉刑论》《辨乐论》《夏侯子》等文，在《艺文类聚》及《全三国文》均有记载。

不仅如此，夏侯玄的个人气度也是极好的，无论事情有多大，就是处变不惊。传说他有一次参加宴会，奉主人之邀，靠着柱子写字，当时下着大雨，雷电击坏了他靠着的柱子，衣服都被烧焦了，可他却仍旧神色不变照样写字，而身旁的其他宾客和随从却都已跌跌撞撞、站立不稳。

不过人再厉害也是有短板的，虽说夏侯家族本就是军功世家，夏侯玄又是文学大家，但他在打仗作战方面就是一窍不通。在担任散骑常侍期间，他曾策划并参加了骆谷之役，结果铩羽而归，大失人心，一向被推为名士的他栽了一个大跟头，惹来了不少嘲笑讥讽。

五年之后，夏侯玄尽管经过了重重努力，却依旧没能捞回自己曾经失去的军心，最终被剥夺兵权，改任大鸿胪，相当于是现在的外交官员，与诸侯各国来往甚密。司马家族担心夏侯玄结党营私，就又让他改为太常。太常是九卿之一，虽然地位崇高，却只是掌管祭祀礼乐，没有什么实际权力。就这样，披着华丽的外衣却实际被架空的夏侯玄，被司马氏一直压抑着，心中即使有宏图，却根本不得施展，可谓郁闷至极。

在司空赵俨去世的时候，司马师和司马昭兄弟二人前去吊丧，在场宾客也有数百人，一向很懂礼数的夏侯玄却破天荒地迟到了。然而尽管如此，在座的人不仅没有怪他不懂礼数，还纷纷起身前去迎接，由此可见他虽然被司马氏踩着，名声却依然极大。也就是通过这件事，司马师认为夏侯玄的能力绝对不容小觑，嫉妒与警惕之心变得更重。

虽然夏侯玄的薪水也很高，但是性格纯善的他却从来不结党营私、想着如何反击司马氏，而是两耳不闻窗外事，一心只读圣贤书，恪守自己的本分。或许他知道，单靠自己一人之力是根本斗不过司马氏兄弟的。不仅如此，夏侯玄也从不学什么名士风流豢养美姬，纵情声色，而是一直洁身自好。无论别人怎么说，他都一直这样不尴不尬地在自己的职位上尽忠职守。所以，司马师尽管对他百般防范，却也奈何不得。其实，面对司马家族日益强大的势力，身为曹家近亲的夏侯玄不是不知道自己有可能有危险，也曾想过投奔蜀汉。但是最终他却仍不愿放弃自己的操守，为了苟存而投降敌国。

然而让夏侯玄始料未及的是，就是这样有风骨的自己，竟然会莫名其妙地卷入一场风波当中，从而彻底改变了命运。

第十五章 子元泰初之争

将夏侯玄卷入是非当中的人一共有两个，一个是中书令李丰，一个则是咱们张皇后的父亲、光禄大夫张缉。这两个人同他是可以推心置腹的挚友。

李丰字安国（一说字宣国），冯翊东县（今陕西大荔一带）人。

李丰是曹魏卫尉李义的儿子，黄初年间，因为其父的任职被征召随军。在他还是平民时，在邺下地区因为品性纯洁，善于品评人物，得到人们一致称赞。后来随父亲到了军队后，因为为人仗义、品行端正，也很受人尊重，声望就这样一天天兴盛起来。当时有很多人都慕名而来，希望能够与他交朋友。

李义看到儿子能够有这么高的关注度，心中非常高兴。但与此同时，作为父亲，他不希望儿子将大把的时间浪费在朋友的应酬上。于是有一天晚上，在与儿子闲聊的时候，他语重心长地点拨道：

“安国啊，虽说你现在受到这么多人的欢迎，但这毕竟都是暂时的，可千万不要因为这样就把大把的时间浪费掉。你还应该趁年轻，抓紧时间好好读书，以后也好考取功名。这样的话，不仅你出人头地，咱们李家也可以光耀门楣、光宗耀祖啊。”

李丰听父亲这么说，不禁露出了羞赧的表情。父亲说得没错，这段时间因为结交朋友，他确实是浪费了很多时间，已经有很长时间没有好好静下心来读书了。想到这里，他遂歉意地说道：

“父亲放心，儿子知错了。我一定从现在开始静下心来好好读书，争取早日赢得功名。”

“嗯。”李义听儿子这么说，非常高兴，重重地点了一下头，“这才对嘛，安国，虽说你爹只是个行伍里的大老粗，没有读过太多的书。但是也希望你能像夏侯家的那个孩子一样，成为鼎鼎有名的大才子。这样吧，以后你如果有时间，就多跟那孩子来往，爹觉得他以后对你的帮助应该挺大的。”

“是。”李丰点了点头，他早就听说过夏侯玄的名气，对方虽说比自己还要年轻，但却是鼎鼎大名。如今既然父亲对他给予这么高的希冀，那他就应该好好努力，争取尽快向夏侯玄看齐。

都说榜样的力量是无穷的，果然，从那天开始，李丰终日都在家里读书。也正是在坚持不懈的努力和明确目标的指引下，他成了名噪一时的才子，竟然真的能同偶像夏侯玄比肩。不仅如此，这两个志同道合的年轻人通过一系列的交往，还成了无话不谈的朋友。

起初，魏明帝还是太子时，因为李丰还在研习学问，所以并没有引起他太多的关注。等他登上帝位后，有一次在接见一位东吴的降将时，无意中问对方：

“你在江东的时候，听说中原地区谁可以称得上是名士？”

降将回答道：“启禀皇上，我听说过李安国。”

魏明帝听到这个回答，心中不觉很是讶异。李安国？嗯，这个名字朕以前怎么没听说过？这个人要是真的很有名，那朕可得好好重用。

想到这里，魏明帝便好奇地问左右臣子道：“这个李安国是谁啊？”

这个时候，李丰已经担任黄门郎，于是左右臣子立刻回答道：“李丰的字乃安国。”

魏明帝恍然大悟道：“哦？这么说他的名气竟然已经传到江东地区了，既然是这样，那朕可得好好地重用才是。”

于是，很快李丰就被转任为骑都尉、给事中。随后，又担任了永宁太仆，只不过遗憾的是，因为他不愿意和司马氏相勾结，就没有得到重用。

正始年间，李丰升迁为侍中尚书仆射。因为看不惯司马家在朝中一手遮天，他经常借口生病不上朝。按照当时官员管理制度，凡是官员，不论等级品位高低，生病达到一百天就要被解除官职。也正因为是这样，李丰经常会在生病几十天后突然好转，然后在上朝一段时间后又突然卧病在床，周而复始地折腾了好几年。

同时，李丰仗着自己的儿子李韬是驸马，表面上和司马家周旋，心中却对对方很是鄙夷。他常常告诫同样当官的弟弟李翼和李伟，既然身为曹魏之臣，那么凡事就应该以主公的利益为先，千万不能因为心存忌惮便与乱臣贼子同流合污。就这样，作为朝廷的命官，他一方面小心翼翼地在当权者之中保全自己，同时也尽力支持皇上的各项决议。

嘉平四年（公元 252 年），李丰在大将军司马师的举荐下当了中书令。就是从这以后，他通过自己的职务之便，对司马家族的野心有了更多的了解，与此同时，他也越来越为曹魏风雨飘摇的命运担忧。

在李丰看来，身为曹魏之臣，就必须要做精忠之事，为主分忧。只有这样，才能让良心真正得以安宁。

当时，太常夏侯玄在天下极有威望，但因为与曹家是亲戚，所以不能出任有权势的职位，平时常常怏怏不乐；张缉虽然贵为国丈，但却被司马师免去郡守之职闲居在家，很不得意。李丰思来想去，决定联合他二人共同起事。

为了探明夏侯玄的心意，李丰先是借朋友之名设下酒宴，利用宴请之机旁敲侧击地询问其想法。夏侯玄虽然知晓李丰的意思，但碍于种种情势，并没有表露心迹。李丰见对方这般，虽然没继续追问，却也猜出个七七八八，故决定转为结交张缉，等到推翻司马师，再立夏侯玄做大将军。

张缉是曹魏凉州刺史张既的儿子，黄初四年（公元 223 年），张既去世，张缉继承了父亲西乡侯的爵位。太和年间，张缉曾任温县县令，因其管治能力而颇有名气。

当时正值蜀汉丞相诸葛亮领兵北伐，张缉上书献计，魏明帝于是询问中书令孙资的意见，孙资认为张缉颇有谋略。明帝于是命张缉为骑都尉，参与对蜀作战，战后又改任尚书郎，屡屡获得魏明帝的赏识。

魏明帝认为张缉的才能足以担当重任，于是便请相士为其看相。

相士说："张缉能担任的官职不过两千石。"

魏明帝说："这样的才能，官职怎么能只停留在两千石呢？"

于是魏明帝并不听相士所言，仍旧提拔了张缉。后来，张缉又以中书郎升迁为东莞郡太守，他多次向朝廷分析东吴和蜀汉的形势。然而就是这样一个贤能之臣，却因为是皇亲国戚遭到了司马师的猜忌，无奈地赋闲在家，故心中对司马师很是反感。当李丰到府中找张缉，并将计划全盘托出后，张缉想都没多想，便爽快地答应了。

在张缉看来，李丰此时手握重权，他二人不仅是同乡，又同为皇亲国戚，这样的关系肯定是值得信任的。

李丰见张缉答应，很是高兴。于是便暗地命令他的弟弟、兖州刺史李翼请求入朝，想使他率兵进来，合力起事。但是司马师对李丰一直有所防范，所以李翼请求朝见的奏书并没有获得批准。

随后，李丰和张缉又前往太常府面见夏侯玄，此次为了能够让对方支持他们，李丰和张缉还提前下了一番功夫，咬破手指写了封血书。

夏侯府，夏侯玄正独自在书房喝茶，这些日子因为司马师屡次三番向少帝发起挑衅，搞得他心中甚是烦躁。今日早朝下得早，刚想一个人好好清静一下，却不想管事突然进屋禀报，说李丰和张缉二人不请自来。

嗯？他二人又来做什么呢？夏侯玄心中不禁疑虑重重。还记得前段时间李丰曾经问过自己对司马家掌权之事的看法，难道今日他们是为此事来的吗？等会儿见面，自己还得小心些才是。

夏侯玄边在心中默默地提醒着自己，边向侧厅的方向走去。

侧厅，李丰和张缉正焦急地踱着步。他们看到夏侯玄前来，连忙迎上前去。

“李大人、张大人，你们今日来我府中所为何事？”双方寒暄片刻，夏侯玄询问道。

李丰和张缉听到问话，先是互相对视了一眼，随后同时跪到了地上。

“李大人、张大人，你们这是干什么？还不快快起来！”夏侯玄先是一惊，随即来到李丰和张缉面前，焦急地说道。

“太常大人，求求你救救皇上吧，司马师狼子野心，一心想要为难皇上，满朝文武又都懦弱不堪，唯有您能救皇上啊。”李丰哭诉道。

“是啊，只要太常大人您答应继大将军位，我曹魏就定然有救。还请大将军看在老夫的面子上，答应这个要求。”张缉也不禁老泪纵横，苦苦哀求道。

“这……”夏侯玄听李丰和张缉二人如是说，顿时有些犯难。身为曹魏之臣，他当然知道司马师一直都在野心勃勃地觊觎曹魏江山，也知道皇上如今的处境之艰难。可倘若他真答应二人的请求，那就是要同司马家为敌，无论今后结果如何，他都必须要接受才行。如果赢了，曹魏政权自然是江山永固。可如果是输了……唉……

李丰见夏侯玄一脸为难，便决定棋出险招，逼迫对方同意。于是便从袖筒中取出了那封早已准备好的血书，递给了夏侯玄。夏侯玄讶异地接过血书，刚一打开便被上面那殷红的字给惊呆了。待他匆匆看完之后，不禁满面悲戚，极为动容。

“这是我跟张大人写的血书，还请太常大人能够答应。”李丰不失时机地说道。

“这……”夏侯玄踌躇片刻，点了点头，伸手依次将跪在地上的李丰和张缉扶起，“同为曹魏之臣，太初确实该像二位大人一般食君之禄，忠君之事。既是如此，我便接受二位大人的邀请，接受这大将军之位。”

李丰和张缉见夏侯玄终于答应了，不禁破涕为笑，三人又筹划了一番起兵之事，方才各自散去。

嘉平六年（公元 254 年）二月，依照祖规，应当朝拜贵人。李丰等人打算借君王御驾亲临、各门有卫兵把守之机，诛杀大将军司马师，以夏侯玄代替他，以张缉为骠骑将军。李丰秘密地告诉黄门监苏铄、永宁宫署令乐敦、冗从仆射刘贤等人道：

“你们几个人在内廷，不法的事干得很多，大将军司马师这人严厉刚毅，张当的下场可以作为鉴戒。”

苏铄等原本就都是曹魏朝廷的忠臣，一直对司马师持有看法，如今听李丰如此吩咐，自然纷纷应诺听令。

然而由于有人告密，司马师很快便听到了风声，请李丰前来府中相见，并且直言向他询问此事是否属实。李丰听后，表面颜色丝毫未变，亦不肯以实言相告。直到见对方几次三番逼问自己，知道事情已经败露，才正色说道：

“你们父子心怀奸邪，将要倾覆我曹魏社稷，可叹我力不能及，不能将你等擒杀诛灭！”

司马师闻听，顿时勃然大怒，登时从腰间的刀鞘中抽出刀子，用刀把上的铁环锤死了李丰，并把尸体送交廷尉，接着又迅速逮捕了李韬和夏侯玄、张缉等人，全都送交廷尉收监。钟毓负责审讯治狱，在呈报给皇上的奏书中，他这样写道：

“李丰与黄门监苏铄、永宁宫署令乐敦等人阴谋策划，在拜贵人的那天，各营的兵力都把守在宫门外，陛下临近前廊时，借此机会共同侍奉陛下，再率领众官兵士近前去诛杀大将军；陛下如果不听从，就挟持着离开。他们阴谋商定以夏侯玄为大将军，张缉为骠骑将军。夏侯玄、张缉都知道这个阴谋。”

庚戌日（二十二日），司马师将张缉赐死狱中，同时处斩了夏侯玄、李韬、苏铄、乐敦等人，并诛灭一干人等的三族，其余的亲属统一迁到了乐浪郡。

传说夏侯玄在东市被处斩之时，直至上了刑台仍旧表现得极为淡定从容，令围观众人很是佩服，同时，也不约而同地为这位曹魏最后的中流砥柱轰然倒塌而扼腕叹息，悲戚不已。

第十六章　毌丘预备兴兵

如果说司马师杀夏侯玄等人，还有图谋不轨的由头，勉强可以说得过去。而公然废立皇帝，就是冒天下之大不韪的谋逆行为，引得朝野上下一片哗然。然而由于忌惮司马氏的淫威，多数人却只是敢怒而不敢言。

这消息很快便传到了边疆，忠于曹氏的守将在听到这个消息以后都极为惊恐。他们没有想到司马师竟然有这么大的胆子，敢私自废立皇上。长此以往，还有什么事情是他不敢做的呢？

此刻朝廷有难，我等又怎能坐视不理？必须要杀了司马师，将政权重新交还给曹家。在此种心态的驱使下，驻守寿春的镇东将军毌丘俭和扬州刺史文钦终于按捺不住，一场血雨腥风的争斗此时已箭在弦上，不得不发了。

说起这毌丘俭和文钦，此二人在曹魏诸边将中，可是鼎鼎大名，无人不知，无人不晓。

毌丘俭，字仲恭，河东闻喜（今山西闻喜县）人，三国曹魏后期的重要将领。毌丘俭出身显赫，父亲毌丘兴曾做过武威太守，因战功卓著被拜将封侯。父亲去世后，毌丘俭继承了其爵位，被授予平原侯文学之职。魏明帝继位后，毌丘俭迎来了仕途的黄金期，先后出任尚书郎及羽林监，因为曾在东宫办事，得到了魏明帝的亲自接见。

虽然成了皇帝的宠臣，但毌丘俭非但不恃宠而骄，反而经常劝诫皇帝要勤俭节约，以江山社稷为重。当时魏明帝大兴土木，建造豪华的宫殿，因所花银两太多，造成国库空虚。毌丘俭看在眼里，不禁急在心里。他不仅三番五次地在上朝的时候进行劝说，希望魏明帝能够以百姓利益为重一切从简，而且还数次上书谏言。

在奏表中，他是这样写的：

“依愚臣之见，天下应最先消灭的是吴、蜀二贼，最应办理的事是让百姓丰衣足食。如果二贼不被消灭，百姓饥寒交迫，即使这宫室再美，还是没有益处的。”

魏明帝原本并没有把毌丘俭的劝谏放在心上，而今收到奏表，不知怎的心中却颇为感慨。那日早朝后，他独自在御书房中将奏表反反复复看了数遍，眼睛不觉有些湿润。

魏明帝扪心自问，当年他还是太子的时候，经常会独自外出微服私访、体察民情，探查百姓疾苦，也的确解决了很多急需要解决的问题，为父皇分忧解难，让天下黎民苍生能够更好地安居生活。然而自从他登基当了皇帝后，却仿佛离百姓越来越远了，耳朵里每天听到的不是恭维就是阿谀拍马的话语。渐渐地，欲望也就变得越来越大，竟然忘了当年的勤俭精神，不知不觉地变得奢华起来。若不是毌丘大人从旁提醒，一直这样下去，曹魏江山怕是迟早会出现震动，到那时，他这个做皇上的可就真的成了千古罪人。

想到这里，魏明帝的心中顿时生出了对毌丘俭的深深感激。对，应该把毌丘大人请到这里来，跟他好好聊聊，看还有没有什么好的建议。

想到这里，魏明帝站起身来，对一直把守在御书房门口的舍人高声说道：“进来！”

舍人听到皇上的吩咐，连忙快步走到御书房，向魏明帝抱拳施礼道：“皇上。”

“你去请毌丘大人前来，就说朕有很重要的事情要同他商议。”魏明帝一边坐下一边随口吩咐道。

“喏。”舍人答应了一声，随即退了出去。

大约半个时辰，毌丘俭在舍人的带领下匆匆走进御书房，来到魏明帝的面前，他紧抱双拳，恭顺地说道：

“末将参见皇上。”

魏明帝对毌丘俭点了点头，故意阴沉着脸说道："毌丘大人，朕已经看过你的奏表了，看来你对朕建造宫殿意见很大啊。"

"末将不敢。"毌丘俭听魏明帝这么说，急忙抬起头来苦苦劝说道，"末将只希望皇上能够多从黎民疾苦着想，如今战乱尚未完全平息，很多人尚无可以栖身的房屋，没有足够的粮食可饱腹，皇上确实不该为了满足自己的私欲，而铺张浪费。宫殿真的不在于华美，而在于人心啊。倘若皇上能够心存百姓，时时刻刻都能从百姓的角度出发思考问题，无论住在哪里都是一样的。曹魏百姓热忱爱戴、周边诸侯国不敢妄加觊觎，国运才可长治久安啊。"

魏明帝听毌丘俭这般言说，不禁心头一热。自从他登基以来，身边就很少像毌丘这样的谏臣了，能够得如此贤臣，真乃我曹魏社稷之福啊。然而，作为皇帝，他必须要再对对方的忠心试探一二。

"毌丘大人……"魏明帝猛地一拍桌子，大声说道，"你还真是胆大包天，竟然敢拦着朕，朕看你还真的是不想活了。"

毌丘俭见魏明帝竟然龙颜大怒，连忙跪地说道："皇上，微臣绝没有这般胆量跟您作对，臣死不足惜，只愿我曹魏国家清平、福祉延绵啊，皇上！"

毌丘俭的话重重地敲击在魏明帝的心底，此时，他再也无法像方才那般泰然自若，迅速起身来到毌丘俭的面前，伸出双手将他从地上扶了起来，啧啧赞叹道：

"爱卿果真是我曹魏之栋梁，朕能够得此贤臣，实在是幸运了！"

"皇上……"毌丘俭不解地看着魏明帝，他不明白为什么方才魏明帝还对自己那般严苛，现在却突然好像是变了个人似的。

"哈哈哈……"魏明帝朗声大笑道，"毌丘爱卿有所不知啊，刚才朕不过是在试探你，看你究竟是不是我曹魏之贤臣。不过卿的回答确实是令朕欣慰，爱卿放心，朕以后定会好好重用你的，让你的才能得到更好的发挥。"

"微臣多谢皇上隆恩。"毌丘俭双手抱拳，感激地说道。

"好，好啊……"魏明帝凝视着毌丘俭，目光中满是欣慰。少顷，他转身对始终在一旁静默伫立的舍人吩咐道。

"你传旨下去，从即刻起，停止再建宫殿，朕住在此处便好。"

"是。"舍人回答了一声，退了出去。

魏明帝抬手轻轻拍了一下毌丘俭的肩膀，转移话头道："爱卿你今日来得正好，朕近日一直在临摹前朝名家字画，不若今日就写一幅赠予爱卿吧。"

毌丘俭再次双手抱拳，恭顺道：“毌丘俭感谢皇上赠字。”

魏明帝轻轻地点了下头，转身来到桌案前面，稍做思索，他泼墨挥毫在纸上写下了“一廉如水”四个刚劲有力的大字。放下笔，他又看了一遍，才满意地抬起头来，对毌丘俭说道：

“爱卿，你觉得朕的这几个字写得如何啊？”

毌丘俭心知这是魏明帝对自己提出的希冀，希望他能为官清廉，如流水一样清洁干净，忙双手抱拳，感恩道：

“微臣多谢皇上赠字，皇上这四个字当真是苍劲有力，确实是书法作品里的珍品。”

魏明帝笑着说道：“爱卿乃行伍之人，朕只道你对排兵布阵颇有研究，却没想到你对写字作文也还是这般精通，着实难得啊。”

毌丘俭笑着说道：“皇上过奖了，微臣不过只是略通皮毛罢了，尚需精进才是。”

说完，二人相视而笑。

在那次谈话后，因为毌丘俭的忠心，很快便被升迁为荆州刺史。他在荆州任职期间，正如魏明帝写的字一样，真正做到了两袖清风、为民做主，是广受百姓喜欢的清官好官。

公元237年，毌丘俭经过一年多的征战，平定了辽东之地，因功被封为安邑侯。但真正令毌丘俭名留青史的，不是因为他是魏明帝的宠臣，而是他对邻国高句丽的两次征战。

公元244年，高句丽蠢蠢欲动，毌丘俭亲率上万名骑兵进行讨伐，几乎全歼两万高句丽士兵，并攻破丸都山城。一年后，为了彻底征服高句丽，毌丘俭再次挂帅出征，魏军杀至沃沮境内，将协助高句丽的邑落一并攻破，斩杀三千余人，成功击溃了獩陌各邑，将东汉初废弃的临屯郡故城再次纳入版图，同年班师回朝。

毌丘俭的这两次东征，是中原王朝对东北地区有史以来最远的征讨，原本属于高句丽统辖的朝鲜半岛岭东獩陌地区，也归纳入魏国之管辖范围。之后的几十年间，高句丽再也不敢有不臣之心，先后向魏、西晋政权俯首称臣，这都归功于猛将毌丘俭。

毌丘俭一向对曹家忠心耿耿，所以当他听说司马师竟然不但紧握曹魏政权不放，并且犯下累累血案时，不禁愤怒不已。恨不得马上就能剥了他的皮、吃了他的肉，为曹家讨回公道。

然而，待毌丘俭冷静下来，不禁又愁绪满腹。如今司马家早就成了曹魏政权的实际执掌者，他又怎能蚍蜉撼树，还是应该找个强大的同盟，共同起事，此事方才能够得以顺利推进。可是，谁才是那个最合适的人选呢？

冥思苦想了半天后，毌丘俭的脑海中突然浮现了一个模糊的人影。随着这人影渐渐变得清晰，他的眼前顿时一亮。

“对啊，就是他们！”毌丘俭猛然一拍桌子，兴奋地说道。随后，他从桌案上拿起笔，身子伏在一张纸上，兴冲冲地写起信来。

毌丘俭想到的不是旁人，正是扬州刺史文钦、镇东大将军诸葛诞及东吴大将军孙峻。此三人虽说分处在不同的阵营之中，但毋庸置疑，都是手握重兵兵权，当时最具实力的人物。

文钦，字仲若，谯郡（今安徽亳州）人，曹魏部将文稷的儿子，为人极为豪爽侠气，向来喜欢扶贫弱小，除暴安良。因他与毌丘俭素来交好，所以也曾有意无意地多次在其面前提及自己对司马师行为的厌烦，再加上早年间他又曾受到过夏侯玄的恩惠，所以更是对司马师恨到了极致，故此当他得知毌丘俭欲邀自己兴兵起事，心中不禁很是开心。然而，与此同时，他也知道司马师是不能招惹的强权派，如若答应毌丘俭的提议，那就得公然与司马家族反目成仇，恐是凶多吉少。然而如若不答应，他却又是心有不甘。正在屋中反复纠结，爱子文鸳大步流星地从外面走了进来。

“爹……”文鸳一进屋便高兴地嚷道，他刚刚跟兄弟们在演武场上过了几招，又拿了个头筹，“我刚刚跟兄弟们过了几招，这帮人还是那么熊，一丁点儿长进都没有。”

然而跟平日不同，因为文钦正在权衡利弊，故此并没有理会文鸳。只是兀自低着头，注视着信纸。

“爹？”文鸳先是一愣，随即快步来到桌子前，想要一探究竟，然而却看不太清。难道说这张纸会勾魂吗？爹平日看到他回来，都会主动嘘寒问暖的，今天这是怎么了？文鸳想到这里，心中不禁生出一丝不满的情绪。他突然伸手用力地拍了一下桌子，大声地喊道，“爹！”

文钦登时被儿子这冷不防的动作给吓了一跳，坐直了身子，眼神中满是惊诧。

“爹，你今日是怎么了，如此心神不宁？”文鸳见自己竟然吓到了父亲，心中顿觉歉意，声音也顿时变得柔和了许多。

“嗯。”

文钦犹豫片刻，将毌丘俭的书信递给了儿子。文鸳讶异地接过书信，先瞥了一眼父亲，随后目光匆匆地在信纸上掠过，少顷，待看完信后，他将纸放到了桌子上，说道：

“毌丘伯伯看来是真的有心相邀父亲共谋此事，然兹事体大，不知道您是怎么打算的？”

文钦重重地叹了口气，无奈地摇摇头说道：“阿鸳有所不知，爹就是在为此事纠结。”

“纠结？”文鸳一怔，随即问道，“为何？”

文钦叹了口气，站起身说道：“吾儿有所不知，为父身为曹魏之臣，本该像你毌丘伯伯信中说的那样为主效命，可倘若与司马家为敌，又恐连累你们，当真是让爹左右为难啊。”

文鸳听后，心中顿时一股暖意。想不到父亲在如此关键之时，还能为家人着想，当真是暖心。但身为人子，他也该理解父亲的报国之心，绝不可因为贪图苟且，而陷父亲于不仁不义的境地。倘若如此，那就真是不孝子了。

“爹放心。”想到这里，文鸳慨然说道：“无论你做出怎样的决定，儿子都支持。不过孩儿也有一个要求，如若爹当真要上战场，那就把孩儿也一同带了去，也好历练一番，强过在此安稳之处苟且度日。”

文钦听到这话，心中蓦地生出一股强烈的酸楚。他迅速转身看向身后的儿子，声音颤抖地说道：“吾儿此话可当真？”

“千真万确。”文鸳郑重点头，说道。

第十七章　神勇将军文鸳

文钦听儿子这般言说，心中不禁极为欣慰，同时还夹杂着些许的羞愧。他在心里轻轻叹道，想不到文鸳身为儿子竟然比他这个做父亲的还要有家国情怀。这十八年的心血果然是没有白白浪费，文家如今真的有可以光耀门楣之人了。

犹记得文鸳六岁开始学习武艺时，因为师父要求甚是严格，身上总是带着瘀伤。每到这个时候，夫人就会伤感垂泪。而他这个做父亲的，虽是心疼儿子，却也只能是狠心地在一旁看着。日复一日，也不知经历了多少伤痛，才有了今日。不过此时想来，往昔的付出也都是值得的。

打量了儿子片刻，文钦试探地问道："阿鸳，依你之见，咱们此刻该当如何？"

文鸳低下头沉吟片刻，答道："爹，若依孩儿之见，你和毌丘伯伯还是应该抓紧时间见上一面，也好进一步商议这其中的事宜。不过爹放心，无论您去哪里，孩儿都会跟随，保护爹爹的安全。"

文钦听儿子这么说，遂朗声大笑。他快步来到文鸳的身旁，伸手用力地拍了拍他的肩膀，夸赞道："好小子，有志气，当真是越来越有我文家的风骨了。"

文鸳抱拳施礼，笑着说道："孩儿多谢爹爹的夸奖，此事就这般商定。从即刻开始，爹是此战的主将，孩儿为爹做先锋官，鞍前马后地跟随，保护爹的安全。”

文钦点了点头，然而很快他的脸上却又浮现出了担忧之色，重重地叹了口气，转身走到桌案前，颓然地坐了下来。

文鸳见父亲如此神色，登时露出了诧异的表情，说道：“爹爹这是怎么了？难道是阿鸳说错话了？”

文钦抬起头来，看着儿子，柔声说道：“阿鸳，你方才说得没错。但是这战场毕竟不同于寻常之所，刀枪亦是不长眼睛，这先锋官是先头部队，甚为危险，爹只恐……”

文鸳听父亲如是说，知道他是担心自己的安危，便快步来到桌前，慨然说道：“爹爹勿要挂心，孩儿虽不才，却也是熟读兵书的，尤其对常山的子龙将军很是崇拜。更何况曹家不仅对爹有恩，对儿亦是恩重如山，不瞒爹说，其实早在高平陵之变发生后，儿子就曾有心起兵反对司马家，却因为势单力薄而不敢轻举妄动。再说前段时间，司马师亦曾因为爹爹报军功的事情大加苛责，当真是欺人太甚。如今既然爹有此意，儿子理当全力以赴，竭尽所能地配合才是。”

文钦讶异地看着文鸳，他没想到原本还需自己保护的儿子会变得如此成熟，既是如此，那他又有什么可担心的呢。

“阿鸳，你果真是天赐给爹的良才啊。”文钦开心地说道，“那咱们明日便去面见你毌丘伯伯，跟他就此事好好商议一番。”

“是。”文鸳见父亲同意了自己的意见，亦是非常高兴，双手抱拳，大声答道。

因为心中有事，次日清晨，文家父子便早早出发，赶往毌丘俭的府邸。虽然路途遥远，但快马加鞭，他们很快便到达了目的地。

书房，毌丘俭独自坐在桌案后面，一脸颓然。按理说，此时文钦应该已经收到了书信，也不知他看完后有何反应，可否愿意助自己一臂之力。正在冥思苦想，突见管家匆匆来报，说是文家父子已在偏厅等候。

毌丘俭一听文家父子已经到了，立刻便来了精神，他先是吩咐管家通知厨下准备茶点酒宴，随后便匆匆地来到了偏厅。

偏厅，毌丘俭和文钦父子经过一番短暂的寒暄，很快便将话头转到了起兵之事上。经过商议，他们决定率七万淮南兵北上许昌，然后发动天下勤王部队一起进攻洛阳，与此同时，由孙峻带领东吴军从旁策应，对司马大军形成合围之势，将其困死。

然而，虽说这想法很好，但现实却并不那样简单。经过司马父子二人在朝中近十年的渗透，如今的天下早已不再是高平陵之变前的天下了，军中全是司马家的势力。所以执行的时候难免会困难重重。

毌丘俭和文钦经过这番交谈后，彼此生出了惺惺相惜之感，二人原本就是故交知己，而今再有这般的默契，相信兴兵之事定会事半功倍。不过，任何战争都讲究师出有名，即便是叛乱也不能例外。更何况，毌丘俭和文钦二人这次还是为了保卫曹家而发动的正义之战，更得有一个契机才能启动。因此，在那日叙谈完后，双方便各自散去，安心静待良机。

还真别说，这良机很快就被他们等到了。转年春天，一颗扫把星突然从天际划过，按照古人的说法，这绝对是起兵的吉兆。毌丘俭和文钦兴奋不已，二人经过商量，即刻由毌丘俭以郭太后的名义草拟了一份诏书，列举了司马师十一条大罪，传檄各部。继而，在寿春城头歃血为盟，号召其他州郡郡守共同讨伐司马师。不仅如此，为了能够得到更多的支持，他们还特意将司马家族其他人跟司马师划分开来。

诏书是这样写的：故相国懿，匡辅魏室，历事忠贞，故烈祖明皇帝授以寄托之任。懿勠力尽节，以宁华夏。弟昭，忠肃宽明，乐善好施，有高世君子之度，忠诚为国，不与师同。太尉孚，忠孝小心，所宜亲宠，授以保傅。

通过这个诏书大家能够看得出来，毌丘俭和文钦是极力想将这件事情变成只是针对司马师这一个奸臣的行为，而不是针对司马家，更不是针对司马家所代表的整个士族阶层。因此他们从一开始就尽量将司马师和司马家割裂开来，只是，这想法也实在未免太简单了，这份檄文只要一发出，明眼人就都看出来了，此二人必败，因为毌丘俭和文钦已经在不知不觉中开始心虚了。

再说司马师这一边，当时他正犯眼疾，处于调养之中。自从当年发妻夏侯徽去世，悲痛欲绝的司马师因为连日痛哭而患上了眼病，就再也没有好过。非但如此，随着他连年征战、日夜操劳，这眼疾还越来越重。有时只能戴着眼罩，才会好受一些。然而即便如此，当静养之中的他得知毌丘俭、文钦二人竟在淮南起兵的消息时，还是马上就召集了心腹开会商讨发兵平定的对策。

面对着这“趁你病，要你命！”的凌厉攻势，大多数人都规劝司马师不要亲征，但是钟会、傅嘏二人却还是力排众议，苦劝司马师亲自率兵前往。傅嘏的理由是：淮楚的士兵向来勇猛无敌，毌丘俭手下的兵士更是有着万夫不当之勇，想当初高丽山城易守难攻，都被他们给打下来了，曹魏大军又怎么会是他们的对手呢？再说了，如今淮南周围还有一些郡县尚在观望中，如果其他不够分量的人领兵，一旦失败，这些郡县必然会转而投奔毌丘俭那一边。到那时，即便是司马师另外发兵救援，恐怕也来不及了。另外，还有东吴在旁边虎视眈眈，万一有事定然会出现一系列的连锁反应，后果绝对不堪设想。

钟会和傅嘏的眼光非常毒辣，事实上，毌丘俭和文钦的这次起兵虽然在淮南三叛中不是最接近成功的一次，但却是比较危险的一次，司马师刚刚废了皇帝，正是人心不稳的时刻，此时举兵，一旦成功可以动摇整个魏国。再加上毌丘俭、文钦二人打的旗号是为少帝报仇，号召天下军队一起进军。一个处理不当就会此消彼长，而如果真要到了那样的地步，司马家为了平息叛乱，则要付出更大的代价。

钟会和傅嘏的意见很快便被司马师所采纳，他决定抱病出征。出征前，司马师向郑袤询问这次作战的战略。郑袤说，淮南军虽然勇猛，但人心不稳，如果采取守势挫其锐气，取胜应该相对容易。

其实，郑袤的作战方法与当年曹刿的办法差不多，一鼓作气，再而衰，三而竭。这建议让司马师心中更加安稳，在向弟弟司马昭做了一番交代后，他即刻统兵十万，浩浩荡荡地向淮南进发了。而此番陪同司马师出征的将军包括王基、邓艾、胡遵、诸葛诞等人。

战事从一开始就对淮南军不利，首先，东吴几乎就没有出兵，毌丘俭虽然之前给孙峻写过信，文钦也派儿子文聘过去当人质了，诚意很足。但孙峻那边只是听到了发兵的消息，却迟迟不见到达。其次，原本观望的其他郡县也迟迟没有动作，大义的旗号终究比不过眼前的利益，这些郡县始终站在中立派的位置上。因此，当毌丘俭、文钦进军到河南项城时，便陷入层层的包围中。行伍中有很多士兵的家眷在北方，他们纷纷投降，只有新招募的农民兵还能使用。

此时，司马师的军队主力在汝阳，先锋王基到南顿，豫州诸葛诞兵锋触到寿春，青州徐州军胡遵截断了淮南军的退路。毌丘俭见邓艾兵少，便派文钦进攻邓艾，准备打开通路。

然而，当文钦到了乐嘉后，却发现司马师的主力也已经到了。不仅如此，他还因为中了邓艾事先设好的诱兵之计陷入司马师大军的包围圈中，不禁非常绝望。就这样，他们从白天守到黑夜，却仍没有找到可以冲出去的突破口。

危急时刻，始终跟随在父亲身旁的文鸳却显得很是淡定，见父亲略显慌张，他马上劝说道：

“爹，别慌，你别看他们来势汹汹，可是肯定还有破绽。”

“破绽？”文钦听儿子这么说，顿时冷静了下来，“什么破绽？”

“我刚刚找到了司马师大军的命门，我这就去冲杀一番。爹，你率军队绕到那个地方接应我，咱们就能大功告成。”

文钦刚要继续说话，却见文鸳一个箭步向外面冲去。随即，他的身子向上凌空跃起，瞬间轻身落到了马背上。马儿腾空而起，发出一声清脆的嘶鸣，带着文鸳迅速向前冲去，身影很快便消失不见了。

文鸳方才所说的不是别处，正是司马师的中军帐。要知道这可是一场不折不扣的斩首行动，既然论兵力我不如你的多，那我就直接杀过去干掉你就好了。

对于年方十八的文鸳来说，他此番的对手可是强大到了极点。与其交锋，在外人的眼中就是在以卵击石，但是为了父亲和大伙儿的安危，此刻他也真的管不得那么许多了。

文鸳到达中军帐的时候，司马师正在给眼睛敷药。原本四周都很安静，突然一阵嘈杂，外面顿时响起了急促的脚步声，间或有人喊着文鸳杀过来了。司马师不知就里，猛地一听顿时大吃一惊，随着他用力地耸了一下身子，眼珠竟然从眼眶里滚落了出来，掉到了地上。

然而作为久经沙场之人，司马师的心理也确实是坚强到了极点。他忍受着常人所难以想象的痛楚，命令侍卫不要声张，拿被子蒙到自己的头上。继而冲到帐外，沉着指挥战斗。

文鸳冲杀了一阵，到了约定的地方，然而左等右等却始终不见父亲率队前来，猜测他定是带着军队在半路上迷路了。于是便又经过一番拼杀，原路返回，与父亲会合。

就在此时，邓艾的部将率领八千兵士追击而来，文鸳见状不妙，单人匹马冲进阵中，一次杀掉敌方百余人。在反复冲杀了六七次后，敌军再也不敢进攻，文钦等人方才得以脱身。文鸳如同当年赵云在长坂坡时一样神勇无敌，无愧为第一勇猛少将军。

魏将见势不妙，命令手下兵士火速退军。待四周恢复宁静，在文鸳的建议下，文钦清点所剩人马，打算去与毌丘俭会合。然而就在这时，司马师又派人来了。只是这次与前次不同，不是一队，而是一个。

来人叫尹大目，见面后，他没有劝降文钦，却说了一句让人有点摸不着头脑的话。

“你何苦现在就撤退，难道就不能再忍几日吗？”

文钦闻言不禁大怒，破口大骂道：“你是先帝家人，不念报恩，反与司马师作逆，不顾上天，天不佑你！”

言罢，拿起弓箭就要射尹大目。

然而文钦当真是冤枉了尹大目。

尹大目从小就是曹氏的家奴，常在皇帝左右，素怀忠贞之志。他此番之所以跟随司马师出征，是因为知晓司马师的一个眼睛已经坏掉，其性命将不保，便毛遂自荐，以劝降文钦的名义离开军营，前来给文钦透露消息。尹大目的话外音是希望文钦不要急着撤退，再忍几天，等司马师去世后再图进取。然而文钦急着撤退，并没有对尹大目的话进行深思，反而痛骂尹大目一顿，还要用弓箭射尹大目。尹大目见状大失所望，不禁流下眼泪，自言自语道：

“世事败矣，你们好自为之吧！”

说完后，尹大目转身打马离去，文钦虽不为所动，文鸳的心却像是猛地被人揪住，瞬间生出凄苦之感。在同父亲商议后，决定带队回去寻找毌丘俭，以便两队会合，再做打算。

第十八章　孙峻袭击寿春

其实，此番作战，东吴并不是没有发兵过来支援，而是在半路上遇到了魏军，被围追堵截，实在是过不来。而身为主帅的孙峻，也因为此事头痛。眼看着事情向着不利的方向演变，他自己却又无计可施，只能被动地等待对方大招的到来。而这实际上，也是孙峻在接替诸葛恪之后，遭遇到的首次重创。在此之前，他一直处于春风得意之中。

孙峻字子远，是武烈皇帝之弟孙静的曾孙。当年孙静在武烈皇帝刚起兵的时候，曾集合乡里及宗族子弟五六百人作为基础队伍。建安元年，长沙桓王击败刘繇，平定各县，进攻会稽，派人请孙静，孙静带着家属与桓王在钱塘会面。当时钱塘太守王朗在固陵抵御桓王，桓王几次渡水作战都不能取胜。

孙静知道后，告诉桓王："王朗凭险固守城池，很难攻破。往南几十里地是查渎，是通向会稽道路的要害之地，应当从那里攻城，这就是所谓的攻其不备、出其不意。我亲自率领军队作为先锋，一定能将城池攻克。"

桓王同意，于是假意命令全军说："近日来连着下雨，水源浑浊，兵士喝了这些水大多腹痛，赶快备置瓦缸数百口澄清饮水。"

等到黄昏的时候，罗置很多火堆迷惑王朗，随即分兵连夜赶赴查渎，袭击高迁屯。王朗大惊，派遣原丹杨太守周昕等人率领军队前来迎战。桓王打败周昕等人，杀了他们，于是平定会稽。

为了对孙静表示感谢，桓王上表任命孙静为奋武校尉，打算重用他。但是孙静却因为不愿意离开家乡，不想外出做官，于是便向桓王请求留任家乡镇守。桓王屡次劝说都不行，只得无奈地答应了他的要求。

太祖皇帝当皇帝后，孙静升为昭义中郎将，最后终老于家乡。也正因为孙静早年在战争中所起的作用，太祖皇帝对他这一支向来另眼看待，宠爱有加。

当然，如果从辈分上来讲，太祖皇帝足足长了孙峻两辈，算起来，孙峻还得管他叫一声二爷爷。作为孙家子弟，孙峻继承了家族的多数优点。他年轻的时候就弓马娴熟，处事果断，为人精明，深受长辈喜爱，因此被太祖皇帝任命为武卫都尉。

后来，太祖皇帝病危，孙峻、诸葛恪和滕胤三人同为托孤大臣。由于这三人背后牵涉的势力众多，如诸葛恪与张昭家有姻亲，滕胤算是太祖皇帝的女婿，因此这三人明面上虽是一团和气，实际上背后却暗流涌动。而也正是因为这样，才有了那著名的孙峻围席杀诸葛的故事。而在将自己最大的拦路石清理之后，孙峻开始走上了专权跋扈的道路。

大家看到这儿的时候，可能会说："哎，这个孙峻还真是有两下子，至少能凭自身的实力当上高官，而且还敢公开诛杀诸葛恪，还真是个人物，那他后来又怎样了呢？"

孙峻专权之后，他变得越发猖狂，不仅制造出许多冤假错案，陷害忠良之士，更是打起了后宫的主意。因为皇帝无能，虽然对孙峻的做法愤恨不已，却也只能是敢怒而不敢言，眼睁睁地看着他扰乱后宫。若只是这样也就罢了，孙峻竟然还和自己的姑姑全公主孙鲁班勾搭到了一起。

孙鲁班身为太祖皇帝和步皇后的长女，朱公主的胞姐，一生虽然嫁过两次，却与三个男人有不清不楚的关系。

身为长公主，孙鲁班自幼就很讨父亲太祖皇帝的喜欢，到了她的待嫁之年，太祖皇帝索性就来了个"比脸"招亲。经过一番考察，大都督周瑜的大儿子周循脱颖而出。能够当上东吴老大的乘龙快婿，周循肯定会平步青云。可未曾想，周家的这位刚过门的媳妇很有兴致，每天晚上都要提出要求。日子长了，周循的身体终于出了状况，不久就一命呜呼了。年纪轻轻便守寡，孙鲁班怎能耐得住这份寂寞，于是多次到父皇那里哭诉。太祖皇帝经不住爱女死缠烂打，加之他又心疼女儿，于是就又给孙鲁班找了一个男人，卫将军兼左护军兼徐州牧全琮。

这个全琮是个二婚，在私生活方面有一些经验。不过，再有经验的男人也有疲惫的一天。终于，在孙鲁班四十岁那年，全琮将军体力不支，倒在了床上。中年丧夫，孙鲁班除了悲痛之外，心中更莫名有了一些激动。没了婚姻的枷锁，道德上不受约束的她开始明目张胆地为自己寻觅下一个志同道合之人。就这样，很快，堂侄侍中孙峻走进了她的视线。

这个孙峻，长得十分英俊潇洒。作为皇族近亲，太祖皇帝十分信任他，因此他可以自由地出入东吴后宫。如此俊俏的男儿在自己的面前晃来晃去，孙鲁班自然是垂涎三尺，恨不得马上就把孙峻拿下。在这种心理的作用下，她也顾不得什么伦理辈分的约束，找了个借口把孙峻叫到了床前。

这孙峻原本就是个多情的种子，对宫闱秘事甚是了解。不仅如此，他也早就对姑妈的私生活有所耳闻。如今见孙鲁班这样，心中早就明白了七七八八。虽然说姑妈如今已是徐娘半老，但也还算是风韵犹存。更何况跟她在一起，自己的利益也是不会少的，既然如此，那就这样呗。

因此，孙鲁班一个眼色，孙峻立即心领神会，很识时务地掩上了姑妈家的窗门。就这样，从那天开始，孙峻开始平步青云，慢慢爬上了东吴权力的顶峰。不仅如此，他还听从了孙鲁班的话，杀死了自己的亲小姨子孙鲁育。

对，大家没有看错，这就是一部爱恨纠葛的伦理大戏。

孙鲁育和孙鲁班是同父同母的亲姐妹，年少时二人很是姐妹情深，然而后来关系却慢慢发生了变化。

孙鲁育是大将朱据的妻子，朱据死后她又改嫁他人。跟姐姐不同，她的为人很像母亲步夫人，做事情规规矩矩，远没有孙鲁班那般狡诈阴毒。但别人越是夸奖孙鲁育的美德，孙鲁班就越是嫉恨。

当年孙鲁班在孙峻的协助下谋划废除太子孙和，将其用鸩酒毒杀，曾希望妹妹也站在她这边。然而孙鲁育不仅不同意，还百般劝说姐姐不要去干涉政治，那不是女人该管的事情。也正因此，孙鲁班对她是旧恨未平，又添新恨。

孙峻当政后，反对者此起彼伏，其中有一派是故太子孙登的儿子孙英及孙峻的叔父孙仪。跟大多数人一样，他们也不满意孙峻的荒淫残暴。虽经屡次劝说，却丝毫不起作用，最后他们只能通过刺杀试图来改变现状。然而，没料到最后还是失败，参与其中的人全都被孙峻判处了死刑，一个活口也没有留下。

说起来，这件事跟孙鲁育没有任何关系，但是早就心存杀意的孙鲁班却抓住这个机会，缠着孙峻，硬说孙鲁育跟孙英他们是一伙儿。本来谋反这种事情就说不清楚，证据大多是莫须有。如今孙鲁班又一口咬定这件事和孙鲁育有关系，于是孙峻尽管知道孙鲁育是被冤枉的，但还是毫不留情地杀了自己的小姨子。

不仅如此，孙鲁班还想杀了孙鲁育的女儿，当时的琅琊王孙休的正室朱夫人。这时孙峻的头脑较为清醒，他在知道了这件事情后，马上就作出了正确的选择，命人放了朱夫人。

原因很简单，朱据的两个儿子是孙峻的亲信，而且孙家和朱家也有联姻。他孙峻就算是再惧内，也不可能在这么大的事情上犯糊涂。至此孙峻和他的大姑妈可以说是把朝廷上上下下控制得死死的，有了内政上的成就，自己又幸运地躲过刺杀，这让他觉得自己在军事上也可以大展宏图。

当然，虽说是将东吴朝纲弄得乌烟瘴气，但孙峻也想建功立业，体会下当英雄的感觉。在朝内某些主战分子的怂恿下，孙峻也准备北伐，而在这之前他原本想筑广陵城，朝中大臣都知道这不可能，但因惧怕不敢说，只能由着他。

也正是因为这样，所以这次在收到毌丘俭的亲笔信后，孙峻不顾其他朝臣的强烈阻止，亲率骠骑将军吕据、左将军留赞、车骑将军刘纂、前将军唐咨等将领攻占寿春，一方面支持毌丘俭，一方面则要借势攻打广陵。

虽说如此兴师动众，但这次孙峻出征却只能用平淡无奇四个字来形容。因为半路上，东吴军被魏军阻拦，好不容易杀出重围，却又发现毌丘俭和文钦大军已经被司马军冲散，所以除了半路上遇到侥幸生还的文钦外，孙峻不过只是转了一圈就又返回东吴。在此战中唯有一人的表现堪称是亮点：那就是当时七十三岁的左将军留赞力战至死。

据《吴书》记载，留赞字证明，会稽郡的长山县人，也就是现在的浙江省金华市。少年的时候他只是一个郡吏，在与叛军的征战中因斩杀贼帅吴桓建立了军功，但也就是在那一场战争中，他的一只脚受了伤，留下了终身的残疾。

留赞是一个性情非常刚烈的人，年轻时好读兵书和三史，每每读到古代良将们征战沙场、建功立业的时候，内心中就充满了无尽的向往和感慨。因为脚伤的缘故腿也跛了，他心里非常痛苦。

在思虑了良久之后，留赞对亲人们说：“当今天下大乱，群雄并起，正是各地英豪建功立业的大好时机，而我却因为一条腿不能建立功业带来富贵，整日蜷缩在这里。这跟死了也没有什么太大的区别，所以我决定割断脚筋让腿伸直。如果大难不死，腿好了，咱们日后就还能见面；如果死了，我也就没什么好盼的了。”

亲友们听留赞这么说，一个个吓得不行，连忙对他进行开导劝解，劝他不要做傻事，并且还每天轮流派人看着他。

然而过了一段时间，留赞趁亲友们的警惕稍稍松懈了一些，仍旧将自己的脚筋给割断了。当时血流如注，他也因为疼痛和失血过多陷入了昏迷。幸好亲友们及时发现，才保住了一条命。不过等他醒来之后，原来的那条腿竟然能慢慢地伸开了，后来经过锻炼竟然能一瘸一拐地行走了。自此，留赞的事迹在当地广为流传。

随后这件事被十二虎臣中的凌统知道了，就特意派人把他请来相见，并推荐给了太祖皇帝。太祖皇帝也被留赞的事迹所感动，就将他留在军中使用。后来因为屡屡建功，被晋升为屯骑校尉。留赞秉性刚直不阿，屡次进谏，深得太祖皇帝的重视和喜爱，后因为在东兴之战中战功卓绝被晋升为左将军。

五凤二年，留赞由于年事已高，在出征寿春的半路上生了病，孙峻无奈，只能让他先行返回。魏将诸葛诞趁着留赞势单力孤的时候，派部将蒋班率四千精兵在半路袭击了他。

留赞知道自己病情加重，没有办法统兵作战，就把自己的印信交给了弟子道：

“我自统兵以来从没有过败绩，现在病困于身，而又寡不敌众，你带着我的印信快跑，咱们都死在这儿对朝廷也没有什么好处。”

弟子听后痛哭流涕，说什么都不肯走，直到留赞发怒方才离去。待他们走远后，留赞拖着病体率领部众跟魏军激战，最终力战不敌，战死沙场。

留赞阵亡的事情很快就传到了孙峻的耳朵里，孙峻虽是祸乱朝纲，但对这位赤胆忠心的老将军的死，他也是颇为动容。故此，特意命人给留赞的家人送去万两白银，以便厚葬。

次年，孙峻再次率领手下自江都攻入淮、泗地区，以便图谋青州、徐州。就在此重要关头，孙峻在石头城为吴军饯行时，却突发意外。

那日，孙峻等人率领百名随从进入吕据军营，看到军容齐整，突然间十分厌恶，声称自己心口剧痛返回。在夜间孙峻突做一奇梦，梦中早已死去多时的诸葛恪凶神恶煞地前来追击他，大声说要找他索命。就这样，孙峻因极度恐惧发病而死。

如果从现代的医学角度看，孙峻这不应该是被恶鬼索命，而应该是心肌梗塞发作。不过不管怎么说，孙峻就此一命呜呼，去世时年仅三十七岁，后事交由弟弟孙綝完成。

第十九章 毌丘功败垂成

次日，文钦、文鸳父子二人率队来到项城，却发现毌丘俭大军早已撤离。这才知道由于文钦等人被困，毌丘俭无心恋战，故此离开。

“唉……”

文钦独自坐在马背上，定定地看着前方。想当初，他和毌丘俭二人约好共同起兵，匡扶曹家。原以为在事前已将计划安排得妥妥当当，却没想到竟然还会遇到如此重创，让他猝不及防。事到如今，他又该何去何从呢。想到这里，他不禁又重重地叹了口气，眼里满是寂寥。

文鸳从远处走了过来，看到父亲如此神情，心中亦是一阵酸楚。行伍之人行军打仗原本就是天经地义，然而却没料到原本的正义之战却会落得这般凄惶的下场，真是令人扼腕叹息。

“爹……”沉默片刻，文鸳来到文钦的身边，佯作不知地说道，“爹，我已经让手下人到附近寻找了一遍，确实没有看见毌丘伯伯他们。”

“嗯。”文钦强压住了心中复杂的情绪，在向儿子点了点头后，他将目光移向了前方。似乎透过那里，就能看到自己的前尘往事。

“爹接下来有何打算？”文鸳小心翼翼地向父亲问道。

文钦想了想，无奈地摇了摇头。说句真心话，天地偌大，可此时他真的不知道究竟哪里才是他们的容身之处。

“爹……”文鸳想了一想，遂提议道，“东吴的孙峻大将军似乎对爹颇为看重，依儿子之见，不如咱们彻底离开曹魏，改投东吴。等到日后站稳脚跟，再作打算，如何？”

文钦听儿子这么说，精神不禁为之一振。阿鸳说得没错，东吴确实是他父子的一条退路，想来前日在同孙峻大将军谈话的时候，对方似乎对他父子颇为青睐，既是如此，不若就按照阿鸳所说，即刻前往便是。

“阿鸳，你说得没错，为今之计，唯有这东吴才是你我父子二人的退路。”文钦沉吟片刻，继续说道，“这样吧，你马上将全部兵士召集一处，将这打算告知大伙儿，也可征询一下他们的意见。”

“是。”文鸳双手抱拳，快步退了下去。

时间不长，在得力随从的协助下，文鸳将全部兵士召集到了一起。随后，他便将即刻转投东吴的想法告诉了众人。最后，他告诉大伙儿，如若有想要回家的，便从账房支路费盘缠；如若不想走的，就跟他们一起前往东吴。

兵士听到这一新的决议，不禁议论纷纷。原本还极为安静的现场，瞬间变得喧嚣热烈。经过一番短暂的讨论，其中二十余名来自北方的兵士因为思乡心切，选择了归乡，得到了发放的路费盘缠。其余人因为都是半路投奔而来的农民，早已无家可归，遂决定跟随文钦父子前往东吴。

文钦父子见此情形，心中不禁感慨。想不到原本身为曹魏官员的他，竟然有一日要被逼得背叛自己的主公，转投他处，令人伤感至极。然而事到如今，他也无甚好说，只能凄然地接受这残酷的命运安排。

就这样，怀着复杂的心情，文家父子率领兵士向东吴的方向进发而去。

掉头离去的文钦、文鸳父子二人并不知道此刻毌丘俭正被司马大军一路追击，狼狈地向慎城的方向逃跑。那夜就在文鸳单人匹马搭救文钦时，毌丘俭及他手下一干兵将也被司马大军团团围住，困在了项城的东南角。眼见得面前冲天火光映红了黑暗的天幕，耳边听着令人心惊胆寒的刀剑相撞的清脆之声。随着身旁的兵士一个个倒在血泊中，他竟在不知不觉间陷入了败局。

说起来这还真的是天大的笑话，他毌丘俭是什么人？想当初可是率领大军两次攻打高句丽，因立下赫赫战功而被皇上及文武百官称作战神。是那个一心只想为天下黎民百姓多做实事善事，曾获得魏明帝亲笔所书“一廉如水”字画的人；是那个一心只想保得曹家江山永固，不惜公然与司马叛贼交锋的人。就是这样一位忠臣，为何到了最后，却要落得这样悲惨的下场。这其中的是是非非，任凭毌丘俭想破了头，也想不明白。想来他为了报魏明帝知遇之恩，一心尽忠报国，最终却是如此，难道说这就是乱世之中忠臣的命数吗？

“将军，咱们快走吧，再不走，咱们可真的就逃不掉了。”身旁的左将军一边和敌军厮杀，一边大声地说道。

“是啊，左将军说得对，现在正是撤退的好时机。如若继续在此处被动抵挡的话，只恐怕谁都走不掉了。”右将军接过了左将军的话头，焦急地催促道。

“可是……”毌丘俭一边用手中的钢刀胡乱地砍着面前一拥而上的司马军兵士，一边犹豫地说道，“文刺史和阿鸳此刻尚未归来，咱们岂能说走就走？还是要等到两军会合，共同进退才是。”

“可若是再等下去，只怕真的来不及了。”左将军的话还没有说完，便见一名探子匆匆来报，“启禀将军，另一支司马军队从左侧上来，怕是要形成合围之势。”

“将军，你就别再犹豫了。”右将军听到探子言说，顿时露出焦急的神色，“倘若司马军当真从左侧攻上来，定会和右侧形成合围之势，到时候咱们可真的就插翅难逃了。我知道将军心中牵挂文刺史父子，担心他们会有所闪失。我想文鸳虽然年轻，但武艺超群，文刺史定会平安脱险的。等到日后，咱们再去会合也不迟。为今之计，保住性命才是关键。”

“这……好吧……”

毌丘俭双眉紧蹙，双眼注视着前方火光中不断挥舞着钢刀向他们冲来的司马军兵士。作为作战经验丰富的主帅，他当然知道再继续拖延下去会给整个军队带来怎样的后果。尽管他不愿意承认自己真的失败了，不愿意背负着逃兵败将的名声，但是为今之计，山穷水尽的他确实只剩下逃跑一条路了。

“左将军传令下去，通知前方兵士，即刻撤退！”在又用钢刀砍倒了一名兵士后，毌丘俭转头对身旁的左将军吩咐道。

左将军原本还在忧心忡忡，作为毌丘俭的老部下，他当然知道这位主官的性子有时是很倔强的。但是如今大敌当前，确是不能由着性子乱来。他正在暗自担忧时，却听毌丘俭如此吩咐，神情登时舒展开来，高声喊道：“前方兵士，撤退！”

前面的兵士经过这一番苦战，早已精神疲软，此刻听到主将在后面发出撤军的命令，自然很是高兴，连忙转过身去，迈开双腿，拼尽全力向前狂奔。

就这样，在司马军的一路裹挟之下，毌丘俭带着兵士们经过一夜的拼命奔逃，天亮时到达慎城境内。

慎城和项城一样，原来都是极为富庶的鱼米之乡，然而却由于连年征战，变得瓦砾遍地、尸横遍野，百姓多已外出逃难，除了少数实在走不动的老弱妇孺之外，再无其他壮丁劳力。

趁着司马大军还没有追上来，毌丘俭命令手下兵士暂且在此处休整。

“将军，要不我们去百姓家看看有没有什么吃的？”左将军向毌丘俭请示道。

毌丘俭沉默半晌，神情颇为犹豫。从他带兵以来，便给军队立下了严格的规矩，禁止兵士骚扰百姓。然而，此时面对着这一个个丢盔卸甲、汗流浃背的兵士那渴求的眼神，他却无论如何都说不出不行二字来。最终，他点了一下头，默许了下属的要求。然而，此时的他却并不知道，因为这件事，自己即将陷入一场灭顶之灾。

因为当地常年战乱饥荒，百姓并不愿意交出家中仅存的余粮。无奈之下，左将军只好下令，命兵士动手去抢。难免就出现了兵士动手打人，导致百姓受伤的情况。面对着乡亲们的纷纷告状，毌丘俭只得佯作两耳不闻，内心却很是酸楚。身为败军之将，如今的他还有何尊严可言，只能是装聋作哑罢了。

大约半个时辰，兵士们好不容易才将饭弄熟，然而他们还没来得及吃，司马大军便又赶了上来。经过双方的再次拼杀，毌丘俭的军队彻底败北，不仅兵士死亡大半，就连左右将军也在此混乱中不知去向，只有一两个兵士拼命保护毌丘俭及其幼弟毌丘秀和长孙毌丘重逃到了河边。

河边，惊魂未定的众人刚想歇息一下，顺便看看旁边是否有渡船。不料，随着突如其来的“嗖嗖”两声，士兵被羽箭刺穿了胸膛，应声倒地，气绝身亡。毌丘俭见此情形，心知司马军定是就在这附近，连忙将毌丘秀和毌丘重藏到了芦苇之中，并且吩咐他们待会无论看到何种场面，都不要发出声响，以保性命平安。

话音未落，毌丘俭便听到身后的树林中传来了司马军的喊杀声，他自知突围无望，今日无论如何都会死在此处。于是便提着钢刀上前迎战追兵，尽管鲜血四溅，他却仍拼死厮杀。不料就在此时，又有一支箭矢凌空而来，毌丘俭未曾留意，被箭射中了前胸。顿时，鲜血冒出，渗透了身上的战袍。毌丘俭伸出手来，一边怒目而视，一边用力地拔出羽箭。

司马军原想毌丘俭身受重伤，一定会猝然倒地，到时趁机上前好好地羞辱他一番。不曾想，就在意识完全模糊之前，毌丘俭突然将手中提着的钢刀插入地上，作为支点，撑住了自己的身体，直至溘然长逝，也不曾倒在地上，无愧战神之名。据传，原本对他恨之入骨的司马师在听到此事后，亦是满面悲戚，久久未曾说话。直至最后，通知下属将他尸身带回洛阳，以功臣之名厚葬在魏明帝的陵墓旁。除幼弟、长孙等少数毌丘家的后人外，与其相关的其他三族之人全部被司马师斩杀。

史料记载，公元 255 年，寿春之叛以毌丘俭身亡、文钦叛逃东吴宣告结束。

第二十章 子元大权交托

司马师大军在平定了毌丘俭和文钦的叛乱后，便浩浩荡荡地班师回朝。因为此番打了胜仗，所以兵将们一个个都士气如虹、兴高采烈，眼见得距离家门一日比一日近，他们竟在不知不觉中忘记了疲累，恨不得马上就到达洛阳，一家老小团聚一堂。

然而没想到，就在军队行至许昌时，身为主帅的司马师却因为眼疾引发了严重的并发症，竟在行进的途中，从马背上直直地摔到了地上，就此卧床不起。虽经部下请来当地数名名医诊治，却都毫无办法，只是摇头叹息，开些缓解病症的药方罢了。

眼见得身子日渐虚弱，司马师心中明白，自己不日定将离开人世。然而因仍在行军途中，他还没来得及交代身后事。这绝对不行！倘若因为自己的缘故，致使司马家大权旁落，那他即便是在九泉之下也难以对父亲及列祖列宗有所交代。所以，他即便只剩下一口气，也得强撑着身子，直到将后事交待完成才行。

只是，这曹魏政治大权必须要交付给一个既有野心、又有能力的司马家人才行，只有这样，自己和父亲的遗志才会得以更好地发扬。那么，谁才是这个最恰当的人选呢？

司马师经过反复思量，最终决定由自己的弟弟司马昭掌管这曹魏江山的帅印。说到此处，他也确实是有自己的难言之隐。司马师一生共有五个孩子，然而无一例外的全都是女孩。在那个女子无才便是德的时代里，能够让孩子们接受诗书教育便已经是极好的了。至于政治，她们根本就没有参与的资格。虽说二弟司马昭因为自己一脉没有男孩，无人传承香火，便将侄子司马攸过继给了他，在自己百年后亦可以传承家业或是基业。可这孩子毕竟只有七岁，面对曹魏内部复杂的环境和激烈的斗争，你要让一个还不满八岁的孩子去面对，那定然是必输无疑，搞不好，连他的小命都有可能赔进去。为今之计，为了确保司马氏一族的地位稳固，也就只能让司马昭继承这家业了。

待做出决定后，司马师立即吩咐下属前去洛阳给留守的胞弟司马昭送信，要他即刻前来许昌与自己会面。

经过数日的马不停蹄，司马师派出的传令兵士终于到达洛阳。当司马昭得知大哥竟然重病，顿时露出了慌乱的神色，还没等来人将话说完，他便急急忙忙地冲出府去，提鞍上马，打马向许昌的方向赶去。

司马昭能够有此表现并不为奇，司马家在他这一辈共有九个男孩，分别是司马师、司马昭、司马干、司马亮、司马伷、司马京、司马骏、司马肜和司马伦。其中，因他兄弟二人年龄只相差三岁，自幼便一同长大，形影不离，兄友弟恭，倍受旁人羡慕。作为弟弟，司马昭从小就将司马师这个大哥当作偶像，一举一动都刻意模仿。而作为大哥，因为父亲公务缠身，无暇顾及儿子的教育，故此，司马师也一直都承担着对弟弟的教导之责，曾给过司马昭很多有益的意见。

尽管时隔多年，但司马昭却还清晰地记得，当年父亲赋闲在家，听闻孟达反叛，询问他兄弟二人的见解；赤壁大战中，他兄弟二人跟随父亲烧毁蜀汉的粮草却反中了诸葛亮的计策，被困上谷，死里逃生……这一桩桩一件件的往事都是这般历历在目，仿佛如昨，没想到如今却要与大哥天人永隔，这让他痛苦万分。

两日后，许昌，司马师的临时住处外重兵把守，每个人的神情都甚是焦急，在心中默默期待着司马昭的到来。忽然，从巷口传来了一阵急促的马蹄声，人们不由得愁眉舒展，想来定是二将军到了。

不一会儿，司马昭果然出现在众人的面前。管事听到兵士报告，已经在门口等候，看到他急忙迎上前去，用手勒住了缰绳。

“二将军，你总算是来了，我们已在此处等候多时了。”管事激动地说道。

“嗯。”司马昭冲管事点了点头，身子轻盈地跃下马背，一边大步流星地向里面走去，一边关切地询问道，“我家兄长的情况如何？”

“大将军，他……”管事说到此处，鼻子不禁泛起一阵酸楚，略略停顿一下，才又继续悲戚地说道，“二将军，您还是自己进去看看吧。”

司马昭瞥了一眼管事，心中猛地沉了一下。在来的路上，他已经做了最坏的设想。但是，现实的情形有可能比他预想的还要糟糕。想到此处，他不禁又加快了脚步。很快，他便来到了大哥临时休息的屋子。

室内，光线昏暗，由于一直紧闭门窗，里面充斥着霉味。司马昭借着幽暗的灯光看到，大哥司马师正躺卧在床榻上，身上盖着同样散发着霉味，应是许久都不曾洗过的丝绸被。此时，他那只受伤的眼睛上蒙着纱布，隐约间向外渗着淡淡的血渍。

司马昭看到这里，心中顿时疼痛无比。想当初，大哥司马师可是洛阳城内绝代的美男子，还记得他同嫂子夏侯徽成亲那日，身着喜服是何等意气风发、英俊潇洒，可如今为何变成这副颓然的样子了？

“子上……”司马师在半梦半醒中，忽觉室内依稀另有一人，便用力挣扎着睁开了双眼，疑惑地叫道。

司马昭听到哥哥这气若游丝的呼唤，顿时流下了两行清泪，扑倒在哥哥的身边，呜咽说道：“兄长，子上在此。”

司马师听到二弟的哭声，心中不禁辛酸无比。然而眼看自己已经撑不了多久，还是办正事要紧，便劝说道：“子上，莫要痛哭。大哥走后，曹魏大权就交由你来打理，还应日夜劳心，不可有一丝懈怠。”

“兄长放心，子上定当全力而为。”司马昭郑重地说道。

司马师将手伸到枕边，摸索了片刻，颤抖着拿起大将军印。在重重地叹了口气后，递到了弟弟的面前。

“子上，接印！”

司马昭听大哥要将帅印交付给自己，连忙跪倒在地，将双手举过头顶，恭顺地接过了印章。

司马师在将帅印交给弟弟后，再次叹息了一声。终于，一连悬着数日的心终于可以放下了。尽管时间仓促，但司马家的政权毕竟得以安稳交接，他也终于可以去地下和心心念念了一生的爱妻夏侯徽团圆了，向她说出那句迟来的歉意。

说到爱妻夏侯徽，司马师的心猛地一紧。此女子，应是他此生唯一对不起的人了。

夏侯徽比司马师年轻三岁，与二弟司马昭同岁。字媛容，她是征南将军夏侯尚和德阳乡主的爱女，太常夏侯玄的胞妹，身份极其尊贵。容貌娇美，身姿婀娜，腹有诗书，品德高洁，是当时无数年轻男子心中青睐、争相要娶的美娇娥。

尽管已经过去了多年，但司马师却仍记得当年受夏侯尚的邀请去将军府做客，邂逅夏侯徽的情景。当夏侯徽在他的眼前出现时，司马师瞬间便动了情，他再也顾不上那世俗礼数，只是目不转睛地注视着夏侯徽，似乎想要将她整个人都刻在自己的脑海里。也就是从那时起，英俊潇洒的司马师成了夏侯徽的“大哥”，而美貌纯真的夏侯徽则成了司马师的“小妹”。只要有时间，司马师便会跟着夏侯玄到府中看望夏侯徽，跟她聊天、弹琴、画画。

也正因为是这样，后来夏侯玄常常跟司马师打趣，说他那是一眼万年。

千年也好，万年也罢，总之从那时起，夏侯徽就这样无声地走进了司马师的心里，即便经历了后面那许多的爱恨纠葛，也再没离开过。

正所谓，哪个少年不钟情，哪家少女不怀春，经过一段时间的耳鬓厮磨，司马师和夏侯徽成了彼此生命中最重要的那个人，无论是谁都不能再将他们分开。很快，他们便在夏侯玄的帮助下，得到了两家长辈的认可，拜堂成亲，正式结为夫妻。

司马师和夏侯徽结婚以后，甚是恩爱，可谓情深似海。那时他们以为只要有最爱的人在身边陪伴，他们就定然会是这世上最幸福的人。然而没想到，很快灾难便降临在这对挚爱伉俪的头上。

夏侯徽虽是女儿身，但从小在父亲夏侯尚的教导下，亦是非常有见识。不仅能文善画，而且在政治事务上也有着自己独到的眼光。司马师每每有所作为，大多都是夏侯徽在背后帮助筹划的。也正因为是这样，夏侯徽更容易接触到司马家的各种决策，甚至是秘密。

有一次，夏侯徽在无意中发现了丈夫对曹魏朝廷存有不臣之心，出于妻子的立场，她并没有刻意隐瞒，而是在与丈夫聊天时，进行了善意的提醒。

正所谓说者无意，听者有心。夏侯徽原以为这件事情就这样过去了，却没想到司马师竟然由此对她产生了防范之心。身为司马家的长子，原本性格纯善，不喜欢朝政内斗的司马师出于家族责任必须要自己再狠一点，因为只有这样，他才能够更好地协助父亲完成执掌曹魏政权的理想。所以从那个时候开始，司马师对夏侯徽一改往日的温情，说话做事变得针锋相对，大有互相伤害之势。

身为女人，夏侯徽当然觉得自己非常委屈。但是面对着司马师的种种行为，她一时间也确实想不出好的方法来进行化解。既然男人如此猜忌自己，那她也就只能被动接受，完全沦落为政治牺牲品，这正是夏侯徽身为封建时代传统女性的悲剧。

正所谓夫为妻纲，司马师是夏侯徽的天。如今，天既然要塌下来，那她也只能被压着。

就这样，魏明帝青龙二年，夏侯徽因兄长夏侯玄的浮华案连累，被自己的夫君司马师以鸩酒毒杀，时年二十四岁。直到西晋建立，她才被追谥为景怀皇后，身份得以重新认可。

正所谓，人生百年，名利不过过眼云烟。争来斗去，最终都只是黄土罢了。

司马师想到这里，心中顿觉刀割斧劈般疼痛，殷红的鲜血突然从他的眼眶中接连不断地向外渗出。司马师疼痛难忍，对着天空大喊一声，气绝身亡。

早已等候在外面的人听到这喊声，不禁被吓了一跳。待反应过来后，齐齐向里面冲去，见此情景，全部跪倒，痛哭不止。

就这样，曹魏大将军，西晋的奠基人之一司马师病重而亡，享年四十八岁，谥号忠武。西晋建立后，他被追尊为景帝，庙号世宗。

司马师的死因奇特，素来有很多不同的猜测。甚至还有人说，他是被弟弟司马昭给害死的。据说，当年在发兵平定毌丘俭、文钦叛乱的时候，劝说司马师的不仅是傅嘏、钟会二人，司马昭也参与了其中。而他之所以这么做，就是因为已经从太医处听说哥哥的眼疾迟早会引起并发症，所以便想通过这样的方法谋杀司马师，以便不留痕迹地取而代之。换句话说，之前所说司马昭在司马师死的时候，那一番真情流露，不过是演了一场掩人耳目的好戏罢了，但这也只是后人的推测。

先姑且不论，当时的医学条件是不是真的有那么发达，竟然能准确无误地推断出司马师的死因结果。即便是可以，当时曹魏政权尚不安稳，司马氏兄弟也没有那个闲心彼此算计吧。再加之，战事那般紧急，司马昭又怎会从旁多想呢?

其实关于司马师的死亡原因，《晋书》中早就有所记载：

初，帝目有瘤疾，使医割之。鸯之来攻也，惊而目出。惧六军之恐，蒙之以被，痛甚，啮被败而左右莫知焉。闰月疾笃，使文帝总统诸军。辛亥，崩于许昌，时年四十八。

从这段话的描述中，大家可以看出，司马师从小眼睛旁就有个肿瘤，到四十八岁才亡故，可以得出这个肿瘤应该是良性的，只不过是因为痛失爱妻，以泪洗面，所以肿瘤变大，“使医割之”。当然，除此之外，还可能有另一个原因，那就是他的良性肿瘤恶变了，疼痛难忍，所以让人割掉了。

而当时的外科手术，也不像现在这么发达，多是以刀、剪和针线进行的。手术的消毒多以酒和净水完成，一些药物作为辅助，而止血则多用象牙研末或是胎发烧灰。司马师进行的眼部肿瘤切除术是在极其简陋的环境下进行的，加上眼部是神经、血管较多的部位，很容易损伤留下隐疾或是病患。因此，那次外科手术虽然切除了肿瘤，但是留下了很多隐患，是一次不成功的手术。

不仅如此，大家都知道，手术过后人最需要的便是好好休息，注意营养。但是司马师一生却都在东征西讨，日理万机。

司马师从年轻时便开始了他的军旅生活，魏武帝在位时跟随父亲出征打仗，任散骑常侍、中护军等职。父亲亡故后，他更是将所有的重担都担在了自己的身上。要知道，古代出征打仗可不像现在这么方便，一场战事下来随随便便都要一年半载，根本就没有休息时间。

也正是因为司马师一直都在透支着自己的身体，所以导致了眼部病情恶化，甚至到了不可挽救的地步。最终方才惊而目出，直接疼痛而死。

说到底，司马师的死貌似与此番平定作战有关，但最终的原因还是其眼部瘤疾的恶化，已经到了不可挽救的地步。再加上那次不成功的外科手术，只怕是没人害他，想活下来都难。

第二十一章　魏公休欲起兵

司马师去世后，曹魏政治大权便落在了其弟司马昭的手中。他早期跟随在父兄的身边，在平时的耳濡目染中，他也逐渐培养出了敏锐的政治头脑、极具前瞻性的视角以及冷酷霸道的手段，再加上极其出色的军事才能，所以很快坐稳了曹魏政权一把手的位置。经过他的一番苦心经营，曹魏政权很快便呈现出欣欣向荣之景，百姓安居乐业，朝廷休养生息，看上去一片大好。

然而，意想不到的事情就在此时发生了。

甘露二年（公元 257 年），阳里亭侯、右长史贾充奉司马昭之命到各路州郡视察工作，名义上说是视察，实际上却是暗中窥探这些基层官员们是否有反心，以便报告给大将军司马昭，早点将其铲除。毕竟那个时候，司马昭刚刚坐稳了位置，一些人表面看上去好像顺从，实际上心中却揣着各自的小九九，进行适当的提防也是很有必要的。

转了一圈，大部分基层工作人员的态度都让贾充比较满意。看来，司马家的势力确实是很大，大伙儿都对我主子司马昭心服口服、毕恭毕敬。眼看，本次出行就剩下最后一个地方寿春，他准备养精蓄锐再去一探究竟。

当时把守在寿春地区的不是旁人，正是镇东将军诸葛诞。他因为前次随大将军司马师共同出征剿灭毌丘俭、文钦叛军而立下赫赫军功，倍受司马家的重视。

在得知贾充到了寿春，诸葛诞设下盛宴对他进行款待。

宴席上，酒过三巡、菜过五味，贾充看着诸葛诞，醉醺醺地说道："诸葛将军，近来满朝文武都说司马大将军德高功大，可以代魏为君，将军以为如何啊？"

诸葛诞因手中握有十万人马，向来不服气司马昭。在他看来，司马昭不过是因为生得好，所以才有了今日的地位。一个乳臭未干的黄毛小儿，凭什么要让别人服你呢？再说，就算是要服气，你也得拿出点儿能耐、做出点儿事情来吧。可是司马昭呢，既没有他大哥的战功，又没有他爹的韬略，就算是别人嘴上喊着害怕，不过也都是装样子、虚张声势罢了。此时一听这话，心想怕是司马昭这小子已经被恭维冲晕了头脑，既然这样，我干脆就给他降降温，让他清醒清醒吧。想到这里，登时怒喝道：

"贾大人，你是喝醉了吗？怎么能说出这般大逆不道的话来？"

贾充一见诸葛诞暴怒，担心再生出旁的事端，慌忙说道："诸葛将军莫要动怒，这些不过都是别人的议论罢了，本官也只是随便说说罢了，你千万不要当真！"

"当真？动怒？"

不知为何，此刻在诸葛诞听来，贾充的话竟充满了戏谑。好小子，你想要撒野，去哪里都行，我诸葛诞的地盘可绝对不容你！

想到这里，诸葛诞顿时拍案而起，怒视着贾充，大声说道："贾大人，麻烦你回去告诉大将军，我诸葛诞这里有十万大军，绝对不容他司马昭胡来！"

贾充见诸葛诞竟然如此暴烈，不禁心中满是恼恨。待回到驿站后，他越想越气，招呼都不与对方打一个，便急匆匆地赶回了洛阳。随后，顾不得休息，连夜赶到大将军府，将此事告知给了司马昭。不仅如此，他同时还向司马昭说了许多诸葛诞的不是，说诸葛诞在淮南早已深入人心，如今亦是兵强马壮，倘若一直放任不管，日子久了一定会出事。

司马昭听贾充这么说，不禁半信半疑。若说别人有反心，他可能还会相信。若说诸葛诞有反心，他反倒觉得不可思议。虽说诸葛诞的大哥诸葛瑾和二哥诸葛亮分别在东吴、蜀汉两国当官，但以为这就是诸葛诞要反的原因，那也未免有些过于牵强了吧？那么，还有其他的原因吗？

其实，不要说是司马昭有疑问，这件事无论放到谁身上，都会觉得有些情理不通。

罗贯中在小说《三国演义》里是这样评价诸葛三兄弟的：

瑾为大将军，而弟亮为蜀丞相，二子恪、融皆典戎马，督领将帅，族弟诞又显名于魏，一门三方为冠盖，天下荣之。

通过这段话，可见诸葛三兄弟在罗贯中老先生的心里那可是举足轻重的，那么，为什么当年原本同属一家的三兄弟会投靠三个相互敌对的国家呢？这只能说是人各有志，时势所趋。

东汉末年，群雄并起，逐鹿天下，一个名叫诸葛珪的读书人年纪轻轻就当上了泰山郡郡丞。诸葛珪有三个儿子，分别叫诸葛瑾、诸葛亮、诸葛均。后来由于弟弟英年早逝，诸葛珪又将侄子诸葛诞收养在自己的身边，一并抚养。也就是说，诸葛诞自幼是跟诸葛瑾、诸葛亮一起长大的。

诸葛珪博览群书，才思敏捷，本想在仕途上大展拳脚，可惜英年早逝。此时孩子们的年纪还小，他的弟弟诸葛玄看到这些孩子失去了父亲，甚是可怜，于是担负起了抚养子侄们的责任。

诸葛玄当时是袁术的属官，官至豫章太守，为人正直刚毅。因为屡次劝谏，被袁术记恨在心，将他的官职一撸到底。为了养活一大家子，不得已，他只得带领族人们到荆州投奔大佬刘表。

那个时候，魏武帝正新官上任三把火，昭烈帝还在卖草鞋，做小本生意，而武烈皇帝还在袁术的手下打杂，三国连影子都没有。但也不知道是天意使然，总之诸葛三兄弟都已经到达了命中预定的地点，开始有意识地寻找出人头地的机会。

诸葛三兄弟分仕魏蜀吴的说法，最早来自《世说新语》一书，原文如下：

诸葛瑾弟亮及从弟诞，并有盛名，各在一国。于时以为“蜀得其龙，吴得其虎，魏得其狗”。诞在魏与夏侯玄齐名；瑾在吴，吴朝服其弘量。

作为诸葛瑾和诸葛亮的族弟，诸葛诞自幼就表现出与众不同的聪明。但是，跟二哥不同的是，他的聪明只是浮于表面的小聪明罢了。

因为诸葛珪早逝，诸葛瑾在少年时代就以诸葛家长子的身份协助叔叔诸葛玄共同挑起了家庭的重担，节衣缩食，供养几个弟弟读书。然而，对于大哥的付出，诸葛诞却是十分看不上，有时他甚至会觉得大哥的做法又傻又笨，是个十足的傻大个。也正因为这样，诸葛诞一直管诸葛瑾叫傻大哥，而他跟勤读诗书的两位哥哥相比，则希望自己能走出一条另辟蹊径的路子。

当然，诸葛诞本人还是很牛的，正如陈寿评价的那样：诸葛诞严毅威重，钟会精练策数，咸以显名，致兹荣任。

跟两位兄长一样，幼年贫苦的诸葛诞，为了混口饭吃，投身曹魏，做了曹魏集团的走卒。当然，与此同时，他也将自己的宝押在了魏国，开始了一系列的风险投资。

古人向来讲究士族门阀，诸葛瑾、诸葛亮兄弟亦是不能免俗。他们入仕后，为了能够让诸葛诞获得更好的发展，多次给他写信劝说，希望弟弟能够跟他们一同做事。然而，诸葛诞却好像没有收到信件一样，根本就不提及此事。最后，诸葛兄弟也很无奈，让诸葛诞自己以草根的身份谋求发展。

诸葛诞见兄长们不肯提供帮助，亦是毫无怨言。他在心里给自己打气道：

“我诸葛诞是谁，可是这天下最聪明的人，我就算是无人可靠，也照样能凭借自己的能力在曹魏闯出一片天地。”

就这样，草根身份的诸葛诞，不靠亲戚朋友的关系，完全凭借自己的实力在腥风血雨中摸爬滚打。他在魏国先从县令做起，后凭借自己的本事做到了魏国的尚书郎。

诸葛诞稳扎稳打，步步为营。但有时他也舍得下血本，有一次甚至还差点将自己也搭在里面。

诸葛诞的顶头上司仆射杜畿带着他去陶河试船，不巧遇上大风浪，新造的小船没有给他们面子，说翻就翻，将二人狠狠地抛入湍急的河里，眼看着就要没顶。就在这时，虎贲闻讯划着小船前来救援，第一个碰到了诸葛诞。

然而就在这紧急关头，诸葛诞突然大吼一声：“先救领导，别管我！”

这虎贲也真是实在人，一听这话，立刻便掉转了船头去救大领导。奈何这大领导实在是年老体衰，被救上来时就已经淹死了。至于诸葛诞，自己拼命扒拉着船板，随着河水沉沉浮浮，好不容易才游到岸边。虽然因为喝了太多的水昏了过去，但无论如何，小命算是保住了。

抛去巴结领导的成分，生死之间能够把机会让给别人，诸葛诞对自己可真狠。

经过这件事情后，舍生忘死的诸葛诞被破例提拔为了御史中丞兼任尚书，成了高官。

魏国朝堂之上，政治立场分明，唯有诸葛诞，却一直保持着八面玲珑的态度，政治立场颇为模糊。但也得益于此，他很快便成了东部战区的二号人物，官至扬州刺史、昭武将军。

诸葛诞一甩笔杆子，从文官改行做了武将，就此改变了他的投资方式。

在动荡中，司马家逐渐占据了主动，随着曹家权力的日益衰败，寿春一叛发生了。

而也就在此时，诸葛诞闻到了不妙的气味，一向暗中支持曹家的他决定临场改投司马家。

这场投资，诸葛诞大获全胜，成为东部战区的一号人物，被封为镇东将军，假节都督扬州诸军事，封山阳亭侯。就此，他终于颇为艰难地爬至人生巅峰，完成了一次华丽的逆袭。

然而，诸葛诞没想到的是，司马家就在这时，竟然会为了试探他是不是真的忠心，派他率兵攻打自己的亲侄子诸葛恪。

大家一定会想，司马家这一招可真是太歹毒了，哪有让叔叔打侄子的？没错，可正所谓各为其主。于是，诸葛叔侄只能在战场上上演一出苦情大戏。原本比侄子武功厉害得多的叔叔竟然放水，成功败北。

可想而知，诸葛诞回到魏国后，自然是少不了被司马家一顿惩罚。可那又能怎么样？不管怎么说，我诸葛家仍是家庭和睦、相亲相爱的一家人。你司马家想看热闹，没门！

或许想到这里，诸葛诞会在心中暗自窃喜吧。

很快，机会又来了，随着寿春叛乱，司马大军再次进入战备状态。这次，诸葛诞不仅断然拒绝了毌丘俭、文钦联盟发兵的请求，而且还当场毁书斩使，随后昭告天下，表示与此二人势不两立。

因为大破寿春之叛，诸葛诞被司马家封为镇东大将军、仪同三司、都督扬州，然后又升任为征东大将军、高平侯，食邑三千五百户，最后官至左都护、假节、大司徒、骠骑将军、青州牧、寿春侯。

也正因为诸葛诞先前的表现极为突出，故此，当司马昭从贾充处得知他竟有反心时，不禁甚是错愕。待心绪渐渐平复下来，他悄悄命人暗自传令给扬州刺史乐綝，要他即刻调齐人马，准备攻打寿春。随后，又派使者动身去见诸葛诞，要他交出将军兵权，到洛阳来做官。

由于时间紧张，司马昭的心始终悬着。直到全部部署完毕，方才略做喘息。

第二十二章　诸葛反叛覆灭

数日后清晨，诸葛诞正在将军府的后花园中练剑，突见护卫来报，说是司马昭派使者求见，有很重要的事情要跟他商谈。诸葛诞闻听，心中不禁起疑。前几日，他与贾充刚刚不欢而散，为什么司马昭这么着急派使者过来见他。他所说的很重要的事，究竟又是什么呢？然而，正所谓是福不是祸，是祸躲不过。既然人家都已经找上门了，无论如何，他都得先去看看才行。

“你先将这使者带到偏厅，我去换件衣服，稍后就到。”诸葛诞对护卫吩咐道。

“是。”护卫双手抱拳，应声退了下去。

诸葛诞稍做停顿，直到护卫的背影在他面前消失，他才将手中的宝剑收入鞘中，快步离去。

不一会儿，诸葛诞梳洗停当，故作淡定地向偏厅走去。待来到偏厅门口，他看到使者正在喝茶，便发出了一声轻咳。使者狐疑地抬起头来，见是诸葛诞，连忙将手中的茶盏放到身旁的案几上，满脸堆笑地起身迎上前来。

双方抱拳施礼，稍做寒暄，诸葛诞方才慢悠悠地问道：“不知大人此番来我府中有何要事？事前不知，有失远迎，还望不要见怪才是。”

因前次贾充在司马昭面前将诸葛诞说得一无是处，脾气暴虐到了极点，因此使者在来的路上亦是提心吊胆，生怕哪句话说错了，引起对方的反感。此刻见诸葛诞神情平静，方才略略放下心来。

“诸葛将军有所不知，下官此番贸然前来，乃是特奉大将军之命，专程请将军赴京师做官的。”使者谄笑道。

“哦？”诸葛诞听使者这么说，心中已然猜出了七七八八。想来定是那贾充老贼当着司马昭的面狠狠地编排了自己一顿，不然也不会整这出幺蛾子，“大人此话何意，本将军还真是有些糊涂了。我乃驻守寿春的武将，为何大将军会突然要我回京师做官？”

“哦。”使者见诸葛诞一脸疑惑地看着自己，误以为是自己没有把话说清楚，故此对方不懂，所以就又继续解释道，“大将军说，只要诸葛将军愿意将手中的兵权交给他，他便在京师另外安排司空的官职给将军，也可算作是擢升。”

“擢升？”

“是啊，擢升。大将军还说，诸葛与司马本就是一家，待将军回到京师后，也可以经常与南皮伯夫妇团聚，更何况，将军一生戎马，为曹魏立下了无数战功，也确实该好好歇息一下了。”

诸葛诞闻听此言，不禁冷笑一声。好个体恤下情的说辞啊，这司马昭的如意算盘打得还真好，说来说去，还是怀疑他会谋反，所以特派使者用这种方式来解除他的兵权。好啊，既然你司马昭害怕我谋反，那我今日不如就遂了你的意，反给你看。

“大人，请你回去转告大将军，我诸葛诞此生除了打仗，对其他之事一概不精通。至于这兵权，对于我而言，犹如生命般珍贵，断然是不能交还的，还望大将军死了这条心。来人，送客！”说完，诸葛诞不等使者再说下去，便站起身来，向门口快步走去。

使者见诸葛诞要走，急忙上前拦住了他。司马昭比其兄手段更加阴狠，倘若他知道自己没有完成任务，只怕是被活剥了都有可能。

“还请大将军收回成命，不然小人回去无法复命啊！实话告知大将军，贾充贾大人已经派人给扬州刺史乐綝捎去了密信，要他即刻纠集人马围困寿春。将军倘若一意孤行的话，到时真的打起来，这胜负可就当真难料了！将军是聪明人，千万不要为了逞匹夫一时之勇，因小失大啊。这仗一旦打起来，莫说是将军，这城中所有的百姓都会被杀的。要真是那样，可就太得不偿失了！”

诸葛诞原本并不想理睬，奈何使者一直苦苦纠缠他不放，直至最后将他惹烦，直接从腰间拔出宝剑，用剑尖指着使者，怒喝道：

“告诉你，本将军的容忍度是有限的，你最好收敛一些！”

然而，使者却仍是不肯罢休，依旧纠缠不放。诸葛诞见此情形，不禁暴怒。没想到这天底下竟有如此不讲道理的人，既是如此，那他就干脆把使者给杀了，也好以此种方式向司马昭宣战。

诸葛诞打定了主意，遂将锋利的剑尖猛地向前一捅，径直插入了使者胸膛。可怜使者还没弄清楚究竟发生了什么事，身子便猛地向后一摔，稍微抽搐了几下，便撒手归西。

诸葛诞正要吩咐手下人将使者的尸体拖出去掩埋，并将地上的血迹清理干净。却见谋士蒋班和焦彝二人匆匆进来，原来他二人早已听护卫说今日有司马昭的使者求见诸葛诞，心知此事定然不妙，故此紧赶慢赶过来，原本是想劝说诸葛诞不要冲动，冷静处理，没想到还是迟了一步。

“你等怎会来？”诸葛诞用布满血丝的眼睛瞪视着蒋班二人道。

“启禀将军，我等听护卫说司马昭派使者求见，故此便来看看。”蒋班抱拳施礼道，“不想……”

焦彝听蒋班说到这里，连忙伸手拽了一下他的袍袖，示意蒋班不要继续说下去。如今诸葛诞已经被司马昭逼红了眼，千万不要因为说错了话，再惹出旁的是非。若是那样，可就着实有些冤枉了。

幸好，诸葛诞仍沉浸在暴怒的情绪中，并没有留意方才蒋班的话。

“将军今日斩了来使，司马昭必定会勃然大怒。如今依下官看来，咱们唯有起兵反叛这一条路了。”沉吟片刻，焦彝提议道。

“嗯，你说得没错，本将军亦是这般想的。”诸葛诞赞许地说道，“想那司马昭黄毛小儿着实欺人太甚，竟然敢公然向本将军要兵权。这不是挑衅，又是什么？好啊，既然他担心本将军谋反，那我就反给他看。好让他知道，到底谁才是英雄。”

蒋班和焦彝双双点头，对诸葛诞的反叛想法表示支持。

“将军，那接下来，你有何打算呢？”蒋班试探地问道。

诸葛诞闻言，转身在室内来回踱了一圈，决绝说道：“本将军方才听那使者说贾充如今已给扬州刺史乐綝捎去书信，要他秘密纠集人马，围困我寿春城。既是如此，那咱们干脆就跟他来个鱼死网破，先把扬州攻下再说！”

“大将军所言极是，我等甘愿陪同！”蒋班和焦彝彼此互视一眼，双手抱拳，信誓旦旦地说道。

诸葛诞向二人点了点头，满脸的慨然。

再说司马昭这边，自从使者前往淮南后，他准备与诸葛诞决一死战的消息便不胫而走。当时谋士钟会因为母亲去世，正在家中守孝。听到这一消息后，连夜赶到大将军府，面见司马昭。苦口婆心地劝说他不要这样做，以免激怒了诸葛诞，生出别的事端。

然而，司马昭却并没有听钟会的劝说，任凭钟会如何劝说，他只是说，如今使者已经前往寿春了，开弓没有回头箭，想要再将这件事缓和下来，那是不可能的。钟会见状，心知司马昭下了决心要做这件事，便也只能将话吞回肚子里，唯有叹息。

而扬州刺史乐綝这边，虽然收到了司马昭派人送来的密信，却迟迟没有动静。身为勇猛善战、为曹魏政权立下汗马功劳、获封右将军的乐进之子，乐綝认为无论外界怎么说，自己捧的都是老曹家的饭碗。既然是老曹家给的，那他这辈子就应该只听命曹家，不管你司马家如何有权力，反正我乐綝就是不信邪。

不过，乐綝也很聪明，虽然不愿意帮司马昭，但他也绝对不想就此卷入事端。思来想去，他做出了一个决定，那就是装病，闭门不见客。可是他却没想到，人在家中坐，祸从天上来。霉运来了，躲都躲不过去。

数日后，诸葛诞率兵到达了扬州城下。扬州城门上的守将见他们来势汹汹，连忙命令兵士关闭城门，不要放这些人进城。

由于扬州城的很多兵士都曾经是诸葛诞的手下，故对守将这一决定心存反感，却又因为人微言轻，不得不这般行动。

诸葛诞见兵士竟然敢关闭城门，便大喝一声："众位兵士，难道你们忘了自己到底是谁的兵了吗？是不是不想活了？"

士兵们听诸葛诞这么说，顿时被吓得心惊肉跳。他们知道，将军的脾气素来刚直暴烈，如今又正是在气头上，千万不要得罪，要不然都不知道是怎么死的。

于是所有的人都不敢再擅自行动，只是躲在一边，眼睁睁地看着诸葛诞等人策马进城。

诸葛诞就这样带着手下兵士横冲直撞地进了扬州，径直奔乐綝的府邸而去。乐綝听到下属急报，心知诸葛诞此番定是来者不善，连忙穿好官服，前去门口迎接。少顷，待诸葛诞到来，乐綝急忙解释。谁知，诸葛诞根本就听不进去，不仅不给乐綝说话的机会，还大骂他是勾结司马家贼的乱臣贼子，即便是死了也没有颜面见乐家的列祖列宗。乐綝平白无故受此侮辱，自然心中不服，言语上不免有所顶撞。

诸葛诞见事到如今，乐綝竟然还在强词夺理，不由得怒火中烧。于是，便从腰间拔出了宝剑，将其砍杀在地。可怜乐綝，忠勇一生，到最后没有死在战场上，而是平白无故地死在了自己人的手里，真是令人叹惜。

在令手下兵士血洗乐家后，诸葛诞当即宣布要去讨伐司马昭。同时，他还派使者分别向东吴、蜀汉两国发出求援，希望对方能够派兵支援。

蜀汉大将军姜维原本就有北伐之意，在接到诸葛诞的求助消息后，认为此刻是讨伐曹魏的绝好良机，于是便派兵前去支援。然而因为事先没有做好充足的准备，因此只带了一万人马。同时为了能够更快地出兵，姜维还率领兵将从傥骆道出发，原以为此举可以趁敌人不注意，攻其不备，不想却还是遭到了重创。

司马昭听说姜维发兵的消息，就派司马孚的儿子司马望前去协助邓艾抵御姜维。到了傥骆道后，邓艾和司马望没有即刻出击，而是采取了坚守不出的战略。他们命人修筑了许多堡垒，并派军驻守住各个关隘。

由于姜维的军队人数很少，战斗力也不算很强，无法攻破这些关隘，故此双方很快就形成了对峙的局面，蜀军被困在原地，不能再动弹一下。

诸葛诞见蜀军不能如约前来支援自己，心中不禁甚是焦急。于是，病急乱投医，他将儿子诸葛靓送到了东吴，请求东吴快些发兵来帮忙。

此时东吴掌权的人已是孙綝，他在向诸葛靓详细了解了情况后，很快便做出了跟姜维相同的判断，并决定由自己亲自领兵。然而由于还没有做好准备，所以他先派全怿和文钦等人先率领三万大军北上，等随后自己点齐了军队，再亲自率领军队出发。

然而与此同时，司马昭却已经提前一步，集结好了二十六万人马（号称五十万大军），由自己亲自带队，前去寿春攻打诸葛诞。临行前，司马昭因为不放心皇帝曹髦和郭太后，担心他们趁自己不在洛阳时擅自搞事，于是便对曹髦说：

“皇上，之前汉高祖等人，遇到逆臣叛乱的事情向来都是御驾亲征，您的祖上魏武帝亦是如此。不如这一次您和太后也随微臣前去平叛吧。”

曹髦虽然不愿意，但是他知道自己即便是反对也没用，于是只能答应。而郭太后那边，司马昭亦是以同样的方法将其拿下。

就这样，司马昭的大军浩浩荡荡地出发了。由于这次他是从徐州、兖州、青州等地调集来了大批的精兵良将，同时还在关中地区召集来了诸多能征善战的将士。故此，战斗力非常强，一路势如破竹，很快便来到了寿春。

寿春城下，司马昭故意让手下的军队去抢劫附近百姓的粮食，以此麻痹诸葛诞。果然，诸葛诞很快便中计了，他误以为司马昭的军队没有足够的粮食，因此虽经蒋班、焦彝二人的苦劝，却仍没有退兵。不仅如此，他为了长期在城中据守，甚至没有让手下的兵将节约粮食。

司马昭见诸葛诞上当，心中非常高兴。他心想：

“诸葛诞呀，都说你是非常聪明的人物，极难对付。但不想此番交手，却发现原来你是这般愚不可及。你若一直这样下去，我军怕是数日便会不战而胜了。你不是总自诩领兵打仗有几下子吗？这一次，我就让你看看，什么才是真正的手段，我要让你这辈子都背负败军之将的骂名，再无翻身之日。”

正是基于这样的想法，当全怿和文钦带领东吴的援军到寿春后，司马昭立刻让他们进入城中。由于军队人数增多，城中的粮食消耗得就更快了，很快便全部吃完。

而此时司马昭已经带兵将城池围得水泄不通，里面的兵士根本冲不出来，所以只能继续死守，被动地等待着东吴再派援军过来。

谁知，众人好不容易盼星星盼月亮，将孙綝的军队盼来了，却被司马昭的军队挡在了城下，根本无法靠近城池。不仅如此，后来因为东吴的粮草被魏军放火烧毁，孙綝没有了军备物资，只能先行带兵撤离。只剩下他的一个弟弟在那里虚张声势，假装迎战。

孙綝的撤退使得城中的诸葛诞等人彻底陷入孤立无援的境地，而就在此时，身处绝境的将领们为了各自保命，也都各怀鬼胎，暗做打算。

由于之前文钦等人叛乱时，诸葛诞也曾经参与了平叛的战争，因此实际上从这个角度说，文钦与诸葛诞是有仇的。诸葛诞害怕文钦会找机会报复自己，于是便先下手为强，杀死了文钦。

文鸯兄弟听说父亲被杀的消息，就去找诸葛诞报仇。但是他们却打不过诸葛诞，于是只得逃出城去，重新投奔到司马昭的麾下。

大家看到这儿可能会说，当年司马师可是因为文鸯死的，那这次司马昭还不得将其千刀万剐，替大哥报仇？

人家司马昭还真没那么做，他觉得文鸯兄弟当初虽然有错，但毕竟事已经过去了。如今人家走投无路来投奔自己，他要是真把人给杀了，那寿春城里的其他人肯定也不会投降了。如果他们死战到底，对自己来说也是个大麻烦。

想到这里，司马昭遂赦免了文鸳兄弟。不仅如此，还给了他们俩高官厚禄，让他们到寿春城下去招降城中的其他人。

城中的守将听说司马昭连自己的大仇人都赦免了，于是纷纷都有了投降的心思。同为东吴将领的全怿见没有援兵赶到，便也出城投降了司马昭。城中只剩下仍旧死扛的诸葛诞军队。

稍后，司马昭见城中的军心动摇，觉得攻城的时机已到，于是便下令全军攻城。蒋班和焦彝此刻觉得取胜已然无望，一味负隅顽抗已经没有意义了。于是二人便打开城门，让司马昭的军队攻入了城中。

诸葛诞见势不妙，带领一小股兵将想要逃跑，然而还没有跑出去多远，就被曹魏军追上杀了。与此同时，诸葛诞留在城中的家人也全部被杀，寿春城就此沦陷。

第二十三章 王昶低调将军

在平定诸葛诞反叛的过程中，司马昭手下的许多将领可谓功不可没。其中，王昶便是这样的一个人，他曾在孙綝率领的东吴大军即将到达寿春城时，领兵占据夹石，逼近江陵，牵制着东吴兵将，使对方不敢贸然前行，为曹魏军的最终胜利赢得了宝贵的时间。

王昶字文舒，是魏国太原晋阳（今太原市）人，跟那时候的大多数子承父的官员一样，他也是一个官二代。他的父亲王泽是东汉的代郡太守。

大家可能听说过汉代时期的刺史、太守、县令是由朝廷任命的，而他们的僚属却必须由当地人充当。大姓子弟们享有优先任用的权力，州郡大吏都带有世袭制。大姓、冠族累世通过察举和辟举跨出地方，为朝廷登用，故在当时身份极为显赫。

在这里，大姓、冠族指的是中国封建时期的世家大族，也就是士族。中国的士族是两汉时期，尤其是东汉时期形成的，与儒家经学的传承研究有着密切关系。儒学与政治复杂纠缠，学术与权力相互呼应，逐渐形成了中国式的贵族。东汉末期，世家大族在帝国政治中起到了至关重要的作用，甚至决定了整个王朝的兴衰变化。

太原王家就是这样的一个世族大家，太原王氏的起源据说要追溯到周灵王太子晋。

史料记载，太子晋，字子乔，本姓姬，约生于公元前565年，卒于公元前549年。他“幼有成德，聪明博达，温恭敦敏”，十五岁时便以太子身份辅佐朝政，且有仁人之德。因屡次直谏，触怒灵王，被废为庶人，闷闷不乐，不出三年便生病去世了。

太子晋去世后不久，灵王驾崩，太子晋的弟弟贵继位，是为景王，太子晋的儿子宗敬后来做了司徒，看到周室衰微，天下大乱，便辞官不做，带着全家老小避居到了太原，因为当时的人都称呼他们为王家。于是便以王为姓，成了太原王氏的祖先。也正因此，太子晋成了该姓的始祖。

宗敬死后，被家人葬在了晋阳城北。因他生前做过司徒一职，故墓地又被称为司徒冢。宗敬的后裔，瓜瓞绵绵，人才辈出，成为太原一带的著名姓氏，其后子孙繁衍，遍布各个地区。

宗敬的十八世孙王翦公及其子王贲、孙王离，祖孙三代，都是秦朝时期的著名将领。王翦公为大将军，王贲公封典武侯，王离公称武陵侯。秦兼并六国、一统天下之时，王翦公北征燕国，东平楚地，南下百越，攻无不克，战功赫赫。秦始皇论功行赏，王翦公与当时的另一位大将蒙恬共执牛耳，王姓与蒙姓同居天下之先。始皇驾崩，秦二世胡亥继位，矫诏赐死了公子扶苏，夺取了蒙恬的兵权，遂令王离公为大将军。后来，秦二世胡作非为，横征暴敛，民不聊生，陈胜、吴广揭竿而起，刘邦、项羽起兵响应。离公率军与项羽战巨鹿，王离公兵败自殉。

而王离公的长子王元为避战乱，迁往山东琅琊，世称王氏琅琊祖。

王离公的次子王威仍居晋阳，两汉时曾为扬州刺史，其子孙亦散居各地。九世孙王霸公又重返故里，居于太原。王霸公生于东汉，因看透世事炎凉，故虽然一再受到朝廷的邀请，却只是隐居读书，并不想求取功名。王霸公生二子，长子王殷，东汉中山太守，食邑祁县，其后裔称祁县分支。次子王咸，跟随父亲住在晋阳，其后裔晋阳分支。王殷四世孙王述，生三子：王隗、王懋、王允。只可惜，除了王允、王凌叔侄外，其他人却并没有太大的作为。

太原王氏的重新振兴是从王昶兴起开始的，王昶受到司马家的推荐为曹魏效力。他在仕途上的飞黄腾达，为其家族的兴起起到了很好的开头作用。

王昶天生聪颖，少时知名。他最开始并不是武将，而是文职官员，曾任太子文学、中庶子等职。魏文帝初期，被提拔为洛阳典农。因在职期间，躬身勤奋，督导洛阳百姓开垦荒田、修治水利，收获颇丰，遂升为散骑侍郎、兖州刺史。因其一心为国操劳，在朝政方面颇有建树，魏明帝时被升任为扬烈将军，赐爵关内侯。

正始年间，王昶被调任到徐州任职，随后又做了征南将军。司马家掌权后，王昶向朝廷上奏讨伐东吴，并在江陵取得了重大胜利，因功再次升任为征南大将军、仪同三司，晋爵京陵侯。

王昶对于道德修养异常重视，他提倡谦恭、诚实，反对骄傲、虚伪。尤为难得的是，他不仅严于律己，而且在教育孩子方面也颇为严格。

传说王昶在为自己和兄弟的孩子取名字时，都依据谦虚和诚实，用以显示他的志趣。所以他兄弟的孩子，王默字处静，王沈字处道，自己的孩子一个叫王浑，字玄冲，另一个则叫王深，字道冲。不仅如此，他还专门为孩子们写下了《家诫》。这篇文章，内容十分丰富，涉及面很广。涵盖了“其用财先九族，其施舍务周急，其出入存故老，其论议贵无贬，其进仕尚忠节，其取人务实道，其处世戒骄淫，其贫贱慎无戚，其进退念合宜，其行事加九思”，等等。

王昶要求自己的两个儿子，要以当时享誉曹魏的名士北海徐伟长和乐安任昭先为榜样。学习徐伟长“不沾名高，不求苟得，淡然自守，惟道是务”的品德；学习任昭先“淳粹履道，内敏外恕，推逊恭让，在朝忘身”的优点。在他的教诲和鞭策下，他的两个儿子，尤其是大儿子王浑，日后成长为曹魏的名臣良将，有功于国家，承袭了他京陵侯的爵位。

王昶素有大志，虽非中央官吏，久任职于京师之外，但常常悉心于国家大事，洞察国情，分析国势。他认为曹魏很多弊端承秦汉而来，法制苛刻而琐碎，很少修改国家大典以正先王的风范。在这种情况下，要想政治开明，国家强盛，是绝对不可能的。在这种认识和思考的促使下，王昶针对时弊著述了《治论》二十多篇，写作《兵书》十几篇，于青龙年间送呈朝廷。只可惜，魏明帝却并没有将他的这些呕心沥血之作当回事。

然而，皇帝没看在眼里，司马家族却将这些文章看作宝贝。这不正是儒家治国的法宝嘛，既然是这样，那我就在皇帝面前多做做动员工作吧，让这些文章的影响发挥到极致。

于是，在司马家族的动员下，明帝也动了心。青龙四年，他对朝廷官员公开颁下诏书，发布了求贤令，要求公卿举荐“有才智文章，谋虑渊深，料远若近，视昧而察，筹不虚运，策弗徒发，端一小心，清修密静，乾乾不解，志尚在公者”。只不过因为名额有限，每个朝臣只能推荐一人。而王昶既有先前送呈的

《治论》《兵书》共三十多篇奏疏，又得到司马家族的极力推荐，于是从中脱颖而出，被朝廷选中。也正因为是这样，王昶成了司马家的死党。

王昶这个人虽是文官出身，但不仅有超强的军事头脑，对各国局势也有深刻的洞见。

正始年间，王昶受武观亭侯，升任征南将军，假节都督荆州、豫州诸军事，走上征战军旅的生涯。他认为，朝廷虽然有能人，但是战争未必总是胜利，地势险峻是不变的，但是守备之势不能长久不变。而今屯兵宛城，离襄阳三百多里，各军营分散驻屯，船在宣池。平时倒也罢了，倘若一旦发生紧急情况，根本来不及调动，于是奏表朝廷请求把当地政府所在地迁到新野。同时，王昶还在二州之内"广农垦植，仓谷盈积"，以备战时粮草；苦练军士于舟，以应对突如其来的战局。另外，在广积粮、精练兵的同时，王昶还时刻留意东吴的动向，以便随时可以伺机而动。

嘉平二年，王昶得知太祖皇帝流放良臣，嫡庶纷争，即刻奏请朝廷，对皇上禀告说而今东吴政局不稳，刚好可以乘机攻取长江以北的秭归、房陵等地，民众与新城郡多有接触，可以袭取此地。朝廷看到他的奏表，立刻准奏，命令王昶、王基、州泰率兵三路人马同时南下讨伐东吴。

王昶奉命攻打东吴江陵地区（今湖北江陵），在两岸用竹索作桥，渡水袭击吴军。见吴军逃到南岸，他又命人开凿七条道路进攻，并让弓箭同时发射。东吴大将施绩领兵连夜退守江陵城内，闭门不出，以逸待劳。王昶因为事先知晓对方为人刚烈暴躁，便故意使出了激将法。他派骑兵拿着缴获的武器沿着城池的边缘奔跑，嘲笑东吴无人。果不其然，东吴守将施绩当即被他激怒，率军出城追击，遭到王昶事先安排在道路两侧的伏兵狙击。

经过一番激烈的厮杀，曹魏军不仅成功地杀死了东吴钟离茂、许旻二将，并且还缴获了很多兵甲旗鼓器杖，全胜而归。经由此战，王昶因治军有方和南征获胜，被朝廷晋封为征南大将军，仪同三司，获封京陵侯。

正元二年二月，魏将毌丘俭、文钦因司马氏专权，在寿春城举兵讨伐司马师，进行叛乱。王昶平乱有功，晋升为骠骑将军，两个儿子亦被分别封为亭侯、关内侯。

甘露二年（公元 257 年）五月，镇东将军诸葛诞起兵叛乱。王昶奉命带兵占据夹石，牵制着施绩、全熙，使他们不敢轻举妄动，为司马昭的主力军赢得了平叛的时间。

待寿春三叛顺利结束后，朝廷为王昶赠邑千户，加上以前所封，共四千七百户。同时，又将他升至司空，照旧持符节，都督诸军。

甘露四年，战功卓绝的王昶卒于任上，追谥穆侯，走完了他文人就武、从戎征战的人生之路。作为文人，王昶在有生之年，曾著有《魏司空王集》五卷，可惜今已佚失。

第二十四章　邓艾草根英雄

说完王昶，咱们就不能不再说另一个人，那就是他的迷弟邓艾。作为曹魏杰出的军事家，他可谓文武全才，对内政也颇有建树。不仅如此，作为司马家仅有的两名弟子，邓艾与石苞可谓形影不离、相得益彰，堪称是草根中的杰出代表。

邓艾，字士载，义阳棘阳（今河南新野）人。和大多数的朝廷官员不一样，邓艾的祖先虽然也曾是南阳新野一带的名门望族，但到了他这一代却已经没落成了平民。所以，邓艾在青少年时期曾有一段隐于山野、极其艰苦的生活经历。

邓艾的祖先是东汉开国功臣邓禹，作为云台二十八将之首的他，和光武帝刘秀交情甚笃。而从他那一辈开始，南阳邓氏就是东汉数一数二的名门望族，在无形中积攒下了极其雄厚的政治资本。

邓禹字仲华，生于公元 2 年，比汉光武帝刘秀小几岁。二人自少年时代结识于微末，邓禹就一直相伴在刘秀的左右，为其出谋划策，可谓赤胆忠心。而刘秀亦是对邓禹信任有加，称其有萧何之才，曾拜为前将军。

大家都知道，汉高祖刘邦称帝后，在洛阳南宫论功行赏，萧何以功劳最大位居第一。邓禹被刘秀视为萧何，自有他的过人之处。例如，邓禹虽然身为军队的统帅，却与那些以严苛治军的将领不同。他从不滥杀无辜，对吏民向来悉心安抚。邓禹大军所到之处，百姓“皆望风携负以迎，降者日以千数，众号百万”。

这无疑也为刘秀赢得了民心，为中兴汉室立下了大功。

公元 56 年，刘秀封邓禹为司徒。汉明帝即位后，又拜他为太傅，不久邓禹病逝。值得一提的是，南阳邓氏虽一族显贵，但邓禹却从不居功自傲，并未放松过对子孙的教育。

邓禹共有十三个儿子，其中邓训为第六子，自幼厌文尚武，礼贤下士，曾任乌桓校尉、张掖太守等。汉和帝刘肇的皇后邓绥，就是邓训的女儿、邓禹的孙女，而她的哥哥就是前面咱们曾经说起过的大将军邓骘。

常言道，老猫房上睡，一辈留一辈。虽然说到了邓艾，这邓家的势力是早就没了，但是作为邓禹的子孙，邓艾却一直希望能够像自己的先祖一样，做出一番轰轰烈烈的事业。也或许正是怀着这样的信念，他才会一路披荆斩棘，直到走上自己人生的巅峰。

邓艾出生的时候，正逢群雄割据交锋最激烈的时候，而他的出生地新野正是豪强觊觎的一块沃土。

作为遗腹子，邓艾从出生就没有父亲，是母亲靠着给有钱人家浆洗衣服、缝缝补补赚钱养大的，而且不仅如此，作为被强迁的屯田移民，母子二人还经常被迫从一个地方搬到另一个地方。

但是，不管生活条件有多艰苦，邓艾的心态却都非常积极乐观。因为心疼母亲，邓艾四五岁的时候便主动到有钱人家要求当一名小小的放牛娃。

按理讲，邓艾那时年龄尚小，有钱人家是不愿意给他用工机会的。这要是不出事还好，一旦出了事，对谁都不好。基于这样的想法，人家并没有马上答应邓艾的请求。

邓艾一看对方拒绝了自己，马上就使出了必杀技。既然你不放心我把牛带到山上吃草，那我用篮子把草带回来，你总没意见了吧。

打定主意，第二天，邓艾特意起了个大早，因为担心母亲阻拦，他连招呼都没跟母亲打一个，便拿着篮子匆匆忙忙到河边摘草去了。别看邓艾年纪小，但手脚却非常麻利，不到半个时辰，就已经摘满了一篮子。紧接着，他便兴冲冲地到有钱人家喂牛去了。

有钱人家看到邓艾来回给牛喂草，即便不问，可也已经猜出个七七八八了。经过一段时间的暗中观察，他们发现，在邓艾的辛勤努力下，牛果然变得膘肥体壮。于是便派人通知邓艾，他被正式录取为放牛娃了。

邓艾得知自己被录取，顿时开心得手舞足蹈，飞快地跑去向东家道谢，表示自己一定会尽心尽力放好牛的。也就是从那一刻开始，邓艾开始协助母亲操持家用。

虽说是当了放牛娃，但邓艾却并不甘心就这样混日子。只要有时间，他就会跑到村里的学馆，在外面偷听先生讲学。很快他便认识了许多的字。

学馆的先生见邓艾每天都来偷听自己讲学，风雨无阻，从不间断。于是便找了个合适的机会，故意出了些学过的生字考他，没想到邓艾全都写对了。先生见邓艾这般聪明，心里很是欢喜，便送了一些书给他。同时先生还告诉邓艾，日后有时间便可以随时来学馆跟大家一同学习。邓艾谢过先生，抱着书开开心心地回家去了。

自那日起，邓艾除了放牛以外，便多了一件事，那就是看书。他在读书时经常会达到忘我的境界。有时，甚至在夜里，还会在外面借着皎洁的月光看书。不仅如此，作为将门之后的邓艾还非常喜欢研究兵法，经常会在放牛的时候，用石子当作兵将，排兵布阵，互相厮杀。而每当最后有了结果，他便会喜不自禁地放声大笑。

同村的小伙伴看到邓艾这样，纷纷嘲笑他是痴儿。然而，邓艾非但不恼。还常常在心中暗自嘲讽那些人不过都是些跳跃枝头的蓬间雀，日后也不过都是些见不到大世面的乡野村夫罢了。又怎么可能会懂得鸿鹄的高远之志呢?

就这样，邓艾虽身处在贫困的环境当中，却始终没有放弃理想，一直都在默默地积蓄着力量，这从他给自己取名字的事情上就可窥一斑。

邓艾十二岁的时候，有一次跟着小伙伴们到山上放牛。路过一处碑林时，他无意之中看到其中的一座墓碑上刻着“文为世范，行为士则”的碑文，于是便给自己取名叫邓范，字士则。要知道，在那个时候，狗剩、铁蛋才是放牛娃该有的名字。所以说，邓艾的行为可谓极其超前。然而，后来因为宗族中有其他人跟他重名，所以又改名叫邓艾。

从名字上看，邓艾的志向是偏文科的，但没想到最后却因为军功而扬名天下。

邓艾十四岁的时候，因为年纪过大，不能再做放牛娃了。于是，便跟同村的其他男丁一样，成了每天在农田中忙碌活计的庄稼汉。但那时面朝黄土背朝天的他，并不能想到，竟然因为这看似寻常的技术，自己竟然在后来误打误撞地开启了仕途之路。

邓艾虽然头脑聪明，且又勤奋好学，但他口吃。邓艾的口吃还非常严重，甚至误打误撞地发明出来了一个成语：期期艾艾。

期期艾艾这个成语是用来形容人说话不流利的样子，实际上这个词是由两位非常重要的历史人物组成的。

这里的期期指的是汉朝的御史大夫周昌，据《史记·张丞相列传》记载，周昌口吃的毛病非常严重，有一次，汉高祖刘邦想要废太子，跟群臣们在朝堂上商议。周昌一听这事，不禁有些着急。这还了得，要知道这太子可是关系到未来的皇储之位啊，那可绝对是国之根本。现今太子也没有做错过事，可千万不能废了。

于是，周昌便禀奏道："皇上，臣口不能言，然臣期期知其不可。陛下虽欲废太子，臣期期不奉诏。"

他结结巴巴的话，当时就把刘邦和群臣们给逗乐了。于是，刘邦当即收回成命，再也不提废太子的事情了。

可能有人会说，像这种连话都说不完整的人，怎么会官至仅与相位一步之遥的御史大夫呢？

据史料记载，这周昌之所以能够上位是因为他跟刘邦是发小，都是从泗水出来的。而且很有过人之处，就是耿直敢言，执行力强。

据说有一次，周昌找刘邦奏事，一进御书房就看到刘邦和戚夫人抱在一起亲热，周昌当场脸便被臊得通红，转头便跑。刘邦连忙冲出屋子追赶周昌，可怎么叫他都不肯停。没办法，刘邦只得跃上周昌的脖子，怒气冲冲地问道：

"周昌，你跑什么？你当朕是什么人？"

周昌见刘邦问自己，知道今天无论如何都跑不掉了，于是便梗着脖子说道："在我周昌看来，陛下您就是夏桀、商纣一样的皇帝。"

刘邦听周昌这么回答，先是微微一怔，随即哈哈大笑，说道："好你个周昌，竟然敢说朕的不是，难不成真的是活够了吗？不过，朕今日心情好，就看在你敢说真话的份儿上，暂且饶了你吧。来吧，跟朕去御书房。"

于是，一场暴风雨就这样瞬间烟消云散了。

后来，刘邦担心自己死后，戚夫人和年仅十岁的刘如意会被吕后用阴狠的手段除掉。想来想去，发现朝中只有耿直的周昌能够保护赵王。于是便对他说："周昌，朕知道你去赵国当相国是降职，但是除了你，其他人怕是谁都保护不了赵王。你就看在咱们君臣一场，勉为其难走一趟吧。"

从刘邦的话中，我们不难发现，周昌虽然口齿不清，但是他却因为自己的忠诚、耿直、才能与担当倍受刘邦的赏识，方才能够委以重任。

后来，周昌果然在赵国尽职尽责，再三阻拦吕后杀赵王。直至吕后不得不使出调虎离山计，将此二人分开，趁机毒杀了刘如意，此事才算结束。而不久后，周昌亦因为没能完成刘邦的嘱托，抑郁而死。

同样，邓艾虽然很有才华，但这口吃的程度也确是愁煞人也。《世说新语·言语篇》中有一则关于邓艾口吃的故事。

邓艾有口吃，每次说话提到自己时老是“艾艾”地收不住嘴。有一次，司马昭故意打趣他：

“邓艾，你总是艾、艾，你名字里究竟有几个艾字啊？”

司马昭的话很快便引来了旁边其他臣子的笑声，然而邓艾却仍一本正经地解释着：

“禀告大将军，所谓‘凤兮凤兮’，还是只有一只凤而已。”

邓艾巧妙的回答，既为自己化解了尴尬，又显示出他渊博的学识。所以，司马昭听了很是开心，不禁对他赞许有加。

然而，大家也都知道，这口吃的人通常都是慢性子。所以，遇到突发情况，这个问题就会变得严重了，而邓艾也不例外。

有一日，邓艾正在农田里忙活，突然看到一队曹魏兵士前来抓丁，据说要去镇守许昌。

邓艾原本并不想去，于是便大声回绝。可是没想到偏偏在这个时候，他口吃的毛病又犯了。

“我……我……我……我……我……”

曹魏兵士见有人竟然自告奋勇地站出来，并且一连串说了好多个“我”字，顿时喜出望外，将他跟其他一些愿意当兵的人一同带到了许昌。

可想而知，邓艾这一路上心里定然是懊恼不已。明明不想被抓丁，偏偏因为口吃的毛病，阴差阳错地被抓。而且不仅如此，他甚至都没来得及跟母亲打声招呼，告知自己的去向。再说，刀枪不长眼，万一在战场上出了事儿，他的小命都保不住了。

邓艾越想越怕，越想越后悔。然而，既然已经来了，他也不得不面对现实。

可没想到的事情又发生了，邓艾等人到了许昌后，并没有像传说中的那样当兵，而是接到了开垦土地、种植庄稼的命令。也就是说，他们再次成了庄稼人，只不过换了地方耕地。

既来之则安之，邓艾明白，既然命运非要这么安排，那他就算是再不愿意也得接受。于是，便安下心来，在许昌开始垦荒种地。

很快，这地便种得有些规模了。就在这个时候，地方官员需要在务农群体招聘既懂技术又懂科学管理的人，而邓艾因为识字，没多久就被屯田的相关官员选为都尉学士。从此，开始担任与屯田相关的下级工作官员。

在进入公务员行列后，邓艾口吃问题又再次显露了出来。因为患有口吃，他和同事领导沟通很不方便，很不招人待见。故此，邓艾虽然表现很好，却一直没有晋升的机会，只是被安排到一个看守稻草的岗位。

尽管命运残酷，但邓艾却硬是以不服输的精神将困难扛了下来。不久后，他终于熬上了典农功曹，帮助管理屯田。再以后，因为一次述职，他彻底来了个咸鱼翻身，不仅成为司马家族的麾下，而且没多久还成功地升为尚书郎。

根据《魏晋世语》一书记载，建安二十三年，邓艾有一次和石苞在襄阳工作。当时一位叫郭玄信的人找到了邓艾和石苞的领导，表示要去趟邺城，要找两个人给他驾车。领导经过挑选，最终确定了邓艾和石苞。路上郭玄信和邓艾、石苞聊起天来，没一会儿，郭玄信便表示他俩都“当远至为佐相”。

石苞听后表示：“我俩就是赶车的，怎么能当公卿宰相呢？”

谁知道，郭玄信笑笑说道：“我说你俩行，你俩就一定能行。”

这位郭玄信是谁，他曾是帮天子传达事情的官员，而他最擅长的就是发现人才。此事之后，石苞和邓艾在邺城变得非常有名，二人还曾受到当地行政长官赵元儒的亲自接见。而当时邺城是曹魏的国都，司马氏自然也听说过这件事。

根据《魏晋世语》的描述推断，邓艾之所以后来会被司马氏留在身边，除了述职时的精彩表现外，也与此次风评的加分有关系。

总之不管怎么说，从此邓艾真正踏入了曹魏中上层官员的行列，开启了他崭新的人生。

第二十五章　邓艾姜维斗阵

邓艾当上尚书郎后，一直都在尽心竭力地报答着司马家的知遇之恩。本来嘛，喝水不忘挖井人，当初要不是司马家的提拔，他邓艾还得在乡下挽着裤腿玩泥巴呢。现在居然位列朝堂之上，过着自己原来想都不敢想的日子。除了尽心竭力地做事，以示报答外，邓艾还真的想不出更好的方式表达感激之情。

不过司马家也没看走眼，邓艾在战略储备和军粮运输方面确实是有两下子。这么说吧，是邓艾解决了曹魏在日后战争中的后勤保障问题。

常言说得好，兵马未动粮草先行。行军打仗要是没有足够的战略物资做支撑，根本就没有获胜的可能。

大家试想，如果让你这一天都不吃饭，饿着肚子做事，你能把事情做好吗？肯定不行吧。这邓艾就是给曹魏士兵解决吃饭、穿衣问题的关键人物。

不过司马家之所以将邓艾放到这个重要位置，也绝对不是无的放矢。别看邓艾是个结巴，平时说话总是期期艾艾的。但是由于当了那么多年的农民，他还真的是在后勤方面颇有心得。

因为他说话结巴，长官和同僚不仅看不起他，而且还常常想着给他下绊子，故意刁难他，甚至让他去洛阳上计。

所谓上计，就是地方官员派人向上级领导汇报当年的经济情况和财政收支，不过这可不是交份文件就行的事儿，还得进行口头汇报，回答疑问和解释质询。

大家想想，这给领导做汇报，怎么不都得一个说话利索的人才行。让一个说话结结巴巴的人去，这不就是明摆着想看邓艾的笑话。

可是人家邓艾就是不服输，不仅真的跑到洛阳去上计，而且还得到了司马氏的亲切接见。

据说，邓艾在初见司马氏时，就郑重其事地将自己写的《屯田论》递呈了上去，随后毕恭毕敬地说道：

“大人，学生有屯田之策要讲。”

邓艾的《屯田论》延续了东汉枣柢的屯田体制。他不仅像枣柢那样将荒芜的无主农田收归朝廷所有，把招募到的大批流民按军队的编制编成组，由国家提供土地、种子、耕牛和农具，由流民开垦耕种。在获得收成后，由国家和屯田的农民按比例分成。而且还大胆地将屯田与军事进行了紧密结合，为行军打仗提供了极大的便利条件。

交谈中，司马氏见这邓艾虽然说话吞吞吐吐、口齿不清，但是政治军事却无所不通。不仅如此，这个泥腿子竟然还读过书。不由得心下十分欢喜，别看这小子长得丑是丑了些，但确实是个有才之人。如果提携提携，以后也会是朝廷的封疆大吏。那样，我们的帮手就又多了。

也正是基于这样的想法，司马氏启用了邓艾做尚书郎，专管粮食囤积。

大家常说：“能发现问题，又能解决问题的才是高手。”显然，邓艾在屯田方面就是绝对的高手。他不但能够对各地的屯田情况汇报得极为翔实，而且还能够就发现的问题，提出颇具建设性的意见来。

为了能够更好地工作，邓艾首先奉命到淮河流域巡视农田水利、漕运仓储的情形，在巡视的过程中，他发现了许多需要改进的地方。

邓艾认为：目前大部分地方土地肥沃，可惜水源不足，从而极大地影响了土地的利用率。

针对以上问题，应该兴修水利，开凿河渠，引水灌溉。同时，漕运水路开通至屯田地区，以方便军粮的转运。

回到洛阳后，邓艾马上就写出了一篇名为《济河论》的文章来。这篇文章与《屯田论》是姐妹篇，可谓相得益彰。

邓艾在这篇文章中对于屯田的兵力、收成、消耗、运输、劳役等方面，尽皆列出了详细的数据分析，很好地解决了当时农垦方面的难题。

写完文章，邓艾立刻到大将军府呈给了司马氏，并得到了对方的肯定。在司马氏的大力推动下，朝廷很快便采纳并实施了他的建议。

《三国志·邓艾传》记载：正始二年，乃开广漕渠，每东南有事，大军兴众，泛舟而下，达于江、淮，资食有储而无水害，艾所建也。

经过朝廷的大力动广，这篇文章上所写的问题很快便得以一一解决。果然，等到工程完毕，水害的问题得以彻底解决，舟、船的航运问题也得到了相应的改善，当地的粮食变得非常充足，再也没有饥荒的事情发生。

也正因此，史学家认为，三国后期，曹魏国力能够始终稳居三国之首，与邓艾的许多政治主张是分不开的。

常言道，时来运转。邓艾原本以为自己这辈子也就这么种种田、写写文，悠悠然地做个文官混日子了。却不曾想，很快他便由文转武，变成了一名职业军人。不仅如此，他在军事方面眼光独到，有难得的战略头脑，绝对是军事方面的一个奇才。

正始四年，四十六岁的邓艾被调往西北，后就任南安太守，掌握地方军政。六年后，西蜀将军姜维率军攻打重镇雍州，曹魏征西将军郭淮与雍州刺史陈泰因为疲于应对，急急向朝廷发信息请求调兵增援。司马氏思前想后，决定临时调邓艾参与军事行动，而这也是他与姜维在战场上的第一次交手。正是从那时开始，邓艾的军事才能有所发挥，瞬间便从农民变成了军人。

在作战中，邓艾显示了作为一个将领的最大优势，即判断准确。在敌人还没有行动前，他便已经猜测出了对方的动向。往往能够将计就计，依计而行。

姜维当时执行的是以攻代守的战略，表面上说是要攻打雍州，实际上却是一直以凉州作为主要目标，在战略线上也向北推移到了金城一带。虽然，金城也是卡住关中通往凉州的要害，但是，金城确实远离蜀军粮仓汉中。换句话说，在姜维北伐期间，虽然采取的是攻势，可是蜀军却在逐渐丧失战略主动权。

邓艾被调入西部战场后，他便将在两淮地区的防吴战略带到了西部战场，比如，邓艾在当地实施的第一个战略就是将计就计诱使姜维出川。

邓艾之所以这么做，是因为他看出了，蜀汉之所以会以弱国之姿不断地进攻强国，是基于一种流氓心态。也就是说，通过不断地骚扰曹魏，在远离蜀汉的腹地进行诱调。所以，蜀汉会不断地进攻，出川也是蜀汉的既定国策。假如曹魏大军向北方撤退，那么，蜀军没有理由不跟进。但是，这里就涉及一个十分重要的问题，那就是粮草补给。

蜀汉因为之前吸收了大量的雇佣军，使得山地作战能力相当惊人，在短兵相接方面，蜀汉大军绝对是占据着优势。在兵器装备上面，亦是如此。然而这些条件看似极好，却也只能用于本国特有的战略地势，曹魏大军的人数优势发挥不出来，雄厚财力也发挥不起来。

所以，为了转败为胜，邓艾决定因地制宜，将蜀军诱调出川，让其在补给线上浪费大量的人力资源，逐渐失去当地少数民族的支持。

果然，姜维不明就里，很快便上了当，落入了邓艾精心设计的圈套。由此，导致了蜀军的惨败。

第一次出征便获得了这么大的成功，一直被人狠狠踩在地上的结巴邓艾不禁心中也有了些许的飘飘然，甚至偶尔还会将自己看成天下第一。

据说有一段时间，邓艾被朝廷派到汝南做太守。少小离家，衣锦还乡，邓艾定是别有一番滋味在心头。当他第一天到达汝南时，看到那些曾在自己面前作威作福的人都在府衙外面列队迎接，心中不禁扬扬得意。

那段时间，邓艾如何专横行事，都没有人敢在他面前提出反对意见。果然，权力是好东西，说叫人闭嘴就闭嘴。

那段时间，司马昭跟他的父亲和大哥一样，对邓艾非常尊重。尤其在军事和物资储备方面，更是对其言听计从。邓艾参与平定了扬州的叛乱，并成功反击了东吴的进攻，令他们非常欣慰。

要知道，放眼望去，朝堂上不过都是些酒囊饭袋。好不容易遇到一个善于领兵作战的人，肯定得好好使用，让其人尽其才。

正元二年，邓艾从东南转战西北，再次对抗蜀汉将军姜维，而这也是他在阻止对方北伐过程中所经历的六次战争中最为凶险的一次。此时，邓艾早已因功被封为方城乡侯，领安西将军。

史料记载，就在邓艾等人在淮南地区消灭寿春叛军不久后，姜维复出陇西狄道，向曹魏发动了战争。

得知姜维出兵，曹魏雍州刺史王经向征西将军陈泰建议分别在祁山等地组织防御力量，但却遭到了陈泰的拒绝。

陈泰命令王经屯兵狄道进行防御，自己则率部进军陈仓。但是王经并没有完全听从陈泰的命令，而是贸然将兵力部署在狄道以北的故关地区，准备与姜维展开决战。同年八月，姜维大军一鼓作气，大败王经并斩杀敌军数万人。王经遭受重创，不得不退回狄道城内。

得知王经惨败，陈泰立即率部进行增援，邓艾也被司马昭火速调往前线。在陈泰和邓艾的共同努力下，曹魏军终于率军越过人迹罕至的高城岭，在夜间一鼓作气赶到了狄道城附近，一举打破了姜维对狄道城的围困。姜维交战不利，只得撤退至钟题地区，第六次北伐宣告结束。战争结束后，邓艾再次因战功被正式授予安西将军的职务，同时还兼任护东羌校尉。

战后，很多将领认为姜维大军虽说在陇西获得了短暂的胜利，但被曹魏军赶走后也一定已筋疲力尽，无法再在短时间内发动新的攻势。所以完全可以趁着这段时间休养生息，以利再战。但是，不管别人怎么说，邓艾却仍固执地认为姜维肯定会在不久后再次发动进攻，他命令手下各部做好战争准备，不得有任何松懈，随时准备抵御姜维突然发动的新一轮进攻。

当时邓艾判断姜维出兵的依据有五点：一、洮西之战的大败，造成蜀汉士气高涨，曹魏陇西空虚；二、洮西之战中损失的数万陇西精锐和兵器军械要重新补充，这段时间正是曹魏军的虚弱期；三、姜维可以通过西汉水进行运输或者行军，曹魏却要走陆路，姜维反而有以逸待劳的优势；四、曹魏的兵力要布防在狄道、陇西、南安、祁山等多处要地，姜维作为进攻方，只需要全力攻打一处即可；五、南安、陇西、祁山有大量粮食以资军用，对姜维来说是一种诱惑。综合以上五点，邓艾预料姜维会再度出兵。

事情果然不出邓艾所料，就在第六次北伐结束不到一年的时间里，姜维又于正元三年正月发动了第七次北伐。这次他一改前番的出兵路线，改由钟题出兵，向北进攻祁山堡。由于邓艾事前就已经提醒众将加强防御，所以姜维此次的北伐行动并没有给曹魏将士造成恐慌。经过一番厮杀，姜维见不能获胜，于是便放弃对祁山堡的进攻，改道向西北方向进攻董亭、南安。

姜维进攻南安的动作再一次被邓艾成功捕捉到，按照邓艾早已制定好的战略部署，曹魏大军在武功山一带设防，将姜维打退，接着又在段谷地区以逸待劳与姜维主力激战，而这也是姜维在北伐中原中遭受的最大一次失败。

首先，根据《三国志》等相关史料记载：段谷之战是魏安西将军邓艾在陇西击败蜀大将军姜维进攻的著名防御作战。

在这场战斗中，姜维遭受重创，十余名将领被杀，数千名士兵阵亡，近万人被俘。面对这惨烈败局，姜维只能再次退回汉中，仓促结束了伤亡惨重的第七次战争。

正如《三国志·魏书·邓艾传》中所写：艾筹画有方，忠勇奋发，斩将十数，馘首千计。

此役之后，邓艾受到了司马昭的表彰，不仅自己被授予镇西将军、都督陇右诸军事，获封邓侯，就连儿子邓忠也被封为了亭侯。一时间，邓家家门甚为显赫。

就这样，邓艾和姜维这对死对头，相爱相杀了这么多年，却始终是彼此胶着，两人都为了让自己的国家获取更大的利益而不肯后退一步。

那么，智勇兼备，且被诸葛亮调教了多年的姜维为什么会频频败给邓艾，处处低他一等呢？不得不说，姜维的轻敌和邓艾的料敌机先都起了推波助澜的作用。邓艾的谋划之前咱们说过很多了，现在再一起来看看姜维是如何轻敌的。

姜维作为曾受到过蜀汉丞相赏识的青年将官，年纪轻轻便志得意满，绝对是不会轻易就把谁放在眼里的。在对待邓艾的事情上，亦是如此。

据说当年夏侯霸在投奔蜀汉的时候就跟姜维说过，司马氏刚刚夺取了曹魏政权，还没有来得及向外拓展。但是要他千万小心两个人，一个是钟会，一个就是邓艾。

在说到邓艾时，夏侯霸特意介绍道："一人现为掾吏，乃义阳人也，姓邓，名艾，字士载，幼年失父，素有大志，但见高山大泽，辄窥度指画，何处可以屯兵，何处可以积粮，何处可以埋伏。人皆笑之，独司马懿奇其才，遂令参赞军机。"

怎么样，大家看到这儿，是不是都有一种毛骨悚然的感觉。哇，这不就是天生帅才吗？这样的人不成为军事奇才，谁还能当啊？

可是姜维听后却只是轻飘飘地说了一句："量此孺子，何足道哉！"

姜维的意思再明白不过了，这个邓艾不过就是个玩泥巴的乡巴佬，有什么好害怕的。就凭他，估计也弄不出来什么大风浪。

哎，真是好大喜功到没边儿了，难怪姜维会三番五次地败给邓艾，不败才是没天理！

所以，有句话说得还真对：心态决定成败。

按道理讲，邓艾几次打败姜维，应该成为曹魏朝廷的励志楷模，会有很多人争相效仿。然而，遗憾的是，从正元二年（公元 255 年）到景元三年（公元 262 年），七年间，曹魏西北之梁柱，却仍只有邓艾一个。

这期间，邓艾吸取了司马氏的作战经验，以逸待劳，以静制动，以守为攻，广修工事，大打消耗战。任由姜维多次出击，多数却都是无功而返，甚至惨败。与此同时，邓艾的事业也在不断地与蜀汉展开的激烈交锋中到达了顶峰。

第二十六章 魏灭蜀之战

尽管邓艾和姜维屡屡过招，但实际上，他们对彼此亦都是心存敬佩。身为武将，一生征战沙场，好不容易才遇到棋逢对手之人，又怎能不庆幸呢？只可惜他们分处在两个不同的国家，不能把酒言欢、促膝夜谈，当真是有些遗憾。

不过邓艾和姜维二人也知晓，男子汉大丈夫，既然领受皇恩，那就应该忠君报主，马革裹尸。正像那话本中所说的一样，来日沙场相见，自是不必留手。

其实，那时的局势非常紧张。不仅蜀汉想要以北伐为名攻打曹魏，羽翼丰满的曹魏亦做出了同样的选择。

之所以发生魏灭蜀之战，这是因为在三国后期，魏蜀吴三国力量不断发生变化。当时蜀汉政治动荡，东吴实力削弱，而与它们相反，曹魏却变得空前强大。

说到底，魏灭蜀之战，就是一场强者消灭弱者的战争，是弱肉强食的战争世界里的必然发展，也是必然结果。一个弱肉强食的时代，谁都想称霸一方，特别是当强者越来越强，而弱者越来越弱之后，矛盾也就会变得愈加尖锐。

公元 262 年，大将军司马昭对当下的各国局势进行了整体分析。经与文武百官不断相商后，他决定：在采取相应的措施及积极做好各部门的准备前提下，发动灭蜀之战。

司马昭之所以决定首先灭掉蜀汉，而不是东吴，主要是基于三点考虑。

首先，攻打蜀汉的成本比较低。换句话说，就是比较省钱。但如果要消灭东吴的话，需要付出的成本就相对比较高了。

《晋书》中记载：夏，帝将伐蜀，乃谋众曰："自定寿春已来，息役六年，治兵缮甲，以拟二虏。略计取吴，作战船，通水道，当用千余万功，此十万人百数十日事也。"

这也就是说，在正式攻打蜀汉之前，司马昭就和曹魏的文臣武将商议，认为自平定淮南之后，曹魏已经有很长时间没有进行大规模的作战了。现在，曹魏已经休养生息好了，可以进行结束三国时代的计划了。

对此，司马昭认为，如果灭吴，大略计算一下，制造战船，开辟水道，需要临时征调十万人。经过数月，才可以完成进攻东吴的准备工作。而在这一过程中，不仅需要耗费大量的人力和物力，也会给东吴调兵遣将、做好防御的时间。

与此相应的是，如果进攻蜀汉的话，不需要造战船，更不需要开通水道，只需要调集骑兵和步兵，就可以进攻。并且，因为之前蜀汉多次北伐中原，曹魏已经在雍凉二州驻扎了越来越多的兵马，而这些大军完全可以直接参与到魏灭蜀之战中。

就第二个原因来说，在公元 263 年的时候，蜀汉的大将军姜维曾因为担心被黄皓所害，只能屯兵沓中，这就导致了蜀汉在汉中的防御非常空虚，再加上后主刘禅素来昏庸，更容易拿下蜀汉。

大家看到这儿，可能会好奇地问："咦，这黄皓是什么人啊，怎么会有这么大的本事，连大将军都敢坑？"

确实，姜维身为蜀汉的大将军，那可是社稷之根本。想要跟他作对，那就相当于在老虎头上拍苍蝇，明摆着惹事儿。但就偏偏有人不怕他，冒死也要跟他作对，这个人就是舍人黄皓。

这黄皓自打进宫服侍刘禅后，就一直没有闲着，随时准备搞事情。

刘禅虽然身为皇上，却是有表无里，每天锦衣玉食，却是个完完全全的糊涂蛋。

蜀汉后期，董允做了丞相。因为性格爽直，他跟诸葛亮的工作态度存在极大的不同。

之前每当刘禅犯了错误，诸葛亮都会尽量平心静气地给他讲道理，耐心解释。但是董允雷厉风行的性格却不允许他这样做，因此刘禅总会受到董允的严厉批评。每每这个时候，刘禅便会委屈地想道：

“真是的，我可是一国之君，还用得着你每天指手画脚地告诉我，什么该干，什么不该干吗？”

黄皓何等聪明，经过察言观色，他很快就揣摩出刘禅的想法。于是开始放心大胆地施行自己的一套手段，让自己成为刘禅心目中的忠臣。

黄皓通过以下两个方面来打造自己的形象：第一，比惨。他故意装作比刘禅的智商还不在线，无论大事小情都向皇上请示。刘禅不明就里，看到这样的情况，当然心中窃喜。哎呀，天可怜见。他们都说我的智商低，没想到你比我还笨，好吧，以后咱们就是难兄难弟，彼此照拂吧。第二，忠心。黄皓利用一切时机陪在刘禅的身边，陪他玩耍、交谈。在刘禅因为做事不得体遭到旁人训斥之后，会想尽办法让他开心。不仅如此，据说有一次，刘禅得了急性肠胃炎，连太医都不敢靠近，这黄皓却硬是用舌头舔尝了粪便，协助太医做出了正确的判断。大家想想，要是你身边有个人这样无微不至地对你，你是不是会被感动到想哭。刘禅也是凡人，也会做出相同的判断，就这样，黄皓成了他心里对自己真正好的那个人。

因为蜀汉平时的事务基本不通过刘禅，他和朝中很多大臣都不熟悉，也不愿意与他们沟通。所以一旦有什么事情，刘禅都是让黄皓代替自己出面处理。这一来二去，原本就渴望权力的黄皓对权力的崇拜到达了顶点，于是便渐渐萌生了参与政事的想法。

但是黄皓的美梦却很快便被一个人扼杀在摇篮中，这个人不是旁人，正是董允。当时黄皓因为深得刘禅的重用而嚣张跋扈，致使朝中许多大臣对他不满，但迫于刘禅的威压而敢怒不敢言，只好让董允出面。

董允原本性情就非常直爽，如今得到了众人的支持，说话做事更是犀利到了极点。他不仅就黄皓的事情严肃批评了刘禅，而且还威胁刘禅要杀掉黄皓以正纲纪。而这样的做法就使得黄皓十分惧怕董允，除了在刘禅的面前哭天抹泪地表述“宝宝心里苦”的委屈外，就暂时消停下来，不敢出来乱搞事情了。

然而，很快就又有了新的转机，那就是董允得病死了。

董允去世后，黄皓立即勾搭上了他的继任者陈祗。而面对黄皓的利诱，陈祗也并不排斥，与黄皓互为表里，使他开始有机会参与政事，在朝中的话语权与日俱增。不仅如此，黄皓还在朝中排除异己，对不依附自己的人一律铲除，就连刘禅的弟弟刘永也未能幸免。

大将军姜维看到黄皓这个太监竟然将朝野上下搞得乌烟瘴气，实在无法容忍。于是便屡次上书，要刘禅将其处死。因为要筹措北伐需用的银两，限制宫中的铺张浪费，刘禅原本就对姜维颇有微辞。此刻一听，他竟然要将自己最亲近的人杀掉，自然气得咬牙切齿。

就这样，无论姜维怎么说，刘禅就是死活不同意杀黄皓。不过，为了平息姜维心中的愤懑，他让黄皓去向姜维请罪。虽说这件事情表面看上去似乎结束了，但姜维心里明白，黄皓如今在朝中势力极大，有一天必将会害他。于是便以屯田为借口逃出了成都，来到沓中一带种庄稼。而他的这一举动，也在无形之中给司马昭提供了可乘之机。

《晋书》中记载：今绊姜维于沓中，使不得东顾，直指骆谷，出其空虚之地，以袭汉中。彼若婴城守险，兵势必散，首尾离绝。以刘禅之暗，而边城外破，士女内震，其亡可知也。

姜维前去沓中，致使蜀汉朝内空虚。司马昭看到这一幕，顿时觉得这是一个进攻蜀汉的良好机会。况且，后主刘禅是一个平庸的皇帝，一旦曹魏大军攻入蜀汉，他一定不会坚持抵抗到底。而吴主孙休，则相对有能力，颁布良制，嘉惠百姓，促进了东吴的繁荣。从哪方面来讲，能力和水平都是要高于刘禅的。

就第三个原因来说，曹魏先消灭蜀汉，也有利于接下来进攻东吴。相反，如果先攻打东吴的话，效果却没有那么明显。

《晋书》中记载：今宜先取蜀，三年之后，在巴蜀顺流之势，水陆并进，此灭虞定虢，吞韩并魏之势也。计蜀战士九万，居守成都及备他郡不下四万，然则余众不过五万。

在司马昭看来，先派遣大军消灭蜀汉的话，可以从巴蜀之地顺流而下，直接水陆并进进攻东吴。从地理位置上来看，蜀汉处在东吴的上游，确实拥有顺流而下的客观条件。并且，当时蜀汉的兵力只有九万多人，守卫都城成都以及南中等地就有四万。所以，蜀汉能够抵挡曹魏的兵力，实际上只有五万左右。蜀汉的兵力相对较少，自然也是司马昭优先消灭蜀汉的原因。

最后，如果先消灭东吴的话，司马昭执掌的曹魏可能要动用更多的兵力，也即远远不止十八万大军。更为关键的是，即便成功消灭东吴，也不会对进攻蜀汉有多大帮助。在夷陵之战后，刘备只要镇守住永安白帝城，东吴的大军就很难突破这道防线，进入巴蜀之地。因为四川盆地的地理环境，不管从哪个方面进攻蜀汉，都不是一件容易的事情。因此，即便先消灭了东吴，也不会明显降低消灭蜀汉的难度。既然如此，司马昭决定先进攻蜀汉，而不是东吴。

而且不仅如此，灭蜀之战还关乎着司马昭的政治声望和司马氏的前途命运。

大家都知道，在发生了前面咱们所说的那一系列战争后，司马家已经成了魏国当之无愧的掌权者，正式取代曹家不过就是时间早晚的问题。所以司马昭受封晋公、晋王乃至最终受禅曹魏建立新王朝的计划，终究是要实施的。为了按部就班地推进，他需要一场不世之功来为自己加码，于是攻灭蜀汉便成了他的最佳选择。为了完成这一计划，司马昭早早便开始秘密地和心腹钟会“筹度地形，考论事势”，准备讨伐蜀汉的一系列相关事宜。

待准备就绪后，司马昭于景元四年（公元 263 年）奏请皇帝向群臣发布诏书，命曹魏主将钟会、邓艾，还有中路先锋诸葛绪，率领十八万曹魏大军，兵分三路，南下攻打蜀汉。就此，一场彻底改变三国政治格局的战争即将轰轰烈烈地展开。

第二十七章　邓艾功成身死

魏灭蜀之战就这样在曹魏的充分准备和蜀国的毫无防备中展开了。不过虽说曹魏这边已经事先做好了安排，并且皇上也已经下达了命令。但司马昭此举却仍遭到不少朝臣的反对，纷纷对司马昭重用钟会的行为表达出了深深的疑虑。不仅如此，除了群臣反对外，前方的将士对司马昭伐蜀有一定的抵触心理，这其中也包括刚刚被委以重任的邓艾。他多次以“（蜀国）以为未有衅”为由，向司马昭陈述此时讨伐蜀国的不可行性。

其实群臣将士反对司马昭伐蜀的举动一点儿都不奇怪，此前，曹魏也曾有过两次伐蜀，最后却均以失败告终。而就在前一年，蜀汉大将军姜维还曾发兵侵犯陇右地区，此事从侧面也体现出了蜀汉仍具备相当的军事实力，并不像想象中的那样不堪。所以，基于此，很多人认为，此时大举伐蜀无疑是一次军事冒险行为。

但是司马氏取代曹魏之事如今已是箭在弦上，灭蜀是眼下必须完成的目标。为控制前线军队，司马昭任命师纂为邓艾军司马，力逼邓艾奉命。

夏末，司马昭在洛阳庄严地举行了誓师大会。然而就在当天，当三路军马都已经准备即刻开拔时，前将军邓敦却仍当着众人的面跟司马昭唱反调，说些这次讨伐蜀汉肯定赢不了的风凉话。

邓敦的举动当场就把司马昭给气炸了，这眼瞅着大军都要开拔了，你小子竟然还说风凉话，给曹魏泄气。行，那我今天就拿你小子的血祭战旗吧！也好让其他人引以为戒，别再说这些混账话。

想到这里，司马昭立刻命令手下兵士将邓敦拖出去斩了。将士顿时吓得不敢言谈。就这样，伐蜀大军浩浩荡荡地从洛阳出发了。

按照司马昭的计划，此番作战由征西将军、都督陇右诸军事邓侯邓艾率军三万余人由狄道城进向甘松、沓中一带，牵制姜维；雍州刺史诸葛绪率军三万余人自祁山进向武街桥头，切断姜维退路；镇西将军、都督关中诸军事东武亭侯钟会率军十余万由斜谷、骆谷、子午谷进军汉中。

要入蜀，必先取汉中。当年诸葛亮在占领汉中以后，采用错守诸围的战略，在各处险要关口布置兵马，使得整个防线呈现犬牙交错的态势，有效地抵挡了魏军的进攻。但是姜维却放弃了这种战略，除了留下小部分围守外，其余的兵马全部集中到了汉城、乐城两地。

在得到魏国大举入侵的消息后，后主刘禅即刻命令右车骑将军兼并州刺史中乡侯廖化率军往沓中增援姜维，左车骑将军兼冀州刺史都亭侯张冀、辅国大将军董厥至阳安关口，增援前线诸围，同时大赦境内，改元炎兴。张翼、董厥至阴平后，听说诸葛绪将要进攻建威，就留下来防备。

九月，钟会到了汉中，命令前将军李辅率军一万包围乐城，护军荀恺包围汉城，自己率大军直驱阳安关，以护军胡烈为先锋。驻守阳安关的是汉将军傅佥，前武兴督蒋舒因为不称职被罢免，到阳安关担任傅佥的副手，因此心怀不满。蒋舒谎称迎敌，率领自己的部下出城，傅佥没有在意。

谁料想，蒋舒出城后直接降敌，引胡烈攻入城中，傅佥力战而亡，关中囤积的粮草辎重全部归魏军所有。

沓中方向，邓艾遣天水太守王颀、陇西太守牵弘攻姜维营，金城太守杨欣进攻甘松。姜维得报钟会大军已经进入汉中，率军往援。王颀等追击，在强川口大战，姜维败走。时诸葛绪已至桥头堵截姜维，姜维改走孔函谷，想要绕到诸葛绪背后，吓得诸葛绪退军三十里。然后姜维回军走桥头，甩开诸葛绪，到达阴平后得知阳安关已经失守，退向白水，途中与廖化、张翼、董厥等相遇，合军固守剑阁。

十月，邓艾至阴平，想和诸葛绪一起由江油进攻成都，诸葛绪不同意，赶至白水与钟会会合。邓艾无奈之下，只得带着兵将开拔阴平，欲从阴平入江油，直插蜀国的心脏成都。

诸葛绪见到钟会后，百般诉说自己的委屈。不想，最后钟会却仍以诸葛绪临战怯敌为名，派人将诸葛绪押回洛阳，兼并了他的部队。在进攻剑阁的时候，姜维凭借天险防守，难以攻克，两军进入相持状态。由于道路崎岖，粮运艰难，军中粮草不济，钟会萌生了退军的想法。

在这种情况下，邓艾提出的从阴平小道偷袭，绕道剑阁背后直扑成都的方案，其实就是一个军事冒险行动，稍有不慎就可能会导致全军覆没。而之所以这么说，主要是由阴平道的地理条件所决定的。

阴平古道是一条从阴平郡（今甘肃文县）到四川境内的路程较短的通道，虽然便捷，但怪石嶙峋、荒草丛生，根本就没有可供人走的路。别看这条路名为道，实际上在古代充其量只能算作是径。因为极度难行，又被加了个邪字，是为邪径，平时除了打猎的山民以外，根本就没有人走。

据《文县志·关梁》记载：宋孝宗时，文州开青云岭，即青塘岭栈道，以引商贩，冀收其利。

按《资治通鉴》：自文州青塘岭至龙州一百五十里。自北而南者，右肩不得易所负，谓之左担路，即邓艾入蜀路也。蜀号天险，舍剑阁别无他路。

直到邓艾伐蜀后的近九百年后，南宋才开辟从摩天岭（青塘岭）到龙州（江油）的路，而且这条路名为左担路，就是由于道路极其崎岖狭窄，由北向南行走，如果挑着担子，用右肩挑着的话，就容易碰到旁边的障碍物，故名左担路。可想而知，邓艾当时面对的路况条件有多差。

而且对于曹魏大军的整体军事行动来讲，“七百余里无人之地，山高谷深，粮运艰难”。无法携带补给和辎重去偷袭轻军，能不能顺利走出去，本身就是一个巨大的问题。即便走出去了，如何面对扼守雄关的蜀汉军队，孤军悬外没有任何补给，面对成都方向和剑阁方向的前后夹击，也是有极大风险的。

然而，邓艾却以花甲之态创造了这一军事奇迹。通过一些相关史料记载，我们可以看到，在穿越阴平道的过程中，邓艾的部队因为粮食问题，几次濒临绝境，当行至最高峰摩天岭的时候，道路断绝，进退不得，而此时天色已经完全黑下来了，兵士们随身携带的粮食也早就吃光了。

于是，邓艾便向众人说道：“各位将士，前面江油城中粮草充足，你们前进可活，后退就死，大家必须全力把江油攻下来！”

众人原本有些筋疲力尽，此刻听到邓艾这么说，齐声应道：“我们愿意跟随将军拼死一战！”

邓艾身先士卒，他用毛毡裹住身体带头滚下了百丈悬崖。主帅如此，将士自然拼命跟随，结果摔死大半。

正如陈寿在《三国志》中所写的那样：冬十月，艾自阴平道行无人之地七百余里，凿山通道，造作桥阁。山高谷深，至为艰险，又粮运将匮，频于危殆。艾以毡自裹，推转而下。将士皆攀木缘崖，鱼贯而进。

作为写史书的专家，陈寿的《三国志》一向以简洁朴实见称，但是这一段却用了许多生动的描写，可见当时邓艾大军的艰苦卓绝。

当夜，邓艾领兵径奔江油城下，见城上防备不严，遂下令攻城。江油守将马邈正在拥炉饮酒，听说邓艾兵到，顿时慌作一团。正在他手足无措之时，邓艾却已带着手下兵将拥到衙门前。马邈见状心知不妙，连忙拜伏投降，不等邓艾询问，已将当地情况据实说出。邓艾见马邈还算有诚意，便将其收下作为自己军队的向导官。

邓艾攻下江油，又把从阴平小路来的人马都调到江油会齐，随后便马不停歇地向涪城方向发起猛烈进攻。涪城守将见城外突然出现了曹魏大军，亦是不敢抵抗，于是便开城门投降。

涪城失守的消息一传到成都，刘禅立刻被吓得没了主张，连忙召集文武百官商议。百官面面相觑，面对着突如其来的危机，谁都不敢出声。间或有人提议要诸葛亮的儿子尚书事诸葛瞻前去驻守绵竹，刘禅一听连忙派人去请。

少顷，诸葛瞻一到大殿，刘禅便疾步上前，伸手拽住了他的衣袖，边哭边将邓艾攻下涪城的事情告诉给了他。诸葛瞻闻听，当场勃然大怒。好家伙，这邓艾老贼难不成是看我蜀汉没人吗？我诸葛瞻现在就去会一会他，定会把他打得爬不起来。想到这里，诸葛瞻慨然地答应了刘禅出兵的要求。

就这样，诸葛瞻在出宫之后，很快便点了七万兵马。急令长子诸葛尚为先锋，将军张遵、李球、黄崇随行。众将引兵火速离开成都，前往绵竹，迎战邓艾大军。

原本诸葛瞻的军队作为蜀汉训练最为有素的军队，完全可以与邓艾大军抗衡。然而，却由于当时诸葛瞻急于求成、刚愎自用，逞一时匹夫之勇，没有听从尚书郎黄崇的正确意见迅速占据险要，而是选择冒险出城与邓艾决战。结果致使绵竹失守，邓艾大军长驱直入，诸葛瞻、诸葛尚、黄崇三员猛将血染沙场。

绵竹不失，蜀汉不亡。原本可以反败为胜的绵竹之战，却成为压垮蜀汉的最后一根稻草，其实只要诸葛瞻能守住绵竹，蜀汉国运就还有挽回的余地。这是因为：第一，蜀汉的主力兵团仍在姜维手中，与钟会对峙。第二，钟会虽然攻进汉中，但是汉中还有几座重要的城池仍在蜀汉的手里。比如柳隐坚守黄金城、王含坚守乐城、蒋斌坚守汉城，这对钟会来说始终是个隐患。第三，霍戈镇守南中六郡，罗宪在永安，这也是蜀汉两个兵力较多的要地，他们随时可以驰援成都和绵竹。第四，蜀汉和东吴唇亡齿寒，双方又是盟友关系，东吴当时已经派出丁奉前来支援。

所以说，绵竹之战邓艾赢得实在侥幸，诸葛瞻空有满腔热血，却并不是一位合格的统兵大将，蜀汉反败为胜的最后一次机会就这样被他给白白浪费掉了。

绵竹一失，成都已经无险可守，只能任由邓艾兵临城下。诸葛瞻败得太快，远在剑阁的姜维、永安的罗宪、南中的霍戈、江东的丁奉都鞭长莫及，蜀汉已无力回天，败局已定。

就这样，因为诸葛瞻战败，全军覆没，后主刘禅无奈，只得出城投降，从而结束了蜀汉二十二年风雨飘摇的历史。与此同时，时年六十六岁的邓艾成为灭亡蜀汉的第一功臣。

此刻正处在人生巅峰的邓艾，一定做梦都不会想到，仅仅两个月之后，他便从天堂重重坠入了地狱，迎来了满门抄斩的悲剧命运。实际上，早在魏国大军灭蜀之际，邓艾其实就已经为自己埋下了日后悲剧的种子。

毋庸置疑的，邓艾的领兵能力是绝对超一流的，但这世界上也确实是没有十全十美的人。邓艾虽说在文韬武略方面都极为优秀，但却亦有着非常明显的性格缺陷，那就是容易骄傲自满。

曹魏大军成功讨伐蜀汉，邓艾立下奇功。司马昭不吝赏赐，封邓艾为太尉，赠邑二万户，就连邓艾的两个儿子也被封为了亭侯，各有千户的食邑。灭掉一国，邓艾也算是迎来了人生的巅峰。按理说，手握重兵的邓艾在行事方面本该有所收敛，以免落得个功高震主的名声。

可事实上呢，邓艾却处处都反其道而行之，生怕司马昭不怀疑。

居功自傲的邓艾在进入成都后，很快便做了两件事。而正是这两件事情，让他得罪了顶头上司钟会和卫瓘，招致了后来的杀身之祸。

可能有人看到这儿，会好奇地问："这邓艾到底干啥坏事了，让这两个人恨之入骨？难道是刨了他们的祖坟吗？"

不，邓艾还真没有刨钟会和卫瓘的祖坟。不过，他的做法却更恶劣，因为直接刨了皇上的祖坟，动了曹魏的根本。

大家都知道，封建社会是君权制。历来都是皇上给大臣封官加爵，而大臣只有跪拜谢恩、三呼万岁的份儿。可人家邓艾偏不信邪，一进成都，他就擅自以天子的名义，封赏了一大批地方官吏。而第二件事就更加过分了，邓艾将在绵竹之战中战死的曹魏士兵和蜀汉士兵埋在一起，并且还修筑了京观，用以炫耀自己的武功。旁的不说，这两件事合在一起可就是要在蜀汉自立为王的节奏了。

而且更有甚者，作为胜利者邓艾还常常对后主刘禅和蜀汉的文武百官口出狂言，夸赞自己的功绩，说些什么“诸君赖遭某，故得有今日耳。若遇吴汉之徒，已灭国矣”之类的话。

如果仔细分析，这话里可真的是大有玄机。既可以看作邓艾的自夸，也可以理解为他故意收买蜀汉旧臣之心。邓艾啊邓艾，你身为一个魏国臣子，居然想收买敌国民心，你到底想干啥?

不过说实话，要真说邓艾有谋反的心思吧，他还真没有那资本。人家钟会是世家子弟，有人脉资源可以利用，邓艾是草根出身，他能有什么?家世背景等于零，伐蜀大军他实际上能完全控制的人数也不多。所以说啊，邓艾他并不是真的想造反，只是有点虚荣心爆棚了。

作为邓艾的军中领导，钟会与卫瓘对邓艾如此狂妄自大、独断专行的做法十分不满。于是他们就联名给司马昭上了一道密奏，谎称邓艾有了谋反之心。

司马家族的人原本就擅长玩权术，所以防备心也一向极强。但是就单凭这几件事，还真的不能妄下断言，所以司马昭在看完奏表后，决定再观察邓艾后面的动静。

司马昭算是对邓艾网开一面。只要邓艾能有所收敛，这件事也不会闹得一发不可收拾。但是邓艾这情商也真是令人着急，他竟然想在蜀汉修造船坞、打造船只，攻打东吴；同时，他又想厚待蜀汉宗室，封刘禅为扶风王，让他留在蜀地；甚至开始逐步安排封赏伐蜀的有功将士。大家想想，这是你这个领兵大将的权责吗?谁给你这么大的胆子啊!

当然，或许有人会说，邓艾的初心是好的，他这样做应该是为了收拢蜀汉民心，以便让蜀汉成为攻打东吴的西线阵地。可是这错得也真是太离谱了吧，他既不跟司马昭请示，也不主动避嫌，这就分明是给自己的主子上眼药。

而且，就在此期间，司马昭还曾经主动跟邓艾写信说：事当须报，不宜辄行。这句话是什么意思，就是你有事可别由着性子乱来，必须得跟朝廷打招呼!

所以说邓艾的情商真是堪忧，让人干着急，却又一点办法都没有。

倘若邓艾稍微有点情商，也应该知道这件事情已经激化了，不能再这样下去。结果他接着上书给司马昭："大夫出疆，有可以安社稷，利国家，专之可也。"这句话说得可真是有胆量，跟"将在外君命有所不受"是一个意思。如此专断的话，哪个领导听了会舒服？

君主有容人之心，那是君主的选择。臣下却不能因此而蹬鼻子上脸，反复挑战君主的底线。要知道，有些东西，是不能轻易碰触的。邓艾不一定有心造反，他的话也并非全无道理，错就错在他手里握有数万大军，又口出狂言，不得不让人多想啊。

就这样，司马昭到最后实在无法再忍下去。他毫不犹豫地以朝廷的名义下达了一份诏书，命令钟会和卫瓘二人迅速将邓艾逮捕，并以囚车将邓艾父子火速押送到洛阳，杀一儆百，以儆效尤。

第二十八章　钟会身败名裂

公元 264 年，就在邓艾乘着囚车赶往洛阳的途中，又发生了一件意想不到的事情。那就是身为曹魏大将的钟会竟然在西蜀将军姜维的游说下，起兵造反，公然跟大将军司马昭作对，意图推翻曹魏政权。

这可真是一波未平一波又起，司马昭在听到钟会造反后，顿时就有些慌了手脚。他做梦也没有想到，原本计划得好好的魏灭蜀之战，竟然会发生这么一系列意想不到的事情。不仅如此，甚至还有可能将计划搞得一团糟。为了彻底平定事端，司马昭即刻亲率十万曹魏大军前去平叛。不过只用了三天，就将钟会、姜维等一干人尽皆诛杀。钟会被杀之时，邓艾父子趁乱逃到了蜀中地区。随后司马昭便下令卫瓘去处理邓艾，卫瓘接到命令后不敢有所怠慢，当下便派出一队人马前去追赶邓艾父子，最终在绵竹地区将他们杀死。随后，卫瓘又将邓艾的家人全部充军流放到西域地区。

下面，我们再来说下钟会的故事。钟会跟邓艾不同，作为官二代，他的人生当真是一波三折。

钟会，字士季，颍川长社（今河南长葛市）人。他是三国时期曹魏军事家、书法家，太傅钟繇的小儿子，青州刺史钟毓的弟弟。从小就是个远近驰名的神童，不但得到了当朝重臣的赏识，而且青年时代更集多方面才干于一身，是曹魏帝国一颗冉冉升起的新星。令人遗憾的是，就是这样一个前途大好的有为青年，不到四十岁就因为谋反而死于非命，其悲惨结局着实令后人唏嘘不已。

钟会从小就是一个有理想的孩子，他第一个偶像不是别人，正是他的父亲钟繇。这钟繇不仅在七十五岁的高龄时才与小妾张昌蒲生下了钟会，而且真可谓学富五车，使用了千年的楷体字就是由他创立的，绝对称得上是引领风骚上千年。

为了能够成为像父亲一样的人，钟会自幼便勤学苦读、博览群书。钟繇虽然年龄大，但是思想却毫不僵化。他不仅仅希望钟会能够在文学方面有所造诣，更希望他能够德智体美劳全面发展。也正因为是这样，钟会在骑射和书法方面也非常厉害，年纪轻轻便自成大家。

此外，文武双全的钟会还颇有魏文帝的风采，在被家人寄予厚望的同时，也被时人所赞颂。譬如说，咱们之前曾提到过的那位四朝老臣蒋济早在钟会五岁时就曾评价这个娃娃是“观其眸子，足以知人，非常人也”。

钟会的母亲张昌蒲，虽然只是一个小妾，但却也是个集美貌与智慧于一身的人。钟会在《母亲张氏传》中曾经描述过这样一个故事：

钟繇作为当世名臣，妻妾成群。但是张昌蒲在这些人中却能够做到修身正行，素来有着贤良的美名。

当时钟家有一个非常有身份的贵妾孙氏，因为嫉妒张昌蒲怀孕，便给她下药。张昌蒲闻药味觉得不太对，于是就把药给吐了，但还是眩晕了几天。

有人问：“为什么不把这件事情告诉钟繇？”

张昌蒲委屈地回答道：“自古以来妻妾互相残害，素来是亡家灭国的行为，古今都以此为鉴。再说是非曲直，又有谁能真正说得清楚呢？”

说完，张昌蒲便开始称病不再与钟繇见面。后来，钟繇偶然问起这件事，张昌蒲没有将实情相告，只是轻描淡写地说自己想要男孩，所以听信民间秘方吃错了药。钟繇觉得可疑，遂私下审讯跟随侍候张昌蒲的仆从。在得知了事情的真相后，便以故意杀人为由把孙氏给休了，从此更加宠爱张昌蒲。

其实，在这篇文章中，钟会所写的孙氏并非旁人，正是他的大哥钟毓的生身母亲。可以想象，兄弟二人因为这件事情，心中定然是对彼此都有嫌隙，并不像表面上看起来那般一团和气。而这也或许就是为什么钟毓在临死前会提醒司马昭提防钟会的主要原因吧。

只是千年之后，大家都无从知道事情的真相究竟是怎样的。只能透过这是是非非的明争暗斗，看出封建社会女子生存的艰辛与不易。

在这样一个聪明的母亲的教导下，钟会长大了。

由于出色的家庭教育，钟会多才多艺，博闻强识，尤其是在玄学方面，更是年纪轻轻便与当时的名士王弼齐名，足见其足智多谋，因在讨伐诸葛诞的时候，曾多次巧出计谋，故被人比作西汉的张良，说他有“子房之才”。

公元245年，弱冠之年的钟会担任秘书郎之职。

三年后，升迁做了尚书郎。

又过了两年，升职为中书侍郎。

公元254年，刚满三十岁的钟会因受到司马氏的赏识，获封关内侯。

一条阳关大道，就此在钟会面前铺开。然而钟会却并没有因为这些已经获得的荣华富贵而心存感恩，反而更加疯狂地走上了一条灭人毁己的邪路。

钟会是个大家，在人生有限的时光里，可谓是笔耕不辍。他曾经著有《老子道德经注》二卷，《周易尽神论》一卷，《周易无护体论》三卷和《四本论》一卷。

然而，钟会为人亦是不按常理出牌，为了达到自己的目的，可以不择手段，宁愿背负上千古骂名。

钟会小的时候有一次跟哥哥钟毓在读书时偷偷喝酒，被老爷子钟繇当场抓住。小哥俩儿看到父亲气势汹汹的样子，不禁被吓得瑟瑟发抖，生怕受到重责。谁知道，父亲只是看了他们一眼，便提出了一个看似有些奇怪的问题，分别让钟毓和钟会回答。

钟繇先问哥哥钟毓：“你喝酒时为什么要对钟会行礼啊？”

钟毓说：“喝酒本来就是礼仪的一种，怎么可以不行礼？”

钟繇只是点了点头，却没有做出任何点评。随即，他又看向钟会，问了同样的问题，只是这次稍加改动，变成了：“你喝酒的时候，为什么不向你哥哥行礼呢？”

钟会听到父亲问自己，马上机敏地回答道：“这酒本来就是偷的，不符合礼数。既然是这样，那为什么还要行礼呢？”

钟繇听完哈哈大笑，觉得小儿子回答得妙。

然而，那时身为父亲的他却完全没有想到，从小就不按常理出牌的钟会，长大后又搅了多少忠臣的浑水，成了那个时代许多忠良的灾难。

公元254年，曹魏朝廷发生了两件大事：高贵乡公曹髦上台及钟会获封关内侯。

大家可以想见，这两件事情的时间点是重合的，钟会到底在前面的事情扮演了怎样的角色，已经是显而易见的了。

不过，这算不得什么。政治本来就是拉帮结派，站队也并没有什么过错。

在司马昭掌权后，原本是其兄长心腹的钟会再次成了他的心腹，事业更加如日中天。

不管在当时，钟会到底做了什么，都没有什么可以鄙薄的。反正，他也是一个很有本事的人。

不管谁掌权，钟会都能稳稳地坐定自己的位置，这不是本事又是什么？

大家可以想象在权力的明争暗斗中，钟会用谋用策、杀伐屠戮，只为了保全自己的宠臣之位。结果呢，到最后却是机谋算尽，反而送了自己的性命。

其实，钟会的行为，并不是没有人知道，只是有人阻止不了，有人却又不想阻止。

钟会的哥哥钟毓是一个正直的人，向来有济世之念，十四岁就做了散骑侍郎，为朝廷提供了不少好的建议。

这天，司马昭跟钟毓单独在一起，在研究了些朝中政事后，话题就开始胡扯了。因为二人自幼便是挚友，而且又没有旁人在侧，故此很快就变成了天南海北的乱侃。

司马昭突然想到了钟会，于是对钟毓表示："你弟弟钟会可是一位大才，我非常欣赏他。"

钟毓也跟着点头，附和说道："没错，我弟弟才智过人。不过，他却更喜欢玩弄权术，极具野心。子上，我劝你还是小心为妙！"

这句话说得可真是威力巨大，钟毓就差没拎着司马昭的耳朵告诉他：钟会日后必反！

司马昭何等人也？怎么会听不出来钟毓话里的弦外之音。他先是一惊，随后哈哈大笑道："哎呀，你多虑了。要真是到了那天，我只杀钟会一家，绝对不会动你钟毓一根头发！"

都说手足之间是最了解彼此的，事实证明，真正能够洞察钟会内心的人，不是旁人，正是他的大哥钟毓。虽然在钟毓的提醒下，司马昭对钟会已有防备之心，却没想到对方终究还是藏不住自己的野心，在姜维的游说下，决定在光天化日之下向自己的主子发起挑衅。

蜀国灭亡后，钟会与姜维密谋叛魏。这次二人当真是互相利用，一拍即合。

钟会想利用姜维在蜀汉的声望与关系，辅佐他割据蜀汉。姜维则想促使钟毓叛魏而行其兴复蜀汉的大计。于是这对难兄难弟一拍即合，开始蠢蠢欲动地向司马昭争权。

公元 264 年 1 月 15 日，钟会率大军进入成都。“自谓功名盖世，不可复为人下，加猛将锐卒皆在己手，遂谋反。”以郭太后有遗诏令征讨司马昭为名，召集诸将宣布此事，不从者欲尽杀之。

钟会的手里究竟有没有郭太后的遗诏，谁都说不清楚。不过，后来倒是凭他自己的一句话，似乎道破了天机。

钟会在接近成都的时候，收到了司马昭的来信，读完信后他不禁大惊失色，对左右亲信说道：

“但取邓艾，相国（指司马昭）知我能独办之；今来大重，必觉我异矣，便当速发。事成，可得天下；不成，退保蜀汉，不失作刘备也。”

钟会的这句话，道出了他所暗藏的野心：谋反夺天下，或是割据为王。

这就说明钟会的起兵，是他个人野心膨胀的结果。但由于事不机密，计谋泄露，诸将起而反抗，仅仅进入成都三日，钟会、姜维就都在乱军中被司马昭的兵士给杀死了。

钟会死后，无论在朝中，还是在他原来的军队里，都没有株连其他什么人。这就说明，公然起事的仅仅是他和姜维以及几个亲信，并没有什么内应、盟友之类。而最让人意想不到的是，对于钟会来说，姜维也只不过是他刚刚认识了不到两个月的“新朋友”。

钟会素来有着王佐之才，之所以谋反失败得如此迅速，除了“在事纵恣”“挟术难保”“见利忘义”外，还有以下几点也是同样不能忽略的。

一、司马昭早有准备

当初，钟会与姜维起兵谋反前，他曾提出了兵至长安后，分水路与陆路同时进军，然后在洛阳汇合，天下可定的想法。之所以如此笃定，是因为在钟会看来，司马昭是绝对信任他的，自己此举定然可以出其不意、攻其不备。

然而钟会不知道的是，他的谋反之事，早在魏灭蜀之战发生前就已经成了公开的秘密。咱们先前已经说过钟毓曾提醒司马昭要提防弟弟有反心，后来西曹属邵悌也曾对司马昭有过同样的暗示，说讨伐蜀汉可以，但不能用钟会。不仅如此，就连司马昭的夫人王元姬和奇女子辛宪英，也都有过相似的言语。这些人远远没有司马昭高明，都已经看出了钟会的野心，司马昭又怎会不知？

所以，对于钟会的反叛，司马昭早就有准备。因此他只用了一封信便彻底打乱了钟会的计划，不仅迫使钟会提前起兵，而且还从原来一统天下的目标，临时改成了割据蜀地。

二、错估了自己手里的力量

魏国成功灭掉蜀汉之后，钟会变得飘飘然起来。他没有意识到，蜀汉的灭亡主要是邓艾的功劳。而他的作用仅仅是拖住了姜维，而且最终还被姜维打得差点退兵。他手中的兵马虽多，武将虽猛，却都是司马昭授予的，并不能算作他自己的力量。而且这些将士的家属都在曹魏，都握在司马昭的手中。所以这些人根本不可能心甘情愿地随他反抗曹魏，或者说反抗司马氏。

也就是说，钟会虽然看起来兵多将广，但是真正属于他自己的力量，却几乎没有。在这种情况下，他必败无疑。

三、过度相信卫瓘

卫瓘是司马昭派来的监军，目的在于监视钟会、邓艾等人。在谋反之前，钟会便是借他之手除掉了邓艾，之后钟会打算谋反，却将自己的想法告诉了卫瓘。只不过他二人并没有谈拢，于是卫瓘便借着上厕所的机会，将钟会收押胡烈等名将的消息，告诉了胡烈的亲信丘健，从而诱发了兵变。之后诸将的亲兵前来攻打钟会，卫瓘又借故离开了城池，避免沦为人质。没有了任何倚仗的钟会，很快便死在了乱军之中。

四、起兵太过仓促，没有任何准备

相信大家都听说过这样一句话，那就是不打无把握的仗，尤其是谋反，那更得慎之又慎。曹家和司马家都是准备了很多年，有所铺垫，才动手的。可是自负的钟会，刚刚决定谋反，便立马出兵。在得到了司马昭大军将至的消息，又立马改变了目标。这样随意地调整，就跟儿戏一样，又怎么会不失败呢？

第二十九章　司马昭欲篡位

魏灭蜀之战后，司马昭又除掉了意图谋反的邓艾和钟会二人，可谓是志得意满。从此，他再无暗中觊觎曹魏政权的劲敌存在，当真是可以高枕无忧矣。而也就是这样，司马昭那颗原本就已悄悄萌发的篡位野心变得更加膨胀，甚至无法再强掩下去。

然而，虽然司马昭的主观意愿如此强烈，最终却仍没能实现心中所愿，这不得不说是他人生的一大憾事。按理说，司马家的上位方式完全就是当年曹家的翻版，而且准备的时间也要比曹家长得多，即便是司马昭当真登基，恐怕群臣也无话可说。可为什么直到最后，却仍旧只是个幻影呢？这里面除了司马昭的瞻前顾后以外，还与另一个人的存在密不可分，那个人便是高贵乡公曹髦。

曹髦生于正始二年。正始五年，被封为高贵乡公。嘉平二年，其父曹霖去世。嘉平三年，被司马氏迁至邺城监视。曹髦从小聪颖好学，才慧早成，颇有其祖父魏武帝的风范。

《文心雕龙·时序》称曹髦“少主相仍，唯高贵英雅，顾盼合章，动言成论”。也就是说，他举目就有了文章，发言便成了理论。

《魏氏春秋》则说，“公神明爽俊，德音宣朗”。换句话说，曹髦绝对可以称得上是风雅人物。不仅有才华，就连颜值也是一流的。

也许不做皇帝，曹髦会是一位流芳千古的大文学家；也许早生几十年，他会是一位有所作为的宗亲贵族。

但上苍却似乎跟曹髦开了个玩笑，偏偏安排才华横溢的他做了受人摆布的傀儡皇帝，充分体会到了同权臣斗智斗勇的个中辛酸。

嘉平六年，继少帝曹芳退位，在郭太后的坚持下，时年十四岁的曹髦临时上位。此时，仍为懵懂少年的他，并不知道当走入皇宫，坐在那象征着至高无上权力的皇位上时，自己将要付出的是怎样巨大的代价。

早在登基之前，曹髦便已经听说过司马氏的声威名望。虽然年少，但他却也知道，此番前去洛阳，对方一定会成为自己最强劲的对手。作为曹家的子弟，既然命运将他安排到了这个特殊的位置，那他就必须要全力以赴地去接受挑战，哪怕是头破血流也在所不惜。

打定主意，曹髦开始对自身修为进行严格要求，一举一动都颇为考究。也正因此，早在他登基那日，便已在悄无声息中展开了夺权行动。

史书记载：

公（曹髦）于洛阳，群臣迎拜西掖门南，公（曹髦）下舆将答拜，傧者请曰："仪（按照礼仪）不拜。"公曰："吾人臣也（我也是臣子）。"遂答拜（向群臣行礼）。

至止车门下舆（车）。左右曰："旧乘舆入（按照惯例乘车入）。"公曰："吾被皇太后徵（征召），未知所为！（我被皇太后诏命，现在还不知道干什么呢！）"遂步至太极东堂，见于太后。其日即皇帝位于太极前殿，百僚陪位者欣欣焉（百官很高兴）。

曹髦的此次亮相，用自己的形象震服了群臣，从而达到了自己的目的。究其目的，一共有三点。

第一，向群臣强调什么是臣下之礼！这是对司马氏擅权的一次打脸，曹髦是太后诏命的皇帝，但是在没有登基之前，曹髦却用自己的行动，向群臣传达了一个信息。那就是："一切事情，没有变成现实之前，君就是君，而臣就是臣。"当皇帝的要有当皇帝的体统，而做臣子的也要有做臣子的礼数。你司马氏就是再牛，即使我曹魏的大权现在在你手里掌握。但是，请别忘了，你就是我们曹家的臣子，你现在做的明显是违背了一个臣子应该干的事情，这是明显的违背道义，这就是大逆不道！

大家想想，曹髦的做法是何等聪明，把司马氏放在了天道的对立面！

第二，拉近与群臣的关系。在没有登基之前，曹髦仅仅是一个乡公，是一个外来户。虽说现在收到诏命可以当皇帝了，但是这个皇帝的水分到底有多大，曹髦心里是有数的。所以他必须在一开始就给大家留下一个良好的印象，充分展现自己尊儒尊孔的形象。

大家别忘了，东汉王朝是推行“儒学天下”，儒学是第一大典，整个官场、士族大家、经学世家，所尊崇的无一例外都是孔孟之道、儒学文化。此刻，整个官场被大家士族和经学世家所牢牢把控着，上品无寒门的局势已经初显。因此，作为未来皇帝的曹髦必须要把自己装扮成一个标准的儒家传人，只有这样，才能和士大夫阶层拉近关系，得到大家的认可与支持。虽说现在曹魏的官场已经不是曹家在当权了，但至少受到别人的喜欢总还是好事。而曹髦的这番苦心也确实是收到了应有的效果，百僚陪位者欣欣焉！

不仅如此，从另一个角度来说，曹髦也给群臣们传递了另一个信息，那就是：各位，虽然现在的曹氏天下已经被司马氏控制了，但是天下依旧是曹家的天下，你们的俸禄还是得由我发。你们摸摸自己的良心，我对你们这么好，你们真的还好意思难为我吗？

所以说，曹髦早慧，不同凡人。

第三，在群臣的思想中种下一个斗争的种子。儒家思想最重要的一条就是：忠君。而司马氏如今所做的事却是身为臣子却想要掌控天子，这明显是与礼教不符的。大家都是孔孟的弟子，是学《论语》出来的，士大夫阶层自然对司马氏的行为存在非议，只是敢怒不敢言而已。

如今曹髦在群臣面前，表现得温文尔雅，符合礼仪道德，尊儒尊孔，势必会唤醒文武百官心中的礼义廉耻。毋庸置疑，这样做确实是取得了非常明显的效果。

如《魏氏春秋》中记载：

景王私曰：“上何如主也？”钟会对曰：“才同陈思（陈思王曹植），武类太祖。”

与司马氏的第一战，曹髦可谓完胜。这一番行动完全是按照当时最正规的礼仪来的，没有半点逾越之嫌。司马氏即便是想挑错，也寻不到任何纰漏，更是找不到一点儿负面的证据。而在效果上，尤其是在群臣的思想方面，曹髦无疑取得了巨大的胜利。正如“若如卿言，社稷之福也”这句话所说的一样，司马氏已经发现自己找错了人，却也只有无奈后悔的份儿。

第二战，发生在曹髦的登基发言上。对于一个傀儡皇帝来说，曹髦的登基发言原本是可有可无的，不过是一个仪式罢了。说到底，也就是简单地走走过场，不能当真。然而没想到的是，曹髦不仅当真了，而且还做了非常认真的准备，可谓精彩到了极致。

曹髦是这样说的："昔三祖神武圣德……以眇眇之身，讬于王公之上……惧不能嗣守祖宗之大训，恢中兴之弘业……今群公卿士股肱股之辅，四方征镇宣力之佐，皆积德累功，忠勤帝室；庶凭先祖先父有德之臣，左右小子，用保乂皇家，俾朕蒙闇，垂拱而治。盖闻人君之道，德厚侔天帝，润泽施四海，先之以慈爱，示之以好恶，然后教化行于上，兆民听于下。朕虽不德，昧于大道，思与宇内共臻兹路。书不云乎：'安民则惠，黎民怀之。'"

咱们把这登基诏书中所有的废话先删除掉，曹髦通篇发言实际上讲了四个方面。

第一，我曹髦知道做天子应该干什么！同时，他还提到了自己的理想：嗣守祖宗之大训，恢中兴之弘业。

第二，现在的天下离不开各位公卿、文武百官的倾力辅佐。但是重点来了：积德累功，忠勤帝室。换句话说，也就是我这个当皇帝的要提醒诸位大臣，千万别忘了你们的功勋和爵位是我们老曹家给的，所以你们必须得报效我们曹家！

第三，表明了自己的执政思路。"人君之道，德厚侔天地，润泽施四海，先之以慈爱，示之以好恶，然后教化行于上，兆民听于下。"

第四，曹髦向群臣们抛出了橄榄枝。"昧于大道，思与宇内共臻兹路。"他希望能够得到有识之士的辅佐，尤其是怀有"安民则惠，黎民怀之"志向的人，希望大家能够联合起来，一同为曹魏政权做些实事。

曹髦的演讲当真是棒极了，既有情怀，又有风骨。而且因为符合体统，规范有序，司马氏只能是眼睁睁地看着，却说不出来半个不字。因为历朝历代的皇帝都是这样子过来的，登基时发表一个就职感言，让朝臣们更好地了解自己接下来的工作思路，这也是无可厚非的。曹髦在有限的空间内，已经把针对司马氏的计谋布置下来了，只等着对方能够有所反应。

不过曹髦也知道，接下来的事情可不是那么简单了，绝对不是就单凭几句口号就能完事的，而是需要踏踏实实地干实事。只是如今在司马氏掌权期间，他只是个摆设。不行，还得想办法活动起来，给对方猝不及防来一套漂亮的组合拳才行。打定主意，曹髦便开始了一系列的行动。而这一次，他又是分成几步实施的。

第一，减乘舆（车）服御、后宫用度，及罢尚方御府百工技巧靡丽无益之物（花俏无用之物）。

曹髦把自己的发力点放在了对宫廷和官府的整治上面，选择点是道德，“静以修身，俭以养德”标准的礼制，任何人任何时候都必须要遵循。谁违背谁就是不忠不孝之人，既然军政大权不让我用，那我就削减皇帝的车马、服装，以此来减轻老百姓的苛捐杂税，让他们没有沉重的负担。办公场所把这些华丽的装饰去掉，这都是劳民伤财的东西，你司马氏即便是再厉害，敢反对吗？

通过这一条，曹髦实际上达到了三个目的。

一、我是皇帝，我就得发号施令！不是你司马氏让我发，我才发。而是我曹髦想说，我就说！不得不说，曹髦这个点掌握得棒极了，把司马氏放在了两难之间。如果反对，那司马氏就成了天下人的敌人。可如果不反对，这曹髦可就不再只是一个出不了宫门的废物皇帝，一个单纯的提线傀儡了。

曹髦此举，不仅发出了自己的声音，而且走进了千家万户，走进了普通百姓的心里，堵住了那些看笑话的人的嘴。

二、给那些始终保持中立的臣子和曹氏旧臣以希望。自从司马氏掌权，朝廷已经变成了司马家族的私人朝廷。曹氏说是皇帝，实则却早已名存实亡。曹氏旧臣看不到希望，然而又由于不想放弃心中的那份忠义，而犹豫徘徊。还有那些不愿意依附于司马氏的人士，仍在等待观望。曹髦的这个命令一出来，一切都在悄然变迁。

因为这个命令司马氏不敢说是自己发出的，哪有一个臣子敢去公然削减皇帝用度的，如果他这么做，那就是公开跟天下人说，我司马氏想要谋反。司马氏即便再有野心，也绝对不会干这种傻事的。

三、新朝要有新气象，曹髦通过这种方式拉拢阁老重臣。如徐邈、胡质、王昶、王基等以礼治家的士族，还有争取中间派势力。

第二，正元元年冬十月，遣侍中持节（皇帝符节）分走四方，观风俗，劳士民，察（暗查）冤枉失职者。

当第一件事重重地敲击了人心，得到大家的支持后，曹髦开始推出第二件事，那就是派底下人作为天子代表查看各地的工作落实情况。任何工作都不能只有安排没有落实，对执行力的监督是一件工作落实的最好方法，同时也是弘扬天子恩德的最好方法。

而这件事无疑再一次成为紧紧绑缚司马家族的绳索，让曹髦作为皇帝的权威，在官场中得到了落实，在司马家族专权的基础上撕开了一个口子，让曹氏的命令得到了落实。

第三，命有司论废立定策（推举皇帝）之功，封爵、赠邑、进位（升官）、班赐各有差。

都说司马家族专权，换句话说，就是掌控着曹魏政权的人事任免权。那么好，我曹髦就干脆借力打力。在给司马氏加官晋爵的同时，玩了一把人事任免，对在自己登基过程中表现优异的人员进行论功行赏。

曹髦的登基按理是司马氏一手操作的，参与的人员呢，也都是司马氏选定的。换句话说，这些人也都是司马氏的亲信随从。现在皇上要给他们加官晋爵，司马氏当然不敢有所反对。因为如果一旦反对，得罪的可就不只是一个曹髦，而是满朝文武，形成的局面便是“跟着你司马氏干，你不给我升官就算了。现在人家皇上要给我升官，你还要拼命拦着？你是啥意思啊？”

但是如果司马氏不反对，曹髦的目的就达到了。你司马氏不是很厉害，可以一手遮天吗？你看，我是皇帝，我想要发号施令，你不敢拦着了吧。人事任免还是我这个做皇上的说了算，跟我干事业的，一样可以加官晋爵，一样能得到好处。

怎么样，曹髦虽然只是个十四岁的少年，这手段很厉害吧。通过这一系列的举措，在世人的眼中，曹髦的政治手段，可是逼得司马氏节节败退。从此，天子掌权的信号越来越明显，给了中立派和曹氏旧臣更强的信心。果然，时隔不久，曹氏老臣开始遥相呼应，进行了令司马氏倍感头痛的谋反活动。

司马昭掌权后，作为一个强硬派，给曹髦的行动增加了不少难度。但是与此相应的，曹髦的触角开始逐渐向军中发展，而前期布局的在朝堂和儒家士族中寻找合作伙伴的行为也依旧没有停止。也就是说，此刻的曹髦，已经真正能够做到两手都要抓，两手都要硬。

公元 256 年 8 月和 11 月，曹髦连续两次下达抚恤战场将士的命令。也正是因为这件事，让曹髦的圣上恩德，在全体将士的心中，留下了深深的好感。

到此时，登基整整两年时间的曹髦，已经通过自己的努力成了一个勤政爱民、政治手段老辣、心系百姓疾苦的好皇帝。在与司马家族的战斗中，他已然从原来的傀儡，成了一个能够染指朝政、军政的执政人。在登基之初的诺言得以实现，他让所有的士大夫明白了一件事，他曹髦绝不是一个任人宰割的软蛋。

在完成这些初步布局后，曹髦并没有沾沾自喜，而是继续深耕自己的事业，继续扩大战果，试图争取更多的联盟力量。用现代一句极为流行的话来说，就是团结一切可以团结的力量，形成对抗司马家族的联盟。并且他还通过充分利用两次机会，实现了三个目的。

机会之一：少康之辩

《魏氏春秋》曰：二月丙辰，帝（曹髦）宴群臣于规范太极东堂，与侍中荀颛、尚书崔赞、袁亮、钟毓，给事中中书令虞松等并讲述礼典，遂言帝王优劣之差。

机会之二：太学问儒

在《三国志》中，陈寿也曾有过相关的段落描述，讲了曹髦龙驾太学，与儒生攀谈的事情。

这两件事是曹髦开始组建夺回政权班底的关键一局，表面上虽说是跟臣子、儒生等人就学术问题进行讨论。然而实际上，其目的却是通过辩论，识别拉拢可以联盟的人员。

而事实上，曹髦的苦心也确实是获得了回报，他不仅以睿智赢得了士人的赞许，同时还将荀颛、崔赞、袁亮、钟毓、给事中中书令虞松等人进行了排队，区分阵营，列出了可以直接拉拢的，如荀颛、崔赞；还需要做工作才能拉拢的，如袁亮、钟毓；死对头或者无法撼动的人，如虞松。为他后期展开夺取权力之路，奠定了良好的基础。

太学问儒，目的则更为明确，看似随意探讨的三个问题：八卦问题、知人善任问题和以德化民，实际上却是针对朝廷言官的一次集中整治。八卦问题目的是以周文王的八卦开始，逼迫言官表态，连续反问，将在场言官全部禁言，只能打哈哈蒙混过关。说些什么：古义弘深，圣问奥远，非臣所能详尽的话。用白话文解释说就是皇帝您问的这些问题，实在是太深奥了，我们才疏学浅，实在是回答不了。

睿智的曹髦，目的就是让士人知道什么时候该说什么话，而不是在朝堂上瞎起哄。如果再乱说话，就会跟今天一样，让所有的言官为自己的孤陋寡闻而汗颜，让世人知道言官都是一群啥也不知道的酒囊饭袋，都是沽名钓誉之辈。无疑，这种做法对言官和士人来说，是最大的侮辱。

第二个问题是在第一个问题的基础上继续延伸，探讨尧舜用人和道德问题。目的是将言官逼进死胡同里，虽然《三国志》中仅仅记载了博士庾峻的对论，但是却代表了当时士人的最高水平。被曹髦采用“用你的矛，来刺你的盾”的策略，将博士庾峻逼进死胡同，当众表态“非臣愚见所能逮及”。通过这个辩论的目的是让士人和言官明白，现在你们倾力辅佐的司马家族祸乱天下，这是倒行逆施，违背礼制，不符合天道。你们给自己找的借口，在堂堂大义面前，都是站不住脚的。如果你们真的够聪明，那就回头是岸，为我曹氏效劳。

而第三个问题则是第二个问题的延续，太上立德，其次报施，主要对付的是博士马照。这个问题不仅让礼制在士人的心中更加明确，同时还强调了一个正统的问题，效果非常明显。《魏氏春秋》记载：每有集会，望辄奔驰而至。这些士人和儒家学者，经过曹髦这么一折腾，以后行动都风风火火，再也没有以往懒散的现象出现。

这两件事完成后，曹髦在朝堂中的发言权又获得了极大的提升。与此同时，他也有了无比忠贞的追随者和拥戴者，在司马氏的眼皮子底下堂而皇之地建立起自己的班底。曹髦通过这些方式，让各路忠臣聚拢在了自己的身边。

在此之后的两年内，由于司马昭害怕曹髦给自己捅娄子，加大了管理力度。所以曹髦到底干了什么，已经不得而知。但是相信，像他这样一个有雄心壮志的人，绝对不会因此就放弃自己的计划，而是会时时处处寻找机会，冲破藩篱。

然而，司马家族的势力着实是太过于强大，曹髦想来想去，都没有新的突破。眼见得司马昭的篡位野心一日大过一日，甚至联合文武百官在朝堂上施压逼迫自己对其加九锡，封为丞相和晋公，真是过分至极！

然而，曹髦虽怀恨在心，却又因为害怕司马昭手中的权势，而不敢公开得罪。于是便将满心的愤懑化作了文字，写了一首题为《潜龙诗》的诗歌，以发泄心中的不满。

曹髦在诗中写道：

伤哉龙受困，不能跃深渊。上不飞天汉，下不见于田。

播居于井底，鳅鳝舞其前。藏牙伏爪甲，嗟我亦同然。

当然，像曹髦那么有学问的一个人，也绝对不会无来由地乱写。这首诗里面实际上是暗藏了一个典故。据说汉朝的时候，某地的井里曾经出现过一条潜龙。这条龙因为被困在井里，上不着天，下不着地，着实难受。后来不知道被什么人知道了，就报告给了当时的天子。明眼人都知道，曹髦他实际上是将自己比喻成这条龙，暗自嗟叹这悲凉凄楚的命运。

曹髦写完后便把题诗的绢帕放到了一旁，后来不知怎的竟落到了权臣贾充的手里。贾充是司马昭的心腹，见到此诗，便明白了曹髦的心思，连忙向司马昭禀报。

司马昭看到此诗，再听贾充从旁解释，不禁当场勃然大怒。好小子，竟然敢把我比作泥鳅黄鳝，难不成是想做第二个曹芳吗？于是，当即怒不可遏地提着宝剑冲上宫殿，当着文武百官的面厉声大骂曹髦，并公然威胁道：

“你曹髦是不是想做第二个曹芳？”

曹髦见司马昭竟然当众跟自己撕破了脸，便再也按捺不住心中的怒火，当即便决定同他争个鱼死网破。

第三十章　曹髦最后血性

曹髦因为司马昭跟自己撕破了脸，心中甚是气愤，彻夜未眠。他最终还是决定不能妥协，即便是拼上一死，也要跟司马昭决一高下。

次日凌晨，曹髦再也按捺不住心中的悸动，便命舍人把宫中的护卫焦伯叫来，令其即刻召集护宫的亲兵、役使的工匠、伺候的太监，一起出发前去讨伐司马昭。

焦伯得到皇上的授命后，即刻开始准备。不大一会儿，就召集了三百多人，前呼后拥地簇拥着皇帝向宫外行去。人群正中，曹髦乘坐龙凤车，头戴冕旒，身穿金色铠甲，手持宝剑，很是威风凛凛。随着他猛地一挥宝剑，高声发出“出发”的号令，人们浩浩荡荡地向前走去。

此刻，尚书王经、侍中王沈和散骑常侍王业听到属下汇报此事，心中焦急，匆匆赶来一看究竟。见此情形，连忙跪倒在曹髦的车前，苦苦劝说道：

“皇上，您千万不要冲动。您要知道，古时候鲁昭公因为不能忍受季氏的专权，讨伐失败后出走，结果却让对方趁机犯上作乱，反倒丢掉了国家，被天下之人耻笑。如今权柄掌握在司马氏之手已经很久了，朝廷内以及四方之臣都为他效命而不顾逆顺之理，这也不是一天了。而且宫中警卫空缺，兵力十分弱小，陛下您又凭什么获胜？不过是以卵击石罢了。而您一旦这么做，不是想要除去疾病却反而使病更加厉害了吗？祸患恐怕难以预测，应该重新加以详细研究。”

曹髦听王经等人这般言说，不禁双眉紧锁。他从怀中掏出了早已写好的黄素诏书扔到了地上，怒气冲冲地说：“司马昭谋权篡位的想法，现在即便是普通百姓也是知晓的！朕之前已经受了他那么多的气，如今绝对不能再坐以待毙！此刻箭在弦上，你等就不必再行阻拦了。再说为正义而战，就算是死了又有什么关系，何况还不一定会死呢！”

话音落下，曹髦令人将王经等人扶到了路旁，自己则带着大队人马出宫门而去。

王沈和王业见状心知不好，便掉头向大将军府的方向跑去，欲要将这件事提前告知司马昭，也好早点有所准备。唯有王经见皇上决意硬拼，自己苦劝不住，暗自流泪，紧紧跟在车子后面，直往龙门而去。

刚出龙门，前面突然出现了数千名铁甲禁军。当头三骑马上，中间之人是中护军贾充，左右两侧分别是太子舍人成济和骑督成倅兄弟二人。

曹髦一看对方来者不善，心知定是司马昭提前有所安排，派他故意来挡自己的去路。于是便将宝剑竖起，用剑尖点指着贾充等人，大声地说道：“朕乃天子，看今日何人敢挡我的去路？”

禁军听了，全都停下了脚步。是啊，这可是君权社会，哪个敢犯上作乱，跟皇上作对啊？贾充见众人不敢动，唇边遂泛起一丝冷笑，转头对坐在自己左侧的成济说道：

“成济，你瞧瞧你手下的这帮人，一个个的都是些酒囊饭袋。大将军平日里养你们做什么？为什么还不动手？”

成济一听贾充说这话，连忙露出了为难的神情，说道：“贾大人，这犯上作乱，可是要砍头的大罪啊。”

贾充故意一瞪眼睛，说道：“砍头？谁敢？他曹髦不过就是大将军手中的傀儡玩偶罢了，还不是大将军说怎的就是怎的？你若是杀了他，我自会在大将军面前帮你美言，加官晋爵，自不必说。否则……哼哼……”

成济别看长得五大三粗、浓眉大眼，却天生没有脑子。他一听这话，顿时来了精神，猛然向前一挺枪，说道：“行，那要活的还是要死的？”

贾充冷冷地瞪着面前的曹髦，大声说道：“大将军有令，不要活的！”

成济像是被打了一针鸡血，先向贾充点了点头，随即便纵马向曹髦冲了过去。

曹髦见状，用宝剑指着成济，吼道："贼子！你敢怎样？"

然而，话音还未落，便被成济一枪刺中，当场绝气身亡。可怜一代天子，就这样一声都不吭，便魂归九天了。

焦伯一见曹髦身死，勃然大怒，一抖枪尖来战成济。谁知道，他亦不是对方的对手，战不了数合，也被对方刺死。三百多人见主将瞬间身亡，惨叫一声，四散而逃。然而，还没来得及逃出多远，便也被一拥而上的禁军杀死。

高贵乡公曹髦死后，司马昭立刻控制了皇宫，当机立断做了两件事：第一件，国不可一日无君，经过一番短暂挑选，他决定扶持燕王曹宇的儿子曹奂登基做皇帝。第二件，便是将那位忠于曹髦的大臣王经立刻处死，给出的理由非常简单，知情不报。

据说，王经被绑后，其家人也被拘捕，交付廷尉处置。王经见母亲被抓来，跪地大哭，向母亲磕头谢罪道：

"娘，我不听您的教诲，以致落到今日的下场。是我连累了您老人家，实在对不起娘啊！"

谁料，深明大义的王母听到儿子这么说，脸色丝毫没有变化，反而笑着安慰王经道：

"经儿，人固有一死，只怕不能死得其所。你如今为忠义而死，娘以儿为荣。此事如此办理甚好，黄泉路上，咱们娘俩儿也可以结伴而行。"

王经听母亲这么说，连忙擦干了眼泪，站起身来，像平常一样陪母亲又聊起了家常。到被诛杀之时，他母子二人含笑受刑。此事震动全城，士族无人不唏嘘落泪。

王经在临死之际，有两位大臣分别到曹髦丧葬处大哭，要求司马昭处死凶手。因为成济是在司马昭亲信贾充的指使下杀死曹髦的，故而，那两位哭诉的大臣也同样要求司马昭坚决处死贾充。然而由于司马昭当时对贾充非常倚重，他当然不会对自己的亲信动手。为了尽快抹平事端，成济遂成了替罪羊。

且说那两位哭诉的大臣不是别人，正是当朝太傅司马孚和尚书右仆射陈泰。这二人都是曹魏后期的重臣，其中陈泰还曾率兵多次抵御蜀汉的入侵，为曹魏的开疆拓土立下汗马功劳。

陈泰字玄伯，是汉末尚书令荀彧的外孙，曹魏司空陈群的儿子，素来以明敏干练、严肃正派而闻名于世。司马昭自幼与陈泰交好，某次曾向陈泰的另一名知己武陔询问陈群父子的区别。武陔回答说陈群通达儒雅、渊博练畅，在以天下教化为己任方面胜过儿子；陈泰严明纲纪、简捷精干，在为国家征战建功方面则胜于其父。司马昭听后频频点头，对武陔的说法非常赞同。

陈泰起初担任散骑侍郎，后在父亲陈群去世后，袭封颍阴侯的爵位，但一直得不到重用。直到正始初年，才不过做到游击将军的职位。

这游击将军属于杂号将军，为四品武官，隶属中领军，与骁骑将军分掌宿卫之任，不过是个中级将领。

数年后，陈泰出任持节、护匈奴中郎将，领并州刺史，并加号振威将军，主管并州的军、政、法等事务，负责监视匈奴各部落。

陈泰在任期间恩威并施，将匈奴各部落管理得服服帖帖，以此深得朝廷嘉奖。不仅如此，面对京城权贵的馈赠、请托，陈泰一概封存，在回京时又全部退还，为官之清廉可媲美其父陈群。

后陈泰得到曹氏的提拔，重新回到朝堂为官。然而，却因为无意间做错了事情，而心灰意懒。为离开朝堂这个是非之地，他自请外调，结果被任命为雍州刺史，协助名将郭淮对蜀汉作战。他在雍凉战场驻守七年，连番设奇用险，多次击败蜀军的入侵。郭淮去世后，陈泰继任征西将军之职，假节督雍凉二州的军事，成为曹魏在西北地区最高的军事长官。

司马昭执政后，陈泰回朝担任尚书右仆射，负责官员的选举、任命工作，曾经两次参与对吴作战事宜，并因功增加食邑，子弟一人被封为亭侯、两人为关内侯，荣耀无比。

陈泰虽然自幼便跟司马昭是好友，但他也是曹魏的忠臣，向来对司马昭揽权专政、削弱皇室的行为极不认同，渐渐地二人在心理上拉开了距离，隔阂日渐加深。最终因为曹髦遇害，彻底绝交。

曹髦死后，陈泰与太傅司马孚听到此消息后，立刻匆匆进宫。一见到皇上的尸体，便大哭不止，这样的做法无疑是让随后赶来的司马昭倍感尴尬。

司马昭一见自己的叔叔跟发小竟然如此拆台，心中极为不爽，但又不能公然发作，只能命人召集大臣们前来商议，怎样才能给天下人一个交代。

这司马昭原本就是戏精，这次又因为曹髦身死，心里多少存有一些愧疚之感。因此大臣们一到，他便扑倒在地，流着眼泪表达着对误伤曹髦的震惊和忏悔，要群臣立刻拿出个办法，解决此事。然而由于事发突然，谁都没有想好对策，故此并无人说话。

眼见得冷场，司马昭无奈之下只得将陈泰召到了一旁，问他说：“现在出了这档子事儿，天下人会怎么看我啊？”

陈泰明白，司马昭这次是有点穷途末路了。如果处理得好的话，这件事应该很快便过去。但如果处理得不好，这件事便会成为导火线，越演越烈，最后直接把司马氏逼入万劫不复的深渊。

经过思考，陈泰说：“现在这件事，只有杀了贾充，才能堵住天下人的悠悠之口。”

司马昭先是微微一愣，随即摇了摇头，说道：“这不行，贾充绝对不能杀。你再想想，还有没有别的法子。”

陈泰一摊手，说道：“只有比这上一等的，没有比这下一等的办法。”

司马昭明白，陈泰所说的上一等，指的就是他自己。可司马昭还是不肯杀贾充，贾充是执行他的命令才这么干的。如果杀了贾充，再有这样的事情，还有谁肯为他卖命呢？

司马昭想来想去，就是想不出个好的法子。他无意中侧过头，看到身旁站着的欲向自己邀赏的成济，马上便有了法子。既然贾充不能杀，那他就干脆让成济和成倅做替罪羊吧。于是打定主意，派人将成氏兄弟就地处死，并以“大逆不道”罪诛灭三族。成济、成倅兄弟不服，赤身爬到屋顶上，高声叫骂不停。派去的兵将怕他俩再喊出不中听的话来，就乱箭把他俩射死了。

随后，司马昭又分别奖赏贾充为安阳乡侯，王沈为安平候，此事才算告一段落。

就这样，不愿受到屈辱的曹髦以这般壮烈的方式结束了自己的生命，为捍卫曹氏的利益洒尽了最后一滴血。

次日，司马孚以太傅的身份，和大将军司马昭一同领衔百官，上了一道奏章给太后，说：

“高贵乡公肆行不轨，几危社稷，自取倾覆，人神所绝，葬以民礼，诚当旧典。然……臣等之心实有不忍，以为可加恩以王礼葬之。”

司马氏当政时成书的《三国志》，于曹髦之死只有十二个字，“五月乙丑，高贵乡公卒，年二十”。

而那三百名随曹髦慨然赴死的侍从，则姓名不知、尸骨无存。

公元 260 年 6 月 4 日，一列稀稀落落的送葬队伍，不设旌旗（导引灵柩的魂幡），将曹髦下葬于洛阳西北三十里的瀍涧旁，随葬了几辆陋车充作王礼。

百姓聚集送葬，掩面而泣，悲不自胜。

第三十一章　叔达不夷不惠

咱们上文说了，高贵乡公曹髦去世以后，一共有两位朝中重臣公然向司马昭发难，要求他杀了贾充，还天下人以公道。其中的一位是司马昭的发小陈泰，而另一位则是他的叔叔司马孚。先前咱们已经介绍过陈泰的生平，下面再一起来看看司马孚。

司马孚，字叔达，河内郡县（今河南温县西）人。作为司马八达之一，他秉性温良谦让，生平以贞白自立，从不与人结怨，是一位令世人敬重的道德君子。不仅如此，司马孚自幼还极为好学，博涉经史，向来都是手不释卷。即便是在逃难期间，仍不忘刻苦自学。因此，在司马家的同辈兄弟中，除了二哥位高权重以外，就属他有出息了。不过跟二哥的做法不同，司马孚自始至终都以曹魏的忠臣自居，在忠心方面远胜过其兄。

魏武帝执政后，因司马孚才学品德俱佳，便让他侍奉自己的爱子、平原侯曹植，担任侯府的文学掾，负责教导工作。

大家都知道，曹植颇有才学，一般人根本进不了他的眼睛。司马孚能被曹植选为文学掾，可见司马孚才华亦是不弱。

然而，曹植这个人虽有才情，却因为生性放荡不羁、恃才傲物，经常会做出一些不合礼制规则之事。每每这时，司马孚便会从旁苦谏，希望他能有所收敛，莫要因小失大。

曹植起初对司马孚的做法置若罔闻，日子一久，随着不断接触，他对司马孚的为人和才情亦是敬佩不已。又见司马孚态度诚恳，字字句句都在设身处地地为自己着想，于是便也收敛起言行锋芒。

正所谓江山易改本性难移，曹植生性如此，即便是再努力，也有掩饰不住的一天。所以，最终，他还是输给了大哥魏文帝。之前全部的努力，都化为了《七步诗》中的徒劳嗟叹。

曹植出事之后，司马孚升任太子中庶子，转而侍奉魏文帝，依旧负责教导工作。在这里，有一件事不得不提，那就是他跟郭照之间的关系。

郭照是司马家二夫人张春华的义妹，后来嫁给了魏文帝为妻。她生得聪慧美貌，雍容大气，对爱情坚定而有主见。因为对魏文帝一见钟情，所以宁肯不要名分，也要去辅佐对方，非常令人感动。而在与魏文帝成亲后，她也确实是尽可能地做到了最好。虽身陷后宫的争斗，却并没有选择谋害甄宓博取上位，反而多次用包容保护了对方。不仅如此，在甄宓死后，她还代替对方抚养孩子，绝对可以算得上是中华好养母。

都说一家女百家求，更何况还是像郭照如此优秀的女子，更是引来追求者无数。其中，司马孚便是一位。他年轻时，因在哥哥的府中见过郭照，对她一见钟情。故此，想方设法要娶对方为妻。但是人算不如天算，偏偏这个时候杀出来个魏文帝。司马孚虽然也是世家公子，但是论其魅力，肯定是不能与人家王孙贵胄相比。所以，他只能眼睁睁地看着自己的心上人跟别人拜堂，自己却只能落寞地在寂静处疗伤。虽说不能结为夫妻，但司马孚却仍是痴心地想要护对方以周全。于是，就这样，他成了魏文帝的文学掾，好能够有机会跟郭照接近，也好了解对方的近况，为其排忧解难。不过，好在司马孚并不是死心眼，后来不仅娶了亲，还生了好多儿子，也算是成功地为司马家开枝散叶了。

不过话说回来，大家都知道，古代臣子跟主子，实际上也是跟押宝一样，是极具风险的一件事。司马孚在魏文帝的手下做事，看似是为情所起，但实际上却也是一次政治冒险，是他在政治上炉火纯青的表现，这说明司马孚已经洞悉了曹魏未来的政治格局。事实证明，司马孚押宝成功，魏文帝顺利接管了其父亲以前的势力。

在魏武帝和魏文帝办理政权交接时，司马孚远在邺城当官。在知道这件事后，他力劝群臣奉魏文帝继位，以此稳定政治形势。

魏武帝去世后，魏文帝因过于伤心号啕大哭，不能自持。司马孚劝谏他一定要为了天下，立即继承丞相、魏王之位，为安定曹魏局势做出了杰出的贡献。

后来，司马兄弟因为在拥立魏文帝的过程中立有大功，所以更加得到后者的器重。魏文帝代汉称帝后，司马孚历任中书郎、给事常侍、黄门侍郎等职务，并加骑都尉，在任人选官上纠正了魏文帝任人唯亲的做法。在军事上坚决反对讨伐东吴，主张休养生息，以图后举。他曾一度被外放为河内典农、清河太守，积累了丰富的地方施政经验。

魏文帝即位之初，多用亲近之人担任侍中、常侍等官，导致朝廷内外议论纷纷，司马孚对此及时劝谏，才让魏文帝更改人选，以做到选拔的公平。

魏明帝即位后，司马孚又被提拔为度支尚书，掌管国家财政，备受明帝信任，与其兄共为曹魏的支柱。

司马孚曾遣冀州农夫屯田于上邽，秋冬练习战阵，春夏从事田桑，以备兵御蜀。可以说这个时候的司马孚是纯真的曹魏忠臣，因为他见证了东汉百姓由流离失所而渐渐安居乐业，曹魏则由弱变强，故此，这也使得司马孚极具使命感，特别是和魏文帝休戚与共的君臣关系，令他将曹魏的大业放在最前面，从没有像其兄一样有过杂念。司马孚在面对司马家和曹魏宗室间的权力斗争时往往都是恪守己身，保持清白。

然而即便如此，因为其兄的关系，司马孚仍逃不开被猜忌的命运。

魏明帝生前曾问左右：“司马孚是个什么样的人？”左右回答：“跟他的兄长很像。”

可以说，司马孚在为人行事方面确实酷似其兄，同样是个有心计有权术的人。但是他对曹魏绝对可以算得上是忠心耿耿，苍天可鉴了。

但作为司马家族的一员，无论司马孚本身怎么想，他总还是要为家族的兴旺做出一点贡献的。明帝驾崩后，朝廷被曹氏掌权，司马兄弟一度遭到严重排挤。为了避免惹祸上身，司马孚只能跟随兄长一起采用从旁避祸的方法来保护自己。而这个时候，究竟是该选择忠君还是忠家，也成了困扰他的一个难题。司马孚就这样，在不知不觉中成了一个矛盾体。

没错，他是忠君爱国，但也不想以自己的十个儿子乃至整个司马家族殉葬曹魏政权作为代价。于是在兄长的不断拉拢之下，他的情感天平逐渐地偏移到了家人这一方，于是便也参与了那场突如其来的惊天兵变当中。与其兄共同屯军，诛杀曹氏悍臣，将曹魏政权牢牢地控制在司马家的手中。

虽然司马孚选择了忠于自己的家族，但其初心却也是为了剪灭祸乱朝政的根源，而非谋权。所以，亦可以算作事出有因，情有可原。

此后司马孚继续为曹魏效力，他虽然在朝中主要担任文职官员，但也曾数次统军作战，并表现出了卓绝的军事素养。

嘉平五年，司马孚领魏军二十万击退东吴的二十万伐魏之兵。正元二年，司马孚镇守关中，迫使蜀汉退兵，在曹魏最重要的西线、南线成为中流砥柱。

就打仗用兵而论，司马孚虽然比不上其兄那样变幻莫测、用兵如神，却也称得上是一位良将。

司马家掌权后，司马孚因自己的特殊地位，在司马氏父子三人执政期间，屡次获得提升。历任侍中、司空、太尉等朝中重要职务，最终官至太傅，获封长乐宫。虽然司马孚的官职越来越大，而且在司马家族中的地位极为重要，但自从其兄去世之后，司马孚觉得侄子们吃相实在太过难看。所以，再也没有参与过司马家进一步夺权、废立或是弑杀皇帝的阴谋，反而一向以曹魏忠臣自居，对两位侄儿的篡位阴谋唯恐避之不及。而司马昭兄弟虽然对叔叔的做法颇为不满，但因为他是长辈，故也只是敢怒而不敢言，只能任由司马孚随心所欲按照自己的节奏做事。

也正因为这样，曹髦去世，百官无人敢去奔丧，只有司马孚只身前往，将皇帝的尸首枕在自己的腿上失声痛哭："陛下被害，是臣的罪过啊。"不仅如此，他还上奏追究主凶，适逢又有太后命令以庶人之礼葬高贵乡公，司马孚便与群公上表，乞请以王礼安葬。

这里，司马孚之所以说曹髦的死是自己的罪过，主要是因为其子司马望。

司马望是司马孚的二儿子，年轻时被过继给了大伯司马朗。和他的父亲一样，司马望性格很是宽仁，从不以自己是司马家的人而自居。初入仕时，曾在郡里担任上计吏，被举荐为孝廉。后来被司徒征辟为掾属，历任平阳郡太守、洛阳典农中郎将等职。又因其随军征讨有功，被封为永安亭侯。后来又升任护军将军，改封为安乐乡侯，加职散骑常侍。

曹髦喜欢有才能的人，因此素来对司马望高看一眼，宠信有加。又因为他是外官，所以特别赐给追锋车一辆，配五位虎贲军。

当时因为司马昭兄弟相继辅政，把握大权，政事不问曹髦。司马望受到曹髦这般宠待，心中自然不踏实。于是便在父亲司马孚的建议下，请求外出任职。曹髦见实在拗不过司马望，只得勉为其难地答应了他的要求，封司马望出任征西将军，持节，都督雍凉二州诸军事。谁知司马望刚刚离开洛阳没有多久，便发生了血溅宫闱之事。故此，才有了司马孚的这般言说。

也正是因为司马孚如此尽心尽力地效忠曹魏，所以他才会在九十三岁高龄时，于临终之际留下自述遗令道：

“有魏贞士河内温县司马孚，字叔达，不伊不周，不夷不惠，立身行道，终始若一，当以素棺单椁，敛以时服。”

也就是说，司马孚一直到死都在说自己是曹魏的忠臣。虽然是司马氏的一员，但他永远都不会改变自己的政治立场。

司马孚遗言中的“不伊不周，不夷不惠”八个字，是他对自己一生的总结。

伊，指的是伊尹，是商朝宰相。伊尹开了中国历史上的一个先例，就是废立国君。伊尹流放了商王太甲，自封摄政。后来太甲改过，伊尹又把他迎了回去。周，指周朝的周公旦，周公辅成王，摄政监国，也是权臣。此处伊周并称，暗指司马家篡位的事情。

夷，指伯夷，是商朝末期隐士，商朝灭亡后，他谴责周武王以臣弑君，终身不食周粟，后来饿死在首阳山中。惠，指春秋时期的柳下惠。柳下惠不只是个坐怀不乱之人，他曾在鲁国出仕，但因为和君主意见不合被罢免。后来他成为春秋隐士，变得无欲无求，随遇而安。这里暗指一些在魏晋嬗代之际，激烈反抗司马氏篡位的人。有些人因反抗而身死，有些人因对政局失望，进而寄情山水，终身不仕晋朝，比如“竹林七贤”之中的嵇康、阮籍、刘伶等人。

司马孚在自己的临终遗言中，其实说的就是自己的一生。司马孚生于汉代，那是清议最盛、最注重名声的时代。士人激烈对抗外戚宦官，化身为天下正义之表。出身儒学的司马孚，自然也深受当时君臣大义、忠君为国的士人道德观的影响，他本人也是因为获得了良好的品评，温厚廉让、贞白自立，从而才声名鹊起，获得入仕的机会。他在兄长死后，本有资格成为执政者，却并没有因此而上位，反而将机会让给了侄子。他不会做权臣，时刻保持臣子的本分。哪怕只是为了维护自己的名声，也要这么做。

而所谓不夷不惠，是说自己身为司马家族的一员，是绝对不会像伯夷、柳下惠那般，以激烈的行为或无欲无求的放纵来对抗新朝的。

司马孚的大哥司马朗早亡，二哥又是那样的情况，此时的他已经是司马家族最长者了。身为司马家的一员，本身就有许多无可奈何。父辈小心两面下注，维持家族兴旺。现在换成自己，自然也得肩负起这振兴家族的使命。两个侄子都已经卷入残酷的权力斗争当中，如果他一味袖手旁观，侄子一旦出现问题，那么家族就有被灭族的风险，这是他作为一个家族长者所无法接受的。所以，就算司马孚学习伯夷、柳下惠，可哥哥、侄子做的已经是谋朝篡位的举动，身为家族重要成员的他，可能不被清算吗？覆巢之下焉有完卵。

所以，所谓不伊不周，不夷不惠，这八个字的意思便再浅显不过了。前半句说的是司马孚理想中的自己，后半句说的则是现实中的自己。理想和现实，毕竟是有差距的。

这也就是说，司马孚自己非常明白，无论自己怎么做，因为家族的原因，都是不可能洗白的。而他唯一能做的只有在那浑浊的乱世之中，保持一颗清醒的头脑，时刻提醒自己应该站在正确的立场上而已。

因此，在司马孚去世之后，他的墓碑上仅有寥寥数字“魏贞士河内温县司马孚”。

这就是真实历史中的司马孚以清白立身，即使后来西晋顺利篡魏，他依然终身事魏而不变节。但他同样也是一个矛盾体，既忠于曹魏，又帮助司马家族夺权。一边是忠义，一边是亲情，他亦是无法真正做到忠孝两全。

第三十二章　嵇康千古风流

作为我国一段非常重要的历史时期，曹魏可谓群星荟萃、名士云集。那时不仅有金戈铁马、驰骋征战的武将，腹有诗书、谋略过人的文臣，亦有举止潇洒、集才华与怪异于一身的名士。而其中最具有代表性的名士组合，便是“竹林七贤”。

提到“竹林七贤”，大家的眼前一定会出现这样一群人：枕青石，卧松岗，或酣醉，或抚琴，飘飘欲仙，放浪形骸。在曹魏时期，因他们乖张的言谈举止，或许会被其他士大夫视为异类。但实际上，千年之后，我们却看到了他们引领了一代风骨，代表了那个时代读书人的风度。

“竹林七贤”由七位成员组成，他们分别是：嵇康、阮籍、阮咸、山涛、王戎、刘伶和向秀。这七个人常集于竹林之下，肆意酣畅，故世谓“竹林七贤”。不仅如此，他们还几乎囊括了中国古代知识分子可以安身立命的所有选择，对我国的思想文化，甚至国人的心灵都产生了巨大的影响。而咱们常说的魏晋风度，就是指以“竹林七贤”为代表的魏晋时期名士们的生活方式。

可能有人会说，看样子，这七个人一定是不学无术的浪荡公子，考不上功名，所以才会破罐子破摔，过这样的日子吧。不，事实上，他们可都是各个领域的大家，在礼仪、书法、绘画、诗歌、玄学、经学、音律等方面均有较高的造诣。那么，问题来了，既然他们如此有才情，为什么不选择入仕出相，却偏偏要在这竹林里每天捧着酒坛子将自己喝得醉醺醺的呢？

这就与时代背景息息相关了，因为司马氏意图篡权，试图用强压的方式来让文人们信服，从而把控政治话语权。正所谓，哪里有压迫，哪里就有反抗。这样强硬的做法必然会使包括“竹林七贤”在内的一些文人心里很不舒服，然而文人都是讲究以和为贵的，他们虽然不愿意投靠司马家族，可也不敢直面斗争，所以只能用喝酒嗑药的方式消极对抗，表达自己心中的不满，嵇康便是其中的一位代表人物。

嵇康又名嵇叔夜，是涡阳嵇山人。作为“竹林七贤”之首，他不仅是当时最负盛名的哲学家、文学家，还是少有的音乐家。

大家都知道，魏晋是美男辈出的时代。嵇康，亦是一个标准的美男。

《世说新语·容止》曾说：嵇康身长七尺八寸，风姿特秀。如果按照这个数字来说的话，嵇康的身高至少在一米八以上。而关于外表，魏晋时代是很不喜欢对五官长相进行白描式的摹写或喻体式形容的，只是从通体气度上展现其美。嵇康是“潇潇肃肃，爽朗清举”。这是说嵇康举止很是潇洒，沉静得就像是白云缭绕的莲峰山上松树间发出的柔和的风声，徐徐而来，悠长高远。

就连好哥们山涛也不止一次对嵇康大加夸赞道：“嵇叔夜之为人也，岩岩若孤松之独立；其醉也，傀俄若玉山之将崩。”

翻译成现在的白话文就是说：“嵇康的为人像挺拔高耸的孤松，遗世而独立，傲然而脱俗；他的醉态，更是美得动人心魄，若伟岸的玉山欲倾而未倒。”

而且非常有趣的是，不仅山涛欣赏嵇康的容貌，就连他的夫人也同样是迷妹，经常要山涛留嵇康在家里过夜。为了能够跟偶像有近距离接触，她甚至还悄悄在墙上钻了个孔眼，就是为了看到偶像熟睡后的样子。

而《晋书》也对嵇康的外貌有着这样的描写：“（嵇康）美词气，有风仪，而土木形骸，不自藻饰，人以为龙章凤姿，天质自然。”换句话就是说，嵇康言辞、气质那都是百分百的，非常有风度仪容。而且从来都不加以粉饰雕琢，有龙凤之姿，气质天成。

如果大家觉得这样说还不够直接的话，有两个小故事则能够更加直接地表现嵇康的美。

据说有一次，嵇康去山里散步。因为没有太强的方向感，所以转着转着就迷路了。不过，他的心态也是相当好。既然迷路了，那就不妨好好地放松一下，感受一下大自然的独特之景吧。

就这样，嵇康走走停停，一路闲庭信步，不知不觉便到了黄昏时分。眼看天色已晚、日落西山，这才有些着急。

不过，他的命也确实是挺好的。正欲找人问路，迎面就来了个背着一捆柴的樵夫。嵇康见他过来，唇边不觉泛起笑容，快步走到樵夫的面前，刚要说话，对方却先是露出错愕的表情，随即纳头便拜。

嵇康见状，连忙伸出手将樵夫扶起，讶异地问道："小哥，你这是做什么？"

樵夫恭顺地说道："你长得这么英俊，一定是神仙吧？我能不能给老娘求个延年益寿的方子。"

嵇康一听樵夫说这话，瞬间露出了啼笑皆非的表情，道："我乃嵇康，虽不是什么神仙，但也多少懂得些药理，要不然就给你个方子吧。"

樵夫听后非常高兴，随即向嵇康连连道谢。

而另一个故事虽然不是直接说嵇康，却也能够从侧面可窥一斑了。

传说嵇康的儿子嵇绍是远近闻名的美男子，尤其是两条长腿很是出众，在同伴当中非常突出。

有一天，一个人对王戎说道："我昨天碰到嵇绍了，器宇轩昂得就像是野鹤立在鸡群里。"

王戎听到这话，笑着说道："嗯，你之所以这么说，是因为没见过嵇康啊。要是跟他相比，嵇绍可就一点儿都不出众了。"

怎么样，大家通过这两个故事，应该知道嵇康是怎样的一个集美貌与才华于一身的绝版帅哥了吧。而且他不仅是美男，更是少有的型男。

跟那些传统意义上手无缚鸡之力的读书人不一样，嵇康非常喜欢锻炼身体。而且他塑身的方式也是极为另类的，那就是：打铁。

《晋书》载：宅中有一柳树甚茂，乃激水圜之，每夏月，居其下，以锻。《世说新语》亦载：康方大树下锻，向子期为佐鼓排。康扬槌不辍，旁若无人。

每当嵇康赤裸着上身打铁的时候，他的好朋友，"竹林七贤"之一的向秀便会默默地在一旁拉风箱，助其打铁。嵇康将流水引入宅中，且环绕着宅中那棵茂盛的柳树。这一工程颇为不易，既需要气魄，更需要好的体力，绝不是一般的柔弱男子可以完成的。嵇康打铁，无论是因家贫而补给，还是纯属行为艺术、业余爱好，都不能否认的是，这项运动让他变得肌群发达、骨肉均匀，健康而充满活力，是标准的型男一枚。

嵇康不仅颜值高、体格好，而且还相当有才华。他擅长草书，会击剑、弹琴，常常头梳双髻，膝架瑶琴，目送归鸿，手挥五弦。

才貌双全的嵇康，即使是经常不梳洗打扮，但同样可以让万千少女倾倒，被她们视为理想中的伴侣。而在这无数追求者中，一位迷妹最终脱颖而出，成为他的妻子。她就是魏武帝的曾孙女——长乐亭主。

也正因为嵇康是魏武帝的曾孙女婿，在讲究门阀的魏晋时代，他虽是布衣出身，却还是当上了中散大夫。

向来淡泊名利、随遇而安的嵇康虽然不喜欢被朝中的那些条条框框所限制，但是为了满足妻子的心愿，他也只能咬牙忍耐着。然而，却没有一天真正地开心过。

后来，因不想卷入曹氏家族和司马家族的争斗旋涡中，嵇康辞去了中散大夫之职，带着家人毅然回到故乡，遁入嵇山那片葱茏的竹林中。

那段时间，应该是嵇康最幸福的时光。每日跟志同道合的朋友们在一起过着无忧无虑的生活，日子虽比先前清苦了些，但也确实再无苦恼可言，反而乐在其中。

“竹林七贤”中的其他成员家世背景也都不寻常。山涛的姑祖是司马家族的姻亲，阮籍是建安七子阮瑀的儿子，王戎出身于望族琅琊王氏，甚至其中大部分都还曾有过或大或小的官职。所以，他们虽然看上去放浪形骸，实际上却也都是些思想传统的士族子弟。但无一例外，他们都对司马氏的篡权行为很是反感，所以都心照不宣地使用这种隐晦的方式来进行对抗。

果然不久后，随着其中的核心成员山涛入仕当官，“竹林七贤”的成员们便发生了分歧。

山涛，字巨源，“竹林七贤”中年龄最大的一位，也是同嵇康友谊最深的。他自幼家境贫寒，但却勤奋好学，才华出众。由于与司马氏有亲戚关系，山涛在青年时期曾迁居洛阳。

《晋书》载：涛性好老庄，每隐身自晦。

虽好老庄，却入官场。山涛选择了入仕，参与朝政却又独善其身，很显然，是大隐。

山涛当官的时期正值司马氏取代曹魏政权以后，他明白，身为曹家姻亲的好兄弟嵇康的处境岌岌可危。所以出于保护，山涛从尚书吏部郎升任大将军从事中郎以后，马上就举荐嵇康续任自己原来的位置。因为这样，嵇康才会获得司马氏的信任，才有可能保得一家老小平安。

司马昭原本还有些犹豫，在山涛反复劝说下，方才决定给嵇康这个机会。山涛得到大将军确切的答复，马上便兴冲冲地给嵇康写了信，将这边的情况悉数告知，力邀他尽快来洛阳赴任。

然而，他没料到，嵇康非但不领情，还挥毫泼墨给自己写了一篇绝交书。作为读书人心中的大佬，这封书信很快便传遍了天下。不仅如此，还传颂了千年。大家可想而知，山涛看到这个结果，肯定瞬间便头晕，心里肯定是鲜血直滴。

咱们来读一读嵇康的这封绝交书，看看他到底是怎么绝情地把昔日的好兄弟给拒之门外的。

足下昔称吾于颍川，吾常谓之知言。然经怪此意尚未熟悉于足下，何从便得之也？前年从河东还，显宗、阿都说足下议以吾自代，事虽不行，知足下故不知也。

心里话：我曾经以为你懂我，原来你还是不懂我。

闲闻足下迁，惕然不喜，恐足下羞庖人之独割，引尸祝以自助，手荐鸾刀，漫之膻腥，故具为足下陈其可否。

心里话：听说你升官了，我感觉不大妙啊，厨师做饭，不好意思独自割肉杀生的，要拉个帮手，这事儿你自己干就好了，别让我也沾一身腥气啊，所以我专门写了绝交书提醒你。

少加孤露，母兄见骄，不涉经学。性复疏懒，筋驽肉缓，头面常一月十五日不洗，不大闷痒，不能沐也。每常小便而忍不起，令胞中略转乃起耳。又纵逸来久，情意傲散，简与礼相背，懒与慢相成，而为侪类见宽，不攻其过。

心里话：打小我爹就没了，我妈跟我哥可劲儿惯着我，惯得我性子懒散，我经常十天半个月不洗头不洗脸，憋得不行了才去小便。我对人也异常傲慢，朋友们也都惯着我，把我惯坏了。你懂的，我肯定适应不了官场的做派。

不可自见好章甫，强越人以文冕也；己嗜臭腐，养鸳雏以死鼠也。吾顷学养生之术，方外荣华，去滋味，游心于寂寞，以无为为贵。纵无九患，尚不顾足下所好者。

心里话：你自己喜欢华服衣冠，不能强迫别人也戴高帽子，你自己喜欢吃腐臭的东西，不能强给凤凰吃啊。并且我现在正在学习养生，恬淡心性，以无为为贵，你的那些东西，哥们打心眼里看不上。

说到这里，也不过是人家山涛被你嵇康好心当作了驴肝肺。嵇康埋汰埋汰自己，攻击攻击别人，说白了不过是说大家不是一路人，你走你的阳关道，我过我的独木桥呗。

可能有人看到这儿，会说："这嵇康是疯了吗？你就算是不同意，也没必要这么做啊。毕竟朋友一场，干吗要把事情给做绝了呢？"

这篇文章爆红之后，带来了两个后果。一是嵇康彻底跟司马氏撕破脸了，谁看不出来，山涛不过是靶子，嵇康真正打的是司马氏，而这也为嵇康后面的祸事埋下了伏笔。二是为山涛后来的高大形象奠定了基础。

其实仔细看这篇文，嵇康反反复复就说了一句话：我不当官！

而他之所以这么做是因为心里明白作为曹氏宗亲，怎么可能获得司马氏的信任呢？既然我嵇康迟早都得死，那我还不如落个好名声。至于你山涛这个糊涂蛋，虽然是好心，但这事儿办得也确实是有点傻。你的好意做兄弟的承情，但是咱俩还是保持点距离吧。要不然，司马昭的疑心那么重，你迟早也得惹火烧身。要真是你傻小子被我连累了，那我的罪过可就大了。算了，为了掩人耳目，我就痛骂你一顿吧。

所以，看上去嵇康是不知好歹，实际上这里面隐藏着的却是一片苦心与情谊。

当然，山涛虽然忠厚，但也没有傻到底。他在拿到这封绝交书后，反反复复地读了几遍，很快就明白了嵇康的意思。看来，嵇康这小子虽然放浪，但还是有大智慧，我山涛确实是没认错兄弟。行了，这件事我就不跟你计较了。你不让我跟你扯上关系，那咱俩就先冷淡着。但是不管到什么时候，你嵇康都是我的朋友。你有事儿，我照样会管的。

原本这件事情就这么过去了，谁知道后来这封绝交信却阴差阳错地落到了司马昭的手里。司马昭是何等聪明的人，一看这信，不禁勃然大怒。嵇康你小子可真行，你这是打谁脸呢？然而，因为这封信里都是嵇康的自黑，所以司马昭即便是再生气，却也拿他一点儿办法都没有。

但正所谓树欲静而风不止，该来的终究还是会来。很快，嵇康便因为一名大臣在司马昭面前进谗言，而身陷囹圄，最终落得杀身之祸。这个人不是旁人，正是前面提到过的在魏灭蜀之战中，因反叛司马家而兵败被斩的钟会。

说到这位钟家的重臣和嵇康之间的恩怨，还得从他刚当上尚书郎时说起。

大家都知道钟会是少年得志，十九岁就当上了将士，还被皇上封为秘书郎。两年后，便擢升为尚书郎。虽然政治得意，但作为读书人，钟会也有自己心中的偶像，那个人就是嵇康。然而，虽然钟会百般示好，但嵇康却似乎对他并不感冒。因此，二人之间并没有太多的交集。

《世说新语》载：当时钟会刚刚编纂完《四本论》，很想请嵇康看一下，帮忙提提意见，以便自己更好地修改。但是心里又害怕自己写的书入不了嵇康的眼，于是情急之下，便从墙上扔了过去。

嵇康发现外面有动静，便披衣服出来看，见这文稿上面写着钟会的名字，细细一翻，发现里面全部都是对司马氏的歌功颂德。于是很不高兴，把书放到了一边。从此，再也没有提及此事。

然而，尽管嵇康没上心，但钟会却把这件事放在了心上。他左等右等就是不见动静，想要去问，却又不好意思开口。就这样，这件事情被耽搁了下来，一晃就过去了几年。

数年后，高官显赫的钟会再次去造访嵇康。不过，这次跟前次不同，为了给自己壮胆，他特意带了一干随从。谁知道，嵇康却仍跟前次一样，根本不理会他。不过只是瞥了一眼，就又赤身裸体地打起铁来，一副旁若无人的样子。

钟会想要主动跟嵇康开口，一时间却又找不到合适的话题切入，很是尴尬。愣了片刻，便要悻悻离开。谁知，刚一转身，就听嵇康在后面说道："何所闻而来，何所见而去？"

钟会一听这话，不禁恨得牙根痒痒。马上转过身，瞪着嵇康说道："闻所闻而来，见所见而去。"

说完后，钟会便转身，欲带着众人离开。不料，他们刚走出去没多远，身后便传来了嵇康的歌声，似为讥讽，实为逐客，让钟会很是难受。然而他却也只能假装听不见，加快脚步，飞快地逃走了。

钟会回到府后，越想越气。无奈嵇康虽只是一个布衣寒士，但却是享誉天下的大才子。他只能强压怒火，等日后找到机会再与之理论。

后来钟会借嵇康好友吕安一案，加之嵇康给山涛写绝交信的事，向司马昭屡进谗言。司马昭在他的煽风点火下遂一怒诛杀了嵇康。心地偏狭的钟会借刀杀人，也算公报私仇。然而，到最后，他却也因为聪明害了自己，落得身败名裂的下场。

史书记载，当时嵇康与冀州牧吕昭的两个儿子吕巽和吕安关系很好。哥哥吕巽人面兽心，他看见弟媳妇长得漂亮，于是便趁着弟弟不在家的时候，故意将弟媳妇灌醉，然后强行将其奸污了。

事发之后，吕安愤恨不已，想要告发自己的哥哥。他把事情原原本本地告诉给了嵇康，希望嵇康能够帮自己拿个主意。但嵇康觉得这两个人跟自己都是朋友，正所谓清官难断家务事，很是为难。思来想去，他跟吕安说，这事毕竟不是什么光彩的事情，如果告到官府，恐怕会有损你们吕氏家族的名声，还是算了吧。吕安思来想去，也觉得嵇康的建议有理，于是便暂且将这件事情压了下来。

谁知道吕巽看到弟弟没有告发自己，反而觉得自己有把柄在弟弟的手里，今后怕对自己不利，于是干脆到官府诬告弟弟吕安不孝顺老娘。案件判决很快就下来了，吕安被判处流放，嵇康知道这件事情了之后，先写了一封与吕巽的绝交书，痛斥其卑鄙行径，然后到官府为吕安夫妇申冤，愿意替其证明清白。不想，却也被关进了大牢。

由于嵇康名声太大，所以他被关进大牢的消息立刻便惊动了整个曹魏，京城的三千多名太学生联名为嵇康请命，希望能尽快放他出来，并且请他到太学里教书。不仅如此，还有许多名士豪杰也纷纷要求与嵇康一起坐牢，他们希望通过声援的方式营救嵇康。

事情闹得太大，惊动了司马昭。而这个时候，距离山涛绝交信出现刚好只过去了几天。他原本就在为嵇康的放荡不羁而头痛，此刻见其不仅牵扯案件，而且还这般沸沸扬扬，不觉更加烦闷。

司马昭将这件事告诉了钟会，钟会心中窃喜，这绝对是千载难逢整治嵇康的好机会。于是便建议道：“嵇康就是睡卧的一条龙，一旦腾龙而起，则天下大乱。先前毌丘俭作乱时，嵇康就想出山帮助毌丘俭，后来被山涛制止了。嵇康与吕安都是言行放荡、无视典章规矩的人，而且他们又有很强的煽动能力。因此大将军应该学习姜太公诛杀华士、孔夫子诛杀少正卯，将二人诛杀。”

司马昭正在气头上，也没有来得及多想，遂决定处死嵇康和吕安。

山涛在知道了这件事后，急忙地带着年仅十岁的嵇绍到狱中探望嵇康。嵇康拉着儿子的手，悉声叮嘱道：“有山涛伯伯在，你们兄妹就不孤单。他一定会像我一样待你们的。”

嵇康之所以能够说出这样的话，是因为他知道，交朋友不在礼，而在心。只有心灵相交，方能成为知己。而自己与山涛二人表面看似分道扬镳，实际上心却并没有真的拉开过距离。所以对于这临死托孤之举，嵇康很是放心。

果然，山涛在听到这话后，心中亦很是感慨，当场便向嵇康表示一定会善待嵇绍兄妹。

嵇康行刑那日，京城的街道被百姓围得水泄不通，太学生和名士争相相送，都希望能见他最后一面。一路上，坐在囚车里的嵇康面色如常，就像是要去参加老友聚会一般平静。

到了刑场，时间还早，嵇康淡定地向哥哥嵇喜要来了自己最喜爱的古琴，盘起双腿，端坐在高高的刑台上。面对成千上万前来送行的人，神情丝毫不变，从容奏响最心仪的那首《广陵散》，琴声铮铮，直击人心。

曲终，嵇康慨然长叹："袁孝尼请学此散，吾靳固不与，《广陵散》于今绝矣！"

说完，嵇康起身，淡定赴死。司马昭此刻心中早已懊悔不已，差人前去收回成命，却已然来不及了。

嵇康之死，"海内之士，莫不痛之"。

嵇康死后，山涛果然没有辜负老友的托付，他将嵇绍兄妹接到了自己的府中，由自己和夫人悉心照料，一直把他们抚养成人，把嵇绍培养成才。

十八年后，嵇绍在山涛的大力举荐下，被晋武帝下诏征用。

第三十三章　阮籍一哭成神

嵇康被斩那日的黄昏，洛阳的京郊出现了一件罕事。一个衣衫不整的中年男子坐在牛车上，慢悠悠地向前走着。这名男子没有用鞭子驱赶牛，只是悲戚地仰天大哭，随着牛车有节奏地晃动，他的身子也跟着不断地晃动着。

这个沉浸在绝望情绪当中的男子不是旁人，正是“竹林七贤”的另一个核心人物——阮籍。

如果说嵇康是团队中的颜值担当，那么阮籍无疑便是情感担当。他不仅眼泪多得非常人能比，声音也不是一般的大。甚至于，他还因为这绵绵不断的泪水而一哭成神，被后人传颂了上千年。

阮籍，字嗣宗，陈留尉氏（今河南开封）人。生于东汉建安十五年，卒于曹魏景元四年，他是曹魏时期著名的诗人，素来崇尚老庄学说。因曾担任过步兵校尉，故又被世人称为阮步兵。

阮籍的父亲阮瑀，是魏晋时期的文学家、音乐家，魏武帝集团的重要文职官员，主要负责起草国书和檄文。因为文章写得又快又好，出口成章，不用修改，故颇得魏武帝的信任与赏识。然而，不幸的是，他在阮籍刚刚三四岁的时候便因病去世了。阮瑀死后，曹氏集团念及他生前的功业，保留了他的待遇，使阮籍一家生活基本无忧。

阮籍受父亲影响，天分极高，在母亲和叔父的抚养下长大成人。他少年时期好学不倦，酷爱研习儒家诗书，同时也表现出不慕荣华富贵，以道德高尚、乐道安贫的古代贤者为效法榜样。同时阮籍也继承了父亲文学和音乐方面的天赋，刚满八岁就能够写出妙笔生花的好文章，并且终日弹琴长啸，乐律感极强。

古时候，啸不是随便乱喊，而是按照专业的乐章吹口哨。据说，阮籍的口哨吹得特别有水平。

《世说新语》记载：阮步兵啸，闻数百步。

翻译过来就是说，阮籍吹的口哨声，数百步远都能听到。

据说，有一天苏门山中来了一个得道的真人，阮籍听说那人口哨吹得很好，便专程前去拜访。行至半山腰时，他远远便看到那人正抱着膝盖坐在山崖上，一副若有所思的样子。等来到此人的面前，阮籍直接伸开双腿在其对面坐下。因为都是随性之人，那道人也没有跟他计较，只是仰着头不去看他。

道人的意思实际上已经是再明显不过了，人家是在用这样的方式来表示心中的尴尬。可是阮籍倒好，丝毫都没有察觉，依然保持着这个姿势向道人发问。将黄帝、神农时代的玄妙虚无的主张到夏商周三代盛大的德行，全部问了一遍。可是那道人仍旧不答话。

阮籍见道人根本不理会自己，误以为对方是在跟自己故弄玄虚。于是便眨了眨眼睛，又继续提出了儒家的德教和道家的凝神导气的修炼方法，以此来观察道人的反应。结果，那人却还是跟先前一样，稳如磐石。

阮籍实在没办法了，伸手挠了挠头，遂露出了一脸无可奈何的神情。突然，他的脑海中闪过了一个念头。既然这个道人石化了，那我干脆就吹口哨吧，看能不能让他有所反应。

想到这里，阮籍便冲着道人长长地吹了一声口哨。果不其然，过了一会儿，那人忽地笑着对他说："你可以再吹一次。"

阮籍一听，立马来了精神。哟呵，看来这老道喜欢口哨啊。行，那我就满足你的要求吧。于是，他便又吹了一次口哨，随后便转身慢慢地向山下走去。

过了一会儿，阮籍来到半山腰处，突然听到山顶上许多声音一块儿响了起来，就好像很多器乐在一起合奏，甚至就连树林山谷都发出了猛烈的颤动。

阮籍诧异地回头观看，发现那道人仍旧保持着方才的样子。与先前唯一不同的是，他正在吹口哨。阮籍明白，此人是在用这样的方式来回应自己先前的问题，表明与他志向相同。于是，便也吹起了口哨，作为回答。

回府后，受到这位真人感染的阮籍，立刻将自己关进了书房，挥毫泼墨写下了那篇著名的《大人先生传》。

据说，因为这篇文章在当时的士族中广为流传，口哨一时间在青年中广为流行，成了引领时尚的新风潮。

尽管阮籍偶尔会做出一些疯癫的事情，但实际上他却也有着双重的性格，“闭户视书，累月不出”才是他的日常生活。

阮籍喜欢读书，经常将自己关在家里一连数月，两耳不闻窗外事，一心只读圣贤书。这样的他，说是对功名感兴趣也好，说是消极避世也罢。总之，这就是人家的生活。

因为曹氏和司马氏的激烈争权，那个时候朝政并不安稳，而这也势必影响到了民间生活。但阮籍并未因此受到影响，也可以算是意志坚定了。

更难得的是，因为喜好研究学习儒家经典，阮籍一直都将那些不慕荣华富贵、品行高尚的古代贤士作为自己学习的榜样，在政治上也颇有济世之志。并且在习文的同时，阮籍还学习了武艺，堪称文武双全。

正如阮籍在《咏怀诗》中写的那样：少年学击剑，妙计过曲城。

透过这诗歌的字里行间，大家定然会感受到阮籍的那颗想要报效朝廷的心。甚至，他在没有进入仕途时，还曾在登广武城，观楚汉古战场时，发出了时无英雄，使竖子成名的感慨。而也正是因为这样，阮籍一生都处于无奈与痛苦的纠结当中。

很快，阮籍便因为“俊而淑悦，为志高”从一干同龄人中脱颖而出，开始走上仕途之路。他先担任了掾属，后又出任了尚书郎，随后又被招为参军。

也正是因为这样，阮籍亲眼见到了许多常人所无法见到的朝廷黑暗之事，原本就极为敏感的心一再受到伤害。最后，他选择了跟那些内心强大、为争权夺利可以不择手段的人不同的道路。

曹魏朝廷当时有一条不成文的规定，当官者请病假都不能超过二十三天，如果超过日期的话，就会被开除公职，而且永远不得另行录用。于是，阮籍便开始陆续地请病假。基本上，他都是请一次假，卧床休息十多天。然后回到朝中上班，上个二十多天班，再请一次病假。

虽然阮籍反复折腾，但因为他着实有才，再加之原本性格就不合群。所以，皇上和朝臣们也只是睁一只眼闭一只眼，并不与其深究。

而阮籍也就在这样的过程中，保持了内心的恬静，开开心心地做自己。

后来，司马氏独专朝政，为排除异己，大行杀戮之事，被株连者极多。阮籍原本在政治上倾向于曹魏皇室，对司马氏集团心怀不满，但同时又感到世事已不可为，于是便采取不涉是非、明哲保身的态度，或闭门读书、登山临水，或酣醉不行、缄口不言。

而也正是那段时间，阮籍成了“竹林七贤”的主力队员，并且还染上了一个非常小众的毛病：哭。

说到阮籍的哭，那可当真是前不见古人，后不见来者。如果说他是第二，那恐怕是没人敢自称是第一。

据传，阮籍一生曾哭过三次，分别是哭母亲、兵家女和穷途。而且他还不是普通人的哭，颇有传说中的神功隔山打牛的效果。当然，除了哭声与常人不同以外，还包含了一定的意义，表达了他对当时政治的不满与绝望。

阮籍的一哭是因为他母亲去世。大家都知道，阮籍是在母亲的抚养下长大的，所以，母子情深，他也特别孝敬和爱戴自己的母亲。

阮籍在母亲重病时，为了照顾母亲，他连续很多天都没有睡觉，只是悉心陪护，尽可能地满足母亲的要求。然而，虽然吃了很多药，但母亲却丝毫不见好转，身子反而越来越虚弱。

这一日，阮母觉得自己的身子似乎有些好了，由于心疼儿子，便让阮籍出去散散心。哪知道，阮籍刚跟朋友摆好棋子，还没下到一半，就传来了母亲去世的消息。听到消息，朋友便劝说阮籍回家料理后事，但是阮籍却铁青着脸不肯就此停下，一定要决出胜负。等到下完棋后，阮籍又跟朋友在一起喝了两斗酒，才醉醺醺地回到家里，放声大哭，并且还吐血数升。

虽说阮籍的某些行为有些不符合礼制，但是从他的痛哭与吐血，仍然能够看出他对自己母亲深深的爱，同时阮籍也由母亲的死想到了自己理想无法实现，一身才华却无法施展的人生状态，更加悲从中来。

阮籍二哭是为兵家之女而哭。据说有一次，阮籍跟“竹林七贤”其他成员聚完会，独自回家的时候路过一个村庄，看到有一家正在办丧事。于是，便好奇进去一探究竟。一打听才知道，这家户主是一位老兵，死者是他的女儿，年方十六，还没有出嫁，便突患暴疾死了。阮籍从兵家之女的情况联想到自身，他自己虽有极高的才华和学识，却因为无明主可投没有机会施展，只能虚度此生。于是便又不顾旁人劝阻，放声大哭，许久后方才好转。

如果说阮籍的前两哭还都算是有的放矢，那么这第三哭就显得有些莫名其妙了。

据说阮籍每当心情压抑的时候最喜欢做一件事，就是驾着牛车四处游荡，不论道路有多崎岖，也不管方向如何，就是一直驾车前行。直到行至路的尽头，他突然便会无来由地泪流满面，哭嚎出声，之后便掉转车头，换一条路走。继续走，继续哭。

通过这大哭，阮籍不仅可以放松心情，而且还可以聊以抒怀，当真是舒爽到了极点。

阮籍不仅爱哭，由于不善言辞，他还常常会用眼睛做道具，用“白眼”和“青眼”表达心中的情绪。

大家都知道，有个成语叫作“青眼有加”，便是来自阮籍的待人之道。据说阮籍对自己喜欢的人会以青眼对之，而对其所厌恶的人则会翻白眼。现在不是有一句非常流行的话叫“丢一个眼神自己体会”吗？算起来，阮籍还应该是这句话的鼻祖。

据说阮母停丧期间，很多达官显贵前来吊唁，但见阮籍披头散发地立于灵堂前，看着宾客，既不答礼，也不说话。直到“竹林七贤”的兄弟们赶来后，他才与大家抱头痛哭，然后边弹琴，边饮酒，边唱歌。

阮籍为人天真率性，即使在男女关系上也不拘小节。他自幼丧父，由母亲和婶子抚养长大。所以，他跟婶子关系极好，出入后室毫不避讳。

有一次，他去一家酒楼饮酒，店老板不在家，阮籍就邀请美貌的老板娘同饮，结果双双酩酊大醉，一同躺倒在床上。

等到第二天早晨老板回来后，看到自己的卧房门口有男子的鞋子，不禁惊恐万分。然而，来到里面，却看到二人虽然睡到一起，但衣襟整齐，丝毫没有不轨的迹象，也就不怪罪了。

阮籍作为社会名流，名气很大，自然引起了司马氏集团的注意。司马氏集团也知道不可能把天下士人都杀死，相反，他们需要笼络一些名士为自己站台，以此来彰显自己温情的一面。

在司马氏的重压之下，竹林七贤中的大部分人都未能完全归隐，而是回到朝堂重新做官。由于司马昭几次三番邀请阮籍做官，实在推脱不掉，他就主动讨了一个步兵校尉的闲职。

说来好笑，阮籍之所以选择步兵营，是因为有人跟他说过那里的厨师善于酿酒，而且营里藏着不少好酒。

阮籍虽然比不得刘伶，但也确实是一个酒痴。从进入步兵营的第一天起，他就躲进了酒窖，等到酒全部喝完后，就一甩手向司马昭请假说，酒喝多了，身体受不了，得回去休息一段时间。

这理由确实是冠冕堂皇，就连司马昭也无法拒绝。然而，每隔一段时间，阮籍都会收到司马昭催自己销假的讯息。

阮籍一看司马昭这样做，只能回到朝中复命。由于有了前次的经验，司马昭这次不再让他担任闲职了。但是为了显得自己体恤下属，他也没有强硬指派，而是问阮籍要去哪里。

阮籍听司马昭这么说，眼睛一转，说道："我曾经去过东平，喜欢那里的风土人情，要不就让我去做东平太守吧。"

司马昭一听非常高兴，不错，看来阮籍还算上道，立刻就答应了他的请求。

于是，阮籍独自骑着小毛驴，优哉游哉地到了东平。

他一到任就对底下的人说："我一直在竹林里住，宽敞的地方住惯了，你们这里哪里都好，就是太窄了，我住得憋屈。要不然这样，你们把墙给扒掉吧。"

底下人一听很是讶异，可是既然领导都已经发话了，又不能不做。行，那就拆墙吧。就这样，府衙里原本里三层外三层的围墙很快就被拆了。随后，阮籍又命人将原来单独的办公室打通，变成僚属们可以相互监督的宽敞的办公大厅。接着又精简法令，将往日混乱不堪的东平府很快便整治得井井有条。

十余日后，阮籍觉得自己这太守的工作完成得差不多了，其他人萧规曹随就可以了，于是便又骑着小毛驴回洛阳复命。

面对这样的情况，司马昭虽然气得牙痒痒，但也不得不暗自佩服阮籍的工作能力。

正如唐朝诗人李白在《赠闾丘宿松》一诗中写的那样：阮籍为太守，乘驴上东平。判竹十余日，一朝化风清。偶来拂衣去，谁测主人情。

阮籍这官当得着实是潇洒得很。既不得罪司马氏等当权者，又不违背自己的本性，还把事情办得漂漂亮亮，如此风度，唯有一句：唯大英雄能本色，是真名士自风流。

然而，尽管阮籍如此行为，司马昭却并不打算就此放弃。自东平回来后，阮籍先做了从事中郎，随后又自请重新回步兵营做校尉，也好继续喝酒。据说也就是在这个时候，他喝酒到了极致。

虽然阮籍"自甘堕落"，但司马昭为了拉拢他，仍决定与他结为通家之好。

不过司马昭愿意，阮籍可不想这么做。于是，为了躲避这门亲事，阮籍开始每天拼命地喝酒。不仅喝多，而且还醉得非常厉害。就这样，连续过了六十多天。那个奉命前来提亲的人见此情形，根本无法开口。最后，实在没办法，也只能回去将这一情况告知给了司马昭。

司马昭听到阮籍这么能喝酒，心中也很是郁闷，当即便气愤地说道："他怎么不喝死啊！"之后，再也不提与阮家结亲的事情。

阮籍就这样，通过这喝酒的专长，又巧妙地逃过了一劫。

然而事实上，阮籍即便苟活，内心的纠结与焦虑却也从没有停止过。《咏怀》诗中处处都可见他的抑郁不平之气，政局黑暗必然导致世风腐败——世事险恶、人情薄凉，在名利物欲面前亲友反目、骨肉成仇都是常有的事情。礼法，从来都只是统治者名正言顺的武器，可笑他们却以为阮籍之流的做法是不正常的。

《咏怀》诗开篇第一首就说：夜中不能寐，起坐弹鸣琴。薄帷鉴明月，清风吹我襟。那情那景，何等洒脱。然而阮籍笔锋一转，却又说道：孤鸿号外野，翔鸟鸣北林。徘徊将何见？忧思独伤心。从诗歌中，我们不难发现，阮籍的内心始终是孤独的。即使与司马氏保持着若即若离的关系，同时他却又不能表现得像一个正常的文士。没有醉与哭，他内心的焦虑是掩盖不了的。

即便如此，醉与哭式的装疯卖傻也不是万能的。司马昭明明想辅政，但是又为了颜面而推辞，欲擒故纵、故弄玄虚。为了得到最大的舆论支持，他特命阮籍为自己写一封《劝进书》。

阮籍本想像上次一样以醉蒙混过关，谁知这次司马昭是铁了心非要得到他的亲笔书，因为阮籍当时的名气很大，如果他能为司马昭正名，那么司马昭接下来的事情便会进行得很顺利。

阮籍酒醒后发现请他动笔的侍从整整齐齐地站了一屋子，心知这次是无论如何也逃不掉了。于是只能无奈地拿起笔，连草稿都不打便奋笔疾书起来，可就连这言不由衷的话也写得脍炙人口，万古流芳。

待写完扔掉笔后，阮籍就彻底抑郁了。要知道，一个内心骄傲的人偏偏被命运逼着做了一件为自己所不齿的事情，是多么痛苦。就这样数月后，他郁郁而终。

《劝进书》打破了一个文士最后的防线，在乱世之中，清醒与糊涂并不是那么重要，而死亡才是最后真正的解脱。

第三十四章　刘伶醉卧酒乡

说完了嵇康和阮籍，咱们再来一起看看“竹林七贤”中的另一名成员的故事。此人因嗜酒如命，素来有“酒腻子”的称号。据说因为他无时无刻不在喝酒，身边随时都有一手提铁锹的小厮陪同。

可能有人会问：“陪就陪呗，为什么还要拿着铁锹呢？”

其实，之所以小厮手里要拿着铁锹，就是为了随时可以挖坑，将主人的尸体掩埋。小厮这样做，是因为主人之前便已经与他打过招呼，那就是：“我什么时候喝死了，就地挖个坑把我给埋了。”

可能有人看到这儿，已经猜出了此人的身份。没错，他正是刘伶。

刘伶，字伯伦，沛国（今安徽淮北）人，魏晋时期名士。刘伶嗜酒，因酒风豪迈，又被称为醉侯。不过因其是一介布衣出身，故虽与嵇康、阮籍、王戎等人交好，合称为“竹林七贤”，却也是其中社会地位最低的一位。

刘伶的外貌在“竹林七贤”的一干人等当中并不出众。史书记载，他“身长六尺”，相当于现在的一米六五左右。虽说跟鹤立鸡群的嵇康是没法比，但是在那个时候平均身高偏低的人群之中，刘伶也不算是低得离谱。不过说到长相，可就真的不怎么样了，史书说他“容貌甚陋”，大概颜值较低吧。不过身高和相貌似乎也并没有给刘伶带来太重的心理负担，他常常舒展情怀，放达心智。浩渺宇宙无边，在刘伶的心中，是那么的渺小；万物博大不一，在他的眼里，一切都是平等的。刘伶为人处事平淡无争，平常默不作声，少言寡语，也不随便跟什么人交往。只有跟“竹林七贤”的其他成员在一起时，才会因为意气相投、志趣相契，把酒言欢，高谈阔论，说不尽的畅快淋漓。

《晋书》记载：刘伶，字伯伦，沛国人也。身长六尺，容貌甚陋。放情肆志，常以细宇宙齐万物为心。澹漠少言，不妄交游，与阮籍、嵇康相遇，欣然神解，携手入林。

刘伶喜欢喝酒，而且酒喝得好。在其他方面表现得也极为突出，是学有专长、才能优异、为一时之选的社会名士。而不是那些浪得虚名，只知道喝酒、无所事事的酒囊饭袋。

刘伶推崇老庄之学，素来向往自然洒脱、无拘无束、顺其自然、无为而治。凡是看过他写的《酒德颂》和《北芒舍客》的人，都能够从文中感受到潜藏在他心中的那份放荡不羁和洒脱恣意。

刘伶的父亲刘进，曾是魏武帝手下的大将。也正因此，自幼在父亲的熏陶下，刘伶在情感上是很偏向曹氏的。

后来，为衣食计，刘伶也曾在司马氏掌权的体制内做过事。他曾出任同为“竹林七贤”成员，出身琅琊王氏，时任建威将军王戎的幕府参军。可以想见的是，当刘伶亲眼看见各种严重扰民的政治乱象后，一向提倡无为而治的他，内心一定是非常矛盾痛苦的。当时政治的黑暗让他十分郁闷，为了排解心中的抑郁，他屡屡借酒消愁。时间一长，酒量就被练出来了，成了七贤当中酒量最大的那一个。而很快由于不适应，在同伴屡屡获得升迁机会的同时，他最终选择了离职。

刘伶离职的原因其实很简单，跟现在一样，那个时候官场也同样需要绩效考核。同辈的人中，政绩好的，会因考核优秀而升迁。唯独刘伶，因为无所作为、没有政绩，只能灰溜溜地回家去了。

不过，话说回来，在刘伶看来，回家就回家吧，只要有酒喝就行。而也正是从那时开始，刘伶的形象变成了双手不离酒坛子，饮酒如同长涧流水，要多洒脱就有多洒脱。

关于刘伶好酒，自古民间就有许多不同版本的传说。相传他并不是普通凡人，而是瑶池的一个小仙童，因为偷喝了蟠桃宴上的御酒，又打碎了一个琉璃杯，被王母娘娘在盛怒之中贬到人间受苦。

王母娘娘原以为刘伶转世投胎后会有所悔改，谁知道他仍是纵酒放达，不求功名。一天，王母屈指算来，仙童孽数将满，但却又发现其旧习未改，于是便派酒仙杜康下凡点化。

仲春时节，刘伶离家出外游山逛水，不知不觉之间来到了位于凤凰岭下的杜康酒坊。

刘伶左右打量了一番，只见门上挂着的一副对联格外醒目。

上联是：猛虎一杯山中醉

下联书：蛟龙两盏海底眠

高处的横批写着：不醉三年不要钱

刘伶看完对联后，心中愤愤然很是不屑。他暗自想道：这个开酒坊的人还真是不知道天高地厚，也不去打听打听我刘伶的名声，竟敢夸下如此海口。谁人不知道我刘伶，往东喝到了东海，往西喝到了四川，往南喝到了云南地，往北喝到塞外边，东西南北都喝遍，也没能让我喝醉过。你既然这么大口气，那我今天就把你酒坊的酒坛都喝干。

想到这里，刘伶快步走进酒馆，拣了个临窗的位置坐了下来。杜康一看刘伶，心想，这肯定就是王母让我等的那个人了。

杜康从角落里拿起一坛酒，笑着来到刘伶的面前。他先倒了一杯给刘伶，刘伶一仰头就喝了。杜康看到这里，劝说要他别再喝了，自己这酒后劲儿大，怕是得醉倒。

刘伶一听这话，心想你这不是吹牛吗？一仰头，又喝光了第二杯。随即，杜康又说，你要是再喝，可就得醉上三年才能醒了。刘伶不过冷笑几声，就又喝光了第三杯。放下酒杯后，他自言自语道：

“头杯酒甜如蜜，二杯酒比蜜还甜，三杯酒下肚，天也转，地也旋。桌椅板凳齐飞，坛坛罐罐转圈……”

大家看看，感情刘伶这是真喝醉了。他边说着，边跌跌撞撞地走出了酒坊，说着醉话便往家走。

回到家时，刘伶已经快醉得不省人事了。趁着还有一口气，他忙交代妻子道：

“我就要死了，等我死了之后，你要把我埋在酒池里，上面埋上酒糟，再把酒盅酒壶给我放在棺材里。”

说完，刘伶便晕死了过去。妻子知道丈夫一生好酒，便遵从遗愿安葬了他。

三年一眨眼就过去了，杜康来到刘府找刘伶。刘伶的妻子问他有何事？

杜康说："刘伶三年前喝了我的酒，还没给钱！"

刘伶的妻子一听，原来这人就是害死自己丈夫的凶手，便上前扯住了杜康的衣袖，气愤地说道："刘伶三年前不知喝了谁家的酒，回家就死了。我正难受呢，你今天倒自己找上门来了。你问我要酒钱，我还要问你要人呢！走，咱们这就见官去。"

杜康听刘伶的妻子这么说，连忙说道："你确定他真的是死了吗？而不是喝醉晕过去了？他当时喝了我三杯酒，可是要睡上整整三年才能醒的，今天刚好是三年的最后一天。"

刘伶的妻子见杜康一脸镇定，不觉有些错愕。是啊，按理说刘伶喝了那么多的酒都没事，这次也不该是这么蹊跷的。

杜康见刘伶的妻子有些愣怔，心知对方已经相信自己的话了，便继续催促道："走走走，你快领我到他坟前去看看，不然晚了你丈夫可真的就憋死了。"

刘伶的妻子吓得忙带着杜康来到刘伶的坟前，左邻右舍听说了这件事，纷纷前来看热闹。

少倾，年轻的后生们便合力将刘伶的坟墓挖了开来。待打开棺椁，众人不约而同地露出错愕的表情。只见刘伶跟三年前一样，穿戴整齐，面色红润。其中有大胆者伸手探了探他的鼻息，发现似乎有气，不禁大呼奇怪。

杜康看了一眼刘伶的妻子，随即快步来到棺椁前，伸手拍了拍刘伶的肩膀，说道：

"刘伶快醒来，快醒醒，你欠我酒钱还没给呢。"

刘伶打了个哈欠，伸了下懒腰，睁开了眼睛，嘴里喃喃夸道："好酒，好酒！"

自此，"杜康美酒、一醉三年"流传至今。也正是因为这件事，杜康成了酒神。而刘伶，也成了人们公认的品酒大师。

可能有人会说，这不过是野史罢了，不足为奇。那么，再看看现实中发生的事情吧。

刘伶任建威参军期间，有一天他来了兴致，竟然在官邸脱光了衣服，一丝不挂地饮酒。正喝得开心，有几个客人忽然来访。刘伶不过是看了看，还是继续光着身子喝酒。客人见他如此不雅，遂讥笑。刘伶听到这话，便一本正经地反驳道：

"天地就是我的房子，房子就是我的衣裤，你们进我的房子就是钻到我的裤裆里了，谁让你们钻进来的？还不快点走开。”

客人听刘伶如此言说，不禁面面相觑，却又一时间找不到合适的言语反驳，只得自认倒霉。

刘伶嗜酒如命，妻子不是没有劝阻过他，但他却总是有办法获得了更多的酒。一壶壶酒对刘伶来说，就像是喝水一样，一口气便能喝个精光。每每看到喝得烂醉如泥、大吐特吐的刘伶，妻子都觉得很心疼。有一次，她终于鼓起勇气，将家里剩下的酒全部给倒了，然后将酒器当着丈夫的面摔了个精光，说道：

“你这样毫无节制地饮酒，对身体是有严重损害的。你崇尚道法自然，为何做出此等与养生之法背道而驰之事呢？”

刘伶自知理亏，就挤出笑容对妻子道：“哎，我也知道这样喝酒，对身体不好。可我控制不住自己喝酒的欲念啊！能让我停止喝酒的，恐怕只有天上的神仙了。要不，你去弄点祭祀神明用的酒肉，帮我戒酒吧！”

刘伶的妻子喜出望外，觉得这次丈夫定然会浪子回头，于是去准备了很多祭祀用的酒肉。结果刘伶跪下来祈祷说，自己天生就是喜欢喝酒，一次就得喝一斛，喝五斗才能消除酒瘾，上天您可千万别听信妇人之言啊！

说完，刘伶大口吃肉、大碗喝酒，不大一会儿就又醉倒了，弄得妻子哭笑不得。

刘伶在喝完杜康的酒后，妻子担心丈夫再次出事，于是便学着自己酿酒。不仅如此，因为有了刘伶这个活广告招徕生意，他家的酒坊还非常红火。

有一天，刘伶的妻子正在酿酒，刘伶闻到了酒香之后，赶紧跑来询问道：“可以喝酒了吗？”妻子回答道：“这个还没有好，别急，等好了我自然会告诉你的。”刘伶在一旁左等右等，直到酒香四溢的时候，他立马打开盖子，大口地喝了起来，连勺子都没顾得上拿。

看到这样的场景，刘伶的妻子登时便气急了，直接将丈夫推到酒缸里，然后还将缸盖给盖上了。

刘伶在酒缸中待了三天，将里面的酒全部喝了个精光。当妻子将缸盖打开后，他顿时便从里面跳了出来，大叫道：“还有谁？”

从此，刘伶的妻子再也没有管过丈夫，只能听之任之。

今天喝酒，明天喝酒，刘伶终于惹出了麻烦。有一天，他大概是又喝醉了，跟旁人争执起来。刘伶口才太好，那人辩论不过，一着急揪住了刘伶的衣服，准备动手揍他。

围着看热闹的人都吓得不行，刘伶却一点儿都不着急，慢悠悠地说道：“哎呀，老兄，你看我瘦得都能看到一条条肋骨了，哪里还能安放得住你的拳头呢？打上去也不舒服啊。”

刘伶用这轻描淡写的一句话，化解了现场的尴尬。随着众人哄笑，一场风波就这么轻而易举地过去了。

就上面这几件事，刘伶给后人贡献了枕曲藉糟、鸡肋尊拳、五斗解酲等成语典故。到现在，比喻用有害的方法来救急，还有人会用到以酒解酲一词。

但刘伶，真的只是一个醉鬼吗？其实，他之所以这么做，不过是为了独善其身地避祸罢了。刘伶的言行中，有着道家庄子的逍遥之风。作为一名真正的君子，在当时的黑暗乱世之中，他唯一能做的就是避世。而与此同时，他也正是通过醉生梦死的方式，向魏晋的礼法发起了挑战。

由于刘伶名声很大，几年后朝廷再次想要他出山当官。这次，刘伶算是玩到了极致。他一听到使者要来，便直接喝得不省人事，脱掉衣物，浑身赤裸地沿着村庄向前狂奔。使者一看刘伶这个举动，当下便觉得他就是一个狂悖无礼的酒徒，于是便立刻转身返回了。而刘伶一生也再没有踏入官场，直到八十多岁去世。

刘伶对于世俗的愤恨，就是到了醉生梦死的地步。他每时每刻都在用酒精麻痹自己，活在理想的世界中。金钱、权力、名气、利益、美色，常人梦寐以求的一切，他都统统视为粪土。刘伶如此，“竹林七贤”大半也是如此，他们用狂悖无礼的言行，向世俗的一切发起了最激烈的抨击与反抗。

第三十五章　孙休后世贤君

曹魏后期，文臣、武将、名士数之不尽，而东吴却无人可用，不过尽管如此，随着皇权的更迭，仍是出现了一位少有的贤明之主。只可惜由于当时国运已日渐衰微，最终他的努力全部化为泡影。此人便是吴景帝孙休。

孙休，字子烈，太祖皇帝的第三个儿子，少帝的哥哥，东吴的第三任皇帝。少帝被废，权臣孙綝迎他继位当皇帝，史称吴景帝。

孙休从小聪明机智，并且喜欢读书，学识非常渊博。他为庶出，在太祖皇帝的七个儿子中排行老六，弟弟少帝登基那年，他被封为琅琊王，随后便被无情地驱逐到丹杨郡。在丹杨，孙休受到当地太守的强势欺压，受尽委屈。直到后来迁至会稽，才有机会过上安生的日子。正当他以为淡泊名利的自己只要尽全力将会稽治理得井井有条、经济富庶，便可以高枕无忧时，却没想到把控东吴朝政的权臣孙綝竟然会废掉少帝，改立自己做了新皇上。

孙綝是孙峻的堂弟，其凶竖盈溢与孙峻如出一辙。众臣原本就对孙峻以宗室身份独揽大权有所不满，而今，孙綝继续凭借这种优势垄断朝廷大权，继续把皇帝玩弄于股掌之间，则更加引起了众臣的强烈反感和愤恨。其中，吕据、滕胤等人为了不想让皇帝沦为傀儡，出于忠君思想和个人政治前途考虑，试图分割孙綝的权力，防止他擅权专权。不料，竟遭到了孙綝的血腥镇压。

待控制住局面后，孙綝自任大将军，手握军权，封赏党羽，广树亲信，更加不可一世。甚至他还负贵倨傲，多行无礼，根本不把少帝放在眼里。对于孙綝的专权和僭越，少帝敢怒而不敢言，只能在煎熬中隐忍度日，他在等待时机，也在想办法。

太平二年四月，十五岁的少帝临正殿，大赦，始亲政事。与此同时，由于执政，他的内心也变得强大了起来。就这样，一场发生在皇帝和权臣之间的明争暗斗，即将展开。

“綝所表奏，多见难问”，这是少帝使出的第一招，毕竟当时在孙綝的手中，他也不敢冒险造次。此外，少帝还多次拿出府藏书册，阅览先帝太祖皇帝时的旧事，“先帝数有特制，今大将军问事，但令我可书邪”。这句话翻译成现代文就是，先帝常常亲自书写诏书，而如今大将军奏事，为什么只让我签字认可就完事了呢？少帝的言辞中，流露着对孙綝的诸多不满。少帝“亲览政事，多所难问”，让孙綝感到甚惧。

单凭刁难、质问和怨言，并不能撼动孙綝。于是，少帝很快便使出了第二招，暗养三千勇士，志在武力夺权，并声称要“欲与之俱长”，一同见证胜利。然而，少帝操练勇士夜以继日，动静不小，矛戈都使坏了五千余杆，消息很快就传到孙綝的耳朵里。

孙綝闻讯后，知道少帝必将有非常之举。为求自保，狡猾的孙綝返自镬里（今安徽巢县），遂称疾不朝，并在朱雀桥南修建房舍，自此远离国都，不敢再入朝和少帝见面，以防中招。此外，孙綝还让他的弟弟威远将军孙据，进入苍龙门担任宿卫，武卫将军孙恩、偏将军孙干、长水校尉孙闿，分别驻守各军营，严阵以待，以防少帝。应该说，少帝的那三千勇士确实给孙綝造成了很大的心理压力。

看到孙綝变成缩头乌龟，少帝欲杀不能，非常懊恼，便借口朱公主枉死事件，杀掉与孙綝关系匪浅的虎林督朱熊、外部督朱损兄弟二人。

少帝此举，是要先剪除孙綝党羽，再除掉孙綝。孙綝“由是益惧”，二人之间的矛盾也白热化。鉴于孙綝“筑地桥南，不复朝见。此为自在，无复所畏”，急于夺回军权的少帝“不可久忍，今规取之”，决定孤注一掷，对孙綝进行致命一击。

太平三年（公元 258 年）八月，少帝“以綝专恣，与太常全尚、将军刘丞谋诛綝”，向心腹近臣表明了武装夺权的决心。随后，他又与黄门侍郎全纪制订了具体的行动计划，并再三叮嘱全纪，只能将计划告诉父亲，不能把计划泄露给母亲。全尚是少帝的岳丈，也是少帝当时唯一可以依赖的力量，如果计划能够顺利实施，少帝就能够成功扳倒孙綝，夺回兵权，历史就会重新改写，可惜少帝所托非人。

全尚才能平庸，无甚主见，还是忍不住把计划泄露给了妻子。全尚的妻子是孙綝的堂姐，得知少帝准备动手，立即悄悄派人告知孙綝。全尚成事不足，败事有余，致使少帝打蛇不成，反被蛇咬。不等少帝动手，早有准备的孙綝便来了个先发制人，于九月二十六日率领大军夜袭国都，拿下全尚，杀掉刘丞。天亮时，军队早已将皇宫团团围住，少帝就这样成了笼中之鸟。

胜败此时已见分晓，少帝却不甘心功败垂成，于是他骑上马，带上弓箭就要上阵。少帝认为，他是"大皇帝嫡子，在位已五年，谁敢不从"，他想利用自己的身份和权威与孙綝拼个鱼死网破，一决高下。

然而此情此景，一个连身家性命都不一定能够保住的皇帝，如何能镇住已经起兵造反没有退路的权臣。少帝即便有三千勇士，也绝不是孙綝大军的对手。他这样做，无疑是去送死。近臣以及乳母等人见状心知不好，便一起上前制止劝阻。在众人的合力劝说之下，少帝最后未能出宫。

待控制大局后，孙綝把少帝废为会稽王，并派人"夺吴主玺绶，以吴主罪班告远近"。于是，就这样在弟弟被废后，琅琊王孙休做了皇帝。

琅琊王孙休得到这个消息后，没有过多犹豫，就跟随前来迎接自己的宗正孙楷、中书郎董朝等人一起前往了京师。同年十月，他们一行人在走到曲阿时，有一位老人突然拦住了车子，并叩头说要求见孙休。孙休听到底下人禀报，不禁心生讶异，这位老者是谁？为什么要见自己？莫非是隐居在此地的世外高人吗？既然如此，那就暂且听其有何话要说吧。就这样，孙休面见老者。

不料，老者一见到孙休便说："这都什么时候了，陛下还这么慢吞吞的。拖久了事情一定会生变，请陛下加紧赶路。"

孙休一听这话觉得非常有道理，早去晚去都是要去，早点去就早点知道结果，怎么也胜过这么磨洋工啊，于是下令加快车速。

或许有人会问，那个老头是谁啊？怎么会有这么大的能耐。不知道，也许这就是所谓的神龙见首不见尾吧。

果然，孙綝突然以琅琊王孙休没有按时赶到宫中赴任为由，召集百官商议，说自己想要住进宫中试试。大家想想，这可是皇宫啊，除了皇帝能住，还有什么人有这个资格把这儿当家啊？所以，群臣大惊失色，然而由于孙綝的位置比较特殊，所以又都不敢公然反对，个个都唯唯诺诺，不发表意见。

这时，选曹郎虞汜，虞翻的儿子，他对孙綝说："明公身居高位，行废立之事，做的是伊尹、霍光当年做过的事情，群臣百姓无不欢喜。如今琅琊王还没到，明公就要进宫，我恐怕外人会有所误会，对明公的声威有损。"

大家瞧瞧，这虞汜是何等聪明。他既给孙綝戴了高帽，又委婉地提醒了他要注意影响。孙綝听完这话后尽管心里很不高兴，但因为对方说得有理，所以也只能放弃入宫居住的想法。

随后，孙綝派弟弟武卫将军孙恩执行丞相的职事，率领百官用皇帝乘坐的车驾到永昌亭去迎接孙休，修筑行宫，用军队的帐篷临时搭起便殿，设置御座。

同年十月十八日，琅琊王孙休到达便殿，但只住进东厢，孙恩奉上御玺，孙休辞让了三次才接受。

次日，群臣按照班列次序在前导引车驾，孙休上了乘舆，百官在旁陪伴，孙綝率兵千人到郊外迎接，拜于路旁，孙休亦下车答拜。

当天，孙休驾临正殿拜基，实行大赦，改年号为永安，是为吴景帝。

孙綝自称"草莽臣"，交出印绶、节钺等物，请求退位让贤。

吴景帝孙休知道孙綝是故作姿态，但因为自己新来乍到，又在众臣之前，实在不好发作，于是仍是好言劝解，当即下诏任命孙綝为丞相、荆州牧，增加封邑五个县。与此同时，他又任命孙恩为御史大夫、卫将军、中军督，封为县侯，孙据、孙干等人也都授予将军之职，进封侯爵。

另外，吴景帝还任命长水校尉张布为辅义将军，封为永康侯。

孙休此举对孙綝一家可谓是格外恩典，以至于"一门五侯，皆典禁兵，权倾人生，自东吴朝臣未尝有也"。而孙綝本人也因为此事越发膨胀，甚至对孙休的亲信张布表露过要废掉孙休的意思。

孙休得知后，不禁怀恨在心。但为了谋求大计，他不得不违背自己的意愿，先稳住孙綝。于是，自此之后，无论孙綝提出什么要求，孙休都尽量想办法满足。孙綝想去哪儿就去哪儿，想干什么就干什么。要部队给部队，要武器给武器。就连谁打了孙綝的小报告，孙休都会直接交给孙綝处理。

然而尽管如此，孙綝还是敏锐地从中嗅到了危机，愈加惊恐不安起来。而此时，各方面都发出了孙綝欲反的警报。孙休秘密与张布、丁奉谋划，准备诛杀孙綝。

永安元年戊辰腊会，孙綝推说自己身子有恙不能参加。孙休知道此事后，发诏书，勉励他强支体力，务必参加国家重典。

孙綝无奈之下只好动身前往，身边的人都劝说他不要进宫。孙綝说："国家数下诏命，不去不行。诸位可以预先整饬军队，然后在府内放火，我以此为由便可速速返回。"

说完，孙綝乘车入宫。入宫不久，忽然有人前来禀报说孙綝府邸起火，孙綝闻听向景帝请求回府救火。

孙休说："外面兵多，足以救火，怎能烦劳丞相亲自去。"

眼见得孙綝离席想走，丁奉、张布目视左右武士立即将孙綝抓住并捆绑。

孙綝知道大势已去，死到临头，不得不服软，忙跪下磕头求情，说："我自愿搬到交州去住。"

孙休说："那你当初为什么不把滕胤和吕据两个人送去交州呢？"

孙綝又说："我们孙家世世代代愿意做朝廷的奴隶，只求能饶我一命。"

孙休说："那当初你为什么没有让滕胤和吕据两家人成为朝廷的奴隶，为什么就不肯给他们这个机会呢？"

说完，孙休便命令左右将孙綝拖出去砍了，随后又用孙綝的脑袋发出号令，凡属于孙綝的一伙儿的人可以赦免，但是必须要缴械投降，从此为东吴朝廷所用。

这样一来，保证了孙綝的那些兄弟们不再举兵反叛。唯独孙闿仍固执己见，继续领兵渡江欲投曹魏，被追杀之，夷三族。孙綝被杀后，朝廷又对孙峻开棺鞭尸，收回印绶，另以薄棺埋葬，也算是对他生前斑斑恶迹的一种象征性的报复。

孙綝被诛杀，左将军张布的功劳最大，孙休加其中军督，统领京城卫戍及皇宫护卫力量。由于他此前已经被封为永康侯，所以又封其弟张惇为都亭侯，并拜为校尉。此后张布又任侍中。

孙休统一了东吴的政权后，广开田业，轻政赋税，关注民间疾苦，健全官员选拔制度，建立巡察制度，广开言路，使朝政更加稳定，经济蒸蒸日上，黎民百姓生活安定幸福。东吴政权从严重空耗疲敝的状态中得到了一定的休整恢复，而孙休也因此博得了贤君的口碑。

然而，正所谓人无千般好，花无百日红。即便是再睿智的人，也难免会存在着一些美中不足的问题。

总体来说，孙休在位期间并无大过，但是小事却也不断。首先，他在朝臣的使用方面并不是那般妥当，他宠爱旧将，尤其重用从龙功臣张布和濮阳兴。不仅平日里格外恩典，而且在自己临终之时，还将身后之事也托付给了二人处理。然而，事实证明，孙休的决定绝对是错误的。张布和濮阳兴并不能奉命行事，在孙休去世之后，他二人擅自篡改了嘱托，私自迎立末帝孙皓，导致东吴最终走向衰败。

其次，孙休所处时期，四邻危机。在外交上失去盟友，蜀汉降魏让东吴防线陷入两面受敌的境遇。在对待蜀汉的问题上，孙休虽然也派出援军，但却于事无补，最终只能无功而返。而对内平叛，又不能及时止损，先后在海盐、豫章、交趾等地发生叛乱。尤其交趾郡还曾一度沦为曹魏的属地，直到吴末帝时期才得以重新收回。

而这也直接导致了孙休错失中兴之治的机会。

中兴之治的标准是什么？应当是在文治武功上都有所建树。就如西汉时期的“文景之治”，在文治上做到休养生息、发展农业、重视文化教育，恢复大汉国力；在武功上平定七王之乱，安定边疆，守住国土不被侵犯。

纵观吴景帝孙休当政期间，能轻徭赋税、发展农业，为民谋利是其在文治方面的功劳，应当表扬；但从军事角度来说，无法平定交趾叛乱，以致丧失国土，出师蜀汉无功而返，则属于武功方面的败笔。

故此，有文治无武功，让孙休错失了“中兴东吴”的机会，也就此失去成为中兴之主的美名。

第三十六章　子上亡故之谜

说完吴景帝孙休，咱们再重新把视线切回到曹魏，看看大将军司马昭在末帝曹奂登基后，又做了哪些事情。

公元 260 年 5 月，曹魏朝廷发生了一场惊天惨剧，堂堂皇帝被人在光天化日之下刺杀。

此事发生后，经由大将军司马昭和诸位公卿大臣紧急商议，决定立燕王曹宇之子常道乡公曹璜为皇帝。为此，司马昭之子司马炎亲自前往邺城迎接。待曹璜来到洛阳，改名为曹奂，奉明帝祀入继大统。

那么问题来了，曹奂是燕王曹宇的儿子，魏武帝之孙，而魏明帝是魏文帝的儿子，也是魏武帝之孙。如果论辈分的话，曹奂就是魏明帝的堂弟，两人同辈，他怎么能够自降辈分，做魏明帝的嗣子呢？这件事跟秦朝赵高“指鹿为马”的荒谬度不相上下，简直是要滑天下之大稽。

不过根据当时的相关史料记载，这件事的实质却并没有表面上那般好笑。

首先，曹奂不是自己主动降低辈分，成为堂兄魏明帝的嗣子，而是司马昭指定他为皇帝继承人的。

曹奂，本名曹璜，字景明，公元 258 年被封为常道乡公。公元 260 年，曹奂成为皇帝时，年仅十五岁。身为魏武帝的孙子，魏明帝的侄子，燕王曹宇的儿子，本来皇位跟他没有丝毫关系。然而，造化弄人，因为司马昭当时夺权时机还未成熟，但曹魏的帝位不能一直空缺着，所以便假惺惺地从曹氏宗室中选择了一个金牌傀儡做皇帝。就这样，曹奂被选定了。

按理说，曹奂应该欣喜若狂。然而，事实上，他却一点儿都高兴不起来。曹奂知道，此时的曹魏朝堂早已被司马家族控制，自己来当这个皇帝，不过就是个傀儡罢了，甚至还有可能不如汉献帝的境遇。然而，命运既已如此安排，他也不得不接受。就这样，曹奂跟随司马炎风尘仆仆地到达了洛阳，登殿嗣位，改年号建元。

曹奂即位后，果然很懂事，他立马加封司马昭晋公，然而出乎意料的是，司马昭却辞让不受。话说回来，这次他也确实是不好意思，刚杀了皇帝，再接受封赏，那么多朝中大臣都在一旁看着呢，就算是好说但也不好听啊，必须得有合适的理由才行。不过，不管怎样，司马昭对曹奂乖巧的举动还是挺开心的，暗中觉得自己并没有立错人。

这以后，曹奂又先后两次封司马昭为晋公，司马昭都没有接受。表面上看是谦让，实则却是在等一个更大的机会。就这样，魏灭蜀之战后，司马昭接受了相国之位，并且还获封了晋王，加九锡。不仅如此，顺带着连司马氏父子也都有了王爵，司马炎为世子。

而在这之后，曹奂对朝中政事彻底撒手不管了。所有大事小事都统统让司马昭一人打理，就连东吴的使者到曹魏办事，也都直接找司马昭。即便不说，可朝臣们也知道，曹魏这是要易主了。

时间到了公元 265 年，此时司马昭虽然只是定了个王侯的称号，但是他所享受的待遇规格却都与皇帝别无二致了，称帝的梦想似乎很快就能实现了。眼看着一切条件均已具备，老天却并没有给司马昭称帝的机会，他的大限就这样突然而至。

司马昭死得非常蹊跷，《晋书》对当时的情形描写不过寥寥数语：咸熙二年秋八月辛卯，帝崩于露寝，时年五十五。而《三国演义》则写得比较详细：据曹魏朝廷朝臣传说，有个身穿黄衣的白胡子老头在闹市喧嚷，该改朝换代了，司马昭应该立王后太子了，说完就不见了。司马昭听到这个传言，心中不禁暗暗开心，回到自己府中后，正欲饮食，突然中风不语，次日病危。太尉王祥、司徒何曾及诸位大臣入府问安。司马昭此时已经不能说话，用手指着司马炎而死。

照说司马昭一向身体倍棒吃嘛嘛香，五十五岁的年龄也不算大，正是意气风发之时，怎么会突然中风不能说话，第二天就死了呢？而且为啥临死时要用手指着司马炎？有人说，这是托孤之意，让诸臣辅佐司马炎继承大统。而另外一个传言，则是说司马昭是司马炎下毒害死的。

据说，司马昭派兵杀了邓艾和钟会后，便将蜀汉的皇帝刘禅俘虏到了洛阳。当时跟随刘禅一起同行的，还有蜀国的旧臣们。刘禅到了曹魏后，司马昭为了表现出大度，特意宴请了他和臣子们。

宴席间，司马昭令人表演蜀汉的歌舞，以此从旁观察刘禅的反应。当时在场的老臣们，看到故国的歌舞都纷纷落下了眼泪，只有刘禅一人仍看得津津有味。司马昭见状，觉得很是奇怪，于是便问道："你可思念自己的故国蜀国？"

刘禅笑呵呵地答道："这儿这么好，我还想蜀汉干吗？"

司马昭在听到刘禅所说的话后，哈哈大笑，但是他却并没有消除对刘禅的猜忌。宴会之后，刘禅身边的一个叫郤正的西蜀老臣对刘禅说：

"主公您不应该这么说，下次如果司马公再问你，你就说非常思念故国，说不定他见你说得情真意切，还能送咱们回去呢。"

郤正曾是蜀汉的秘书令，在蜀汉灭亡后，大臣不愿陪同刘禅前往魏国的情况下，主动和殿内中督张通一道辞别妻儿，陪同主公来到洛阳，照顾刘禅的饮食起居。故此，三人的关系甚是紧密，刘禅也对他的建议颇为重视。

刘禅点了点头，表示自己记住了。果不其然，没过多久，司马昭再次问了刘禅同样的问题，可否思念自己的家乡。这个时候刘禅就痛哭流涕地将郤正的话说了一遍，表示非常思念故国。司马昭看到刘禅前后差异这么大，顿感讶异。于是便问刘禅，这话是谁教给他说的。

刘禅听到司马昭问自己，想都不想便说道是郤正教给他的，司马昭听后哈哈大笑，然后就放刘禅离开了。在刘禅走后，司马昭还是大笑不止，并且说刘禅是个扶不起的阿斗，蜀汉恐怕是没有复国的希望了。

或许，司马昭实在是太过高兴，反而乐极生悲，突然就患了中风。就这样，给了司马炎下手毒杀的机会。

那么，司马炎为什么要毒杀自己的父亲呢？这是因为司马昭跟魏武帝一样，更偏向自己的小儿子司马攸，甚至为了能够让司马攸当上皇帝，他还故意将儿子过继给了自己的哥哥。并经常当着其他大臣们的面说，自己能有今天都是因为父亲和哥哥的功劳，所以等死后也要把这权力全部交给哥哥的儿子。

有人劝司马昭篡魏，司马昭说，如果曹魏气数已尽，吾愿为周文王。周文王长子伯邑考，次子姬发，也就是周武王。如果按照嫡长子继承原则，周文王本应该把王位传给伯邑考才对，但是他却传给了姬发，随后派伯邑考进京做人质，最终被纣王杀死。因此司马昭说这话时，应该有想要搞死司马炎的意思。

司马炎作为长子，理应成为世子，现在眼看要被弟弟抢了王位，而且小命不保。无奈之下，只好暗中串联一帮朝中大臣为自己说话。

山涛谏曰："废长立幼，违礼不祥。"王祥谏曰："前代立少，多致乱国，愿晋王三思。"何曾也跟司马昭说，司马炎比司马攸更适合被立为世子。第一，名字应天顺人。汉为土德，魏为木德，木克土，所以曹魏取代了刘汉。晋乃舜帝之后，为火德，要取代曹魏的天下，火克木。司马炎名字为炎，炎即火焰升腾之状，正应道统。第二，司马炎不是省油的灯，生来便带有异象，"长发委地，双臂过膝，聪明英武，胆量过人"，具有潜龙之相，遇风云定会腾飞。如果司马攸当了世子，司马炎肯定不服，到时候难免一场腥风血雨，司马攸性格温和，能不能干过司马炎尚未可知。为了晋室长远考虑，应该立司马炎。

司马昭也是血雨腥风一路闯过来的，自然明白其中利害，权衡利弊，最终决定传位司马炎。

然而，由于先前的事情，尽管在这场竞争中获胜，但司马炎却仍始终无法放下对父亲的芥蒂。司马昭晚年经常梦到被自己灭门的仇人前来复仇，神智混乱，对司马炎屡有斥责之言。司马炎怨俱交加，又听说司马昭有废立世子之意，所以对父亲痛下杀手。司马昭临终手指司马炎而不能言，恨然而死。

事实上，司马昭虽然是得了中风死的，但司马炎却也未必是真凶。首先，他当时在朝中已经有了很大的势力，没有必要冒这么大的风险。成功还好，假使失败了，恐怕连自己的命都保不住。

其次，司马昭当时并不是皇帝，只是一个晋公。这时候无论是哪个儿子做接班人，都只可能是王位，而不是真正的皇帝。在这样的情况下，司马炎更没有冒险的必要了。所以说，司马炎并没有弑父的可能。

而现在还有一些专家对司马昭的死因做出判断，认为司马昭当时一人决断曹魏皇室大小事务，工作量必然很大，劳心费神令他的身体存在隐疾，所以应该还是单纯中风导致的死亡。

真也罢、假也好，历史都不能更改，司马昭的生命就这样被定格在了五十五岁。或许连他自己都没想到，一生工于算计，到最后却以这种戏谑的方式收场，当真是冥冥之中自有天意啊。